Raj Kollmorgen · Frank Thomas Koch
Hans-Liudger Dienel (Hrsg.)

Diskurse der deutschen Einheit

Raj Kollmorgen · Frank Thomas Koch
Hans-Liudger Dienel (Hrsg.)

Diskurse der deutschen Einheit

Kritik und Alternativen

VS VERLAG

Bibliografische Information der Deutschen Nationalbibliothek
Die Deutsche Nationalbibliothek verzeichnet diese Publikation in der
Deutschen Nationalbibliografie; detaillierte bibliografische Daten sind im Internet über
<http://dnb.d-nb.de> abrufbar.

Der Druck des Bandes wurde von der Senatsverwaltung für Bildung, Wissenschaft
und Forschung des Landes Berlin finanziell gefördert. Die inhaltliche Verantwortung
für die Beiträge liegt allein bei den Autoren.

1. Auflage 2011

Alle Rechte vorbehalten
© VS Verlag für Sozialwissenschaften | Springer Fachmedien Wiesbaden GmbH 2011

Lektorat: Frank Engelhardt | Katrin Emmerich

VS Verlag für Sozialwissenschaften ist eine Marke von Springer Fachmedien.
Springer Fachmedien ist Teil der Fachverlagsgruppe Springer Science+Business Media.
www.vs-verlag.de

Das Werk einschließlich aller seiner Teile ist urheberrechtlich geschützt. Jede
Verwertung außerhalb der engen Grenzen des Urheberrechtsgesetzes ist
ohne Zustimmung des Verlags unzulässig und strafbar. Das gilt insbesondere
für Vervielfältigungen, Übersetzungen, Mikroverfilmungen und die Einspeicherung und Verarbeitung in elektronischen Systemen.

Die Wiedergabe von Gebrauchsnamen, Handelsnamen, Warenbezeichnungen usw. in diesem
Werk berechtigt auch ohne besondere Kennzeichnung nicht zu der Annahme, dass solche
Namen im Sinne der Warenzeichen- und Markenschutz-Gesetzgebung als frei zu betrachten
wären und daher von jedermann benutzt werden dürften.

Umschlaggestaltung: KünkelLopka Medienentwicklung, Heidelberg
Gedruckt auf säurefreiem und chlorfrei gebleichtem Papier
Printed in Germany

ISBN 978-3-531-17471-6

Inhalt

*Raj Kollmorgen, Frank Thomas Koch
und Hans-Liudger Dienel*
Diskurse der deutschen Einheit: Forschungsinteressen
und Forschungsperspektiven des Bandes.. 7

I. Hegemoniale Diskurse: Analyse und Kritik

Raj Kollmorgen
Zwischen „nachholender Modernisierung" und
„doppeltem Umbruch": Ostdeutschland und deutsche
Einheit im Diskurs der Sozialwissenschaften.. 27

Frank Thomas Koch
„Für ein modernes und soziales Deutschland"?
Diskurse im politischen Raum... 67

Raj Kollmorgen und Torsten Hans
Der verlorene Osten. Massenmediale Diskurse
über Ostdeutschland und die deutsche Einheit 107

Wolfgang Gabler
Diskurs der Unbegreiflichkeit.
Zur Geschichte der Wenderomane.. 167

Benjamin Nölting, Carolin Schröder und Sören Marotz
Von „blühenden Landschaften", dem „Jammertal Ost"
und „Neuland". Der Einigungsprozess im Spiegel
von Bildern und ihrer Diskurse... 193

Bild-Zwischen-Raum

Sören Marotz
Ostdeutschland. Fotografische Randnotizen... 225

II. Alternative Ansätze zum Vereinigungsprozess und seiner Kommunikation

Thomas Hanf, Reinhard Liebscher und Heidrun Schmidtke
Die Wahrnehmung und Bewertung der deutschen Einheit
im Spiegel von Bevölkerungsumfragen 249

Raj Kollmorgen
Subalternisierung. Formen und Mechanismen
der Missachtung Ostdeutscher nach der Vereinigung 301

Michael Thomas
Ostdeutsche Zukunftspotenziale – oder: Wie man das Rad
doch noch einmal neu erfinden muss 361

Rafael Wawer und Daniela Riedel
Deutsche Einheit, Massenmedien und Online-Dialoge 385

Hans-Liudger Dienel
Einheit erfahren, Einheit gestalten. Konzeption und Einsatz
von kommunikativen und partizipativen Formaten für die Gestaltung
der Deutschen Einheit zwanzig Jahre nach der „Wende" 411

Rolf Reißig
Deutsche Einheit: Ein neuer Diskurs 433

Zu den Autorinnen und Autoren 451

Diskurse der deutschen Einheit: Forschungsinteressen und Forschungsperspektiven des Bandes

Raj Kollmorgen, Frank Thomas Koch und Hans-Liudger Dienel

Im Herbst 2010 beging die Bundesrepublik den zwanzigsten Jahrestag der deutschen Einheit. Wie schon zu den letzten Jubiläen des 3. Oktober 1990 wurden nicht nur Feierstunden abgehalten und Volksfeste organisiert, sondern auch (Zwischen-)Bilanzen gezogen. Wo stehen wir im Prozess der deutschen Vereinigung? Wo sind wichtige Erfolge zu verzeichnen, wo stockt der Umbau- und Vereinigungsprozess, was misslang? Zu Wort meldeten sich die Bundesregierung, politische Parteien und Verbände, wirtschafts- und sozialwissenschaftliche ExpertInnen, JournalistInnen, zivilgesellschaftliche Akteure und KünstlerInnen, aber auch Bürgerinnen und Bürger in zahlreichen Foren. Thematisiert wurden dabei vor allem Probleme der Wirtschaftsleistung Ostdeutschlands (im Verhältnis zur westdeutschen Norm), die „Angleichung der Lebensverhältnisse" zwischen Ost und West im Zusammenhang mit den massiven finanziellen Transferflüssen und deren weiterer Legitimierbarkeit oder die politischen und politischkulturellen Entwicklungen in den neuen Ländern mit ihren „Eigentümlichkeiten" in der institutionellen Ordnung, im Wahlverhalten oder bei den Wertorientierungen. Darüber hinaus blieb die ostdeutsche Vergangenheit, d.h. die Frage, wie sich die Gesellschaft der Bundesrepublik mit der DDR, ihrem Herrschaftsregime, aber auch mit ihrem Alltagsleben auseinandersetzt, sie erinnert und zum Teil unserer Geschichte macht, ein Schwerpunkt der Beschäftigung.

Gegenüber den Zwischenbilanzen anlässlich der letzten Jubiläen zeichnen sich die aktuellen Diskussionen durch drei, oft miteinander verbundene Orientierungen bzw. Einschätzungen aus, die anzeigen, dass der ostdeutsche Umbruch- und deutsche Vereinigungsprozess weder abgeschlossen wurde, noch kontinuierlichen Zielvorstellungen folgt:

Erstens wird heute sowohl von politischen und wirtschaftlichen Eliten, den meisten ExpertInnen wie von breiten Bevölkerungskreisen eingeschätzt, dass die „*Vollendung*" der „*wirtschaftlichen*", „*inneren*" oder – was zuletzt im Fokus stand – der „*sozialen Einheit*" deutlich länger brauchen wird, als es die allermeisten Akteure und Beobachter 1990, aber auch 1995 oder selbst noch 2000 annahmen (vgl. die Beiträge von Koch, Kollmorgen sowie Hanf et al. im vorliegenden Band). Die Bundeskanzlerin hat im Jahr 2008 davon gesprochen, dass es vermutlich vierzig Jahre dauern wird, bis „die Chancengleichheit (zwischen Ost und West – die Hg.) in wesentlichen Teilen hergestellt" ist (Berliner Zeitung 2008).

Zweitens problematisieren die Zwischenbilanzen heute intensiver als zuvor, was *der Inhalt dieser „Vollendung der Einheit"* sein wird bzw. sein müsse. Dabei sind zwei Diskussionslinien zu unterscheiden. In der einen hat in den letzten Jahren die Position an Einfluss gewonnen, die – wie Kurt Biedenkopf schon Anfang der 1990er Jahre thematisierte – eine „Einheitlichkeit" oder gar „Gleichheit" der „Lebensverhältnisse" zwischen Ost und West als Utopie verwirft. Selbst das vom Grundgesetz bestimmte Ziel der „Herstellung gleichwertiger Lebensverhältnisse" (Artikel 72, Abs. 2 GG) wird dabei so reinterpretiert, dass „Gleichwertigkeit" nicht im strengen Sinne als „Gleichverteilung, Angleichung oder weitgehender Ausgleich" zwischen den (Groß-)Regionen zu begreifen ist (vgl. Barlösius 2006). Was diese Neufassung von Gleichwertigkeit inhaltlich und quantitativ bedeutet und wie vor diesem Hintergrund eine „Vollendung" gemessen und selbst wieder bewertet werden kann, bleibt freilich umstritten (vgl. insbesondere die Beiträge von Reißig, Thomas sowie von Koch im vorliegenden Band). Zugleich verweist die damit verbundene Akzeptanz wichtiger Differenzen und Divergenzen in den Lebensverhältnissen zwischen Ost und West auf den zweiten Diskussionsstrang, der die Dimension *regionaler Differenzierung in Ost und West* thematisiert. Heute wird stärker denn je auf die regionalen Unterschiede hinsichtlich Bevölkerungsdichte und Migration, Wirtschaftskraft, Erwerbstätigkeit, Einkommen und öffentlicher Infrastruktur zwischen Jena und Dresden einerseits, Bautzen, Stendal oder Demmin andererseits aufmerksam gemacht, wobei parallel die „Armenhäuser" der alten Bundesländer namentlich im Westen und Norden (z.B. Saarland oder Bremerhaven) problematisiert werden. Beides ließe es – so der Tenor vieler Wortmeldungen – zukünftig nicht mehr zu, einen undifferenzierten „Aufbau Ost" zu verfolgen. Vielmehr ginge es nunmehr – wie es Peter Ramsauer als Infrastrukturminister im Herbst 2009 pointierte – auch um einen „Aufbau West" (Zeit Online 2009).

Drittens schließlich gewinnen seit etwa fünf Jahren jene Stimmen an Gewicht, die angesichts sowohl stagnierender wirtschaftlicher Aufholjagden, hartnäckiger sozialstruktureller wie sozio-kultureller Eigentümlichkeiten und Eigensinnigkeiten im Osten des Landes eine radikale Umkehr der Perspektive auf das ostdeutsche Transformations- und deutsche Vereinigungsproblem anregen. Zugespitzt formuliert, geht es unter dem Schlagwort eines *„doppelten Umbruchs"* (Bericht 2006), sowohl um die Abwehr aller Vorstellungen und Politikstrategien einer Transformation als Nachbau West und Vereinigung als Anpassung des Ostens an den Westen wie auch – und damit verschränkt – um das Verständnis der ostdeutschen Entwicklungen als offenes Experimentierfeld in den nationalen, europäischen und globalen Umbruchprozessen der fordistischen Industriegesellschaften des 20. Jahrhunderts. Diese Dynamiken lassen sich z.b. an den demographischen Umwälzungen (zwischen Abwanderung und Alterung), den wirtschaftlichen Fragmentierungs- wie Innovationsprozessen im Osten, aber auch an „kreativen Projekten" im Schnittfeld von lokaler Wirtschaft, Staatlichkeit und Zivilgesellschaft identifizieren (vgl. die Beiträge von Thomas sowie Reißig im vorliegenden Band).

Lässt man die hochgradig pluralen und differenziert vorgehenden Überlegungen, Analysen und Bewertungen des Standes und der Zukunftsaussichten von ostdeutschem Umbruch und deutscher Vereinigung in den letzten Jahren Revue passieren, egal ob sie eher traditionellen Orientierungen oder den eben skizzierten revidierten bzw. neuen Problemperspektiven folgen, so konzentrieren sie sich einerseits auf Versuche *adäquater Gegenstandsbeschreibungen sowie Bewertungen im Sinne eines Wahrheitsanspruches*, andererseits auf die Diskussion angemessener sozio-politischer Antworten auf die jeweiligen Problemlagen in Gestalt *kohärenter Steuerungspolitiken* (Programmatik, Modellierung, Strategiewahl, politische und technokratische Umsetzung). Das demonstrieren sowohl die jüngsten Berichte der Bundesregierung zum Stand der deutschen Einheit, die Bestandsaufnahmen und Leitbild-Debatten der politischen Parteien (vgl. Koch im vorliegenden Band) wie auch wichtige journalistische Arbeiten sowie aktuelle sozialwissenschaftliche Gesamtanalysen (z.B. Busch/Kühn/Steinitz 2009; Krause/Ostner 2010; Paqué 2009).

Kommunikation und Diskurs als zentrale Forschungsperspektive

Von dieser Doppelperspektive auf den Gegenstand – zutreffende Beschreibungen und Erklärungen einerseits, adäquate politische Steuerungsansätze andererseits – hebt sich der vorliegende Band dezidiert ab. Sein Fokus liegt auf den *soziokommunikativen und diskursiven Dimensionen* des ostdeutschen Transformations- und deutschen Vereinigungsprozesses.

Es geht in den folgenden Beiträgen – wenn auch mit unterschiedlicher theoretisch-konzeptueller Fundierung und Intensität – um die Frage, *wer, warum, mit wem* und *wie* über Ostdeutschland und die deutsche Einheit spricht und kommuniziert, damit Diskurse generiert, formiert und gestaltet. Das schließt ausdrücklich die Problematisierung der skizzierten neuen Beobachtungen, Fragerichtungen und Bewertungen der Umwälzungsprozesse ein. Welche diskursiven Veränderungen haben dabei stattgefunden und finden weiter statt? Wer spricht hier zum wem (anders) und mit welchen (neuen) Folgen?

Diese kommunikations- und diskursanalytische Ausrichtung bedeutet freilich nicht, dass die „materiellen" oder breiter: sozio-praktischen Problemlagen irrelevant wären und deshalb ausgeklammert werden könnten. Ganz im Gegenteil; eine sozialwissenschaftlich gehaltvolle Kommunikations- und Diskursanalyse bezieht diese in zweifacher Weise ein, ja betrachtet sie als integralen Bestandteil der Untersuchung:

(1) Zunächst repräsentieren auch Kommunikationen und Diskurse soziale Praktiken. Es ist nachgerade der Springpunkt der neueren kommunikations- und vor allem diskursanalytischen Ansätze, dass sie die alte Scheidung von materiellen und symbolischen (oder: ideellen) Realitätsdimensionen des Sozialen über ihre Verklammerung in der *diskursiven Praxis* transzendieren (als Überblicke: Keller et al. 2001; Keller 2007). Innerhalb dieser breiten und heterogenen theoretisch-konzeptuellen Traditionslinie kommt infolge des in unserem Fall hochgradig sozio-politisch geformten Kontexts von Transformation und Vereinigung dem *zirkulären Zusammenhang von Macht/Herrschaft – Wissen – Kommunikation/Diskurs* eine besondere Bedeutung zu. Die entscheidende These ist dabei, dass es eben nicht nur eine – wie immer komplex vermittelte – unidirektionale Kausalbeziehung zwischen den strukturellen, institutionellen und ideellen Kontextbedingungen der Diskurse und diesen selbst gibt, letztere also in ihrer Gestalt und Entwicklung durch erstere bestimmt werden. Vielmehr gilt auch die inverse Kausalbeziehung: Diskurse entfalten kraft ihrer Eigen- und Durchdringungslogik eine – wiederum komplexe und oft gleichsam „nur" kapillare – Wirkung auf ihre vielfältigen Kontextbedingungen. Es besteht also Interdependenz und Wechselwirkung. Eben deshalb ist eine Analyse von Kommunikationsformen und Diskursfeldern im Prozess der deutschen Vereinigung von zentraler Bedeutung für ein Begreifen nicht nur der diskursiven Eigendynamiken, sondern auch für die „materielle" Geschichte, Gegenwart und Zukunft des deutschen Vereinigungsprozesses. Kommunikations- und Diskursanalysen können daher nicht als wissenschaftlicher Appendix der sozialwissenschaftlichen Erforschung des Gegenstandes betrachtet werden. Das gilt im Übrigen insbesondere dann, wenn – wie in unseren Gegenwartsgesellschaften – öffentliche (Massen-)Kommunikation und Diskurse ein essentielles Moment der Herstellung, Begründung und Legitimierung von (demokratischer) Herschafft darstellen (Arendt 1981; Gerhards 1998; Habermas 1962; Luhmann 2002; vgl. Kollmorgen/Hans im vorliegenden Band).

(2) Die gleichsam intrinsische sozio-praktische Dimension innerhalb jeder Kommunikations- und Diskursanalyse wird in den Beiträgen des Bandes durch *direkte Kontextanalysen* der betreffenden Diskursfelder und Diskursformierun-

gen untersetzt und ergänzt. Das gilt nicht für alle Beiträge in gleichem Maße und ist abhängig vom konkreten Erkenntnisziel, dem jeweiligen Gegenstand wie vom spezifischen analytischen Zugriff. Zum Teil erfolgt die Integration der Diskurskontexte und nicht-diskursiven Praxismomente durch die wechselseitigen Bezüge der Beiträge. Insofern handelt es sich beim vorliegenden Sammelband auch ausdrücklich nicht um eine lose „Sammlung" thematisch verwandter Beiträge. Vielmehr folgen Struktur und Inhalt einer theoretisch-konzeptuellen Idee, die den gegenseitigen Bezug der Beiträge einschließt.

Kommunikationstheoretisch oder diskursanalytisch fundierte Untersuchungen des ostdeutschen Umbruch- und deutschen Vereinigungsprozesses sind an sich nichts neues (vgl. etwa Fraas 1996; historisch orientiert: Land/Possekel 1998). Auch wenn sie in den ersten etwa zehn Jahren – jenseits des linguistischen Arbeitsfeldes (vgl. Reiher 2008) – bestenfalls ein Nischendasein fristeten, es gab sie vereinzelt.[1] Wirklich systematische Untersuchungen datieren aber unserer Kenntnis nach erst aus den letzten zehn und vor allem fünf Jahren (exemplarisch: Ahbe 1999, 2004; Roth/Wienen 2008; Ahbe/Gries/Schmale 2009).[2] Unser Band reiht sich in diese relativ neue Forschungslinie ein. Zugleich setzt er sich in drei Punkten von den meisten der bisher entwickelten Zugänge und vorgelegten Forschungsergebnisse bewusst ab:

(1) Die große Masse der vorliegenden Analysen blieb (weitgehend) *sprachwissenschaftlich* begrenzt, wobei ein weites Feld zwischen interpersonaler Kommunikation (etwa Klein 2001), Alltagssprache und politische Sprache (siehe Reiher 2008) bis zu Diskursen in Wissenschaften oder Massenmedien (etwa Ahbe/Gries/Schmale 2009) Gegenstand waren. Demgegenüber wird der Kern unseres Bandes von explizit *sozialwissenschaftlichen* Kommunikations- und Diskursanalysen gebildet. Die entscheidende Zielrichtung besteht mithin darin, *Diskurse und nicht-diskursive soziale Praxen* im ostdeutschen Transformations- und deutschen Vereinigungsprozess aufeinander zu beziehen und – teils punktuell, teils systematisch – Interdependenzen aufzudecken und zukunftsorientiert zu problematisieren.

(2) Während es bisher vor allem *feldspezifische Diskursanalysen* waren, d.h. massenmediale *oder* belletristische *oder* politische Diskurse bzw. Einzelaspekte

---

1 Dabei sehen wir von Forschungen im Bereich der (politischen) Psychologie, zur Stereotypendynamik, zu Einstellungen und Werten sowie übergreifend zur politischen und Sozio-Kultur in und zwischen Ost- und Westdeutschland ab, die zwar in Teilen mit Ansätzen und Ergebnissen der Diskursforschungen überlappen, aber insgesamt paradigmatisch von letzterer abzugrenzen sind.
2 Daneben könnte auf große Kongresse oder Tagungen zum Problemfeld verwiesen werden, z.B. auf den 23. Workshop-Kongress der Politischen Psychologie (im Berufsverband der PsychologInnen) „*Wie wir (gewesen) sein sollen. Zur Politischen Psychologie von Identitäts- und Erinnerungsbrüchen in Deutschland*" (5.-7.11.2004 in Wittenberg) oder auf die Tagung „*Politische Wechsel – sprachliche Umbrüche*" (24.-27.6.2009 an der Universität Leipzig).

innerhalb bestimmter Diskursfelder, die untersucht und ausgewertet wurden, finden sich im vorliegenden Band aus interdisziplinärer Perspektive Studien zu den Diskursformierungen *unterschiedlicher Felder*.[3]

(3) Schließlich zeichnet sich der Band durch die Verknüpfung von drei Problemperspektiven auf den Gegenstand aus: *der sozialwissenschaftlichen (Diskurs-)Analyse, der zukunftsorientierten Erkenntnis- und Gesellschaftskritik sowie einer anwendungsorientierten Auswertung von Projektforschung*. Uns war es in der Konzeptualisierung des Bandes ausdrücklich darum zu tun, eine empirisch gestützte Analyse der ausgewählten Diskursfelder sowohl mit der Kritik dominierender Erklärungs- und Interpretationsansätze im Forschungsfeld der Ostdeutschland- und Vereinigungsforschung zu verbinden, als auch – und darüber vermittelt – eine Kritik der herrschenden Praxis von ostdeutscher Transformation und deutscher Vereinigung anzustrengen (siehe insbesondere die Beiträge in Teil I sowie Thomas, Kollmorgen und Reißig im II. Teil). Das bedeutet keineswegs, die über viele Jahre hinweg hegemonialen Ideologien, Modelle, Strategien und Praxen in Bausch und Bogen als allein herrschaftsorientiert und/oder untauglich zu dequalifizieren. Es bedeutet aber eine Position, die einerseits jede soziale Praxis in Gegenwart und Zukunft als *alternativ* begreift und die andererseits Kritik herrschender Praxis und Selbstkritik nicht vor dem Hintergrund von historisch gegebenen und aktuell dominierenden Zielvorstellungen formuliert, sondern angesichts einer *problematischen und offenen Zukunft*. Diesem Kritikverständnis verdanken sich auch jene anwendungsorientierten Auswertungen und konkreten Praxisvorschläge aus Projektforschungszusammenhängen im II. Teil, die sowohl auf der Ebene der Gesamtgesellschaft, aber auch auf der Ebene konkreter Handlungsfelder und lokaler Kommunikationszusammenhänge im deutsch-deutschen Verhältnis angesiedelt sind (siehe vor allem die Beiträge von Thomas, Reißig, Wawer/Riedel sowie Dienel).

Bandstruktur und Beiträge

Der Band ist vor dem Hintergrund dieser konzeptuellen Überlegungen in zwei Teile gegliedert. Im ersten Teil erfolgt die (kritische) Aufklärung der Dynamiken und des Standes der *(hegemonialen) Diskurse* in vier bzw. fünf Feldern, d.h. konkret der Diskurse (a) in den Sozialwissenschaften, (b) im politischen Raum, (c) in den Massenmedien, (d) einem Themenfeld der Belletristik („Wenderomane") sowie (e) – und quer dazu liegend – dem „Bild-Diskurs" im Transformations- und Vereinigungsprozess.

---

3 Darüber hinaus ergänzt ein kurzer Fotoessay die empirischen Feldanalysen.

Es ist offensichtlich, dass die vier erstgenannten Diskurse und insbesondere die ersten drei eine Art *interdiskursiven Block* bilden: So wie der politische Diskurs zur deutschen Einheit in hohem Maße von (nicht zuletzt: sozialwissenschaftlichen) ExpertInnen mitbestimmt wurde, so stark ist er mit dem massenmedialen Diskurs verknüpft – sowohl als „Lieferant" von (potenziellen) Nachrichten wie auch in seiner Abhängigkeit von den hegemonialen öffentlichen Meinungen, die in der Gestaltung der Transformations- und Vereinigungspolitiken eine zentrale Rolle spielten und spielen. Der massenmediale Diskurs ist aber auch direkt mit dem sozialwissenschaftlichen verbunden, etwa in Gestalt der Hinzuziehung und partiell Integration von ExpertInnen in der Berichterstattung, aber auch – vermittelter – über das Feuilleton. Zugleich greifen bekanntlich auch SozialwissenschaftlerInnen in ihrer Beschreibung, Analyse und Bewertung von sozialer Wirklichkeit in erheblichen Umfang auf massenmediale Berichterstattungen zurück.

Der Aufweis von *diskursiven Beziehungen zwischen den Feldern* in Inhalt, Form und zum Teil selbst Personal ließe sich auch unter Bezug der anderen zwei (Quasi-)Felder fortsetzen. In einigen Beiträgen (wie Kollmorgen, Koch, Kollmorgen/Hans) werden diese Beziehungen auch thematisiert, allerdings nicht selbst einer systematischen Untersuchung zugeführt. Diese systematische Analyse der Diskursbeziehungen bzw. breiter noch: des (gesamtgesellschaftlichen) *Interdiskurses* im Themenfeld Ostdeutschland und deutsche Einheit kann der vorliegenden Band – schon aus Platzgründen – nicht leisten. Allerdings ist mit diesem Hinweis ein klares Desiderat benannt, dem sich die Diskursforschung in den kommenden Jahren intensiv widmen sollte. Das gilt auch für die bisher unterbelichtete Beziehung zwischen den textsprachlichen und Bild-Diskursen (vgl. aber den Beitrag von Nölting et al.).

Der erste Teil beginnt mit einem Beitrag von *Raj Kollmorgen* zum Thema *„Zwischen nachholender Modernisierung und ostdeutschem Avantgardismus. Ostdeutschland und deutsche Einheit im Diskurs der Sozialwissenschaften"*. In diesem Beitrag wird zunächst quantitativ untersucht, wie sich der Diskurs zu Ostdeutschenland und der deutschen Einheit seit 1990 insgesamt und hinsichtlich seiner Forschungsthemen entwickelt hat. Dabei hat entgegen einer verbreiten Ansicht der substanzieller Schrumpfungsprozess nicht schon Ende der 1990er Jahre, sondern erst zu Beginn des neuen Jahrtausends eingesetzt. Thematisch stehen nach wie vor Wirtschaftsprobleme an erster Stelle. Dann folgen politische und sozialstrukturelle Entwicklungen; den Schluss bilden sozio- und politischkulturelle Gegenstände. Allerdings haben die Bearbeitungen dieser großen Themenblöcke in den letzten zehn Jahren deutliche Revisionen erfahren. Diese betreffen sowohl die Integration neuer Fragerichtungen und Querschnittsthemen (wie Demografie oder Nachhaltigkeit), aber auch theoretisch-konzeptuelle

Reformulierungen, die alte Frontstellungen der 1990er Jahre aufbrechen und – jedenfalls in wesentlichen Teilen der Transformations- und Vereinigungsforschung – zu Beginn des neuen Jahrtausends zu einer schrittweisen Verabschiedung der bis dahin hegemonialen Thesen von Blaupausen-Umbau im Osten, Anpassung und Angleichung an den Westen der Republik geführt haben. Allerdings arbeitet der Beitrag auch heraus, dass die spezifischen Diskurskonstellationen und Machtverhältnisse im Feld anhaltend dafür verantwortlich sind, dass es zum einen eigentümliche Spaltungslinien in der Forschung gibt, z.B. zwischen der erheblich geschrumpften akademisch-professionellen Forschung, die im Kern von westdeutschen SozialwissenschaftlerInnen geleitet wird und einer öffentlichen oder anwendungsorientierten Forschung, die vor allem Ostdeutsche betreiben. Zum anderen führte das gesellschaftliche Bedingungsgefüge zu einem besonderen Legitimierungsbedarf dieses Forschungsfeldes im akademisch-professionellen Sektor. Beides behindert bis heute sowohl das systematische Aufschließen der einmaligen und gesellschaftspolitisch brisanten „doppelten" und dabei experimentellen sozialen Umbruchprozesse im Osten und ihrer Bedeutung für die Bundesrepublik insgesamt als auch die Aktualisierung der heuristischen Potenziale dieses Forschungsfeldes für die allgemeinen Sozialwissenschaften. Der Beitrag ist insofern auch ein Plädoyer für eine neue Zukunft der Ostdeutschlandforschung.

Der in vielfältiger Weise anschließende Beitrag von *Frank Thomas Koch* *„Für ein modernes und soziales Deutschland'? Diskurse im politischen Raum"* thematisiert das Feld der politischen Kommunikation über zwei „Stellvertreter" und unterscheidbare Textgattungen, zum einen über die Berichte der Bundesregierungen zum Stand der deutschen Einheit 2004-2009, zum anderen über 2008/2009 vorgelegte „Leitbilder" politischer Parteien für Ostdeutschland. Für die Analyse beider Textsorten ist die Position leitend, dass sie in einem Spannungsverhältnis zwischen den Polen „nachholende Modernisierung" („Aufbau Ost = Nachbau West") und „doppelter Umbruch" stehen. Bezogen auf den Gesamtzeitraum von 1990 bis zur Gegenwart haben sich die interpretativen *frames* für die Leitorientierungen der Bundesregierungen zur Gestaltung der Einheit und zum Aufbau Ost zwar deutlich vom Pol „nachholende Modernisierung" in Richtung Gegenpol „doppelter Umbruch" verschoben, wobei die größte Bewegung nach der Jahrtausendwende erfolgte. Doch neben den Ansätzen zu einem Pfadwechsel lassen sich Pfadabhängigkeiten beim Aufbau Ost unter sozialdemokratischer Ägide erkennen. Diese erwiesen sich als so stark, dass das „eherne Gehäuse" der „nachholenden Modernisierung" zwischen 1998 und 2009 nicht wirklich gesprengt werden konnte. Die intendierte und für 2019 avisierte Ost-West-Angleichung kann allenfalls noch bei kräftiger Dehnung der Zeithorizonte konzeptionell beibehalten werden.

Vor diesem Hintergrund eines erfolgreichen Scheiterns ist – so der Autor – die Produktion von exklusiven Leitbildern der Parteien für Ostdeutschland (2008/2009) zu sehen, wobei freilich auch spezielle und taktische Motive im Spiel waren, die der Beitrag andeutet. Die Leitbilder sind bemüht, im Anschluss an wie im Ausschluss von bisherigen Pfaden Entwicklung verheißende Perspektiven für Ostdeutschland auszumachen. Zwei der vier Leitbilder gehen explizit davon aus, dass sich der „Nachbau West" als ungeeignet für den „Aufbau Ost" erwiesen hat. Für Grüne und Linke bestehen Perspektiven für (Ost-)Deutschland im ökologischen bzw. sozialökologischen Umbau. Diese beiden Leitbilder sind gänzlich am Pol „doppelter Umbruch" verortet. Für die Leitbilder von CDU und SPD gilt das so nicht, sie rücken aber immerhin in wichtigen Orientierungen von der „nachholenden Modernisierung" ab. So betont die CDU sehr stark die Notwendigkeit des Experimentierens; für die SPD ist leitend: „Wir haben die soziale Einheit (noch) nicht vollzogen." Die mögliche Funktion der Leitbilder von Parteien im Diskus über deutsche Einheit und Ostdeutschland besteht darin, die Gesellschaft von den Denk- und Handlungsschemata einer „nachholenden Modernisierung" des Ostens zu emanzipieren. Jahresberichte wie Leitbilder legen einen abermaligen Wechsel der Wegzeichen bei der Gestaltung der Einheit und beim „Aufbau Ost" nahe.

Raj Kollmorgen und Torsten Hans befassen sich in ihrem Beitrag unter dem Titel „*Der verlorene Osten*" mit den *massenmediale Diskursen über Ostdeutschland und die deutsche Einheit*. Auf der Grundlage einer eigenen diskurslinguistischen Erhebung von Schlagzeilen in überregionalen Tageszeitungen (wie *Süddeutsche Zeitung* und *Frankfurter Allgemeine Zeitung*) sowie Sekundäranalysen von Untersuchungen weiterer relevanter Massenmedien in Deutschland, insbesondere politischer Wochenzeitschriften sowie des Fernsehens, wird eine hegemoniale Diskurslogik aufgeklärt und rekonstruiert, die im Kern eine Subalternisierung Ostdeutscher und Ostdeutschlands im Rahmen der bundesrepublikanischen Gesellschaft beinhaltet. Insbesondere an vier Topoi (Besonderheit/Devianz, Herkunft, Schwäche/Hilfsbedürftigkeit sowie Belastung) und deren wechselseitiger Verweisung lässt sich dieser – sich selbst verstärkende – Subalternisierungszirkel im Diskurs aufzeigen. Der hegemoniale Diskurs, der zwar Uniformisierungstendenzen in der Berichterstattung erkennen lässt, aber zugleich je nach Medium, politischer Lagerzugehörigkeit, Lokalisierung und bevorzugtem Adressatenkreis in der Striktheit und konkreten Ausgestaltung variiert, entstand in den frühen 1990er Jahren und erlebte seine Hochzeit zwischen Ende der 1990er Jahre und etwa 2005. Erst seitdem zeigen sich unter Rückgriff auf abweichende und Gegen-Diskurse substanzielle Revisionen (etwa unter Nutzung eines neuen Topos des Progressiven oder sogar Avantgardistischen im Osten), deren Reichweite und Verankerung aber noch nicht sicher bestimmt werden können. Die Autoren legen mittels Kontextanalyse dar, wie es zur Ausprägung und langfristigen Reproduktion des hegemonialen Diskurses (1995-2005) kam. Herausgearbeitet wird, dass sich die Diskursformierung der dominierenden staatspolitischen Transformations- und Vereinigungslogik, ökonomischen Eigentums- und Machtverhältnissen im massenmedialen Sektor, der staatlichen Medienpolitik nach der Vereinigung und der mangelnden Vertretung der Ostdeutschen in den regionalen wie überregionalen Medieneliten im Zusammenspiel mit den selbstverstärkenden Eigen- und Durchdringungslogiken des Diskurses verdankte. Damit wird zugleich erkennbar, an welchen Stellen eine alternative Politik ansetzen muss, die auf eine nachhaltige Durchbrechung des Subalternisierungszirkels und gleichberechtigte diskursive Repräsentation und Mitwirkung der Ostdeutschen im massenmedialen Diskurs abzielt.

Ein weiteres und gesellschaftspolitisch kaum zu unterschätzendes Feld stellt der belletristische Diskurs dar. Mit einem wichtigen Teilthema dieses Diskursfeldes beschäftigt sich der Beitrag von *Wolfgang Gabler „Diskurs der Unbegreiflichkeit. Zur Geschichte der Wenderomane"*. Der Beitrag gründet auf der These, dass die Wendeliteratur inzwischen eine eigene Geschichte ausgeprägt hat. An so genannten Wenderomanen wird die Entfaltung dieses Vorgangs (zwischen 1994 und 2010) gezeigt, der sich eng am öffentlichen Diskurs nach 1989 orientierte. Zentrales Thema der politisch-moralischen Auseinandersetzung sowie der literarischen Darstellung war zunächst das Phänomen „DDR-Identität" – trotz der pejorativen Bewertung durch den herrschenden politischen Diskurs. Im ersten Jahrzehnt nach der „Wende" wurde dieses Thema literarisch oft mit melancholischer Grundhaltung aufgearbeitet, und den Romanstoffen wurden häufig allegorische Züge verliehen, oder sie wurden in bedeutende literaturgeschichtliche und historische Kontexte gestellt. Nach der Jahrtausendwende gerieten Wenderomane zum polarisierenden Projekt vor allem ostdeutscher (männlicher) Autoren. Erst in jüngster Zeit gibt es Indizien, dass Autorinnen sowie westdeutsche AutorInnen den Wendestoff – auch als Wandel der alten Bundesrepublik – (wieder-)entdecken.

Der erste Teil des Bandes wird von einem Beitrag abgeschlossen, der den Blick auf nicht-textsprachliche Diskurse richtet und damit quer zu den übrigen Feldanalysen liegt. Unter dem Titel *„Von ‚blühenden Landschaften', dem ‚Jammertal Ost' und ‚Neuland'. Der Einigungsprozess im Spiegel von Bildern und ihrer Diskurse"* befassen sich *Benjamin Nölting, Carolin Schröder* und *Sören Marotz* mit der Kommunikations- und Diskursebene von Bildern, insbesondere solchen, die über Massenmedien vermittelt werden, und deren Wirkmacht in öffentlichen Diskursen. Zunächst beschreiben und definieren sie den Begriff „Bild" als ein Phänomen, das sich nicht auf Fotografien und Filme beschränkt, sondern auch kognitive Bilder (z.B. Metaphern oder Schlagworte) umfasst. Bilder wirken – so die AutorInnen – im Vergleich zum Wort unmittelbarer, was bei der Bewertung des deutschen Einigungsprozesses in den und über die Medien eine wichtige Rolle spielt. Der Beitrag entwickelt ein Analyseraster, das eine erste Einordnung solcher Bilder ermöglicht. Das Raster wird dann an fünf „Bildern" exemplarisch angewandt und analytisch erprobt, die im Kontext des deutschen Vereinigungsprozesses relevant bzw. typisch erscheinen. Es handelt sich um folgende „Bilder": (1) „Wahnsinn" – Die Euphorie des Mauerfalls, (2) „Blühende Landschaften" – Von Hoffnungen und (leeren) Versprechungen, (3) „Zerrissenes Land" – Schreckensbilder des Vereinigungsprozesses, (4) „Jammerossis" und „Besserwessis" – Bilder vom Anderen sowie (5) „Ostalgie" – War doch nicht alles schlecht. Abschließend werden von den AutorInnen anhand weiterer thematischer Diskurse die Grenzen und Chancen solcher Bildanalysen aufgezeigt und eine kurze Einschätzung zu Methodik und Inhalt der durchgeführten Bildanalysen vorgelegt.

Im Anschluss wird in einem „*Bild-Zwischen-Raum*" der Fotoessay „*Ostdeutschland. Fotografische Randnotizen*" von *Sören Marotz* präsentiert. Die Fotografien spannen einen weiten, kontrastreichen Bogen vom Jahr des Mauerfalls bis in die Gegenwart. Sie lassen sich sowohl als Ergänzung zu den vorgängigen Diskursanalysen und namentlich zum Beitrag über Bild-Diskurse anschauen und lesen, aber auch als Impuls für die nachfolgenden Diskussionen alternativer Kommunikations- und Diskursgestaltungen.

Diesen zweiten Teil des Bandes, in dessen Zentrum *alternative Ansätze zum Vereinigungsprozess und seiner Kommunikation* stehen, eröffnet der Beitrag „*Die Wahrnehmung und Bewertung der deutschen Einheit im Spiegel von Bevölkerungsumfragen*" von *Thomas Hanf, Reinhard Liebscher und Heidrun Schmidtke*. Umfrageforschungen und ihrer Ergebnisse lassen sich zum einen als empirisch-wissenschaftliches Korrektiv von Diskursen über Ostdeutschland und die deutsche Vereinigung begreifen, sofern sie die öffentlichen und nichtöffentlichen „Meinungen" der Bevölkerung messen, die sich von den „veröffentlichten Meinungen" (E. Noelle-Neumann) wesentlich unterscheiden können. Ergebnisse der Umfrageforschung und generell der Einstellungs- und Meinungsforschung besitzen mithin ein Kritikpotenzial gegenüber hochgradig vermachteten und institutionalisierten Diskursen in der staatspolitischen, aber auch massenmedialen Sphäre. Andererseits lässt sich die Umfrageforschung selbst als ein institutionalisiertes Diskursfeld interpretieren. Sowohl die Kommunikationen zwischen den Fragen Stellenden (den Umfrageinstituten) und den Antwortenden (dem befragten Bevölkerungssample) wie auch die kollektiven Ergebnisinterpretationen in und zwischen den Forschungsinstituten repräsentieren Diskurse im Sinne diskursanalytischer Ansätze. Zweifellos wäre es eine reizvolle und neue Erkenntnisse versprechende Aufgabe, eine diesbezügliche

Diskursanalyse im Kontext deutscher Vereinigung vorzunehmen. Für uns und die AutorInnen des Beitrages steht allerdings die erste Bedeutung und Rolle von Bevölkerungseinstellungen und –meinungen im Vordergrund. Der Beitrag präsentiert vor allem die Ergebnisse von Umfragen, die das Sozialwissenschaftliche Forschungsinstitut Berlin-Brandenburg (SFZ e.V.) seit 1990 in den neuen Bundesländern, seit kurzem aber auch in den alten durchgeführt hat, wobei die neuesten Daten aus dem Jahr 2010 stammen. Es werden Daten und Interpretationen zu grundsätzliche Einstellungen zur deutschen Einheit, zu Werten in Ost und West, Wendeerwartungen, der Integration und Identifikation der Ostdeutschen im gemeinsamen Staatswesen, zur Angleichung der Lebensverhältnisse, aber auch zum Institutionenvertrauen, der wechselseitigen Wahrnehmung von Ost- und Westdeutschen sowie zu Zukunftserwartungen vorgestellt. Auf drei exemplarische Befunde soll an dieser Stelle hingewiesen werden.

(1) Entgegen einer nach wie vor im öffentlichen Raum präsenten Annahme deutlich divergierender Werteinstellungen in Ost- und Westdeutschland zeigt der Beitrag, dass in den Haltungen gegenüber Grundwerten der Gesellschaft zwar Unterschiede, aber keine prinzipiellen Gegensätze bestehen; das schließt auch die Einstellungen zur Demokratie ein. Allerdings sind hier die Ostdeutschen unzufriedener mit dem „real-existierenden" System in der Bundesrepublik und dessen Leistungen.

(2) Hinsichtlich des Standes und der Bilanzierung der deutschen Einheit zeigen sich signifikante Differenzen: Während 2010 in den neuen Bundesländern 17% der Befragten der Auffassung sind, dass die die Einheit weitestgehend vollzogen ist bzw. nur noch geringe Unterschiede zwischen beiden Landesteilen bestehen, sind in den alten Bundesländern 47% dieser Meinung. 53% im Osten bzw. 37% im Westen stellen noch immer deutliche Unterschiede fest. Und während in beiden Landesteilen der Anteil derer, die vor allem Gewinne mit der deutschen Einheit verbinden, nur geringe Unterschiede aufweisen, sind die Verlustmeldungen aus dem Westen häufiger. 42% der Befragten in den neuen Ländern und 37% in den alten Ländern bilanzieren die Einheit für sich subjektiv positiv, während 35% im Westen von mehr Verlusten als Gewinnen berichten im Unterschied zu 24% im Osten.

(3) Als bedenklich betrachten die AutorInnen die kritische Sicht auf die Zukunft. Die Menschen in Ost und West gehen mehrheitlich davon aus, dass in materieller und institutioneller Hinsicht wie auch im Hinblick auf die Chancenverteilung von einer Angleichung der beiden Teile Deutschlands auf absehbare Zeit nicht die Rede sein kann. Dagegen scheint – so das Resümee – in Abweichung vom veröffentlichten Meinungsbild die „innere Einheit" weiter vorangeschritten zu sein, als oft angenommen.

Inhaltlich schließt hier der Beitrag von *Raj Kollmorgen* an, der sich mit *„Subalternisierung. Formen und Mechanismen der Missachtung Ostdeutscher nach der Vereinigung"* auseinandersetzt. Der Autor setzt beim Syndrom des „Bürger zweiter Klasse" an, das als eine wichtige (Umfrage-)Artikulation der Missachtung Ostdeutscher begriffen werden kann. Theoretisch-konzeptuell an Anerkennungs-, Wohlfahrtsstaats- sowie diskurstheoretischen Ansätzen orientiert, wird im Beitrag die (dynamische) Stellung der Ostdeutschen als Staatsbürger, Wohlfahrtsstaatsbürger sowie und fokussierend: als sozial Wertgeschätzte erkundet. Letzteres erfolgt sowohl anhand der Chancen Ostdeutscher, in Elitepositionen aufzurücken, wie ihrer Repräsentation in öffentlichen Diskursen. Das Ergebnis ist – gemessen an den Normen einer demokratischen Wohlfahrtsgesellschaft – ernüchternd: Ostdeutsche sind in der Elitenrekrutierung auf nationaler Ebene, aber selbst in Ostdeutschland bis heute marginalisiert, in bestimmten Bereichen sogar weitgehend exkludiert. In den hegemonialen öffentlichen Diskursen (Massenmedien, Bildungswesen) erscheinen die Ostdeutschen als Subalterne (vgl. Kollmorgen/Hans im Band). Ostdeutschland und Ostdeutsche werden abgewertet und als verlorene Großregion und Verlierer präsentiert. Der Autor unternimmt dabei nicht nur eine detaillierte Analyse der Mechanismen dieser diskursiven Missachtung, sondern stellt diese zum einen in den allgemeinen Kontext von Ungleichheitsformen und -dynamiken in unserer Gegenwartsgesellschaft, womit die „ostdeutsche Minderheit" mit anderen Minoritäten und Ungleichheitsrelationen sinnvoll verglichen werden kann. Zum anderen diskutiert er abschließend die Frage, welche Gegenstrategien denk- und realisierbar erscheinen.

Der anschließende Beitrag *„Ostdeutsche Zukunftspotenziale – oder: Wie man das Rad doch noch einmal neu erfinden muss"* von *Michael Thomas* kann bis zu einem gewissen Grade als eine Antwort auf die Subalternisierungsphänomene der Ostdeutschen und den herrschenden Diskurs der deutschen Vereinigung begriffen werden. Der Beitrag beschreibt die Blockaden der ostdeutschen Entwicklung, die mit einer einseitigen, überzogenen Angleichung an das westdeutsche Wirtschafts- und Sozialmodell verbunden sind. Kritische Reflexionen und Diskurse bleiben begrenzt und folgenlos, insofern sie nicht eine Alternative aufmachen können. Zukunft verschwimmt, und allgemeine Ratlosigkeit macht sich breit. Diesem Modell und diesen Reflexionen werden vom Autor Überlegungen gegenübergestellt, die in der Gestaltung eines Pfadwechsels hin zum sozialökologischen Umbau sowohl den Bruch mit der Angleichungsperspektive wie den Gewinn einer Zukunftsperspektive verbinden. Belege werden angeführt, aktuelle oder neue Impulse aufgezeigt. Aus einem solchen Blickwinkel erfahren zudem einige der ostdeutschen Entwicklungen der letzten zwei Jahrzehnte eine neue

Einschätzung. Insgesamt lässt sich, ohne Schwierigkeiten zu ignorieren, mit Ratlosigkeit konstruktiv umgehen und über Zukunft sinnvoll verhandeln.

Die folgenden beiden Beiträge des zweiten Teils ergänzen die Forschungsperspektiven der bisherigen Auseinandersetzungen um projektgestützte und anwendungsorientierte Analysen deutsch-deutscher Kommunikationsprozesse.

So gründet der Beitrag von *Rafael Wawer und Daniela Riedel* „*Deutsche Einheit, Massenmedien und Online-Dialoge*" auf einem vom Beauftragten der Bundesregierung für die Neuen Bundesländer angeregten und finanzierten Online-Dialog „Unsere Deutsche Einheit", der Anfang 2009 realisiert wurde und etwa 7.000 Aufrufe erfuhr. Die Autoren beschreiben sowohl die Konzeption des Online-Dialogs, seine inhaltliche Moderation wie die Partizipation durch ost- und westdeutsche BürgerInnen. Dabei zeigt sich, dass die geäußerten Meinungen zu den drei vorstrukturierten Diskussionsthemen, die sich auf Geschichte, Gegenwart und Zukunft des Vereinigungsprozessen bezogen, mit den Befunden aus den anderen empirischen Studien im Band (vgl. insbesondere die Beiträge von Hanf et al., Kollmorgen/Hans, Kollmorgen) weitgehend korrespondieren. Ein wichtiges Ergebnis ist hier, dass sich die Bürgerinnen und Bürger eine deutlich stärkere und intensivere Kommunikation zwischen Ost und West wünschen und durchaus Defizite in den bisherigen massenmedialen Kommunikationsangeboten erkennen. Der Beitrag schließt mit einer Problematisierung der Rolle von Online-Dialogen in öffentlichen (Massen-)Kommunikationen – auch anhand alternativer Projekte.

Hans-Liudger Dienel nimmt in seinem Beitrag eine Horizonterweiterung vor. Er beschäftigt sich unter dem Titel „*Einheit erfahren, Einheit gestalten*" mit der „*Konzeption und (dem) Einsatz von kommunikativen und partizipativen Formaten für die Gestaltung der Deutschen Einheit zwanzig Jahre nach der ‚Wende'*". Der Beitrag blickt zurück auf Konzeption und Einsatz von unterschiedlichen Instrumenten der Bürgerbeteiligung und deliberativen Demokratie in der Kommunikation und Gestaltung der Deutschen Einheit, insbesondere auf der regionalen und lokalen Ebene. Konkret werden die Modelle und Wirkungsgeschichten von Städtepartnerschaften, Jahrestagen der Deutschen Einheit als Ort der Bürgerbeteiligung, kommunale Grenzgänge, Rückwanderungsagenturen, Planungszellen, Online-Dialoge und Online-Spiele, der Einheitsmarathon, Bürgerausstellungen sowie Schüler(geschichts)wettbewerbe skizziert und ihre Wirkungsmöglichkeiten über das Jahr 2010 hinaus erkundet.

Den Schlussbeitrag liefert *Rolf Reißig* zum Thema „*Deutsche Einheit: Ein neuer Diskurs*". Hier wird – die Fäden des ersten und zweiten Teils des Bandes aufnehmend und verknüpfend – die Notwendigkeit einer grundlegenden Wende im Einheitsdiskurs – vom Angleichungsdiskurs Ost zum konflikthaften und offenen Umbruch-, Wandlungs- und Gestaltungsdiskurs eines neuen, zukunftsfähigen Deutschlands formuliert. Referenz- und Bewertungsfolie, Maßstab und Messlatte gelingender Transformation und Einheit sind danach – so Reißig – nicht mehr die quantitativen Ost-West-Vergleiche (Wachstumsraten, Arbeitsproduktivität, Konsumentwicklung), sondern ein „selbsttragender, dynamischer Entwicklungs- und Zukunftspfad", sind „Modernität" und „Innovation", „Entwicklungs- und Zukunftspotenziale", „Handlungs- und Teilhabechancen", „soziale und kulturelle Lebensqualität". Eine solche Sicht auf Vereinigung verändert auch den Diskurs um Ostdeutschland. Ostdeutschland ist mit einem „doppelten Umbruch" konfrontiert, mit den Folgen der postsozialistischen Transformation und mit den Herausforderungen der postmodernen Transformation. Der Osten ist deshalb in diesem Diskurs nicht mehr nur abgehängter Nachzügler, sondern auch Beispiel des sozial-ökologischen Wandels und neuen Entwicklungspfades, wie er für ganz Deutschland ansteht. Auch der Diskurs um die „innere Einheit" ist zu wenden. Die „innere Einheit" ist nicht, wie im „alten" Diskurs thematisiert, eine Frage der Überwindung der bestehenden Einstellungsunterschiede zwischen Ost- und Westdeutschen, sondern der Herausbildung eines „politisch-pluralistischen Gemeinwesens". Dieses aber erfordert neben der „Sozialen Einheit" vor allem „Anerkennung" der Vielfalt und Unterschiedlichkeit der Lebensleistungen, der Erfahrungen, des Eigen-Sinns und einen „Dialog unter Gleichen".

Das Einheitsprojekt ist damit für den Autor zugleich ein Zukunftsprojekt, Einheits- und Zukunftsdiskurs sind daher eng miteinander zu verbinden. Zukunft aber nicht mehr verstanden als Verwaltung der Vergangenheit und Verlängerung der Gegenwart, sondern als Gestaltung des neuen, vereinten Deutschlands im europäischen und globalen Maßstab. Einigungsbedingte Hypotheken und nicht einigungsbedingte neue Herausforderungen überlagern sich, wobei letztere in den Vordergrund rücken. Nur wenn Zukunft neu gestaltet wird, kann auch das noch unfertige Werk der deutschen Einheit endgültig gelingen.

Danksagung

Dieser Band verdankt seine Entstehung und Publikationsmöglichkeit einem langjährigen Forschungs- und Kommunikationszusammenhang im Rahmen des Netzwerkes und des Innovationsverbundes Ostdeutschlandforschung (Näheres unter: www.ostdeutschlandforschung.net), deren Arbeit von der Senatsverwaltung für Bildung, Wissenschaft und Forschung Berlin und der TU Berlin finanziell getragen werden. Beiden Trägern wie allen Mitgliedern und MitarbeiterInnen des Verbundes gilt hierfür unser Dank.

Der Band greift darüber hinaus auf die Ergebnisse mehrerer Forschungsprojekte zurück, die in den letzten Jahren von Mitgliedern des Innovationsverbundes mit Unterstützung des Beauftragten der Bundesregierung für die Neuen Bundesländer sowie des Bundesministeriums für Bildung und Forschung (BMBF) realisiert wurden. Diese Forschungsförderung soll hier ebenfalls ausdrücklich und dankbar Erwähnung finden.

In der Konzeptualisierung des Bandes, der Erstellung des Gesamtmanuskripts, der Redaktion der Beiträge und beim Korrekturlesen haben uns eine Reihe von KollegInnen unterstützt. Ein besonderer Dank geht an Ansgar Düben (für den umsichtigen und geduldigen Satz des Bandes) sowie an Julia Gabler, Thomas Hanf und Benjamin Nölting. Schließlich möchten wir auch Frau C. Mackrodt für die Unterstützung durch den Verlag Dank sagen.

Literatur

Ahbe, Thomas (1999): Ostalgie als Laienpraxis. Einordnung, Bedingungen, Funktion. In: Berliner Debatte Initial, 10. Jg. (3): 87-97.

Ahbe, Thomas (2004): Die Konstruktion der Ostdeutschen. Diskursive Spannungen, Stereotype und Identitäten seit 1989. In: Aus Politik und Zeitgeschichte, B41-42/2004: 12-22.

Ahbe, Thomas/Gries, Rainer/Schmale, Wolfgang (Hg./2009): Die Ostdeutschen in den Medien. Das Bild von den Anderen nach 1990. Leipzig: Leipziger Universitätsverlag.

Arendt, Hannah (1981): Vita activa oder vom tätigen Leben. München: Piper.

Barlösius, Eva (2006): Gleichwertig ist nicht gleich. In: Aus Politik und Zeitgeschichte, B37/2006 (vom 11.09.2006) (http://www.bundestag.de/dasparlament/2006/37/ Beilage/003.html).

Bericht (2006): Zur Lage in Ostdeutschland. Bericht des Netzwerkes und des Innovationsverbundes Ostdeutschlandforschung. In: Berliner Debatte Initial, 17. Jg. (5): 3-96.

Berliner Zeitung (2008): Wahlen entscheiden sich im Osten. In: Berliner Zeitung vom 11./12. Oktober 2008: 6 (http://www.berlinonline.de/berliner-zeitung/archiv/ .bin/dump.fcgi/2008/1011/seite1/0183/index.html).

Busch, Ulrich/Kühn, Wolfgang/Steinitz, Klaus (2009): Entwicklung und Schrumpfung in Ostdeutschland: Aktuelle Probleme im 20. Jahr der Einheit. Hamburg: VSA.

Fraas, Claudia (1996): Gebrauchswandel und Bedeutungsvarianz in Textnetzen – Die Konzepte IDENTITÄT und DEUTSCHE im Diskurs zur deutschen Einheit. Tübingen: Narr Francke Attempto/BRO.

Gerhards, Jürgen (1998): Öffentlichkeit. In: Jarren, Otfried/Sarcinelli, Ulrich/Saxer, Ulrich (Hg.): Politische Kommunikation in der demokratischen Gesellschaft. Ein Handbuch. Wiesbaden: Westdeutscher Verlag: 268-274.

Habermas, Jürgen (1962): Strukturwandel der Öffentlichkeit. Untersuchungen zu einer Kategorie der bürgerlichen Gesellschaft. Neuwied/Berlin: Luchterhand.

Keller, Reiner (2007): Diskursforschung. Eine Einführung für SozialwissenschaftlerInnen. Wiesbaden: VS Verlag.
Keller, Reiner/Hirseland, Andreas/Schneider, Werner/Viehöver, Willy (Hg./2001): Handbuch Sozialwissenschaftliche Diskursanalyse, Bd. 1: Theorien und Methoden. Opladen: Leske + Budrich.
Klein, Olaf Georg (2001): Ihr könnt uns einfach nicht verstehen! Warum Ost- und Westdeutsche aneinander vorbeireden. Frankfurt/Main: Eichborn.
Krause, Peter/Ostner, Ilona (Hg./2010): Leben in Ost- und Westdeutschland. Eine sozialwissenschaftliche Bilanz der deutschen Einheit 1990-2010. Frankfurt/N.Y.: Campus.
Land, Rainer/Ralf Possekel (1998): Fremde Welten. Die gegensätzliche Deutung der DDR durch SED-Reformer und Bürgerbewegungen in den 80er Jahren. Berlin: Links.
Luhmann, Niklas (2002): Die Politik der Gesellschaft. Frankfurt/M.: Suhrkamp.
Paqué, Karl-Heinz (2009): Die Bilanz: Eine wirtschaftliche Analyse der Deutschen Einheit. München: Hanser.
Reiher, Ruth (2008): Zum Umgang der Linguistik mit dem sprachlichen Ost-West-Problem seit dem Mauerfall. In: Roth, Kersten Sven/Wienen, Markus (Hg.): Diskursmauern. Aktuelle Aspekte der sprachlichen Verhältnisse zwischen Ost und West. Bremen: Hempen Verlag: 1-20.
Roth, Kersten Sven/Wienen, Markus (Hg./2008): Diskursmauern. Aktuelle Aspekte der sprachlichen Verhältnisse zwischen Ost und West. Bremen: Hempen Verlag.
Zeit Online (2009): Ramsauer will „Aufbau West". In: Zeit Online vom 8. November 2009 (http://www.zeit.de/wirtschaft/2009-11/aufbau-ost-west).

Teil I
Hegemoniale Diskurse: Analyse und Kritik

Zwischen „nachholender Modernisierung" und ostdeutschem „Avantgardismus"

Ostdeutschland und deutsche Einheit im Diskurs der Sozialwissenschaften

Raj Kollmorgen

Die folgende Analyse befasst sich mit Entwicklung, Stand und Perspektiven des sozialwissenschaftlichen Diskursfeldes der „Ostdeutschland- und Vereinigungsforschung", in dem Geschichte, Gegenwart und Zukunftschancen der neuen Länder und der Vereinigung aufgeklärt und diskutiert werden.[1] Mit Bezug auf Bourdieu (1988, 1992) und Schwab-Trapp (2001) wird unter Diskursfeld eine thematisch eingrenzbare Arena sozialer Verhältnisse verstanden, in der im Rahmen von „Spielregeln" unter Nutzung spezifischer Positionen, Ressourcen und Strategien diskursiv, d.h. sprachlich im Sinne von Textproduktion, -rezeption und mündlicher Kommunikation, um die Maximierung materiellen und symbolischen Kapitals gerungen wird. Dabei kristallisieren sich auf der Folie der übergreifenden Diskursformation bestimmte „Diskursgemeinschaften" und ihrer wichtigsten „Sprecher" (oder „Diskurseliten"), jeweils dominante Diskursstrategien und Konfliktlinien sowie relativ stabile diskursive Hegemonien heraus. Diskurse unterliegen einem dauernden Wandlungsprozess, was die Veränderung, Ablösung alter und Begründung neuer Hegemonien einschließt.

Vor diesem Hintergrund steht in diesem Beitrag neben einer zusammenfassenden Darstellung der thematischen, institutionellen und akteurbezogenen Entwicklungsdynamiken im Diskursfeld zwischen 1990 und 2009 die Problematisierung diskursiver Hegemonien, deren Verschiebungen und Alternativen im Zent-

---

1 Ich fasse darunter jene sozialwissenschaftliche Forschungen, die sich mit der sozialen Wirklichkeit in den fünf neuen Bundesländern seit 1989 und der deutsch-deutschen Vereinigung beschäftigen. Das schließt neben den zentralen disziplinären Zugängen der Soziologie und Politikwissenschaft auch deren Überlappungsfelder mit der Wirtschafts-, Bildungs-, Kultur-, Regional- und Stadtforschung ein. Für die empirischen Befunde werden die entsprechenden Forschungsfelder jeweils ausgewiesen. Explizite Geschichtsforschung zur DDR oder reine literaturwissenschaftliche Forschungen werden nicht systematisch berücksichtigt.

rum. Das schließt die Frage nach der weiteren Legitimierung des Forschungsfeldes in den kommenden Jahren ein.[2]

1. Das Themenfeld der Ostdeutschland- und Vereinigungsforschung: Eine quantitative Annäherung

Mit der „Wende" im Herbst 1989 gerieten die DDR und ab Oktober 1990: die fünf neuen Bundesländer bzw. Ostdeutschland in den Fokus der bundesdeutschen Sozialwissenschaften.[3] Rasch wurde von den Berufsverbänden, den großen Förderinstitutionen (z.b. DFG, VW-Stiftung) sowie dem vor allem zuständigen Bundesministerium für Forschung und Technologie (BMFT) das Forschungsobjekt „DDR"/„neue Bundesländer" als einer der wichtigsten Gegenstände von Forschungsförderung und Forschungsorganisation bestimmt. Sowohl aus zeitgeschichtlicher, gegenwartsdiagnostischer wie aus explizit zukunftsorientierter Perspektive setzte so bereits 1989/90 ein wahrer Boom ein. Blickt man aus der Distanz von zwanzig Jahren auf dieses Forschungsfeld und seine Entwicklung zurück, dürften drei Eindrücke die allgemeine Wahrnehmung beherrschen: erstens eben jenes explosionsartige Anschwellen in den ersten Jahren nach „Wende" und Vereinigung, zweitens ein schier implosionsartiges Schrumpfen ab Ende, vielleicht schon Mitte der 1990er Jahre, und drittens – im Ergebnis – eine deutliche quantitative Marginalisierung des Forschungsfeldes seit dem Beginn des neuen Jahrtausends. Eine Reihe von empirischen Analysen seit Mitte der 1990er Jahre untersetzt diese Eindrücke (vgl. Hauß/Kollmorgen 1994; Hradil 1996; Kollmorgen 2003; Weingarz 2003).

Ein Aktualisierungsversuch für die Jahre 1989-2008 auf Basis einer stich- bzw. schlagwortorientierten Internet-Recherche erbringt folgende, dabei mindestens auf den ersten Blick überraschende Resultate (siehe Abb. 1-3). Bezieht man sich einmal auf die vom IZ Sozialwissenschaften verwaltete Datenbank zu sozialwissenschaftlichen Forschungsprojekten (FORIS) und zum anderen auf die DFG-Datenbank GEPRIS und bildet zur besseren Vergleichbarkeit drei bzw. vier Fünfjahresperioden, ist – bei aller Vorsicht gegenüber Vollständigkeit, Peri-

---

2 Der Beitrag stellt eine stark überarbeitete, erweiterte und in Teilen aktualisierte Fassung des Artikels „Ostdeutschlandforschung. Status quo und Entwicklungschancen" dar, der in der Zeitschrift „Soziologie", 38. Jg. (2008), Heft 2, S. 9-39, erschienen ist.
3 Für die Entwicklung einer eigenständigen Forschung zur „Wende" durch SozialwissenschaftlerInnen der DDR blieb nicht genügend Zeit. Die ersten wichtigen Publikationen zum Niedergang, zur Revolution und den politischen, wirtschaftlichen und sozialen Umbaunotwendigkeiten erschienen tatsächlich im Herbst 1990, d.h. entweder kurz vor bzw. kurz nach der staatlichen Vereinigung. Auf eine quantitative Analyse dieser Arbeiten wird daher im Folgenden verzichtet. Sie werden aber in der Problematisierung der Diskursformierung seit 1989/90 noch eine Rolle spielen.

Diskurse der Sozialwissenschaften

oden- und Indikatorenwahl[4] – zweierlei festzuhalten: Erstens hat sich die Anzahl der Projekte, die sich in einem weiteren Sinne mit Ostdeutschland und der deutschen Einheit beschäftigen, nach 1998 nicht verringert. Vielmehr stieg sie zwischen 1999 und 2003 noch einmal deutlich an. Allerdings schrumpfte sie in der folgenden Periode (2004-2008) um etwa den gleichen Faktor, so dass sie sich heute in etwa auf dem Niveau der späten neunziger Jahre bewegt.

Abbildung 1: Anzahl der Forschungsprojekte zu Ostdeutschland und deutsche Einheit in drei Fünfjahresperioden (1994-2008)

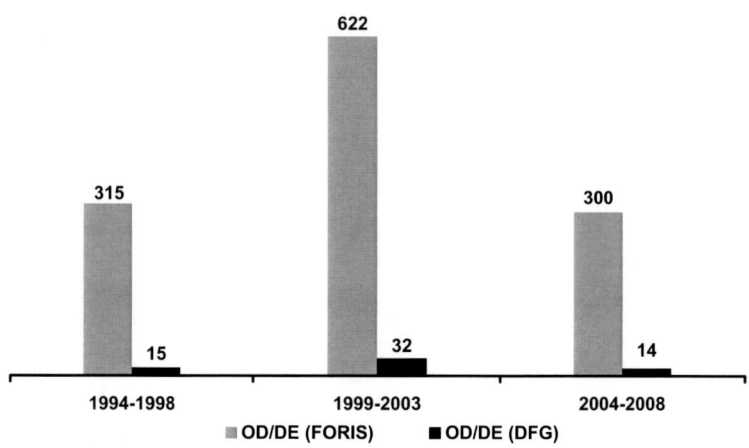

Erläuterung: FORIS: Gezählt wurden alle sozialwissenschaftlichen Forschungsprojekte (ohne Wirtschaftswissenschaften) mit den Stichwörtern „Ostdeutschland", „neue (Bundes)Länder" oder „deutsche Einheit". DFG: Analoge Erfassung unter Einschluss der Wirtschaftswissenschaft und sozialwissenschaftlicher Randgebiete wie Bildungsforschung, Sozialgeografie, Agrarökonomik usw.
Quelle: WISO, FORIS-Datenbank 2008; DFG-Datenbank GEPRIS 2008.

---

4 Problematisch ist erstens die Erfassung über die Stich- oder Schlagwörter, da sie größtenteils von den Projektverantwortlichen selbst vorgenommen werden und partiell „reine" regionale Verortungen und/oder marginale Teilaspekte der Projekte anzeigen, ohne dass von einer – im engeren Sinne – Ostdeutschlandforschung gesprochen werden könnte. Dieser Mangel wäre nur durch detaillierte Inhaltsanalysen der Projekte (bzw. Projektberichte) zu beheben, was den Rahmen dieses Beitrages deutlich gesprengt hätte. Zweitens wurden die Perioden (hier wie im Folgenden) so gewählt, dass zwischen 1989 und 2008 vier Fünfjahresperioden verglichen werden können. Diese Perioden verdecken aber ggf. scharfe Schnitte innerhalb ihres Zeitraumes. Drittens ist generell darauf hinzuweisen, dass die Zahl der gemeldeten und verwalteten Projekte in den Datenbanken seit Mitte der 1990er Jahre deutlich ansteigt. Deshalb wurde die Periode zwischen 1989 und 1993 nicht erfasst.

Zweitens aber sind Dynamik wie Umfang angesichts alternativer Forschungsgegenstände – hier exemplarisch: soziale Ungleichheit und Globalisierung/Weltgesellschaft – zu gewichten (Abb. 2). Der Vergleich zeigt, dass die Ostdeutschland- und Vereinigungsforschung durch ihren gut zehnjährigen Boom Mitte, selbst noch Ende der neunziger Jahre tatsächlich ein wichtiges, ja dominierendes Forschungsfeld darstellte. Die Dominanz begann um 1998/99 zu bröckeln, was sich in den letzten Jahren mit dem realen Schrumpfen der Projektanzahl beschleunigte. Demgegenüber stieg die Anzahl der Projekte in den beiden alternativen Feldern durchgehend, wobei die Globalisierungsforschung, wenig überraschend, um die Jahrhundertwende einen Entwicklungssprung vollzog. In der letzten Periode (2003-2008) gingen die Forschungsfelder insofern getrennte Wege: Während die Zahl der Projekte in der Ungleichheits- und Globalisierungsforschung um jeweils zehn Prozent wuchs, halbierte sie sich im Bereich der Ostdeutschland- und Vereinigungsforschung. Absolut betrachtet, rangiert heute die (in den Datenbanken dokumentierte) Ungleichheitsforschung auf einem Zweidrittelniveau der Ostdeutschland- und Vereinigungsforschung, während die Globalisierungsforschung die Letztgenannte um 25% überragt.

Abbildung 2: Anzahl der Forschungsprojekte zu Ostdeutschland/deutsche Einheit im Vergleich (1994-2008)

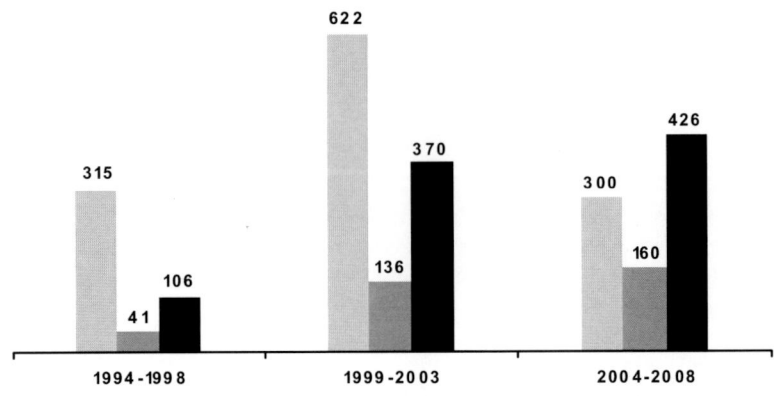

Erläuterung: FORIS: Gezählt wurden alle sozialwissenschaftlichen Forschungsprojekte (ohne Wirtschaftswissenschaften) mit den Stichwörtern „Ostdeutschland", „neue (Bundes)Länder", „deutsche Einheit" bzw. „Ungleichheit", „Globalisierung".
Quelle: WISO, FORIS-Datenbank 2008.

Diese auf die Projektforschung referierende Verlaufskurve wird durch den Bezug auf Publikationen (Abb. 3) grundsätzlich gestützt, partiell aber auch korrigiert. Einschlägige Suchmaschinen bzw. Datenbanken offenbaren, dass die deutschen Veröffentlichungen zum Thema „Ostdeutschland" (bzw. neue Bundesländer) und „deutsche Einheit" ihren Höhepunkt Mitte/Ende der 1990er Jahre (IZ SOLIS, Deutsche Nationalbibliographie [DNB]) bzw. Anfang des neuen Jahrtausends (*google scholar*) besaßen.[5] Danach sinkt die Anzahl signifikant, am ausgeprägtesten nach IZ SOLIS (auf ein Drittel des Höchstwertes).

Rekapituliert man die neuen Erhebungsresultate methodenkritisch, werden die älteren Befunde in ihrer Trendaussage durchaus bestätigt, auch wenn die konkreten Zeiträume und Ausmaße des Abschmelzens in Teilen zu korrigieren sind. Für die merkwürdige Verwerfung zwischen Forschungs- und Veröffentlichungsdynamik bieten sich drei vorläufige Erklärungen an: Erstens ist auf eine begrenzte, auch mittelseitig erkennbare Wiederaufwertung der Ostdeutschlandforschung Anfang des neuen Jahrtausends hinzuweisen, auf die später noch einzugehen sein wird (3.). Zweitens ist es wahrscheinlich, dass die Forschungen jener neuen „Welle" ihre (publikative) Ertragsphase bis 2008 noch voll nicht erreicht hatten, dass also in den kommenden Jahren ein Wiederanstieg der Veröffentlichungszahlen im Bereich des Möglichen liegt. Drittens ist zu bedenken, dass in der Periode 1992-1997/98, d.h. dem Zeitraum, in dem die Publikationen für die Periode 1994-1998 *faktisch* erarbeitet wurden, der Transformations- und Vereinigungsprozess das gesellschaftspolitisch beherrschende Thema darstellte. Dass die Anzahl der Publikationen in dieser Periode die Zahl der Forschungsprojekte so übersteigt, ist insofern kein Wunder. Dies gilt umso mehr, als ein Großteil der Publikationen auf wissenschaftlicher Tätigkeit gründet, die von den Forschungsdatenbanken nicht erfasst werden. Neben eher essayistisch orientierten Publikationen ist vor allem auf wesentliche Teile der Auftragsforschung sowie Experten- und Beratungstätigkeiten hinzuweisen (vgl. 4.). Die inverse Bewegung in der Folgeperiode (1999-2003), d.h. die schwindende Anzahl von Veröffentlichungen zum Thema *trotz* der wieder angestiegenen Projektförderung, folgt dem gleichen Mechanismus – nur unter umgekehrten Vorzeichen. Das Thema erschöpfte sich in der massenmedialen Öffentlichkeit (siehe Kollmorgen/Hans im vorliegenden Band) und die gesellschaftspolitische Bedeutung ostdeutscher Entwicklungen und deutsch-deutscher Konfliktlinien schwand im Schatten von Globalisierung und Schröderschem Reformprogramm („Agenda 2010").

---

5 Die Suche über *google scholar* muss infolge des erheblichen Bedeutungswandels des Internets in den letzten zwanzig Jahren und der Berücksichtigung aller Publikationsarten (einschließlich elektronischer Ressourcen) von den Werten und Verläufen anderer Datenbanken abweichen und ist insofern nur bedingt aussagekräftig.

Abbildung 3: Publikationen zum Thema „Ostdeutschland" zwischen 1989 und 2008 (in Fünfjahresperioden)

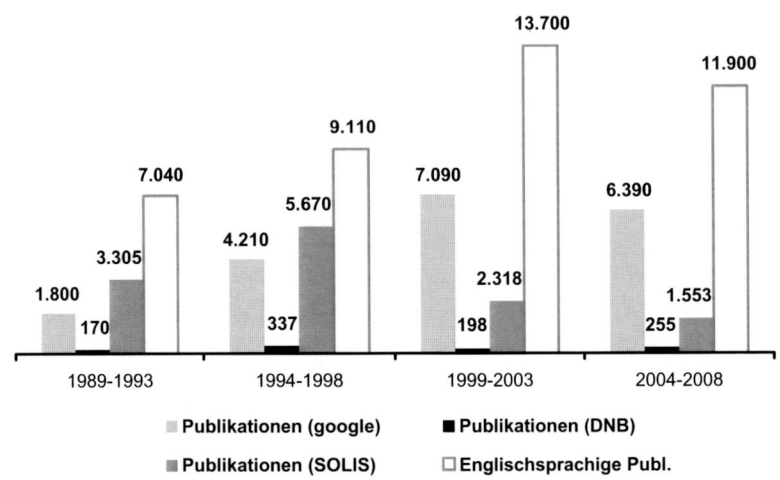

Erläuterung: Publikationen (*google*) = Alle deutschsprachigen Publikationen in „*google scholar*" mit dem Titelstichwort „Ostdeutsch/e/r" oder „Ostdeutschland/s"; Publikationen (DNB) = Alle Buchpublikationen unter den Schlagwörtern „Ostdeutschland", „neue Länder" oder „deutsche Einheit"; Publikationen (SOLIS) = Alle in SOLIS gemeldeten Publikationen unter den Schlagwörtern „Ostdeutschland", „neue (Bundes)Länder" oder „deutsche Einheit"; Englischsprachige Publikationen = Alle Publikation in „*google scholar*" mit dem Titelstichwort „*East Germany*".
Quellen: Eigene Recherche bei: google scholar 2008 (http://scholar.google.de), WISO, SOLIS-Datenbank 2008 sowie der Deutschen Nationalbibliographie (DNB) 2008 (https://portal.d-nb.de).

Die bisherigen Befunde werden von der umfangreichsten, an der TU Dresden gepflegten Literaturdatenbank zu DDR, Ostdeutschland und Vereinigung: „Wiedervereinigung.de" untermauert (www.wiedervereinigung.de). Sie lässt mit ihrem Bestand von 53.000 Literaturnachweisen (31.12.2007) nicht nur erahnen, welche unglaubliche Menge an Forschungsresultaten und Stellungnahmen zum Thema mittlerweile akkumuliert wurde, die praktisch alle Disziplinen, Felder und analytischen Perspektiven umspannt. Mit dem Anwachsen ihres Bestandes zwischen 2002 und 2007 um gut 10.000 Titel wird auch die Diagnose gestützt, dass die Ostdeutschland- und Vereinigungsforschung in den letzten fünf bis zehn Jahren quantitativ zwar „ab-", aber keinesfalls vollständig „ausgebremst" wurde.

2. Empirische Forschungsfelder und theoretisch-konzeptuelle Diskurskonstellationen

Früh wurde von verschiedener Seite festgestellt, dass ostdeutsche Transformation und deutsche Einheit vermutlich den am besten dokumentierten und am intensivsten empirisch analysierten Forschungsgegenstand in der Geschichte der deutschen Sozialwissenschaft darstellt. Dabei überspannt der inhaltliche Bogen der Ostdeutschlandforschung heute praktisch alle Ebenen, Bereiche und Dimensionen des Sozialen. Substanzielle Leerstellen sind bereits seit gut zehn Jahren nicht mehr erkennbar (vgl. Hradil 1996; Weingarz 2003).

Eine Auswertung der FORIS-Datenbank zu den sozialwissenschaftlichen Forschungsprojekten mit dem Thema „Ostdeutschland" und/oder „Vereinigung" (Abb. 4) erbringt für die Jahre 2004-2007 eine Verteilung der empirischen Felder, die klar von (sozio-)ökonomischen Problemstellungen – Arbeitsmarkt, Management und Einkommensentwicklung bis Wirtschaftsförderung und Innovationsdynamiken – beherrscht wird (fast 37% aller Projekte). Es folgen fast gleichauf die drei Felder: Politik und Verwaltung, Ungleichheit und Sozialstruktur sowie Stadt- und Regionalentwicklung (14-12%). Ein dritter Block mit – in dieser Reihenfolge – abnehmenden Anteilen wird durch die Gegenstände: Bildung/Wissenschaft, Demographie, Biographie und Werte/Kultur gebildet (9-3,5%).[6]

Auch wenn der hohe Anteil sozioökonomisch orientierter Untersuchungen angesichts der gesellschaftlichen Bedeutung von Wachstum und Erwerbsarbeit nicht verwundert, überrascht zunächst das Maß der Dominanz. Dieses wird aber relativiert, betrachtet man den gesamten Zeitraum (1989-2008) und die in ihm erkennbaren Zirkelbewegung. Der in den ersten Jahren klaren Vormachtstellung politischer und ökonomischer Themen – von demokratischer „Wende" über

---

6 Eine Überprüfung dieser Themenfelder für die letzten drei Jahre (2008-2010) anhand der genannten Datenbanken und Veröffentlichungen (vor allem Bücher), die allerdings keinen Anspruch auf Vollständigkeit erheben kann und insofern vorläufig ist, stützt diese Verteilung grundsätzlich. Wirtschaftsthemen bleiben mit gut einem Drittel führend. Allerdings hat der Anteil der Forschungen, der sich mit demographischen Problemen beschäftigt, deutlich zugenommen. Diese werden oft im Zusammenhang mit wirtschaftlichen Aspekten, aber auch Fragen der Stadt- und Regionalentwicklung sowie Wissenschafts- und Bildungspolitik bearbeitet. Fasst man alle Forschungen und Veröffentlichungen zusammen, die mindestens auch demographische Aspekte untersuchen, sind es deutlich über 30%. Darüber hinaus besitzen (politisch-)kulturelle Themen – Einstellungen, Wertorientierungen, Extremismusforschung – eine erhebliche Bedeutung.

Wirtschafts-, Währungs- und Sozialunion bis zum Wirken der Treuhandanstalt – schloss sich ab Mitte der neunziger Jahre eine Periode an, in der sozialstrukturelle, (informell-)institutionelle und soziokulturelle Perspektiven einen enormen Bedeutungsschub erfuhren. In den letzten fünf bis sieben Jahren haben wir es zwar mit einer Renaissance politisch- und sozioökonomischer Forschungsfelder zu tun. Dabei handelt es sich aber nicht um eine schlichte Rückkehr. Einerseits ist in vielen Fällen das Projektdesign komplexer geworden, etwa in Bezug auf Akteurperspektiven, Langzeitigkeit oder komparative Methoden. Andererseits werden die Themen in neuen Kontexten und unter veränderten Fragestellungen diskutiert.

Abbildung 4: Empirische Forschungsfelder in der Ostdeutschland- und Vereinigungsforschung 2004-2007 nach FORIS (Anteile in v.H.)

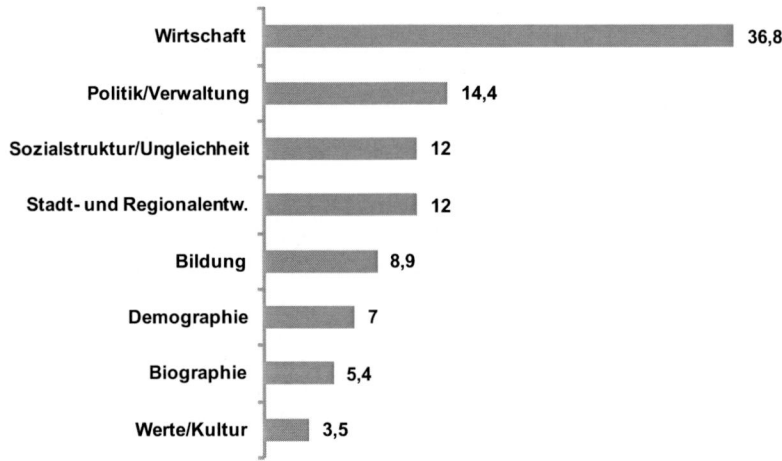

Erläuterung: Gezählt wurden alle sozialwissenschaftlichen Forschungsprojekte (ohne Wirtschaftswissenschaften) mit den Stichwörtern „Ostdeutschland", „neue (Bundes)Länder" oder „deutsche Einheit". Jedem Projekt wurde nur ein Thema zugewiesen; alle nicht eindeutig zuordenbaren Projekte wurden vernachlässigt; N = 258.
Quelle: WISO, FORIS-Datenbank 2009.

Fünf Schlagwörter stehen beispielhaft für diese inhaltlichen und theoretisch-methodologischen Reorientierungen:

a. *Nachhaltigkeit* („selbsttragender Aufschwung", Transfer, Förderkerne, Management-, Unternehmer- und Arbeitskulturen, ökologische Perspektiven),
b. *Innovation* (Wissenschafts- und Innovationscluster, KMU und Innovation, ökologische Erneuerung, Ausbildung und Innovation usw.),
c. *Region* (generell: Regionalisierung der Transformations- und Vereinigungsprozesse, regionale Märkte und „Wachstumskerne", Akteure und Programme regionaler Wirtschafts- und Strukturpolitik),
d. *Demographie* (Migration, Schrumpfung, Generationswechsel und ihre Bedeutung für Regionen und Unternehmen),
e. *Diskurs* (sprachliche, [massen-]kommunikative und diskursive Voraussetzungen, Mechanismen und Folgen des Transformations- und Vereinigungsprozesses, diskursive Konstruktionen und Hegemonien von „Ostdeutschlandbildern" und ostdeutschen Identitäten).

Diese Veränderungen spielen unmittelbar auf das Problem theoretisch-konzeptueller Zugänge und deren Dynamik an. Zwar ist auch hier auf eine ungeheure Pluralität der Ansätze, Erklärungsversuche und Interpretationsangebote hinzuweisen. Aus diskursorientierter Perspektive lassen sich aber fünf theoretisch-konzeptuelle Achsen identifizieren, die für die Strukturierung der Ostdeutschland- und Vereinigungsforschung von besonderer Bedeutung sind. Zum Teil handelt es sich dabei um Achsen, die durch polare, partiell sogar antagonistische Diskurspositionen bestimmt werden, wobei seit 1990 Verschiebungen und Dominanzwechsel stattfanden.

1. „Nachholende Modernisierung" von außen und oben („Implementations- und Anpassungslogik") vs. Modernität von innen und unten („Subjektsein" der Ostdeutschen)
Diese für die gesamte postsozialistische Transformations-, aber besonders: Ostdeutschland- und Vereinigungsforschung klassische konzeptuelle Frontstellung hat vor allem die ersten Jahre beherrscht. Dabei tendierte eine Gruppe der Sozialforscher[7] dazu, die Transformation Ostdeutschlands mit dem staatsrechtlichen Beitritt, dem damit verbundenen Institutionentransfer und *ready made state* als Fall nachholender Modernisierung und eines gesteuerten Systemwechsels nach

---

7 Hier wie im Folgenden gilt, dass die Verwendung maskuliner Berufs- oder Personengruppenbezeichnungen nur aus sprachlichen Vereinfachungsgründen erfolgt. Eingeschlossen sind immer männliche und weibliche Vertreter/innen.

dem Vorbild der alten Bundesrepublik zu begreifen. Seither habe man es mit Folgeproblemen der Anpassung an die neuen Institutionen, effektiver Ressourcenallokation und Enkulturation zu tun. Die dahinter stehende Logik betrachtet das als ideal, was von oben und auf Grundlage bewährter Ordnungen nach unten durchgesetzt werden kann, wobei alles Querliegende und Persistente als retardierende Störung der „nachholenden Modernisierung" verstanden wird (exemplarisch: Zapf 1991, 2000). Die Gegenposition behauptete nicht nur eine, wenn auch partiell deformierte, alternative Modernität des Ostens (Brie/Klein 1991; Pollack 2001; Ettrich 2005), so dass nicht von einer umfassenden gesellschaftlichen Vorbildlichkeit der Bundesrepublik gesprochen werden könne. Sie kritisierte vor allem, dass die institutionelle „Blaupause" des Beitritts zugleich den Beginn einer „Kolonialisierung" des Ostens durch die Staatseliten und das Großkapital des Westens markierte (Dümcke/Vilmar 1996; Bollinger et al. 2000). Dem wurde der Ruf nach einer autochthonen Transformation von unten durch die früher und auch jetzt wieder „unterdrückten" politischen Subjekte, einschließlich der Beibehaltung positiver Eigenschaften der realsozialistischen Gesellschaft entgegengestellt (ibid.). Obwohl diese Debatte seit Ende der 1990er Jahre an Bedeutung und Schärfe verloren hat, bleibt die modernisierungstheoretische Fragestellungen virulent. Davon künden auch neuere Projekte und Publikationen, wobei heute Vermittlungen zwischen den Extrempositionen die Regel sind (vgl. Reißig 2000, 2009, im vorliegenden Band; Adamski et al. 2002; Ettrich 2005; Alheit et al. 2004; Thomas im vorliegenden Band; Schwarz 2008; Kollmorgen 2005, 2010).

2. Formierung des ostdeutschen Wandels durch die Lasten der Vergangenheit („Erbschaften des DDR-Herrschaftsregimes") vs. Dominanz der Prozesslogiken nach 1990 („Beitrittslogik", „Inkorporation Ostdeutschlands", „nachholende Modernisierung")

Inhaltlich mit der ersten Konstellation verwandt, aber spezifischer auf die Faktoren des Prozessverlaufs zielend, sieht hier die erste Position die substanziellen Schwierigkeiten des Transformations- und Vereinigungsprozesses in erster Linie in den Erbschaften des staatssozialistischen Herrschaftsregimes der DDR begründet. Diese seien sowohl materieller Natur gewesen (marode Wirtschaft, überalterte Infrastruktur, ökologische Sünden usw.) wie – und nicht minder bedeutsam – „mentaler". Letztere umfassten nicht nur den Mangel an Unternehmergeist, etatistische Orientierungen oder Kollektivismus, sondern auch die ostdeutsche Sonderidentität, die sich einer „inneren Einheit" entgegenstelle (Baring 1991; auch Schroeder 2006, 2009; als späte essayistische Karikatur: Biller 2009). Demgegenüber identifiziert die zweite Position den Modus und die Machtverhältnisse im deutschen Vereinigungsprozess als zentralen Faktor für die

Probleme der Einheit. Nicht nur die Beitrittslogik, also der Versuch einer schlichten („nachholenden") Übertragung westdeutscher Verhältnisse auf Ostdeutschland, sondern auch die Entmachtung der Ostdeutschen in der Gestaltung der Transformationsprozesse vor Ort durch die Interessenpolitiken der westdeutschen Eliten hätten Umbau wie Vereinigung erschwert und verzögert. Hinsichtlich der „mentalen" Abstoßungs- und Absonderungsphänomene wurde diese Debatte vor allem Mitte und Ende der 1990er Jahre unter der Überschrift „Sozialisations- vs. Situationshypothese" intensiv diskutiert (zur Diskussion in den verschiedenen Feldern: Pollack 2000, 2006; Kollmorgen 2005; Land 2006b; Busch/Kühn/Steinitz 2009).

3. Vereinigung als „Angleichung" vs. „Einheit in der Differenz" und Vereinigung als Differenzierung

Im Zusammenhang mit den ersten beiden Polaritäten ist seit dem Beitritt der neuen Länder umstritten, ob staatsrechtliche Einheit und der dominierende Beitrittsmodus im Vereinigungsprozess zu einer gesellschaftlichen Angleichung beider Landesteile – oft einseitig in Ost-West-Richtung gedacht – führen wird oder ob gesellschaftliche Differenzen bestehen bleiben, vielleicht sogar wachsen und damit langfristig den Charakter neuer struktureller Disparitäten bzw. Peripherisierungen annehmen. Während in der ersten Dekade der Angleichungsdiskurs dominierte, gewann später der Differenzierungsdiskurs – bezogen auf wirtschaftliche, soziale und demographische Strukturen, politische Kulturen bis hin zu sozialen Milieus und Lebensstilen – an Einfluss (u.a. Veen 2000; Meulemann 2002; Busse/Dürr 2003; Herles 2005; Bahrmann/Links 2005; Kollmorgen 2005; Falter et al. 2006, Land 2006a; Schroeder 2006; Pollack 2006; Links/Volke 2009; Thomas sowie Reißig im vorliegenden Band). Das hat seit Mitte der neunziger Jahre sowohl zu einem Ansteigen direkter Ost-West-Vergleiche wie auch zu einer nachhaltigen Regionalisierung von Untersuchungsdesigns und Datensätzen geführt. Interessanterweise trug dies zur Neubewertung der bundesdeutschen Gesellschaft bis 1989 bei, der nun eine deutlich größere Vielfalt attestiert wurde. Nimmt man noch einmal die FORIS-Datenbank zum Maßstab (Projekte 2004-2007), dann sind es gegenwärtig gut ein Fünftel aller Forschungsprojekte, die einen direkten Vergleich von Ost- und Westdeutschland beinhalten.

4. Unvergleichbarer Sonderfall vs. fruchtbarer Vergleichsfall in der Transformationsforschung

Seit Beginn der Ostdeutschlandforschung wird lebhaft darüber gestritten, ob es sich bei der ostdeutschen Transformation infolge der raschen staatsrechtlichen Vereinigung um einen Sonderfall handelt, der Vergleiche mit anderen Transformationsgesellschaften weitgehend nutzlos erscheinen lässt, oder ob sie umgekehrt in bestimmten Aspekten einen „normalen" postsozialistischen Vergleichsfall, in anderen mindestens einen wertvollen Kontrastfall repräsentiert, der komparative Analysen geradezu herausfordert. Auch hier lässt sich eine Dominanzverschiebung über die Zeit beobachten. Bis auf Ausnahmen (vgl. insbesondere die Programmatik der AG TRAP, vgl. Wiesenthal 1996; Wielgohs/Wiesenthal 1997) dominierte zunächst die konzeptuelle These der Ausnahmestellung und Unvergleichbarkeit, die erst Mitte, Ende der 1990er Jahre einer stärker komparativen Sichtweise Platz machte. Das verdankte sich auch dem thematischen Schwerpunktwechsel hin zu sozialstrukturellen und soziokulturellen Themen. In den letzten fünf Jahren hat dieser Trend angehalten, wobei zunehmend auch Vergleiche mit anderen westlichen Gesellschaften und darin zwischen Regionen angestellt werden (vgl. exemplarisch die Projekte des SFB 580). Nach der FORIS-Erhebung sind von den zwischen 2004 und 2007 begonnen Projekten knapp 9% unmittelbar komparativ orientiert (ohne die deutsch-deutschen Vergleiche).

5. Anwendung und Spezifizierung gegebener Theorien und Ansätze vs. theoretische Innovationschancen in der ostdeutschen Transformations- und Vereinigungsforschung

Die Anfangszeit der Ostdeutschlandforschung – wie der Transformationsforschung insgesamt – war davon bestimmt, diesen unerwarteten Ereignissen und Prozessen mit tradierten Theorien zu begegnen, wobei die Modernisierungstheorie den wichtigsten übergreifenden Bezugsrahmen lieferte. In vielen Projekten wurde auch in der Folgezeit an diesem Forschungsprogramm festgehalten. Darüber hinaus wurden schrittweise alternative makro-, aber auch mikrotheoretische Ansätze eingebracht, so dass sich heute in der Ostdeutschland- und Vereinigungsforschung praktisch alle theoretisch-methodologischen Ansätze von quantitativen Aggregatdatenanalysen der Arbeitsmarkttransformation über netzwerkanalytische Untersuchungen der Elitenzirkulation bis zu narrativ angelegten Biographieanalysen wiederfinden. Obgleich darin neben theoretisch-methodischen Anwendungen vereinzelt auch Weiterentwicklungen in Reflexion der einmaligen Konstellationen und Prozesse von ostdeutschem Umbruch und deutscher Vereinigung realisiert wurden, haben sich frühe Hoffnungen auf „Theoriesprünge" (R. Mayntz) oder „Innovationen" angesichts des „Experiments Vereinigung" (vgl. Giesen/Leggewie 1991) nicht erfüllt. Diesen abfallenden Spannungsbogen teilt freilich die Ostdeutschland- und Vereinigungsforschung mit der postsozialistischen Transformationsforschung (vgl. Reißig 2000; Hopfmann/Wolf 2001; Kollmorgen 2007).

3. Akteure, Institutionen und Forschungsinitiativen im Diskursfeld

Eine Analyse der Institutionen, Akteure, Finanziers und Forschungsinitiativen im Feld der Ostdeutschland- und Vereinigungsforschung in den letzten zwei Dekaden erlaubt die Markierung von vier Perioden, die sich durch je besondere Arrangements und Dominanzen auszeichnen und zugleich gut zu den oben (1.) skizzierten quantitativen Entwicklungsdynamiken passen.

(1) Die kurze *Aufbruchperiode (1989-1991)* zeichnete sich insbesondere dadurch aus, dass es inhaltlich und akteurseitig eine große Offenheit und Neugier im Diskursfeld gab, wobei die Finanzierung im Wesentlichen durch gleichsam spontane Mittelumwidmungen und -einsätze im Rahmen gegebener Strukturen in Ost und West gesichert wurde.

(2) Es folgte die *zweite Phase (1991-1996) eines systematischen institutionellen Aufbaus der Ostdeutschland- und Vereinigungsforschung* (vgl. Kollmorgen 2003: 5/6). Dabei wurden zum einen spezielle Forschungs- und Förderinstitutionen formiert, wobei die „Kommission für die Erforschung des sozialen und politischen Wandels in den neuen Bundesländern" (KSPW e.V., 1991-1996) sowie die Arbeitsgruppe „Transformationsprozesse in den neuen Bundesländern" der Max-Planck-Gesellschaft (AG TRAP, 1992-1996) herausragen. Zum anderen flossen erhebliche zusätzliche Fördermittel sowohl innerhalb der Normalverfahren als auch im Rahmen gegebener Schwerpunktprogramme (SP) oder Sonderforschungsbereiche (SFB) von DFG, Volkswagenstiftung und anderer akademisch orientierter Finanziers. Praktisch parallel kam es zur Gründung ostdeutschland- bzw. vereinigungszentrierter Schwerpunktprogramme (in der DFG etwa die SP 185 und 188).

Hinsichtlich der Akteure der Forschung ist dreierlei bemerkenswert: Erstens fielen infolge der zu dieser Zeit radikal ab-, um- und neu aufgebauten sozialwissenschaftlichen Institute an den Hochschulen und Universitäten der neuen Länder diese traditionell primären Empfänger für Mittel der akademischen Forschungsförderung weitgehend aus. Zweitens agierten gerade in dieser Periode Forscherinnen und Forscher westdeutscher Universitäten als Statthalter und Ersatz. Das konnten sie nicht nur wegen der vorläufigen „Schwäche" ihrer ostdeutschen Pendants, sondern das entsprach auch ihren damaligen Interessenlagen. „Wende" und Vereinigung erschienen in den ersten Jahren als *die* gegenwartsdiagnostischen Forschungsthemen mit höchster gesellschaftspolitischer Brisanz und Aufmerksamkeit, für die erhebliche Drittmittel zur Verfügung standen. Dass deshalb viele Forschungsprojekte des ersten Jahrfünfts von etablierten Wissenschaftlerinnen und Wissenschaftlern realisiert wurden, die sich bisher kaum oder gar nicht mit staatsozialistischen Gesellschaften und radikalen Wandlungsprozessen befasst hatten, mag einerseits irritieren, folgt aber durchaus der Logik des sozialen Feldes. Drittens ist auf die Rolle freier ostdeutscher Forschungsinstitute aufmerksam zu machen. Diese stellten überwiegend „Ausgründungen" vormaliger (halb-)staatlicher Forschungseinrichtungen der DDR (namentlich der Akademie der Wissenschaften und der Akademie der Gesellschaftswissenschaften) dar. Genannt werden können u.a. *Brandenburg-Berliner Institut für Sozialwissenschaftliche Studien e.V. (BISS), Institut für Sozialdatenanalyse (isda,* Berlin), *Sozialwissenschaftliches Forschungsinstitut (SFZ,* Berlin), die *Gesellschaft für Jugend- und Sozialforschung Leipzig* oder das *Institut für Wirtschafts- und Sozialforschung e.V. (WISOC,* Chemnitz). Die freien Forschungsinstitute finanzierten sich in dieser Periode einerseits und vor allem durch relativ großzügige Arbeitsbeschaffungsmaßnahmen (ABM), andererseits durch Drittmittelakquise – nicht zuletzt bei den großen akademischen Förderinstitutionen (KSPW, VW-Stiftung, DFG), wobei sie oftmals in kleineren Projekten eher als empirische „Materialbeschaffer" dienten oder mit westdeutschen (universitären) Partnern zusammenarbeiteten (Kollmorgen 1995; Kollmorgen/Bertram 2001).

(3) Die *dritte Periode (1996-2001)* beinhaltete in dreifacher Hinsicht eine *Normalisierung.* Erstens liefen – in gesellschafts- und wissenschaftspolitische Strategien vor allem auf Bundesebene eingebettet – praktisch alle Sonderprogramme und zweckgebundenen Forschungsinitiativen (wie KSPW und AG TRAP) Mitte bzw. spätestens Ende der 1990er Jahre aus. Damit schwand die Attraktivität dieses Forschungsfeldes hinsichtlich besonders günstiger Bedingungen der Drittmitteleinwerbung wie politischer und massenmedialer Aufmerksamkeitspotenziale beträchtlich. Zweitens traten nun zunehmend die Hochschulen und Universitäten, aber auch neu gegründete öffentlich finanzierte außeruniversitäre Forschungsinstitute (wie das Institut für Wirtschaftsforschung Halle [IWH] oder das Max-Planck-Institut für Demographische Forschung in Rostock) in Ostdeutschland als wichtige Akteure der eigen- wie der drittmittel-finanzierten Forschung in Erscheinung. Beide Faktoren zusammen führten zu einem schrittweisen Rückzug der in der zweiten Periode dominierenden Akteure der westdeutschen akademischen Forschung aus dem Diskursfeld. Drittens und parallel wurden die freien ostdeutschen Institute infolge des Auslaufens breiter finanzierter ABM und wegen der Stärkung der akademischen Akteure in Ostdeutschland aus der akademisch orientierten Ostdeutschland- und Vereinigungsforschung gedrängt. Sie konnten im Folgenden nur überleben, wenn sie sich auf eine stark anwendungs-, partiell kommerziell orientierten Forschung konzentrierten (vgl. Kollmorgen 2003). Insofern zeigte das Forschungsfeld ab Ende der 1990er Jahre

eine Akteurstruktur sowie Verteilung von Mitteln und Zuständigkeiten, wie sie in anderen Feldern seit den späten 1970er Jahren die Normalität darstellt.

(4) Die *vierte, seit 2001 anhaltende Periode* eines *institutionellen Rearrangements* ist vor allem durch drei Merkmale gekennzeichnet. Erstens wurde im Jahr 2001 an den Universitäten Halle und Jena der SFB 580 „Gesellschaftliche Entwicklungen nach dem Systemumbruch: Diskontinuität, Tradition und Strukturbildung" etabliert, der sich explizit mit den Prozessen ostdeutscher Transformation und deutsch-deutscher Vereinigung befasst. 2007 wurde die zweite Förderphase (2007-2012) bewilligt, die neben einigen thematischen Umstellungen und Erweiterungen insbesondere dem internationalen Vergleich eine größere Bedeutung beimisst (siehe www.sfb580.uni-jena.de). Quantitativ bildet der SFB 580 nunmehr den Leuchtturm der akademisch orientierten Ostdeutschlandforschung. In seinem Rahmen war zwischen 1999 und 2003 gut ein Drittel der DFG-geförderten Ostdeutschlandforschung angesiedelt. Heute verkörpert er mit fast 80% aller Projekte den entscheidenden Träger der DFG-Förderung. Auf alle in FORIS gemeldeten Projekte bezogen, sind im SFB 580 gegenwärtig etwa 5% der Ostdeutschland- und Vereinigungsforschung konzentriert.

Zweitens erfuhr seit Anfang des neuen Jahrtausends die auf Ostdeutschland bezogene Ressortforschung des Bundes und der (ostdeutschen) Länder eine Wiederbelebung. Diese (Wieder-)Aufwertung verdankte sich der Einsicht, dass sich die Mitte der neunziger Jahre verbreitete Hoffnung eines stetigen, namentlich wirtschaftlichen Aufholens der ostdeutschen Länder im Anschluss an westdeutsche Erfolgsrezepte nicht erfüllt hat. Darauf wurde mit einer Reihe von Forschungsinitiativen geantwortet, insbesondere im Bereich der Wachstums- und Innovations-, der Stadt- bzw. Regional- sowie der Bevölkerungsforschung.

Letzteres verweist, drittens, auf eine Veränderung im Bereich der freien außeruniversitären Institute. In Reaktion auf die (von vielen so wahrgenommene) Marginalisierung der Ostdeutschlandforschung ab spätestens Ende der 1990er Jahre und darin der freien Institute gründete sich im Herbst 2005 das „Netzwerk Ostdeutschlandforschung". Das Netzwerk wird gegenwärtig von sechs freien außeruniversitären Instituten mit Sitz in den neuen Bundesländern getragen und vom „Innovationsverbund Ostdeutschlandforschung" gestützt, der zeitlich parallel an der TU Berlin mit finanzieller Beteiligung des Berliner Senats geschaffen wurde. Das Netzwerk verfolgt einerseits das inhaltliche Ziel, das Paradigma „nachholender Modernisierung" und (einseitiger) „Angleichung" zu überwinden. Andererseits hat es sich die gesellschaftskritisch orientierte Diskussion und Vermittlung sozialwissenschaftlicher Erkenntnisse in die soziale Praxis zur Aufgabe gemacht, was von Information über klassische Politikberatung bis zu regio-

naler Aktionsforschung reicht (Berichte, Dossiers und Debatten unter: www.ostdeutschlandforschung.net).
Das *Ende dieser Periode ist zwischen 2011 und 2012* absehbar. Gründe für diese Vermutung sind die Beendigung des SFB 580 (2012) wie das Auslaufen der öffentlichen Förderung des Innovationsverbundes Ostdeutschlandforschung (2011), aber auch die mit der Bundestagswahl 2009 sich bereits konturierenden bundespolitischen Reorientierungen gegenüber dem Problemfeld Ostdeutschland und Vereinigung. Der Umzug des Bundesbeauftragten für die neuen Länder vom Infrastrukturministerium (BMBVS) hin zum Innenministerium (BMI) und seine Besetzung durch einen Westdeutschen (Thomas de Maiziére) kann dafür ebenso als Hinweis genommen werden, wie die Forderung des neuen Bundesverkehrsministers Ramsauer, dass dem „Aufbau Ost" nun ein „Aufbau West" folgen müsse.[8] Wie immer die institutionellen und finanziellen Bedingungen einer fünften Periode der Ostdeutschland- und Vereinigungsforschung konkret aussehen mögen. Die Vermutung liegt nahe, dass es nach 2012 weder durch die großen Forschungsförderer noch durch die Ressortforschung des Bundes und der (meisten) Länder weitere besondere Initiativen zur Analyse Ostdeutschlands geben wird. Ostdeutschlandforschung wird durch Regionalforschung ersetzt; Vereinigungsforschung wird vermutlich weitgehend in der Deutschlandforschung aufgehen. Das konvergiert offenkundig mit dem weiter erlahmenden Interesse der etablierten Sozialwissenschaften an diesem Forschungsthema.

4. Spaltungen, Hegemonien und Legitimationskrise

Lässt man die bisherigen Befunde zur Ostdeutschland- und Vereinigungsforschung Revue passieren, dann scheint es sich auf den ersten Blick hinsichtlich Dynamik, wie Status quo um ein *normales sozialwissenschaftliches Forschungsfeld* zu handeln. Die revolutionären Veränderungen in der DDR und die deutsche Einheit begründeten seinen grandiosen Aufschwung und die Zentrierung innerhalb des Forschungsbetriebes zwischen 1991 und etwa 1995/96. Seine praktische Veralltäglichung ab Mitte der 1990er Jahre spiegelte sich in der Normalisierung von Förderung, Institutionen, Themenfeldern und Ansätzen, die zunehmend in die allgemeinen Debatten eingebettet wurden. Seit Anfang des neuen Jahrhunderts erfährt die Ostdeutschlandforschung zwar in Relation zu alternativen Forschungsgegenständen einen weiteren Bedeutungsverlust, hat sich aber institutionell rekonfiguriert und bewegt sich absolut auf einem mit den ersten fünf Jahren vergleichbaren Niveau, auch wenn ein weiteres Schrumpfen absehbar ist. In

---

[8] So hat es Peter Ramsauer bezeichnenderweise am Vorabend des 9. November 2009 artikuliert („Zeit Online" vom 8.11.2009, http://www.zeit.de/wirtschaft/2009-11/aufbau-ost-west).

diesem Verlauf und Bedeutungsverlust werden durchaus Parallelen zu früheren gesellschaftspolitisch brisanter Forschungsthemen erkennbar, wie zur Modernisierungsforschung Mitte der 1970er Jahre oder der Friedens- und Konfliktforschung in den 1980er Jahren.

Indes, das Diskursfeld der Ostdeutschland- und Vereinigungsforschung weist gegenüber anderen Feldern zwei folgenreiche Besonderheiten auf. Zum einen ist auf seine eigentümliche *institutionelle, personelle und diskursive Spaltung* hinzuweisen, zum anderen auf eine damit verknüpfte *diskursive Hegemonie* mit Folgen für die theoretisch-konzeptuellen und empirischen Forschungsorientierungen, die bis zur Infragestellung der *Legitimation* weiterer originärer Ostdeutschlandforschung reicht.

Um die spezifischen und bereits aufscheinenden Spaltungsprozesse angemessen begreifen und beurteilen zu können, ist zunächst eine konzeptuelle Idee hilfreich, die Michael Burawoy vor einigen Jahren für eine Gegenwartsdiagnose der amerikanischen Soziologie entfaltet hat (Burawoy 2005). Danach besitzt die Soziologie – und mutatis mutandis mit ihr die Sozialwissenschaften insgesamt – vier arbeitsteilige Funktionen, aus denen in der Fachgeschichte relativ autonome Diskursuniversen und -gemeinschaften entstanden. Im Ergebnis haben wir es heute mit „vier Soziologien" zu tun: der professionellen Soziologie (*professional sociology*), der öffentlichen Soziologie (*public sociology*), der kritischen Soziologie (*critical sociology*) und der soziologischen Auftragsforschung (*policy sociology*). Burawoy diagnostiziert dabei zwei orthogonal zueinander stehende Wahlverwandtschaften: Zum einen teilen die professionelle und die kritische Soziologie eine akademische Verortung, während die öffentliche Soziologie und die Auftragsforschung (weitgehend) außerakademisch agieren. Zum anderen zeigen sich professionelle Soziologie und Auftragsforschung in ihren „instrumentellen" Wissenschaftsmodell verwandt, wohingegen die kritische und die öffentliche Soziologie dem Modell „reflexiven Wissens" folgen (ibid.: 352-355). Für Burawoy besitzt die – wie ich sie konsequenterweise nenne – akademisch-professionellen Soziologie eine die wissenschaftliche Disziplin fundierende Rolle. Gleichwohl kann die Soziologie nur dann ihre gesamtgesellschaftliche Aufgabe wahrnehmen, wenn sie alle vier Funktionen als gleichberechtigt ansieht und behandelt. In den letzten Jahren hat sich aber – so Burawoy – die akademisch-professionelle Soziologie in einer Allianz mit der Auftragsforschung zur dominanten disziplinären Wissens- und Organisationsform entwickelt. Das sei vor allem an ihrer Bedeutungen für Karrierepfade und Mitteleinwerbung erkennbar. Die kritische und vor allem die öffentliche Soziologie sind demgegenüber in eine inferiore Position geraten (ibid: 361-363). Sein Plädoyer richtet sich daher auf die Verteidigung der Einheit in der Vielheit der Soziologie, mithin auf eine (Wieder-)Aufwertung der Funktion und Rolle der öffentlichen Soziologie (ibid.:

369ff.).Wendet man dieses Schema auf das Diskursfeld der Ostdeutschland- und Vereinigungsforschung an, werden grundsätzliche Übereinstimmungen, aber auch folgenreiche Eigenheiten erkennbar.

(1) Die *akademisch-professionelle Sozialwissenschaft* hat das Diskursfeld nach 1990 erobert und infolge ihrer beherrschenden Stellung in der Besetzung der einflussreichsten und prestigeträchtigsten (Elite-)Positionen, einschließlich jener in Beratungsorganen und Förderinstitutionen (vom Wissenschaftsrat über die Forschungsinstitutionen bis zur DFG), Ausmaß und Ausrichtung der Forschung wesentlich bestimmt. Aufgrund der Beitrittslogik im Vereinigungsprozess und dem aus ihr resultierenden fast vollständigen Austausch der sozialwissenschaftlichen Elite der DDR bei massiven Elitentransfer von West nach Ost fanden sich unter den im mehrdeutigen Sinn: *entscheidenden* akademisch-professionellen Ostdeutschland- und Vereinigungsforschern bis Anfang des neuen Jahrhunderts so gut wie *keine* Ostdeutschen (vgl. Kollmorgen im vorliegenden Band). Daraus folgte einerseits eine diskursive Hegemonie jener Themen, Perspektiven und theoretisch-konzeptuellen Ansätze, die von den westdeutschen Ostdeutschland- und Vereinigungsforschern aus *ihren* tradierten Kon- und Kotexten in das neue Diskursfeld transferiert wurden (dazu: Hradil 1996; Lutz 2003; Kollmorgen 2005: Kap. I, II, V). Die diskursive Hegemonie von Konzepten einer nachholenden, exogen angeleiteten und dem Westen angleichenden Modernisierung Ostdeutschlands unter Marginalisierung alternativer und innovativer autochthoner Ressourcen, Ziele und Pfade erscheint insofern zwangsläufig (ibid.; Land 2006a; Thomas und Reißig im vorliegenden Band). Andererseits bedeutete es, dass mit dem Rückzug der akademisch-professionellen Sozialwissenschaft aus dem Forschungsfeld in der zweiten Hälfte 1990er Jahre einerseits die Finanzierungsquellen (bis auf wenige „Leuchttürme" wie den SFB 580) deutlich eingeschränkt wurden und das professionelle Prestige der Ostdeutschland- und Vereinigungsforschung rasant verfiel. Wer seitdem in der dominierenden Soziologie und Sozialwissenschaft reüssieren will, muss um dieses Diskursfeld einen großen Bogen machen. Damit korrespondierend konnte das Feld nun unproblematisch den Ostdeutschen als „natürlichen Experten" überlassen werden, die freilich in der akademisch-professionellen Sozialwissenschaft marginalisiert blieben.[9]

---

9 Davon auszunehmen ist lediglich das Feld der hier nicht explizit thematisierten zeitgeschichtlichen Forschung, die sich mit den Folgen der DDR-Geschichte für die Gegenwart der ost- und weiter bundesdeutschen Gesellschaft beschäftigt. Hier waren und sind ostdeutsche Forscher, die den Bürgerbewegungen angehörten oder zumindest nahestanden, jedenfalls stärker in die akademisch-professionelle Szene eingebunden, ohne freilich die Hegemonie westdeutscher Wissenschaftler, die im Regelfall aus der alten DDR- oder politikwissenschaftlich orientierten Diktaturforschung stammten, aufzuheben. Charakteristischerweise gehören aber die ostdeutschen Forscher in diesem Forschungszweig einer anderen Diskursgemeinschaft an als die meisten ostdeutschen Transformations-

(2) Die *kritische Soziologie und Sozialwissenschaft* als Element des akademisch orientierten und organisierten Systems spielt im Ostdeutschland- und Vereinigungsdiskurs seit 1992/93 kaum eine Rolle. Nur zu Beginn wurden emphatische Hoffnungen auf einen kritisch-reflexiven Impuls für die Entwicklung der allgemeinen Sozialwissenschaften und Gegenwartsdiagnose durch das „Experiment Vereinigung" gehegt (etwa Giesen/Leggewie 1991; Beck 1991). Rasch wurden diese Hoffnungen aber fahren gelassen und durch Überzeugungen ersetzt, die Jürgen Habermas mit seiner Konzeptualisierung der 1989er Ereignisse als „rückspulende Revolution" auf den Punkt brachte (Habermas 1991). Ostdeutsche Sozialwissenschaftler, die in der Zeit von „Wende" und Vereinigung durchaus ähnlich hohe Erwartungen hegten und erste, auch grundlagentheoretische Reflexionsbemühungen anstellten (etwa Land 1990; Brie/Klein 1991; Thomas 1992), konnten diese Funktion infolge der positionalen Verdrängungs- bzw. Exklusionsprozesse im akademischen Raum kaum wahrnehmen. Erst in den letzten Jahren deuten sich hier – im Zusammenhang mit dem SFB 580, der leicht ansteigenden Präsenz Ostdeutscher im akademischen Raum und durch außeruniversitäre Selbstorganisationsprozesse (Stichwort: Netzwerk Ostdeutschlandforschung) – bestimmte Restrukturierungen und neue Reflexionen an.

(3) Für die *öffentliche Soziologie und Sozialwissenschaft* – unter Einschluss von Essayistik, Sachbüchern und politisch-zivilgesellschaftlich eingebundenen Arbeiten – zeigt sich im Feld der Ostdeutschland- und Vereinigungsforschung seit 1990 zunächst eine mit anderen Feldern (etwa der Wirtschafts-, Armuts- oder Friedensforschung) vergleichbare ideologisch, soziopolitisch wie regional begründete Differenzierung und selbst Spaltung des Diskurses. Was aber den Ostdeutschland- und Vereinigungsdiskurs erneut zu einem besonderen macht, sind einerseits die bis heute erkennbaren Überformungen und damit Zuspitzungen der politisch-ideologischen Lagerbildungen durch die Ost-West-Differenz, andererseits die infolge des rasch erlahmenden Interesses der akademisch-professionellen wie der kritischen Sozialwissenschaft deutlich stärkeren Züge eines unreflektierten Sachbuchpopulismus und „Tendenzjournalismus" (zu den Massenmedien: Kollmorgen/Hans im vorliegenden Band). Nur exemplarisch ist auf Teile des Kolonialisierungsdiskurses (Dümcke/Vilmar 1996), Veröffentlichungen im Bereich der „Aufarbeitung" des staatssozialistischen Herrschaftsregimes und seiner Folgen (vgl. die etwa Debatte zur „Enquete-Kommission Aufarbeitung von Geschichte und Folgen der SED-Diktatur in Deutschland") oder

---

forscher. Damit wird eine diskursive Trennung, wenn nicht ein antagonistisches Verhältnis fortgeschrieben, dass bereits vor 1989 die sozialwissenschaftliche Aufklärung der DDR-Gesellschaft auszeichnete. Die Angehörigen der oppositionellen Bürgerbewegungen gehörten einer anderen „Welt" an als die reformorientierten kritischen Sozialwissenschaftler in den akademischen Institutionen der DDR (Land/Possekel 1998).

die von Westdeutschen beherrschte Sachbuchliteratur zu ostdeutschen Verhältnissen oder den Chancen innerer Einheit (Baring 1991; Mindt 2003; Herles 2005) aufmerksam zu machen. Erst in den letzten zehn, vor allem aber fünf Jahren hat sich in der öffentlichen Sozialwissenschaft ein zunehmend ausstrahlender Diskurs etabliert, der alte Frontstellungen aufbricht und in Reflexion lokaler Probleme, Bedürfnisse und nach Initiativen innovativen Entwicklungschancen in den neuen Ländern und einem „neuen Deutschland" fragt (etwa Busse/Dürr 2003; Bauer-Volke/Dietzsch 2004; Links/Volke 2009 sowie Ansätze im Netzwerk „Ostdeutschlandforschung"). Dieser Diskurs zeigt im Übrigen, dass die Themen Ostdeutschland und deutsche Vereinigung keineswegs schlicht an öffentlichem Interesse verloren haben.

(4) Die *soziologische und breiter sozialwissenschaftliche Auftragsforschung* im Diskursfeld der Ostdeutschland- und Vereinigungsforschung besitzt vor dem Hintergrund der bisher umrissenen Funktionswahrnehmungen eine eigentümliche und genauer: eigentümlich gebrochene Gestalt und zugleich aufgewertete Position. Auf der einen Seite finden sich seit den frühen 1990er Jahren zahlreiche „klassische" Auftragsforschungen, wobei neben Marktanalysen für Wirtschaftsakteure vor allem Projekte und Gutachten für öffentliche und politische Auftraggeber (Bundesministerien, Verwaltungen, politische Parteien und Stiftungen) verfertigt werden. Hierbei handelt es sich – zuweilen in Überlappung mit Formen der öffentlichen Sozialwissenschaft – um eingespielte Arbeitsformen und Prinzipal-Klienten-Beziehungen. Erfolgreiche Anbieter solcher Leistungen sind in Ost- und Westdeutschland beheimatete universitäre, in erster Linie aber öffentliche finanzierte außeruniversitäre Institute, insbesondere im Bereich der dominierenden Wirtschaftsthemen (hier herausragend das IWH).

Auf der anderen Seite hat sich in den letzten etwa zehn Jahren im Schnittfeld von eher regional orientierten Forschungsprojekten auf Landes- und Kommunalebene sowie Expertisen für politische und zivilgesellschaftliche Akteure eine – wie man sie in Rücksicht auf die unter 3. diskutierten Dynamiken vielleicht nennen könnte – *„öffentliche sozialwissenschaftliche Auftragsforschung"* etabliert, deren Kern freie außeruniversitäre Institute (BISS, SFZ, Thünen-Institut e.V.), teils mit schmaler Sockelfinanzierung bilden (wie das Zentrum für Sozialforschung Halle e.V. [ZSH]). Ergänzt wird dieser Kern durch einige ostdeutsche Universitätsinstitute mit höherem Auftragsforschungsanteil (etwa in an den Universitäten Jena, Halle, Magdeburg). Die außeruniversitären Akteure dieser eigentümlichen „öffentlichen sozialwissenschaftlichen Auftragsforschung" versuchen angesichts der Schrumpfung und inhaltlichen Schwächen der akademischen Ostdeutschland- und Vereinigungsforschung in einer Art Stellvertretung deren inhaltliche Funktionen mit wahrzunehmen. Das „Netzwerk Ostdeutschlandforschung" repräsentiert dabei ein wichtiges Instrument, wobei Wille und Bereitschaft zu dieser Funktionsausweitung auch der in vielen Fällen akademischen Herkunft der ostdeutschen Forscher geschuldet sind. Diesem Bemühen sind aber strukturelle und kommunikative Grenzen gesetzt, die sich einerseits den Eigenheiten kommerziell-anwendungsorientierter Forschung verdanken: Erstens ist diese hinsichtlich ihrer Ziele und partiell selbst der Forschungsinstrumente weniger frei als die akademische. Sie unterliegt klaren Vorgaben der Auftraggeber. Sie ist zweitens in der Regel theoretisch-methodologisch bzw. konzeptuell weniger komplex angelegt als ihr akademisches Pendant und muss grundlagentheoretische Problemstellungen ausblenden. Drittens verdanken sich diese Engführungen nicht zuletzt dem kürzeren und rigideren Zeithorizont. Aus Untersuchungen und Gesprächen ist bekannt, dass es gerade die Zeitdimension und der Zwang zur Dauerakquirierung neuer Projekte sind, die eine grundlagentheoretisch anspruchsvolle, in diesem Sinne: akademische Reflexion von empirischen Erkenntnissen ausschließen (Hauß/Kollmorgen 1994; Kollmorgen 1995, 2003). Andererseits lassen sich die kommunikativen Barrieren zwischen akademischer und außerakademischer Sozialwissenschaft in vielerlei Hinsicht nur schwer überwinden, wobei die Probleme im konkreten Diskursfeld durch die deutliche Marginalisierung Ostdeutscher im akademischen Feld potenziert wird.

Zieht man ein *Zwischenresümee*, erscheint die Ostdeutschland- und Vereinigungsforschung nicht nur diskursiv differenziert, sondern in besonderer Weise fragmentiert und gespalten. Während sich die westdeutsch dominierte akademische Sozialwissenschaft seit Mitte der 1990er Jahre fortschreitend aus dem Feld zurückzieht, gleichwohl auf ihrer hegemonialen Deutungsmacht beharrt, wird die politische, zivilgesellschaftliche und öffentliche Nachfrage nach sozialwissenschaftlicher Erkenntnissen zu ostdeutschen Umbrüchen und deutschen Vereinigungsproblemen vor allem durch außerakademische Forschung bedient. Dabei erscheint die öffentliche Sozialwissenschaft (bis hinein in den Journalismus) durch die Schwächen der akademischen Forschung in ihren Gehalten und Frontstellungen gegenüber anderen Diskursfeldern hinsichtlich ihres kritisch-reflexiven Niveaus unterentwickelt und zugleich durch ost-westdeutsche Machtasymmetrien und diskursive „Fremdheiten" belastet. Namentlich ostdeutsche Sozialwissenschaftler bemühen sich aber in den letzten Jahren verstärkt darum, die klassische Auftragsforschung durch Grenzüberschreitungen aufzuwerten und die brachliegenden Funktionen akademischer Sozialwissenschaft im Diskursfeld jedenfalls partiell wahrzunehmen. Zwar kann dieses Projekt einer „öffentlichen sozialwissenschaftlichen Auftragsforschung" mit seinen theoretisch-methodologischen sowie inhaltlichen Reorientierungen auf einige Erfolge zurückblicken (siehe oben). Ein vollständiger Ersatz für die abschmelzende akademische Forschung kann es aber nicht sein.

Angesichts der skizzierten Strukturen und Diskurskonstellationen kann es nicht verwundern, dass bereits Mitte der neunziger Jahre der Sinn weiterer exzeptioneller, von einigen sogar jeglicher spezifischer Ostdeutschland- und Vereinigungsforschung in Frage gestellt wurde. Diese von akademisch-professioneller sowie wissenschaftspolitischer Seite vertretene Position stellte den entscheidenden Hintergrund für die Einstellung der oben umrissenen Sonderprogramme in den Jahren 1996-1998 dar.[10] Seit dieser Zeit und verschärft seit etwa 2005 muss sich Ostdeutschlandforschung daher mit dem *Problem ihrer Legitimation* auseinandersetzen. Sie ist – im Unterschied zu Europäisierungs-, Globalisierungs- oder Sozialstrukturforschung – nicht (mehr) selbstverständlich, sondern bedarf außerordentlicher Begründung und Rechtfertigung. Ostdeutschland- und Vereinigungsforschung gelten dieser mächtigen Position einerseits als rückwärtsgewandt, da sie ein sterbendes Phänomen behandeln. Gemäß dem Konzept „nachholender Modernisierung" und Angleichung soll sich die gesellschaftspolitische Problemstellung im Kern bereits erledigt haben. Andererseits habe sich die Ostdeutschland- und Vereinigungsforschung von Beginn an als konservatives, empirisch wie theoretisch-methodologisch steriles Forschungsfeld erwiesen. Wissenschaftlicher Fortschritt finde hier nicht statt, auch deshalb kann eine, zumal besondere Förderung nicht gerechtfertigt werden.[11]

Sind diese Annahmen begründbar? Gibt es Felder, Ansätze und Erkenntnisse in der Ostdeutschland- und Vereinigungsforschung, die diesen Thesen widersprechen lässt?

(1) Fragt man in einem ersten Schritt nach der soziopraktischen „Erledigung" des Ostdeutschland- und Vereinigungsproblems, kann zunächst auf fast alle jüngeren Datenerhebungen der empirischen Sozialforschung verwiesen werden, ob sie die Wirtschaftsentwicklung, Migrationsflüsse und Bevölkerungsentwicklung, den Sozialstrukturwandel, die politische Kultur, allgemeine Lebenseinstel-

---

10 Einen Einblick in die Debatten um die Ostdeutschland- und Vereinigungsforschung vor allem im Kontext der KSPW gewährt ein Bericht von H. Ziegler, der von Anfang bis Ende der 1990er Jahre im damaligen BMFT für die Sozialwissenschaften zuständig war (Ziegler 2005).
11 Die Etablierung des SFB 580 bedurfte vor diesem Hintergrund eines besonderen Begründungsaufwandes und besonderer Konstellationen. Sie spricht insofern nicht oder nur bedingt gegen die Dominanz jener Auffassung. In persönlichen Gesprächen ist mir zudem vermittelt worden, dass die bisherigen Erträge des SFB für eine Reihe von wissenschaftspolitisch relevanten SozialwissenschaftlerInnen durchaus den skeptischen Erwartungen entsprechen. Da wo dies nicht der Fall sei, handele es sich regelmäßig *nicht* um im engeren Sinne Ostdeutschlandforschung. Interessanterweise gibt es nicht wenige in der Ostdeutschlandforschung aktive SozialwissenschaftlerInnen, die jenen Befund aus umgekehrter Perspektive teilen: Der SFB 580 sei – so die Klage – in der um eine paradigmatische Wende bemühten „neuen Ostdeutschlandforschung" (siehe unten) kaum präsent; seine Forschungen platzierten sich selbst eher im Mainstream des Faches und hätten ihren eigentlichen Gegenstand – eben eine Neufundierung der Ostdeutschland- und Vereinigungsforschung – weitgehend aus dem Blick verloren.

lungen oder das Geschichtsbewusstsein betreffen. Sie alle zeigen in die gleiche Richtung: Zwar gab und gibt es seit 1989/90 Konvergenzen, d.h. sowohl ein „Anpassen" von Ost an West (z.b. Lohn- und Gehaltsniveau, Gesundheitsversorgung, Konsummuster), als auch in bestimmten Bereichen ein Aufeinanderzugehen (z.b. hinsichtlich Bildungssysteme und -verhalten, Erwerbsneigung von Frauen, soziale Schichteinstufungen, Lebenszufriedenheiten).[12] Es sind aber ebenso persistente Differenzen, ja selbst Divergenzen beobachtbar (z.b. Wirtschaftsstrukturen und -wachstum, Migrationsflüsse und Bevölkerungsstrukturen, Organisationsgrade kollektiver Interessenvertretung, soziale Lagenkompositionen, Lebensformen oder gesellschaftspolitische Einstellungen).[13] Das schließt Phänomene deutsch-deutscher Machtasymmetrien, Anerkennungsprobleme und gesellschaftliche Konfliktlinien ein. Nur exemplarisch ist auf den seit zehn Jahren kaum gestiegenen Anteil Ostdeutscher im Bereich der wirtschaftlichen oder bundespolitischen Eliten oder auch auf den anhaltend hohen Anteil Ostdeutscher hinzuweisen, der sich als „Bürger zweiter Klasse" begreift (ausführlich Kollmorgen im vorliegenden Band). Weder von einer kontinuierlichen noch von einer schlicht übergreifenden Entwicklung der „Angleichung" und „inneren Vereinigung" kann daher die Rede sein. Als hartes Kriterium bleibt darüber hinaus, dass in gesellschaftlichen Schlüsselbereichen die deutsch-deutschen Unterschiede größer sind als anderweitige regionale Disparitäten – trotz deutlicher Ausdifferenzierungen *in* Ost- und Westdeutschland (Kröhnert et al. 2006; Busch/Kühn/ Steinitz 2009; Paqué 2009; vgl. als Kontrast: Schroeder 2009). Dass schließlich auch in der politischen und kulturellen Öffentlichkeit das Thema Ostdeutschland und deutsche Einheit nicht obsolet ist, stellen nicht nur etliche Sammelbände verschiedenster Couleur zum 15. und 20. Jahrestag von Wende und Vereinigung, sondern auch die nach wie vor zahlreichen Publikationen politischer Journalistik, Essayistik, aber auch der Belletristik unter Beweis (exemplarisch: Hensel 2002, 2009; Herles 2005; Bisky 2005; Schipanski/Vogel 2009 sowie der Beitrag von Gabler im vorliegenden Band).

Aus dieser Perspektive legitimiert sich Ostdeutschland- und Vereinigungsforschung als eine gegenstandsspezifische Sozialforschung, die sich mit *einer*, und zwar *wesentlichen*, darin anhaltend *hoch dynamischen sozialen Ungleichheits-*

---

12 Dabei bedeutet „Aufeinanderzugehen" nicht zwingend direkte zweiseitige Strukturanpassungen oder wechselseitige Lernprozesse. In einigen Bereichen scheinen die konvergenten Bewegungen auch – mindestens zum Teil – unabhängig vom Vereinigungsprozess.
13 Als exemplarische Erhebungen bzw. Datensammlungen sowie Analysen zu diesen Befunden, die hier selbstverständlich nicht im Detail dargestellt werden können, sei verwiesen auf: Andresen et al. 2003; Baethge et al. 2005; Bahrmann/Links 2005; Dienel 2005; Kollmorgen 2005; Berliner Debatte Initial, Heft 5/2006; Falter et al. 2006; Pickel et al. 2006; Schroeder 2006, 2009; Ragnitz et al. 2009; Busch/Kühn/Steinitz 2009; Heitmeyer 2009; Hanf et al. sowie Thomas im vorliegenden Band; vgl. auch die Berichte der Bundesregierung (Bundesregierung 2004ff.).

dimension der deutschen Gegenwartsgesellschaft beschäftigt. Sie ist darin vergleichbar, mithin ebenso zu rechtfertigen und selbstverständlich wie sozialwissenschaftliche Ungleichheits- oder Spaltungsanalysen zu Elite-Masse-, Mehrheits-Minderheits-, Deutsche-Ausländer oder Reichtums-Armuts-Relationen (vgl. etwa Geißler 2002; Lessenich/Nullmeier 2006). Ostdeutschlandforschung kann damit auch *nicht* auf *Regionalforschung* zurückgestutzt und allein diesem Feld überantwortet werden. Zweifellos besitzt Ostdeutschland als Untersuchungsobjekt Aspekte, die das regionalwissenschaftliche Instrumentarium angemessen erscheinen lassen. Es sind aber nicht allein Größe und innere Differenziertheit, die über die klassische Regionalforschung hinausweisen. Entscheidend ist neben dem nach wie vor *gesellschaftstransformatorischen Charakter*[14] die herkunfts-, struktur-, prozess- und diskursgestützte *Teilgesellschaftlichkeit* Ostdeutschlands (vgl. Reißig 2000, im vorliegenden Band; Kollmorgen 2005; Busch/Kühn/Steinitz 2009). Letztere scheidet Ostdeutschland scharf von klassischen Regionen wie Ostfriesland, Oberbayern oder Westsachsen.

Vor diesem Hintergrund ist es sachlich nicht plausibilisierbar, warum die Ostdeutschland- und Vereinigungsforschung einen höheren Legitimierungsbedarf besitzen sollte als andere Entwicklungs-, Differenzierungs- und Ungleichheitforschungen. Dass dies gleichwohl der Fall sein soll, muss auf die gesamtgesellschaftlichen und nicht zuletzt die in den Sozialwissenschaftlichen bestehenden Hegemonien und den daraus resultierenden (im doppelten Wortsinn:) Verdrängungsbedürfnissen eines wichtigen Teils der wissenschaftlichen und wissenschaftspolitischen Elite zurückgeführt werden, die ironischerweise noch darin einen anhaltenden Analysebedarf mitbegründen.[15]

(2) Wie verhält es sich mit dem Vorwurf des theoretisch-methodologischen Konservatismus und breiter einer vermeintlichen sozialwissenschaftlichen Sterilität der Ostdeutschland- und Vereinigungsforschung? Dabei gilt es zuerst festzuhalten, dass dieser Einwand insofern zirkulär ist, als er eben gerade durch Vertreter der akademisch-professionellen, teils auch der kritischen Soziologie und Sozialwissenschaft vorgetragen wird, also jenen Gruppen, die sich am stärksten aus dem Diskursfeld zurückgezogen haben, aber am ehesten angesprochen wären, diesem Defizit abzuhelfen.

Aber lässt sich der Vorwurf inhaltlich überhaupt rechtfertigen? Nur auf den ersten Blick mögen die oben skizzierten Forschungsfelder und konzeptuellen

---

14 Gesellschaftstransformationen schließen eben nicht mit der (formellen) Implementation neuer Basisinstitutionen – wie demokratisches Wahl- und Regierungssystem oder kapitalistische Marktwirtschaft – ab, wonach die Transformation der DDR tatsächlich bereits im Herbst 1990 vollendet worden wäre, sondern beanspruchen als komplexe gesellschaftliche Wandlungsphänomene mindestens zwei bis drei Generationswechsel (vgl. Kollmorgen 2006).
15 Generell zum Anerkennungsdefizit: Kollmorgen 2005, im vorliegenden Band. Zur Situation der Sozialwissenschaften in Ostdeutschland: Kollmorgen 2005: Kap. III.

Zugänge die Berechtigung dieser These stützen. Doch dieser Sicht lassen sich zwei Beobachtungen bzw. Fragerichtungen entgegenhalten: Zum einen enthüllen sowohl Felder wie angewandte Ansätze und Methoden, nicht zuletzt die in den letzten Jahren erfolgten Erweiterungen (von Nachhaltigkeit bis Demographie), dass sich die Ostdeutschland- und Vereinigungsforschung auf der Höhe der Zeit bewegt. Von einer breiten Abkoppelung gegenüber den allgemeinen sozialwissenschaftlichen Diskursen kann also mindestens heute definitiv nicht mehr gesprochen werden. Zudem lassen sich zwar in der Ostdeutschlandforschung sicher Debatten finden, die als (eher) konservativ oder steril interpretiert werden können. Exemplarisch seien bestimmte modernisierungstheoretische Auseinandersetzungen oder klassische Einstellungsforschungen genannt. Aber selbst wenn diesen jene Attribute zugewiesen werden können, sie finden sich bekanntlich nicht nur hier, sondern ebenso in anderen Feldern wie der Gegenwartsdiagnostik oder der Sozialstrukturanalyse. In jedem Fall trifft die Kritik keineswegs allein oder auch nur überwiegend die Ostdeutschland- und Vereinigungsforschung und begründet mithin keinen besonderen Legitimationsbedarf.

Zum anderen kann man aber noch einen Schritt weitergehen und nun umgekehrt fragen: Sind im Rahmen der Ostdeutschland- und Vereinigungsforschung vielleicht Felder, Perspektiven und Ansätze – ggf. in der Peripherie des Diskurses oder explizit als Gegendiskurse – elaboriert worden, die einen *innovativen* Charakter aufweisen, mindestens aber substanziellen Erkenntnisfortschritt auch für die allgemeinen Sozialwissenschaften versprechen?

5. Außenansichten, Gegendiskurse und innovative Reorientierungen

Zur Prüfung dieser Frage erscheint es in einem ersten Schritt sinnvoll, die Enge einer rein innerdeutschen wissenschaftlichen Diskussion zu überwinden und die inhaltlichen Schwerpunkte und konzeptuellen Perspektiven internationaler Ostdeutschland- und Vereinigungsforschung zu erkunden.

Zieht man hierfür exemplarisch die angloamerikanische Ostdeutschland- und Vereinigungsforschung heran, fällt abgesehen von einer durchaus analogen Verlaufskurve und vergleichbarer Bestandsentwicklung (siehe Abb. 3) sowie den Vorteilen des „ethnologischen Blicks" eine Reihe von Eigentümlichkeiten auf. Zunächst muss auf die von Beginn an stärkere Verknüpfung *historischer und gegenwartsdiagnostischer (darunter: soziologischer) Perspektiven* hingewiesen werden. Dass diese Verknüpfung in Deutschland seltener zu finden ist, hängt, aber nicht allein mit dem Konflikt zwischen dem stark bürgerrechtsbewegten historischen Aufarbeitungsdiskurs (vgl. Mählert 2002; Eppelmann et al. 2003) und der vereinigungskritischen, deutlich „links" dominierten Ostdeutschlandforschung, vor allem im Bereich der freien außeruniversitären Forschung, zusammen. Offensichtlich bestehen im angloamerikanischen Raum auch weniger Berührungsängste zwischen zeitgeschichtlicher und sozialwissenschaftlicher Forschung, wobei anzunehmen ist, dass diese Interdisziplinarität sich zudem der stärker historisch orientierten Deutschlandforschung im Ausland verdankt.[16]

Eine zweite Differenz betrifft die *Einordnung des ostdeutschen Falls*: Einerseits wird Ostdeutschland von der historischen und sozialwissenschaftlichen Forschung in den USA, Großbritannien und Kanada häufiger als Fall einer kommunistischen Diktatur und dann postkommunistischen Übergangsgesellschaft betrachtet, der mit Mittelosteuropa mehr teilt, als Doppelstaatlichkeit und Vereinigung ihn absondern (vgl. für die Breite des Debatte: Pickel 1996; Berend 1996; Linz/Stepan 1996; Maier 1997; Howard 2003). Andererseits bewegen sich viele Forschungen zu den neuen Bundesländern im Rahmen der *regionalwissenschaftlich oder literaturwissenschaftlich dominierten German Studies*. In vielen Studien erscheinen daher die ostdeutschen und Vereinigungsprobleme vorrangig in Gestalt aufgeladener „regionaler" kultureller Dissonanzen vor dem Hintergrund geteilter Geschichte, des Bruchs 1989/90 sowie des Mangels an öffentlicher, nicht zuletzt literarischer Aufarbeitung. Vergleiche finden hier in der Regel nicht statt (als Überblick vgl. Flockton/Kolinsky/Pritchard 2000; Schluchter/Quint 2001). Darüber hinaus – und das galt bereits für die Zeit des „geteilten Deutschlands" – werden „das Ostdeutsche" und die deutsch-deutschen Konstellationen nach 1989 in vielen Studien als Fall eigentümlicher Übergangs- und Minoritätenprobleme, (historisch mitbedingter) Distinktionen und Kulturdifferenzen, quasi ethnischer Ungleichheitsbeziehungen und generell beitrittsbedingter komplexer Machtdifferentiale begriffen, welche die *Forschung herausfordern* und zugleich *einmalige Bedingungen für Erkenntnisgewinn* bereithalten (etwa Howard 1995; Grix/Cooke 2002; Cooke 2005).

Dies verweist abschließend auf die offenbar allgemein höhere Bereitschaft der angloamerikanischen Forschung, Ostdeutschland und die deutsch-deutsche Vereinigung als eben jenes *soziale und wissenschaftliche Experimentierfeld* zu verstehen, als das es zur Wende zwar auch von vielen deutschen Forschern deklariert wurde, dem dieser Status – insbesondere durch Teile der westdeutschen Forschung – aber wie diskutiert mehr und mehr abgesprochen wurde. Jenseits der sicher überwiegenden stark deskriptiven Analysen im Bereich von Politik, Kultur und Kunst in der Traditionslinie klassischer *German Studies* herrscht in angloamerikanischen Studien jedenfalls ein Geist, der einerseits unbekümmert auch zunächst fern scheinende Ansätze auf ostdeutsche Prozesse und Problemla-

---

16 Ein wichtiges Beispiel für frühe Verknüpfungen ist Maier 1997. Für neuere Versuche etwa Thomaneck/Niven 2001; Grix/Cooke 2002; Howard 2003; Zatlin 2007; vgl. auch den Sammelband McFalls/Probst 2001.

gen anwendet und andererseits – zum Teil gezielt – nach Innovationschancen in und vermöge einer anspruchsvollen Ostdeutschlandforschung fragt. Dass dies auch mit der Exotik des Gegenstandes und insofern den Vorteilen des/der „*marginal (wo)man*" im angloamerikanischen Wissenschaftsbetrieb zu tun hat, soll nicht bestritten werden. So finden sich z.B. Studien, die mit Simmels „Philosophie des Geldes" (Zatlin 2007) oder Rational-Choice-Modellen (Pfaff 2006) zur Erklärung des ostdeutschen Regimeniedergangs und der Beitrittsdynamik experimentieren oder Interpretationen, die eine ethnische (Howard 1995) oder postkoloniale Konstellation (Cooke 2005) für die Ostdeutschen in den Diskurs einbrachten. Andere Analysen haben mit komplexen Methodensets zivilgesellschaftliches Engagement im Vergleich rekonstruiert (Howard 2003) oder anhand des ostdeutschen Falls die steuerungstheoretische Debatte bezüglich radikaler Gesellschaftsreformen wieder aufgenommen (Pickel/Wiesenthal 1996).

Egal, ob hier die Eigentümlichkeiten der angloamerikanischen Ostdeutschland- und Vereinigungsforschung überzeichnet worden sind; sie bieten Anhaltspunkte und konkrete Vorschläge auf der Suche nach heuristisch wertvollen und innovativen Forschungsgegenständen und -ansätzen. Gerade, aber keineswegs allein in der „öffentlichen sozialwissenschaftlichen Auftragsforschung" lassen sich Perspektiven, Gegenstände und Ansätze auffinden, die sich zum Teil explizit der funktionalen, institutionellen und diskursiven Hegemonie im Forschungsfeld entgegenstellen und einen – auch auf internationale Forschungen Bezug nehmenden – *Gegendiskurs* entfaltet haben. Dieser transzendiert die diskursiv eingeschriebene Einschnürung des Forschungsfeldes der „Ostdeutschland- und Vereinigungsforschung" in dreierlei Weise: Er widerspricht erstens der Perspektive *ostdeutscher Devianz* und *(nachholender) Angleichung* an Westdeutschland, fragt nach rekombinierenden Eigenheiten und öffnet Horizonte auf Entwicklungsprobleme der deutschen und europäischen Gegenwartsgesellschaft.[17] Er wendet sich zweitens gegen die implizit unterstellte *Homogenität Ostdeutschlands* und thematisiert lokale und regionale, dabei auch national und international grenzüberschreitende Differenzierungs- und Innovationsprozesse. Drittens wendet er sich gegen die Deutung der Transformations- und Vereinigungspro-

---

17 Tatsächlich repräsentiert bereits die Markierung des Gegenstandes der „Ostdeutschland- und Vereinigungsforschung" aus diskursanalytischer Perspektive das Resultat einer diskursiven Asymmetrie und des ihr eingeschriebenen Machtgefälles. An sich setzt „Ostdeutschland" sein diskursives Pendant mit und voraus: Westdeutschland. Bekanntlich gibt es aber keine „Westdeutschlandforschung". Vielmehr bleibt dieses Diskursfeld „leer" oder „unmarkiert". Dieses Defizit reproduziert freilich nur eine übergreifende diskursive Figur. So gibt es auch in der massenmedial und politisch-kulturell formierten Normalsprache zwar eine Markierung „ostdeutsch"; jedoch tritt das „Westdeutsche" im Rahmen deutsch-deutscher Verhältnisse und des Vereinigungsdiskurses, wie es in der linguistischen Forschung heißt, als „Normal Null" auf – an dem sich alles „Ostdeutsche" zu orientieren und zu messen hat (Roth 2008; vgl. Kollmorgen/Hans im vorliegenden Band).

zesse als im Kern *implementationslogisch funktionierender Umbau von oben nach unten* und setzt dem die Vielfalt der Ressourcen, Kontexte und Logiken der Handlungs- und Strukturierungsprozesse vor Ort entgegen.

Exemplarisch können sieben Forschungsgegenstände und mit diesen verknüpfte Forschungsprogramme markiert werden, die über die tradierten hegemonialen Ansätze und Diskurskonstellationen innovativ hinausweisen:

(1) Ostdeutschland als *erzwungene Post-Erwerbsarbeitsgesellschaft*: Dieses Forschungsprogramm knüpft an die weltweit einzigartigen Konsequenzen der massiven Deindustrialisierung und politisch-ökonomischen Restrukturierungsstrategie der staatssozialistischen Arbeits- und (Fach-)Arbeitergesellschaft in Ostdeutschland nach 1990 an. Differenziert werden können in diesem kreativen Diskussionsraum, für dessen Gesamtperspektive wie kein anderer Wolfgang Engler mit seinen provokativen Thesen zu den „Ostdeutschen als Avantgarde" (2002) und seinem Essay „Bürger, ohne Arbeit" (2006) steht, eine stärker politisch- und sozioökonomische Richtung von einer eher sozialstrukturellen und soziokulturellen Perspektive. Erstere thematisiert insbesondere die Folgen der fordistisch dominierten Krisenregulierungen gegenüber der bereits postfordistisch geprägten ostdeutschen Wirtschaft zwischen De- und Reindustrialisierung, Transfer und Nachhaltigkeit, Stagnation und Innovation (z.B. Land 2006b; Busch/Kühn/Steinitz 2009). Die zweite Perspektive befasst sich mit der hohen (Dauer-)Arbeitslosigkeit im Osten, die zugleich als Experimentierfeld für neuartige, staatlich gestützte Formen sozialer Prekarisierungs- und Exklusionsprozesse („neue Überflüssige") fungiert (vgl. Bude/Willisch 2006, 2008). Darüber hinaus wird nach Möglichkeiten alternativer Inklusion und innovativen Formen sozialer (Re-)Integration exkludierter Bevölkerungsgruppen *jenseits* klassischer Modi der Erwerbsarbeitsgesellschaft geforscht. Egal, ob es der Sozialkapital-, der soziale Teilhabe-Ansatz oder neue integrations- und anerkennungstheoretische Diskurse sind; in allen Fällen handelt es sich um Perspektiven, die bewusst experimentelle Formen sozialer Praxis in Ostdeutschland zum Gegenstand der Sozialforschung und innovativer Konzeptbildung machen (vgl. ibid.; Kollmorgen 2005: Kap. IV; Thomas/Woderich 2006; Gensicke et al. 2009; Links/Volke 2009; Reißig 2009).

(2) Die ostdeutsche Gesellschaft als *eigentümlich verfasste Teilgesellschaft*: Die Verfestigung deutsch-deutscher Macht- und Anerkennungsasymmetrien sowie soziokultureller Differenzen, die den simplifizierenden Diskurs um „Angleichung" und „innere Einheit" (nach dem Modell der alten Bundesrepublik) ad absurdum geführt hat, ist Anlass für eine ganze Reihe neuer Forschungen im Umkreis des Anerkennungs-, Distinktions- und Diskursparadigmas (für viele: Kollmorgen 2005, im vorliegenden Band; Mühlberg 2005; Cooke 2005; Roth/Wienen 2008; Ahbe/Gries/Schmale 2009; vgl. bereits Engler 1999; Neckel

2000). Dabei spielen – wie oben angedeutet – auch Ansätze der *postcolonial studies* eine Rolle. Die ost-westdeutsche Gesellschaftlichkeit innerhalb eines Staatsgebildes unter den Bedingungen gleicher Sprache und einer langzeitig gewachsenen Nationalkultur lässt sich dabei als einzigartige Konstellation soziokultureller (Re-)Differenzierungs- sowie symbolisch bzw. diskursiv gestützter Distinktions- und Machtbeziehungen interpretieren. Deren weitere Analyse verspricht neue Einsichten sowohl für die (Re-)Produktion deutsch-deutscher Ungleichheiten wie für die forschungsprogrammatische Entwicklung des gesamten Forschungsfeldes.

(3) Ostdeutschland als *besonderer Fall von Generationswechseln und intergenerationalen Beziehungen in radikalen sozialen Wandlungsprozessen*: Die letzten Jahre haben gezeigt, dass Ostdeutschland infolge des doppelten Umbruchs und der besonderen Form der Krisenregulierung mit einmaligen Konstellationen im Bereich der Generationenbeziehungen konfrontiert wird. Einerseits geht es um die besondere sozioökonomische Situation des „blockierten Generationsaustauschs" (B. Lutz) bzw. verfestigter generationaler Lagen in Unternehmen und auf Arbeitsmärkten. Dabei umfassen die Verfestigungen sowohl die abgeschobenen überflüssigen (ganz) Alten, die „alternden Jahrgänge" der FacharbeiterInnen und GeschäftsführerInnen in den ostdeutschen KMU, aber auch die früh, oft bereits vor dem Eintritt in das Berufsleben überflüssig gewordenen jungen Arbeitskräfte. Letztgenanntes Problem wird in den kommenden Jahren höchstwahrscheinlich eine paradoxe Umkehrung erfahren. Es werden gut ausgebildete junge Fachkräfte vor allem für die ostdeutschen KMU fehlen, wobei die oben angesprochenen gesellschaftlichen Exklusions- und Missachtungsprozesse die Problemlage zusätzlich verschärfen. Andererseits und übergreifend repräsentiert Ostdeutschland wegen des doppelten Umbruchs einzigartige Generationseinheiten und intergenerationale Beziehungen. Auch wenn diese in den letzten Jahren intensiver analysiert worden sind (etwa Göschel 1999; Sackmann/ Weymann/ Wingens 2000; Martens 2005; Wiener/Meier 2006; Schüle/Ahbe/ Gries 2006), erscheint bis heute die Ausstrahlung auf die allgemeine Diskussion begrenzt und harren vorliegende Befunde theoretisch-methodologischen Auswertungen, z.B. bezüglich realisierter Longitudinalstudien (für viele: Berth et al. 2007) oder qualitativer Mehrgenerationenforschung (vgl. Alheit et al. 2004; Bürger 2006).

(4) Ostdeutschland als *avantgardistischer Fall demographischer Schrumpfungsprozesse und ihrer sozialen Folgen*: Dass Ostdeutschland mit seinen Fertilitätsentwicklungen, Migrations-, Alterungs- und übergreifend Schrumpfungsprozessen einen einzigartigen Fall einer „demographischen Revolutionierung" darstellt, ist seit langem bekannt und Gegenstand intensiver Forschungsarbeit. Wichtig ist jedoch, dass bestimmte ostdeutsche Regionen in der Tat Vorbildcha-

rakter für deutsche und darüber hinaus europäische Entwicklungen besitzen, und zwar nicht nur im Sinne der Problemlage, sondern zunehmend auch hinsichtlich regionaler und lokaler Reaktions- und Lösungsformen (zwischen Wirtschaftsförderung, Gesundheits- und Bildungsversorgung bis hin zu Remigrationsprogrammen). Dabei zeigt sich nicht zuletzt die Notwendigkeit interdisziplinärer Forschungsansätze und einer engen Wissenschafts-Praxis-Beziehung (etwa Dienel 2005; Ragnitz et al. 2006, 2009; Kröhnert et al. 2006; Busch/Kühn/Steinitz 2009; Dienel 2010).

(5) Ostdeutschland *als Experimentierfeld für innovative regionale Entwicklungs- und soziopolitische Gestaltungsprozesse*: Vor dem Hintergrund der angesprochenen Problemfelder erscheinen ostdeutsche Regionen (Kreise, Kommunen oder interkommunale, teils grenzüberschreitende Verbünde) als Orte und Träger experimenteller Restrukturierungsbemühungen. Diese Entwicklungen stellen dabei nicht nur Kontexte des Handelns regionaler Akteure dar, sondern strukturieren Formen und Status der Akteure selbst. Insofern sind neben „klassischen" Feldern ostdeutscher Regionalforschung nicht nur Fragen neuartiger Zusammenhänge von Wissenschaft, KMU, Arbeitsmarkt- und Arbeitskräfteentwicklung unter der Perspektive mehrdimensionaler Nachhaltigkeit von Interesse. Vielmehr sind innovative Strategien der Entwicklung einer *neuen regionalen Governance* gefragt. Ohne die aus Westdeutschland bekannten langfristig gewachsenen politischen Bindungen, Partizipationsformen und Akteurstrukturen sind bereits neue ausgreifende Formen von unternehmerischer sozialer und politischer Verantwortung, der Einbindung von zivilgesellschaftlichen, aber auch kulturellen und künstlerischen Akteuren generiert worden. Dieser – wenn man so will – „*neue ostdeutsche Kommunitarismus*" bedarf dringend intensiver Analyse, die wiederum: ebenso experimentell angelegt sein muss wie die soziale Praxis selbst. Erste Projekte, Ansätze und Studien sind bereits entwickelt worden (vgl. Busse/Dürr 2003; Bauer-Volke/Dietzsch 2004; Engler 2005; Thomas/Woderich 2006; Land 2006a; Woderich 2007; Links/Volke 2009).

(6) Ostdeutschland als *Modell-, Ideal- und zugleich Kontrast- oder „Unfall" einer systemisch gesteuerten Gesellschaftstransformation*: Obwohl zu diesem Themenfeld seit Anfang der 1990er Jahre Forschung betrieben wird (exemplarisch: Pickel 1996; Wielgohs/Wiesenthal 1997; Thomas 1998, 2008), sind sowohl im Hinblick auf komparative Studien zu den Transformationsverfahren, zum Problemkomplex von Wissen/Nicht-Wissen, zu administrativen, expertokratischen sowie exogenen vs. politischen, demokratischen und endogenen Steuerungsverfahren als auch gegenüber dem Verhältnis von Theorie – Ideologie – politische Programmatik – soziopolitische Praxis (vgl. Pickel 1996) viele Fragen offen und versprechen weitere Forschungen erhebliche Erkenntnisgewinne nicht zuletzt bezüglich (holistischer) Reformvorhaben auch in westlichen

Gegenwartsgesellschaften (vgl. auch Wiesenthal 1999, 2006; Reißig 2009). Das schließt die Problemdimension kritischer sozialwissenschaftlicher Selbstreflexion gegenüber expertokratischen Rollen in Transformations- und Reformprozessen ausdrücklich ein.

(7) Ostdeutschland als *Fall eines einzigartigen doppelten Umbruchs*: Ostdeutschland ist durch „Wende" und Vereinigung mit einer „doppelten Modernisierung" (so bereits Klein 1991) oder – wie es im Netzwerk „Ostdeutschlandforschung" ausgedrückt wird – mit einem „doppelten Umbruch" konfrontiert (vgl. Land 2005; Kollmorgen 2005: Kap. V). Die Konzeptualisierung als doppelter *Umbruch* richtet das Augenmerk auf die Komplexität und Tiefe der Umwälzungen, die mit der oben angesprochenen Auffassung von Modernisierung als Implementation, Umverteilung und Enkulturation verfehlt wird. Erforderlich erscheinen demgegenüber Ansätze und Analysen, die das Aufsprengen und die Neugestaltung des gesamten sozialen Praxisbogens und seiner Kontexte – von politökonomischen Regulierungsformen, Formen soziopolitischer Partizipation und Organisation über sozialstrukturelle und intergenerationale Verfassteiten bis hin zu Biographien und sozialen wie personalen Identitätskonstruktionen interdisziplinär aufschließen. Die Problematisierung eines *doppelten* Umbruchs stellt klar, dass wir es in Ostdeutschland einerseits mit postsozialistischer Transformation und Vereinigung zu tun haben, andererseits (und plakativ gefasst:) mit spezifischen Formierungen der „Postmoderne". Beide Umbruchprozesse sind in sich und wechselseitig ambivalent und zum Teil kontradiktorisch aufeinander bezogen. Insofern war und ist Ostdeutschland ein einzigartiger Fall komplexer sozialer Wandlungs- und Integrationsprozesse, dessen weitere Aufklärung und Konzeptualisierung über sich selbst hinausweist (vgl. als Überblick auch „Berliner Debatte Initial", Heft 5/2006).

6. Vom Experiment zum Experiment? Ein Resümee

Rekapituliert man die Gesamtheit der Forschungsgegenstände, Perspektiven und Ansätze einer solchen, emphatisch formuliert: *neuen Ostdeutschlandforschung,* wird erkennbar, dass Ostdeutschland in besonderer Weise ein fragmentarisches, ambivalentes, ja widersprüchliches soziales Gebilde mit Experimentalcharakter repräsentiert. Damit scheint Ostdeutschland und die Vereinigung doch noch eine Erwartung zu erfüllen, die im Jahr der Vereinigung von einem kleinen Teil der Wissenschaftlergemeinschaft formuliert wurde, dann aber im dominierenden Diskurs der akademischen Forschung rasch aus dem Blickfeld geriet: *Umbau und Vereinigung als Experiment* (Giesen/Leggewie 1991; vgl. Land 1990).

Zwar ist es richtig, dass sich diese Abkehr, das Verdrängen dieses Charakters durch die dominierende Beitrittslogik im soziopraktischen Transformations- und Vereinigungsprozess der ersten Jahre plausibilisieren lässt und insofern keineswegs irrational erscheint. Zugleich ist aber auf die wichtige Rolle sozialwissenschaftlicher Experten in der Formierung sowohl des Regierungshandelns als auch des öffentlichen Diskurses aufmerksam zu machen. Das gilt trotz einer ersten Sprachlosigkeit der Sozialwissenschaften, die von den revolutionären Umbrüchen in ganz Mittelost- und Osteuropa überrascht wurden, und unbeschadet der alles dominierenden politischen Herrschaftslogik, die das Handeln der mächtigen Exekutivakteure in den Jahren 1989/90 bestimmte und wissenschaftliche Expertise zu einem residualen Element in der Entscheidungsfindung degradierte. Die Sozialwissenschaften haben in einer längerfristigen Perspektive und unter Einbezug aller Formierungselemente auch in diesem Diskursfeld ihren eigenen Gegenstand mitgestaltet; die hegemonialen Perspektiven und Deutungen waren und sind wirkmächtig.

Ostdeutschland hat sich in den letzten Jahren – auch darin von einem wichtigen Teil der öffentlichen Soziologie und sozialwissenschaftlichen Auftragsforschung begleitet und mitgestaltet – wieder und neu als *Experimentierfeld der europäischen Moderne zwischen Ost und West* zurückgemeldet, als Experimentierfeld, in dem Konservatismen, Zuspitzungen und Avantgardismen neben- und widersprüchlich miteinander existieren. Insofern handelt es sich in Ostdeutschland zwar um einen Sonderfall und einzigartige Problemkonstellationen, die eine darauf ab- und eingestellte Sozialforschung begründen. Zugleich verweisen sie aber Ostdeutschland und seine Erforschung im Sinne eines „experimentierenden Modellfalls" nicht nur auf die vergleichende Transformationsforschung und Modernetheorien unter ausdrücklichem Einschluss vielfältiger geschichtswissenschaftlicher Ansätze. Sie verbinden die Ostdeutschlandforschung mit den *allgemeinen* Diskursen und theoretisch-methodologischen Debatten in den Sozial- und Kulturwissenschaften. So wie die Ostdeutschlandforschung ihre kritische Rückbindung an diese Diskurse braucht, um nicht in die unterstellte Sterilität abzugleiten, so sehr ist sie mit ihrem Gegenstand und eigenen innovativen Perspektiven und Ansätzen in der Lage, die Soziologie der Gegenwartsgesellschaft zu befruchten.

Eine so verstandene, sich gleichsam selbst überschreitende Ostdeutschland- und Vereinigungsforschung ist nicht am Ende und darf auch in den kommenden Jahren nicht zu ihrem Ende kommen. Sie legitimiert sich durch ihren Gegenstand *und* durch neue Forschungsansätze, die zum Begreifen und Verändern sozialer Praxis in unserer Gesellschaft Essentielles beizutragen haben.

Es ist weitgehend offen, ob und wie die bis heute erkennbaren institutionellen, personellen und diskursiven Spaltungen im Diskursfeld überwunden und Hegemonien weiter transformiert werden können. In den letzten Jahren besaß ein wichtiger Teil der öffentlichen und auftragsorientierten Sozialwissenschaft eine Schrittmacherfunktion. Wird es stärker als bisher gelingen, deren Perspektiven und Erkenntnisse in die akademische Sozialwissenschaft zu tragen und sich die wichtigen wissenschaftliche Potenziale letzterer zunutze zu machen? Kann ein neuer diskursiver, hoffentlich auch personeller Austausch zwischen Ost und West, zwischen dem akademischen und außerakademischen Feld angestoßen werden? Vielleicht sollte die deutsche Sozialwissenschaft sich auch diesbezüglich etwas *experimentierfreudiger* zeigen. Das Diskursfeld und der Forschungsgegenstand einer „neuen Ostdeutschland- und Vereinigungsforschung" hätten es allemal verdient.

Literatur

Adamski, Wladyslaw/Machonin, Pavel/Zapf, Wolfgang (Eds./2002): Structural Change and Modernization in Post-Socialist Societies. Hamburg: Krämer.
Ahbe, Thomas/Gries, Rainer/Schmale, Wolfgang (Hg./2009): Die Ostdeutschen in den Medien. Das Bild von den Anderen nach 1990. Leipzig: Leipziger Universitätsverlag.
Alheit, Peter/Bast-Haider, Kerstin/Drauschke, Petra (2004): Die zögernde Ankunft im Westen. Biographien und Mentalitäten in Ostdeutschland. Frankfurt/N.Y.: Campus.
Andresen, Sabine/Bock, Karin/Brumlik, Micha/Otto, Hans-Uwe/Schmidt, Matthias/ Sturzbecher, Dietmar (Hg./2003): Vereintes Deutschland – geteilte Jugend. Ein politisches Handbuch. Wiesbaden: VS Verlag.
Baethge, Martin et al. (2005): Deutschland im Umbruch. Berichterstattung zur sozioökonomischen Entwicklung in Deutschland. Arbeit und Lebensweisen. Erster Bericht. Wiesbaden: VS Verlag.
Bahrmann, Hannes/Links, Christoph (Hg./2005): Am Ziel vorbei. Die deutsche Einheit – Eine Zwischenbilanz. Berlin: Ch. Links Verlag.
Baring, Arnulf (1991): Deutschland, was nun? Berlin: Siedler.
Bauer-Volke, Kristina/Dietzsch, Ina (Hg./2004): Labor Ostdeutschland. Kulturelle Praxis im gesellschaftlichen Wandel. Berlin: Kulturstiftung des Bundes.
Beck, Ulrich (1991): Die Frage nach der anderen Moderne. In: DZfPh, 39. Jg. (12): 1297-1309.
Berend, Ivan T. (1996): Central and Eastern Europe 1944-1993. Detour from the periphery to the periphery. Cambridge et al.: Cambridge UP.
Berth, Hendrik/Förster, Peter/Brähler, Elmar/Stöbel-Richter, Yve (2007): Einheitslust und Einheitsfrust. Junge Ostdeutsche auf dem Weg vom DDR- zum Bundesbürger. Gießen: Psychosozial-Verlag.
Biller, Maxim (2009): Deutsche deprimierende Republik. In: Frankfurter Allgemeine Sonntagszeitung, 22.3.2009: 27.

Bisky, Jens (2005): Die deutsche Frage. Warum die Einheit unser Land gefährdet. Berlin: Rowohlt
Bollinger, Stefan/Busch, Ulrich/Dahn, Daniela/Vilmar, Fritz (Hg./2000): Zehn Jahre Vereinigungspolitik: Kritische Bilanz und humane Alternativen. Berlin: Dr. W. Weist.
Bourdieu, Pierre (1988): Homo Academicus. Frankfurt/Main: Suhrkamp.
Bourdieu, Pierre (1992): Ökonomisches Kapital – soziale Kapital – kulturelles Kapital. In: ders. (1992): Die verborgenen Mechanismen der Macht. Hamburg: VSA: 49-79.
Brie, Michael/Klein, Dieter (Hg./1991): Umbruch zur Moderne. Hamburg: VSA.
Bude, Heinz, Willisch, Andreas (Hg./2006): Das Problem der Exklusion. Hamburg: Hamburger Edition.
Bude, Heinz/Willisch, Andreas (Hg./2008): Exklusion. Die Debatte über die „Überflüssigen". Frankfurt/Main: Suhrkamp.
Bundesregierung (2004): Jahresbericht der Bundesregierung zum Stand der Deutschen Einheit. Berlin: September 2004.
Bundesregierung (2007): Jahresbericht der Bundesregierung zum Stand der Deutschen Einheit. Berlin: September 2007.
Bundesregierung (2009): Jahresbericht der Bundesregierung zum Stand der Deutschen Einheit. Berlin: September 2009.
Burawoy, Michael (2005): For Public Sociology. In: Soziale Welt, 56. Jg.: 347-374.
Bürger, Tanja (Hg./2006: Generationen in den Umbrüchen postkommunistischer Gesellschaften. SFB-Mitteilungen 20. Jena: Friedrich-Schiller-Universität, SFB 580.
Busch, Ulrich/Kühn, Wolfgang/Steinitz, Klaus (2009): Entwicklung und Schrumpfung in Ostdeutschland: Aktuelle Probleme im 20. Jahr der Einheit. Hamburg: VSA.
Busse, Tanja/Dürr, Tobias (Hg./2003): Das neue Deutschland. Die Zukunft als Chance. Berlin: Aufbau-Verlag.
Cooke, Paul (2005): Representing East Germany Since Unification. From Colonization to Nostalgia. Oxford/N.Y.: Berg Publishers.
Dienel, Christiane (Hg./2005): Abwanderung, Geburtenrückgang und regionale Entwicklung. Ursachen und Folgen des Bevölkerungsrückgangs in Ostdeutschland. Wiesbaden: VS Verlag.
Dienel, Hans-Liudger (Hg./2010): Bevölkerungsmagneten für Ostdeutschland. Zu- und Rückwanderung in die neuen Bundesländer und die Rolle der Hochschulen. Wiesbaden: VS Verlag.
Dümcke, Wolfgang/Vilmar, Fritz (Hg./1996): Kolonialisierung der DDR. Kritische Analysen und Alternativen des Einigungsprozesses, 3. Aufl. Münster: agenda.
Engler, Wolfgang (1999): Die Ostdeutschen. Kunde von einem verlorenen Land. Berlin: Aufbau-Verlag.
Engler, Wolfgang (2002): Die Ostdeutschen als Avantgarde. Berlin: Aufbau-Verlag.
Engler, Wolfgang (2005): Bürger, ohne Arbeit. Für eine radikale Neugestaltung der Gesellschaft. Berlin: Aufbau.
Eppelmann, Rainer, Faulenbach, Bernd, Mählert, Ulrich (Hg./2003): Bilanz und Perspektiven der DDR-Forschung. Schönigh.
Ettrich, Frank (2005): Die andere Moderne. Soziologische Nachrufe auf den Staatssozialismus. Berlin: Berliner Debatte.

Falter, Jürgen W/Gabriel Oskar W./Rattinger, Hans/Schoen, Harald (Hg./2006): Sind wir ein Volk? Ost- und Westdeutschland im Vergleich. München: Beck.

Flockton, Chris/Kolinsky, Eva/ Pritchard, Rosalind (Eds.) 2000: The New Germany in the East. Policy Agendas and Social Developments since Unification. London et al.: Frank Cass.

Geißler, Rainer (2002): Die Sozialstruktur Deutschlands. Ein Studienbuch zur Entwicklung im geteilten und vereinten Deutschland. Opladen: Westdeutscher Verlag.

Gensicke, Thomas/Olk, Thomas/Reim, Daphne/Schmithals, Jenny/Dienel, Liudger (2009): Entwicklung der Zivilgesellschaft in Ostdeutschland: Quantitative und qualitative Befunde. Wiesbaden: VS Verlag.

Giesen, Bernhard/Leggewie, Claus (Hg./1991): Experiment Vereinigung. Ein sozialer Großversuch. Berlin: Rotbuch.

Göschel, Albrecht (1999): Kontrast und Parallele - kulturelle und politische Identitätsbildung ostdeutscher Generationen. Stuttgart-Berlin-Köln: W. Kohlhammer.

Grix, Jonathan/Cooke, Paul (Eds.) 2002: East German Distinctiveness in a Unified Germany. Birmingham: University of Birmingham Press.

Habermas, Jürgen (1991): Nachholende Revolution und linker Revisionsbedarf. Was heißt Sozialismus heute? In: Die nachholende Revolution. Kleine politische Schriften VII. Frankfurt/M.: Suhrkamp: 179-204.

Hauß, Friedrich/Kollmorgen, Raj (1994): Die KSPW zwischen Kontinuität und Zäsur. In: Berliner Debatte Initial, 5. Jg. (5): 114-128.

Heitmeyer, Wilhelm (Hg./2009): Deutsche Zustände, Folge 7. Frankfurt/Main: Suhrkamp.

Hensel, Jana (2002): Zonenkinder. Reinbeck: Rowohlt.

Hensel, Jana (2009): Achtung Zone – Warum wir Ostdeutschen anders bleiben sollten. München: Piper.

Herles, Wolfgang (2005): Wir sind kein Volk! Eine Polemik gegen die Deutschen. München: dtv.

Hopfmann, Arndt/Wolf, Michael (Hg./2001): Transformationstheorie – Stand, Defizite, Perspektiven. Münster: Lit-Verlag.

Howard, Marc M. (1995): Ostdeutsche als ethnische Gruppe? In: Berliner Debatte – INITIAL, 6. Jg. (4/5): 119-131.

Howard, Marc M. (2003): The Weakness of Civil Society in Post-Communist Europe. Cambridge: Cambridge University Press.

Hradil, Stefan (1996): Die Transformation der Transformationsforschung. In Berliner Journal für Soziologie 6. Jg. (3): 299-304.

Kaase, Max (1999): Stichwort „Innere Einheit". In: Weidenfeld, Werner/Korte, Karl-Rudolf (Hg.): Handwörterbuch zur deutschen Einheit. Frankfurt/N.Y.: Campus: 454-466.

Kirchlicher Herausgeberkreis (Hg./2007): Zerrissenes Land. Perspektiven der deutschen Einheit. Frankfurt/M./Oberursel: Publik Forum.

Klein, Dieter (1991): Doppelte Modernisierung im Osten. Illusion oder Option der Geschichte? In Michael Brie, Dieter Klein (Hg.): Umbruch zur Moderne. Hamburg: VSA: 9-34.

Kollmorgen, Raj (1995): Hoffen und Bangen. Einige Daten und Bemerkungen zur Entwicklung freier sozialwissenschaftlicher Forschungsinstitute in den neuen Bundesländern. In: hochschule ost, Heft 5-6/1995: 9-23.

Kollmorgen, Raj (2003): Das Ende Ostdeutschlands? Zeiten und Perspektiven eines Forschungsgegenstandes. In: Berliner Debatte Initial, 14. Jg. (2): 4-18.

Kollmorgen, Raj (2005): Ostdeutschland. Beobachtungen einer Übergangs- und Teilgesellschaft. Wiesbaden: VS Verlag.

Kollmorgen, Raj (2006): Gesellschaftstransformation als sozialer Wandlungstyp. Eine komparative Analyse. In soFid „Politische Soziologie", 2006 (1): 10-30 (http://www.gesis.org/fileadmin/upload/dienstleistung/fachinformationen/servicepublikationen/sofid/Fachbeitraege/polSoziologie_2006-11.pdf).

Kollmorgen, Raj (2007): Rückkehr der Theorie? Transformation, Postkommunismus und Sozialtheorie. In: Berliner Journal für Soziologie, Jg. 17 (2): 253-261.

Kollmorgen, Raj (2010): Transformation als Modernisierung. Eine Nachlese. In: Brunn, Moritz et al. (Hg.): Transformation und Europäisierung. Münster/Berlin: Lit-Verlag: 91-118.

Kollmorgen, Raj/Bertram, Hans (2001): Das fünfte Rad am Wagen? Die (ost)deutschen Sozialwissenschaften im Vereinigungsprozeß. In: Bertram, Hans/Kollmorgen, Raj (Hg.): Die Transformation Ostdeutschlands. Opladen: Leske + Budrich: 389-426.

Kröhnert, Steffen et al. (2006): Die demographische Lage der Nation. Wie zukunftsfähig sind Deutschlands Regionen? München: dtv.

Land, Rainer (2005): Paradigmenwechsel in der Ostdeutschlandforschung. Dokumentation des Einleitungsbeitrags auf dem Workshop am 8. April 2005. In: Berliner Debatte Initial, 16. Jg. (2): 69-75.

Land, Rainer (2006a): Zur Lage in Ostdeutschland. Bericht des Netzwerkes und des Innovationsverbundes Ostdeutschlandforschung. Berliner Debatte Initial, 17. Jg. (5): 3-5.

Land, Rainer (2006b): Fragmentierte Wirtschaftsstrukturen zwischen Deindustrialisierung, Stagnation und Innovation. In: Berliner Debatte Initial, 17. Jg. (5): 27-38.

Land, Rainer (Hg./1990): Das Umbaupapier. Berlin: Rotbuch.

Land, Rainer/Ralf Possekel (1998): Fremde Welten. Die gegensätzliche Deutung der DDR durch SED-Reformer und Bürgerbewegungen in den 80er Jahren. Berlin: Links.

Lessenich, Stephan/Nullmeier, Frank (Hg./2006): Deutschland – eine gespaltene Gesellschaft. Frankfurt/N.Y.: Campus.

Links, Christoph/Volke, Kristina (Hg./2009): Zukunft erfinden. Kreative Projekte in Ostdeutschland. Berlin: Ch. Links Verlag.

Linz, Juan J./Stepan, Alfred (1996): Problems of Democratic Transition and Consolidation. Baltimore/London: Johns Hopkins UP.

Lutz, Burkart (2003): Verpasste Gelegenheiten und nachzuholende Lektionen. Einige (selbst-)kritische Überlegungen zur deutschen Transformationsforschung. In: Brussig, Martin et al. (Hg.): Konflikt und Konsens: Transformationsprozesse in Ostdeutschland. Opladen: Leske + Budrich: 287-307.

Mählert, Ulrich (Hg./2002): Vademecum DDR-Forschung. Berlin: Links.

Maier, Charles S. (1997): Dissolution: The Crisis of Communism and the End of East Germany. Princton UP.

Martens, Bernd (2005): Der lange Schatten der Wende. Karrieren ostdeutscher Wirtschaftseliten. In Historical Social Research, Vol. 30, Sonderheft „Unternehmer und Manager im Sozialismus": 206-230.
McFalls, Laurence/Probst, Lothar (Eds./2001): After the GDR. New Perspectives on the Old GDR and Young Länder. Amsterdam/Atlanta: GA.
Meulemann, Heiner (2002): Werte und Wertewandel im vereinten Deutschland. In: Aus Politik und Zeitgeschichte, B37-38/2002: 13-22.
Mindt, Felix R. (2003): Die Soli-Abzocke – Die Wahrheit über den armen Osten. Fulda: Eichborn.
Mühlberg, Dietrich (2005): Deutschland nach 1989: politisch geeint – kulturell getrennt? In: Kulturation. Online-Journal für Kultur, Wissenschaft und Politik, 28.(3) Jg. (6, 2/2005).
Neckel, Sighart (2000): Die Macht der Unterscheidung. Essays zur Kultursoziologie der modernen Gesellschaft. Frankfurt/NY: Campus.
Paqué, Karl-Heinz (2009): Die Bilanz: Eine wirtschaftliche Analyse der Deutschen Einheit. München: Hanser
Pfaff, Steven (2006): Exit-Voice Dynamics and the Collapse of East Germany. The Crisis of Leninism and the Revolution of 1989. Durham/London: Duke U.P.
Pickel, Andreas (1996): Special, but not Unique: The Unrecognized Theoretical Significance of the East German Case. Paper presented at the American Political Science Association Meeting, San Francisco, August 29 - September 1, 1996. Unpublished Paper.
Pickel, Andreas/Wiesenthal, Helmut (1996): The Grand Experiment: Debating Shock Therapy, Transition Theory, and the East German Experience. HarperCollins/Westview.
Pickel, Gert/Pollack, Detlef/Müller, Olaf/Jacobs, Jörg (Hg./2006): Osteuropas Bevölkerung auf dem Weg in die Demokratie. Repräsentative Untersuchungen in Ostdeutschland und zehn osteuropäischen Transformationsstaaten. Wiesbaden: VS Verlag.
Pollack, Detlef (2000): Wirtschaftlicher, sozialer und mentaler Wandel in Ostdeutschland. In: Aus Politik und Zeitgeschichte, B 40/2000: 13-21.
Pollack, Detlef (2001): Wie modern war die DDR? Discussion paper No. 4/01. Frankfurt/O.: Frankfurter Institut für Transformationsstudien.
Pollack, Detlef (2006): Wie ist es um die innere Einheit Deutschlands bestellt? Aus Politik und Zeitgeschichte, B 30-31/2006: 3-7.
Ragnitz, Joachim et al. 2006: Demographische Entwicklung in Ostdeutschland. Endbericht zum Forschungsauftrag des BMWi (Projekt Nr. 27/04), ifo Dresden Studien, Nr. 41. Dresden: ifo Institut.
Ragnitz, Joachim/Scharfe, Simone/Schirwitz, Beate (2009): Bestandaufnahme der wirtschaftlichen Fortschritte im Osten Deutschlands 1989-2008. Gutachten im Auftrag der INSM. Dresden: Ifo.
Reißig, Birgit (2010): Biographien jenseits von Erwerbsarbeit. Prozesse sozialer Exklusion und ihre Bewältigung. Wiesbaden: VS Verlag.
Reißig, Rolf (2000): Die gespaltene Vereinigungsgesellschaft. Berlin: Karl Dietz.

Reißig, Rolf (2009): Gesellschafts-Transformation im 21. Jahrhundert. Ein neues Konzept sozialen Wandels. Wiesbaden: VS Verlag.

Roth, Sven Kersten (2008): Der West als „Normal Null". Zur Diskurssemantik von „ostdeutsch*" und „westdeutsch*". In: Roth, Sven Kersten/Wienen, Markus (Hg.): Diskursmauern. Aktuelle Aspekte der sprachlichen Verhältnisse zwischen Ost und West. Bremen: Hempen Verlag: 69-90.

Roth, Sven Kersten/Wienen, Markus (Hg./2008): Diskursmauern. Aktuelle Aspekte der sprachlichen Verhältnisse zwischen Ost und West. Bremen: Hempen Verlag.

Sackmann, Reinhold/ Weymann, Ansgar/ Wingens, Matthias (Hg./2000): Die Generation der Wende. Berufs- und Lebensverläufe im sozialen Wandel. Wiesbaden: Westdeutscher Verlag.

Schäfer, Eva/Dietzsch, Ina/Drauschke, Petra/Peinl, Iris/Penrose, Virginia/Scholz, Sylka/ Völker, Susanne (Hg./2005): Irritation Ostdeutschland. Geschlechterverhältnisse in Deutschland seit der Wende. Münster: Verlag Westfälisches Dampfboot.

Schipanski, Dagmar/Vogel, Bernhard (Hg./2009): Dreißig Thesen zur deutschen Einheit. Freiburg im Breisgau: Herder.

Schluchter, Wolfgang/Quint, Peter E. (Hg./2001): Der Vereinigungsschock. Vergleichende Betrachtungen zehn Jahre danach. Weilerswist: Velbrück.

Schroeder, Klaus (2006): Die veränderte Republik. Deutschland nach der Wiedervereinigung. München: Bayerische Landeszentrale für politische Bildung.

Schroeder, Klaus (2009): Ostdeutschland 20 Jahre nach dem Mauerfall. Eine Wohlstandsbilanz. Gutachten im Auftrag der INSM. Berlin (unv. MS.).

Schüle, Annegret/Ahbe, Thomas/Gries, Rainer (Hg./2006): Die DDR aus generationengeschichtlicher Perspektive. Eine Inventur. Leipzig: Leipziger Universitätsverlag.

Schwab-Trapp, Michael (2001): Diskurs als soziologisches Konzept. Bausteine für eine soziologisch orientierte Diskursanalyse. In: Keller, Reiner/Hirseland, Andreas/Schneider, Werner/Viehöver, Willy (Hg.): Handbuch Sozialwissenschaftliche Diskursanalyse, Bd. 1: Theorien und Methoden. Opladen: Leske + Budrich: 261-284.

Schwarz, Anna (2008): Vom Paradigma der ‚nachholenden Modernisierung' zum *cultural turn*: Sozialwissenschaftliche Transformationsforschung im Rückblick. In: Bönker, Frank/Wielgohs, Jan (Hg.): Postsozialistische Transformation und europäische (Des-) Integration. Marburg: Metropolis: 23-40.

Thomaneck, J.K.A./Niven, Bill (2001): Dividing and Uniting Germany. London/N.Y.: Routledge.

Thomas, Michael (1998): Paradoxien in der deutschen Transformationsdebatte. In: Berliner Debatte Initial, 9. Jg. (2/3): 104-116.

Thomas, Michael (2008): Transformation - Hypertransformation - Transformation? Drehen wir uns nur im Kreis? Anmerkungen zu einer berechtigten Fragestellung. In Eckehard Binas (Hg.): Hypertransformation. Frankfurt: Verlag Peter Lang: 185-206.

Thomas, Michael (Hg./1992): Abbruch und Aufbruch. Sozialwissenschaften im Transformationsprozeß. Berlin: Akademie Verlag.

Thomas, Michael/Woderich, Rudolf (2006): Regionale Disparitäten und endogene Bildung neuen Sozialkapitals. In: Berliner Debatte Initial, 17. Jg. (5): 77-89.

Veen, Hans-Joachim 2000: Vereint, aber noch nicht wirklich eins? Ein Plädoyer wider den völkischen Rückfall. In Deutschland Archiv, 33. Jg. (2): 269-275.

Weingarz, Stephan (2003): Laboratorium Ostdeutschland? Der ostdeutsche Transformationsprozess als Herausforderung für die deutschen Sozialwissenschaften. Münster et al.: Lit-Verlag.

Wielgohs, Jan/Wiesenthal, Helmut (Hg./1997): Einheit und Differenz. Die Transformation Ostdeutschlands in vergleichender Perspektive. Berlin: Berliner Debatte Wissenschaftsverlag.

Wiener, Bettina/Meier, Heike (2006): Vergessene Jugend. Der Umgang mit einer arbeitslosen Generation. Beobachtungen und Schlüsse. Berlin/Münster: Lit-Verlag.

Wiesenthal, Helmut (1999): Die Transformation der DDR. Verfahren und Resultate. Gütersloh: Verlag Bertelsmann Stiftung.

Wiesenthal, Helmut (2006): Gesellschaftliche Steuerung und gesellschaftliche Selbststeuerung. Wiesbaden: VS Verlag.

Wiesenthal, Helmut (Hg./1996): Einheit als Privileg? Vergleichende Perspektiven auf die Transformation Ostdeutschlands. Frankfurt/N.Y.: Campus.

Woderich, Rudolf (Hg./2007): Im Osten nichts Neues? Struktureller Wandel in peripheren Räumen. Münster: Lit-Verlag.

Zapf, Wolfgang (1991): Der Untergang der DDR und die soziologische Theorie der Modernisierung. In Bernhard Giesen, Claus Leggewie (Hg.): Experiment Vereinigung. Ein sozialer Großversuch. Berlin: Rotbuch: 38-51.

Zapf, Wolfgang (2000). How to evaluate German unification? Discussion paper FSIII 00-404. Berlin: WZB.

Zatlin, Jonathan R. (2007): The Currency of Socialism: Money and Political Culture in East Germany. Cambridge: Cambridge University Press.

Ziegler, Hansvolker (2005): Sozialwissenschaften und Politik bei der deutschen Wissenschafts-Vereinigung. Der Fall der „Kommission für die Erforschung des sozialen und politischen Wandels in den neuen Bundesländern (KSPW). Bericht eines engagierten Beobachters. Discussion Papers P 2005-008. Berlin: Wissenschaftszentrum Berlin für Sozialforschung (WZB).

„Für ein modernes und soziales Deutschland"? Diskurse im politischen Raum

Frank Thomas Koch

1. Zugänge und Fokus: Jahresberichte der Bundesregierung und Leitbilder von Parteien für Ostdeutschland

Der Zugang zum weiten Feld der politischen Kommunikation zur deutschen Einheit und über Ostdeutschland wird hier über zwei „Stellvertreter" und unterscheidbare Textgattungen gesucht: zum einen über die Berichte der Bundesregierung zum Stand der deutschen Einheit 2004-2009, zum anderen über 2008/2009 vorgelegte Leitbilder[1] der Parteien CDU, SPD, Grüne, Die Linke für Ostdeutschland mit Blick auf das Jahr 2020.

In den Dokumenten sind Diskurse in zweierlei Hinsicht geronnen. Zum einen Diskurse der die Texte tragenden (produzierenden) politischen Akteure verschiedener Ebenen und Bereiche. Bei den Berichten der Bundesregierung zum Stand der deutschen Einheit, die vom Kabinett beschlossen werden, handelt es sich um Berichte von Koalitionsregierungen, deren Partner durchaus auch unterschiedliche politische Akzente setzen und verfolgen. Aber auch das Leitbild einer Partei für Ostdeutschland folgt dem Kompromissgebot, indem es unterschiedliche Interessen und Akzentuierungen innerhalb der jeweiligen Partei zur Deckung bringen muss.

Zum anderen erfolgt sowohl in den Berichten der Bundesregierung als auch in den Leitbildern direkt oder indirekt ein Bezug auf Debatten in der Gesellschaft. Zudem sind die Berichte der Bundesregierung zum Stand der deutschen Einheit wie die Leitbilder politischer Parteien für Ostdeutschland immer auch als Gegenstand und Anlass öffentlicher Kommunikation angelegt, gedacht.

In diesem Sinne handelt es sich bei den gewählten „Stellvertretern" – Berichten wie Leitbildern – nicht um eine Verlegenheitslösung, sondern um geeignete Repräsentanten und Zugänge, die (ein Stück weit) für das Ganze stehen können,

---

[1] Die von Parteien offerierten Perspektiven für Ostdeutschland werden hier vereinfacht als „Leitbilder" bezeichnet, unabhängig davon, ob die Texte sich als Leitbilder verstehen, formal und nach dem Modus ihrer Entstehung dem Charakter eines Leitbildes entsprechen.

d.h. geeignet sind, Stand und Perspektiven der Kommunikation über Ostdeutschland und deutsche Einheit im politischen Raum zu erhellen.

1.1 Diskurspositionen im Spannungsfeld zwischen „nachholender Modernisierung" und „doppeltem Umbruch"

Zwischen dem politischen und dem sozialwissenschaftlichen Diskurs zur deutschen Einheit und zu Ostdeutschland gibt es sowohl deutliche Unterschiede, aber auch markante Entsprechungen. Letzteres ist deshalb der Fall, weil sozialwissenschaftliche Ideen und Theorien

> „…sich in gewisser Hinsicht auf Vorstellungen (gründen), die von den Handelnden, auf die sie sich beziehen, bereits geteilt werden (wenn sie auch nicht notwendig von ihnen diskursiv formuliert sein müssen). Sind sie dann wieder ins Handeln selbst integriert worden, kann ihre Originalität verloren gehen; sie können nur allzu geläufig werden… Die besten und interessantesten Ideen in den Sozialwissenschaften sind a) an der Begünstigung des Meinungsklimas und der sozialen Prozesse, die sie hervorgebracht haben, beteiligt, b)… mit Gebrauchstheorien verquickt, die diese Prozesse zu konstituieren helfen, und c) somit kaum klar von den Reflexionen zu unterscheiden, die handelnde Laien zur Geltung bringen, wenn sie Gebrauchstheorien diskursiv artikulieren…" (Giddens 1992: 48).

Für die Diskurse im politischen Raum zur Einheit und über Ostdeutschland haben sich als überaus wirkungsmächtige sozialwissenschaftliche Ideen (und als Gebrauchstheorien handelnder Akteure) erwiesen die *„Modernisierungstheorie"* und das auf sie gegründete Konzept der *„nachholenden Modernisierung"* (vgl. exemplarisch Zapf 1969, 1991, 1995; Geißler 2000). Als deren Gegenpol(e) mit gemeinsamer Schnittmenge sind zu fassen sozialwissenschaftlichen Ideen vom *„Konflikt der zwei Modernen"* (Beck 1986), von den *„Ostdeutschen als Avantgarde"* (Engler 2002), vom *„doppelten Umbruch"* (Land o. J., 2006), von der *„zweiten Wende"* (Behr 2009).

Als *Gebrauchstheorie* betrachtet, besagt die Modernisierungstheorie, dass die DDR keine moderne Gesellschaft wie die Bundesrepublik war. Bezogen auf den Osten handelte es sich 1989/90 um eine „nachholende Revolution" (Habermas 1990), seit dem Beitritt um eine nachholende Modernisierung. Der Aufbau Ost nimmt notwendig die Form eines Nachbaus West und einer Angleichung von Ost nach West an.

„Doppelter Umbruch" ist gleichsam das Gegenmodell zur „nachholenden Modernisierung". Die DDR war demnach keine vormoderne, sondern spezielle Variante einer fordistischen Gesellschaft wie auf andere Weise die Alt-

Bundesrepublik. Seit den 1970er Jahren geriet das fordistische Regulationssystem in eine Krise, an der die staatssozialistischen im Unterschied zu den westlichen Varianten zerbrachen. Der Transformationsprozess Ostdeutschlands seit 1990 ist folglich als doppelter Umbruch zu fassen und zu gestalten: *neben dem Systemwechsel ist zugleich auch der Umbruch zu bewältigen, in dem sich die westlichen Gesellschaften und speziell die Bundesrepublik befanden und befinden hin zu einem neuen Regulationssystem.* Als *Gebrauchstheorie gefasst,* orientiert „doppelter Umbruch" auf „Laufen ohne Vordermann": *„(Ost-) Deutschland experimentiere!" Es geht in Ost und West um die Suche nach Wegen in „eine andere Moderne". Nicht Nachbau West, sondern Suche und Erprobung neuer Lösungen sind angesagt.*

Mit beiden markierten Diskurspositionen sind Diskursstränge wie „Innovation", „Nachhaltigkeit", „demographischer Wandel", „Teilhabe", „sozialer Zusammenhalt", „Angleichung" („Gleichwertigkeit der Lebensverhältnisse") verbunden.

Für die Analyse beider Textsorten, Jahresberichte wie Leitbilder, ist mithin die Position leitend, dass sie in einem Spannungsverhältnis zwischen zwei Polen stehen, zwischen zwei Referenzpunkten miteinander konkurrierender spezifischer Konfigurationen – so genannter interpretativer *frames* – , die ihrerseits mit umfassenderen Mustern von Themen und Gegenthemen verknüpft sind:

Abbildung 1: Die Pole des Spannungsverhältnisses, in denen die Texte stehen

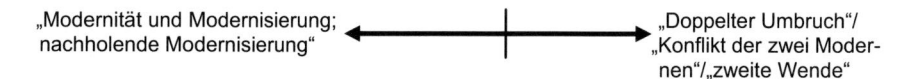

| „Modernität und Modernisierung; nachholende Modernisierung" | ⟵――――⟶ | „Doppelter Umbruch"/ „Konflikt der zwei Modernen"/„zweite Wende" |

Daher ist auch die die Frage nach der *Bewegungsrichtung, Richtungskonstanz* zwischen den Polen für die Textsorten und Texte ebenso zu beantworten wie die Frage, welchen *Ort* die Textsorten sowie einzelne Texte in diesem Spannungsfeld einnehmen.

Sinn und Zweck der Analyse der Berichte der Bundesregierung zum Stand der deutschen Einheit und der Perspektivvorstellungen von Parteien für Ostdeutschland ist es, Aufschlüsse über den Ostdeutschland-Diskurs und zur Kommunikation über Stand und Perspektiven der Einheit im politischen Raum im Spannungsfeld zwischen „nachholender Modernisierung" und „doppeltem Umbruch" zu gewinnen, Verschiebungen in Diskursreferenzen ebenso wie erste Befunde zur Wirksamkeit der analysierten Texte als Kommunikationsangebote zur Diskussion zu stellen.

1.2 Einbettung, Spezifik, Referenzpunkte der Textsorten

Textsorte Jahresberichte: Seit der Vereinigung wurde die Bundesrepublik Deutschland von verschiedenen Koalitionen regiert (Tabelle 1).

Tabelle 1: Regierungskoalitionen der Bundesrepublik Deutschland seit 1990

Zeitraum	Seniorpartner	Juniorpartner
1990-1998	CDU	FDP
1998-2005	SPD	Grüne
2005-2009	CDU	SPD
ab 2009	CDU	FDP

Zwar wurde in der Politik aller Bundesregierungen die deutsche Einheit als hohes Gut betrachtet, die Entwicklung der neuen Länder als gesamtgesellschaftliche Aufgabe verstanden, die den Einsatz und die praktische Bereitstellung erheblicher Mittel erfordert. Doch die jährliche Berichterstattung der Bundesregierung zum Stand der deutschen Einheit gründet sich erst auf einen Beschluss des Bundestages aus dem Jahr 1996, regelmäßig eine ausführliche Darstellung der wesentlichen Politikfelder und ergriffenen Maßnahmen zur Förderung des Aufbaus der neuen Länder vorzulegen. Zuvor hatte es vergleichbare Bilanzierungen nur in Ansätzen gegeben, wenngleich die Berichte zur Lage der Nation durchaus als historische Vorläufer angesehen werden können. Der Analysezeitraum für die Berichte 2004-2009 erstreckt sich auf einen Abschnitt jener Periode, in der die SPD die Beauftragten der Bundesregierung für die neuen Länder stellte.

Schon der bloße Übergang zur jährlichen Berichterstattung der Bundesregierung zum Stand der deutschen Einheit und zum Aufbau Ost ist als Ausdruck einer tendenziellen Veränderung der Diskurspositionen im politischen Raum im Vergleich mit dem Status quo ante in zweierlei Hinsicht zu fassen. Zum einen wurde realisiert, dass es eines längeren Atems und mehr Zeit bedürfe, um „die deutsche Einheit zu vollenden". Zum anderen wurde *implizit* der Tatsache Rechnung getragen, dass das

> „Konzept einer Angleichung mittels nachholender Modernisierung, die Vorstellung eines Ab-, Um- und Wiederaufbauszenarios, das seinen Optimismus aus dem Vorbild des westdeutschen ‚Wirtschaftswunders' der fünfziger Jahre speiste, …praktisch gescheitert (ist). Die meisten haben das längst erkannt… Aber weder über das Scheitern noch über Alternativen wird öffentlich gesprochen" (Thierse 2001: 20).

Die Berichte haben einen ähnlichen Aufbau. Im Teil A wird jeweils das Konzept, die Strategie des Aufbaus Ost dargelegt. Im Teil B werden verschiedene Programme und Politikfelder zur Förderung der Entwicklung der neuen Länder im Detail präsentiert. Daran schließt ein statistischer Teil an, der ausgewählte Daten zur Entwicklung der neuen Länder enthält. Gegenstand der Analyse können nur einige ausgewählte Aspekte/Fragestellungen sein, die sich primär auf die Abschnitte A der Berichte beziehen:

- Konstanten und Akzentverschiebungen im Konzept der Bundesregierung(en) in der Zeit
- Konstanten und Akzentverschiebungen im relativen Gewicht von politisch-institutioneller, wirtschaftlich-sozialer und kulturell-mentaler Einheit
- Einschätzungen des erreichten Standes, Korrekturen an Zeithorizonten für das Erreichen übergreifender Ziele
- Konstanten und Akzentverschiebungen in der Begründung der Förderung der neuen Länder
- Konjunkturen in der öffentlichen Wahrnehmung der Berichte der Bundesregierung (zur Wirksamkeit der Berichte als Kommunikationsangebote)
- die Jahresberichte als Rahmen (Möglichkeitsraum und Grenze) einander anwie einander ausschließender Diskurse zur deutschen Einheit und über Ostdeutschland

Textsorte Leitbild: Die Textsorte Leitbild hat einen anderen Entstehungskontext. Leitbilder wurden zunächst und vor allem als langfristige, nicht auf das unmittelbare Tagesgeschäft bezogene Zielvorgaben von und für Unternehmen entwickelt – gleichsam als Ausdruck und Orientierungsrahmen für eine „integrative Managementphilosophie" – sowie dann für Organisationen und Institutionen, politisch-administrative Einheiten (Kommunen, Stadtteile, Regionen, Bundesländer). Es gibt ferner neben institutionellen und auf Raumeinheiten bezogenen Leitbildern „Rollenleitbilder". Sie gelten für Funktionsträger oder Berufe. „Programmleitbilder" beschreiben hingegen Konzepte aus strategischer Sicht für die Entwicklung bestimmter Bereiche (z.B. Verwaltung, aber auch Ausbildungsgänge). „Fachleitbilder" heben auf bestimmte inhaltliche Aspekte ab (z.B. Nachhaltigkeit) und gelten als Teil-Leitbilder. Sie haben keinen expliziten institutionellen Bezug und im Unterschied zu Programmleitbildern keinen umfassenden konzeptionellen Anspruch (vgl. Online-Verwaltungslexikon 2010, Stichwort „Leitbild").

Zwar erfreut sich das Instrument „Leitbild" seit den 1990er Jahren einer breiten Nutzung, doch Leitbilder von CDU, SPD, der Partei die Linke und den Grünen für *Ostdeutschland als Ganzes* hat es vor 2008/2009 so nicht gegeben. Sie sind mithin ein Novum, Ausdruck einer teils eher taktischen, teils eher strategischen Revision bisheriger Diskurspositionen. Denn wer Leitbilder für „Ostdeutschland" offeriert, unterstellt, dass neben oder quer zu den neuen Ländern als handlungsfähigen Subjekten eine relative Einheit „Ostdeutschland" existiert als eine zu kalkulierende Rechengröße, es Adressaten gibt, die sich dadurch angesprochen fühlen oder fühlen könnten. Gerade diese Vorstellung war seit 1990 maßgeblichen bundespolitischen wie im Osten operierenden regionalen Akteuren der großen Volksparteien fremd, ja eine Horrorvision. Man ging davon aus, dass Ostdeutschland als relative Einheit sowieso nicht überdauern werde (und auch nicht überdauern dürfe). Der Osten solle nicht künstlich am Leben gehalten, die Teilung nicht verlängert werden. Allgemein angenommen wurde, dass sich der Osten in die neuen Länder auflöse, nach und nach in kleinere oder größere Regionen mit unterschiedlichen Entwicklungsniveaus, Interessen, Zugehörigkeiten, Identitäten zerfalle. Und diese Annahmen sind auch nicht unzutreffend. Das schließt aber keineswegs aus, dass „auf andren Ebenen eine Identifikation mit ostdeutschen Problemen nicht etwa nur zählebig nachwirkte, sondern auch neue Nahrung erhielt..., besondere ostdeutsche Interessenlagen... − auch ohne Not − abrufbar sind ..." (Thierse 2001: 55).

Bei der Leitbildanalyse spielt daher neben der Frage nach Gemeinsamkeiten und Unterschieden in der Bewertung der Ausgangslage und in den Perspektivvorstellungen für Ostdeutschland eine zentrale Rolle, welche Gründe die Parteien veranlassten, Leitbilder vorzulegen.

2. Berichte der Bundesregierungen zum Stand der deutschen Einheit 2004-2009

2.1 Übergreifende Leitorientierungen und Zielgrößen in der Politik der Bundesregierung

Im Jahr 2001 gab die Bundesregierung ihrer Überzeugung Ausdruck, „dass in der zeitlichen Perspektive bis 2020 der Aufbau Ost abgeschlossen und die innere Einheit Deutschlands hergestellt sein wird" (Jahresbericht der Bundesregierung zum Stand der Deutschen Einheit 2001: 25).

Konstanten in den (übergreifenden) Leitorientierungen (Zielgrößen) der Bundesregierungen zur Gestaltung der Einheit und beim Aufbau Ost zwischen 2004 und 2009 sind ausweislich der Berichte

- die Überwindung teilungsbedingter Unterschiede,
- der Abbau struktureller Defizite in Ostdeutschland,

- die Angleichung der Lebensverhältnisse zwischen Ost und West,
- das Erreichen eines selbst tragenden Aufschwungs,
- die Stärkung des Zusammengehörigkeitsgefühls (innere Einheit).
- Innerhalb des Zeitraumes hat es aber Akzentverschiebungen im Konzept zur Gestaltung der Einheit und des Aufbau Ost gegeben (siehe Kapitel 2.2), die auch den Geltungsanspruch, den Geltungsbereich und die Gültigkeit der genannten Leitorientierungen tangieren.

2.2 Akzentsetzungen in den einzelnen Jahresberichten

Jahresbericht 2004: „Potenziale erschließen, Erfolge stärken – Fortentwicklung der Strukturpolitik für die neuen Bundesländer"
Präsentiert wird von der Rot-Grünen Koalition ein erneuertes Gesamtkonzept für den Aufbau Ost, das auf die Erschließung und Förderung endogener Potenziale wie „Branchenschwerpunkte, Netzwerke und innovative Kompetenzfelder" zielt. Leitend für die Neuorientierung sind die Ergebnisse der Förder- und Strukturpolitik der vergangenen Jahre, die zu einer zunehmenden regionalen Differenzierung der wirtschaftlichen Entwicklung geführt hat. Ferner gilt es, Effizienz und Mitteleinsatz des Bundes zu erhöhen. Das „Gesamtkonzept des Aufbau Ost beseht... aus einer entschlossenen gesamtdeutschen Reformpolitik (gemeint ist die Agenda 2010 – d. A.), einer zielgerichteten Wirtschafts- und Infrastrukturförderung in den neuen Bundesländern (Konzentration auf Vervollständigung und Entwicklung von regionalen Potentialen und Wertschöpfungsketten, der Förderung regionaler Stärken und der der Vernetzung von Potentialen) sowie mit dem Solidarpakt II aus einem klaren Finanzierungsrahmen für die erfolgreiche Weiterführung des Aufbau Ost." (Jahresbericht 2004: 22, 29).

Jahresbericht 2005: „15 Jahre Aufbau Ost: Eine Zwischenbilanz"
Der Jahresbericht stellt *Erfolge wie Ambivalen*zen der Vereinigungs- und der Förder- und Strukturpolitik seit 1990 heraus und liefert weiter ausgreifende Begründungen für die 2004 erfolgte Neujustierung. Der demografische Wandel wird als Herausforderung für die neuen Länder in den Blick gerückt.

Jahresbericht 2006: „Entwicklungen und Herausforderungen für die neuen Länder" /„Weiterentwicklung des Entwicklungs- und Förderansatzes: Stärken stärken – Profile schärfen"
Der Bericht hebt auf die Gleichzeitigkeit von positiven Entwicklungen und nicht gelösten Problemen, Erfolg versprechender Ansätzen und unbewältigten Heraus-

forderungen ab und stellt eine wachsende Ausdifferenzierung in sektoraler und regionaler Hinsicht fest.

Jahresbericht 2007: „Chancen nutzen, Zusammenhalt sichern"
„Wirtschaft und Gesellschaft im Umbruch" – mit diesen Worten wird die Lage in den neuen Bundesländern charakterisiert. Der Bericht stellt „Ostdeutschland als Land der Chancen" heraus und kommt zu dem Befund: „Ostdeutschland befindet sich in einem gesellschaftlichen Differenzierungsprozess", der es verlangt, „gesellschaftliche Teilhabe und Zusammenhalt (zu) organisieren".

Jahresbericht 2008: „Die neuen Länder – für ein modernes und soziales Deutschland ... Ziele und Aufgaben ... bis Ende des Solidarpakts II"
Der Bericht stellt die Weichen in Richtung Innovation und wirtschaftliche Zukunftsfelder, betont die Verantwortung für Zielgruppen des Arbeitsmarktes, hebt den Osten als „Ideengeber" im Umgang mit dem demographischen Wandel und als „Tor nach Mittel- und Osteuropa" heraus.
„Im Verlaufe des Aufbau Ost wurde immer deutlicher, dass diese Aufgabe mindestens drei Jahrzehnte benötigt" (Jahresbericht 2008: 34).
Erstmals gibt es einen speziellen Abschnitt „Häufig diskutierte Themen" zum Aufbau Ost. Zwei Themen beziehen sich auf die Anlage, Himmelsrichtung und den Umfang der Förderpolitik (Es werde nicht genug für den Osten getan/Der Westen habe die gleichen Probleme), vier Themen beziehen sich auf die Zieldimension Angleichung der Lebensverhältnisse (trotz hoher Hilfen komme die Angleichung nicht voran/der Osten leidet weiterhin an der beispiellosen Beschäftigungskrise/ deutliche Unterschiede im Lohnniveau zwischen Ost und West/weiterhin geteiltes Rentenrecht und drohende Altersarmut).

Jahresbericht 2009: „Die neuen Länder – 20 Jahre nach der friedlichen Revolution"
Der Bericht wird vor der heißen Phase des Bundestagswahlkampfes vorgelegt. Es ist der vorerst letzte, der unter einem Beauftragen der Bundesregierung für die neuen Länder erarbeitet wurde, der der SPD angehört.
Hervorgehoben werden die wirtschaftlichen und strukturellen Konvergenzen zwischen alten und neuen Ländern, die seit 1989/1990 erreicht werden konnten. Zugleich reflektiert der Bericht die Herausforderungen für Ostdeutschland, die der Ausbruch der weltweiten Wirtschafts- und Finanzkrise mit sich bringt. Der bilanzierende Gestus der Berichterstattung ist organisch mit programmatischen Passagen und neuen Akzenten verbunden („soziale Einheit vollenden"). Bisherige Ziele werden einerseits bekräftigt und andererseits korrigiert und präzisiert: „Ziel der Förderpolitik für die ostdeutschen Länder ist es, bis Ende des Solidar-

paktes II im Jahr 2019 ... ein selbsttragendes Wachstum in Ostdeutschland zu erreichen und auf möglichst vielen wirtschaftlichen Gebieten zum westdeutschen Durchschnitt, mindestens jedoch gegenüber den strukturschwächeren westdeutschen Flächenländern aufzuholen. Die Angleichung der Lebensverhältnisse zwischen Ost und West bleibt weiterhin ein zentrales Ziel der Politik der Bundesregierung" (Jahresbericht 2009: 14).

Hervorgehoben werden zudem auch Aufgaben und Notwendigkeiten bei der „gesellschaftlichen Stärkung der deutschen Einheit". In dieser Hinsicht werden in der Sache (auch) massive Kommunikationsdefizite in und zwischen Ost und West umrissen. Sie betreffen: gegenseitiges Verständnis und Anerkennung; gelebte Demokratie; die Auseinandersetzung mit dem Rechtsextremismus; die Aufarbeitung der SED-Diktatur

2.3 Zusammenschau: Die Jahresberichte als Rahmen und Angebote von Kommunikation

2.3.1 Bewegung in Richtung Pol „doppelter Umbruch"

Bezogen auf den Gesamtzeitraum von 1990 bis 2009 haben sich die interpretativen *frames* für die Leitorientierungen der Bundesregierungen zur Gestaltung der Einheit und zum Aufbau Ost deutlich vom Pol „nachholende Modernisierung" in Richtung Gegenpol „doppelter Umbruch" (siehe Abbildung 1) verschoben. Dabei erfolgte die größte Bewegung nach der Jahrtausendwende, mithin in der Phase des Analysezeitraumes. Die Jahresberichte des Analysezeitraumes weisen in der Sache insgesamt eine größere Nähe zum Pol „doppelter Umbruch" als zum Gegenpol auf. Doch lässt sich nicht sagen, dass für die Bundesregierungen des Analysezeitraums die Idee des „doppelten Umbruchs" direkt oder indirekt leitend gewesen wäre. Die Annäherung erfolgt gleichsam unbewusst, schrittweise. Das liegt zum einen an Interessen, Werthaltungen, Selbstverständnissen der Träger der Berichte. Zum anderen aber auch an Fixierungen auf den Aufbau Ost, die sich aus der Textsorte ergeben. Herausforderungen und nötige Umbauprozesse im Westen kommen nur partiell vor.

2.3.2 Dominante – wirtschaftlich-soziale Einheit

Im Zentrum der Berichterstattung zum Stand der deutschen Einheit standen im Zeitraum 2004-2009 *Fragen der wirtschaftlich-sozialen Einheit und entsprechende Komponenten des Aufbau Ost*. Im politischen Raum wird der Diskurs davon bestimmt, ob der Akzent auf die gewachsene wirtschaftliche und struktureller Annäherung zwischen Ost und West oder eher auf die weiterhin beachtlichen Differenzen in den Wirtschaftskennziffern zu legen ist (siehe Tabelle 2).

Tabelle 2: Grad der strukturellen wirtschaftlichen Annäherung von Ost- an Westdeutschland 2008 (=100) in Prozent

Indikator (Westdeutschland = 100%)	Ostdeutschland Jahr 2000	Jahr 2008
BIP je Einwohner	67%	71%
Produktivität	75%	79%
Exportquote	56%	72% (2007)
Selbständigenquote	84%	100%
Kapitalstock je Beschäftigten	78%	84% (2006)

Quelle: Jahresbericht der Bundesregierung zum Stand der deutschen Einheit 2009: 5.

Die Erwerbstätigenquote (2007) neue Länder betrug 66,4 Prozent, alte Länder 70,1 Prozent. Die Arbeitslosigkeit liegt seit 20 Jahren deutlich über dem Niveau Westdeutschlands. In der Regel ist sie annähernd doppelt so hoch. Eine zentrale Rolle in der politischen Kommunikation über die Einheit spiel(t)en das Pro und Contra der von Rot-Grün aufgelegten Reform der Arbeitsmarktpolitik (Agenda 2010; Hartz-Gesetze). Es zeichnet sich eines ab: „Wir haben die soziale Einheit noch nicht vollzogen", so (der frühere) Bundesminister Tiefensee (Berliner Zeitung vom 09.01.2009: 16).

Wichtige Aufgaben auf dem Gebiet der *politisch-institutionellen und der Rechtseinheit* sind zum einen vor dem hier gewählten Analysezeitraum bearbeitet worden oder wurden zum anderen im Zeitraum der Schwarz-Roten Koalition partiell ausgeklammert. So scheiterte am Veto des CDU-Partners die Einführung eines einheitlichen gesetzlichen Mindestlohns ebenso wie die Intention, Fristen für die Überwindung des geteilten Rentenrechts im Jahresbericht 2008 festzuschreiben. Aus der Gesellschaft, von Verbänden und auch Parteien hat es indes etliche Vorstöße und Konzepte für eine Ost-West-System-Angleichung bei der Rente gegeben. Der Koalitionsvertrag von CDU, CSU und FDP sieht für die laufende Legislaturperiode eine Lösung vor.

Freilich fehlten in keinem der Berichte Ausführungen *zur inneren (kulturellmentalen) Einheit.* Hier lässt sich eine *relative Akzentverschiebung* und eine gewisse Wellenförmigkeit erkennen: von *einer relativ breiten Thematisierung* (2003, 2004) und sehr hohen Gewichtung (wichtigstes politisches Ziel der Bundesregierung im Jahresbericht 2003) *hin zu einer Konzentration auf Aufgaben des Bundes in dieser Hinsicht und die entsprechenden Institutionen.* Die Stärkung der inneren Einheit wird dabei auch und (zuweilen) eher als zivilgesellschaftliche Aufgabe ausgewiesen. Im Jahresbericht 2009 erfolgte indes wieder eine vergleichsweise stärkere Identifizierung von Konfliktfeldern und uneingelösten Aufgaben bei der „gesellschaftlichen Stärkung der deutschen Einheit" (siehe dazu weiter unten). Die tendenzielle Ersetzung des Terminus „innere Einheit" durch andere Formulierungen verweist auf ein entwickeltes Bewusstsein der Autoren des jüngsten Jahresberichtes über die Problematik und der im Diskurs befindlichen Bestimmungen dieses Begriffs (vgl. Linden 2009).

2.3.3 Wachsender Begründungs- und Legitimationsbedarf für die Förderung Ostdeutschlands

Alle Berichte suchen materialreich den Nachweis zu führen, dass der Aufbau Ost zielführend, erfolgreich, im Interesse Gesamtdeutschlands ist und die Zukunftsfähigkeit Ostdeutschlands sichert. Damit reagieren sie auf den anschwellenden Gegendiskurs, der genau dies bezweifelt (exemplarisch: Umfrage unter Führungskräften: Deutsche Einheit schwächt West-Wirtschaft./Manager sehen Einheit als Belastung 2009). Probleme werden keineswegs unter den Teppich gekehrt. Zugleich wird mit Blick auf verfestigte Wahrnehmungen im Osten wie im Westen großer Wert auf den Nachweis gelegt, dass und wie Osten und Zukunft zusammenhängen, der Osten nicht nur Problemregion, sondern auch ein Raum mit Chancen ist. Doch diese (zutreffende) Einsicht ist in Ost wie West schwer zu kommunizieren.

Die Kosten für die Einheit seit 1990 werden je nach Ansatz auf 1,2 (von Dohnanyi) bis 1,6 Billionen (Paquè) Euro veranschlagt. Auch wenn berechtigt kritisiert wird, dass im Falle des Ostens normale Staatsausgaben als Vereinigungskosten aufsummiert werden (Busch 2002: 50ff.), so ist das nicht wenig. Umstritten sind nicht nur Umfang, Höhe, Dauer und Folgen der Förderung schlechthin, sondern auch Maßnahmen und Gegenstände der Förderung. Das gilt auch für Maßnahmen der Konjunkturpakete I und II.

In *allen* Berichten wird betont, dass der Osten weiterer Förderung bedarf und der bis 2019 laufende Solidarpakt II nicht zur Disposition gestellt werden könne. Der Legitimations- und Begründungsbedarf für den Aufbau Ost ist mithin sehr hoch, er ist im Zeitverlauf gewachsen und weiter wachsend. Dies ist auch ein Nebeneffekt erzielter Erfolge. Bei der „Überwindung teilungsbedingter Unterschiede" und „struktureller Defizite" sind deutliche Fortschritte erreicht worden, aber es findet eine *Verlagerung von sichtbaren zu weniger und eher unsichtbaren strukturellen Defiziten* statt (marode Innenstädte und Straßen waren für jedermann sichtbar; strukturelle Defizite des Ostens auf dem Felde der Forschung und Entwicklung im Bereich der Wirtschaft[2] sind eher unsichtbar). Ferner rücken mehr und mehr auch strukturelle Defizite des Westens – etwa in der Infrastruktur bei der frühkindlichen Betreuung und Bildung von Kindern und so genannte Modernisierungsvorsprünge des Ostens – in den Blick der Berichterstattung.

2.3.4 Ziele und Zeithorizonte

Die Jahresberichte enthalten Maßgaben für die Gestaltung der deutschen Einheit und den Aufbau Ost bereit, die in unterschiedlichem Maße in der Gesellschaft bekannt, akzeptiert sind, mitgetragen und für erreichbar gehalten werden.

„Es gehört… zu den fast unerklärlichen Phänomenen des Einigungsprozesses, dass die Errungenschaften und sichtbaren Erfolge nicht nur viel mehr Geld gekostet haben als vorgesehen, sondern… so viele Ziele noch *nicht* erreicht wurden. Das gilt insbesondere für das Ziel des Endes der Transferökonomie" (Behr 2009: 68f.).

An konkurrierenden Erklärungsversuchen für die Schwierigkeiten beim Aufbau Ost fehlt es freilich seit 1990/91 in Politik und Wissenschaft nicht. Und es ist klar, dass die Bilanz der deutschen Einheit und des Aufbau Ost weit positiver ausfällt, wenn das Erreichen oder Verfehlen einer selbsttragenden Entwicklung, die Beendigung der Transferökonomie als Zielgröße und Indikator ausgeklammert oder nur beiläufig erwähnt wird.[3]

Hinsichtlich der Erreichbarkeit der Leitorientierungen der Bundesregierung(en) zur Gestaltung der Einheit und des Aufbau Ost im Zeitfenster bis 2019 zeichnen sich folgende Tendenzen ab:

Festgehalten wird in *allen* Berichten am Ziel, im Osten eine *selbst tragende Entwicklung herbeizuführen*. Auch der jüngste Bericht 2009 hält es für nötig und möglich bis zum Jahre 2019 eine selbsttragende Entwicklung zu erreichen. Eine nicht ganz unwesentliche (und im öffentlichen Diskurs unzureichend zur Kenntnis genommene) Korrektur der Ziele der Förderpolitik enthält der Jahresbericht 2009: es sei möglich und bis 2019 erreichbar, „die ostdeutschen Länder… wirtschaftlich an die strukturschwächeren westdeutschen Länder heranzuführen…" (Jahresbericht 2009: 7, 14). Dabei handelt es sich gleichermaßen um eine Präzisierung von Zielvorgaben und um eine Korrektur – nach unten im Vergleich mit dem Jahresbericht 2001.

---

2 Siehe dazu Jahresbericht 2009: Anhang D, Tabelle 7: Forschungs- und Entwicklungspersonal im Wirtschaftssektor.
3 Vgl. „Ostdeutschland auf dem Prüfstand: 48 Seiten extra. 20 Jahre nach dem Mauerfall. In Zusammenarbeit mit der Initiative Neue Soziale Marktwirtschaft", *SUPERillu*, Heft 35/2009.

Wie nimmt sich diese Korrektur im zeitgenössischen Diskurs aus? Im zwanzigsten Jahr des Falls der Mauer haben viele Banken, Wirtschaftsinstitute und auch Versicherungen Bilanzen für den Aufbau Ost[4] vorgelegt. Zwischen den Kernaussagen und Wertungen dieser Einrichtungen untereinander und zwischen ihnen und denen des Jahresberichtes 2009 besteht eine sehr hohe Übereinstimmung. Doch die skizzierte Korrektur und Präzisierung des Jahresberichtes der Bundesregierung 2009 zum Stand der deutschen Einheit findet nur in der Bilanz des Instituts der deutschen Wirtschaft Köln eine Entsprechung. Der Solidarpakt II müsse daher 2019 nicht verlängert werden (vgl. Gernhardt 2009). Soweit in den Bilanzen Prognosen gewagt und Szenarien für die neuen Länder durchgerechnet wurden, ist ein Erreichen des wirtschaftlichen Niveaus der strukturschwächeren westdeutschen Flächenländer bis 2019 eher unwahrscheinlich (vgl. Hypo-Vereinsbank: 20 Jahre danach – eine ökonomische Bilanz Ostdeutschlands 2009). Vom IWH wird zudem eingeschätzt: Mit einem Gleichstand von Ost und West beim Pro-Kopfniveau der Wirtschaftskraft sei erst in knapp 50 Jahren zu rechnen (vgl. Wolf 2009).

Wie die Jahresberichte der Bundesregierung und die Bilanzen ausweisen, sind in den Lebensverhältnissen der Menschen auf vielen Gebieten Angleichungen vollzogen, doch *die für breite Bevölkerungskreise (im Osten) sichtbarsten und spürbarsten Ost-West-Unterschiede (Lohnniveau, Einkommen, Vermögen und geteiltes Rentenrecht) sind im Analysezeitraum geblieben.* Die Berichte des Analysezeitraums operieren auch bei der Angleichung der Lebensverhältnisse mit der Jahreszahl 2019 als wichtiger Zielmarke. Doch im politischen Diskurs wird teils die Sinnhaftigkeit der Angleichungsperspektive als solche in wachsendem Maße bezweifelt, teils nur die Erreichbarkeit von Angleichungen im Zeithorizont bis 2019 mit einem Fragezeichen versehen.

Bundeskanzlerin Angela Merkel sagte auf dem Ost-Perspektivenkongress der CDU in Dresden am 10.10.2008, sie gehe davon aus, dass zum 40. Jahrestag der deutschen Einheit, also 2030, zwischen Ost und West „die Chancengleichheit in wesentlichen Teilen hergestellt" sein werde (vgl. Berliner Zeitung vom 11./12. Oktober 2008: 6). Sie relativierte damit die in den Jahresberichten der von ihr geführten Bundesregierung beschworene Bedeutung des Jahres 2019.

So bestehen größere Unsicherheiten für die Bundespolitik bei der weiteren Formulierung, Begründung, Umsetzung von Angleichungszielen im Ost-West-Maßstab und den Zeithorizonten, in denen definierte Angleichungsziele erreichbar sind. Diese Unsicherheit spiegelt sich freilich in den Jahresberichten nur indirekt. Anders als die aus CDU und SPD zwischen 2005 und 2009 bestehende

---

4 So die Deutsche Bank, Hypo Vereinsbank; Volksbanken, das IW Köln, das IW Halle, das Ifo-Institut Dresden (Joachim Ragnitz) und die FU (Klaus Schroeder) im Auftrag der Initiative Neue Soziale Marktwirtschaft und *SUPERillu*.

Bundesregierung als *Träger der Berichte* ist die CDU *als Partei* vom Ziel der Herstellung gleichwertiger Lebensverhältnisse ein Stück weit abgerückt. Es ist daher bemerkenswert, dass sich im Koalitionsvertrag der seit 2009 regierenden CDU-CSU-FDP-Koalition die Aussage findet: „Wir halten an der Zielsetzung fest, die Lebensverhältnisse in Deutschland bis 2019 bundesweit weitgehend anzugleichen" (CDU 2009: 48). Diese Passage ist aus dem Institut für Wirtschaftsforschung Halle umgehend als unrealistisch kritisiert worden: „Union und FDP sollten auf die Forscher hören und den Menschen im Osten reinen Wein einschenken" (Wolf 2009: 9). Offenbar verweist die Passage des Koalitionsvertrages nur auf eines: obschon es mächtige Interessen und (unabhängig von Interessen) wissenschaftliche Einsichten gibt, die es nahe legen, sich von der „Gleichwertigkeit der Lebensverhältnisse" als Leitorientierung zu verabschieden, steht es politischen Akteuren nicht frei, dies zu tun. *Politische Akteure können die* Gleichwertigkeit der Lebensverhältnisse *ebenso wenig zur Disposition stellen wie die Katholische Kirche den Zölibat.*

2.3.5 Demographischer Wandel. Macht und Ohnmacht der Bundespolitik

Die Bundespolitik hat sich im Analysezeitraum mit hoher Intensität den Herausforderungen des demographischen Wandels gestellt, die im Osten eher und stärker auf die politische Agenda rückten als im Westen. Das weisen die Jahresberichte deutlich aus. Erreicht wurde eine gesellschaftliche Sensibilisierung. Ferner wird die Suche nach produktiven Lösungen gefördert. Doch nirgendwo konnte eine demographische Trendwende eingeleitet oder zumindest Entwarnung gegeben werden. Bevölkerungsschwund und die anhaltende Abwanderung gefährden Bestände der mit großem Aufwand im Osten modernisierten Infrastrukturen und beschneiden Zukunftschancen.

Immerhin zeichnet(e) sich 2009 eine auch auf der Web-Seite des federführenden Ministeriums BMVBS dokumentierte Grundsatzdebatte zu Politikvorschlägen aus der Wissenschaft zum demographischen Wandel ab. Das Gutachten des Berlin-Institutes fordert nicht weniger als einen „Paradigmenwechsel im Umgang mit Schwundregionen". Dieser Vorschlag umfasst acht bedenkenswerte Punkte und sieht unter anderem auch vor, sich politisch der Einsicht zu öffnen, dass es

> „Räume gibt, die nicht förderbar sind … In derartigen Gebieten hat der Staat … sich … auf eine existenzielle Daseinsvorsorge (zu) beschränken… Darüber hinaus sollte man sich aber angesichts fehlender Perspektiven von einer Gleichwertigkeit der Lebensverhältnisse" verabschieden" (Weber/Klingholz 2009: 808).

Diskurse im politischen Raum 81

In der Stellungnahme des BMVBS zu diesem Punkt des Gutachtens heißt es:

„Es mag aus wissenschaftlicher Sicht rational erscheinen, bestimmte Regionen nicht weiter zufördern. Das ist für die Bundesregierung aber absolut indiskutabel. Wir geben keinen Menschen auf, wir geben kein Dorf auf, wir geben keine Region auf" (Stellungnahme [des] BMVBS zum Gutachten „Politikvorschlag Demografischer Wandel" 2009: 809).

Abbildung 2: Bevölkerungsentwicklung neue Länder 1988-2008 (in Prozent)

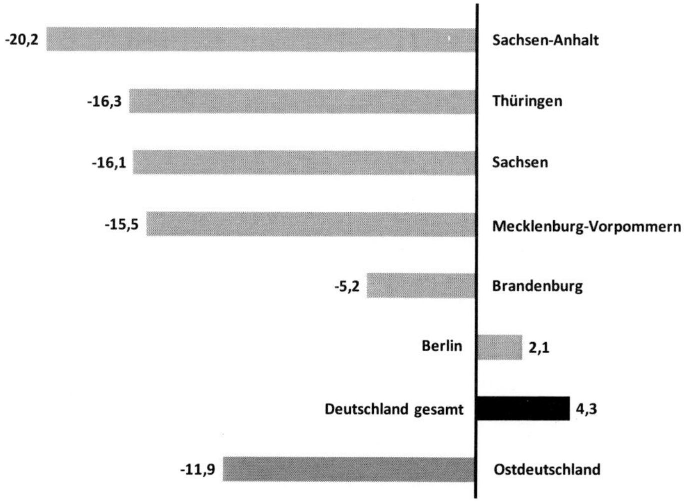

Sachsen-Anhalt	-20,2
Thüringen	-16,3
Sachsen	-16,1
Mecklenburg-Vorpommern	-15,5
Brandenburg	-5,2
Berlin	2,1
Deutschland gesamt	4,3
Ostdeutschland	-11,9

Quelle: www.spiegel.de/fotostrecke, 21.06.2009; Statistisches Bundesamt.

2.3.6 „Gesellschaftliche Stärkung der deutschen Einheit" im Jahresbericht 2009

Vorauszuschicken ist eines: Es gab und gibt in der Bundesrepublik keine einzige politische oder soziale Kraft, die direkt oder indirekt die staatliche Einheit zur Disposition stellen würde. Unterhalb dieser Schwelle, in der Gesellschaft, gibt es indes schon Personen und Gruppen, für die das Zusammenleben in einem Staat nicht zwingend ist. Doch sie finden keine Organisationsanker.

Der Jahresbericht 2009 verweist auf Fortschritte an „innerer Einheit" seit 1990 und Defizite und markiert zugleich vier Felder, in denen die deutsche Einheit gesellschaftlich zu stärken ist:

- im gegenseitigen Verständnis und Anerkennung zwischen Ost und West,
- an gelebter, lebendiger Demokratie,
- in der Auseinandersetzung mit und Bewältigung des Rechtsextremismus,
- in der Aufarbeitung der SED-Diktatur.

Dabei werden die Defizite keineswegs einseitig dem Osten zugeordnet. Damit sind zweifellos auch wichtige Felder kommunikativen Handelns abgesteckt. Doch „gesellschaftliche Stärkung der Einheit" erheischt ebenso Veränderungen in Lebensverhältnissen. Denn ausweislich des Jahresberichtes 2009 werden die Defizite an „innerer Einheit" in zweifacher Weise verortet. Zum einen als Kommunikationsdefizite, die in gewissem Maße durch ein Mehr an Kommunikation, die Überwindung von Vorurteilen und Klischees bearbeitet werden können. Und zum andern wird ein Zuwachs an „sozialer Einheit" eingefordert und für nötig erachtet. Und dieser Zuwachs wird gebunden an reale Teilhabe (Arbeitschancen, Ausbildungsmöglichkeiten, Aufstiegsmöglichkeiten): „… Trennungslinien zwischen den Lebenssituationen dürfen nicht unüberbrückbar sein, und sie dürfen nicht an einer festen geographischen Linie entlang verlaufen" (Jahresbericht 2009: 30).

Auf die Fremdheit und Defizite im Verständnis und wechselseitiger Anerkennung gehen mehrere Kapitel des vorliegenden Bandes ein. Deshalb erfolgt an dieser Stelle nur eine Betrachtung des kommunikativen Rahmens für die drei übrigen Felder, in denen der Jahresbericht eine gesellschaftliche Stärkung der Einheit anmahnt. „Demokratie mit Leben erfüllen, gesellschaftliches Engagement"; so begründet diese Orientierung ist, der entsprechende Abschnitt blendet indes gesellschaftspolitische Weichenstellungen, Erosionskräfte, objektive und subjektive Konstellationen (vgl. Scheer 1995; von Arnim 2000) aus, die in Ost wie West einer lebendigen Demokratie entgegenstehen, zu wider laufen und erweckt den Eindruck als hinge eine lebendige Demokratie primär vom Willen und der Bereitschaft des einzelnen ab. Zudem wird eine „starke bürgerliche Mitte", werden „bürgerliche Traditionen" beschworen, denen es in der sozialen Realität in wachsendem Maße an einer sozialstrukturellen Entsprechung fehlt (vgl. Vester 2001; vgl. Stawenow 2009: 787). Der im Jahresbericht gewählte Rahmen wird der Komplexität des Problems nur bedingt gerecht.

2.4 „Gegen Rechtsextremismus"

Die Passage beginnt mit einer Absage „gegen Extremismus von allen Seiten". Diskurspolitisch nähert sich der Bericht in dieser Hinsicht der CDU-Position an, die gleichermaßen auf den Kampf gegen den Extremismus von Links und Rechts plus Islamismus abhebt. Damit aber wird die in der Überschrift aufscheinende Frontstellung relativiert. Zudem setzt sich der Abschnitt in zweierlei Hinsicht von theoretischen Verallgemeinerungen und empirischen Befunden von der Forschung (vgl. Decker/Brähler 2008) zum Rechtsextremismus ab. Zum einen wird im Teil A.4 nicht definiert, was rechtsextremistische Einstellungen und Handlungen sind. Zum anderen hat die einschlägige Forschung dargelegt, dass rechtsextremistische Einstellungen „von den Rändern in die Mitte der Gesellschaft" driften. Diesen Befund akzeptiert der Bericht so nicht, sondern hält die idealisierte „Mitte" zwar für gefährdet, aber im Wesentlichen noch für frei von rechtsextremistischen Anfechtungen. Es mangelt daher der Passage „Gegen Rechtsextremismus" auf Seite 32 an einer klaren Kampfposition für die Auseinandersetzung.

2.5 „Aufarbeitung der SED-Diktatur"

Für das Gewinnen der inneren Einheit wird die Aufarbeitung der SED-Diktatur als wichtiger Beitrag ausgewiesen und mit klaren Orientierungen untersetzt. Der Jahresbericht vermeidet es aber zugleich, die ausgesprochene Asymmetrie, die „historisch-politische Schieflage" (Weigl/Colschen 2001: 15) des vereinten Deutschlands in seinen Bezügen auf Traditionen und Hinterlassenschaften der beiden Gesellschaften zu problematisieren, aus denen die Berliner Republik hervorgegangen ist.

Das von 1990 bis heute leitende Selbstverständnis von einflussreichen Teilen der bundesdeutschen Eliten klingt exemplarisch noch im Opus Magnum des Historikers Hans-Ulrich Wehler an:

> „Die kurzlebige Existenz der DDR hat in jeder Hinsicht in eine Sackgasse geführt. ... Alle falschen Weichenstellungen, die in Ostdeutschland vorgenommen worden sind, müssen nach dem Vorbild des westdeutschen Modells in einem mühseligen Prozess korrigiert werden. Das ist die Bürde der Bundesrepublik nach 1990" (Wehler 2008: XV).

Aus *dieser* Perspektive kann von Schieflage keine Rede sein, und wenn, dann ist sie berechtigt, geboten. Aus *anderer* Perspektive ist die kommunikative Situation der Berliner Republik durch eine tendenzielle Tabuisierung und Stigmatisierung jeglicher positiver Bezüge zum Leben in der DDR geprägt, die sich aber auf Dauer nicht wird aufrechterhalten lassen (vgl. Jähner 2009; Münkler 2009: 479; Sabrow 2009). Indem der Bericht die Schieflage nicht thematisiert, ausblendet, werden Möglichkeiten verschenkt, sie zu bearbeiten.

Die Jahresberichte der Bundesregierungen bewegten sich im Analysezeitraum vom Pol der „nachholender Modernisierung" weiter in Richtung Gegenpol „doppelter Umbruch", ohne indes die Maßgaben der nachholenden Modernisierung vollständig abzustreifen, hinter sich zu lassen, aus ihrem Schatten herauszutreten.

Die Jahresberichte sind insgesamt von hohem Informationswert und via Internet allgemein zugänglich. Im Zeitverlauf 2004 bis 2009 betrachtet, ist die Wirksamkeit, Kenntnisnahme, Resonanz der *Jahresberichte in der breiten Öffentlichkeit* insgesamt unzureichend und rückläufig. Das gilt auch für die Berichterstattung über die Jahresberichte in den Medien.

Die Bundespolitik erhält offenbar zudem aus der (ostdeutschen) Gesellschaft zu wenig Feedback und erfährt vom Wähler nicht hinreichend Sanktionen bzw. eindeutige Signale. Wenn aber Anlässe und Zwänge, Konzepte und Programme zu ändern, schwach ausfallen, liegt oft der Schluss nahe, die je eigene erfolgreiche Politik müsse nur besser kommuniziert werden. Tatsächlich aber stehen darüber hinaus auch Neujustierungen an, an die die Jahresberichte in der Sache selbst heranführen. Insofern spiegeln die Jahresberichte durchaus die Dynamik des diskursiven Feldes. Wie aber nehmen Leitbilder von Parteien für den Osten solche Impulse auf? Gehen sie weiter als die Berichte? Meine zentrale These in dieser Hinsicht lautet:

Die analysierten Leitbilder von Parteien sind im Spannungsfeld zwischen den Polen „nachholende Modernisierung" und „doppeltem Umbruch" anders zu verorten als die Jahresberichte. Bei allen Unterschieden im Einzelnen sind die Leitbilder dem Postulat des „doppelten Umbruchs" näher und stärker verpflichtet als die Jahresberichte.

3. Leitbilder von Parteien für Ostdeutschland im Vergleich

2008/09 sahen sich die in Ostdeutschland einflussreichsten Parteien (SPD, CDU und Die Linke) wie auch die Grünen veranlasst, Positionspapiere, die die Perspektiven für den Osten Deutschlands herausstellen, vorzulegen. Die bevorstehenden *Wahlen und Jubiläen* 2009/2010 warfen ihre Schatten voraus. Zudem schien es allen Leitbildproduzenten dringlich, *Perspektiven explizit für Ostdeutschland zu eröffnen und aufzuzeigen.*

Diskurse im politischen Raum

Tabelle 3: Vergleichsobjekte

	CDU	SPD	Grüne	Die Linke
Titel / Umfang	„Perspektiven für den Osten Deutschlands – Moderne Mitte Europas" (Viel erreicht – viele Gründe stolz zu sein") /17 S.	„Viel erreicht – viel zu tun!" /23 S.	„Grüne Impulse für Ostdeutschland. Grünes Leitbild für Ostdeutschland" /13 S.	„Ostdeutschland 2020" /42 S.
Träger / Veröffentlichung	Beschluss des Präsidiums der CDU Deutschlands Halle/Saale 30. Juni 2008	Impulspapier der Landesgruppe Ost der SPD-Bundestagsfraktion Oktober 2008	Beschluss der Bundestagsfraktion 27.Januar 2009	Studie im Auftrag der Fraktionsvorsitzendenkonferenz der Partei Die Linke in den Landtagen und im Deutschen Bundestag 19. Mai 2009

Quelle: Grundlage des Vergleichs sind die aufgeführten Texte als eigenständige Datenquellen.

Für SPD und Linke war der sozialräumliche Zuschnitt selbst kein Problem. Für manche Akteure in der CDU und deren Umfeld bedeutete das, über ihren Schatten zu springen. Waren doch „Ostdeutschland" und „ostdeutsch" lange Zeit Reizworte[5], gar keine Rechengröße, keine existierende Realität, sondern etwas, das sich tunlichst in die neuen Länder aufzulösen habe. Der Reigen wurde mit einem Papier der CDU „Viel erreicht – viel Gründe stolz zu sein" eröffnet. Kurz darauf folgten Positionspapiere der SPD, der Grünen und der Linkspartei.

Der angegebene Leitbildtext der CDU, der der Analyse zugrunde liegt, wurde indes aufgehoben und eingebettet als Teil II. in einen umfassenderen Text *(„Geteilt. Vereint. Gemeinsam. Perspektiven für den Osten Deutschlands. Antrag des Bundesvorstandes der CDU Deutschlands an den. 22. Parteitag am 1./2. Dezember in Stuttgart."*). Und dieser umfassendere Text wurde auch auf dem Kongress der CDU zu den Perspektiven Ostdeutschlands im Oktober 2008 präsentiert. Zwischen beiden Texten besteht in den vergleichbaren Passagen zwar eine hohe Übereinstimmung, es gibt indes auch bemerkenswerte Unterschiede. In „Viel erreicht – viele Gründe stolz zu sein" werden die Perspektiven des Ostens aus einer eher ostdeutschen CDU-Perspektive reflektiert, im Antrag des Bundes-

---

5 „Wir Sachsen sind keine Ostdeutschen", so der Generalsekretär der CDU Sachsen, Fritz Hähle, vor Jahren. Und der damalige Ministerpräsident von Thüringen, Vogel, gab zu Protokoll: „Ost-Identität wollen wir hier gar nicht pflegen. Wir wollen Thüringen-Mentalität" (zit. n. Ahbe 2000: 4).

vorstandes der CDU an den Parteitag („*Geteilt. Vereint. Gemeinsam. Perspektiven für den Osten Deutschlands*) artikuliert sich hingegen eher eine gesamtdeutsche, genauer westdeutsche und noch dazu recht bizarre und selbstbezügliche Sicht auf den Gang der Dinge in Deutschland und die Rolle der CDU. Dies hat zur Folge, dass die Probleme und Herausforderungen des Ostens zu stark aufgehoben, relativiert und ins Gesamtdeutsche eingebettet und aufgelöst werden. Daher wird die ursprüngliche Fassung „Viel erreicht – viele Gründe stolz zu sein" herangezogen und partiell die Fortschreibung des Leitbildes der CDU für den Osten berücksichtigt.

3.1 Fokus/Fragestellungen des Vergleichs

Die Leitbilder für Ostdeutschland werden unter zwei zentralen Aspekten verglichen:

a. Welche Gemeinsamkeiten und Unterschiede in der Wahrnehmung und Bewertung der deutschen Einheit hinsichtlich des (2008/2009) erreichten Standes lassen die Parteien mit Blick auf Ostdeutschland erkennen?
b. Welche Gemeinsamkeiten und Unterschiede bestehen zwischen den Parteien in den von ihnen für Ostdeutschland präsentierten Perspektiven?

Die Antwort auf die übergreifenden Leitfragen erfolgt über die vergleichende Analyse der Texte nach folgenden Maßgaben:

1. Das zu analysierende Material in seinem Kommunikationszusammenhang
2. Aufbau der Texte (Gliederung)
3. Zeithorizonte, mit denen in den Leitbildern operiert wird: Vergangenheitstiefe und -bezug, Zukunftsbezug (nahe Zukunft/ fernere Zukunft (2020 sowie nach 2020)/ Selbstverständnis/Polbezug im Spannungsfeld von „nachholender Modernisierung" und „doppeltem Umbruch"
4. Zielprojektion/zugrunde liegende Vision/anvisierter Fortschritt gegenüber der Ausgangslage
5. Inhaltliche Konturen des Leitbildes (Verwendung/Vermeidung leitender Begriffe wie „selbsttragende Entwicklung"/"Gleichwertigkeit der Lebensverhältnisse"/Exponierte Begriffe der Texte bzw. Begriffe, die Alleinstellungsmerkmale darstellen/ Sozialbezug (relatives Gewicht von Leistungsträgern, Investoren, Arbeitnehmern/ der „Mitte" in den Texten, Bandbreite sozialer Milieus?)

6. Favorisierte Wege zum Ziel /Erwartungen an die gesamtdeutsche Solidarität/ Erwartungen an/Impulse für ostdeutsche Endogenität als Selbstgestaltung von innen/Optionen für die Besetzung der Politik mit eigenen Wünschen/ Föderalismusreform)
7. Expliziter oder impliziter Bezug auf politische, die Einheit und den Aufbau Ost betreffende Diskurse im Text
8. Problemlagen/Herausforderungen, die nicht thematisiert werden. Gemeinsam geteilte Hintergrundüberzeugungen/Vorstellungen aller vier Leitbilder

3.2 Die Leitbilder in ihrem Entstehungs- und Kommunikationszusammenhang

Die Leitbilder für Ostdeutschland sind allesamt 2008/2009, teils noch vor (SPD, CDU), teils nach Ausbruch der Krise (Grüne, Linkspartei) am globalen Finanzmarkt entstanden. Eine öffentliche Verständigung über die Leitbilder hat gerade erst begonnen. Im Zuge der öffentlichen Präsentation und Verständigung sind Korrekturen, Präzisierungen auch Revisionen sowie Kommentierungen zu erwarten, die jeweils über das hinausgehen, was in den Texten gesagt und nicht gesagt wird. Das zeigt exemplarisch die Verständigung auf dem Ost-Perspektiven-Kongress der CDU (Oktober 2008): Die Bundeskanzlerin hat in ihrer Rede wie auch in einem Interview für die Leipziger Volkszeitung Positionen bezogen, die so noch nicht von ihr und anderen Vertretern der Koalitionsregierung zu vernehmen waren und die auch in den Perspektivvorstellungen der CDU für den Osten selbst fehlen. Das betraf zum einen die Zeithorizonte, in denen nach Auffassung der Kanzlerin und CDU-Vorsitzenden zwischen Ost und West „die Chancengleichheit in wesentlichen Teilen hergestellt" sein werde (vgl. Berliner Zeitung vom 11./12. Oktober 2008: 6) und zum anderen die Aussicht auf eine „Ost-West-Systemangleichung bei der Rente".

Der Ausbruch der Krise an den Finanzmärkten und ihrer noch nicht in Gänze überschaubaren Folgen dürfte den Geltungsanspruch der in Leitbildern geronnenen gesellschaftspolitischen Positionen wie die Chancen ihrer Umsetzbarkeit in vielerlei Hinsicht tangieren (Anfang 2010 ging die Bundesregierung davon aus, dass möglicherweise erst im Jahre 2013 das Niveau vor Ausbruch der Rezession wieder erreicht werden könne).

Tabelle 4: Sender, formelle Verbindlichkeit und Merkmale der Texte

	CDU	SPD	Grüne	Linkspartei
Wer steht hinter dem Text?	Präsidium der CDU	Landsgruppe Ost der Bundestagsfraktion	Bundestagsfraktion	Fraktionen in den Länderparlamenten
Formelle Verbindlichkeit für die jeweilige Partei	formell hoch (Beschluss)	formell gering	formell gering	formell gering
Korrespondenz mit/ Überführung von Leitbildorientierungen in andere Programme/ Konzepte der Partei?	ja	ja	ja	ja
Sprache	Gut lesbarer Text, an der Alltagssprache orientiert, relativ allgemein gehalten, mit zwar verdeckten, aber überraschend selbstkritischen Aussagen	Lesbarer Text. Operiert stark mit Maßnahmen, Programmen und Projekten des seinerzeit von der SPD geführten Ministeriums, geht aber auch darüber hinaus	Gut lesbarer Text	Lesbarer Text. Mischung aus Alltags- und Fachsprachen, unterschiedlicher Konkretisierungsgrad in den Abschnitten
Anteil der verhüllenden, beschönigenden Bezeichnungen; Anzahl der „Noch-nicht- / Überall"-Sequenzen	hoch	gering	gering	gering
Gestus	Bilanzierend und programmatisch	Bilanzierend, auf Maßnahmen orientiert und programmatisch	Programmatisch; Bilanz summarisch	Bilanzierend und programmatisch-visionär

Dass die im Osten wählerstärksten Parteien und die Grünen in etwa zeitgleich mit Leitbildern/Perspektiven für Ostdeutschland hervortreten, lässt sich auf eine ineinander greifende Kette von Anlässen und Hintergründen zurückführen (die Reihenfolge ihrer Nennung markiert keine Rangfolge):

- Anhaltende und sich ankündigende Problemlagen in Ostdeutschland legen es nahe, bilanzierende und Perspektiven aufzeigende Leitbilder vorzulegen. Mit unterschiedlicher Intensität wurde anerkannt, dass der Osten auf absehbare Zeit als relative Einheit fortbesteht.

- Angesichts einer wachsenden und gewachsenen Infragestellung des Solidarpakts II im Bundesgebiet West gilt es, die Unverzichtbarkeit und Notwendigkeit dieses Instruments herauszustellen und den Druck abzuwehren.
- Die Gebote des Parteienwettbewerbs.
- Im Jahre 2009 standen wichtige Wahlen bevor. Wie die Leitbilder zeigen, wird die Konkurrenz der Linkspartei für CDU und SPD spürbarer – namentlich im Osten, aber auch im Westen. Mit dem Aufzeigen von Perspektiven für Ostdeutschland hoffen die Parteien ihre jeweilige Position im Parteienwettbewerb zu verbessern. Und wenn eine der um Platz 1 im Osten kämpfenden Parteien ein Perspektivenpapier vorlegt, können die Mitbewerber nicht passen.
- In die Jahre 2009 und 2010 fallen Gedenktage von bundesweiter Bedeutung (wie 60 Jahre Bundesrepublik, 20. Jahrestag der Revolution in der DDR und des Mauerfalls, 20 Jahre deutsche Einheit). Diese runden Jahrestage bieten Anlässe und Zwänge, Herausforderungen und Chancen zu bilanzieren wie vorauszuschauen und die je eigene Rolle, den je eigenen Anteil heraus zu stellen.
- Ferner gibt es spezielle Gründe, die die Parteien veranlassen, ihre Vorstellungen über die Entwicklung im Osten Deutschlands zu präsentieren.

Zwischen den beiden Parteien der großen Koalition bestand in einigen Fragen, die das Konzept für den Aufbau Ost betreffen, ein beachtlicher Dissens. Zudem haben ostdeutsche Mitglieder von CDU und SPD jeweils einen etwas anderen Blick als westdeutsche Mitglieder jeder dieser beiden Parteien auf den Stand der deutschen Einheit. Ähnliches gilt auch für die Linkspartei: Mit der Entstehung und Etablierung einer gesamtdeutschen Partei Die Linke verschieben sich die Kräfteverhältnisse und Gewichte innerhalb der Partei zu Ungunsten der früheren PDS. Es tritt zwangsläufig eine tendenzielle Relativierung ostdeutscher Problemlagen, Erfahrungen und Kompetenzen für die Politik und Praxis der Gesamtpartei ein, es verschieben sich Koordinaten ihrer Einordnung. Die Linke steht aber zugleich vor dem Problem und der Aufgabe, ihre Ostkompetenz zu erhalten, zu reproduzieren und unter Beweis zu stellen. Für die Grünen kommt es darauf an, ihr Image als „Westpartei" durch Ostkompetenz abzustreifen und ihre Wirtschaftskompetenz herauszustellen.

Die angeführten Anlässe, Gründe, Motive für die Erstellung von Leitbildern für den Osten Deutschlands spielen bei den verschiedenen Parteien freilich eine unterschiedliche Rolle. In etwa gleich stark dürften die Problemlagen in Ostdeutschland, die Imperative des Parteienwettbewerbs und die skizzierten besonderen Gründe die Parteien veranlasst haben, ihre Perspektiven für den Osten darzulegen. Dagegen sehen sich CDU und SPD stärker als die Linke mit Forderungen konfrontiert, die beachtlichen Transferleistungen für den Osten zu kappen. Zudem spielen die anstehenden Jahrestage für CDU und SPD als Anlass eine größere Rolle als für die Linke und die Grünen. Schwieriger ist die Frage zu beantworten, wer der intendierte Adressat der Leitbilder ist. In der Regel fehlen direkte Ansprachen, doch handelt es sich in allen Fällen um:

a. Funktionsträger, Multiplikatoren, Mitglieder und Sympathisanten der jeweiligen Partei,
b. Promotoren, ein mehr oder weniger breites Spektrum von Akteuren,
c. die Menschen im Bundesgebiet Ost.

3.3 Grundpositionen und Aufbau

Abbildung 3: Das Leitbild der CDU – Übersicht

Gliederung				
1. Viel erreicht – Viele Gründe stolz zu sein				
2. Die Volkspartei CDU				
3. Ziele benennen				
4. Zehn Punkte, damit es im Osten weiter aufwärts geht				
1. Wachstum brauch starke ostdeutsche Unternehmen				
2. Ostdeutschland – Heimat der Erfinder				
3. Bildungschancen für alle				
4. Arbeitsplätze durch Flexibilität schaffen				
5. Leistungsfähige und moderne Infrastruktur				
6. Neue Chancen in der Mitte Europas				
7. Ostdeutsche Zukunft liegt (auch) auf dem Lande				
8. Lebenswerte Städte				
9. Lebensstandard auch im Alter sichern				
10. Gesellschaftlichen Zusammenhalt stärken				
Vergangenheitstiefe:	vor 1945: ja	1945-1990: ja	seit 1990: ja
Zukunftsbezug:	2009/2010: gering	2020: im Zentrum	ab 2020: nein
Selbstverständnis:	Volkspartei der Mitte, Partei des Aufstiegs		
Polbezug:	In Einzelorientierungen auf doppelten Umbruch bezogen		

Quelle: CDU 2008a.

Diskurse im politischen Raum

Abbildung 4: Das Leitbild der SPD – Übersicht

Gliederung
Viel erreicht – viel zu tun!
Wir ostdeutschen Sozialdemokraten haben viel erreicht!
Anhang
Sechs Handlungsfelder sozialdemokratischer Politik für Ostdeutschland
Handlungsfeld 1: 20 Jahre friedliche Revolution
Handlungsfeld 2: Der Solidarpakt II – Eckpfeiler für den weiteren Aufholprozess
Handlungsfeld 3: Arbeit/ Wirtschaft/ Finanzen
Handlungsfeld 4: Bildung/Forschung/Innovation
Handlungsfeld 5: Stadtumbau Ost/ Demografie/ Ländliche Räume/Landwirtschaft
Handlungsfeld 6: Sozialer Zusammenhalt

Vergangenheitstiefe:	vor 1945: nein	1945-1990: ja	seit 1990: ja
Zukunftsbezug:	2009/2010: hoch	2020: im Zentrum	ab 2020: nein
Selbstverständnis:	Partei der (sozialen) Einheit		
Polbezug:	In Einzelorientierungen auf doppelten Umbruch bezogen		

Quelle: Forum DL 21 e.V. 2008.

Abbildung 5: Das Leitbild der Partei Die Linke – Übersicht

Kurzfassung
I. Ausgangslage – Ostdeutschland heute
II. Ostdeutschland 2020 – ein Zukunftskonzept
   1. Das Leitbild – eine neue Perspektive
   2. Krise des Neoliberalismus und Streit der Konzepte
III. Handlungsfelder – Zukunftsfelder – Innovationen
   1. Kern eines neuen Gesellschaftsmodells – eine Neu- und Reindustrialisierung auf Basis des sozial-ökologischen Umbaus
   2. Zukunftsfähige regionale Entwicklung
   3. Neue Wege für Arbeit und Beschäftigung
   4. Ostdeutschlandweit das Tor zur Zukunft öffnen: nachhaltige Bildungsreform und Stärkung der Kompetenzen zu lebensbegleitendem Lernen
   5. Mit vorausschauender Gesellschaftspolitik einen spürbaren Zuwachs an sozialer Sicherheit herbeiführen, den gesellschaftlichen Zusammenhalt neu begründen und stärken
   6. Starke Zivilgesellschaft, solidarisches Gemeinwesen, handlungsfähige Staatlichkeit
IV. Den Umbau kreativ gestalten

Vergangenheitstiefe:	vor 1945: nein	1945-1990: ja	seit 1990: ja
Zukunftsbezug:	2009/2010: nein	2020: im Zentrum	ab 2020: ja
Selbstverständnis:	Partei der Neubegründung und Stärkung des sozialen Zusammenhalts, Mitinitiator des sozial-ökologischen Umbaus		
Polbezug:	Doppelter Umbruch		

Quelle: Fraktionsvorsitzendenkonferenz der Partei Die Linke 2009.

Abbildung 6: Das Leitbild der Grünen – Übersicht

Gliederung	
Starke Akteure– starke Regionen – neue Entwicklungspfade „Bleibt hier. Kommt her. Hier geht was." Eigene Potenziale nutzen Neuland denken und Strukturen anpassen Lösungen „von unten" finden Ostdeutschland im Jahr 2020, das ist (sind) für uns: eine offene, tolerante und lebendige Bürgergesellschaft eine herausragende Bildungs- und Forschungslandschaft energieautonome Regionen kraftvolle Wachstumskerne eine starke Regionalwirtschaft attraktive ländliche Regionen [16] Grüne Impulse für Ostdeutschland 1. Solidarpaktmittel für Ausgaben in Bildung, Forschung und Innovation öffnen 2. Investitionszulage in Innovationszulage umwandeln 3. Zukunftsfonds einrichten 4. Ein energieautonomes Ostdeutschland entwickeln 5. Versorgung mit Mikrokrediten verbessern 6. Potenziale der Land- und Ernährungswirtschaft nutzen 7. Flächendeckende Breitbandversorgung sicherstellen 8. Auf Zuwanderung setzen 9. Bildungssoli einführen 10. Standortvorteil frühkindlicher Bildung weiter ausbauen 11. Effiziente Aus- und Weiterbildung gewährleisten 12. Excellenzinitiative auf die Lehre ausweiten 13. Frauen was bieten zu bleiben 14. Demokratie stärken 15. Neue Formen bürgerschaftlichen Engagements entwickeln 16. Strukturelle und finanzielle Hindernisse bei der Kulturförderung überwinden	
Vergangenheitstiefe:	vor 1945: nein 1945-1990: gering seit 1990:verhalten
Zukunftsbezug:	2009/2010: gering 2020: im Zentrum ab 2020: ja
Selbstverständnis:	Partei der Selbstbestimmung, der Bürgergesellschaft und einer ambitionierten Wirtschafts- und Energiepolitik
Polbezug:	Doppelter Umbruch

Quelle: Bündnis 90/Die Grünen 2009.

Wie die Übersichten zeigen, beziehen sich die Leitbilder der Parteien auf die gleichen Herausforderungen, auf ein ähnliches Spektrum von Handlungsfeldern. Zu erwarten ist, wie die Spalten zum leitenden Selbstverständnis und Polbezug andeuten, dass sie neben ähnlichen auch deutlich unterscheidbare Lösungen offerieren. Unterscheidbar sind auch die Zeithorizonte in den Leitbildern. Zwar wird in allen Dokumenten der Zeitraum bis 2019/2920 (Auslaufen des Solidarpakts II) ausgeschritten, doch das Leitbild der CDU weist die größte, das der Grünen die geringste Vergangenheitstiefe auf; das der SPD die größte Gegenwartsnähe und das der Linken sowie das der Grünen enthalten die am weitesten in die Zukunft weisenden Bezüge.

3.4 Wahrnehmung/Bewertung der Ausgangslage 2008 und Zielprojektion

3.4.1 Gemeinsamkeiten

Die „Leitbilder" für Ostdeutschland setzen die deutsche Einheit und bundesdeutsche Solidarität voraus. Sie plädieren auch jeweils für eine (unterschiedlich definierte) wachstumsorientierte Politik, beziehen sich mehr oder weniger positiv auf Förderinstrumente und Programme für den Aufbau Ost und deren Resultate, heben auf die doppelt so hohe Arbeitslosigkeit im Bundesgebiet Ost ab, die Gleichzeitigkeit von Fachkräftemangel und Massenarbeitslosigkeit. Sie halten das Erreichen einer selbsttragenden wirtschaftlichen Entwicklung in Ostdeutschland für eine übergreifende Zielgröße. Es werden jeweils im Osten gegebene, nutzbare Zukunftspotenziale identifiziert (in einigen Fällen ein und dieselben). Festgehalten werden verschiedene strukturelle Defizite des Ostens, die es zu überwinden gilt, darunter nicht zuletzt auf dem Felde der Forschung und Entwicklung. Alle Leitbilder beziehen sich auf die anhaltende Abwanderung und den demographischen Wandel.

3.4.2 Stellenwert des Ost-West-Vergleiches, der Ost-West-Angleichung

Die Leitbilder operieren vielfach, aber nicht durchgängig mit Ost-West-Vergleichsgrößen. Dass die Ost-West-Angleichung, der Anschluss an die wettbewerbsstarken Regionen, die Überwindung der Abhängigkeit Ostdeutschlands von Transfers längere Zeiträume in Anspruch nimmt als ursprünglich angenommen, wird in den Leitbildern erwartungsgemäß auf unterschiedliche Gründe zurückgeführt – bei der CDU auf „Krieg und Sozialismus", bei der SPD auf die Folgen der Teilung; die Linke und die Grünen stellen in ihren Positionen stärker die Folgen politischer Weichenstellungen im Vereinigungs- und Transformationsprozess heraus. Allein für das Leitbild der Grünen ist Ost-West-Angleichung kein Thema, keine Maßgabe.

3.4.3 Bezug auf Gesellschaftsprojekte

Die Leitbilder betten die präsentierten Perspektiven für den Osten in übergreifende „Gesellschaftsprojekte" oder gesellschaftspolitische Visionen (Tabelle 5) ein.

Tabelle 5: Einbettung der Leitbilder für Ostdeutschland in übergreifende „Gesellschaftsprojekte", in gesellschaftspolitische Visionen

	Vision/Gesellschaftsprojekt	**Orientierungsgröße, dem Leitbild zugrunde liegendes Denkmodell**
Text der CDU	„Chancengesellschaft, in der Chancengerechtigkeit herrscht" wettbewerbsfähiges Ostdeutschland/„Innovationsregion Ostdeutschland" Ziel: Vollbeschäftigung Ostdeutschland in zehn Jahren eine der wettbewerbfähigsten und innovativsten Regionen im Herzen Europas	Erfolgreiche Placierung im globalen Wettbewerb, Verbesserung der Arbeitsmarktlage und Steigerung der Produktivität als Schlüssel. Günstige Rahmenbedingungen für *Investoren* Sozial ist, was Arbeit schafft Keine sozialistischen Experimente, aber der Osten als Modellregion zur Erprobung neuer Ansätze, Instrumente
Text der SPD	Modernes und soziales (Ost)Deutschland „Gute Zukunftsperspektiven und gerechte Teilhabe als Rückrat ostdeutschen Selbstbewusstseins" „…die nach wie vor vorhandenen Unterschiede zwischen Ost- und Westdeutschland zeitnah … überwinden"/ „Die Perspektive auf einen materiellen und gesellschaftlichen Aufstieg jedes einzelnen aus eigener Kraft" Selbst tragende Wirtschaft im globalen Wettbewerb erfolgreich	Der staatlichen Einheit muss die soziale und wirtschaftliche Einheit folgen Eine an den Potenzialen Ostdeutschlands orientierte Investitions- und Innovationspolitik Förderung der *Arbeitnehmer* durch Verbesserung ihrer Qualifikation und Ausgestaltung und Durchsetzung ihrer Rechte
Text der Grünen	Den Osten als Neuland denken und Strukturen anpassen /Suche nach neuen Wegen für die neuen Länder, die auch als Blaupause für die Entwicklung anderer Regionen dienen könnten; Solide und eigenständige Entwicklung Ostdeutschlands, Region im Herzen Europas, die große Herausforderungen annimmt und neue Entwicklungspfade beschreitet	„Doppelter Umbruch" ohne Bezug auf Systemwechsel/Ökologischer Umbau/Chancengerechtigkeit/ Energiewende/Energieeffizienz, Energieautonomie/ Fokus auf Neues und die selbstbestimmten, aktiven Menschen vor Ort, die Lösungen „von unten" suchen und finden/ Maos „Großer Sprung": „In jedes Dorf ein kleines Heizkraftwerk"

Fortsetzung Tabelle 5:

	Vision/Gesellschaftsprojekt	Orientierungsgröße, dem Leitbild zugrunde liegendes Denkmodell
Text der Linken	Ostdeutschland — auf dem Weg einer selbsttragenden Entwicklung und zukunftsfähigen Region, gegründet auf den Einstieg in den sozial-ökologischen Umbau der Gesellschaft. Ostdeutschland — eine solidarische Gesellschaft, geprägt durch regionale, soziale, kulturelle Vielfalt	Doppelter Umbruch/Überholen ohne einzuholen/ Anschluss *an* und Placierung der ostdeutschen Gesellschaft *im* globalen Prozess der Entwicklung eines neuen Wirtschafts- und Energiesystems, das an die Stelle des in die Krise geratenen Fordismus tritt/ Neue Form der sozialen Teilhabe und Ressourceneffizienz

Die Bezüge auf übergreifende gesellschaftspolitische Vorstellungen haben Konsequenzen für die Bewertung der Ausgangslage, die favorisierten Wege und Mittel.

3.4.4 Zum Leitbild der CDU

Während die Herstellung gleichwertiger Lebensverhältnisse zwischen Ost und West für das Leitbild der SPD von zentraler Bedeutung ist und auch für die Linkspartei Ost-West-Angleichungen sowie die Sicherung gleichwertige Lebensverhältnisse zumindest im Bundesgebiet Ost als wichtige, wenn auch sehr schwer lösbare Aufgabe erscheinen, wird im Leitbild der CDU jeder Bezug auf diese Orientierungsgröße vermieden. (Gleiches gilt aus anderen Gründen für das Leitbild der Grünen). Der Terminus „gleichwertige Lebensverhältnisse" kommt im Text nicht vor. Auch im Antrag des Bundesvorstandes „Geteilt. Vereint. Gemeinsam ..." ist von gleichwertigen Lebensverhältnissen nur einmal im Rückblick auf den Vereinigungsprozess die Rede, bezogen auf den Staatsaufbau, Eigentumsordnung, Infrastruktur etc. Der Terminus wird von der CDU nicht als analytische Kategorie zur Beschreibung und Begründung von uneingelösten Aufgaben der deutschen Einheit eingesetzt.

Als zentrales Problem wird im Leitbild der CDU die im Ost-West-Vergleich doppelt so hohe Arbeitslosigkeit herausgestellt. („Politik allein schafft jedoch keine Arbeitsplätze, sie setzt lediglich die Rahmenbedingungen dafür.") Da aus der Perspektive der CDU „sozial ist, was Arbeit schafft", sei eine weitere Öffnung der Tarifverträge angebracht. Die Verbesserung der Arbeitsmarktlage (wettbewerbsfähige Arbeitsplätze) und die weitere Steigerung der Produktivität, die zu höheren Löhnen führe, werden von der CDU als Ziele bestimmt, an denen sie gemessen werden möchte. Mehr Arbeitsplätze und bessere Entlohnung durch höhere Produktivität gelten auch als Schlüssel, um jungen Menschen eine Perspektive in ihrer Heimat zu bieten.

Nahezu alle Zielgrößen des Leitbildes der CDU für den Osten, die auf eine Ost-West-Angleichung abheben, beziehen sich auf *wirtschaftliche* Größen:

- Zu den wettbewerbsstarken Regionen Europas aufschließen.
- In naher Zukunft mit der Industriedichte der westdeutschen Länder gleichziehen.
- In zehn Jahren soll der Anteil der Erwerbstätigen an den Erwerbsfähigen auf dem Niveau Gesamtdeutschlands liegen.
- Die Wertschöpfung je Erwerbstätigen soll langfristig das Niveau der westdeutschen Länder erreichen, damit im Ergebnis die Löhne weiter steigen.
- Angleichung der ärztlichen Vergütung (im Osten) an das gesamtdeutsche Niveau.

Die Lohnentwicklung müsse sich am Produktivitätsfortschritt und Markterfolg der Unternehmen orientieren, wobei Fachkräfte durch angemessene Entlohnung zu halten seien. Eine der zentralen Botschaften des Textes der CDU lautet, dass Verbesserungen (und Ost-West-Angleichungen) in relevanten Lebensverhältnissen von der Arbeitsproduktivität, Markterfolgen abhängen, die in den neuen Ländern selbst zu erzielen sind. Deshalb wird jeder Hinweis auf soziale Gratifikationen vermieden, verbleibt die explizite Anerkennung der Lebensleistung der Ostdeutschen vor und nach der Vereinigung im Text auf der Ebene des Symbolischen.

Zentral für das Leitbild der CDU ist weiterhin die Position, dass die ostdeutsche Wirtschaft in Zukunft noch stärker durch hochqualifizierte Arbeitskräfte und permanente Innovationen wachsen müsse. Darauf gründen sich wichtige Orientierungen des Leitbildes: „Ostdeutschland – Heimat der Erfinder" (mit einem Startvorteil/Vorsprung auf dem Felde der naturwissenschaftlichen, technischen und mathematischen Fächer); Bildungschancen für alle (mit dem Startvorteil eines flächendeckenden Platzangebotes zur Betreuung und Bildung von Kleinkindern), „Modellregion zur Erprobung neuer Ansätze".

Die entsprechenden Passagen im Text der CDU, die darauf abheben, den Osten zur „Modellregion zur Erprobung neuer Ansätze" zu machen, sind scharf kritisiert worden:

> „Die CDU will faktisch eine Sonderwirtschaftszone Ostdeutschland, mit abgesenktem Lohnniveau und aufgeweichtem Kündigungsschutz... Eine Sonderwirtschaftszone widerspricht schlichtweg dem Grundgesetz. Das weiß auch die CDU. Sie gaukelt den Menschen etwas vor ..."[6]

Für diese Lesart finden sich im Text durchaus Anhaltspunkte, doch hat die Rede und Programmatik von der Modellregion Ostdeutschland nicht auch einen *rationalen, über die intendierte Sonderwirtschaftszone mit abgesenktem Lohnniveau hinausweisenden Kern?* Im Beschluss „Geteilt. Vereint. Gemeinsam. Perspektiven für den Osten Deutschland." findet sich die Formulierung von der Modellregion Ostdeutschland als Option, Forderung und Programmatik *nicht* mehr. Die Passagen sind dadurch ent- bzw. verschärft worden, dass einerseits auf die in den neuen Ländern bereits bestehenden umfangreichen Öffnungs-, Abweichungs- und Experimentierklauseln gegenüber dem Bundesrecht verwiesen wird und andererseits bei Bedarf auch den alten Ländern in Aussicht gestellt wird, dass sie davon Gebrauch machen könnten.[7]

Die gesellschaftliche Programmatik des CDU-Textes kulminiert in dem Begriff der „Chancengerechtigkeit", der indes im Leitbild-Text nicht näher definiert wird, aber den Orientierungen, Maßgaben zugrunde liegt.

„Chancengerechtigkeit" ist ein Gegenbegriff zu „Chancengleichheit". Der Begriff fand zunächst im bildungspolitischen Diskurs Verwendung, ehe er ins Gesellschaftspolitische einwanderte. Während der Begriff der Chancengleichheit auf die Gleichheit der Chancen für die verschiedenen Bevölkerungsgruppen abhebt und sie einfordert, ist unter Chancengerechtigkeit zu verstehen, dass in der Gesellschaft ein möglichst breit gefächertes Chancensystem unterschiedlichen Begabungen, Leistungen gerecht werden soll. Der Begriff der Chancengerechtigkeit stellt auf die Aufstiegschancen von Individuen ab entsprechend ihrer Begabung, Leistungsfähigkeit, Qualifikation usw.: „Jeder soll die Chance haben seinen Weg zu gehen", heißt es im Leitbild-Text.

Aus dieser Perspektive ist (das im Leitbild der CDU gar nicht thematisierte) mehrgliedrige Schulsystem ein Ausdruck der Chancengerechtigkeit, ebenso erscheint die Einführung und Verbreitung eines Niedriglohnsektors als Fort-

---

6 So Wolfgang Tiefensee in einem Interview für *Welt Online* am 30.6.2008 (www.welt.de/politik/article2161851/Tiefensee_nennt_CDU_Plaene_fuer_den_Osten_Gaukelei.html).
7 Vgl. „Geteilt. Vereint. Gemeinsam. Perspektiven für den Osten Deutschlands." Antrag des Bundesvorstandes der CDU Deutschlands an den 22.Parteitag am 01./02.12. 2008 in Stuttgart, Artikel 54, Zeile 843-849 (unter www.cdu.de).

schritt, weil etwa der Niedriglohnsektor gering qualifizierten Arbeitslosen Chancen auf Arbeit und Teilhabe eröffne, die sie sonst nicht hätten.
   Zwar heißt es im Leitbild der CDU, die soziale Herkunft dürfe nicht die Zukunft bestimmen, doch von Kritikern des Begriffs der Chancengerechtigkeit wird eingewendet, dass mit diesem Terminus gerade der soziale Status quo zementiert und legitimiert werde: Chancengerechtigkeit ist jene Gerechtigkeit, die es den Eltern erlaubt, ihr soziales, ökonomisches und kulturelles Kapital gerechterweise an die Kinder weiterzugeben und die Wirkungen der sozialen Vererbung auf Dauer zu stellen (vgl. Bolder/Steinrücke 2001: 7-12).

3.4.5 Zum Leitbild der SPD

Für die SPD ist die Forderung nach gleichwertigen Lebensverhältnissen und gerechter Teilhabe (der Arbeitnehmer) von zentraler Bedeutung. Daher werden im Leitbild der SPD nicht zuletzt jene Aspekte in den Blick gerückt, die im CDU-Text ausgeblendet, nicht thematisiert, zurückgestellt werden:

- Die Einführung eines einheitlichen Mindestlohnes als „unterste Haltelinie" in Ost und West.
- Gleiche Löhne für gleiche Arbeit in Ost und West, weil die im Osten vielfach gezahlten Niedriglöhne den Aufholprozess tangieren und zur Abwanderung von Fachkräften führen.
- Die Überwindung des – ursprünglich nur für eine Übergangsphase gedachten – geteilten Rentenrechts.
- Wirksame Maßnahmen zur Verhinderung von drohender Altersarmut im Bundesgebiet Ost.

Dabei sind sich die Autoren des SPD-Leitbildes Ost nach zehnjähriger Regierungsverantwortung der Tatsache bewusst, dass die geforderten Ost-West-Angleichungen in erheblichem Maße Interessen tangieren, aber bis auf eine mit den Mitteln der Politik durchsetzbar wären. (Allein die Ost-West-Angleichung bei den Löhnen in der freien Wirtschaft obliegt in erster Linie den Unternehmen und Tarifparteien.) Für die Kommunikation des Leitbildes der SPD ist die zehnjährige Regierungsverantwortung der Partei sowohl Pfund als auch eine Hypothek, die Fragen nach der Glaubwürdigkeit aufwirft.
   Die soziale Ausdifferenzierung der ostdeutschen Gesellschaft spielt im Leitbild der SPD eine größere konzeptionelle Rolle als in dem der CDU.
   In die dem Leitbild der SPD zugrunde liegende Analyse der Ausgangslage gehen nicht nur die Erfolge beim Aufbau Ost, Kennziffern und Resultate des

Aufschwungs vor der Krise an den Finanzmärkten ein, sondern auch subjektive Wahrnehmungen der ostdeutschen Bevölkerung. Die Vision des Leitbildes der SPD hebt auf die Veränderung objektiver Parameter wie subjektiver Tatbestände der ostdeutschen Gesellschaft ab:

> „…viele Ostdeutsche (empfinden) gerade mit Blick auf Gerechtigkeit und Durchlässigkeit in der Gesellschaft ein Defizit… Deshalb müssen Teilhabemöglichkeiten aller Menschen in Ostdeutschland noch stärker in den Mittelpunkt unserer Politik gerückt werden.
> Wichtig sind insbesondere der Zugang zu guter Arbeit mit auskömmlichen Löhnen, (zu) Bildung und Qualifikation sowie eine verlässliche soziale Sicherung. So kann Vertrauen in die weitere Entwicklung gewonnen und die innere Einheit gestärkt werden. Gute Zukunftsperspektiven und gerechte Teilhabe bilden das Rückgrat eines ostdeutschen Selbstbewusstseins, das sich nicht auf eine schmale Minderheit beschränkt, sondern eine breite Mehrheit beflügelt und in kraftvoller, auch gesamtdeutscher Solidarität mündet." (vgl. Forum DL 21 e.V. 2008: 5).

Das Leitbild der SPD fixiert eine an den Potenzialen Ostdeutschlands orientierte Investitions- und Innovationspolitik, die darauf zielt, dauerhaft Wachstum und Beschäftigung zu ermöglichen, Strukturen zu verbessern. Prioritäten haben Bildung, Wissenschaft, Forschung, Innovation und Infrastrukturen. Die Leitlinien sind durch Programme und Maßnahmen untersetzt.

3.4.6 Zum Leitbild der Grünen

Das Leitbild wird von der Überzeugung getragen, dass Ideen, die auf „bündnisgrünen Grundüberzeugungen aufbauen, Perspektiven für ostdeutsche Regionen bieten". Präsentiert wird eine Fülle von sehr bedenkenswerten wie kreativen Ideen und Gestaltungskonzepten, die auf den ökologischen Umbau abheben. Die eher wenigen bilanzierenden Passagen kulminieren in der Aussage: „Der ‚Nachbau West' hat sich als ungeeignetes Leitbild für den ‚Aufbau Ost' erwiesen … Förderpolitik, Infrastrukturen, Dienstleistungen der Daseinsvorsorge und Verwaltungsstrukturen müssen an die neuen Gegebenheiten angepasst werden".

Keine Rolle spielen im Papier der Grünen (im Unterschied zur SPD) die Jubiläen der Jahre 2009/2010.

„Selbstragende Entwicklung" wird offenbar übersetzt in „solide und eigenständige Entwicklung". Für die Verfasser des Textes und die intendierten Adressaten ist indes die Ost-West-Angleichung in Lebensverhältnissen kein Thema, keine Orientierungsgröße. Das ergibt sich zum einen aus der Zielprojektion (ökologischer Umbau). Zum anderen halten sie den Verzicht darauf aber für nicht für erklärungs- oder begründungsbedürftig. Für die Autoren, sozialen Träger des Textes verbindet sich mit Ost-West-Angleichung offenbar keine Verheißung. Sie bedürfen ihrer nicht. Das spricht für einen selektiven Sozialbezug, begrenzten Kontakt der Autoren zu breiten Milieus der ostdeutschen Gesellschaft, für die das so nicht gilt. Damit korrespondiert, dass das Leitbild eigentlich auf Promotoren, selbstbestimmte, aktive, kreative Menschen vor Ort setzt, die Lösungen „von unten" suchen und finden, d.h. (so scheint es dem Berichterstatter) auf die Kraft der mitreißenden Starken, die bestens mit den Regeln der Verwaltung und Förderpolitiken vertraut sind und sich um ihr täglich Brot keine übermäßigen Sorgen machen müssen.

Es ist freilich keineswegs so, dass im Text soziale Themen ausgeblendet würden. So sprechen sich die Grünen u.a. explizit für flächendeckende Mindestlöhne, gegen Lohndumping und Niedriglohnkonkurrenz aus. Doch die „Wiederkehr der sozialen Frage" ist für den Text nicht konstitutiv. Erkennbar ist auch ein Altersbias, eine gewisse „Verzerrung" der Orientierungen zugunsten der jungen bzw. jüngeren Kohorten durch Fokussierung und Zuschnitt von „Impulsen", Ausblendung (z.B. von realer oder drohender Altersarmut), durch exponiertes Abheben auf „Neues", Neuanfang, dessen Kehrseite in einer gewissen Geschichtsvergessenheit liegt. Das Leitbild verzichtet daher (im Unterschied zu SPD und CDU) auf jegliche Form von „Geschichtspolitik", was sonst die Bündnisgrünen nicht tun. Zwar ist das Leitbild der Grünen klar am Pol doppelter Umbruch zu verorten. Doch spielt der erste Umbruch des Doppels, der Systemwechsel mit seinen Mitgiften und Erblasten für den zweiten, keine Rolle. Er ist gleichsam konzeptionell verzichtbare Vorgeschichte. Das Leitbild ist in sich in hohem Maße ebenso konsistent wie kohärent. Zwischen den Leitbildern der Grünen und der Linken besteht in vielerlei Hinsicht eine beachtliche Kompatibilität.

3.4.7 Zum Leitbild der Linkspartei

Zwischen Orientierungen des Leitbildes der Linken für Ostdeutschland und Konzepten der Partei sowie Leitbildern für verschiedene Bundesländer, die die Partei Die Linke vorgelegt hat, besteht eine beachtliche Entsprechung; eher neu indes sind Rahmung und Fokus. Zentral ist eine Position und Erkenntnis, die sich auch in den Texten der CDU und SPD findet: Der Kern der ostdeutschen Probleme gründet darin, dass keine selbst tragende Entwicklung zustande gekommen ist. Dabei können ostdeutsche Unternehmen vor allem auf noch nicht besetzten Märkten, d.h. in Zukunftsbranchen und neuen Wirtschafts- und Beschäftigungsfeldern mit innovativen Produkten und Leistungen nennenswerte Marktanteile erobern, ja Weltmarktführer werden.

Mithin hat Ostdeutschland nur eine Chance, eine funktionierende Wirtschaftsstruktur auszubilden, die zu einem selbsttragendem Aufschwung führt, wenn es den Anschuss an einen zukunftsfähigen weltwirtschaftlichen Modernisierungsprozess aktiv sucht und sich in ihm placiert. Gemeint ist der globale Prozess der Entstehung eines neuen Wirtschafts- und Energiesystems. In der Linken geht man davon aus, dass in den nächsten Jahrzehnten eine grundlegende industrielle Revolution zu erwarten und zu gestalten sei. Diese Revolution führe zur Herausbildung einer Wirtschaft und Industrie, bei der die Ressourceneffizienz deutlich schneller steigt als die Arbeitsproduktivität. Wirtschaftliche und soziale Prozesse werden sich auf nachhaltige Weise mit Naturprozessen und Naturressourcen verbinden. Dieser Prozess wird nicht als technischer, sondern als sozialökonomischer Vorgang gefasst, der Produktions- wie Lebensweisen gravierend verändert. Die vorausschauende Anpassung der Gesellschaft an diesen Umbruch wird im Text der Linken sozial-ökologischer Umbau genannt. Bevölkerungsmehrheiten werden sich kaum an den Umbau ihrer Produktions- und Lebensweisen wagen und die damit verbundenen Risiken tragen, wenn damit nicht Gewinne, eine neue Form der sozialen Teilhabe für sie verbunden sind: wirksame Schritte zur Überwindung von Ausgrenzungen oder/und ein Zugewinn an sozialer Sicherheit. Das Votum für eine neue und höhere Form der sozialen Teilhabe ist mithin nicht nur normativ begründet, sondern Bedingung des sozialökologischen Umbaus. Das Leitbild der Linken versucht, mehr oder weniger stringent Lösungen für aktuelle und sich abzeichnende Problemlagen der ostdeutschen Entwicklung mit Blick auf den intendierten sozial-ökologischen Umbau zu offerieren und für verschiedene Bereiche, Handlungsfelder durchzudeklinieren. Der Bezug auf eine „dritte industrielle Revolution" hat unter anderem Konsequenzen für die Identifizierung und Bewertung von Zukunftspotenzialen und Zukunftsbranchen in Ostdeutschland.

Der angestrebte Richtungswechsel und der neue sozialökologische Pfad werden als „offenes Projekt" ausgewiesen. Das Leitbild versteht sich daher als „Diskussions- und Dialogangebot" an alle, denen es um die Zukunft des Landes geht.

3.5 Über die Funktion von Leitbildern von Parteien für den Diskurs über die deutsche Einheit und Ostdeutschland als Wegbereiter einer „zweite Wende"

Ob ein Leitbild eher taktischen oder strategischen Erwägungen sein Entstehen verdankte, zeigt sich nicht zuletzt daran, wie nachhaltig die öffentliche Verständigung darüber gesucht wird, ferner daran, ob Maßgaben des Leitbildes in andere Konzepte eingehen. Die öffentliche Kommunikation über die Leitbilder der Parteien für Ostdeutschland hält sich bislang in Grenzen. Zumal der Zeitraum, der seit ihrer Veröffentlichung verstrich, noch kurz ist. Es hieße auch die Leitbilder zu überschätzen, wenn man ihnen einen messbaren Anteil an den Wahlergebnissen unterstellen würde. Die CDU wurde trotz oder ungeachtet ihres Leitbildes mit hauchdünnem Vorsprung vor der Linken wählerstärkste Partei im Osten. Die SPD verlor trotz und ungeachtet ihres auf das Soziale bezogenen Leitbildes kräftig an Stimmen. Offenbar spielten für die Wahlentscheidung andere Aspekte eine weit größere Rolle als Konzepte. Auch im politischen Tagesgeschäft (Koalitionsverhandlungen) werden Leitbildorientierungen im Ernstfall hintangestellt. Dennoch gilt: Die von konkurrierenden Parteien vorgelegten Leitbilder für Ostdeutschland sind weniger sozial folgenlos als es auf den ersten Blick erscheinen mag. Sie *können* zweifellos dem Diskurs über die Einheit und über Ostdeutschland neue Impulse verleihen, den Kreis der sich an solchen Debatten beteiligenden Personen vergrößern helfen, Lernprozesse aller Beteiligten stimulieren, Konzepte anreichern und verändern, Handlungsmöglichkeiten erschließen. Das läuft auf eine gleichsam „*demokratietheoretische*" Begründung und Funktion der Verständigung über Leitbilder hinaus und stellt den Mehrwert durch Kommunikation heraus.

Der zu führenden Debatte über Leitbilder für Ostdeutschland kommt darüber hinaus eine „*gesellschaftsstrategische*" Funktion zu, die auch den Westen tangiert. Freilich nur, wenn man sich dem Gedanken von der „zweiten Wende" in Ostdeutschland nähert und davon ausgeht, dass Ostdeutschland einer „offenen Zukunft" zusteuert:

> „Anders als vor zwei Jahrzehnten, als die Akteure im Transformationsprozess eine klare, wenngleich irreführende Regieanleitung hatten – die Angleichung von Strukturen und Lebensverhältnissen an Westdeutschland – stehen nun keine Vorbilder zur Verfügung... (Politische Eliten wie die Bürger) werden zu Protagonisten einer neuen Entwicklung, die modellhaftes Erproben und Experimentieren erzwingt, das dann so auch – um vielleicht zehn Jahre verzögert – in Westdeutschland genutzt werden kann" (Behr 2009: 80).

Die Rede von der „zweiten Wende" beleuchtet und verweist auf das interpretative Paradigma „doppelter Umbruch" aus einer anderen Perspektive.

Die mögliche aktuelle gesellschaftsstrategische Funktion der Leitbilder von Parteien im Diskurs über deutsche Einheit und Ostdeutschland besteht darin, die Gesellschaft (primär im Osten, aber auch im Westen) von den Denk- und Handlungsschemata einer „nachholenden Modernisierung" des Ostens zu emanzipieren, auf die „offene Zukunft" praktisch-geistig vorzubereiten und an den Geist des Erprobens und Experimentierens heranzuführen und darin zu bestärken. Dazu bieten alle vier besichtigten Leitbilder jeweils hinreichende Ansatzpunkte.

Literatur

Ahbe, Thomas (2000): Hammer, Zirkel, Kaffeekranz. In: Berliner Zeitung vom 05.02.2000 (www.berlinonline.de/berliner-zeitung/archiv/.bin/dump.fcgi/2000/0205/ magazin /0003/index.html, 11.03.2010).
Arnim von, Hans Herbert (2000): Vom schönen Schein der Demokratie. Politik ohne Verantwortung am Volk vorbei. München: Droemer.
Beck, Ulrich (2007): Weltrisikogesellschaft. Die globalen Gefährdungen – vom Terror bis zum Klimawandel. Frankfurt/M.: Suhrkamp.
Beck, Ulrich (1986): Risikogesellschaft. Auf dem Weg in eine andere Moderne. Frankfurt/M.: Suhrkamp.
Behr, Michael (2009): Planungsparadoxien im gesellschaftlichen Transformationsprozess. Ostdeutschland als prognostisches Dauerproblem. In: Mittelweg 36, 18. Jg. (6): 64-81.
Bolder, Axel/Steinrücke, Margarete (2001): Vorwort. In: Bourdieu, Pierre: Wie die Kultur zum Bauern kommt. Über Bildung, Klassen und Erziehung, Schriften zu Politik und Kultur 4. Hamburg: VSA: 7-12.
Bündnis 90/Die Grünen (Hg./2009): „Grüne Impulse für Ostdeutschland. Grünes Leitbild für Ostdeutschland". Beschluss der Bundestagsfraktion 27.01.2009, (www.gruenebundestag.de/cms/archiv/dokbin/267/267699.fraktionsbeschluss_impulse_fuer_ostdeuts.pdf, 29.07.2010).
CDU (Hg./2008a): „Perspektiven für den Osten Deutschlands – Moderne Mitte Europas" (Viel erreicht – viele Gründe stolz zu sein"), Beschluss des Präsidiums der CDU Deutschlands Halle/Saale 30. Juni 2008, 17 S. (www.cdu.de/doc/pdfc/080630-beschluss-perspektiven-fuer-den-osten-deutschlands.pdf, 30.07.2010).
CDU (Hg./2008b): Geteilt. Vereint. Gemeinsam. Perspektiven für den Osten Deutschlands. Antrag des Bundesvorstandes der CDU Deutschlands an den. 22. Parteitag am 1./2. Dezember 2008 in Stuttgart (unter www.cdu.de).
CDU (Hg./2009): „Koalitionsvertrag zwischen CDU, CSU und FDP. 17. Legislaturperiode (2009): Wachstum, Bildung, Zusammenhalt". 124 S. (www.cdu.de/doc/pdfc/ 0910-24koalitionsvertrag-cducsu-fdp.pdf, 10.01.2010).
Decker, Oliver/Brähler, Elmar (2008): Bewegung in der Mitte. Rechtsextreme Einstellungen in Deutschland mit einem Vergleich von 2002 bis 2008 und der Bundesländer (unter www.fes.de, 18.12.2008).
Engler, Wolfgang (2002): Die Ostdeutschen als Avantgarde. Berlin: Aufbau.
Forum DL 21 e.V. (Hg./2008): „Viel erreicht – viel zu tun!". Impulspapier der Landesgruppe Ost der SPD-Bundestagsfraktion [Oktober 2008], 23 S. (www.forumdl21.de/service/2008_06_27Gleicke_Tiefensee.pdf, 29.07.2010).
Fraktionsvorsitzendenkonferenz der Partei Die Linke (Hg./2009): „Leitbild ‚Ostdeutschland 2020'. Studie im Auftrag der Fraktionsvorsitzendenkonferenz der Partei Die Linke in den Landtagen und im Deutschen Bundestag"., 42 S. (http://dokumente.linksfraktion.net/pdfdownloads/7788797028.pdf, 28.07.2010).

Geißler, Rainer (2000): Nachholende Modernisierung mit Widersprüchen. Eine Vereinigungsbilanz aus modernisierungstheoretischer Perspektive. In: Aus Politik und Zeitgeschichte, B 40/2000: 22-38.
Gernhardt, Grit (2009): Fast unbemerkt blüht der Osten. In: Neues Deutschland vom 04.11.2009: 17.
Giddens, Anthony (1992): Die Konstitution der Gesellschaft. Grundzüge einer Theorie der Strukturierung. Frankfurt/New York: Campus.
Habermas, Jürgen (1990): Die nachholende Revolution. Frankfurt/M.: Suhrkamp.
Hypo-Vereinsbank (2009): 20 Jahre danach – eine ökonomische Bilanz Ostdeutschlands (http://press.hypovereinsbank.de/cms/german/press/showdetail.html?id=8995, 22.06.09).
Jähner, Harald (2009): Kunst einer halben Nation „60 Jahre 60 Werke – Kunst aus der Bundesrepublik Deutschland im Martin-Gropius-Bau. In: Berliner Zeitung vom 30.04/01.05.2009: 25.
Jahresberichte der Bundesregierung zum Stand der deutschen Einheit 2001-2009 (www.bmvbs.de).
Korte, Karl-Rudolf/Weidenfeld, Werner (Hg./2001): Deutschland-Trendbuch. Fakten und Orientierungen. Opladen: Leske + Budrich.
Land, Rainer (o. J.): Ostdeutschland – doppelter Umbruch (Forschungsverbund: „Berichterstattung zur sozial-ökonomischen Entwicklung der Bundesrepublik Deutschland: Arbeit und Lebensweisen" im Auftrag des SOFI Göttingen, 27 S. (www.soeb.de/img/content/ostdeutschland_umbruch.pdf, 13.03.2010).
Land, Rainer u.a. (2006): Ostdeutschland braucht einen neuen Anlauf! In: Berliner Debatte Initial 17. Jg. (5): 6-16.
Linden, Markus (2009): Innere Einheit. Konjunkturen und Defizite einer Debatte. In: Deutschland Archiv, 42. Jg. (2): 303-313.
Münkler, Herfried (2009): Die Deutschen und ihre Mythen. Berlin: Rowohlt.
Online-Verwaltungslexikon: Leitbild (www.olev.de/l/Leitbild.htm, 10.03.2010).
Sabrow, Martin (2009): Wende oder Revolution? In: Neues Deutschland vom 21./22.11.2009: 24.
Scheer, Hermann (1995): Zurück zur Politik. Die archimedische Wende gegen den Zerfall der Demokratie. München/Zürich: Piper.
Stawenow, Christoph (2009): Warum ist Deutschland noch nicht zusammengewachsen? Zur Entstehung einer politischen Teilkultur in den neuen Bundesländern. In: Deutschland Archiv, 42. Jg. (5): 781-787.
Thierse, Wolfgang (2001): Zukunft Ost. Perspektiven für Ostdeutschland in der Mitte Europas. Berlin: Rowohlt.
Umfrage unter Führungskräften: Deutsche Einheit schwächt West-Wirtschaft./Manager sehen Einheit als Belastung (2009), Berliner Zeitung vom 20.10.2009: 10.
Vester, Michael (2001): Milieus und soziale Gerechtigkeit. In: Korte/Weidenfeld (Hg.): Deutschland-Trendbuch. Fakten und Orientierungen. Opladen: Leske + Budrich. 136-183.
Weber, Andreas/Klingholz, Reiner (2009): Demografischer Wandel. Ein Politikvorschlag unter besonderer Berücksichtigung der neuen Länder. In: Deutschland Archiv, 42. Jg. (5): 803-808.

Wehler, Hans-Ulrich (2008): Deutsche Gesellschaftsgeschichte, Bd. 5: Bundesrepublik und DDR 1949-1990. München: C.H. Beck.
Weigl, Michael/Colschen, Lars (2001): Politik und Geschichte. In: Korte/Weidenfeld (Hg.): Deutschland-Trendbuch. Fakten und Orientierungen. Opladen: Leske + Budrich: 59-94.
Wolf, Sebastian (2009): Der Osten hinkt noch lange hinterher. In: Berliner Zeitung vom 19.10.2009: 9.
Zapf, Wolfgang (1991): Die DDR 1989/90 – Zusammenbruch einer Sozialstruktur? In: Berliner Journal für Soziologie, 1. Jg. (1): 147-155.
Zapf, Wolfgang (1995): Lektion XI Entwicklung und Sozialstruktur moderner Gesellschaften; Lektion XII Entwicklung und Zukunft moderner Gesellschaften seit den 70er Jahren. In: Hermann Korte; Bernhard Schäfers (Hg.): Einführung in die Hauptbegriffe der Soziologie. Opladen: Leske + Budrich: 181-194, 195-210.
Zapf, Wolfgang (Hg./1969; 1979): Theorien des sozialen Wandels. Köln/Berlin: Kiepenheuer & Witsch.

Der verlorene Osten

Massenmediale Diskurse über Ostdeutschland und die deutsche Einheit

Raj Kollmorgen und Torsten Hans

Eine Analyse der Diskurse der deutschen Einheit muss dem Diskursfeld der Massenmedien einen zentralen Stellenwert einräumen. Die Gründe dafür liegen im komplexen Zusammenhang von Politik und Öffentlichkeit sowie deren massenmedialen (Trans-)Formierungen, der nicht nur generell für den demokratischen Prozess in unseren Gegenwartsgesellschaften konstitutiv ist, sondern gerade in radikalen sozio-politischen Wandlungs- und Integrationsprozessen, wie sie die Umbrüche in der DDR und der deutschen Vereinigung darstellen, eine herausragende Bedeutung besitzt. Massenmedien kam und kommt eine Schlüsselrolle in der *„Wahr-Nehmung"* und *Legitimierung* der staatlich gesteuerten Umwälzungsprozesse in den neuen Bundesländern, der Transformation der materiellen Lebensbedingungen, der finanziellen Transferflüsse sowie der wechselseitigen Anerkennung (oder Missachtung) von Ost- und Westdeutschen im neuen Staatswesen zu.

Dass die massenmedialen Diskurse über Ostdeutschland für den Prozess der deutschen Vereinigung ein anhaltendes Problem darstellen, wird bereits auf der Ebene der Alltagserfahrung offenkundig. Einerseits reißen Klagen Ostdeutscher über die Darstellung der neuen Länder und „ihrer" DDR-Geschichte in Tageszeitungen, aber auch in Sendungen des öffentlich-rechtlichen Fernsehens nicht ab. Andererseits fällt es in der östlichen Provinz schwer, etablierte „Leitmedien" des Printsektors überhaupt zu kaufen, so wie die allermeisten ostdeutsche Zeitungen und Zeitschriften im Westen eine weitgehend unbekannte Ware darstellen. Wie kam es dazu? Welcher „Osten" wird in den hegemonialen massenmedialen Diskursen seit Anfang der 1990er Jahre gezeichnet? Wie konnte dieser beherrschende Diskurs seine Stellung erobern und welche diskursiven, aber auch soziopolitischen oder ökonomischen Ursachen sind dafür verantwortlich? Gab und gibt es alternative Diskurse?

Der Beitrag strengt zur Beantwortung dieser Fragen eine sozialwissenschaftlich-diskursanalytische Untersuchung an, die zunächst in das Diskursfeld und die massenmediale Diskursanalyse zum Themenkreis (1., 2.) einführt. Daran anschließend (3.) werden die Ergebnisse einer eigenen diskurslinguistischen Erhebung vorgestellt und unter Sekundärauswertung weiterer Studien zusammengefasst (4.). Es folgen (5.) eine Kontextualisierung des hegemonialen massenmedialen Diskurses sowie (6.) ein abschließendes Resümee mit einem Ausblick.

1. Politik – Öffentlichkeit – Massenmedien: Grundlagen des Diskursfeldes

Grundsätzlich ist ein demokratisches politisches Herrschaftssystem auf Öffentlichkeit – und dessen Produkte: die öffentlichen Meinungen – angewiesen. Dieses Angewiesensein besteht doppelt. Einerseits und fundamental ist Öffentlichkeit Ort und Modus der kommunikativen Selbstverständigung der Bürgergesellschaft in ihrer politisch-gesellschaftlichen wie zivilgesellschaftlichen Dimension (Habermas 1962, 1989; Arendt 1981). Ohne diesen – idealtypisch: herrschaftsfreien und zwanglosen – Austausch der Werte, Interessen und Ideologien und der kommunikativen Formierung öffentlicher Meinungen zu Problemen des Gemeinwesens ist eine freiheitlich-demokratische Ordnung dauerhaft nicht zu reproduzieren. Andererseits ist Öffentlichkeit das Medium der wechselseitigen Beobachtung von politisch-administrativen Akteuren (in ihren differenten Rollen wie Regierung vs. Opposition) sowie Bürgern bzw. ihren zivilgesellschaftlichen Assoziationen, welches Herrschende und Beherrschte kommunikativ verknüpft. Insgesamt kann Öffentlichkeit als intermediäres Kommunikationssystem demokratischer Herrschaftsordnungen begriffen werden (Gerhards 1998: 269; vgl. Luhmann 2002).

Öffentlichkeit in demokratischen Gegenwartsgesellschaften stellt sich dabei als *massenmedial* formierte, mithin dominant als *Massenkommunikationssystem* dar. Massenkommunikation zeichnet sich sowohl durch ein *unbegrenztes* und *„disperses"* Publikum aus, das durch technische Verbreitungsmedien – wie Print- und elektronische Medien, einschließlich des *world wide web – indirekt* (also unter Bedingungen raum-zeitlicher Distanz der Teilnehmer) erreicht wird, als auch durch ihre im wesentlichen *monolaterale* Struktur: Die Rollen der Sprecher und der Rezipienten sind getrennt und fix vergeben (Jarren/Sarcinelli/Saxer 1998: 678; Maletzke 1998: 45/46).[1]

---

1 Das gilt nicht für alle Massenmedien in gleichem Maße. Auf dem *world wide web* basierende Massenkommunikationen lassen – etwa über Weblogs oder Open-Source-Angebote – bis zu einem gewissen Grade multilaterale Kommunikationen zu. Wie tiefgreifend diese strukturelle Möglichkeit die Formen und Wirkungszusammenhänge von Massenkommunikation in den kommenden Jahren und Jahrzehnten verändern wird, ist noch weitgehend offen. Dass es substanzielle Veränderungen gibt und weiter geben wird, ist allerdings sicher.

(Politische) Öffentlichkeiten, die wesentlich massenkommunikative sind, (trans-)formieren ihre Funktionen und Mechanismen in dreifacher Hinsicht:
1. Zwischen die Bürger und zwischen sie und den Staat tritt eine Vermittlungsinstanz – die organisierten Akteure der Massenkommunikation, d.h. Verlage oder Fernseh- und Hörfunksender, deren jeweilige Redaktionen sowie Autoren. Diese besitzen notwendig eine Erzeugungs-, Selektions- und Steuerungsfunktion in der öffentlichen Kommunikation, die keineswegs neutral wahrgenommen werden kann, sondern den jeweiligen Werten, Interessen und Ideologien der Handelnden folgt. Im Kern sind es einerseits kommerzielle Interessen, andererseits politisch-kulturelle sowie ideologische Ausrichtungen, welche die konkreten Kommunikationsangebote formen. Auf der Basis sozialstruktureller sowie sozio-kultureller Entwicklungsdynamiken in den letzten Jahrzehnten haben sich in der (alten) Bundesrepublik *massenkommunikative Teilöffentlichkei*ten etabliert, die vier wichtige Differenzierungslinien aufweisen: (1) soziale Schichten und Milieus, (2) damit überlappende politisch-kulturelle und ideologische Lager[2], (3) Generationen sowie (4) Regionen.

2. Die *Form der Massenkommunikation* lässt die *Inhalte* nicht unberührt. So zeigt etwa der Ansatz der Nachrichtenfaktoren oder Nachrichtenwerte, welche generellen Kriterien (Faktoren) angewandt werden, um Ereignisse zu perzipieren, zu selegieren und aus ihnen berichtenswerte Nachrichten zu generieren (Galtung/Ruge 1965; Schulz 1976; Saxer 1998: 56f.; Ruhrmann/Göbbel 2007).[3]

---

2 Fünf bzw. sechs politisch-kulturelle und ideologische Lager – mit der Tendenz entsprechender Öffentlichkeitsformierungen – können für die Zeit nach 1990 unterschieden werden. Dabei stellen drei Lager den legitimen Block, aus dem in wechselnden Konstellationen die jeweils hegemoniale Öffentlichkeit strukturiert wird (in Klammern werden die sie tragenden politischen Parteien und exemplarische überregionale Leitmedien des politischen Printjournalismus aufgelistet): (a) Das konservativ-liberale Lager (CDU, CSU, FDP; *FAZ, Welt, Handelsblatt, Rheinischer Merkur, Focus*), (b) das sozialdemokratische und links-liberale Lager (SPD, Strömungen bei B90/Grünen sowie der FDP; *SZ, Frankfurter Rundschau, Zeit, Spiegel*) sowie (c) das links-alternative und links-libertäre Lager (B90/Die Grünen, Teile der SPD und der Linken; *taz, Freitag*). (d) Das (reform-)sozialistische Lager (Die Linke; *ND, Freitag*) hat erst in den letzten fünf Jahren an Einfluss gewonnen, wobei seine bis dahin eher illegitime Position in eine semi-legitime umgewandelt wurde. Demgegenüber bleibt (e) das rechts-populistische bis rechtsextremistische Lager (NPD, DVU; *Junge Freiheit, National-Zeitung*) illegitim und marginalisiert. (f) Ein vergleichbares linksradikales oder linksextremistisches Lager mit einer wirksamen Öffentlichkeit gibt es aufgrund weniger Anhänger, der relativen ökonomischen Schwäche und der Fragmentierung der Szene nur sehr eingeschränkt. Immerhin könnten die *Junge Welt, radikal* oder die *Rote Fahne* als exemplarische Printmedien genannt werden. Die beiden letztgenannten Lager werden im Folgenden aufgrund ihrer Marginalität nicht weiter thematisiert.
3 Der klassische Kanon enthält zwölf Nachrichtenfaktoren, wobei die ersten acht als „kulturunabhängig" gelten, während die letzten vier nur für den „westlichen Kulturkreis" eine hohe Signifikanz besitzen sollen (Galtung/Ruge 1965): (1) Frequenz, (2) Schwellenfaktor, (3) Eindeutigkeit, (4) Bedeutsamkeit, (5) Konsonanz, (6) Überraschung, (7) Kontinuität, (8) Komposition, (9) Bezug auf Elite-Nationen, (10) Bezug auf Elite-Personen, (11) Personalisierung, (12) Negativität.

3. Mit der Dominanz der Massenkommunikation verändern sich die Formierungsprozesse und inneren Strukturen der *öffentlichen Meinung(en)*. Jede öffentliche Meinung beruht auf Normierungs- und Hegemonialisierungsprozessen, die alternative Meinungen und deren Träger marginalisieren oder sogar exkludieren und sie parallel einem Anpassungsdruck zur Übernahme der dominierenden „Mehrheits"- oder legitimen „Herrschaftsmeinung" aussetzen. Diese Herrschaftsstruktur bürgerlicher Öffentlichkeit wird in massenkommunikativ formierten Öffentlichkeiten insofern verschärft, als durch die Mittler- und Verbreitungsfunktion der Massenmedien die „Masse" der Rezipienten von einer aktiven Mitwirkung an der (überlokalen) Meinungsbildung ausgeschlossen wird. Die Produktionsseite der massenmedialen Öffentlichkeit bleibt ihnen weitgehend verschlossen und wird durch eine vergleichsweise kleine Gruppe professioneller Medienakteure – die so genannten „Meinungsmacher" – realisiert. Innerhalb dieser Gruppe besetzt die *massenmediale Elite*, d.h. Leiter von Verlagen oder privaten und öffentlich-rechtlichen Fernseh- und Rundfunkanstalten sowie Chef- und leitende Redakteure, die entscheidenden Machtpositionen. Rückkopplungen an das Publikum der (Teil-)Öffentlichkeiten findet im Wesentlichen direkt über die Entwicklung des Medienkonsums oder über professionalisierte Erkundungen der Meinungsbilder und Erwartungen mittels Umfrageforschung statt. Daraus resultiert nicht nur, dass die *gesellschaftspolitische „Realität"* heute fast ausschließlich massenmedial konstruiert und rezipiert wird, sondern auch eine verstärkte Differenz zwischen *„öffentlicher"* und *„veröffentlichter Meinung"* (Noelle-Neumann 1998).

4. Die *Politik* und insbesondere die jeweils politisch Herrschenden sind freilich der Massenmedialisierung und ihren Folgen keineswegs – wie oft beklagt wird – einfach nur ausgeliefert oder gar ihre „Opfer". Die von der „politischen Klasse" vorgebrachte Kritik an Formen und Inhalten der politischen Berichterstattung und Essayistik hinsichtlich Verkürzung, Aussparung, Boulevardisierung, Entpolitisierung oder Dominanz jeweils bestimmter Meinungen und Ideologien richtet sich nicht zuletzt gegen sie selbst. Das begründet sich nicht allein durch die Instrumentalisierung der Massenmedien, so dass die hegemonialen politischen Korporativakteure selbst einen Teil des massenmedialen Machtapparates repräsentieren, der die Pluralität und Diskursivität der politischen Öffentlichkeit unterminiert. Die Selbstbezüglichkeit der Kritik ist aber vor allem der staatlichen *Medienpolitik* geschuldet. So war es seit den frühen 1980er Jahren das erklärte Ziel konservativ-liberaler Regierungspolitik, den öffentlich-rechtlichen Anstalten im Bereich von Rundfunk und Fernsehen starke private Anbieter zur Seite zu stellen, um erstere einem Wettbewerbs- und Modernisierungsdruck auszusetzen und: um das vermeintlich links-liberale Meinungskartell zu schwächen. Diesem Ziel diente auch die wettbewerbspolitisch höchst umstrittene Zurückhaltung

gegenüber den Konzentrations- und Zentralisationsprozessen im Bereich der Printmedien, die vor allem in den 1980er Jahren zu marktbeherrschenden Positionen einiger weniger Medienkonzerne (von Springer über Bertelsmann bis zur WAZ-Gruppe) führte, wobei die machtpolitischen Interessen- und ideologischen Konvergenzen wie personale Verflechtungen zwischen diesen Unternehmen und insbesondere den konservativ-liberalen Parteien unschwer erkennbar waren (als Überblicke: Saxer 1998; Meyn 2004; Hachmeister 2008).

2. Diskursanalyse des massenmedialen Feldes im Kontext der deutschen Vereinigung: Forschungslage und Diskursbegriff

Diskursanalytische Ansätze haben im Kontext von „Wende", Revolution, Transformation und Vereinigung zwar seit Anfang der 1990er Jahre eine Rolle gespielt (siehe etwa Fraas 1996). Sie konzentrierten sich aber bisher auf historische Diskursanalysen zur (auch massenmedialen) Sprachverwendung in den beiden deutschen Staaten vor 1990 (exemplarisch: Richatz 2005), auf linguistisch orientierte Analysen der allgemeinen, teils auch politischen Sprachentwicklung vor, im und nach dem Prozess der staatlichen Vereinigung (als Überblick: Reiher 2008) oder auf politische und pädagogische Diskurse zur „Aufarbeitung der zweiten deutschen Diktatur" in der bundesdeutschen Gesellschaft (etwa Schroeder-Deutz/Schroeder 2008).

Erst seit wenigen Jahren gibt es breiter angelegte empirische Studien, die sich explizit mit den Diskursen der deutschen Einheit und näher über die Ostdeutschen in den Massenmedien befassen. Ihre Hauptergebnisse finden sich in zwei Sammelbänden vereinigt, die in den Jahren 2008 und 2009 publiziert wurden (Roth/Wienen 2008; Ahbe/Gries/Schmale 2009). Allerdings sind auch diese Analysen im Kern linguistischer Natur. Ihr Gegenstand sind journalistische oder literarische Diskurse über die Ostdeutschen und Ostdeutschland in wichtigen Print- und elektronischen Massenmedien, wobei die entsprechenden geschlossenen oder offenen Textkorpora unter Einsatz linguistischer Alteritätsansätze oder topologischen Analysen erschlossen und Mechanismen wie Resultate sprachlicher Markierungs-, Marginalisierungs- und Abwertungsprozesse problematisiert werden.

Unsere Untersuchung greift auf wesentliche Elemente dieser (sozio-)linguistischen Analysen zurück. Zugleich bedarf es aber aus sozialwissenschaftlicher Blickrichtung der perspektivischen und analytischen Erweiterung. Das wird einsichtig, wenn der Gehalt eines soziologischen Diskursbegriffs und entsprechender Forschungsperspektiven offengelegt wird.

Wir verstehen im kritischen Anschluss an Bourdieu (1988, 1992) und Schwab-Trapp (2001) unter *Diskursen* spezifisch (auch formell-institutionell) geregelte und thematisch eingegrenzte sprachliche Sozialverhältnisse, wie sie in Textproduktion und -rezeption, mündlicher, schriftlicher und bildlicher Kommunikation realisiert werden. In spezifischen Diskursfeldern ringen unterschiedliche Diskursgemeinschaften und ihre wichtigsten Sprecher („Diskurseliten") mit jeweils dominanten Strategien um die Gewinnung und Veränderung diskursiver Hegemonie (oder: legitimer Diskursbeherrschung) – als Selbstzweck und zur Beherrschung anderer Formen sozialer Praxis. Diskurse unterliegen in diesen umkämpften Gestaltungsprozessen einer hohen Dynamik, was die Veränderung, Ablösung alter und Begründung neuer Hegemonien einschließt. Die Wandlungen von Diskursen verdanken sich dabei sowohl den Eigendynamiken im Feld wie dessen Ko- und Kontexten, die unter anderem für die Bereitstellung notwendiger Ressourcen oder sozialer Positionen im Diskursfeld (mit) verantwortlich sind. Im Feld der Massenmedien repräsentieren u.a. die Verfügung über ökonomisches Kapital, staatliche Medienpolitik oder die Verteilung von Elitepositionen derartige hoch relevante Kontexte. Darüber hinaus sind die Diskursbeziehungen zwischen dem massenmedialen Feld und den wirtschaftlichen, politisch-ideologischen oder wissenschaftlich-expertokratischen Feldern von essentieller Bedeutung für die Diskursformierung.

3. Ostdeutschland in den überregionalen Printmedien (1993-2008): Ergebnisse einer diskurslinguistischen Analyse

Unsere Diskursanalyse des massenmedialen Redens und Schreibens über Ostdeutschland nach der Herstellung der deutschen Einheit schließt einerseits grundsätzlich an die Entwicklung sprachwissenschaftlich und näher diskursanalytisch fundierter Analysen politischer Kommunikation an (als Überblick: Klein 1998; Keller 2007: 22-25; Wengler 2007; vgl. auch Jung 2001; Knoblauch 2001). Andererseits und konkret nutzen wir im Folgenden einen theoretisch-methodischen Ansatz, den Kersten Sven Roth seit Anfang des neuen Jahrhunderts im inhaltlichen Zusammenhang mit dem Prozess der deutschen Vereinigung schrittweise elaboriert hat (Roth 2004, 2008). Roths Ansatz vereinigt in diskurslinguistischer Perspektive semiotische und argumentationstheoretische Analyseverfahren, die neben einer quantitativen drei qualitative Dimensionen aufweisen: Nachrichtenwerte, semantische Rollen und Topoi (Roth 2004: 17-22).

Unsere empirische Analyse zu überregionalen Printmedien repliziert Roths Erhebung zu zwei Tageszeitungen *Frankfurter Allgemeine Zeitung (FAZ)* und

Tageszeitung (taz) für die Jahre 1993-2003, erweitert sie darin aber hinsichtlich der herangezogenen Blätter. Den Textkorpus bilden Schlagzeilen und Unterüberschriften fünf überregionaler Tageszeitungen jeweils im Monat Mai der Jahre 2004 bis 2008. Untersucht wurden die Tageszeitungen *Frankfurter Allgemeine Zeitung (FAZ), Tageszeitung (taz), Berliner Zeitung (BZ), Neues Deutschland (ND)* und *Süddeutsche Zeitung (SZ)*. Damit werden nicht nur die auflagenstärksten und etabliertesten überregionalen Tageszeitungen in West *und* Ost berücksichtigt, sondern auch das politisch-ideologische Spektrum weitgehend abgedeckt (vgl. FN 2).

Wie in Roths Studie (2004), wurde nicht nur nach „ostdeutsch*", sondern auch nach den Begriffen „Neue* Länder*", „Neue* Bundesländer*" und „Ost*" (als Äquivalent für Ostdeutschland) gesucht.[4] Mehrfachnennungen wurden jeweils nur einmal berücksichtigt. Dabei wurden in der Regel nur Artikel herangezogen, die nicht im Regionalteil der jeweiligen Zeitung abgedruckt wurden, um eine Vergleichbarkeit des Materials zu gewährleisten. Die Auswertung erfolgt – in Anlehnung an Roth (2004) – unter folgenden Fragestellungen:

- In welchem quantitativen Umfang wird über Ostdeutschland berichtet?
- In welchen Ressorts wird berichtet und wie hat sich die Ressortverteilung in den letzten Jahren entwickelt?
- Was sind dominierende Nachrichtenwerte?
- In welchen semantischen Rollen treten Ostdeutsche und Ostdeutschland auf?
- Welche Topoi dominieren die Berichterstattung über Ostdeutschland?

3.1 Zur quantitativen Entwicklung der Berichterstattung

Die Auswertung der Häufigkeit der Berichterstattung (2004-2008) ergab im Vergleich der Zeitungen kein einheitliches Bild (Abb. 1). Bewegte sich bei der *SZ* die Berichterstattung auf einem annähernd gleich bleibenden Niveau, wobei im Jahr 2005 eine Delle zu verzeichnen ist, und verminderte sich der Anteil beim *ND* nur wenig, so ist bei den anderen Zeitungen eine klare Schrumpfungstendenz zu beobachten, die bei *taz* und *BZ* über 50 Prozent beträgt.

Bemerkenswerterweise beginnt die deutliche Abnahme der Berichterstattung bei den Zeitungen *FAZ, taz* und *BZ* im Jahr 2006, wohingegen sich die Jahre 2004 und 2005 durch eine vergleichsweise hohe Berichtshäufigkeit auszeichnen.

---

[4] Das * bedeutet jeweils die Offenheit des sprachlichen Terminus für alle möglichen Konjugationen, Deklinationen, Komposita, Derivate usw. Zur Vereinfachung wird im Folgenden nur noch der Ausdruck „ostdeutsch*" als Synonym alle untersuchten Termini verwendet.

Die Vermutung liegt nahe, dass sich diese Abfolge in erster Linie den „Wende"- und Vereinigungsjubiläen – 15 Jahre „Wende" und Revolution in der DDR sowie 15 Jahre Deutsche Einheit – verdankt.

Abbildung 1: Erwähnungen von „ostdeutsch*" in FAZ, taz, BZ, ND und SZ (2004-2008, immer Monat Mai) – Anzahl absolut

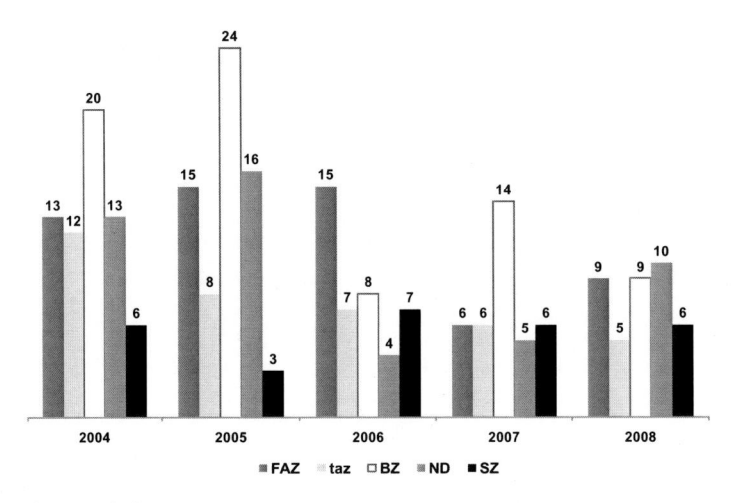

Quelle: Eigene Erhebung.

Um die Entwicklung der Berichterstattungshäufigkeit im gesamten Zeitverlauf seit Anfang der 1990er Jahre erfassen zu können, ziehen wir die Daten aus Roths Analyse (2004) zu den beiden Tageszeitungen *taz* und *FAZ* heran (1993-2003) und schließen unsere Erhebung für beide Tageszeitungen an (Abb. 2). Erkennbar wird dann ein deutliches Abschmelzen der Häufigkeit, wobei sich dieses bei der *FAZ* als besonders ausgeprägt zeigt. Hier wird „ostdeutsch*" im Jahr 2008 achtmal weniger erwähnt als noch 1993. Bei der *taz* ist der Schrumpfungsprozess weniger klar konturiert; er endet aber im Jahr 2008 dennoch bei etwa einem Fünftel des Ausgangswertes.

Wenn bereits Roth für das Jahr 2003 davon spricht, dass sich die Berichterstattung über Ostdeutschland auf einem „niedrigen Niveau" bewegt (Roth 2004: 9), muss vor diesem Hintergrund für das Jahr 2008 übergreifend von einem Einpendeln auf einem *sehr* niedrigen Niveau gesprochen werden. Dabei war das Einpendeln von einer Annäherung der Erwähnungshäufigkeit unter den fünf untersuchten Tageszeitungen begleitet. Lag die Differenz der Anzahl der Erwähnungen zwischen der Zeitung mit der größten Anzahl und der Zeitung mit der geringsten Anzahl im Jahr 2004 bei 14 und 2005 sogar bei 21 Erwähnungen, so beträgt die Differenz im Jahr 2008 nur noch 5 Erwähnungen.

Abbildung 2: Erwähnungen von „ostdeutsch*" in den Tageszeitungen *FAZ* und *taz* (1993-2008, immer Monat Mai) – Anzahl absolut

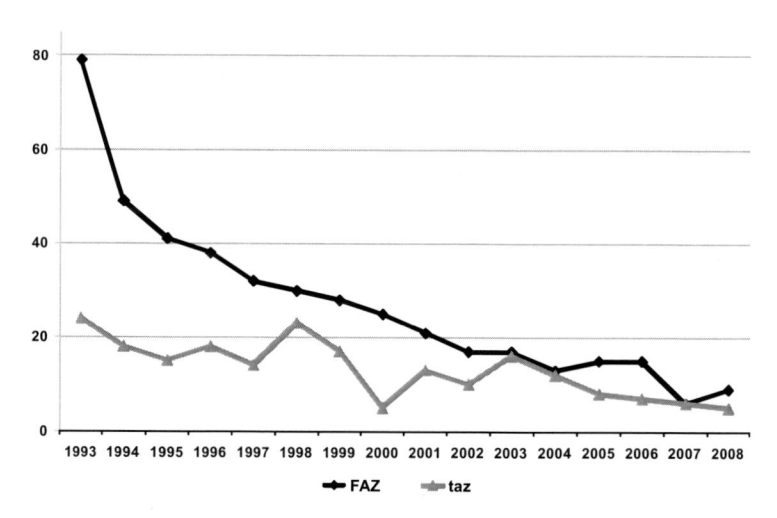

Quelle: Roth 2004 (für die Jahre 1993-2003); Eigene Erhebung (2004-2008).

3.2 Ressortverteilung

Mit der Ressortverteilung beginnt die qualitative Analyse des Materials, sofern sie in einem ersten Schritt darüber Auskunft gibt, welche Ereignisse und darauf bezogene Nachrichten wie (re-)konstruiert, selegiert und eingeordnet werden. Auch wenn Redaktionen partiell davon abhängig sind, welche Nachrichten ihnen angeboten werden – nicht zuletzt über die großen Nachrichtenagenturen –; sie sind in doppelter Weise Akteure der Ereignis- und Nachrichtengenese und -verwertung. Zum einen bestimmt der verlegerische und redaktionelle Diskursrahmen darüber, ob und wie intensiv innerhalb eines bestimmten Ressorts nach „ostdeutschen" Ereignissen *gesucht* wird. Nur dann kann auch gefunden werden. Für wen etwa die ostdeutsche Wirtschaft von vornherein nur ein im Vollsinne: peripheres Phänomen ist, wird dem, was an (übermittelten) Ereignissen vorliegt oder selbst recherchiert wurde, nur marginale Beachtung schenken. Zum anderen steckt in der Ressortverteilung auch ein aktiver Prozess der Zuordnung ostdeutscher Themen zu bestimmten Handlungsfeldern. Viele Ereignisse lassen multiple Ressortzuweisungen zu, etwa der Bereich der Wirtschafts- oder Kulturpolitik. Auch hierbei sorgen herrschende Diskurse in den Redaktionen – u.a. entlang der Achse ideologischer und politisch-kultureller Lager – für unterschiedliche Verteilungsmuster und mithin differente Wahrnehmungen des Ostens. Die Ergebnisse unserer Erhebung bestätigen diese Diskurspraxis und ihre Folgen für „das Bild des Ostens" in den Massenmedien.

Betrachtet man zunächst in einer Zusammenfassung aller Messpunkte (2004-2008) und der vier herangezogenen Tageszeitungen die Ressortverteilung (Abb. 3), so zeigt sich das Ressort Politik als das mit der der häufigsten Trefferanzahl (33%). Es wird gefolgt vom Ressort Wirtschaft mit 20% der Nennungen, woran sich der Bereich Feuilleton/Kultur mit 10% anschließt. Das Ressort Sport bildet das Schlusslicht mit 8%; der Rest der Funde verteilt sich auf verschiedene Ressorts (Vermischtes, Wissenschaft, Reise usw.), die in der Erwähnungshäufigkeit deutlich hinter den genannten zurückbleiben. Nun sagt dieses aggregierte Verteilungsmuster noch sehr wenig aus und dürfte mit seinen Spitzenreitern „Politik" und „Wirtschaft" vergleichbaren Gegenständen der nationalen Berichterstattung ähneln. Aussagekräftiger sind die Ressortverteilungen im Vergleich der Tageszeitungen sowie – und vielleicht noch interessanter – die Entwicklung im Zeitverlauf.

Vergleicht man die Zeitungen hinsichtlich der Verteilungsmuster, so sind im Bereich *Politik FAZ* (21/36%)[5], *ND* (18/37%) und *SZ* (17/60%) die Zeitungen mit den meisten Erwähnungen, aber selbst das Schlusslicht *taz* hat 12 Nachrichten (32%) im Ressort platziert. Im Bereich *Wirtschaft* sind *FAZ* (18/31%), *ND* (13/27%) und *BZ* (10/13%) die Tageszeitungen mit den häufigsten Nachrichten, wohingegen *SZ* (5/18%) und *taz* (4/11%) deutlich abfallen. Wegen der geringen Fallzahlen sind die Messwerte für die anderen Ressorts weniger aussagekräftig. Erwähnenswert ist aber die hohe Präsenz des Ostens im Feuilleton der *BZ* (10/13%) und – nur wenig schwächer – des der *FAZ* (8/14%).

Zwei erste Deutungen dieser Daten liegen vor dem Hintergrund der Selbstverständnisse und politisch-ideologischen Ausrichtungen der Blätter wie ihrer Standorte auf der Hand. Erstens fokussiert die *FAZ* als Sprachrohr des wirtschaftsliberalen Lagers wirtschaftliche und wirtschaftspolitische Themen, während die *SZ* im breiteren Sinne sozio-politische Themen ins Zentrum stellt. Die anderen Tageszeitungen weisen eine (etwas) höhere Balance auf, wobei einerseits die Breite bei der *BZ* hervorsticht und andererseits der hohe Anteil von Wirtschaftsthemen beim *ND* (27%) zunächst überraschen mag. Angesichts der

---

5 In Klammern wird jeweils zuerst die absolute Anzahl der Nennungen im Ressort, dann die Prozentzahl bezogen auf alle Erwähnungen angegeben.

Debatten um die „Gleichwertigkeit der materiellen Lebensverhältnisse" im Osten im Umkreis von PDS und Die Linke kann das aber tatsächlich nur auf den ersten Blick verwundern. Zweitens sind die aggregierten Häufigkeiten der Berichterstattung über Ostdeutschland, die von 2004 bis 2008 durchaus kontraintuitiv die *SZ* (75 Nennungen) und namentlich die *FAZ* (58 Nennungen) auf die ersten beiden Positionen setzen, anhand der Platzierung des Themas in den Ausgaben zu gewichten. Dann wird erkennbar, dass die im Westen der Republik beheimateten Blätter (*FAZ, SZ*) trotz der absolut höheren Erwähnungsanzahl dem „Osten" in der Tendenz eine geringe Bedeutung zumessen als *BZ* und *taz*, da die letztgenannten Blätter das Thema häufiger auf Seite 1 (in der Regel das „Tagesthema") behandelten. Bei der *BZ* war das fünfzehnmal und bei der *taz* elfmal der Fall (beim *ND* hingegen nur einmal, in der *FAZ* nie).[6]

Abbildung 3: Ressortverteilung der Beiträge zu „ostdeutsch*" in den fünf Tageszeitungen über den gesamten Erhebungszeitraum (2004-2008, immer Monat Mai) – Anzahl absolut

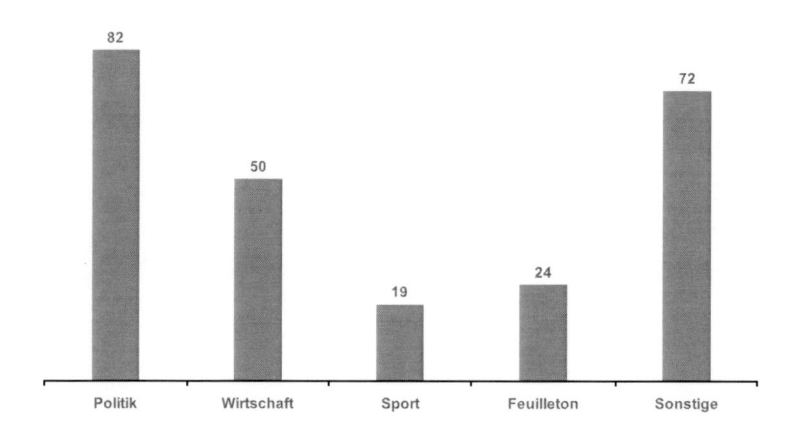

Politik	Wirtschaft	Sport	Feuilleton	Sonstige
82	50	19	24	72

Quelle: Eigene Erhebung.

---

6 Dass die formelle Prominenz beim *ND* so schwach entwickelt ist, kann auf zwei Gründe zurückgeführt werden: Erstens durchzieht Ostdeutschland derart durchgängig und gleichsam kapillar die Berichterstattungen, dass sich eine Hervorhebung oft erübrigen mag oder andersherum: die Tagesthemen als Kontrapunkte fungieren, die das überregionale ausweisen. Zweitens mag dahinter auch eine Strategie der Redaktion stecken, die versucht dem Bild einer reinen „Ostzeitung" auch auf diese Weise entgegenzutreten. Diese Annahmen wären aber nur durch eine intensivere Inhaltsanalyse des Gesamtmaterials und der redaktionellen Strategien zu erhärten, die bisher nicht geleistet wurde.

Eine Auswertung der Ressortverteilungen *im Zeitverlauf* ist von besonderer Bedeutung, da es uns zentral um die Dynamik der massenmedialen Diskurse seit 1990 zu tun ist. Nimmt man zuerst unsere Erhebung für die fünf Tageszeitungen im Zeitraum 2004-2008 (Abb. 4), so lassen sich unter Absehung aller einzelnen Ausschläge[7] und uneinheitlicher Bewegungen zwei wichtige Aussagen treffen: Zum einen und am deutlichsten ist der Abstieg der Wirtschaftsthemen. Sie fallen absolut von 13 auf 5 Nennungen, also auf weniger als die Hälfte. Aber auch prozentual zeigt sich fast eine Halbierung (von 29% auf 17% aller Beiträge). Zum anderen halten sowohl das Ressort Politik wie das Ressort Feuilleton weitgehend ihre Stellungen, als es zwar in beiden Fällen ein absolutes Schrumpfen, aber prozentual kaum Veränderungen gab. Zuletzt (von 2007 auf 2008) legte das Feuilleton aber in Relation zu anderen Ressorts deutlich zu (von 4% auf 17%).

Abbildung 4: Entwicklung der Ressortverteilung der Beiträge zu „ostdeutsch*" in den fünf Tageszeitungen in den Jahren 2004-2008 (immer Monat Mai) – Anzahl der Erwähnungen absolut

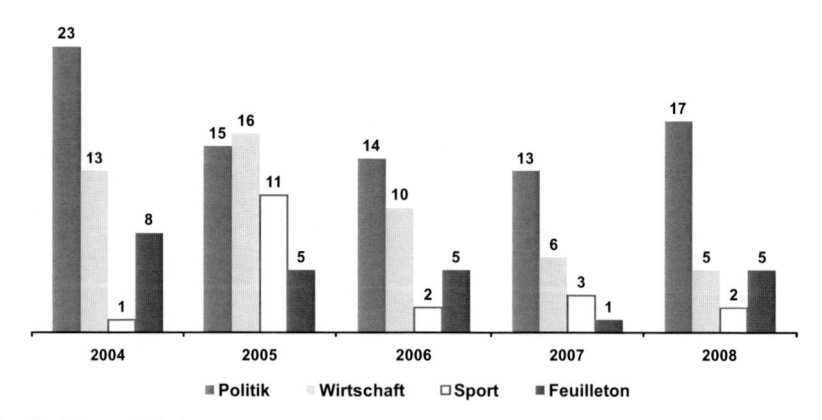

Quelle: Eigene Erhebung.

Zieht man in einem zweiten Schritt die Daten von Roth (2004: 24) für die Jahre 1993 bis 2003 hinzu, die nur als Aggregat für die beiden Tageszeitungen *FAZ* und *taz* vorliegen, und vergleicht diese mit dem Aggregat für den Zeitraum unserer Erhebung (2004-2008), dann werden die bereits angesprochenen Trends wei-

---

7 Dabei sticht die hohe Anzahl von Beiträgen im Ressort Sport im Jahr 2005 besonders hervor. Dieser verdankt sich aber ausschließlich der in diesem Jahr hitzig geführten Debatte um den Fußball im Osten angesichts des sich abzeichnenden Abstiegs von Hansa Rostock, womit das Risiko bestand, dass erstmalig kein ostdeutscher Fußballverein mehr in der ersten Liga spielt.

ter konturiert. Bei der *FAZ* sinkt der Anteil der Berichterstattung im Wirtschaftsressort von 61% auf 31%; im Politikressort steigt der Anteil eher moderat von 28% auf 36%. Im Feuilleton aber wächst die Thematisierung Ostdeutschlands von 5% auf 14% – fast eine Verdreifachung. Bei der *taz* halbiert sich ebenfalls der Anteil der Wirtschaftsnachrichten (von 20% auf 11%), wohingegen die anderen beiden problematisierten Ressorts relativ stabile Anteile im Zeitverlauf aufweisen.

Zieht man ein kurzes Resümee ist ein zweifacher Gesamttrend unverkennbar: Die Berichterstattung über *ostdeutsche Wirtschaftsthemen* hat einschneidend (prozentual etwa im 50% Bereich) an Bedeutung verloren; das *Feuilleton* und mit ihm weitere Ressorts jenseits der Politik (wie Reise, Vermischtes) sind demgegenüber aufgewertet worden – wenn auch nicht in einer vergleichbaren Proportion.

3.3 Nachrichtenwerte

Bei der Analyse von Nachrichtenfaktoren geht um die Frage, was Ereignisse – in diesem Fall zum Themenkreis Ostdeutschland/Ostdeutsche – im Erzeugungs-, Selektions- und Bewertungsprozess der Redakteure und Autoren zu Nachrichten werden lässt (Galtung/Ruge 1965; Schulz 1976). Wir schließen auch hier an Roths Analysekonzept unter Aufnahme neuer Überlegungen zur Faktorentheorie an (Roth 2004: 25f.; Ruhrmann/Göbbel 2007) und sehen im vorliegenden Kontext für zwei Faktoren eine besondere Relevanz, die beide der Oberkategorie „Sensationalismus" zuzuordnen sind: negativer oder positiver Nachrichtenwert sowie Exotik (oder überraschende Eigenartigkeit). Da es auch Berichterstattungen über Ostdeutschland gibt, die sich einer klaren sensationalistischen Wertung entziehen, werden die Nachrichten im Textkorpus empirisch in vier Kategorien eingeteilt: *positive, negative, exotische* oder *neutrale* Berichterstattungen.

Um zu demonstrieren, was die Kategorien textlich bedeuten, sei für jede eine Nachrichtenschlagzeile exemplarisch angeführt:

- Negativer Nachrichtenwert: „*Der Leipzig-Flop: Was aus dem Osten kommt, gilt einfach nicht als erwägenswert*" (*taz*, 19.05.04).
- Positiver Nachrichtenwert: „*Clement sieht Tourismus als Chance für Ostdeutschland – Die Zahl der Übernachtungen nimmt stetig zu*" (*FAZ*, 10.05.05).
- Neutraler Nachrichtenwert: „*Olivier Höbel soll IG Metall im Osten leiten*" (*BZ*, 15.05.2004).
- Exotischer Nachrichtenwert: „*Frivoles auf Ostdeutsch*" (*BZ*, 05.05.04).

Betrachtet man zunächst die zusammengefasste Verteilung der Nachrichtenwerte für den Zeitraum unserer Erhebung (2004-2008), so zeigt sich zwar ein Übergewicht negativer Nachrichtenwerte. Dieses bleibt aber mit 39% wenig ausgeprägt, da die neutralen Nachrichten mit 32% und positiven mit 24% ebenfalls einen erheblichen Anteil ausmachen. Nur der exotische Wert sticht mit nicht einmal 5% deutlich hervor.

Abbildung 5: Verteilung der Nachrichtenwerte zu „ostdeutsch*" in den fünf Tageszeitungen in den Jahren 2004-2008 (immer Monat Mai)

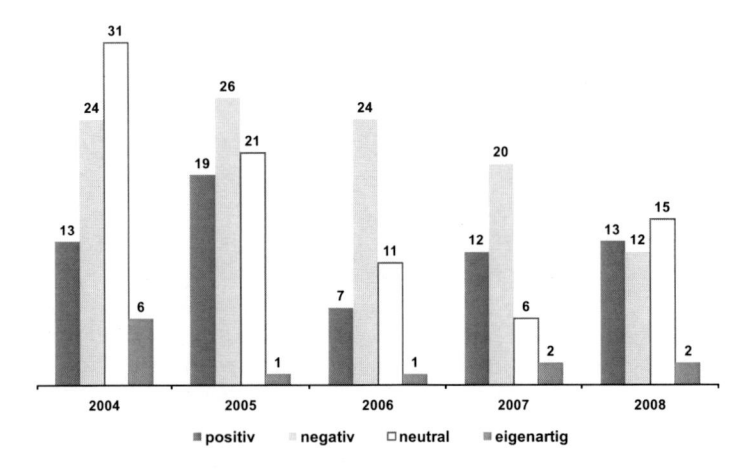

Quelle: Eigene Erhebung.

Eine Analyse der Nachrichtenwerte *im Zeitverlauf* (Abb. 5) erbringt für die von uns näher beobachtete Periode von 2004 bis 2008 zunächst die Markierung einer Zweiteilung: Während in der Zeit von 2004-2007 durchaus ein Trend erkennbar ist, weicht das Jahr 2008 deutlich von diesem ab. Eine prozentuale Perspektive lässt das gegenüber den in der Grafik ausgewiesenen absoluten Werten noch deutlicher werden. Danach schwanken die *positiven* Werte zwischen 16% und zuletzt 30% (Nimmt man das Jahr 2008 mit wiederum 30% hinzu, kann vielleicht von einer Stabilisierung auf einem Ein-Drittel-Niveau gesprochen werden). Bei den *negativen* Nachrichtenwerten zeigt sich prozentual eher ein Wachstumstrend: Von 32% (2004) auf 50% oder sogar 56% in den Jahren 2007 und 2006. Die *neutralen* Nachrichten verringern sich demgegenüber kontinuierlich: von 42% auf 15%; die *Exotik* fällt erst steil ab (von 8% auf 1,5%), um dann aber wieder auf 5% zu klettern. Das Jahr 2008 zeigt demgegenüber fast einen

Massenmediale Diskurse 121

Gleichverteilung der *positiven, negativen* und *neutralen* Werte (30%/28%/36%) und einen Wert für die *exotischen* Nachrichten, der an das Vorjahr anschließt (5%).
Strengt man darüber hinaus einen Vergleich der aggregierten Nachrichtenwerte in den beiden Tageszeitungen *FAZ* und *taz* für die beiden Zeitperioden 1993-2003 und 2004-2008 an (Abb. 6), könnte für die *FAZ* von einer Entwicklung gesprochen werden, in der die positiven Nachrichtenwerte zu Lasten der neutralen signifikant gestiegen sind (von 21% auf 28%), wohingegen sowohl die negativen (25% und 22%) wie die exotischen (zweimal 15%) eher stabil geblieben sind. Bei der *taz* hat sich ebenfalls der Anteil positiver Nachrichtenwerte deutlich erhöht (von 7% auf 22%), allerdings auch der Anteil der negativen (von 30% auf 35%). Dafür sind die neutralen (39% zu 35%) und vor allem exotischen Werte (von 23% auf 8%) gesunken.

Abbildung 6: Verteilung der Nachrichtenwerte zu „ostdeutsch*" in *FAZ* und *taz* in zwei Zeitperioden in v.H. (1993-2003 und 2004-2008 – immer Monat Mai)

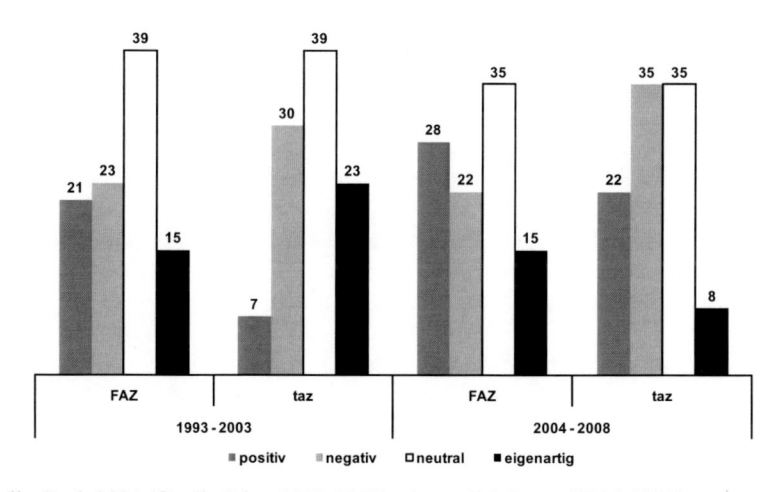

Quelle: Roth 2004 (für die Jahre 1993-2003); eigene Erhebung (2004-2008).

Zusammenfassend ist festzuhalten: Ostdeutschland und die Ostdeutschen sind heute mit Werten zwischen 20% und 35% *deutlich stärker* Gegenstand einer *positiven Berichterstattung* als vor zehn oder fünfzehn Jahren. Dieser Trend erfolgte aber weniger als durchgreifende Verringerung *negativer Nachrichtenwerte*, die bis 2005/2007 eher Steigerungsraten aufwiesen (von etwa 20-25%

Mitte der 1990er bis auf über 50% aller Nachrichten). Erst ab 2008 bewegen sich die Anteile im Bereich der positiven Berichterstattungen. Vielmehr stieg der Anteil der positiven Werte vor allem auf Kosten der neutralen und der exotischen Nachrichtenwerte. Im Vergleich der beiden Tageszeitungen *FAZ* und *taz* wird erkennbar, dass entgegen möglicher vorschneller Vermutungen, die liberal-konservative *FAZ* bereits in den 1990er Jahren deutlich mehr positive Nachrichten berichtete als die links-libertäre *taz*, was sich in den letzten Jahren (2004-2008), wenn auch mit geringerem Abstand, fortsetzte. Umgekehrt berichtete die *taz* auch schon vor fünfzehn Jahren deutlich negativer über den Osten als die *FAZ*. Auch dieses Verhältnis hat sich fortgesetzt – freilich so, dass der Anteil bei der *FAZ* stabil blieb, während er bei der *taz* sogar noch zunahm (auf über ein Drittel). Die exotische Berichterstattung blieb bei der *FAZ* eher stabil, während sie sich bei der *taz* auf ein Viertel des Ausgangswertes verringerte.

3.4 Semantische Rollen

Es ist offensichtlich, dass es bei der Verteilung und Entwicklung der Nachrichtenwerte sehr darauf ankommt, in welchen erklärenden *und* bewertenden Kontexten sie auftreten und wie die Ostdeutschen darin als soziale und politische Subjekte platziert werden. So könnte ein negativer Nachrichtenwert in der *taz* z.B. bedeuten, dass die schlechten Wirtschaftsdaten im Osten auf Fehlsteuerungen durch westdeutsche Eliten zurückzuführen sind. Dagegen ließe sich programmatisch fordern, dass Ostdeutsche zukünftig stärker als bisher ihre Wirtschaftsentwicklung als UnternehmerInnen und wirtschaftspolitische Akteure in die Hand nehmen sollten. Ein negativer Nachrichtenwert würde so gesellschaftspolitisch „gewendet" und transportierte sogar eine (potenziell) positive Nachricht: Dass es unter anderen Bedingungen deutlich besser ginge. Ein positiver Nachrichtenwert in der *FAZ*, wie er etwa für die Meldung: „*Arbeit ist in Ostdeutschland billiger - Arbeitskosten betragen 66 Prozent des Westniveaus*" (23.05.2008) zugewiesen wurde, könnte in anderen Printmedien (z.B. dem *ND*) mit einiger Sicherheit zum negativen mutieren, weil hier die Lohnabstände zum Westen als Makel und nicht in erster Linie als Investitionsanreiz thematisiert werden.

Vor diesem Hintergrund besteht ein weiterer Baustein der diskurslinguistischen Analyse darin, nach den semantischen Rollen zu fragen, die Ostdeutschland bzw. Ostdeutsche in der Berichterstattung einnehmen. Roth (2004), dem wir auch hier folgen, hat zur Bestimmung der semantischen Rollen ein zweistufiges Verfahren gewählt. Zunächst kann grundsätzlich eine Scheidung von aktiver (*Agens*) und passiver Rolle (*Patiens*) des Gegenstandes Ostdeutschland/Ostdeutsche in den Schlagzeilen vorgenommen werden, unabhängig von der syntaktisch-grammatischen Form des gewählten Ausdrucks (ibid.: 27). Da, wie Roth hervorhebt, die besondere Textsorte „Schlagzeile" sich aber oft durch „elliptische Formulierungen unter Auslassung eines finiten Verbs" auszeichnet (ibid.: 28), kann die Kategorie „passiv" nicht allein am Verbmodus festgemacht werden, sondern muss um eine lexikalisch-grammatische Dimension erweitert werden, so dass auch Abstraktionsaussagen, bei denen nicht Personen handeln, sondern „Sozialkategorien" (Gruppen, Organisationen, Regionen usw.) in einen Handlungszusammenhang gestellt werden, denen etwas widerfährt, droht usw. Es handelt sich dann um eine sprachlich formell aktive Rolle, die aber „sozial" passives Verhalten ausdrückt (*Agens passiv*) – im Unterschied zum *Agens aktiv* (ibid.: 28-29).

Einige Beispiele sollen diese Kategorisierungen plausibilisieren und illustrieren. Als ein Beispiel der Kategorie Agens aktiv kann angeführt werden: *„Der Osten regiert sich selbst"* (*SZ*, 28.05.08). Ein Exempel für ein „klassisches" Patiens ist: *„Ost-Förderung wird gekürzt"* (*FAZ*, 28.05.2004). Zwei Beispiele verdeutlichen die Konstruktion eines Agens passiv: „*Rauchzeichen über Radebeul - Endlich erklärt mal ein Buch, warum in Deutschlands Osten so viele erwachsene Männer und Frauen Cowboy und Indianer spielen*" (*FAZ*, Sonntagszeitung, 18.05.2008) oder: *„Politiker streiten um Reisewarnung für den Osten"* (*BZ*, 19.05.06).

Sortiert man nach diesem Rollenmuster das vorliegende Material der fünf Tageszeitungen für die Jahre 2004-2008, so erhält man ein eine Relation von gut 1 zu 4, d.h. über 75% aller Berichte über Ostdeutsche und Ostdeutschland setzen diese in eine passive Rolle (*Patiens* und *Agens passiv*). Im Zeitverlauf wird hinsichtlich der absoluten Häufigkeiten zwar eine weitgehende Konstanz in der Zuweisung einer aktiven Rolle, jedoch zugleich eine deutliche Abnahme in der Konstruktion passiver Rollen erkennbar (Abb. 7). Prozentual bedeutet das eine Verschiebung der Relation zwischen aktiver (Agens) und passiver Rolle (*Patiens* und *Agens passiv*) von etwa 20% zu 80% in den Jahren 2004 und 2005 zu einem Verhältnis von ca. 35% zu 65% (2007/2008). Ein direkter Vergleich der beiden Zeitperioden (1993-2003, 2004-2008) für *FAZ* und *taz* fördert folgende Verschiebung zutage: Bei der *FAZ* stieg der Anteil der Agens-Beiträge von 21% auf 28%, bei der *taz* von 33% auf 34% (vgl. Roth 2004: 29).

Unter Hinzuziehung der Rollen-Verteilung im *ND* zwischen 2004 und 2008 lässt sich darüber hinaus eine Differenzierung der Verteilungsmuster zwischen den politisch-ideologischen Lagern und zwischen Ost- und Westmedien erkennen. Zugespitzt formuliert, steigt die Zuschreibung einer aktiven Rolle mit der „Nähe" zu den neuen Bundesländern wie auch mit der Verschiebung auf der politischen Rechts-Links-Achse. Während (auch) in den letzten fünf Jahren die im „tiefen Westen" beheimatete und konservativ-liberale *FAZ* in „nur" 28% ihrer Beiträge den Ostdeutschen eine Agens-Rolle zuweist, sind es bei der links-libertären und in Berlin situierten *taz* 34%. Im der Partei „Die Linke" nahestehenden, ebenfalls in Berlin sitzenden und fast ausschließlich in Ostdeutschland vertriebenen *ND* sind es sogar 42% der Nachrichten, in denen die Ostdeutschen semantisch als aktive Subjekte kodiert werden.

Abbildung 7: Verteilung semantischer Rollen (aktiv/passiv) in den Nachrichten der fünf Tageszeitungen im in den Jahren 2004-2008 (immer Monat Mai) – Anzahl Erwähnungen absolut

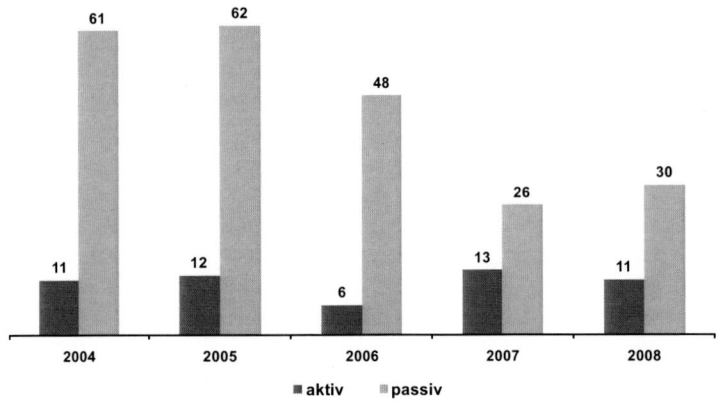

Jahr	aktiv	passiv
2004	11	61
2005	12	62
2006	6	48
2007	13	26
2008	11	30

Quelle: Eigene Erhebung.

Zusammenfassend wird dreierlei erkennbar: Erstens hat sich die Zuschreibung semantischer Rollen seit den frühen 1990er Jahren zugunsten der Agens-Rolle verändert. Ostdeutsche werden in den überregionalen Printmedien gerade in den letzten Jahren (seit 2007) häufiger als *aktive Subjekte* und weniger als passiv und eingezwängt Handelnde, als Objekte und (Er-)Leidende repräsentiert. Zweitens bleibt aber auch heute der Anteil der Beiträge, die die Ostdeutschen als *Passive* darstellen ausgesprochen hoch. Er bewegt sich auf einem Niveau zwischen 65% und 75% aller Beiträge. Die Folgen für die Zeichnung „der Ostdeutschen" sind offenkundig. Drittens schließlich zeigen sich zwischen den politisch-ideologischen Lagern sowie zwischen Ost- und Westmedien deutliche Differenzen. Je „linker" die politische Ideologie und je ostdeutscher das Lesepublikum und die Autoren der Blätter sind, desto stärker werden Ostdeutsche als aktive Subjekte gezeichnet. Allerdings haben sich die Abstände zwischen diesen Lagern im Zeitverlauf etwas verringert.

Massenmediale Diskurse 125

3.5 Topoi

Ein letzter Untersuchungsschritt besteht in einer Topik-Analyse der Nachrichten über Ostdeutschland und die Ostdeutschen. Dabei wird unter Topos im Anschluss an diskurslinguistische Ansätze ein Denk-, Deutungs- oder Argumentationsmuster verstanden, das jeweils konkrete sprachliche Thematisierungen von Sachverhalten durch plausible Schlussverfahren einbettet und in ihre Aussagegehalten begründet (Wengler 2007; Roth 2004: 30ff.; vgl. Knoblauch 2001). Solche Muster zeichnen sich durch „Symbolizität" (d.h. variable symbolische oder sprachliche Einlösung), „Habitualität" (d.h. eingelebte, gewohnheitsmäßige, ideologische Verankerung im kollektiven Wissensbestand), „Potenzialität" (d.h. Abstraktheit und insofern breite Anwendbarkeit), „Intentionalität" (d.h. je individuelle Modifizierung und insofern Entwicklungsoffenheit des Musters) sowie „Historizität" (d.h. Entwicklung im Kontext gesellschaftlicher und gruppenspezifischer Bedingungen und Machtverhältnisse) aus (Wengler 2007: 167/168; Knoblauch 2001: 221). Die topische Struktur von Diskursen ist daher ein wichtiges Moment der sozialen Wirklichkeitskonstruktion, mithin der Herstellung (massen-)kommunikativer Anschlussfähigkeiten sowie der relativ stabilen Reproduktion von Wissensrahmen oder -formationen, Weltbildern und Ideologien.

Roth (2004) hat aus seiner Analyse für die Jahre 1993-2003 drei zentrale Topoi rekonstruiert, die sich dabei wechselseitig stützen und ein „Treppen-Schema" bilden: den *„Topos der Besonderheit"*, den *„Topos der Schwäche"* und den *„Topos der Belastung"* (ibid.: 30-32, Roth 2008: 75). Diese Topoi korrespondieren mit seinen Ergebnissen zur Verteilung von Nachrichtenwerten („negativ" sowie „exotisch") und semantischen Rollen (Übergewicht der passiven Rollen).

Aus unserer Perspektive und unter Auswertung des neuen Materials für die Jahre 2004-2008 können diese drei Topoi des *hegemonialen Diskurses* einerseits – leicht reformulierend – bestätigt, andererseits um zwei weitere ergänzt werden: Zum einen findet sich seit Beginn der Berichterstattung ein *Topos der Herkunft*, der die „topische Treppe" (K.S. Roth) oder wie wir die Verknüpfung nennen: den *wechselseitigen Verweisungszusammenhang der Topoi* vervollständigt. Zum anderen konturiert sich in den Berichten über Ostdeutschland und die Ostdeutschen seit Mitte des neuen Jahrtausends ein neuer Topos *des Progressiven oder Avantgardistischen*. Dieser bricht an einer zentralen Stelle mit der herrschenden Argumentationslogik und begründet insofern eine zweite, alternative Ableitungskette (vgl. 4.3).

Wie können diese fünf Topoi und ihre Verweisungszusammenhänge näher charakterisiert und im Material aufgezeigt werden?

(1) Der *Topos der Besonderheit* behauptet, dass alles Ostdeutsche gegenüber dem bundesdeutschen, i.e. *westdeutschen* Allgemeinen eben ein Besonderes

darstellt. Es ist insofern nicht normal, folgt nicht der Norm, sondern repräsentiert Eigenartiges, Exotisches oder Abweichendes. Während mithin „der Westen" der Republik als „Normal Null" (Roth 2008), als vorausgesetzte Vergleichsfolie kodiert wird, erscheint das Ostdeutsche ab ovo als „das Andere", freilich als das Andere *des* normalen Westdeutschen. Damit vereinigt diese Argumentationsfigur einer *asymmetrischen Alterität* die doppelte Bewegung des Aus- *und* Einschlusses. Weil das so ist, kann das Ostdeutsche in seiner Besonderheit auch nicht hingenommen, fraglos akzeptiert oder als Eigenes unproblematisch anerkannt werden. Vielmehr steht es – gegenüber der Vergleichs- und Normalitätsfolie des Westdeutschen – in einer Begründungspflicht. Mehr noch, Eigenartiges erscheint so von vornherein als Devianz und damit einer notwendigen Entwicklungslogik ausgeliefert, die zur Aufhebung des Andersseins, zu vollen Inklusion der Ostdeutschen und so zu deren Selbstentlastung führt oder zu führen hat: der Anpassung an das Westdeutsche. Der Topos der Besonderheit entpuppt sich insofern im Kern als *Topos der Abweichung und (notwendigen) Anpassung*.

Einige Schlagzeilen sollen diesen Topos in seiner Logik und seinem Facettenreichtum verdeutlichen. *„Bildungsnotizen – Große Ost-West-Unterschiede"* (*FAZ*, 15.05.2008). Diese Schlagzeile offeriert ein geradezu klassisches Beispiel für die Herausstellung der Ost-West-Divergenzen unter Absehung der – nach allen PISA-Studien und weiteren Ergebnissen neuer Bildungsforschung – ebenso markanten Nord-Süd- sowie Stadt-Land-Differenzen. In der Schlagzeile *„Ostdeutsche Straßen sind besser als ihr Ruf"* (*SZ*, 24.05.2005) wird nicht nur unschwer erkennbar, wie die höchst unterschiedliche Qualität der Straßen in den neuen Bundesländern zu einer ostdeutschen Kollektivgröße eingeschmolzen, sondern andererseits und zugleich, wie diese – ohne es explizit zu thematisieren – „den" westdeutschen gegenübergestellt werden. Parallel wird der *Topos der Schwäche* (siehe unten) scheinbar unterlaufen, weil die Nachricht offenkundig einen positiven Wert besitzen soll. Untergründig bleibt aber noch im Entgegentreten („besser als ihr Ruf") eben dieser Topos anerkannt und der westdeutsche Normalzustand die Messlatte.

In der Schlagzeile *„Frauen verlassen den Osten ‚Männer erheblich benachteiligt' – Studie: Selbst Polarregionen stehen besser da / Auswanderung aus Deutschland steigt"* (*FAZ*, 31.05.2007) findet sich nicht nur die gleiche und empirisch gleich falsche Wendung, dass Frauen „den" Osten verlassen – das gilt eben nur für bestimmte Regionen und Siedlungstypen so eindeutig –, sondern die Besonderheit dieser Abwanderung und dadurch gegebene Benachteiligung von Männern wird durch den Vergleich mit „Polarregionen" ins offen *Exotische* gewendet. Das Ost und West übergreifende Phänomen einer steigenden „Auswanderung" wird demgegenüber tendenziell als Appendix gehandhabt, der interessanterweise diese Besonderung Ostdeutschland – jedenfalls partiell – aufhebt.[8]

Eine weitere explizite Exotisierung bei gleichzeitiger ostdeutscher Verallgemeinerung, die erneut empirisch unzutreffend ist, weil sozialstrukturell und regional hochgradig streuend, findet sich in der Schlagzeile „*Rauchzeichen über Radebeul – Endlich erklärt mal ein Buch, warum in Deutschlands Osten so viele erwachsene Männer und Frauen Cowboy und Indianer spielen* (*FAZ*, 18.05.08).

In der Schlagzeile „*Kindstötungen in Nordrhein-Westfalen: Was sagt der Ostdeutsche Wolfgang Böhmer*" (*taz*, 09.05.2008) ist zunächst auffällig, dass es in den Augen der *taz* für die Identifizierung der Person Wolfgang Böhmer wichtiger ist, ihn als Ostdeutschen zu markieren, als seine Position eines Ministerpräsidenten des Landes Sachsen-Anhalt und seinen Beruf als Professor der Gynäkologie zu erwähnen. Entscheidend ist im vorliegenden Zusammenhang also seine *Besonderheit als Ostdeutscher*. Der Kontext verschärft kontraintendiert diese Markierungspraxis. Denn offenbar zielt der Beitrag darauf ab, Fälle von Kindstötungen, die zuvor für die neuen Bundesländer prominent diskutiert wurden, auch für den Westen der Republik als existierende Praxis zu problematisieren. Insofern wird versucht, das Besondere des Ostens gerade aufzuheben. Die Formulierung der Schlagzeile konterkariert dieses Bemühen aber, weil Böhmer *als Ostdeutscher* (also nicht als Gynäkologe oder Ministerpräsident) gebeten wird, das Geschehen aufzuklären. Seine besondere Expertise für diese Fälle in Nordrhein-Westfalen besitzt er in dieser topischen Figur mithin als Ostdeutscher, was unterstreicht, dass es ein Merkmal Ostdeutschlands ist, Kleinkinder zu vernachlässigen oder zu töten.

Eine letzte Schlagzeile „*Der Mensch muß endlich besser werden – Was passiert, wenn Frank Castorf mit seinen Leuten aus Berlin-Ost auf das Milieu von Recklinghausen trifft*" (*FAZ*, 02.05.2005) untersetzt die Markierungspraxis ein weiteres Mal, sofern Castorf eben nicht ein Theatermacher und Regisseur aus Berlin, sondern aus „Berlin-Ost" ist. Dabei zeigt dieser Ausdruck in seiner Exotik nicht nur die sprachliche Hilflosigkeit der Autoren auf, sondern mit der Adaption des alten Terms „Ostberlin" wird die Besonderheit Castorfs parallel aus seiner Geschichte, seiner Herkunft begründet. Das leitete unmittelbar zum zweiten Topos über.

(2) Der *Topos der Herkunft* repräsentiert im Verweisungszusammenhang die Position des Ursprungs. Alle weiteren Topoi der dominierenden topischen Treppe: Besonderheit/Abweichung, Schwäche/Hilfsbedürftigkeit, Belastung finden in diesem ihren Grund. Am Ende wird – ausgesprochen oder unausgesprochen – die DDR-Geschichte und die Herkunft oder Abkunft der Akteure aus der DDR

---

8 Dass die demographischen Probleme auch anders kodiert werden können, zeigt die Schlagzeile aus der „taz-Serie": „*Die gleiche Leere in Ost und West*" (*taz*, 17.05.2005).

zum Kernproblem und zugleich entscheidenden Argumentationskern. In wünschenswerter Offenheit demonstriert dies die Schlagzeile „*Die Erziehung zum Haß – Fremdenfeindlichkeit und Rechtsextremismus im Osten haben mit der Wiedervereinigung nichts zu tun. Es gab sie schon in der DDR*" (*FAZ*, 07.05.2006). Dass es sich hier nicht um einen einmaligen Ausrutscher handelt, wird nicht nur durch die bereits zitierten Schlagzeilen mit Bezügen zur DDR deutlich, sondern gleichsam auf die Spitze getrieben, zieht man den Gastbeitrag von Maxim Biller in der *FAZ* vom 22. März 2009 heran (der damit zeitlich nicht zum Korpus gehört). Hier heißt es – in redaktioneller Autorenschaft – „*Die Ossifizierung des Westens. Deutsche deprimierende Republik* (Eine offenkundige Anspielung auf die „DDR" – R.K.). *Nein, man kann nicht alles, was heute an Deutschland nervt, auf den lähmenden Einfluss der Duckmäuserossis zurückführen. 'Aber was eigentlich nicht?', fragt der Schriftsteller Maxim Biller in seiner Polemik gegen die moralische und wirtschaftliche 'Ossifizierung' Deutschlands*" (*FAZ*, 22.03.2009).

(3) Die Überleitung zum *Topos der Schwäche* (und mehr noch: zum *Topos der Belastung* – siehe unten) liegt auf der Hand. Das Besondere und Deviante des Ostens wird überwiegend als Schwäche und näher: als *Zurückgebliebensein* oder (weiteres) *Zurückbleiben* gegenüber der Norm Westdeutschlands denotiert (dazu auch Kollmorgen 2007). Schwäche und Zurückbleiben werden dabei zwar auch auf wirtschaftliche Problemlagen projiziert, beschränken sich aber nicht darauf, wie die bereits zitierten Schlagzeilen zu Kindstötungen und Rechtsextremismus klarstellen. Vielmehr handelt es sich um eine komplexe, gesamtgesellschaftliche Schwäche Ostdeutschlands und der Ostdeutschen, die von der Ökonomie über die Sozialpolitik bis zur politischen und Alltagskultur reicht, und eine ebenso umfassende Hilfebedürftigkeit evoziert. Gemäß dem *Topos der Besonderheit* zielt dabei die Hilfe im Kern auf „nachholende Modernisierung" und Anpassung an die westdeutschen Standards.

Einige Schlagzeilen sollen diesen Topos und seinen Zusammenhang mit dem Topos der Besonderheit im Korpus nachweisen: „*Mehr Ost-Haushalte brauchen Hilfe*" (*BZ*, 06.05.05) oder „*Tal der Anschlusslosen – Auf dem Land fehlt der DSL-Zugang – vor allem im Osten*" (*BZ*, 14.05.07). In der letztgenannten Nachricht wird bewusst mit einer alten Phrase aus DDR-Zeiten gespielt: „Tal der Ahnungslosen", die die Unmöglichkeit des terrestrischen Empfangs des „Westfernsehens" in Dresden und seiner Umgebung ironisierte.

Weitere Schlagzeilen seien exemplarisch angeführt: „*Mehr Geld für Unis im Osten*" (*SZ*, 05.05.2008) sowie „*Prämie für Landärzte in Ostdeutschland*" (*SZ*, 23.05.2008). Die Nachrichtenüberschrift „*Spitzenforscher für den Osten – Ein neues Programm fördert Wissenschaftsstandorte in den neuen Ländern*" (*BZ*, 06.05.2008) thematisiert nicht nur die Hilfebedürftigkeit der neuen Länder, sondern suggeriert darüber hinaus, dass sie sich nicht selbst helfen können. Die Formulierung „Spitzenforscher *für* den Osten" legt jedenfalls – wenn vermutlich auch ungewollt – nahe, dass die Spitzenforscher nicht *aus* dem Osten kommen, sondern importiert werden müssen.[9] Die topische Figur der Schwäche und Hilfsbedürftigkeit droht dabei schnell die pragmatische Form einer Forderung anzunehmen, wodurch die Ostdeutschen in der Tendenz nicht nur als zu bemitleidende, sondern als unzufriedene oder sogar gierige Bittsteller erscheinen: *„Sonderregelung für ostdeutsche Betriebe – Brandenburg will Verlängerung / CDU: Aufbau Ost nicht gescheitert"* (*FAZ*, 04.05.2004), *„Industrieforscher Ost fordern Förderung – Hilfe für innovative Unternehmen unzureichend"* (*ND*, 13.05.2006) oder *„Ostdeutsche Länder beharren auf Investitionszulage"* (*SZ*, 15.05.2008).

(4) Erneut wird mit den letzten Schlagzeilen in der „topischen Treppe" unproblematisch das vierte Argumentationsmuster, der *Topos der Belastung*, vermittelt. Dieser kann als zentraler Topos der wirtschaftsbezogenen Berichterstattung über Ostdeutschland angesehen werden. Aber auch in Nachrichten aus anderen Bereichen zwischen Politik, Wissenschaft und Kultur ist dieser Topos vorfindbar. Kernargument ist, dass Ostdeutschland und ostdeutsche Verhaltensweisen als besondere, abweichende, schwache und also hilfebedürftige *nachteilig oder hemmend* für die Entwicklung in West- und Gesamtdeutschland sind. Der Topos der Belastung ist derjenige Topos, der von Anfang an in allen Massenmedien präsent war und bis heute starke Aufmerksamkeit erfährt, wobei hier wie bei den anderen Topoi das Argumentationsmuster sowohl explizit geäußert, in der Regel aber nur implizit in den Berichten transportiert wird. Exemplarisch kann auf folgende Schlagzeilen verwiesen werden: *„Technikabbau Ost kostet Milliarden"* (*ND*, 11.05.05), *„Bund soll auf Mehrwertsteuer bei Ost-Sanierungen verzichten"* (*BZ*, 26.05.05) oder auch: *„Neue Länder verwenden Solidarpakt-Geld falsch"* (*SZ*, 31.05.2006).

Ein herausragendes Beispiel nicht nur für die gesamtgesellschaftliche Dimension einer (erneut: *eigenartigen*) ostdeutschen Belastung, die hier sogar das Szenario einer „Krise" annimmt, sondern darüber hinaus für die Konnotierung eines internationalen „Ansehensverlustes" als außenpolitisches Schrecksszenario ist die Nachricht: *„Krisengebiet Ost – Die Empörung über Ausländerfeindlichkeit geht mit der Furcht vor einem Ansehensverlust einher"* (*SZ*, 23.05.2006).

(5) Der letzte *Topos des Progressiven oder Avantgardistischen* bricht in bestimmter Hinsicht mit dem bis jetzt problematisierten hegemonialen Verweisungszusammenhang, da er das Muster der Eigenart in seinem Vektor zum Fortschrittlichen oder sogar (experimentell) Voranschreitenden umdeutet (vgl. 4.2,

---

9 Als alternative topische Schlagzeile findet sich im ND: *„45 Millionen Euro für Ost-Innovationen – Sechs Spitzenforschungszentren in Ostdeutschland werden von der Bundesregierung künftig mit insgesamt 45 Millionen Euro gefördert"* (*ND*, 06.05.2008).

4.3). Ostdeutsches erscheint hier als eigenständig Progressives jenseits einer Nachhol- oder Anpassungslogik oder sogar als möglicher vorbildlicher Beitrag in der gesellschaftlichen Entwicklung der Bundesrepublik oder Europas. Dieser Topos taucht zwar seit Anfang des neuen Jahrtausends in den Massenmedien auf, spielt aber in der Berichterstattung erst seit etwa 2004/2005 eine signifikante Rolle. Was als progressiv oder avantgardistisch gilt, ist damit freilich nicht gesetzt und hängt von den jeweiligen Weltbildern und konkreten politisch-ideologischen Perspektiven der Autoren und Redakteure ab. Einige Beispiele sollen das belegen. Aus einer wirtschaftsliberalen Position heraus bedient die bereits im Zusammenhang mit den Nachrichtenwerten nachgewiesene Schlagzeile der Frankfurter Allgemeinen Zeitung „*Arbeit ist in Ostdeutschland billiger – Arbeitskosten betragen 66 Prozent des Westniveaus* (*FAZ*, 23.05.08) diesen Topos ebenso wie die in der links-liberalen Süddeutschen Zeitung formulierte Überschrift „*Ost-Wirtschaft übertrumpft Westen – Wachstumsprognose mit drei Prozent deutlich über dem Niveau der alten Bundesländer. Experte sieht Aufschwung bei Investitionen und positive Entwicklung am Arbeitsmarkt*" (*SZ*, 09.05.2007). Einen etwas anderen Akzent, gleichwohl das wirtschaftsliberale Credo bedienend, setzt die *FAZ* in einem Beitrag, in dem das potenziell Progressive des Ostens mit der Schaffung von „Freiheit" und darauf fußenden Innovationspotenzialen verbunden wird: „*Innovationen für den Aufbau Ost – Mehr Freiheit für Modellregionen / Ökonomische Anreize für Forschung und Entwicklung*" (*FAZ*, 15.05.2004). Das gleichsam selbst gewollt Andere und Avantgardistische stellt das Neue Deutschland heraus, wenn es schreibt: „*Was machen Frauen im Osten anders? – Wandel der Geschlechterverhältnisse seit 1989 untersucht*" (*ND*, 24.05.2005). Ironisch mit den üblichen Schablonen spielend und zugleich Chancen dieser Brechung betonend, titelt demgegenüber die Tageszeitung „*Ost rettet West rettet Ost – Studie belegt: Ostdeutsche sind die besseren Kapitalisten, westdeutsche Manager eher sozial. Das eröffnet ungeahnte Chancen für den Aufschwung*" (*taz*, 08.05.2004).

Resümiert man die *Topik-Analyse*, ist der zentrale Befund die *hegemoniale topische Struktur* in der Thematisierung Ostdeutschland und Ostdeutscher mit ihren vier Topoi der Herkunft, der Besonderheit oder Exotik, der Schwäche (und Hilfsbedürftigkeit) sowie der Belastung. Diese stehen in einem *topischen Verweisungszusammenhang*, dessen Ausgangspunkt in einer gegenüber Westdeutschland markierten Eigenartigkeit besteht, dessen „Urgrund" hingegen regelmäßig in der DDR-Her- und Abkunft gesucht und gefunden wird. Sein Schlussstein ist der Aufweis und oft die Skandalisierung einer Belastung für das bundesdeutsche Gemeinwesen. Wichtig ist, das dieser Verweisungszusammenhang nicht unilinear funktioniert, sondern an jedem Topos ansetzen und von diesem aus – auch iterativ – fortschreiten kann. Wie demonstriert, findet sich diese topische Gesamtstruktur in der Berichterstattung fast aller herangezogenen Printmedien. Sie ist nicht auf eines der genannten politisch-kulturellen und ideologischen Lager beschränkt. Dennoch gibt es signifikante Unterschiede. Während insbesondere die *FAZ*, in weiten Teilen aber auch die *SZ* als Konstrukteure und affirmative Anwender der topischen Gesamtstruktur oder einzelner Elemente bezeichnet werden können, finden sich – wie nachgewiesen – in anderen Tageszeitungen Aufweichungen, ironisches Spiel bis hin zu Versuchen klarer Gegen-Topoi. Dafür stehen insbesondere die *taz* und das *ND* (siehe 4.3).

Ein Versuch, die Entwicklungstendenzen und Verteilung der Topoi im gesamten Zeitraum zwischen Mitte der 1990er Jahre und 2008 grob zu quantifizieren, kommt – auch unter Nutzung der Erhebungsresultate zu Nachrichtenwerten und semantischen Rollen – zu dem Ergebnis, dass die verbreitetsten Topoi jene der Schwäche und der Belastung sind (ca. 50-75% der heranziehbaren Erwähnungen). Allerdings ist in den letzten drei Jahren eine leichte Abnahme der Erwähnungen zu registrieren. Diese beiden Topoi sitzen in der Regel dem Topos der Anders- und Eigenartigkeit auf, wobei eine im engeren Sinne Exotik in etwa 5-8% der Beiträge eine Rolle spielt – mit leicht abnehmender Tendenz. Der ableitungslogisch zentrale Topos der Herkunft wird von den hierbei am konsequentesten vorgehenden Blättern (*FAZ, SZ*) eindeutig in ca. 10% der Nachrichten eingesetzt; untergründig spielt er in etwa weiteren 10% eine Rolle. Im Durchschnitt aller erfassten Zeitungen ist er in ca. 5-15% aller Berichte präsent. Der Topos des Progressiven und Avantgardistischen hat erst in den letzten fünf Jahren ein Signifikanz gewonnen. Heute ist er in ca. 7-10% offen oder untergründig erkennbar, wobei die Bewertungskontexte hochgradig variieren – vom „billigen Osten" über eine modernere Infrastruktur bis zum Vorsprung in der Geschlechtergleichstellung. Zwar wird insofern ein gewisser Trend erkennbar, der von Schwäche und Belastung hin zu progressiven Potenzialen weist. Ob dieser aber in den kommenden Jahren zu einer durchgreifenden Ablösung der bestehenden topischen Hegemonie führt, kann gegenwärtig noch nicht gesagt werden.

4. Die Diskurslogik der Subalternisierung

Vor dem Hintergrund der eigenen Erhebung und einer Sekundärauswertung vorliegender quantitativer und qualitativer Studien (Roth/Wienen 2008; Ahbe/Gries/Schmale 2009, Schatz 2010) lässt sich ein Resümee aus diskurslinguistischer Perspektive ziehen. Es konzentriert sich auf das Problem des quantitativen Stellenwertes der Berichterstattung über Ostdeutschland, die hegemoniale Diskurslogik der Subalternisierung und darauf bezogene Gegendiskurse sowie auf die Veränderungen des massenmedialen Diskurses im Zeitverlauf.

4.1 Von einer massiven Schrumpfung zur quantitativen Unterrepräsentation?

Ein erster Aspekt der Zusammenfassung betrifft die häufig thematisierte *Schrumpfung* des Themenfeldes „Ostdeutschland" insgesamt und seine heute deutliche *Unterrepräsentation* in der nationalen Berichterstattung (etwa Roth 2004; Kolmer 2009, Schatz 2010). Die Befundlage ist hier nach unseren eigenen Erhebungen sowie neueren Globalstudien, wie sie von Kolmer (2009) und Schatz (2010) vorgelegt wurden, weder einheitlich noch unproblematisch bewertbar. Nach unserer eigenen Erhebung zu den überregionalen Printmedien gab es einen *eindeutigen und massiven Trend des Abschmelzens der Beschäftigung*. Die Schrumpfung bewegte sich zwischen 1993 und 2007/2008 im Durchschnitt aller untersuchten überregionalen Printmedien im Bereich von 75-85%. Für die elektronischen Medien sind die zwar Daten weniger eindeutig (vgl. Früh et al. 1999; Früh/Stiehler 2002; Kolmer 2009; Schatz 2010). Unter Einbezug aller Erhebungen muss aber auch für den Rundfunk und vor allem das Fernsehen von einer erheblichen, mit den Printmedien durchaus vergleichbaren Reduktion ausgegangen werden.

Um diesen Trend angemessen interpretieren und bewerten zu können, ist zunächst auf den Umstand hinzuweisen, dass es in den letzten zwanzig Jahren eine durchgreifende *De-Regionalisierung der Berichterstattung* in den *überregionalen Medien* gegeben hat – im übrigen ganz im Einklang mit der Theorie der Nachrichtenwerte. Wie Kolmer (2009) und Schatz (2010) nachweisen, schrumpfte nicht nur der Anteil der Nachrichten über Ostdeutschland/die neuen Länder von 12% (1994) auf heute etwa 4% (2009), d.h. auf ein Drittel des Ausgangswertes. Vielmehr gilt analoges für Westdeutschland und die alten Länder, für welche die Anteile 35% (1996) und zuletzt 12% (2009) betrugen. Danach erscheint jedenfalls ein beachtlicher Teil der Schrumpfung nicht durch ein Sonderproblem „Ostdeutschland" verursacht.

Betrachtet man darüber hinaus die *jeweils absoluten Anteile* der auf den Ost- und Westteil des Landes bezogenen Berichterstattung in den Jahren 1994/96 (12% zu 35%) und 2009 (4% zu 12%), so reflektieren diese fast punktgenau die Relation der Einwohnerzahlen zwischen beiden Landesteilen (16% in den fünf neuen Ländern, 80% in den alten, der Rest in Berlin) sowie das – namentlich für den politischen Sektor – so wichtige Verhältnis von ost- zu westdeutschen Bundesländern (1 : 3). Nimmt man diese Daten zum Maßstab, kann seit mindestens fünfzehn Jahren *nicht* von einer Vernachlässigung ostdeutscher gegenüber den westdeutschen Ländern in der *nationalen Berichterstattung* gesprochen werden.

Im Rahmen dieser Entwicklung sind allerdings drei wesentliche Differenzierungen auszuweisen: Erstens – und nun unter Einbezug ausgewählter *regionaler Medien* – schrumpfte die Beschäftigung mit Ostdeutschland *und* den neuen Bundesländern offenbar vor allem in den westdeutschen Medien. Demgegenüber blieben die Anteile in den ostdeutschen regionalen wie überregionalen Medien relativ stabil und bewegen sich seit Mitte der 1990er Jahre im Bereich von 30% (siehe 3.1; Kolmer 2009: 211).[10] Zweitens wird Ostdeutschland in den elektronischen Medien (Fernsehnachrichten und Politmagazine) etwas stärker von den privaten Anbietern thematisiert als von den öffentlich-rechtlichen (ibid.). Drittens schließlich erscheinen die Jahre 1998 sowie 2006 als jeweils relativ markante Einschnitte in der Verschärfung des Abstiegs. In den Jahren 2007 und 2008 haben sich die Anteile offenbar kaum verändert, wohingegen für die Jahre 2009 und 2010 wegen der zwanzigjährigen Jubiläen von „Wende"/Revolution und deutscher Vereinigung nach vorläufigen Einschätzungen ein signifikanter Anstieg der Berichterstattung stattgefunden hat. Letzteres verweist schon auf quantitativer Ebene auf die deutliche Ausprägung eine Differenzierung zwischen *Event- und Routine-Berichterstattung* zum Thema Ostdeutschland und deutsche Einheit. Auch wenn sich diese bei gesellschaftspolitisch vergleichbaren Themenkomplexen (wie der Integration von Migrantinnen und Migranten oder der Geschlechtergleichstellung) ebenfalls findet, erscheint sie hier besonders konturiert (vgl. Kolmer 2009: 194f.).

Wie können nun diese empirischen Befunde, ihre Probleme und partiellen Widersprüchlichkeiten angemessen erklärt und gesellschaftspolitisch interpretiert werden?

Zunächst ist hier auf methodische und – tiefer reichend – diskursanalytische Unterschiede zwischen den Erhebungen und Studien zu verweisen. Während Kolmer (2009) und Schatz (2010) jeweils nach den Häufigkeiten der Berichterstattung über die ostdeutschen Länder und Ostdeutschland – im Sinne des Ereignisortes – in der Gesamtnachricht suchten und analog für Westdeutschland/die westdeutschen Länder verfuhren, wovon die nationale Ebene unterschieden wurde, haben wir nach allen Thematisierungen von „ostdeutsch*" (und dessen Synonymen) in den Schlagzeilen gefahndet. Neben der empirisch relevanten Differenz der Erhebungsmethode (Ort vs. Wort sowie Gesamtinhalt und Schlagzeile) unterscheiden sich beide Untersuchungen vor allem in der Trennung bzw. Zusammenlegung von Ländern und den beiden Teilen Deutschlands.

Eine solche Zusammenlegung, wie sie von Medien-Tenor offensichtlich grundsätzlich vorgenommen wird, ist aber nach allem, was bisher an qualitativer

---

10 Die Globalerhebungen sind hier methodisch durchaus problematisch, weil zu den beiden Erhebungszeitpunkten (1995 und 2007) verschiedene und vor allem verschieden ausgerichtete Medien (z.B. *Sächsische Zeitung* vs. *SUPERillu*) herangezogen wurden (Kolmer 2009: 210/211). Dennoch kann – was auch unsere Printmedienanalyse etwa im Unterschied zwischen *SZ*, *taz* und *ND* zeigt (siehe 3.1) – die generelle Aussage zur Divergenz ost- vs. westdeutscher Medien im Sinne ihrer Lokalisierung, ihrem Hauptpublikum und hinsichtlich der Vertretung ostdeutscher bzw. westdeutscher Redakteure als valide gelten.

Analyse geleistet wurde, hochgradig problematisch. Zwar lassen sich einzelne oder auch alle ost- und westdeutschen Länder im Sinne diskursiv gleichwertiger Analyseeinheiten miteinander vergleichen, etwa im Zusammenhang mit Länderpolitik, Wirtschaftskraft oder Kultur- und Bildungsentwicklungen. In diesem Fall kann davon ausgegangen werden, dass über ostdeutsche Länder im Regelfall ebenso berichtet wird wie über die westdeutschen Länder. Davon ist aber die Berichterstattung über Ostdeutschland oder die Ostdeutschen und Westdeutschland/die Westdeutschen analytisch scharf zu scheiden. Ost- und Westdeutschland sind eben nicht einfach die Summe der ost- und westdeutschen Bundesländer und der jeweiligen Berichterstattung über die Teil-„Populationen" der Bundesrepublik, eben weil – wie in den letzten Abschnitten intensiv diskutiert wurde – zwischen Ost und West eine qualitative diskursive Asymmetrie besteht. Insofern ist es nicht nur schwierig, die Ergebnisse unserer Erhebung mit denen auf Medientenor-Daten beruhenden zu vergleichen und in einem Befund zusammenzuführen. Vielmehr ist das (implizite) Resultat der Erhebungen von Kolmer und Schatz, die ostdeutschen Länder/Ostdeutschland wären im Vergleich zu den westdeutschen Ländern/Westdeutschland *nicht* unterrepräsentiert, aus diskursanalytischer Perspektive doppelt angreifbar.

In einer ersten Perspektive wird trotz unserer abweichenden Daten und der Validitätsprobleme der Medientenor-Erhebung unterstellt, dass die *De-Regionalisierungsprozesse* in der Berichterstattung beide Teile Deutschlands in gleichem Maße und gleicher Weise treffen. Diskursanalytisch betrachtet, bedeutet diese massive De-Regionalisierung in den letzten zwei Jahrzehnten für beide Teile Deutschlands gleichwohl unterschiedliches. Infolge des asymmetrischen Alteritäts- und Normalitäts-Devianz-Verhältnisses zwischen West und Ost im hegemonialen Diskurs (mindestens bis 2005), wie es sich in den Nachrichtenwerten und Topoi ausdrückt, können sich die Bürger westdeutscher Bundesländer im Regelfall unproblematisch in der „nationalisierten" Berichterstattung wiederfinden. Es ist ihre Normalität, die „nur" von der regionalen auf die nationale Ebene gehoben wurde. Für die Ostdeutschen gilt das nicht. Weil die westdeutsch-gesamtdeutsche Normalität gerade nicht die ihre ist, weil sie aus ihr ausgeschlossen und zugleich an ihr gemessen werden, ist es für die Ostdeutschen vielfach nur von sekundärem Interesse, ob die Normalität auf der Bundes- oder Länderebene angesiedelt ist. Ihre Entfremdung oder sogar Ausgrenzung findet in beiden Fällen statt. Kurz, quantitativ analoge Reduktionen sowie anhaltend proportionale Verteilungen zwischen Ost und West können aus qualitativ-diskursiver Perspektive dennoch die Ungleichheit in der Berichterstattung stärken. Nur eine qualitative Veränderung des Diskurses, wie sie sich seit 2005/2007 in bestimmter Hinsicht andeutet (siehe 4.3), kann diese Diskurspraxis und ihre Folgen aufheben.

Eine zweite, dazu querliegende Kritikperspektive vermutet auf Grundlage unserer Daten für den überregionalen Printmedienbereich eine Schrumpfung des Themenfelds „Ostdeutschland" über das Maß der dokumentierten De-Regionalisierung hinaus. Zweifellos lässt sich in diesem Fall mit guten Gründen argumentieren, dass diese besonders ausgeprägte Schrumpfung seit Anfang/Mitte der 1990er Jahre Ausdruck einer gesellschaftspolitisch gewollten *Normalisierung* im Zuge des Vereinigungsprozesses ist. Die semantische „Transformation" Ostdeutschlands in die *einzelnen* neuen Bundesländer, der fortschreitende Ersatz einer allgemeinen Berichterstattung über „den Osten" zugunsten der konkreten regionalen „Ereignisse" und Prozesse in den fünf neuen Ländern erscheint in dieser Perspektive – ganz unabhängig von der parallelen De-Regionalisierung der Berichterstattung in Ost und West – als Konsequenz des positiven Gestaltung der deutschen Einheit.

Gegen diese Interpretation spricht aber nicht allein die fortgesetzte asymmetrische Alteritätssemantik zwischen Ost- und Westdeutschland. Ebenso berechtigt ist das Argument, dass das Phänomen „Ostdeutschland" im Sinne einer besonderen, die Länder- und Regionengrenzen überschreitenden und eigentümlichen „Teilgesellschaft" mit spezifischen ökonomischen, politischen und sozialen Problemlagen sowie Integrations- und Entwicklungschancen im Rahmen der bundesdeutschen Gesellschaft heute keineswegs verschwunden ist (vgl. die Beiträge von Hanf, Kollmorgen, Thomas und Reißig im vorliegenden Band sowie Kollmorgen 2005; Busch/Kühn/Steinitz 2009; Krause/Ostner 2010). Wenn dieser – freilich selbst wieder umstrittene – Befund zutrifft, besteht eben (noch) keine Normalität und das Problemfeld Ostdeutschland bedarf einer quantitativ besonderen Aufmerksamkeit. Diese darf sich eben nicht auf die ostdeutschen regionalen und wenigen überregionalen Massenmedien (wie *SUPERillu* und *ND* oder die Berichterstattungen des *MDR*) konzentrieren, sondern müsste auch die westdeutschen Medien einschließen. Was eine solche „angemessene Aufmerksamkeit" quantitativ bedeutete, lässt sich allerdings nicht „objektiv" feststellen, sondern kann nur das immer wieder neu zu erzielende, mithin sich im Verlauf der gesellschaftlichen Entwicklungen verändernde Ergebnis eines öffentlichen Diskurses sein. Auch dieser Umstand lenkt – neben den diskutierten Datenproblemen (genereller Mangel und Validitätsproblem) – die Aufmerksamkeit auf die qualitativen Dimensionen des massenmedialen Diskurses: *Was* wird *wo* und *wie* über Ostdeutschland und die Ostdeutschen berichtet? Diese Dimension der inhaltlichen Zeichnung Ostdeutschlands und seiner diskursiven Erzeugungs- und Reproduktionsmechanismen erscheint insgesamt relevanter für die Beurteilung möglicher Asymmetrien und Ungleichheiten als rein quantitative Verteilungsfragen.

4.2 Formen und Mechanismen der Subalternisierung im hegemonialen Diskurs

Die Rekonstruktion der *hegemonialen Diskurslogik in den Massenmedien* kann im Rückgriff auf unsere Untersuchungen und Studien Dritter (Roth 2004; Roth/Wienen 2008; Ahbe/Gries/Schmale 2009) zunächst in folgender These zusammengefasst werden:

Der hegemoniale massenmediale Diskurs zu Ostdeutschland und der deutschen Vereinigung etablierte in den frühen 1990er Jahren eine Logik der diskursiven Subalternisierung der Ostdeutschen und Ostdeutschlands, die sich ab Mitte der 1990er Jahre verschärfte und erst seit etwa 2005 in Teilmomenten aufgebrochen und revidiert wird.

Dieser Diskurs ist in allen Mediengattungen rekonstruierbar, wobei sich unsere Analyse vor dem Hintergrund der empirischen Daten auf die überregionalen Printmedien und die öffentlich-rechtlichen Fernsehanstalten konzentriert, aber nicht beschränkt. Wichtige Träger des Diskurses waren im Printmedienbereich: *FAZ, Die Welt, SZ, BZ* sowie *Spiegel, Stern, Die Zeit*; im Bereich des Fernsehens waren es vor allem die Nachrichtensendungen der öffentlich-rechtlichen Anstalten sowie die Politmagazine von *ARD* und *ZDF* (vgl. Ahbe 2008, 2009, Belke 2009, Pappert/Schröter 2008; Roth 2004, 2008; Wedl 2009). Die massenmediale Subalternisierung der und des Ostdeutschen im hegemonialen Diskurs funktioniert durch einen Satz diskurslogischer Elemente, die inhaltliche Bestimmungen des Gegenstandes (wie „Fremdes", „Belastendes", „Passivität", „Verlorensein", „Hilfebedürftigkeit") mit Formierungs- und Verweisungsregeln (Verweisungs- und Äquivalenzketten) verknüpfen. Die topische Struktur des Diskurses, d.h. die herausgearbeiteten vier Topoi und ihr wechselseitiger Bezug, kann dabei als organisierendes Zentrum begriffen werden.

Ostdeutsche und Ostdeutsches erscheinen ihr gemäß zunächst als *Besonderes, Fremdes, Andersartiges oder gar Exotisches* – in Relation zur alt-bundesdeutschen oder westdeutschen Realität.[11] Dabei wird vor dem Hintergrund einer unterstellten grundsätzlichen deutschen Gemeinsamkeit und (nationalen) Gleichheit sowie des staatsrechtlichen Beitritts der neuen Länder zur (alten) Bundesrepublik die Besonderheit oder Fremdheit sowohl angeeignet, d.h. zum „eigenen" Fremden, zum Besonderen des überwölbenden Allgemeinen, als auch und zugleich zum gesellschaftlichen Problem. Die Fremdheit und Besonderung kann unter dem gemeinsamen nationalgesellschaftlichen Dach im Sinne einer ausgedehnten alten Bundesrepublik nicht toleriert oder gar positiv anerkannt werden.

---

11 Dabei dominierten in den ersten drei Jahren (1989-1991) zunächst Neugier, Entdeckung und Überraschung, was sich gut mit der Dynamik der exotischen Nachrichtenwerte deckt. Später konzentrierte sich die Beschreibung auf die Markierung von Devianz. Auf die Entwicklung des Diskurses in den letzten zwanzig Jahren wird unten noch näher eingegangen.

Vielmehr bedarf sie der Aufhebung durch *Anpassung* und *Angleichung* des Ostens an den Westen. Insofern handelt es sich nicht um eine neutrale Andersartigkeit oder Fremdheit, sondern um *Devianz* als Abweichung von der gesetzten und selbstverständlichen Norm des westdeutschen Modells (vgl. Roth 2004, 2008; Pappert/Schröter 2008; Belke 2009; Wedl 2009; siehe auch Nölting et al. im vorliegenden Band). Deshalb finden sich im hegemonialen Diskurs bereits in der Beschreibung und Bewertung der Besonderheit des Ostens größere Anteile exotischer und negativer Nachrichtenwerte bzw. Tonalitäten in der Berichterstattung.

Diskurslogisch folgt an dieser Stelle eine Verzweigung, die zum einen die Ursachen der Devianz und zum anderen deren gesellschaftliche Folgen argumentativ erschließt. Ersteres führt zum *Topos der Herkunft*. Dieser quantitativ gewichtige Topos[12] kodiert die DDR – wie insbesondere die Analysen von Belke (2009), Wedl (2009) und Kolmer (2009) unterstrichen haben – in hohem Maße als diktatorischen Herrschafts-, Unterdrückungs- und Überwachungsstaat sowie zentralistische Mangelwirtschaft. In der Hochzeit des Subalternisierungsdiskurses (Mitte/Ende der 1990er Jahre) lag der Anteil dieser Themen in der Berichterstattung bei etwa 33% (Kolmer 2009: 197/198, 208/209; vgl. Belke 2009), wohingegen Fragen der Sozial- oder Bildungspolitik, aber auch der Alltagsgeschichte Marginalien darstellten. Dieser Themenselektion und Semantik entsprechen die fast ausschließlich negativen Nachrichtenwerte, sieht man von den Berichten über gelungenen Widerstand ab.

Der Topos der Herkunft erlaubt nicht nur eine Plausibilisierung ostdeutscher Devianz – die Ostdeutschen sind eben doch nicht einfach verkappte Westdeutsche –, sondern auch deren inhaltliche Konturierung und Folgenbestimmung. Die aus einer anderen, unbekannten und fremden DDR-Vergangenheit resultierende Devianz wird zu einer Abweichung formiert, die im Kern nichts mit der Gegenwart des Vereinigungsprozesses zu tun hat, sondern auf Geschichte verweist, die nicht mehr zu ändern ist. Damit verliert sie diskursiv das Potenzial, als Ressource oder Vermögen (*asset*) der Diskussion und innovativen Veränderung des Vereinigungs- und darüber hinaus gesamtgesellschaftlichen Entwicklungsprozesses zu fungieren. Vielmehr erscheint sie als fixe und überwiegend negativ bewertete Erbschaft (*legacy*), die damit diskurslogisch zugleich die unmittelbare Folge der Devianz im und für den Vereinigungsprozess markiert, nämlich die *essentielle Schwäche, das Zurückgebliebensein und Zurückbleiben* der Ostdeutschen und Ostdeutschlands im bundesdeutschen Gemeinwesen.

---

12 Während Kolmer (2009) in seiner Globalstudie von insgesamt 5% aller Beiträge ausgeht, die sich mit der DDR-Vergangenheit befassen, identifizierte Belke (2009) in ihrer Studie zum Politmagazin *KONTRASTE* fast 20%, was sich mit unserer Erhebung deckt, die ebenfalls von etwa 20% aller Beiträge ausgeht.

Der so fundierte *Topos der Schwäche* bezieht sich daher keineswegs allein, ja nicht einmal dominant auf Wirtschaftsstrukturen, ökonomische Leistungskraft und soziale Lagen im Osten (Unternehmen, Inlandsprodukt, Produktivität, Einkommen usw.), wobei hier – wie es Kolmer resümierte – das „*Bild einer wirtschaftlichen* (und sozialen – R.K.) *Katastrophenregion*" dominiert (Kolmer 2009: 203-205). Vielmehr thematisiert dieser Topos in erster Linie Werte-, Einstellungs- und Handlungsdefizite der Ostdeutschen bezüglich Freiheit, Demokratie und Marktwirtschaft sowie Unkenntnis oder Missverständnisse der Regeln des bundesdeutschen demokratischen Wohlfahrtskapitalismus – *als Folge der DDR-Vergangenheit*. Die konkreten Themen reichen vom falschen Gleichheitsverständnis und fehlendem Unternehmergeist über die anhaltende Stärke und Wahl der PDS/Die Linke bis zur verbreiteten Fremdenfeindlichkeit und politisch motivierter Gewalt im Osten Deutschlands (Kolmer 2009: 197ff.; Belke 2009: 150ff.; vgl. auch Hanf/Sengpiel 2008).[13] Zwar hat es auch im hegemonialen massenmedialen Diskurs zwischen 1993 und 2005 – etwa im *Spiegel*, in der *SZ* oder *Zeit* – immer wieder Beiträge gegeben, die sich mit ostdeutschen Schwächen als Resultat der „Beitrittslogik" und westdeutsch gesteuerten Transformation Ostdeutschlands auseinandersetzten und partiell (wie im *Spiegel*) die Ostdeutschen als – freilich in der Regel scheiternde – „Helden des wirtschaftlichen Umbruchs" herausstellten (Ahbe 2009: 99ff., hier 102). Dieser Topos blieb aber marginal, oft event-orientiert und zudem in vielen Fällen mit dem Topos der Herkunft verknüpft.

Der Topos der Schwäche besitzt einen sekundären inhaltlichen Aspekt, der die *Hilfebedürftigkeit des Ostens* und damit seine *Abhängigkeit vom Westen* thematisiert. Während dabei das vielfältige Geben des Westens – vom Wissens- über den Personal- bis zum massiven Güter- und Finanztransfer – teils positiv, teils aber auch negativ aufgrund mangelnder Effekte im Osten und westdeutscher Belastung evaluiert wird (siehe der folgende Topos), erfahren die anschwellenden Forderungen der Ostdeutschen nach „Solidarität" und fortzuführende Hilfe ex- und implizit eine überwiegend negative Beurteilung.

Für die diskursive Subalternisierung von essentieller Bedeutung ist im Topos der Schwäche, dass diese – wie die Analyse der semantischen Rollen eindrucksvoll aufgezeigt hat – mit den Handlungsmodi des *Abwartens, der Passivität, Unfähigkeit oder des (Er-)Leidens* verknüpft, oft sogar amalgamiert wird. Diese „Rollen"-Zuschreibung nimmt in vielen Fällen nicht nur grammatikalisch die

---

13 Ein weiteres wichtiges Themenfeld stellt der Sport dar. In diesem wird einerseits – schon rein quantitativ – die Schwäche des Ostens offenkundig, wobei es vor allem die schwachen ostdeutschen Fußballvereine sind, die zu einem massiven Übergewicht Westdeutschlands in der Berichterstattung führen. Andererseits ist auch in diesem Bereich die Kette von der Besonderheit über die Herkunft zur Schwäche gut rekonstruierbar, wobei dem Thema Doping eine zentrale Rolle zukommt.

Form einer *Entsubjektivierung* der Ostdeutschen an (vgl. insbesondere Roth 2004, 2008; Belke 2009). Schwäche und Hilfebedürftigkeit/Abhängigkeit einerseits sowie Passivität oder sogar Entsubjektivierung der Ostdeutschen erscheinen dabei als zwei Seiten einer diskursiven Medaille.

Damit ist der Schritt zum letzten Glied in der Bedeutungs- und Argumentationskette, dem *Topos der Belastung* bereits vollzogen. Dieser wendet Schwäche, Hilfebedürftigkeit und Abhängigkeit selbstbezüglich. Die Westdeutschen und (ggf. nur untergründig) die Deutschen und Deutschland insgesamt „zahlen die Zeche". Im Kern sind es aber die Westdeutschen, die die Last der ostdeutschen Vergangenheit und davon abgeleitet: der ostdeutschen Gegenwart im doppelten Wortsinn: tragen *müssen*. Sie sind gezwungen, die Ostdeutschen auszuhalten, aber auch: Sie sind diejenigen, die es allein vermögen – eben weil die Ostdeutschen durch die vorherige Markierung als Passive und Handlungsunfähige nicht oder nur ausnahmsweise *Subjekte* der der Planung, Lenkung und Leitung des Modernisierungs-, Umbau- und Anpassungsprozesses sein können.

Auch in diesem zentralen Topos der Routine-Berichterstattung, der fast durchgängig von einem Negativismus geprägt wird, finden sich demgemäß nicht allein wirtschaftsbezogene Themen, sondern die gesamt Bandbreite belastender Faktoren und Vorgänge, wie sie in allen vorherigen Topoi bereits vorgestellt wurden. Die Formulierung Kolmers, dass Ostdeutschland in den Massenmedien *„als politische und historische Problemzone sowie als Objekt nationaler Strategien"* präsentiert wird (Kolmer 2009: 199), muss insofern doppelt ergänzt bzw. korrigiert werden. Zum einen ist Ostdeutschland auch eine wirtschaftliche, soziale, ideologische und kulturelle oder kurz: *gesamt*gesellschaftliche „Problemzone". Zum anderen ist es tatsächlich das *„Objekt"* nicht nationaler, sondern *westdeutscher* Problemlösungs-*„Strategien".*

Über den Topos der Belastung wird nicht nur die polare, in Teilmomenten *antagonistische* Markierungs- und Bezeichnungspraxis im Ostdeutschland- und Vereinigungsdiskurs, d.h. die „Wesensbestimmung" Ostdeutscher und Ostdeutschlands *gegen*über Westdeutschland bzw. den Westdeutschen vollendet, sondern auch der *diskurslogische Kreis der Subalternisierung* geschlossen: Ostdeutschland und die Ostdeutschen traten als Besondere, als „eigene Fremde" oder „unbekannte Bekannte", als von der westdeutschen Norm Abweichende in den diskursiven Markierungsprozess ein. Über die vier Topoi und ihre wechselseitigen Anschlüsse und Verkettungen erscheinen sie abschließend als abhängige und belastende Großgruppe und Region in Deutschland. Das wiederum verschärft ihre Besonderung und Normabweichung. Ostdeutschland und die Ostdeutschen finden ihre eigentliche Auszeichnung eben darin: die abhängigen und abgehängten, die verlierenden und verlorenen, die notwendig von den Westdeutschen und Westdeutschland zu (unter-)stützenden, modernisierenden oder zu rettenden Räume und Menschen zu sein. Waren sie insofern logisch und historisch zunächst nur die „*(eigenen) Anderen*", so formierte die Diskurslogik sie zu *Subalternen*.

Abbildung 8: Der sich selbstverstärkender Zirkel diskursiver Subalternisierung Ostdeutscher

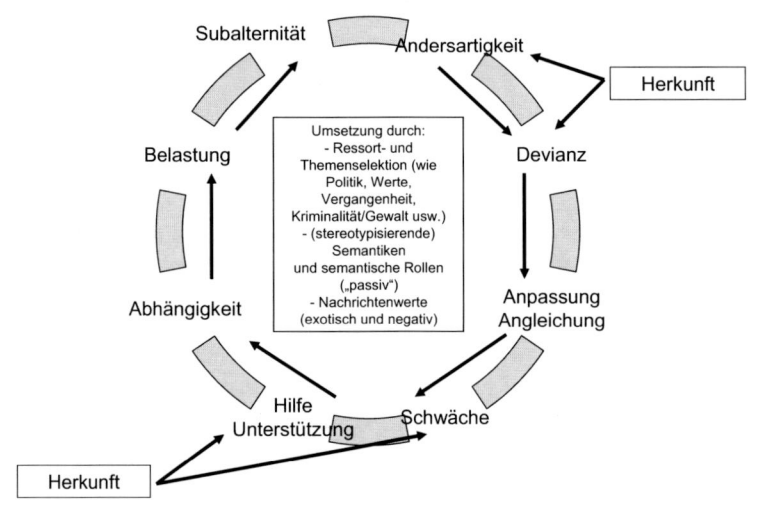

Quelle: Eigene Darstellung.

Dabei beweisen die diskurslogisch folgenden Topoi die ersteren: Weil die Ostdeutschen so belastend für das bundesdeutsche Gemeinwesen sind, müssen sie nicht nur vom Normalhandeln abweichen, sondern muss dessen Grund jenseits der Gegenwartsgesellschaft und ihrer Mechanismen gesucht und gefunden werden: in der DDR-Vergangenheit. Diese kann daher auch nur negativ beurteilt werden, was wiederum die Schwäche plausibilisiert usw.

Vor diesem Hintergrund handelt es sich auch nicht nur um eine – wie es Roth formulierte (2008: 75) – „topische Treppe", sondern in der Tat um einen *sich selbstverstärkender Zirkel diskursiver Subalternisierung* (siehe Abb. 8), dessen Logik die Ostdeutschen und Ostdeutschland in ihren wechselseitigen Verweisungen und Bestätigungen zu einem *„tendenziell leeren Signifikanten"* (E. Laclau) werden lässt: „Ostdeutsch*" gerät zu und verfestigt sich als sprachlicher Ausdruck für Anderssein, Devianz, Schwäche, Passivität, Verlorensein und Verlieren, Hilfebedürftigkeit und gesamtgesellschaftliche Belastung – kurz: *Subalternität*.[14]

Als diskursiv inferiore, nur bedingt anerkannte (d.h. in wichtigen Momenten „verkannte" oder gar missachtete) Gruppe werden die Ostdeutschen im hegemonialen Diskurs zugleich in ihren *Sprecher-Rollen* gefärbt und markiert. Als authentische SprecherInnen taugen sie eigentlich nur für das Themenfeld des Widerstandshandelns zu DDR-Zeiten und für die Gegenwart als „Opfer der Geschichte", als Behandelte und nicht zuletzt: als „Jammerossis". Sobald es aber um Probleme und Themen der progressiven Gestaltung von Umbau und Vereinigung geht, treten sie als Subalterne in die zweite Reihe oder sind zum Schweigen verdammt. Tatsächlich zeigen alle empirischen Studien zum Anteil Ostdeutscher an den leitenden Positionen in den überregionalen Massenmedien sowie zu den von Ostdeutschen bearbeiteten Themen eben das (Ahbe 2008, 2009; vgl. Belke 2009 und siehe 3.).

Abschließend ist zum hegemonialen Diskurs der Subalternisierung zweierlei festzuhalten: Erstens gibt es nicht *den* Diskurs der Subalternisierung im Sinne einer durchgängigen und homogenen Praxis, die sich etwa in einer Zeitung oder einem Fernsehmagazin empirisch eins zu eins realisiert fände. Vielmehr handelt es sich um eine analytische Rekonstruktion und insofern modelllogische Verdichtung. In der massenmedialen „Realität" wird diese Logik immer wieder unterlaufen, gebrochen, wird von ihr abgewichen. Diese Aussage schließt ein, dass es sich trotz erheblicher Uniformisierungstendenzen (vgl. Ahbe 2009: 108) zwischen 1995 und 2005 *nicht* um einen *einheitlichen* massenmedialen Diskurs handelt. Wie an unserer eigenen Erhebung sowie insbesondere Ahbes Analysen (2008, 2009) gezeigt werden kann, differieren die Ausmaße und konkreten Modi der Subalternisierung abhängig vom Standort und dem Adressatenkreis wie der politisch-ideologischen Orientierung des Mediums. Die Diskurse der *FAZ* – als im Kern „staatstragend", wirtschaftsliberal und auf das westdeutsche Bürgertum fokussiert – sind andere als die der *SZ* (liberal, breiter politisierend und intellektualisierend) oder der *Berliner Zeitung* (gesamtdeutsch orientiert mit starken Ostbezug, politisch eher diffus). Ebenso unterscheiden sich *Spiegel* (links-liberal und systemkritisch orientiert) und *Zeit* (links-liberales Leitmedium der westdeutschen Intellektuellen) oder die Politmagazine des Fernsehens wie *KONTRASTE* aus Berlin und *REPORT* aus München. Zusammengefasst, nimmt die Ausprä-

---

14 Sowohl der obige Hinweis auf die Ostdeutschen als Andere (*others*), als Subalterne (*subalterns*) wie auf den Funktionsmechanismus des „leeren Signifikanten" (*empty signifier*) deutet an, dass sich der ostdeutsche Fall höchst fruchtbar mit den Ansätzen und analytischen Instrumenten einer postmarxistischen Diskurstheorie (E. Laclau/Ch. Mouffe) und diskursanalytisch fundierter *post-colonial studies* (etwa G. Spivak) aufschließen und vergleichend untersuchen lässt. Diese Perspektive kann in diesem Aufsatz nicht weiter verfolgt werden (siehe aber die weiteren Beiträge von Kollmorgen im vorliegenden Band).

gung und Dominanz des Subalternisierungsdiskurses mit der Ferne von Ostdeutschland und einem ostdeutschen Publikum sowie einer liberal-konservativen Orientierung zu, so wie sie umgekehrt mit der Nähe zum Osten und linksliberalen, links-libertären, sozialdemokratischen oder reformsozialistischen Grundierungen abnimmt.

Zweitens verdanken sich – wie bereits anhand der quantitativen Problemstellung diskutiert wurde – eine Reihe von Orientierungen, Techniken, Mechanismen und (be-)zeichnenden Effekte der massenmedialen Berichterstattung nicht allein der Logik ostdeutscher Subalternisierung, sondern verkörpern einen allgemeinen massenmedialen Trend. Exemplarisch ist auf die in der Nachrichtenfaktoren-Theorie diskutierten Orientierungen auf „Sensationalismus" (und insbesondere „Negativismus"), Konzentration auf überregionale Probleme und Personen oder die Boulevardisierung und Skandalisierung in der Themenselektion und Präsentation der Nachrichten zu verweisen. Das Besondere in der diskursiven Formierung Ostdeutschlands besteht mithin nicht im Einsatz dieser Elemente *an sich*, sondern im konkreten Ausmaß, der selektiven Kombination und diskurslogischen Verknüpfung sowie wechselseitigen Verstärkung in deren Anwendung.

Das kann z.B. am Vergleich der Berichterstattung über wirtschaftliche oder historische Themen in Ost- und Westdeutschland gezeigt werden. So verstärken sich beim *Wirtschaftsthema* das geringe Ausmaß der Berichterstattung, die Abwanderung aus dem Wirtschaftsressort, die grundsätzlich negativere Tonalität gegenüber Nachrichten aus der westdeutschen Wirtschaft und die weitgehend fehlende Unternehmensberichterstattung wechselseitig und zementieren den topischen Zirkel insbesondere in seinen Elementen „Belastung" und „Entsubjektivierung" der Ostdeutschen (Kolmer 203-205; vgl. Schatz 2010: 22-29). Bezüglich des Themenfeldes der *Geschichte* ist nicht allein der vergleichsweise hohe Anteil an allen Berichten über Ostdeutschland (im Mittel 5%) und sein Status als besonderes „Ost-Thema" bemerkenswert, sondern auch die innere Struktur (siehe 3.2, 3.5, 4.2).[15] Nimmt man den Gesamtzeitraum entsprechender Erhebungen (1994-2007), führt das Thema „Stasi: Beschreibung" mit weitem

---

15 Vergleicht man den Stellenwert bestimmter Themengruppen in den Nachrichten über Ost- und Westdeutschland werden von Kolmer als „besondere Ost-Themen", d.h. solche, deren Anteil im Osten deutlich höher ist als im Westen, genannt: „Parteipolitik, Terrorismus/innere Sicherheit, Innenpolitik, Wirtschaftspolitik und Geschichte". Als in diesem Sinne besondere „West-Themen" identifiziert Kolmer „Unternehmensberichte und Sportnachrichten". Zu ergänzen wären – allerdings mit deutlich geringerer Differenz – „Kultur/Bildung" sowie „Energie/Verkehr/Wissenschaft" (Kolmer 2009: 197, Abb. 3). Vergleicht man aus der Perspektive der Gesamtberichterstattung innerhalb der Themenfelder die Anteile zwischen Ost, West und Gesamtdeutschland, werden diese Tendenzen unterlegt. Unter Bezug auf ein angemessenes Ost-West-Verhältnis im Bereich von 1 : 3-5 fallen folgende Anteile besonders aus dem Rahmen: Geschichte (1 : 1,2), Wirtschaft/ Wirtschaftspolitik (1 : 1,8), Werte und Ideologie (1 : 2), Innenpolitik (1 : 2) und umgekehrt: Unternehmen (1 : 6) sowie Sport (1 : 14) (ibid.: 198).

Abstand (9,3%) das Themenranking an und residiert bereits auf dem dritten Platz das Thema „Stasi-Akten" (7,1%). Eine Saldierung aller Einzelthemen unter dem Stichwort „Beschäftigung mit dem Herrschafts- und Repressionsapparat der DDR" erbringt einem Anteil von 33% an der Gesamtberichterstattung (Kolmer 2009: 208/209; analog Belke 2009; vgl. Stiftung Aufarbeitung der SED-Diktatur/Forschungsinstitut Medientenor 2005). Häufigkeit, thematische Selektion und Nachrichtenwerte im Themenfeld Geschichte wirken zusammen und begründen die herausragende topische Bedeutung im hegemonialen Diskurs.

Auch wenn die Logik der Subalternisierung für den massenmedialen Gegenstand Ostdeutsche/Ostdeutschland sich in fast klassischer Weise ausgeprägt findet; aus umgekehrter Perspektive ist zu betonen, dass die Ostdeutschen nicht die einzige soziale Großgruppe darstellen, die diskursiv subalternisiert wird. Vergleichbare Logiken finden sich gegenüber bestimmten Gruppen von Migrantinnen und Migranten oder Empfänger sozialer Unterstützungsleistungen.[16]

4.3 Alternative Diskurse: Abweichung, Konkurrenz und Gegendiskurs

Massenmediale Diskurse über Ostdeutschland beschränken sich nicht auf den hegemonialen. Im Feld der bundesdeutschen Massenmedien, das trotz der Zentralisierungs- und Konzentrationsprozesse der letzten drei Jahrzehnte vielfältig strukturiert und ausgerichtet ist, fanden sich auch zur Hochzeit des Subalternisierungsdiskurses (ca. 1995-2005) wichtige und keineswegs wirkungslose Alternativen. Neben den erwähnten Spielräumen und differenten Akzentsetzungen innerhalb des hegemonialen Diskurses selbst, wie sie etwa zwischen *FAZ, Focus, Zeit* und *Spiegel* erkennbar sind, ist auf zwei Formen kritisch-alternativen Sprechens und Schreibens über Ostdeutschland aufmerksam zu machen: Zum einen gab und gibt es konkurrierende Diskursgemeinschaften und deren abweichende Beschreibungs- und Deutungsangebote *innerhalb* des legitimen Diskursrahmens, d.h. einer grundsätzlich geteilten Werteordnung, Weltdeutung und Semantik sowie wechselseitigen Anerkennung als legitime Diskursteil-

---

16 In diesem Zusammenhang ist erwähnenswert, dass die topische Gesamtstruktur und Subalternisierungslogik offenkundig Ähnlichkeiten mit der Thematisierung Mittelost- und Osteuropas, aber auch anderer „Schwellenländer" bzw. neuer industrieller Großmächte wie China aufweist. Eine vergleichende Untersuchung – die unseres Erachtens bisher nicht vorliegt – verspricht wechselseitig interessante Einsichten und dürfte auch für die allgemeine Theorieentwicklung hochgradig relevant sein.

nehmer.[17] Zum anderen werden seit den frühen 1990er Jahren explizite *Gegendiskurse* praktiziert. Diese ruhen auf alternativen Weltbildern, Ideologien sowie Bewertungsrahmen und üben damit (radikale) Kritik an den Grundlagen der hegemonialen Positionen, was bis zur Infragestellung des legitimen Macht- und Deutungsrahmens reichen kann. Dabei sind hier wie überall die Grenzen zwischen den Typen fließend. Dennoch lassen sich an exemplarischen Vertretern die differenten Diskurslogiken umreißen und die entscheidenden Elemente ihrer konkurrentiellen oder Gegenlogiken markieren.

(1) Ein der wichtigsten Fälle und Formen eines abweichenden Diskurses innerhalb des legitimen Unterhaltungsjournalismus repräsentiert die *SUPERillu*. Diese mit weitem Abstand meist verkaufte Wochenzeitschrift in den neuen Ländern versteht sich als eine „große deutsche Illustrierte", die „Aktuelles aus Wirtschaft, Politik und Zeitgeschehen" mit einem Selbstverständnis als „Ratgeber in allen Lebenslagen" sowie mit einem „umfangreichen Unterhaltungsteil" kombiniert und dabei ihre besondere Kompetenz in der Berichterstattung über die „neuen Bundesländer" sieht.[18] In Bezug auf die etablierten Zeitschriften der Bundesrepublik ließe sich das Profil der *SUPERillu*, die in Westdeutschland ein Schattendasein fristet, mit Mut zur Vereinfachung umreißen als: wöchentliche *BILD*, angereichert mit Elementen der *Bunten* und einem Schuss *Spiegel* – für den *Osten*. Diese Wahlverwandtschaften verweisen – trotz einer durchaus eigenständigen Kombination in der inhaltlichen und formalen Berichterstattung (vgl. Dietzsch 2008) – auf eine dominante Diskurslogik, die sich keineswegs jenseits des durch die etablierten westdeutschen Illustrierten gesetzten legitimen Diskursrahmens bewegt. Das Alternative und Konkurrentielle der SUPERillu besteht vor allem in ihrer konsequenten Orientierung auf die neuen Länder und auf einer vielfach *einfachen Umkehrung* der hegemonialen Diskurslogik. Die diskutierten vier Topoi und ihre Verweisungsstruktur finden sich insofern auch in der *SUPERillu* – nur auf den Kopf gestellt: Gegenüber den Ostdeutschen erscheinen nun die Westdeutschen als Besondere, die von der ostdeutschen Norm abweichen und deren Überheblichkeiten, Dominanz und (z.B. religiösen) Exotismen abgelehnt und missachtet werden. Das Gemeinsame der Ostdeutschen (gegen die

---

17 Dabei gibt es nicht *den* legitimen Diskurs, sondern im Anschluss an die oben skizzierten Teilöffentlichkeiten mehrere legitime Diskurse. Eine wichtige Unterscheidung ist dabei die zwischen seriöser Berichterstattung und allen Arten von Unterhaltungsjournalismus (namentlich in der so genannten *Yellow Press*).
18 Nach eigenen Angaben erreicht die *SUPERillu* mit einer Auflage von 400.000 Heften und einer Reichweite von 3 Mio. Leserinnen und Lesern in den neuen Ländern mehr als *Spiegel, Stern, Focus* und *Bunte* zusammen (so der Chefredakteur Wolf [2010]). Fuchs relativiert diese Aussage mit dem Hinweis auf neuste AWA-Reichweitenanalysen, sieht aber ebenfalls die *SUPERillu* mit weitem Abstand vor allen „westdeutschen" Wochenzeitschriften (Fuchs 2010). Die Profilbeschreibung folgt dem Text einer Selbstdarstellung aus dem Jahr 2007 (nach Dietzsch 2008: 6).

Westdeutschen) wird mit der Geschichte und Herkunft begründet, wobei ein vor allem verklärter Blick auf die Alltagsgeschichte(n) und Kulturen der DDR geworfen wird. Das Leben in den Arbeitskollektiven, bevorzugte Urlaubsorte, Freizeitgestaltungen und Heimatverbundenheit, Stars der Schlager- und Volksmusikszene sowie der Fernsehunterhaltung geraten zu Ankerpunkten der Selbstvergewisserung, der ostdeutschen Identitätsformierung in der bundesdeutschen Gesellschaft und einer Verteidigung gelungenen Lebens in der DDR. Demgegenüber sind kritische Auseinandersetzungen mit dem DDR-Herrschaftsapparat und „Stasi"-System – in Spiegelverkehrung zum hegemonialen Diskurs – (jenseits prominentenbezogener Skandalisierungen) selten und werden vom überwiegenden Teil der Leserschaft abgelehnt.

Gegenüber „Wende", Umbruch, Beitritt sowie deren ökonomische, sozialpolitische und soziokulturelle Folgen – wie Arbeitslosigkeit und Hartz-IV-Gesetze, Einkommensabstand zum Westen, Abwanderung und Alterung, aber auch Missachtungstendenzen durch die Westdeutschen – finden sich neben Hegemoniebestätigungen und der Diskursumkehrung, die nun die Westdeutschen und ihre Eliten zu Sündenböcken der gescheiterten Transformation und Vereinigung machen, allerdings auch Elemente eines wirklichen *Gegendiskurses*. Diese bestehen neben den Versuchen einer auch expertokratisch fundierten sachlichen sowie inhaltlich breiten Berichterstattung über Erfolge *und* Misserfolge (mit entsprechenden Ressortzuweisungen und Nachrichtenwerten) insbesondere in der Zeichnung der Ostdeutschen nicht als passive, erleidende und „jammernde" Objekte des sozialen Prozesses, sondern als aktive, oft auch kämpfende Subjekte, die damit auch für zukünftige Krisen und Umbrüche gerüstet erscheinen. Partiell erfolgt dies in Form des fünften Topos einer Progressivität und eines Avantgardismus Ostdeutschlands/der Ostdeutschen.[19]

Die Tageszeitung *taz* kann als seriöses Pendant zur *SUPERillu* insoweit betrachtet werden, als sie auf der einen Seite im legitimen Diskurs der seriösen Tageszeitungen agiert, partiell aber auch diesen transzendiert und sich als Sprecherin des Gegendiskurses betätigt. Damit bestätigt sie ihr Selbstbild im Allgemeinen massenmedialen Diskurs, in dem sie sich ebenfalls als Tänzerin zwischen den klassischen politisch-ideologischen Welten und Vertreterin eines innovativen links-libertären Journalismus sieht. Das alternative Element der Berichterstattungen der *taz* besteht vor allem in der – wenn auch thematisch einge-

---

19 Für die Berichterstattung über Umbruch und Einheit siehe exemplarisch die Ausgabe 35 des Jahres 2010, die sich mit einer „Bilanzierung" der letzten 20 Jahre befasst. Sowohl zum Profil der Zeitschrift wie zu den Wahrnehmungen und Beurteilungen der ostdeutschen Leserschaft durch die Chefredaktion siehe Wolf 2010. In diesem Beitrag für das *Magazin* der *SZ* wird auch erkennbar, dass der westdeutsche Chefredakteur für das vornehmlich westdeutsche Publikum eine in Teilen kritischere Position gegenüber den Ostdeutschen einnimmt, als das im eigenen Blatt der Fall ist. Manches klingt fast entschuldigend.

grenzten – Integration ostdeutscher SprecherInnen, der breiteren Diskussion alternativer Entwicklungspfade und eines Blickes „von unten" auf die deutsche Einheit sowie und nicht zuletzt: in den ironischen Brechungen des hegemonialen Diskurses (siehe 2.1., 2.2.; vgl. Ahbe 2009: 95/96, 106/107).

(2) Von diesen Praktiken ist – idealtypisch betrachtet – ein *Gegendiskurs* zu unterscheiden, wie er in der *taz*, vor allem aber im *ND* sowie – in den von uns empirisch nicht detailliert analysierten – Wochenzeitungen *Freitag* oder im monatlich erscheinenden *Magazin* jedenfalls in wichtigen Momenten der Berichterstattung angestrengt wird.[20] Der entscheidende Punkt der Markierung eines Gegendiskurses besteht nicht in einer umfangreicheren Darstellung Ostdeutschlands oder in einem deutlichen Übergewicht positiver Nachrichtenwerte. Vielmehr beinhaltet ein Gegendiskurs zum einen die Aufhebung der dominanten Bezeichnungs- und Bestimmungspraxis Ostdeutscher im *polaren oder sogar antagonistischen Verhältnis* zu den Westdeutschen oder Westdeutschlands. Zum anderen und genauer schließt er die Ablehnung zentraler Topoi bzw. der topischen Gesamtstruktur und damit des legitimen Diskursrahmens ein, der eine umfassende und im Wesentlichen: *selbstverschuldete* Subalternität des Ostens markiert, die im Kern *herkunfts-, also DDR-begründet* ist.

Diskurslinguistisch wird dies in den Berichterstattungen der *taz*, des *ND* oder im *Freitag* in den letzten fünfzehn Jahren vor allem an vier Eigenheiten erkenn- und empirisch nachweisbar (siehe 3.2-3.5; Ahbe 2008, 2009)[21]: Erstens wird der asymmetrische und (partiell) antagonistische *Alteritätsdiskurs* aufgebrochen. Ostdeutschland und Ostdeutsche werden also nicht allein im *vorbildlichen Spiegel des Westdeutschen* verhandelt, sondern in alternative Relationen, Struktur- und Entwicklungszusammenhängen. In den genannten Printmedien ist das einerseits eine Macht- und Herrschaftsperspektive, andererseits die Frage nach ostdeutschen oder regionalen Potenzialen für alternative Entwicklungswege und Innovationschancen der deutschen und europäischen Gegenwartsgesellschaft *jenseits* des westdeutschen Modells. Das schließt historisch bedingte, aber auch prozess-generierte *avantgardistischen Dynamiken* in Ostdeutschland ein (von der demographischen Schrumpfung und ihrer Bewältigung über sozioökonomische Experimente, technologische Innovations- sowie bildungspolitische Initiativen

---

20 Im *ND* findet sich allerdings über viele Jahre hinweg ein wichtiger Diskursstrang, der – wenn auch seriöser – den Umkehrungen der *SUPERillu* ähnelt, in dem der Herkunftstopos als Ansatz für eine Besonderung der Ostdeutschen als *unkritisch positiver* Gegenentwurf zu den Ideologien, Interessen und Identitäten der Westdeutschen fungiert, mithin eine ostdeutsche Vorbildlichkeit für die gesellschaftliche Entwicklung behauptet und darin auch die viel besprochene „Ostalgie" gepflegt wird.
21 Um das noch einmal klarzustellen: Bestimmte gegendiskursive Elemente sind auch in anderen Print- und elektronischen Medien erkennbar (siehe 3). Sie bleiben aber einerseits marginalisiert und: sie finden sich verstärkt erst in den letzten drei bis fünf Jahren (siehe 4.4).

bis zu sozio-kulturellen Vorsprüngen, vgl. Topos 5). Zweitens und damit im Zusammenhang wird der Topos der Herkunft zwar nicht negiert, aber insgesamt als Begründungsargument entwertet. Nicht mehr (allein) die DDR-Geschichte ist für Probleme *und* innovative Potenziale in Ostdeutschland (und Gesamtdeutschland) haftbar zu machen, sondern (auch) die nach 1990 realisierten Entwicklungsprozesse und ihre Resultate. Das erlaubt eine veränderte kritische Debatte der gesamtdeutschen Gegenwartsgesellschaft und ihrer Zukunftsgestaltung. Diese alternative topische Figur wird, drittens, ermöglicht und untersetzt durch eine systematische Aufwertung des *Subjektseins* der in Ostdeutschland lebenden Menschen, was sich in der ungleich stärkeren Präsenz der Agens-Rolle widerspiegelt. Während dies in der *FAZ* zwischen 2004 und 2008 in 28% ihrer Beiträge der Fall war, betrugen die Anteile in der *taz* 34% und im *ND* sogar 42%. Viertens ist charakteristisch, dass Ostdeutsche in diesem Diskurs als gleich präsente und gleichberechtigte SprecherInnen – namentlich in den Elitepositionen – auftreten. Das gilt insbesondere für das *ND* und den *Freitag*.

Hinsichtlich der alternativen Diskurse bleibt abschließend festzuhalten, dass sie nicht jenseits des hegemonialen realisiert werden können. Das Hegemoniale zeigt sich nicht zuletzt darin, dass kritische Abweichungen und Gegendiskurse sich eben nicht autark entwickeln lassen, sondern nur im Zusammenhang mit dem hegemonialen. Sie sind von diesem gerade nicht unabhängig, sondern umgekehrt: in konstitutiver Weise abhängig, da sie als Kritik *des* hegemonialen Diskurses zugleich in den Ansatz- und Angriffspunkten, den Richtungen und Formen notwendig auf diesen verwiesen bleiben, in ihren (Gegen-)Logiken von diesem (mit)bestimmt werden. Davon künden nicht nur „Rückfälle" in die hegemonialen Logiken (z.B. Topoi), sondern auch die einfachen Umkehrungen sowie der Abzweigungsmodus (vgl. den fünften Topos, 3.5).

4.4 Entwicklungsperioden im hegemonialen massenmedialen Diskurs

Aus der Perspektive der Entwicklung des hegemonialen Subalternisierungsdiskurses lassen zwischen 1989/90 und 2010 fünf Perioden rekonstruieren (vgl. insbesondere Ahbe 2008, 2009; Belke 2009; Kolmer 2009; Wuschig 2005).

1. Aufbruch der DDR-Bürger bzw. der Ostdeutschen und explodierende Aufmerksamkeit (1989/90-1992/93): In dieser relativ kurzen Periode, in der „Wende" und Revolution in der DDR, der Vereinigungsprozess sowie dessen unmittelbare Folgen die dominierende Rolle spielten und die politische Berichterstattung in den überregionalen Medien in hohem Maße bestimmten, folgten die Medien zwar einerseits ihren eingefahrenen Perzeptions- und Bewertungsmustern. Das Überraschungs- und euphorische Moment des Umbruch- und Vereinigungsgeschehens führte aber andererseits zu einer großen thematischen, tonalen und semantischen Offenheit, wobei die DDR-Bürger/Ostdeutschen (und hier insbesondere die Bürgerbewegung und ihre Führungspersönlichkeiten) ganz überwiegend als Subjekte des historischen Prozesses dargestellt wurden.

2. Ernüchterung, Verwerfung und beginnende Formierung des hegemonialen Diskurses (1992/93-1995): Die zweite Periode spielt insofern eine Schlüsselrolle, weil in ihr die Weichen zur Formierung des Subalternisierungsdiskurses gestellt wurden. Mit der Konturierung und Verschärfung einer tiefen politischen und wirtschaftlichen Krise in den neuen Bundesländern, den sich abzeichnenden ökonomischen „Belastungen" für die alten Länder sowie den parallelen Enttäuschungs- und Protestphänomenen in den neuen kippte die anfängliche Euphorie, Offenheit und Subjekt-Präsentation der Ostdeutschen. Das Überfallartige und Nichtverstehen der Krise sowie der ostdeutschen Verhaltensweisen bedurfte der Aufklärung; einer Aufklärung, die an die bewährten Weltdeutungen anschließen konnte, diese nicht selbst zur Disposition stellte, dabei den realen gesellschaftlichen und massenmedialen Macht- und Entwicklungsverhältnissen entsprach und zugleich journalistischen Logiken der Berichterstattung folgte. Das war die Geburtsstunde des asymmetrischen Alteritäts- und Devianz-, des Belastungs- und des Herkunftstopos.

3. Vollendung, Verschärfung und Verhärtung des hegemonialen Subalternitätsdiskurses (1995-1998/99): Alle Studien für diesen Zeitraum zeigen, dass in der Folgezeit die bis dahin noch erkennbaren Unsicherheiten, Lücken und Brechungen sowie Alternativen zum Subalternitätsdiskurs infolge der Vollendung wie Schließung des Zirkels der Subalternisierung mehr und mehr überwunden bzw. an den Rand gedrängt wurden. Die diskursive Hegemonie wurde in diesen Jahren durchgesetzt und in wichtigen Momenten sogar verschärft (Negativismus, De-Subjektivierung, Bedeutung des Herkunfts-, Angleichungs- und Belastungstopos). Dabei zeigten die massenmedialen Leitmedien deutliche Uniformisierungstendenzen in der Berichterstattung.

4. Konsolidierung – und erste Risse (1999-2005/2007): In dieser Periode fanden vor allem Normalisierung und Konsolidierung der dominanten Diskurslogik statt (vgl. auch die Verteilung von Ressortzuweisungen, Nachrichtenwerten oder semantischen Rollen). Allerdings zeigten sich parallel in marginalisierten, vor allem auf das ostdeutsche Publikum ausgerichteten überregionalen und regionalen Massenmedien verstärkt Formierungen kritisch-alternativer Diskurse. Zudem wurden im hegemonialen Diskurs selbst erste Risse erkennbar. Letztere werden z.B. in der Behandlung der DDR-Geschichte und im Topos der Herkunft erkennbar. Einerseits halbierte sich der Umfang der Beschäftigung mit der DDR zwischen Ende der neunziger Jahre und Mitte des neuen Jahrtausends (vgl. Kolmer: 208; Stiftung Aufarbeitung der SED-Diktatur/Forschungsinstitut Medientenor 2005: 3). Andererseits veränderten sich die Bewertungen. War bis Ende der 1990er Jahre das Bild bei mindestens der Hälfte aller Beiträge ein negatives, sank dieser Anteil bis 2004 auf etwa ein Drittel (ibid.: 12; vgl. Kolmer 2010: 209). Trotz dieser ersten Risse blieben in dieser Periode die beiden „Diskursuniversen" – hegemonialer vs. kritisch-alternativer Diskurs – weitgehend getrennt.

5. *Revisionstendenzen* (seit 2005/2007): Wie nachgewiesen, erfuhr der hegemoniale Diskurs seit 2005/2007 Revisionen. Diese betreffen im Kern den „Einbruch" der alternativen und gegendiskursiven Elemente in den hegemonialen Deutungsrahmen, die vor allem die Umdeutung (Umkehrung) des Herkunftstopos, seine topische Entwertung sowie die Reinterpretation ostdeutscher Andersartigkeit, insbesondere im Sinne innovativer, wenn nicht avantgardistischer Momente in der Gestaltung der bundesdeutschen Gegenwart und Zukunft umfassten. Das zog signifikante Proportionsverschiebungen im Bereich der Nachrichtenwerte und der semantischen Rollen nach sich. Zugleich rückten damit Teile des Gegen-Diskurses näher an den legitimen heran oder wurden sogar als legitime Elemente zugelassen. Empirisch können die Revisionen, aber auch deren Begrenztheit und Fragilität in den „Leitmedien" nicht nur an den Ergebnissen der diskurslinguistischen Analyse für die Jahre 2004-2008 aufgezeigt werden (siehe 3.). Die flimmernde Lage lässt sich auch an drei aktuellen Berichterstattungen demonstrieren. So kombiniert das bereits erwähnte Heft 35/2009 der *SUPERillu* weiterhin den Umkehrungs- und Gegendiskurs. Die *Zeit* wie die *SZ* haben 2010 zwei Ausgaben Ostdeutschland gewidmet – bezeichnenderweise aber nicht die Hauptausgaben, sondern ihre Magazine (*Zeit Magazin* vom 5.3.2010, *SZ Magazin*, Nr. 30, 20. Juli 2010). Das bestätigt einerseits den Weg ins *Feuilleton* (siehe 3.2), so wie bestimmte Teile dieser Hefte den hegemonialen Diskurs fortsetzen (etwa in der Ost-West-Alterität). Andererseits zeigen Kernaussagen in beiden Heften eine *Wiederöffnung* des Diskurses und die Transzendierung der hegemonialen topischen Struktur sowohl hinsichtlich des Ost-West-Verhältnisses wie der Debatte um Zukunftschancen. Insofern ist heute offen, wie tiefgreifend und zeitlich stabil die Revisionstendenzen sind.

5. Massenmedialer Diskurs im Kontext

Wie oben herausgearbeitet (1., 2.), bedürfen diskurslinguistische Analysen aus soziologischer Perspektive einer komplexen Kontextualisierung. Denn obwohl Diskurse über Mechanismen der Fortschreibung und Selbstverstärkung ihrer Bezeichnungspraxen verfügen (siehe 4.2), handelt es sich doch weder um autarke noch um operational vollständig geschlossene Systeme. Vielmehr sind sie material wie operational mit Umwelten verknüpft, wird neben Selbst- auch Fremdreferenz realisiert, finden Irritationen durch andere Praxen, (teils selbst institutionalisierte) Interdiskurse oder Kotextualisierungen statt (generell: Bourdieu 1992; Foucault 1974; Knoblauch 2001; Laclau 1991; Pêcheux 1982; Schwab-Trapp 2001). Wenn also nach den Ursachen und Richtungen des Diskurswandels im Feld gefragt wird (4.4), braucht es die Überschreitung der Diskursgrenzen.

Im vorliegenden Zusammenhang erscheinen drei Kontexte von besonderer Relevanz für die Formierung des hegemonialen „Bildes" eines „verlorenen Ostens" und zugleich: für das „Verlorengehen" vieler Ostdeutscher als passive und aktive Teilnehmer am hegemonialen Diskurs.

5.1 Die übergreifende Transformations- und Vereinigungslogik und ihre Folgen

Der überwölbende Kontext des massenmedialen Diskurses besteht in der (be)herrschenden sozio-politischen Logik des ostdeutschen Transformations- und deutschen Vereinigungsprozesses. Diese wurde in den ersten Jahren durch die mit dem Einigungsvertrag gesetzte Beitrittslogik und die von den herrschenden staatspolitischen Eliten verfolgte Strategie einer *exogenen Top-down-Transformation* nach dem Vorbild der alten Bundesrepublik im Sinne einer *Blaupause* dominiert.

Diese Logik bedingte bzw. beinhaltete drei miteinander zusammenhängende west-östliche Transferprozesse:

a. Einen *Institutionen- und Akteurtransfer*, der neben dem „*ready made state*" nicht nur den Transfer aller wichtigen staatlichen, politischen und zivilgesellschaftlichen Korporativakteure, sondern – über das Wirken der Treuhandanstalt (THA) vermittelt – auch den ökonomischer Akteure (Großunternehmen und Banken) umfasste;

b. einen *Personal-, Eliten- und Wissenstransfer*, der den ersten Transferprozess ergänzte und den Austausch der DDR-Eliten – sieht man vom Bereich politischer Delegationseliten ab – im Kern als Elitentransfer von West- nach Ostdeutschland realisierte;

c. einen massiven *Finanz- und Gütertransfer* in der Größenordnung von mehr als 1 Billion Euro Nettotransferleistungen (1990-2005) (Kollmorgen 2005, 2010; Busch/Kühn/Steinitz 2009).

Aus dieser Transformations- und Vereinigungslogik resultierte in den ersten zehn Jahren eine weitgehende *materielle* (d.h. ökonomische und wohlfahrtsstaatliche), *sozialstrukturelle* (Elitentransfer, soziale Schichtung), *(staats-)politische* und *symbolische* Inferiorität sowie Abhängigkeit der neuen gegenüber den alten Ländern. Erst Ende der 1990er Jahre wurde diese Logik durch die neue Bundesregierung und das selbstbewusstere Agieren der neuen Länder sowie (er)neuer(ter) politischer, ökonomischer und zivilgesellschaftlicher Akteure in Ostdeutschland schrittweise aufgebrochen. Seit Anfang des neuen Jahrtausends und verstärkt seit 2005 hat sich im politischen, zivilgesellschaftlichen und sozialwissenschaftlichen Raum schrittweise ein Diskurs entfaltet, der von simplifizierenden Ost-West-Schablonen und Vergleichsperspektiven („Einheitlichkeit der Lebensverhältnisse") Abschied nimmt, intensiver nach eigentümlichen Entwicklungspotenzialen und -richtungen in Ostdeutschland fragt und die Chancen der Ostdeutschen im Rahmen der Bundesrepublik, ja ihre möglichen Vorreiterrollen, z.B. im Umgang mit demographischen Umwälzungen, im Bildungswesen oder im Bereich Erneuerbarer Energien, betont (ibid.; vgl. die Beiträge von Koch, Kollmorgen, Thomas und Reißig im vorliegenden Band). Diese schrittweisen und keineswegs unumstrittenen Reorientierungen der letzten fünf bis zehn Jahre haben die strukturellen Unterschiede, sozialen Ungleichheiten und asymmetrischen Herrschaftsverhältnisse zwischen beiden Landesteilen und ihren Bevölkerungen zwar in wichtigen Aspekten vermindert, aber keineswegs aufgehoben. Ostdeutschland ist auch zwanzig Jahre nach der Herstellung der deutschen Einheit – bis auf Inseln von Prosperität und Zentralität – ein *peripherer Großraum* und die Ostdeutschen repräsentieren nicht nur eine demographische, sondern auch soziale *Minderheit*, deren Entwicklung von *westdeutschen Führungsgruppen* in Staat, Wirtschaft und Gesellschaft geleitet und gesteuert wird (Kollmorgen 2005, im vorliegenden Band; Busch/Kühn/Steinitz 2009; den Hertog 2004).

5.2 Staatliche Medienpolitik und Herkunft der Medienelite

Die staatliche Medienpolitik des Bundes und der Länder in den ersten Jahren nach der Vereinigung repräsentiert ein klassisches „Anwendungs"- und Realisierungsfeld dieser Transformations- und Vereinigungslogik. Darüber hinaus wurde sie durch die seit den 1980er Jahren verfolgte Privatisierungs- und Liberalisierungsstrategie der konservativ-liberalen Bundesregierung bestimmt, die namentlich über die Regelungen des Einigungsvertrages und über die Privatisierungspolitik der Treuhandanstalt auf den massenmedialen Umbauprozess Einfluss nahm. Drei Elemente waren für die weitere Entwicklung von entscheidender Bedeutung:

(a) Im Bereich der elektronischen Medien wurde dem *Deutschen Fernsehfunk* (*DFF*) als „Wende"-Nachfolger des *Fernsehens der DDR* wie dem *Rundfunk der DDR* trotz beachtlicher Reform- und Anpassungsversuche an das bundesdeutsche System das Überleben verweigert. Beide wurden abgewickelt und durch die Bildung von bzw. den Beitritt zu Länderanstalten vollständig in das bundesdeutsche System (*ARD* sowie in den nationalen Hörfunk *Deutschlandradio*) eingegliedert (Hepperle 1998: 194-212). Bei den Anstalten, denen ostdeutsche Bundesländer beitraten oder wo es zu Fusionen kam (*Norddeutscher Rundfunk, Rundfunk Berlin-Brandenburg)*, nahmen die westdeutschen Partner mit ihrem finanziellen, organisatorischen und personellen Übergewicht rasch die „Leitfunktion" wahr. Beim *Mitteldeutsche Rundfunk* (*MDR*, Dreiländeranstalt der Bundesländer Sachsen-Anhalt, Sachsen und Thüringen), der einzigen dauerhaften Neugründung, spielten CDU/CSU-nahe Führungspersonen (z.B. Udo Reiter als Intendant) und informelle (An-)Leitungsfunktionen namentlich des *Bayerischen Rundfunks* (*BR*) die entscheidende Rolle (ibid.: 229-231).

(b) Für den Printmedienbereich haben – ohne dass hier die Details und zum Teil gebrochenen Entwicklungspfade im einzelnen nachgezeichnet werden können – die dominante Handlungslogik der staatspolitischen Exekutive (vor allem der Bundesregierung), die Privatisierungspolitik der THA sowie die Marktmachtder großen westdeutschen Zeitungs- und Zeitschriftenverlage bei gleichzeitiger, historisch bedingter Kapitalschwäche ostdeutscher Zeitungsmacher dazu geführt, dass zum einen die westdeutschen überregionalen Tages- und Wochenzeitungen sowie Zeitschriften (von *FAZ* über *Bild* bis zum *Spiegel*) – allerdings relativ erfolglos – in den Osten expandierten. Die wenigen überregionalen Titel der DDR (wie *ND, Junge Welt, Sonntag* oder *Wochenpost*) überlebten, selbst wenn sie sich redaktionell deutlich reformierten oder mit westdeutschen Medien fusionierten, längerfristig nicht oder nur unter erheblichen Auflagenreduktionen.

Bis heute spielen sie im Westen keine Rolle.[22] Zum anderen wurden die (regionalen) Bezirksblätter der DDR (wie *Berliner Zeitung, Freie Presse* oder *Lausitzer Rundschau*) als auflagenstärkste Tageszeitungen teils unter direkter Einflussnahme der Politik unter den großen Zeitungs- und Zeitschriftenverlagen (von Bauer über Gruner + Jahr und *FAZ* bis *WAZ*) aufgeteilt und unter teilweise veränderten Namen weitergeführt. Deren aggressive Verkaufspolitik führte zum raschen Verschwinden fast aller lokalen und regionalen Neugründungen des Herbstes '89 und der folgenden zwei Jahre. Im Ergebnis gibt es in den neuen Bundesländern eine signifikant höhere Medienkonzentration und -zentralisation bis an den Rand regionaler Monopolbildungen. Darüber hinaus befinden sich – abgesehen von den auflagenschwachen überregionalen Zeitungen wie *ND* oder *Junge Welt* sowie wenigen Lokalblättern – fast alle relevanten Printmedien im Besitz westdeutscher oder internationaler Verlage (Kapitza 1998; Bahrmann 2005).

(c) Schließlich und als Teilaspekt wie Folge dieser Umbauprozesse sind die Ostdeutschen in der bundesdeutschen und ostdeutschen *Medienelite* (von Verlagsleitern, Geschäftsführern und Chefredakteuren im Printmedienbereich bis zu den Intendanten, Direktoren und Chefredakteuren der öffentlich-rechtlichen Rundfunk- und Fernsehanstalten, aber auch des Privatfernsehens) in den ersten zehn bis fünfzehn Jahren so gut wie nicht vertreten gewesen. Eine Erhebung der *MDR*-Umschau weist nach, dass im Jahr 2004 selbst von den Elitepositionen im öffentlich-rechtlichen Rundfunk *der neuen Länder* (N = 12) nur 16,7% (d.h. 2 Positionen) von Ostdeutschen besetzt wurden. Bei den regionalen Tageszeitungen in den neuen Ländern waren es etwas über 28% der Eliteangehörigen (d.h. 17 von 60 Positionen), die aus dem Osten stammten (MDR 2004). Diese massive Unterrepräsentation Ostdeutscher selbst in den neuen Ländern hat sich seitdem nur wenig verändert. Auch heute werden bestenfalls 30% der Elitepositionen in den *ost*deutschen Massenmedien von Ostdeutschen gehalten, mithin dürften es bundesweit deutlich weniger als 10%, vermutlich etwa 5% der Medienelite sein, die aus Ostdeutschland stammen. Alle Spitzenpositionen im öffentlich-rechtlichen wie im privaten Sektor werden von Westdeutschen besetzt (Kunze 2008: 58 [Tab. VIII], Cadenbach/Obermayer 2010: 16; Fuchs 2010; vgl. Kollmorgen im vorliegenden Band).

---

22 Die Absatzprobleme verdanken sich selbstverständlich auch und nicht zuletzt der Abkehr einer breiten ostdeutschen Leserschaft von der ideologischen „Verseuchung" dieser Printmedien, wie es klassisch beim *ND* und der *Jungen Welt* als „Zentralorgane" von SED und FDJ der Fall war.

5.3 Massenkommunikatives Konsum- und Rezeptionsverhalten der Ostdeutschen

Neben der eben problematisierten Produktionsseite der Massenmedien ist auch die Konsum- bzw. Rezeptionsseite als Kontext der Diskursformierung hoch relevant. Entsprechende Erhebungen und Studien haben zu drei wesentlichen Resultaten geführt: Erstens konsumieren Ostdeutsche mehr elektronische Medien als Westdeutsche. So ist die TV-Sehdauer in den neuen Ländern von durchschnittlich 195 Minuten im Jahr 1993 auf 241 Minuten im Jahr 2008 geklettert. In den alten Bundesländern hat sie sich im gleichen Zeitraum von 158 Minuten auf 199 Minuten erhöht. Damit ist der Abstand seit über 15 Jahren prozentual fast gleich geblieben; der Osten sieht im Schnitt 20% länger Fernsehen als der Westen der Republik (Meyen 2003: 218; Focus Medialine.de 2009).

Zweitens, hinsichtlich der Verteilung des Fernsehkonsums zwischen privaten und öffentlich-rechtlichen Anstalten ist die Lage ebenso eindeutig und stabil. Ostdeutsche sehen deutlich mehr Privatfernsehen als Westdeutsche, wobei *RTL* seit 1993 Marktführer ist. Innerhalb der öffentlich-rechtlichen Programme werden von ihnen eher die *Dritten Programme* bevorzugt, wohingegen die *Ersten* und das *ZDF* deutlich schlechter abschneiden. Exemplarisch kann für den Bereich der Nachrichtensendungen darauf verwiesen werden, dass im Vergleich mit Westdeutschland im Jahr 2001 fast 50% weniger Ostdeutsche die „Tagesschau" sahen (14,5% zu 23,1%; Meyen 2003: 219). Drittens lesen die Ostdeutschen generell weniger *Tageszeitungen* als die Westdeutschen. Im Jahr 2006 lag die Lesewahrscheinlichkeit in den neuen Ländern etwa 7% unter dem westdeutschen Wert (69% zur 76%). Allerdings hat sich hier – im Unterschied zum Fernsehkonsum – die Schere erst seit der Jahrtausendwende geöffnet. Im Jahr 1993 war die Lesewahrscheinlichkeit von Tageszeitungen in Ost und West mit knapp 82% noch gleich groß (Hake/Ehrenberg 2009).

Für die überregionalen Abo-Zeitungen (wie *FAZ, taz, SZ*) ist die Lesewahrscheinlichkeit im Westen sogar dreieinhalbmal höher als im Osten (ca. 6,4% zu 1,8% im Jahr 2006) (Hake/Ehrenberg 2009). Analoges gilt für die wichtigsten (politischen) Wochenzeitschriften, aber auch Magazine. Bezogen auf die Bevölkerungszahl erzielen die wichtigsten politischen Wochenzeitungen und -zeitschriften (*Spiegel, Stern* oder *Focus*, aber auch *Zeit*) im Osten nur halb so hohe Auflagen wie in den alten Ländern. Bei den Magazinen hat eine neue Erhebung ergeben, dass die ersten fünf Plätze von Zeitschriften belegt werden, die erneuerte DDR-Titel darstellen (*Eulenspiegel, Magazin, Guter Rat, Auto Straßenverkehr* = Plätze 2 bis 5) oder speziell für den Osten produziert werden (*SUPERillu* = Platz 1) (Bahrmann 2005: 266; Fuchs 2010; vgl. auch Dieckmann 2005: 6).

6. Vom verlorenen zum wiedergewonnenen Osten? Über die Formierungskraft hegemonialer Diskurse und Chancen der Veränderung

Bezieht man die Kontexte und ihre Dynamiken auf die Ergebnisse der Diskursanalyse des massenmedialen Feldes wird zunächst ein Doppeltes erkennbar.

Erstens liegt gegenüber dem Kontext der hegemonialen sozio-politischen Praxis der ostdeutschen Transformation und deutschen Vereinigung eine strukturelle bzw. institutionelle sowie inhaltliche *Korrespondenz* vor. Oder, um es präziser und zugleich schärfer zu formulieren: Die sozio-politische, wirtschaftliche und kulturelle Subalternisierung der Ostdeutschen, ihr Verlieren und Verlorensein, wurde im hegemonialen massenmedialen Diskurs insbesondere der Jahre zwischen 1993/95 und 2005/07 *adäquat repräsentiert* – und zwar sowohl in der quantitativen und qualitativen „Zeichnung" des Ostens und der Ostdeutschen wie in ihrer Bedeutung als SprecherInnen. Dass und wie diese Re-Präsentation funktionierte, kann hier nicht tiefer ausgelotet und problematisiert werden. Immerhin ist aber auf die bereits mehrfach angesprochene „Parteipolitisierung" der öffentlich-rechtlichen Medien und die politisch-ökonomische Vermachtung (Oligopol- oder Monopolbildung) im Sektor der privaten Medien hinzuweisen (1., 5.). Beides führte im Zusammenhang mit den übergreifenden sozio-politischen, wirtschaftlichen und sozio-kulturellen Machtasymmetrien und Ungleichheiten zwischen Ost und West (einschließlich der Elitenrekrutierungen) infolge der Beitrittslogik zur Formierung einer weitgehenden *Homologie* der Handlungs- und Strukturierungslogiken in den unterschiedlichen Gesellschaftsbereichen und entsprechender *Interdiskurse*. Analysen anderer Diskursfelder im vorliegenden Band untersetzen diesen Befund nachdrücklich (vgl. v.a. Koch; Kollmorgen; Gabler; Thomas sowie Kollmorgen 2010).

Zweitens aber hat unsere Analyse gezeigt, dass der massenmediale Diskurs nicht einfach ein Abbild oder Spiegel der „realen" politischen, wirtschaftlichen und sozialen sowie kulturellen Verhältnisse, mithin nicht nur passives Gefäß der materiellen und symbolischen Subalternisierungen, sondern auch *Agens* dieser Praxis war und ist. Dabei beschränkt sich die Rolle der Massenmedien im hegemonialen Diskurs nicht auf eine gleichförmige Duplizierung und Verstärkung staatspolitischer und politisch-ökonomischer Verhältnisse. Vielmehr hat der hegemoniale massenmediale Diskurs infolge seiner feldspezifischen Logiken und besonderen Gegenstandsbedingungen *eigene* Akzente gesetzt (wie sie im topischen Zirkel breit dargestellt wurden – siehe 3.5, 4.2) sowie *eigene* Rhythmen und Entwicklungsperioden ausgebildet (4.4). Diese repräsentieren nun ihrerseits ein eigenständiges *gestaltendes* und *prolongierendes Moment* in den gesamtgesellschaftlichen Subalternisierungsprozessen der Ostdeutschen, dessen

Formierungskraft – auch gegenüber den eigenen Kontexten – kaum zu unterschätzen ist. Eigenlogik und gesamtgesellschaftliche Bedeutung können an den Beziehungen zwischen verschiedenen Diskursfeldern demonstriert werden. So zeigt sich der *parteipolitisch-programmatische Diskurs* in vielerlei Hinsicht mit dem massenmedialen eng verknüpft. Eben weil politische Massenkommunikation heute vor allem eine massenmediale ist, wird (Partei-)Politik nicht nur wesentlich über Massenmedien dem „Wahlvolk" wie den Parteianhängern kommuniziert, sondern formt sich die Wirklichkeit der Parteipolitik in wesentlichen Momenten in und durch die Perzeption massenmedialer Berichterstattung. Es ist daher weder eine originelle noch kühne Behauptung, dass die Hartnäckigkeit, mit der Herkunfts-, Devianz-, Belastungs- und Hilfetopoi im staatspolitischen Diskurs residierten, durch den hegemonialen massenmedialen Diskurs *wesentlich* mitbestimmt worden sind. Dennoch bleibt einerseits festzuhalten, dass sich der massenmediale Subalternisierungsdiskurs erst mit ein bis drei Jahren Verspätung gegenüber der staatspolitischen Beitrittlogik durchsetzte. Andererseits und umgekehrt ging der parteipolitisch-programmatische Diskurs in seiner schrittweisen Abkehr von der Strategie der exogenen Top-down-Umbau- und Anpassungsstrategie den skizzierten massenmedialen Revisionstendenzen etwa fünf Jahre voraus. Bereits seit Ende der 1990er Jahre hat mit dem Regierungswechsel von der CDU/CSU-FDP- zur SPD-B90/Die Grünen-Koalition auch im hegemonialen Diskurs ein Umdenken eingesetzt, dessen wichtigster symbolischer Ausdruck die Durchsetzung der Jahresberichte zum Stand der deutschen Einheit sowie die Schaffung eines Bundesbeauftragten für die neuen Länder war (siehe Kollmorgen 2010). Dessen letzte Früchte stellen die neuen Leitbilder der Parteien für Ostdeutschland dar, die sich allesamt – wenn auch in unterschiedlicher Intensität und Ausformung – *jenseits* des alten Subalternisierungs- und Angleichungsdiskurses bewegen (ausführlich: Koch im vorliegenden Band). Der hegemoniale massenmediale Diskurs hielt demgegenüber noch jahrelang an seinen alten (Be-)Zeichnungslogiken fest und begann erst 2005/2007 mit ernsthaften Revisionen.

Der *sozialwissenschaftliche Diskurs*, der qua Selbstverständnis und Funktionslogik deutliche Abgrenzungsversuche gegen dem massenmedialen beinhaltet, ohne von diesem – nicht zuletzt über das Feuilleton und die Meinungsforschung – unberührt zu sein, begründete seine hegemoniale Logik einer nachholenden Modernisierung und Angleichung nach dem Vorbild des Westens etwa zeitgleich mit den Massenmedien. Aber auch hier folgten die ersten wichtigen Brechungen und Re-Orientierungen seit etwa 1999/2000. Bis etwa 2005 kippte die alte hegemoniale Modellierung von Transformation und Vereinigung, so dass auch für dieses Feld von einem deutlichen Vorauslaufen gegenüber den Massenmedien gesprochen werden muss (detailliert: Kollmorgen 2009, im vorliegenden Band).

Die Formierungskraft der hegemonialen massenmedialen Diskurslogik wird schließlich und nicht zuletzt daran deutlich, dass sie ein entscheidendes Element in der Generierung und Reproduktion einer *ostdeutschen Teilöffentlichkeit in den Massenmedien* darstellt.

Nicht nur dass, sondern auch wie diese Teilöffentlichkeit seit Anfang der 1990er Jahre generiert wurde und bis heute reproduziert wird, lässt sich sowohl an den Ergebnissen unserer diskurslinguistischen Analyse wie an den Aussagen zum massenkommunikativen Rezeptionsverhalten der Ostdeutschen zwischen 1993 und 2008 aufdecken. Zwar zeigen alle Studien zum Problemkreis, dass die (vergleichsweise) geringe Rezeption der westdeutschen überregionalen Printmedien, der hohe Verbreitungsgrad spezieller (regionaler) Ost-Zeitungen und Zeitschriften (von der *SUPERillu* bis zum *Magazin*, von der *Magdeburger Volksstimme* bis zur *Sächsischen Zeitung*) sowie die Dominanz der Privatsender und Dritten Programme der öffentlich-rechtlichen „Heimat"-Anstalten (namentlich des *MDR*) sich auch der massenkommunikativen (politischen) Sozialisation in der späten DDR und den sozialstrukturellen Eigenheiten des Ostens verdanken (d.h. der höheren Arbeitslosigkeit und relative Einkommensschwäche der Ostdeutschen, dem höherer Anteil Älterer und von Menschen, die in ländlichen Regionen mit schwacher Freizeitinfrastruktur leben).[23] Ebenso schwer, wenn nicht schwerer wiegt jedoch die hegemoniale und im Kern von westdeutschen Medieneliten durchgesetzte Diskurslogik der Ignoranz, Devianz, Belastung und selbstverschuldeten Subalternität, die – wie nachgewiesen – in genau jenen Print- und elektronischen Medien bzw. Sendeformaten *deutlich präsent(er)* ist, die von den Ostdeutschen gemieden werden (von *FAZ* über *SZ* bis *Handelsblatt*, von *Spiegel* bis *Stern* oder *Focus*). Dabei ist die Entwicklung der Lesewahrscheinlichkeit von (insbesondere überregionalen) Tageszeitungen, die sich erst *nach 1993* schrittweise vom westdeutschen Wert entfernt hat, ein deutliches empirisches Indiz für den genetischen Zusammenhang von hegemonialer Diskurslogik und massenkommunikativen Rezeptionsverhalten (siehe 5.). Die Ostdeutschen, die sich von den wichtigen Tages- und Wochenzeitungen, aber auch öffentlich-rechtlichen Sendern und Sendeformaten nicht hinreichend anerkannt, inhaltlich und sprecherseitig vertreten fühlen, wanderten schlicht zu den Produkten ab, die billig(er) sind und in denen *ihre* Geschichte(n), Erfahrungsräume, Lebenswirklichkeiten, Bedürfnisse sowie Wertordnungen ausgedehnt(er) thematisiert wer-

---

23 Diese besondere massenkommunikative (politische) Kultur vor dem Hintergrund der späten DDR-Gesellschaft beinhaltet u.a. eine Distanz gegenüber forscher, deutlich ideologisierter und nationalstaatlich ausgerichteter politischer Berichterstattung sowie gegenüber hoch- bzw. elite-kulturellen Beiträgen und die (relativ) hohe Bedeutung von Unterhaltungsformaten, Ratgeber- sowie regionaler Themen (von Politik bis Sport) (ausführlich Meyen 2003: v.a. 217ff.; Stiehler 2010; vgl. auch Engler 1999).

den. Die Palette reicht von *MDR (Drittes Programm)* und *RTL* über *SUPERillu, Guter Rat* und selbst *ND* bis zu den Regionalzeitungen mit ihren ausführlichen Lokalteilen.

Schon die Aufzählung dieser Medien und Titel stellt indes klar, dass es sich keineswegs um eine *homogene* massenmediale Teilöffentlichkeit handelt, sondern um eine – wie oben skizziert (1.) – selbst mehrfach differenzierte. Gleichwohl zeichnet sich die ostdeutsche massenmediale Teilöffentlichkeit in vierfacher Hinsicht aus, was die Markierung einer eigenständigen Differenzierungs- und partiell Spaltungsdimension im Raum der deutschen Massenmedien rechtfertigt: Erstens wird sie durch das Zusammenspiel einer Ablehnung der hegemonialen Diskurslogik und dem spezifischen ostdeutschen Konsumtions- und Rezeptionsverhalten hervorgebracht, welches *quer* zu allen anderen Differenzierungsdimensionen liegt, mithin ein eigenständiges Strukturierungsmerkmal begründet.[24] Damit überschreitet diese Dimension in inhaltlicher wie quantitativer Hinsicht alle sonstigen *regionalen Unterschiede* in der Bundesrepublik. Im Konsum von *SUPERillu* und *Gutem Rat* (und in der Meidung von *FAZ, Focus* und *Wirtschaftswoche*) grenzen sich Ostdeutschen von den Westdeutschen stärker ab, als sie sich untereinander in der regionalen Verteilung dieses Rezeptionsmusters und durch das Lesen je eigener Regionalzeitungen unterscheiden. Zweitens werden zwar auch in den wichtigsten Medien der ostdeutschen Teilöffentlichkeit die entscheidenden Führungspositionen von Westdeutschen besetzt; jedoch ist zum einen der Anteil der Ostdeutschen an den Führungspositionen deutlich höher und sind es zum anderen ganz überwiegend Ostdeutsche, die als unmittelbare SprecherInnen des Diskurses auftreten (also: AutorInnen, RedakteurInnen, ModeratorInnen). Drittens ist die ostdeutsche massenmediale Teilöffentlichkeit im Rahmen der Bundesrepublik quantitativ und qualitativ, in ihrer Ausstrahlung und mit ihren SprecherInnen eine marginale. Das verweist, viertens, auf die Eigenheit einer besonderen Differenz zwischen *öffentlichen und veröffentlichten Meinungen* in Ostdeutschland und für die Ostdeutschen. Als soziale Minorität und massenmedial inhaltlich wie personal Subalternisierte werden die öffentlichen Meinungen der Ostdeutschen bis heute in den massenkommunikativen Öffentlichkeiten vor allem, aber nicht nur der überregionalen Leitmedien nur eingeschränkt oder verzerrt repräsentiert. Die aus der Umfrageforschung und qualitativen Studien rekonstruierten öffentlichen Meinungen Ostdeutscher (Hanf et al. im vorliegenden Band; Heitmeyer 2009; Krause/Ostner 2010) bleiben entweder unterdrückt, ungesagt bzw. leise oder werden durch die Hegemonialisierungslogik in den Massenmedien umgeformt, ein- und angepasst.

---

24 Das gilt unbeschadet der herausgearbeiteten Unterschiede zwischen Abweichungs-, Konkurrenz- und offenem Gegendiskurs, wie sie zwischen *SUPERillu* und *ND* erkennbar sind.

Die eigentliche *gesellschaftspolitische Brisanz* dieses Befundes einer ostdeutschen massenmedialen Teilöffentlichkeit, die sich in das Phänomen einer *„ostdeutschen Teilkultur"* und *„Teilgesellschaftlichkeit"* einbettet (Mühlberg 2005; Bahrmann 2005; Kollmorgen 2005; Dietzsch 2008), besteht zum einen in der erneut zirkulären Verstärkung der hegemonialen Diskurslogik. Inhaltlich befördert es die Annahme einer ostdeutschen Andersartigkeit, Devianz und: einer Anpassungsnotwendigkeit an den Westen. In Rücksicht auf das ostdeutsche Rezeptionsverhalten erscheint es darüber hinaus heute durchaus rational, am hegemonialen Diskurs festzuhalten, eben weil es so wenige Ostdeutsche sind, die überregionale Leitmedien konsumieren und – z.B. über Leserbriefe oder Befragungen – die inhaltliche Gestaltung mit beeinflussen.[25] Zum anderen aber und übergreifend bedeutet die Reproduktion einer ostdeutschen Teilöffentlichkeit – unter Kombination mit der Differenz zu den veröffentlichten Meinungen – ein systematisches Defizit in der Herstellung *demokratischer Öffentlichkeit* und damit eine Erschwerung bzw. Begrenzung der *öffentlichen Kommunikation* zwischen Regierenden und Regierten, Eliten und breiter Bevölkerung, Ost- und Westdeutschen, mithin des wechselseitigen politischen und kulturellen Öffnens, des Kennenlernens und wechselseitigen sozialen Lernens, der gemeinsamen Gestaltung von Gegenwart und Zukunft.

Was kann die Zukunft der massenmedialen Kommunikation über Ostdeutschland und die deutsche Einheit bringen? In einer Zuspitzung der Entwicklungstendenzen der letzten zehn Jahre lassen sich zwei Szenarien entwerfen.

In einem ersten Szenario setzen sich zwar die beschriebenen Revisionstendenzen im hegemonialen Diskurs fort. Diese sind aber nicht zuletzt wegen einer ausbleibenden stärkeren Elitenrekrutierung Ostdeutscher und eines weiter begrenzten Austausches mit anderen Diskursfeldern marginal und vor allem auf die positive Event-Berichterstattung beschränkt. In der Routine-Berichterstattung bleibt die Diskurslogik der Subalternisierung beherrschend. Selbst die Angleichungstendenzen im Rezeptionsverhalten Jugendlicher in Ost und West hinsichtlich inhaltlicher Orientierungen und Mediennutzung ändern daran mittelfristig kaum etwas. Kurzum, in fortbestehender Korrespondenz von sozioökonomischer und staatspolitischer Praxis einerseits und massenmedialem Diskurs andererseits wird der Osten auch in den kommenden zehn bis zwanzig Jahren durch die (westdeutschen) Leitmedien nicht wirklich wiedergewonnen. Vielmehr wird in

---

25 Allerdings ist auch die entgegengesetzte Orientierung rational: Wer seitens dieser Medien mehr Ostdeutsche erreichen will, muss offensichtlich an einer Veränderung der Diskurslogik interessiert sein. Die skizzierten Revisionstendenzen des herrschenden Diskurses verdanken sich mit Sicherheit auch dieser „kaufmännischen" Überlegung. Ein Beispiel dafür bietet die *Zeit*, die seit kurzem einen sächsischen Regionalteil besitzt.

wesentlichen Momenten eine ostdeutsche Teilöffentlichkeit und massenmediale Subalternisierung reproduziert.

Das zweite – und eher utopische – Szenario setzt voraus, dass Ostdeutschland aufgrund anstehender gesellschaftlicher Reformen und Neuausrichtungen gesellschaftlicher Entwicklungspfade – von der „demographischen" über die „energetische" bis zur „partizipativen Revolution" – neu im gesamtgesellschaftlichen Diskurs positioniert wird und Ostdeutsche als gleichberechtigte und gleich „potente" Mitglieder des Gemeinwesens anerkannt werden. Die Massenmedien funktionieren in diesem Zusammenhang unter substanzieller Ausweitung des produktiven Bezugs auf andere Diskursfelder zunehmend als massenkommunikative Scharniere zwischen Ost und West und deren Zusammenführung – ohne die fortbestehenden Ungleichheiten und Differenzen zu verkleistern. Um diese Funktion wahrzunehmen, radikalisieren und verstetigen die westdeutschen hegemonialen Leitmedien die skizzierten diskursiven Revisionstendenzen – auch in der Routine-Berichterstattung. Darüber hinaus werden – vor allem in Ostdeutschland, aber zunehmend auch in Westdeutschland – Ostdeutsche für die Medieneliten rekrutiert und erlauben Entflechtungen wie Förderprogramme ein stärkere Bildung von ostdeutschen Eigentümern und Unternehmern im Marktsektor der Massenmedien. Ost- und Westdeutschen – namentlich der jüngeren Generationen unter Nutzung neuer multilateral funktionierender Medien – gelingt es daher schrittweise, die alten Diskurslogiken von (antagonistischer) Alterität und ostdeutscher Subalternisierung zu überwinden oder doch selbst zu marginalisieren, eben weil *andere* gesellschaftspolitische Probleme und Konfliktlinien erheblich an Bedeutung gewinnen. Insofern wird – streng genommen – auch nicht der verlorengegangene Osten wiedergewonnen, sondern vielmehr dieser Osten aufgelöst und in einem „neuen Deutschland" aufgehoben.

Auch wenn das zweite Szenario – jedenfalls für den Zeitraum der kommenden Dekade – einen deutlich utopischen Charakter besitzt. Es zeigt die Richtung an, in der eine Überwindung des bis heute so wirkmächtigen *circulus vitiosus* zwischen diskursiver und materieller Herrschaftspraxis gelingen könnte.

Literatur

Ahbe, Thomas (2008): Ost-Diskurse. Das Bild der Ostdeutschen in den Diskursen von vier überregional erscheinenden Presseorganen 1989/90 und 1995. In: Roth, Kersten Sven/Wienen, Markus (Hg.): Diskursmauern. Aktuelle Aspekte der sprachlichen Verhältnisse zwischen Ost und West. Bremen: Hempen Verlag: 21-54.

Ahbe, Thomas (2009): Die Ost-Diskurse als Strukturen der Nobilitierung und Marginalisierung von Wissen. Eine Diskursanalyse zur Konstruktion der Ostdeutschen in den westdeutschen Medien-Diskursen 1989/90 und 1995. In: Ahbe, Thomas/Gries, Rainer/Schmale, Wolfgang (Hg.): Die Ostdeutschen in den Medien. Das Bild von den Anderen nach 1990. Leipzig: Leipziger Universitätsverlag: 59-112.

Ahbe, Thomas/Gries, Rainer/Schmale, Wolfgang (Hg./2009): Die Ostdeutschen in den Medien. Das Bild von den Anderen nach 1990. Leipzig: Leipziger Universitätsverlag.

Arendt, Hannah (1981): Vita activa oder vom tätigen Leben. München: Piper.

Bahrmann, Hannes (2005): Gestörte Kommunikation. Die Umgestaltung der Medienlandschaft. In: Bahrmann, Hannes/Links, Christoph (Hg.): Am Ziel vorbei. Die deutsche Einheit – Eine Zwischenbilanz. Berlin: Ch. Links Verlag: 251-267.

Belke, Julia (2009): Das Bild der Ostdeutschen im öffentlich-rechtlichen Fernsehen. Eine Diskursanalyse des ARD-Politmagazins KONTRASTE in der Zeit von 1987-2005. In: Ahbe, Thomas/Gries, Rainer/Schmale, Wolfgang (Hg.): Die Ostdeutschen in den Medien. Das Bild von den Anderen nach 1990. Leipzig: Leipziger Universitätsverlag: 135-180.

Biller, Maxim (2009): Deutsche deprimierende Republik. In: Frankfurter Allgemeine Sonntagszeitung, 22.3.2009: 27.

Busch, Ulrich/Kühn, Wolfgang/Steinitz, Klaus (2009): Entwicklung und Schrumpfung in Ostdeutschland: Aktuelle Probleme im 20. Jahr der Einheit. Hamburg: VSA.

Cadenbach, Christoph/Obermayer, Bastian (2010): Nur fünf Prozent der deutschen Elite kommen aus dem Osten. In: SZ-Magazin, Nr. 30 (30. Juli 2010): 12-19.

den Hertog, Frank (2004): Minderheit im eigenen Land? Zur gesellschaftlichen Position der Ostdeutschen in der gesamtdeutschen Realität. Frankfurt/N.Y.: Campus.

Dieckmann, Christoph (2005): Deutschlands Medien und ostdeutsche Öffentlichkeit. In: Aus Politik und Zeitgeschichte, B 40/2005: 3-8.

Dietzsch, Ina (2008): „Zusammen sind wir super!" Die SUPERillu – ein neues Medium jenseits neuer Medien. In: Kulturation. Online Journal für Kultur, Wissenschaft und Politik, 2/2008 (http://www.kulturation.de/ki_1_text.php?id=44).

Engler, Wolfgang (1999): Die Ostdeutschen. Kunde von einem verlorenen Land. Berlin: Aufbau.

Focus Medialine.de (2009): Medialexikon, Stichwort: „Fernsehnutzung" (http://www.medialine.de/deutsch/wissen/medialexikon.php?snr=1888, Zugriff am 04.08.2010).

Foucault, Michel (1966/1974): Die Ordnung der Dinge. Eine Archäologie der Humanwissenschaften. Frankfurt/Main: Suhrkamp.

Fraas, Claudia (1996): Gebrauchswandel und Bedeutungsvarianz in Textnetzen – Die Konzepte IDENTITÄT und DEUTSCHE im Diskurs zur deutschen Einheit. Tübingen: Narr Francke Attempto/BRO.

Früh, Werner/Hasenbrink, Uwe/Kotz, Friedrich/Kuhlmann, Christian/Stiehler, Hans-Jörg (1999): Ostdeutschland im Fernsehen. München: Kopäd.

Früh, Werner/Stiehler, Hans-Jörg (2002): Fernsehen in Ostdeutschland. Eine Untersuchung zum Zusammenhang zwischen Programmangebot und Rezeption, AML-Band 1. Berlin: Vistas.

Fuchs, Christian (2010): Report Zwickau. Mehr als 20 Jahre nach der Wende werden im Osten immer noch ganz andere Magazine als im Westen gelesen. In: Süddeutsche Zeitung vom 6./7.11.2010: 21.

Galtung, Johan/Ruge, Mari Holmboe (1965): The Structure of Foreign News. The Presentation of the Congo, Cuba and Cyprus Crisis in Four Norwegian Newspapers. In: Journal of Peace Research, vol. 1965 (2): 64-91.

Gerhards, Jürgen (1998): Öffentlichkeit. In: Jarren, Otfried/Sarcinelli, Ulrich/Saxer, Ulrich (Hg.): Politische Kommunikation in der demokratischen Gesellschaft. Ein Handbuch. Wiesbaden: Westdeutscher Verlag: 268-274.

Habermas, Jürgen (1962): Strukturwandel der Öffentlichkeit. Untersuchungen zu einer Kategorie der bürgerlichen Gesellschaft. Neuwied/Berlin: Luchterhand.

Habermas, Jürgen (1989): Volkssouveränität als Verfahren. Ein normativer Begriff der Öffentlichkeit. In: Ders. (1990): Die Moderne – ein unvollendetes Projekt. Leipzig: Reclam: 180-212.

Hachmeister, Lutz (Hg./2008): Grundlagen der Medienpolitik. Ein Handbuch. München: DVA.

Hake, Sabine/Ehrenberg, Maria (2009): Ostdeutsche wenden sich von der Tageszeitung ab. Die Entwicklung der Lesewahrscheinlichkeiten von Tageszeitungen insgesamt und überregionalen Abo-Zeitungen in Ost- und Westdeutschland. Medientrends und sozialer Wandel, 1/2009. Köln: Universität Köln, MLFZ (http://www.mlfz.uni-koeln.de/assets/files/Medientrends/Medientrend_01_2009.pdf).

Hanf, Thomas/Sengpiel, Hanne-Lore (2008): Medienanalyse zur deutsch-deutschen Einheit. Unv. Manuskript. Berlin: SFZ.

Heitmeyer, Wilhelm (Hg./2009): Deutsche Zustände, Folge 7. Frankfurt/Main: Suhrkamp.

Hepperle, Susanne (1998): Durchsetzung des westdeutschen Ordnungsmodells. Rundfunk und Fernsehen. In: Czada, Roland/Lehmbruch, Gerhard (Hg.): Transformationspfade in Ostdeutschland. Beiträge zur sektoralen Vereinigungspolitik. Frankfurt/N.Y.: Campus: 191-240.

Jarren, Otfried/Sarcinelli, Ulrich/Saxer, Ulrich (Hg./1998): Politische Kommunikation in der demokratischen Gesellschaft. Ein Handbuch. Wiesbaden: Westdeutscher Verlag.

Jung, Matthias (2001): Diskurshistorische Analyse – eine linguistische Perspektive. In: Keller, Reiner/Hirseland, Andreas/Schneider, Werner/Viehöver, Willy (Hg.): Handbuch Sozialwissenschaftliche Diskursanalyse, Bd. 1: Theorien und Methoden. Opladen: Leske + Budrich: 29-52.

Kapitza, Arne (1998): Verlegerische Konzentration und redaktionelle „Ostalgie": Die Printmedien. In: Czada, Roland/Lehmbruch, Gerhard (Hg.): Transformationspfade in Ostdeutschland. Beiträge zur sektoralen Vereinigungspolitik. Frankfurt/N.Y.: Campus: 191-240.
Keller, Reiner (2007): Diskursforschung. Eine Einführung für SozialwissenschaftlerInnen. Wiesbaden: VS Verlag.
Klein, Josef (1998): Politische Kommunikation – Sprachwissenschaftliche Perspektiven. In: Jarren, Otfried/Sarcinelli, Ulrich/Saxer, Ulrich (Hg.): Politische Kommunikation in der demokratischen Gesellschaft. Ein Handbuch. Wiesbaden: Westdeutscher Verlag: 186-210.
Knoblauch, Hubert (2001): Diskurs, Kommunikation und Wissenssoziologie. In: Keller, Reiner/Hirseland, Andreas/Schneider, Werner/Viehöver, Willy (Hg.): Handbuch Sozialwissenschaftliche Diskursanalyse, Bd. 1: Theorien und Methoden. Opladen: Leske + Budrich: 207-224.
Kollmorgen, Raj (2005): Ostdeutschland. Beobachtungen einer Übergangs- und Teilgesellschaft. Wiesbaden: VS Verlag.
Kollmorgen, Raj (2007): Die zurückgebliebenen Ostdeutschen? In: Kirchlicher Herausgeberkreis Jahrbuch Gerechtigkeit (Hg./2007): Zerrissenes Land. Perspektiven der deutschen Einheit (Jahrbuch für Gerechtigkeit III). Oberursel: Publik-Forum: 79-85.
Kollmorgen, Raj (2009): Ostdeutschlandforschung. Status quo und Entwicklungschancen. In: Soziologie, 38. Jg. (2): 9-39.
Kollmorgen, Raj (2010): Diskurse der deutschen Einheit. In: Aus Politik und Zeitgeschichte, 30-31/2010: 6-13.
Kolmer, Christian (2009): Nachrichten aus einer Krisenregion. Das Bild Ostdeutschlands und der DDR in den Medien 1994-2007. In: Ahbe, Thomas/Gries, Rainer/Schmale, Wolfgang (Hg.): Die Ostdeutschen in den Medien. Das Bild von den Anderen nach 1990. Leipzig: Leipziger Universitätsverlag: 181-214.
Krause, Peter/Ostner, Ilona (Hg./2010): Leben in Ost- und Westdeutschland. Eine sozialwissenschaftliche Bilanz der deutschen Einheit 1990-2010. Frankfurt/N.Y.: Campus.
Kunze, Conrad (2008): Die postsozialistische Transformation der ostdeutschen Elite. Der Hallische Graureiher, Heft 2008-4. Halle: Martin-Luther-Universität, Institut für Soziologie.
Laclau, Ernesto (1991): New Reflections on the Revolution of Our Time. London et al.: Verso.
Land, Rainer/Ralf Possekel (1998): Fremde Welten. Die gegensätzliche Deutung der DDR durch SED-Reformer und Bürgerbewegungen in den 80er Jahren. Berlin: Links.
Luhmann, Niklas (2002): Die Politik der Gesellschaft. Frankfurt/M.: Suhrkamp.
Maletzke, Gerhard (1998): Kommunikationswissenschaft im Überblick: Grundlagen, Probleme, Perspektiven. Opladen Westdeutscher Verlag.

MDR (2004): Ostdeutsche Eliten dünn gesät (MDR-Umschau vom 24.10.2004; die Daten sind wiederabgedruckt bei Pasternack, Peer (2005): Wissenschaftsumbau. Der Austausch der Deutungseliten. In: Bahrmann, Hannes/Links, Christoph (Hg.): Am Ziel vorbei. Die deutsche Einheit – Eine Zwischenbilanz. Berlin: Ch. Links Verlag: 221-236, hier: 224-225).

Meyen, Michael (2003): Denver Clan und Neues Deutschland. Mediennutzung in der DDR. Berlin: Ch. Links.

Meyn, Hermann (2004): Massenmedien in Deutschland. Konstanz: UVK.

Mühlberg, Dietrich (2005): Deutschland nach 1989: politisch geeint – kulturell getrennt? In: Kulturation. Online-Journal für Kultur, Wissenschaft und Politik, 28.(3) Jg. (6, 2/2005).

Noelle-Neumann, Elisabeth (1998): Öffentliche Meinung. In: Jarren, Otfried/Sarcinelli, Ulrich/Saxer, Ulrich (Hg.): Politische Kommunikation in der demokratischen Gesellschaft. Ein Handbuch. Wiesbaden: Westdeutscher Verlag: 81-96.

Pappert, Steffen/Schröter, Melanie (2008): Der Vereinigungsdiskurs als Spaltungsdiskurs in der *Spiegel*-Berichterstattung 1990-2000. In: Roth, Kersten Sven/Wienen, Markus (Hg.): Diskursmauern. Aktuelle Aspekte der sprachlichen Verhältnisse zwischen Ost und West. Bremen: Hempen Verlag: 157-178.

Pêcheux, Michel (1982). Language, semantics and ideology. Stating the obvious. London: MacMillan.

Reiher, Ruth (2008): Zum Umgang der Linguistik mit dem sprachlichen Ost-West-Problem seit dem Mauerfall. In: Roth, Kersten Sven/Wienen, Markus (Hg.): Diskursmauern. Aktuelle Aspekte der sprachlichen Verhältnisse zwischen Ost und West. Bremen: Hempen Verlag: 1-20.

Richatz, Jens (Hg./2005): Mediendiskurse deutsch/deutsch. Weimar: VDG-Verlag.

Roth, Kersten Sven (2004): Wie man über ‚den Osten' spricht – Die ‚neuen Länder' im bundesdeutschen Diskurs. In: gfl-journal (German as foreign language), No. 2/2004: 16-36.

Roth, Kersten Sven (2008): Der West als „Normal Null". Zur Diskurssemantik von „ostdeutsch*" und „westdeutsch*". In: Roth, Sven Kersten/Wienen, Markus (Hg.): Diskursmauern. Aktuelle Aspekte der sprachlichen Verhältnisse zwischen Ost und West. Bremen: Hempen Verlag: 69-90.

Roth, Kersten Sven/Wienen, Markus (Hg./2008): Diskursmauern. Aktuelle Aspekte der sprachlichen Verhältnisse zwischen Ost und West. Bremen: Hempen Verlag.

Ruhrmann, Georg/Göbbel, Roland (2007): Veränderung der Nachrichtenfaktoren und Auswirkungen auf die journalistische Praxis in Deutschland (Abschlussbericht für netzwerk recherche e.V.). Wiesbaden: netzwerk recherche.

Saxer, Ulrich (1998): System, Systemwandel und politische Kommunikation. In: Jarren, Otfried/Sarcinelli, Ulrich/Saxer, Ulrich (Hg.): Politische Kommunikation in der demokratischen Gesellschaft. Ein Handbuch. Wiesbaden: Westdeutscher Verlag: 21-65.

Schatz, Roland (2010): Wahrnehmung 2. Klasse. Das Medien der Neuen Bundesländer im allgemeinen sowie der ostdeutschen Wirtschaft & Wissenschaft im besonderen. Vortrag auf der Konferenz „20 Jahre deutsche Einheit – von der Transformation zur europäischen Integration" am 11./12. März 2010 in Halle/Saale, Vortragsmanuskript (Power Point) (http://www.iwh-halle.de/d/start/News/workshops/20100311/praesentationen/Schatz.pdf).

Schroeder-Deutz, Monika/Schroeder, Klaus (2008): Soziales Paradies oder Stasi-Staat? Das DDR-Bild von Schülern, ein Ost-West-Vergleich. Berlin/München: Ernst Vögel Verlag.

Schulz, Winfried (1976): Die Konstruktion von Realität in den Nachrichtenmedien. Analyse der aktuellen Berichterstattung. Freiburg/München: Karl Alber.

Schwab-Trapp, Michael (2001): Diskurs als soziologisches Konzept. Bausteine für eine soziologisch orientierte Diskursanalyse. In: Keller, Reiner/Hirseland, Andreas/ Schneider, Werner/Viehöver, Willy (Hg.): Handbuch Sozialwissenschaftliche Diskursanalyse, Bd. 1: Theorien und Methoden. Opladen: Leske + Budrich: 261-284.

Stiehler, Hans-Jörg (2010): Tickt der Osten anders? Erklärungsversuche zur Mediennutzung. In: Brähler, Elmar/Mohr, Irina (Hg.): 20 Jahre deutsche Einheit – Facetten einer geteilten Wirklichkeit. Gießen: Psychosozial-Verlag: 138-154.

Stiftung Aufarbeitung der SED-Diktatur/Forschungsinstitut Medientenor (2005): Vom gemeinsamen Anliegen zur Randnotiz. DDR, Wiedervereinigung und der Prozess der Deutschen Einheit im Spiegel der Medien. Medien-Inhaltsanalyse 1994-2004 (Langfassung). Berlin/Bonn: Stiftung Aufarbeitung der SED-Diktatur/ Forschungsinstitut Medientenor (http://www.stiftung-aufarbeitung.de/downloads/pdf/2010/tenor _lang.pdf? PHPSESSID =cecd15fd9c008343a344f4e232686c6a – Zugriff am 06.08.2010).

Wedl, Juliette (2009): Ein Ossi ist ein Ossi ist ein Ossi ... Regeln der medialen Berichterstattung über „Ossis" und „Wessis" in der Wochenzeitung Die Zeit seit Mitte der 1990er Jahre. In: Ahbe, Thomas/Gries, Rainer/Schmale, Wolfgang (Hg.): Die Ostdeutschen in den Medien. Das Bild von den Anderen nach 1990. Leipzig: Leipziger Universitätsverlag: 113-134.

Wengler, Martin (2007): Topos und Diskurs – Möglichkeiten und Grenzen der topologischen Analyse gesellschaftlicher Debatten. In: Warnke, Ingo H. (Hg.): Diskurslinguistik nach Foucault. Theorie und Gegenstände (Linguistik - Impulse & Tendenzen). Berlin et al.: De Gruyter: 165-186.

Wolf, Jochen (2010): In Ostdeutschland lesen mehr Menschen die SUPERillu als Spiegel, Stern, Focus und Bunte zusammen. In: Süddeutsche Zeitung Magazin, Nr. 39 (30. Juli 2010): 22-25.

Wuschig, Ilona (2005): Anspruch ohne Wirklichkeit. 15 Jahre Medien in Ostdeutschland. Münster: LIT Verlag.

Diskurs der Unbegreiflichkeit –
Zur Geschichte der Wenderomane

Wolfgang Gabler

Der literarisch-belletristische Diskurs über das, was gewöhnlich „Wende" und „Vereinigung" genannt wird, begann früh und mit einem in seiner Wirkung ganz ungewöhnlichen Text. Nicht nur, dass dieser Text zum meistgedruckten der Wende- und Vereinigungsliteratur insgesamt werden sollte, er thematisierte auch ein Erleben, an dessen Darstellung sich die an diesem Diskurs beteiligten AutorInnen bis zum heutigen Tag künstlerisch abarbeiten, weil dieses Erleben im doppelten Sinne nicht zu fassen war und nach wie vor wohl nicht zu fassen ist. Seine aporetische und ästhetische Unfassbarkeit sorgt für die anhaltende Produktion, Rezeption und Distribution von Wende- und Vereinigungsliteratur. Jener meistveröffentlichte Text ist Volker Brauns Gedicht *Das Eigentum*:

    0 Das Eigentum
    1 Da bin ich noch: mein Land geht in den Westen.
    2 KRIEG DEN HÜTTEN FRIEDE DEN PALÄSTEN.
    3 Ich selber habe ihm den Tritt versetzt.
    4 Es wirft sich weg und seine magre Zierde.
    5 Dem Winter folgt der Sommer der Begierde.
    6 Und ich kann *bleiben wo der Pfeffer wächst*.
    7 Und unverständlich wird mein ganzer Text.
    8 Was ich niemals besaß wird mir entrissen.
    9 Was ich nicht lebte, werd ich ewig missen.
   10 Die Hoffnung lag im Weg wie eine Falle.
   11 Mein Eigentum, jetzt habt ihrs auf der Kralle.
   12 Wann sag ich wieder *mein* und meine alle.

Braun 1992: S. 84[1]

---

1 Die Erstveröffentlichung des Textes erfolgte zeitgleich in der DDR-Tageszeitung Neues Deutschland, v. 4./5.8.1990, sowie in der BRD-Wochenzeitung Die Zeit, Nr. 33/1990.

Das lyrische Ich dieses Gedichts präsentiert sich in der Situation eines Ohnmächtigen.[2] Das Eigentum ist ihm weggenommen worden (11), und dessen Wiedererlangung steht nicht in seiner Macht. Bemerkenswerterweise „besaß" dieses Ich jenes Eigentum „niemals", es wurde ihm aber trotzdem „entrissen" (8). Es stellt sich die Frage, worum es sich bei diesem eigenartigen Eigentum und paradoxen Verlustobjekt gehandelt haben mag. Das aber sagt das Ich nicht. Der Leser kann nur vermuten, ob das Ich es nicht sagen kann oder es nicht sagen will. Damit signalisiert das Ich eine Diskursstörung, die in (7) ausdrücklich bezeichnet wird – unabhängig davon, ob sich „Text" auf das vorliegende Gedicht bezieht, auf die Texte des Ich in der Vergangenheit oder ob er symbolisch verstanden wird. Mehr noch: Die Störung ist offenbar so grundsätzlich und einschneidend, dass sie durch Redundanz hervorgehoben wird, denn (7) ist der einzige Vers, der nicht mit einem Punkt abschließt, sodass ein komisch-dialogischer Zeilensprung gelesen werden kann: „[...] mein ganzer Text / Was [...]".[3]

Diese Diskursstörung hat zudem eine literaturgeschichtliche Dimension (Gabler 1997). Das Ich legt mit *Das Eigentum* eine Spur, die über Hölderlin und Goethe bis zu Walter von der Vogelweide reicht. Letzterer beschrieb im Gedicht *Ich hab mein Lehen!* (*Ich hân mîn lêhen*, ca. 1220) seinen Dank an Kaiser Friedrich II., der ihm für sein dichterisches Werk ein Lehen schenkte und Walter damit ökonomisch unabhängig machte. Hölderlin hingegen sah in seinem Gedicht *Mein Eigentum* (1799) den „Gesang" als sein „freundlich Asyl" (Hölderlin 1965: 226), ein Eigentum, das ihm nicht zu nehmen war. Und Goethe erklärt in *Eigentum* (1814; Goethe 1949: 142): „*Ich weiß, daß mir nichts angehört / Als der Gedanke, der ungestört / Aus meiner Seele kann fließen [...].*"

So unterschiedlich diese Dichter den Begriff des eigenen Eigentums auch verstehen – eine Gemeinsamkeit dieses Verstehens gibt es dennoch: Sie kennen gewissermaßen die Begriffsintension; sie wissen, worin für sie das „Eigentum des Dichters" besteht. Damit führt die in Brauns Gedicht gelegte literaturgeschichtliche Spur ins Nichts. Das bedeutet jedoch keineswegs, es handele sich um eine falsche Fährte oder um eine Fehlleistung. Vielmehr ergibt die Spurensu-

---

2 Der ausgewiesene Bremer Spezialist für DDR-Literaturgeschichte, Wolfgang Emmerich, bezeichnete Brauns Gedicht als einen „der aufschlußreichsten Texte der Wendezeit" (Emmerich 1991: 176), und er diskutiert den Text als Ausdruck von Melancholie über den Verlust „der *Utopie des wirklichen Sozialismus*" (ebd., Kursivierung i.O. – WG). Allerdings sind Zweifel an dieser Lesart angebracht, denn diese „Utopie" hat Braun ja zumindest früher „besessen" (und hat sie vielleicht noch immer). Doch im Text wird dies ausgeschlossen und damit ein Paradoxon in Form eines unauflösbaren logischen Widerspruchs konstituiert.
3 In vielen Veröffentlichungen und Zitierungen wurde diese Textgestalt übersehen und – in hier nicht weiter zu diskutierender Fehllektüre – ein Punkt gesetzt (vgl. z.B. Brussig, 2004: 584). Brussigs Roman zitiert Brauns Gedicht fehlerhaft, aber im Gesamttext und belegt damit die ungewöhnliche Wirkungskraft von Brauns Text.

che, dass das Braun'sche Ich eine Erfahrung gemacht hat, für die es keine Vorlage, kein Vor-Bild kennt. Um diesen Tatbestand aber wahrnehmen zu können, ist die Irritation notwendig. Zudem wird durch die Textgestalt in (2) und (6) eine weitere Diskursebene vorgeben: das Zitat bzw. die Zitat-Anspielung. In (2) wird der berühmte Schlachtruf Nicolas Chamforts aus der Französischen Revolution, den Georg Büchner in *Der Hessische Landbote* (1834) zitiert, ins Gegenteil verkehrt. 1990 und in den Jahren danach musste ein auf diese Weise artikuliertes Aufbegehren allergische Reaktionen hervorrufen, klang eine solche Parole doch sehr nach alter DDR-Ideologie.

Eine solche allergische Reaktion zitiert (6). Der Vers bezieht sich auf einen Bericht über eine Potsdamer Kulturtagung in einer Wochenzeitung, den der Journalist mit dem Satz schloss: *„Die toten Seelen des Realsozialismus sollen bleiben, wo der Pfeffer wächst."* (Greiner 1990) Mit anderen Worten: Es regiert der Wunsch nach Diskursausschluss.[4] Das allerdings muss für das lyrische Ich ein existenzielles Problem darstellen, denn es ist ja noch „da" (1).

Da Brauns Gedicht auch gegensätzliche Lesarten ermöglichte – z.B. von zahlreichen begeisterten Lesern und anderen AutorInnen, vor allem in der DDR/Ostdeutschland (Schlenstedt 1992) – ist es zunächst als ungewöhnlich weiter Projektionsraum anzusehen, der einen Hinweis auf den Grad der Abstraktion impliziert, den der Leser für das paradoxe Verlustobjekt veranschlagen muss. Es handelt sich – so meine These – um die kurzzeitige Realisierungsmöglichkeit einer Utopie. Kaum dass diese Möglichkeit bestand, war sie auch schon vorbei. Da zum Wesen von Utopien deren Unrealisierbarkeit und Praxisuntauglichkeit gehört, ist die kurzfristige Möglichkeit des Unmöglichen der Inhalt dessen, was verloren ging – wenn man so will, ein magischer Moment von Geschichte. Die Möglichkeit, das Unmögliche zu realisieren, war so flüchtig, dass es sie praktisch nicht gab und nie wieder geben wird. Diesen Moment beschreibt das lyrische Ich in Brauns Gedicht.

Wesentliche Voraussetzung für die Weite des Projektionsraumes ist außerdem die Polysemie des auch ideologisch hoch aufgeladenen Wortes „Eigentum" – dessen Bedeutungsspektrum liegt zwischen dem ökonomisch-juristischen Begriff und dem Begriff „Identität/Eigentümlichkeit" – als auch seine Einbettung in ein

---

4 Nur am Rande sei auf das Typische dieser Diskursausschlussforderung verwiesen: Als 1990/91 die Zukunft der beiden Schriftstellerverbände verhandelt wurde, gab es einen Brief des Vorstandes des (westdeutschen) VS an 23 für die DDR-Literaturpolitik mitverantwortliche AutorInnen (u.a. Hermann Kant), durch den diese aufgefordert wurden, ihren Antrag auf Aufnahme in den zukünftig alleinigen Verband deutscher Schriftsteller (VS) „bis auf weiteres zurückzustellen" (Werner 1991); diese Aufforderung wurde allgemein als Einhaltung einer „Schamfrist" aufgefasst (Hage 1991). Ähnliche Ausschlussforderungen gab es im Verlaufe der Vereinigung der ost- und westdeutschen Akademien der Künste (1993) sowie der beiden deutschen P.E.N.-Zentren (1998).

Paradoxon[5] (8). Der Verlust dieses Eigentums ist für das lyrische Ich mit einem weiteren Moment verknüpft, mit dem des Selbstvorwurfs. In (3) wird das zum Symbolkomplex „Eigentum" gehörige „mein Land" mit einem Schuldgefühl verbunden: „Ich selber habe ihm den Tritt versetzt." Demnach kann zusammenfassend davon gesprochen werden, dass sich das lyrische Ich die/eine Schuld am Verlust des obskuren Eigentums gibt. Und dies wiederum ist exakt die Konstellation der Melancholie, wie Freud sie in *Trauer und Melancholie* (1917) beschrieb. Der *„unbekannte Verlust bei der Melancholie"* (Freud 1988: 105) generiert *„Selbstvorwürfe als Vorwürfe gegen das Liebesobjekt [...], die von diesem weg auf das eigene Ich gewälzt sind"* (Freud 1988: 108). Ausdrücklich kann dieses Liebesobjekt durch eine an seine *„Stelle gerückte Abstraktion wie Vaterland, Freiheit, ein Ideal usw."* (Freud 1988: 102) ersetzt sein.

Die folgende Darstellung zur Geschichte der sog. Wenderomane gründet sich auf die These, dass diese Geschichte als Diskurs der Unbegreiflichkeit verständlich wird – und zwar in Geschichten von „unbekannten Verlusten" und damit korrespondierenden „Schuldgefühlen", die in paradoxen Darstellungen erscheinen. Die bislang unendliche Geschichte der Wenderomane verweist darauf, dass der Verlust unbekannt blieb, aber weiter nach dessen Formulierung gesucht wird.

1. Kampffeld „DDR-Identität" oder: Eigentümlichkeit als fragwürdiges Verlustobjekt

Eines der am meisten umstrittenen Phänomene des frühen Vereinigungsdiskurses war „DDR-Identität". Es erschien geradezu als Trauma, das unter allen Umständen aufgelöst und als böses Erbe ausgeschlagen werden musste, um ein wie auch immer verstandenes Ideal von „Einheit" Wirklichkeit werden zu lassen.

Der Lyriker Günter Kunert vermutete in der „DDR-Identität" einen im Nachhinein geschaffenen „Homunculus" (Kunert 1991) und wünschte sich, *„daß wir diese Wort endlich auf die schwarze Liste setzen"* (Kunert 1995). Der als besonnen geltende Autor Günter de Bruyn fuhr ebenfalls schweres Geschütz auf und hielt die *„mystische DDR-Identität"* für *„viel gefährlicher als die Stasi-Verbrechen"* (de Bruyn 1992: 169). Charakteristisch waren sowohl einerseits die hysterische Abwehr von „DDR-Identität" als andererseits auch die Behauptung einer sog. „Trotzidentität" (Reich 1990), die die damalige Auseinandersetzung bestimmten. Die Schärfe der Diskussion basierte auf einem Verständnis von „Identität" als einer widerspruchslosen Entität. Allein die Berücksichtigung der

---

5 Paradoxie benutze ich hier als Arbeitsbegriff zur Bezeichnung des ästhetischen Äquivalents für die Darstellung des Unbegreiflichen; das Unbegreifliche ist eine Metapher für einen scheinbar oder tatsächlich unauflöslichen logischen Widerspruch.

Dialektik von Identität und Alterität hätte die Beobachtung der nachträglichen Entstehung von DDR-Identität weniger absurd erscheinen lassen. Kein Wunder, dass vor allem ostdeutsche AutorInnen in literarischen Texten dem Phänomen einer spezifischen Eigentümlichkeit nachgingen, denn deren Identitätsdeterminanten hatten sich wesentlich verändert. Ein besonders anspruchsvolles, frühes und repräsentatives Beispiel war der Roman *Unter dem Namen Norma* (1994) von Brigitte Burmeister.

Der Roman erzählt zunächst eine alltägliche Geschichte aus dem Jahr 1992. Die Ich-Erzählerin und Übersetzerin einer Biografie über den Jakobiner Saint-Just, Marianne Arends, lebt in Ost-Berlin und ist seit zwei Jahren getrennt von ihrem Ehemann Johannes. Der startet bei einer Firma in Baden-Württemberg eine neue berufliche Karriere und lädt zur Feier dieser Umstände seine Frau dorthin zu einem Gartenfest ein. Zu vorgerückter Stunde erzählt Marianne der Frau eines Kollegen von Johannes, Corinna, eine Episode aus ihrer Vergangenheit und bitte Corinna, darüber „zu niemandem ein Wort" (Burmeister 1994: 242) zu sagen. Denn Marianne berichtet, sie habe unter dem Namen Norma als Inoffizielle Mitarbeiterin für das MfS gearbeitet. Bald stellt sich heraus, dass diese Geschichte frei erfunden ist. Doch sie wird als zu erwartende Wahrheit von allen Beteiligten angenommen, denn das vertraulich Mitgeteilte wird umgehend von Corinna kolportiert und vom Ehemann als Vorwand benutzt, sich von Marianne zu trennen. Warum Marianne diese Legende erzählt, bleibt ihr selbst unklar. Es ist das Rätsel einer Geschichte, in der symbolische historischen Daten als Referenz angeboten werden, denn die beiden Teile des Romans tragen die Titel „17. Juni" und „14. Juli".

So erlebt der Leser die Hauptfigur in diesem ersten Teil in einer komplexen Trennungssituation, paradoxerweise unter dem Datum, an dem vor der Wende in der Bundesrepublik der „Tag der deutschen Einheit" gefeiert wurde. Unter dem Datum, das den Willen zu staatlicher Vereinigung versinnbildlichen soll, erzählt der Roman von der Trennung eines Paares, das ursprünglich im Osten vereint war und vor dem Hintergrund der staatlichen Vereinigung eine getrennte Ost-West-Existenz etabliert. Bereits vor dem mysteriösen Gartenfest erlebt Marianne intensiv die Entfremdung von Johannes. Die geografisch-räumliche Distanz verschärft ihr „Bewusstsein eines unaufhebbaren Abstandes" (Burmeister 1994: 106). Dieses Bewusstsein wird verstärkt, weil Johannes seine DDR-Vergangenheit abschließen und „Trennungsstriche" (Burmeister 1994: 94) ziehen will.

„Dabei schien es mir [Marianne – WG], als wiederhole er ein Verhalten, das die Antwort von anderen auf frühere Verhältnisse gewesen war. [/] Ich sagte ihm das. Bei Flüchtlingen, bei Opfern könne ich es mir erklären, die gesessen haben, abgeschoben, ausgebürgert, fortschikaniert worden sind, plötzlich in der Fremde, mit lästigem Heimweh und unerwarteter Mühe, sich einzuleben in der besseren Gesellschaft, in die die andere sie hineingezwungen hatte, diese dreimal verfluchte, an der es nichts [...] zu vermissen gab, abstoßend in jeder Hinsicht. Doch wozu brauchst du [Johannes – WG] dieses Haß- und Ekelbild von dem Land, in dem du [...] mit den unterschiedlichsten Empfindungen gelebt hast? [...] Weißt du, woran mich das erinnert? An unsere Marxismusstunden [...]. Dialektik sollte das sein, und war doch nur eine Methode, Widersprüche aus der Welt zu schaffen durch Unterschlagung" (Burmeister 1994: 94f.).

Johannes' Weigerung, sich auf differenzierte Weise mit seiner Vergangenheit zu beschäftigen, hat für ihn alltagspraktische Gründe, denn diese Vergangenheit ist für ihn schambesetzt. Er will die biografische Differenz zu seinen westdeutschen KollegInnen tilgen, weil dieser Unterschied seine Aufstiegschancen mindert. Diesen Konflikt sieht Marianne sehr wohl, und sie nimmt ihn ernst. Für sie selbst jedoch ist ein solcher Umgang mit den eigenen Erinnerungen aus historischen Gründen ausgeschlossen. Denn dass die Erzählerin Marianne heißt – wie die Symbolfigur der Französischen Revolution –, dadurch eine Bezugnahme auf Volker Brauns *Das Eigentum* entsteht und Marianne überdies mit der Biografie Saint-Justs vertraut ist, evoziert den entsprechenden Kontext: Am 17. Juni 1789 konstituierte sich die Französische Nationalversammlung, und es begann die „staatsrechtliche Umwälzung" (Markov 1986: 71) in Frankreich. Dass Marianne ihr Leben ähnlich umgewälzt sieht, liegt auf der Hand. Vor allem aber erkennt sie an der Figur Saint-Justs die Folgen des Versuchs, mit der Vergangenheit einfach brechen zu wollen. Saint-Just war der Erste, der die Hinrichtung Ludwigs XVI. forderte, also auch eine Art „Trennungsstrich" ziehen wollte. Saint-Justs eigenes Schicksal – er wurde 1794 hingerichtet – stärkt Mariannes Willen, aus der Geschichte zu lernen.

Am besagten 14. Juli hingegen findet das Gartenfest statt, am Tag des Sturms auf die *Bastille*, und dieses Datum legt es nahe, einen „Aufstand" Mariannes zu assoziieren. Im Vergleich zum erwarteten Opfer-Status verblüfft die Erzählerin mit der Geschichte einer Täterin. Als solche stellt sich Marianne unter dem Namen *Norma* in einer Art – der Name ist ein Anagramm[6] – *Roman* dar. Diese Selbstbezichtigung als Täterin ist wie eine Reaktion auf die Zuweisung des Opfer-Status'. Mariannes Legende kann von ihrer Zuhörerin und deren Ehemann –

---

6 „Norma" ist ein Anagramm auf „Roman", kann aber auch auf den Nachnamen der Autorin Monika Maron bezogen werden. Dabei ist zu berücksichtigen, dass die IM-Tätigkeit Marons (zwischen 1976 und 1978) erst 1995 öffentlich bekannt wurde.

Letzterer informiert Johannes über das vertrauliche Gespräch – jedoch nur als Wahrheit genommen werden, weil es eine entsprechende Erwartung gab, die der herrschende Diskurs konstituierte (zum diskursanalytischen Zusammenhang: Kollmorgen 2008). Die soziale und die individuelle Ebene des moralischen Urteils über die Vergangenheit in der DDR durchdringen einander, und es entsteht eine diffuse Bewertungssituation. Während man den DDR-Bürgern im Allgemeinen als vom politischen System Unterworfenen den Opfer-Status zubilligt, wird dem Individuum Mitschuld gegeben. Mariannes „Sturm auf die Bastille" des öffentlichen Diskurses zeigt sich deshalb zunächst als eine Flucht – jedoch nicht aus der prekären Konstellation heraus, sondern – ein weiteres Paradoxon – in sie hinein. Indem sie die klischierte Erwartung erfüllt – wenn auch nur durch eine falsche Aussage – entrinnt sie dem Druck unangenehmer Thematisierung ihrer Person. Mit dem falschen Rollenspiel entzieht sie sich auch einer potenziellen Beschämung und Demütigung. Denn Marianne ist nicht gemeint, wenn über sie unter dem Namen Norma gesprochen wird. Diesen Gedanken stützt jedenfalls eine kleine Szene vor dem falschen Geständnis. Marianne als Gastgeberin des Festes wird zunächst von Corinna gelobt:

> „Ein bezaubernder Abend. Ihr Werk! [/] Ich berichtigte nichts und trank. Die winzige Fliege am Rand des Glases spülte ich herunter. Ich wäre ihr gern in die Abgeschlossenheit gefolgt, dort unsichtbar und unansprechbar" (Burmeister 1994: 218).

Diese Sehnsucht nach unansprechbarer Abgeschlossenheit ist das wesentliche Bedürfnis, mit dem Marianne auf ihre Erfahrungen nach der Wende reagiert. Sie fühlt sich als Objekt von Interessen, bei denen sie selbst als ein unverwechselbares Individuum nicht gemeint ist, sondern nur als Konsument oder als Verwaltungsobjekt:

> „Umzingelt, belagert, bedrängt, belästigt. Die gute Fee, den guten Hacker herbeiwünschen, dich löschen lassen aus sämtlichen Dateien. Niemand werden, nicht mehr auffindbar hinterm Schutzwall der Datenlosigkeit, himmlischer Frieden dann. Denkst du. Schon die Wörter, mit denen du denkst! Mehr als bedenklich! [...] Gib es zu: die Kränkung. Weil du sie nicht begreifst, ihre Ordnung nicht durchschaust, sofort wieder vergißt, was sie dir erklären. Hinter den freundlichen Grüßen vermißt du den freundlichen Staat" (Burmeister 1994: 188).

Was wie ein ostalgischer Anfall aussieht, ist vielmehr Ratlosigkeit, gemischt mit einer leichten Paranoia. Und sie weiß, dass ihr Denken provokant und aggressiv ist, wenn sie sich „hinterm Schutzwall der Datenlosigkeit" einen „himmlischen Frieden" wünscht. Die gewaltsame Zerschlagung der Pekinger Studentenproteste im Sommer 1989 ist beim Leser ebenso präsent wie das Wissen um die „Mauer", die im offiziellen DDR-Sprachgebrauch „antifaschistischer Schutzwall" hieß. Hinter jenem Wall konnte man – wenn man allein die DDR-Informationspolitik in Betracht zieht – eine Situation der „Datenlosigkeit" erkennen. Die Frustration angesichts einer fehlenden Alternative lässt sie den „freundlichen Staat" wünschen.

Mariannes Identitätskrise kommt aus der Ratlosigkeit. Sie weiß nur, was sie nicht will. Deshalb reagiert sie als Gedemütigte mit Abwehrgesten komplexer Negation und mit Scham. Aus der neuen Situation ist für sie kein positiver Lebensansatz zu gewinnen; auch die Trennung von Johannes ist keine Befreiung.

Burmeisters Roman entfaltet ein Dilemma: Die Grunderfahrung der Heldin ist die fundamentale Identitätsverunsicherung, die sich bis zur Falschidentifikation einer IM-Legende steigert. Der Impuls zu dieser Reaktion ist der Figur selbst unbewusst, affektiv. Die Desintegration des Identitätsgefühls, genauer: des Identitätsbewusstseins, ist ein Verlust, der das Wesen der Persönlichkeit berührt und deshalb zumindest nach Kompensation drängt. Der Weg zu diesem Ziel führt a) in die biografische und b) in die gesellschaftsgeschichtliche Vergangenheit, um dort stabilisierende Determinanten einer neu zu etablierenden Identität zu finden. Genau dieser Weg in die Vergangenheit jedoch ist durch neu gesetzte gesellschaftliche Normen, den offiziellen Diskurs, vermint. Jene Mine mit der größten Sprengkraft heißt „DDR-Identität", und der diskreditierte Weg, eine neue Identität zu konstituieren bzw. zu konstruieren, trägt den Namen „Ostalgie". Seit 1990 gelten diese beiden Phänomene als Tabus in einem Diskurs „hegemonialer Vergangenheitsdeutung", der „dazu tendiert, Erinnerung abseits diktaturgeschichtlicher Auseinandersetzung als Ostalgie abzukanzeln"; zu diesem Zweck wird das Phänomen absichtsvoll als „leerer Signifikant" im Diskurs konstituiert (zu diesem komplexen Zusammenhang: Bernhard 2009: 92).

Im Ergebnis der Abwehr und Ablehnung jener von der Figur Normas gewählten Auseinandersetzung mit den genannten Vergangenheiten entscheidet sie sich für die Abschottung (Unansprechbarkeit) und kleidet sich in den Panzer der Falschidentifikation. Damit betreibt sie in aller Konsequenz ihren Selbstausschluss aus dem öffentlichen Diskurs.

2. Melancholie – Paradoxie – Allegorie

Burmeisters Roman *Norma* erweist sich insofern als Repräsentant, weil bis Ende der 1990er Jahre das Genre des Wenderomans im Wesentlichen die Darstellung melancholischer Reaktionen in einem paradoxen Kontext thematisiert und hierfür literaturhistorische oder historische Referenzen zitiert (bei Burmeister die

Französische Revolution), durch die den jeweiligen literarischen Darstellungen eine existenziell-allegorische Ebene gegeben wird.

Gleichzeitig wird in den Texten ein breites Spektrum von Erfahrungen unbekannter Verluste sichtbar. Dies gilt nicht nur für (1) die Romane ostdeutscher AutorInnen (u.a. Hilbig 1993; Königsdorf 1993; Krauß 1995; Maron 1995), sondern auch für die Texte (2) westdeutscher Schriftsteller (Delius 1991; Grass 1995; Schneider 1999 u.a.) sowie für (3) tragikomische Darstellungen (Braun 1996; Goosen 2001; Sparschuh 1995). Jeweils ein Beispiel aus diesen Werkgruppen soll die These wenigstens illustrieren.

2.1 Marion Titze: Unbekannter Verlust (1994)

Die Geschichte erzählt vom Zerbrechen einer Freundschaft zwischen dem Film-Regisseur Daniel und der namenlosen Ich-Erzählerin, die beide in den 1980er Jahren bei der DEFA entlassen worden waren und nach der Wende die Freiheit künstlerischer Arbeit erwarten. Beide arbeiten Anfang der 1990er Jahre an einem Film über Novalis' Liebe zu Sophie von Kühn. Dabei spürt vor allem die Ich-Erzählerin bei der immer schwieriger werdenden Zusammenarbeit einen Verlust, den sie sich nicht recht erklären kann. Beide Protagonisten reagieren offensichtlich auf das frühere gesellschaftliche System, allerdings auf ganz unterschiedliche Weise. Daniel benutzt den Novalis-Film, um sich für vergangenes Unrecht zu rächen und ehemalige DEFA-Kollegen zu demütigen. Damit aber instrumentalisiert er seine Kunst nur unter anderem Vorzeichen; in den Augen der Ich-Erzählerin übt Daniel Verrat an der Kunst: *„Daniel hatte Novalis einen Ring durch die Nase gezogen und schleifte ihn nach seinem Willen hinter sich her"* (Titze 1994: 31). Die Ich-Erzählerin selbst glaubt, ihre Motivation für die Arbeit an dem Film auf folgende Weise zusammenfassen zu können: *„[...] ein einziger Satz von Novalis, der mich bewegte: Ich brauch mich meiner Liebe nicht zu schämen"* (Titze 1994: 43).

In einer literarisch anspruchsvollen Konstellation gelingt es der Autorin M. Titze, dem Leser zu zeigen, was sozusagen hinter dem Rücken der einzigen Erzähl-Instanz, der Ich-Erzählerin also, sich abspielt. Denn stellt man den Roman in die lange Geschichte der Romantik-Rezeption, wie seit Ende der 1960er Jahre in der DDR-Literatur zu beobachten war, findet man ein zentrales Thema dieser Aneignung wieder: Der ganzheitliche gesellschaftlich-ästhetische Anspruch der Romantiker wurde zum Maßstab auch in der DDR-Literatur. Und so wie die Romantiker auf dieser Ganzheitlichkeit[7] bestanden und an deren

---

[7] Nur als Stichwort in diesem Zusammenhang nenne ich Friedrich Schlegels Ästhetik der genannten Ganzheitlichkeit im Begriff der „progressiven Universalpoesie".

Unrealisierbarkeit verzweifelten, so maßen DDR-AutorInnen die Lebenswirklichkeit an den politischen Erlösungsversprechen, die sich auf die marxistische Philosophie stützten. Hierbei war weniger das aktuell Unerfüllte das Problem, vielmehr war die Frage, ob diese Unerfüllte ein Indiz für das schlechthin Unerfüllbare, Illusionäre von Politik, Philosophie und Weltanschauung war.

In Titzes Roman wird die Ich-Erzählerin immer wieder dadurch gekennzeichnet, dass sie an der genannten romantischen Ganzheitlichkeitsidee laboriert. So macht Daniel der Ich-Erzählerin Vorwürfe, als die sich intensiv um die Produktion einer Reportage über den Zustand der Dächer in Berlin bemüht:

> „Mein Gott, rief er, deine komische Reportage. [...] Deine Hingabe wird gar nicht verlangt, [...] das irritiert nur. Alles, was sie [die Auftraggeber – WG] wollen, ist ein bißchen Cleverneß. Du aber kommst gleich gerannt. Und bringst gleich das ganze Herz" (Titze 1994: 64).

Das „ganze Herz" symbolisiert sowohl das moralische Selbstverständnis der Ich-Erzählerin als auch ihre Affinität zur literarischen Romantik. Hierin liegt aber selbstverständlich auch das Risiko für die Lebenspraxis der Figur (die übrigens mit ihrer Autorin das Geburtsdatum teilt). Noch schwerer wiegt indessen, dass der Lebensweg der Ich-Erzählerin allegorisch zeigt, wie dem Anspruch romantischer Unbedingtheit in der neuen Gesellschaft der Boden entzogen wird. Der Roman exemplifiziert, dass eben jener unerfüllte, nie praktisch realisierte, trotzdem erhobene Anspruch auf Ganzheitlichkeit verloren gegeben werden muss. Oder wie es in Brauns Paradoxon hieß: „Was ich niemals besaß wird mir entrissen. / Was ich nicht lebte, werd ich ewig missen".

Am Ende der Darstellung verbalisiert die Ich-Erzählerin den bis dahin unterschwelligen Melancholie-Diskurs des Textes und glaubt, ihre „eigene Scham" zu verstehen, die darin besteht, den *„Staat als Vater empfunden und seine Maßnahmen, die Tribunale des Kollektivs, wie eine Schändung erlebt"* (Titze 1994: 121) zu haben. Wenn das auf den ersten Blick wie eine Schuldzuweisung aussieht – das ist sie auch bis zu einem gewissen Grad –, korrigiert das der zweite Blick: Die Ich-Erzählerin belässt es nicht bei dieser Abwehrreaktion, sondern sie sieht die eigene Schuld. In einer Reflexion über das Verhältnis zu einem Freund heißt es: *„Wir ersehnten einer vom anderen die unverwundete Stelle. / Als könnten wir so unsere Unschuld zurückgewinnen"* (Titze 1994: 121). Weiter reicht die Reflexion der Ich-Erzählerin nicht. Der Leser muss den „unbekannten Verlust" selbst konkretisieren, wenn er das will und kann.

Es ist aus heutiger Perspektive beobachtet worden, Titzes *Unbekannter Verlust* zeige „sich prototypisch für viele Texte ostdeutscher Literaten, insbesondere der Jahre bis 1995. Deren mehr oder minder ausgeprägte Gemeinsamkeit besteht in der Ausschöpfung des virtuellen Katalogs ‚ostdeutscher Befindlichkeiten'.

Versammelt (und fortlaufend weiter sich sammelnd) bewahrt dieser alles, was am umfassendsten wohl unter der Rubrik ‚unbekannter Verlust' einzuordnen wäre. Konkret enthält diese Sammlung diejenigen spezifischen Normen, Werte, Fähigkeiten, Erfahrungen und Verhaltensweisen, die mit der deutschen Einheit größtenteils obsolet geworden sind oder, darüber hinaus, sich in der Gegenwart für Individuen oder einzelne Gruppen als nachteilig erweisen (Stelzig 2009: 46). Doch dieser Befund greift entschieden zu kurz. Es geht keineswegs um, kurz gesagt, „nachteilige Normen, Werte, Fähigkeiten, Erfahrungen und Verhaltensweisen"; denn die bleiben ja nicht unbekannt, sondern die Nachteiligkeit wird sehr schnell erfahren.

2.2 Thomas Hettche: NOX (1995)

Der allegorische Roman des 1964 in Hessen geborenen Autors basiert auf einer fantastischen Grundsituation: Einem Westberliner Schriftsteller wird nach einer Lesung von einer Masochistin die Frage gestellt, ob der Autor jemandem „so weh tun" (Hettche 1995: 16) könne, wie er es in seinen Büchern beschreibe. Nachdem diese Frage widersprüchlich beantwortet wird, schneidet die Frau dem Autor die Kehle durch. Als Toter erzählt er weiter, nun ausgestattet mit einer menschenunmöglichen Wahrnehmungsfähigkeit:

> „Nur, wenn man tot ist, hört man, wie in einer Stadt alles die Steine zerfrißt. Nun den Dingen gleich, öffnete die Stadt sich hinein in meinen Kopf […]" (Hettche 1995: 31).

Solche fantastischen Erzählvoraussetzungen, mit denen *NOX* – als teils dokumentarische Darstellung, teils allegorische Schmerz-Lust-Geschichte – vom Mauerfall erzählt wird, brauchen starke Gründe, soll der Text nicht zur Trivialliteratur gerechnet werden. Und diese Gründe liegen vor. *NOX* erzählt vom 9. November 1989, einem raren literarischen Stoff westdeutscher AutorInnen. Um die Bedeutsamkeit der Maueröffnung zu veranschaulichen und pathetisch aufzuladen, wird eine große Parabel als Referenz zitiert, Platons utopische Geschichte von den kugelförmigen Vorgängern der Menschen – übrigens auch eine Schmerz-Lust-Geschichte:

„Die Götter, die ihnen ihre vollkommene Form neideten, zerschnitten eines Tages die Kugelwesen. Lange Zeit taten sie darauf nichts, als ihre abgetrennte Hälfte zu umarmen. Viele starben vor Hunger und Traurigkeit, bis die Götter sich ihrer erbarmten. Der einen Hälfte der verwundeten Wesen stülpten sie das Geschlecht nach innen in den Körper hinein. [...] Ihre wahnsinnige Sehnsucht verwandelte und linderte sich in [...] Liebe [...]. Den nicht enden wollenden Versuch, die Wunde zu heilen [...]" (Hettche 1995: 158f.).

Die „Wunde zu heilen", darum geht es auch in der Nacht der Maueröffnung. Denn die Maueröffnung erscheint als eine Verletzung: „Der Schmerz brannte im Körper der Stadt", weil „ihr steinernes Rückgrat" (Hettche 1995: 80) geöffnet wurde. Die Mörderin des Autors sieht die Mauer als „Wunde":

„Während ringsum Häuser und Straßen wie neue Hautschichten sich gebildet hatten, abgestorben und abgeschuppt waren und wieder neu entstanden, war hier Niemandsland, Ausläufer der Wunde, Narbengewebe, unempfindlich gegen alles, die Nerven endgültig durchtrennt und die Verwerfungen auf der Haut offen. [...] Nah an einer Aussichtsplattform stand sie plötzlich und wußte, das war die Wunde. Staunend sah sie zu, wie entlang der Mauer die Narbe, die mitten durch die Stadt lief, aufbrach wie schlecht verheiltes Gewebe. Wie man gleißend die Stelle ausleuchtete und eilig Wundhaken hineintrieb. Blitzenden Stahl ins Fleisch, um das unter der Anspannung blutleere und weißglänzende Bindegewebe der Narbe, die seit Jahrzehnten verheilt schien, nun vollständig aufzureißen" (vgl. Hettche 1995: 89-91).

Für den Pathologen Professor Matern, der Rudolf Virchows riesige Sammlung „menschliche[r] Mißbildungen, Monstra" betreut, wird Berlin in dieser Nacht zu einem missgebildeten Körper:

„Matern stand am Fenster. Schattenlos die Mauer im gleichmäßigen Licht der Befestigungsanlagen. Ihre Linie, und damit der Lichtbogen der Sperrzone, folgte dem Verlauf des Flusses. Mit der Zeit dachte er, war der sumpfige Bogen der Spree, in den hinein Virchow seine Pathologie hatte bauen lassen, zu einem Totenreich geworden. Erst mit der Mauer stockte der Zufluß an Monstren. [...] Die Mauer war der Schnitt, mit dem sich die Stadt vom Osten trennte. Wie man ein Glied amputiert, bevor die Ptomaine den ganzen Körper überschwemmen" (Hettche 1995: 86f.).

„Ptomaine" sind Leichengifte, deren Eindringen Matern in der vermeintlichen Jubelnacht nun für „den ganzen Körper" der Stadt Westberlin erwartet. Durch die Mauer wurde genau das verhindert, durch einen Schnitt, „mit dem sich die Stadt vom Osten trennte". Damit dreht Matern das Verhältnis von historischer Ursache und Folge um. Zudem sagt sein Vergleich mit der Amputation, dass der „ganze Körper" paradoxerweise von der Halbstadt Westberlin gebildet wurde und dass dieser Stadt-Körper gesund gewesen sei. So entsteht mit der Maueröffnung das allegorische Bild eines künstlich erzeugten siamesischen Zwillings, eines kranken Körpers. Aus heutiger Sicht verweist dieser frühe Wenderoman außerdem auf einen Text, der möglicherweise eine weitere Phase der Genreentwicklung des Wenderomans markiert: Jochen Schimmangs *Das Beste, was wir hatten* (2009). Die Ende der 1990 Jahre unterbrochene Linie könnte fortgesetzt werden, mit der westdeutsche AutorInnen ihre Vereinigungsverluste beschreiben.

2.3 Thomas Brussig: Helden wie wir (1995)

Brussigs Roman darf als einer der größten Publikumserfolge unter den Wenderomanen gelten. Wesentliche Bedingung für diesen Erfolg war die Darstellung der Wende als komisches Ereignis sowie ein Protagonist, der als Kind „Flachschwimmer, Toilettenverstopfer und Sachenverlierer" (Brussig 1995: Rücktitel) war, später zum perversen Stasi-Mitarbeiter wurde und schließlich durch allerlei Glücks-, Unglücks- und Zufälle die Mauer öffnete. Kaum berücksichtigt blieb, dass der Roman in etlichen Passagen den Gestus und die komische Wertungsweise wechselt.[8] Das gilt normalerweise als ästhetischer Makel, gleichwohl führt die genauere Betrachtung jener Szenen in diesem Fall zu aufschlussreichen Ergebnissen. Denn es sind vor allem zwei Zusammenhänge, in denen diese Brüche zu beobachten sind und die Darstellung ins Tragische oder Pathetische übergeht.

Thema des ersten Zusammenhangs ist die ideologische Indoktrination von Kindern. Diese Thema wird mittels des Motivs „Lied des Kleinen Trompeters" (Brussig 1995: 97ff.) entfaltet. Die emotionale Beeindruckung des Ich-Erzählers, als es er „ein kleiner Schuljunge war" (Brussig 1995: 100), empört ihn derartig, dass er aus der komischen Rolle aussteigt: *„Der Kleine Trompeter war – ich sage das zur Vermeidung von Kitsch mit heutigen Worten – ein Leibwächter Ernst Thälmanns [...]"* (Brussig 1995: 97).

Die Parenthese signalisiert dem Leser den Gestuswechsel ins Ernsthafte. Das macht es ästhetisch nicht besser, soll aber Missverständnissen bei den Lesenden vorbeugen, denn der Erzähler redet „vom Menschenbild des Totalitarismus" (Brussig 1995: 98). Die ästhetische Unbeholfenheit, mit der dieser Wechsel zu Wege gebracht wird, erlaubt trotzdem, sozusagen von höherem Gefühlskitsch zu reden, aus unserer Perspektive ist jedoch auch der Wille erkennbar, einen Verlust

---

8 So schreibt Stelzig noch 2009 in ihrer Dissertation zur Wendeliteratur über Brussigs *Helden*: *„Nur diejenigen, die nie vom Sozialismus träumten, diejenigen, die gänzlich ohne ein Verlustempfinden[!] die Jahre 1989 - 1995 erleben, können auf solch respektlose Weise wie Brussig ihre ‚Kabarettnummern' (Iris Radisch) schreiben"* (Stelzig 2009: 61).

anzuzeigen: Intellektuell und emotional wehrlose Kinder wurden von Erwachsenen betrogen; der Leser kann auch, angesichts der zugespitzten Sexualsymbolik im Roman, assoziieren: vergewaltigt. Der Verlust bezieht sich auf den Betrug der Erwachsenen an den Geborgenheitsbedürfnissen von Kindern. Dabei wird der allegorische Aspekt stärker betont als jener des unbekannten Verlusts. Insofern ist Brussigs Roman auch ein Beispiel für die politische Polarisierung innerhalb der Textgruppe „Wenderomane ostdeutscher AutorInnen" seit den 1990er Jahren.

Diese Polarisierung illustriert das zweite Thema, das Brussigs Erzähler zu zwingen scheint, aus der (komischen) Rolle zu fallen: die politische Schuld der Mütter. Mütter tauchen im Roman in mehreren Varianten auf. Die wichtigsten drei sind: a) die Mutter des Helden, die symbolschwer als Hygiene-Inspektorin die Sauberkeit in jeder Hinsicht kontrolliert, b) Jutta Müller, Eiskunstlauftrainerin von Katharina Witt und Symbol der harten, aber erfolgreichen Lehrerin, sowie c) Christa Wolf als die gefeierte Schriftstellerin und moralische Instanz der DDR-Gesellschaft. Diese drei Mütterfiguren werden im Roman nicht nur verspottet bzw. satirisch „vernichtet", sondern ihnen wird die Schuld an der – um im Gestus des Romans zu bleiben – Pervertierung des politischen Systems in der DDR und an dessen Untergang gegeben. Als der Protagonist Christa Wolfs Rede am 4.11.1989 auf dem Berliner Alexanderplatz hört, verwechselt er die Rednerin mit Jutta Müller und plant das Folgende:

> „Ich wollte ans Mikrofon stürmen, […] um Schluß zu machen mit diesem Sozialismus-Hokuspokus, ich […] wollte mich als abschreckendes Beispiel für Sozialismustümelei vor eine Dreiviertel Million Menschen stellen. Was mich zusätzlich alarmierte, war eine Assoziation, nämlich dass sich *Jutta* auf *Mutter* reimte und daß durch einen winzigen Federstrich in *Müller* die l zu t werden. Jutta Müller, die Mutter aller Mütter! Die Eislauftrainerin hat sich zu Recht ihr *Wir sind das Volk!* ins Knopfloch gesteckt! […] Der Sohn meiner Mutter ist pervers geworden – was wird aus dem Land, wenn die Eislauftrainerinnen- und Hygieneinspekteusen-Revolution siegt" (Brussig 1995: 288; Kursivierungen i.O. – WG)!

Literaturgeschichtlich ist die Schuldzuweisung an die Mütter außergewöhnlich, denn seit der Aufklärungsbewegung des 18. Jahrhunderts waren es immer die Väter, mit denen die Söhne abrechneten. In Brussigs Roman jedoch symbolisieren die Mütter-Figuren die gesellschaftlichen Autoritäten. Damit werden sie verantwortlich gemacht für die umfassende Orientierungslosigkeit – bei Brussig eine weitere Verlustanzeige neben der verlorenen Kindheit – der Söhne. In Gestalt des Protagonisten rächen sich diese Söhne, indem sie ein Tabu berühren und vor den Müttern ihre (sexuellen) Perversionen ausstellen. Ziel ist die Demütigung der Mütter[9], während die Söhne jegliche eigene Verantwortung von sich weisen.

Die erste Phase der Geschichte der Wende-Literatur, wie sie an den Wenderomanen ablesbar ist – wegen der Verallgemeinerungsfähigkeit ist die Beschränkung auf Texte der ostdeutschen AutorInnen sinnvoll –, lässt Folgendes erkennen: Die Texte thematisieren an ihren Protagonisten eine tiefgreifende Identitätsverunsicherung, die in der Regel mit selbst verschuldeten Verlusten verbunden sind. Diese Verluste sind so gravierend, dass sie nicht kompensiert werden können und Ratlosigkeit erzeugen. Zur Behebung dieser Ratlosigkeit wird die Analyse der biografischen und gesellschaftlichen Vergangenheit mit dem Ziel betrieben, Identitätsdeterminanten zu bestimmen und Konsequenzen für die neue Situation zu ziehen. Doch dieses Bemühen trifft auf (diskursive) Hindernisse: 1. Die Rückbesinnung wird auf mehr oder minder direkte Weise mit dem Ostalgie-Vorwurf konfrontiert; 2. die Protagonisten erleben die Folgenlosigkeit der Analyse ihrer biografischen bzw. geschichtlicher Erfahrung mit der Folge komplexer Entfremdung. Sie reagieren mit Gefühlen der Kränkung, Scham und Demütigung; sie erfahren sich im Objekt- statt im Subjektstatus. Das wiederum erzeugt den Eindruck von Perspektivlosigkeit und damit wiederholt sich das diffuse Verlustgefühl.

Der Diskurs des Literaturbetriebs in dieser Zeit zielte auf Abwehr ostalgieverdächtiger Positionen, ohne dass solche Begriffe hinreichend geklärt worden wären. Ost-AutorInnen, denen solche Positionen unterstellt wurden, galten als Träger oder gar Propagandisten von gesellschaftlichen Werten, die gegen das politische System der alten BRD gerichtet waren (Stichwort: dritter Weg/demokratischer Sozialismus), und sie bekamen jenen Exklusionswillen zu spüren, den der sogenannte *deutsch-deutsche Literaturstreit* (1990-1992) anlässlich von Christa Wolfs Erzählung *Was bleibt* (1990) artikulierte und exemplifizierte. „DDR-Identität" und „Ostalgie" waren im literarischen Diskurs die auffälligsten Mittel, die auf Demütigung der ostalgieverdächtigen AutorInnen (als Personen) und auf die Delegitimierung ihrer ästhetischen Positionen zielten, wobei in vielen Fällen der ästhetische Diskurs offen euphemistisch und machtpolitisch gemeint war.

Eine solche Abwehr war für westdeutsche Autoren die Ausnahme (G. Grass) oder spielte bei gesellschaftskritischen Darstellungen der Vereinigungsvoraussetzungen (Th. Hettche) keine Rolle; die mehrheitliche Ablehnung etwa des Romans *NOX* fand allein auf der ästhetischen Ebene statt.

---

9 Es wäre eine psychologisch-psychoanalytische Studie wert, kollektive Mütter- und Weiblichkeitsbilder im Zusammenhang mit der DDR und ihrer Institutionen nach der Wende zu erstellen. Beispielsweise wurde „die Stasi" häufig als „die Krake Stasi" bestialisiert, obwohl „Krake" im Deutschen nur als Maskulinum korrekt ist.

2.4 Polarisierte Einheitlichkeit

Um die Jahrhundertwende war ein eigenartiges Phänomen zu beobachten: In der DDR geborene oder dort sozialisierte Autoren (u.a. W. Hilbig 2000, R. Jirgl 2000, G. Neumann 1999, I. Schulze 1998) bestimmten nahezu ausschließlich das Genre des Wenderomans und kreierten auf diese Weise einen „Gegendiskurs" (Foucault 1974: 76). In geradezu grotesker Übertreibung dieser Besonderheit hieß es, der „Osten regiert das Land und nun auch die Literatur" (Diez 2005) und weiter:

> Jetzt also auch noch die Literatur. In der Politik ist viel geredet worden über den speziellen Pragmatismus, den sich die beiden Parteivorsitzenden Merkel und Platzeck angewöhnt haben in all den Jahren in der DDR – in der Popmusik war das Erfolgsgeheimnis von Bands wie Rammstein oder Wolfsheim eine konsequent neudeutsche Attacke auf alle BRD-biedermeierlichen Selbstgewissheiten – im Theater sind es ostdeutsche Regisseure und Intendanten […], die […] überraschen – in der Kunst sind es die malenden Melancholiker aus Leipzig, die deutsche Themen wie Wald, Sehnsucht und mythische Verworrenheit wiederverwerten und für die Gegenwart umdeuten – und jetzt, so scheint es, will der Osten dem Rest des Landes auch noch das Schreiben beibringen.

In Westdeutschland geborene Autoren fielen zu jener Zeit allerdings tatsächlich als Teilnehmer des Wenderoman-Diskurses aus. Das Thema „Wende und Vereinigung" schien literarisch durch- und abgearbeitet zu sein, die Feuilleton-Kampagne[10] unter dem Motto „Wo bleibt der große Wenderoman?" hatte sich erschöpft. So konnte man zu dieser Zeit vermuten.

Frank Goosens Roman *Liegen lernen* (2001) beendete quasi diese erste Phase der Geschichte der Wende-Literatur. Diese Phase wurde von westdeutschen Schriftstellern zwar nicht dominiert, aber sie spielten doch eine wichtige Rolle (u.a. Becker 1999; Delius 1991; Droste/Henschel 1996; Grass 1995; Schneider 1999). Goosens Roman beschreibt die Jugend des Protagonisten Helmut Hermes, der in den 1980er Jahren im Ruhrgebiet aufwuchs und dessen Lebensgefühl als Erwachsener davon geprägt ist, in seinem Leben eine verlässliche Grundlage nicht gefunden oder sie verloren zu haben. Mit dem Mauerfall jedoch keimt in ihm die Hoffnung, dass seinem Leben eine sinnstiftende Wende gegeben werden

---

10 Eine vielfach vorgetragene und meist ironisch verstandene These besagt, das Genre des Wenderomans sei eine Erfindung bzw. ein Phantom des Feuilletons großer Wochen- und Tageszeitungen. So hieß es in der NZZ: „*Seit 1989 geistert das Phantom des Wenderomans durch die Feuilletons. Allenthalben ist die Rede davon. Hier wird einem Buch das Prädikat aufgedrückt, da wird es einem anderen abgesprochen. Doch niemand weiß, was damit gemeint sein soll*" (Bucheli 2005).

könnte – immerhin ist Hermes Historiker. Während einer Zugfahrt nach Berlin, unmittelbar nach dem Mauerfall, hört er in seinem Walkman die Rockband R.E.M. und ihren Titel „It's the end of the world as we know it. And I feel fine". Hermes versteht diese Zeile auch als Kommentar zu seiner eigenen Lebenssituation: *„Es wurde immer beziehungsreicher"* (Goosen 2001: 202). Damit provoziert der Text eine Lesart, die den Ich-Erzähler im – wenn auch immer ironisch gebrochenen – Einverständnis mit den politischen Entwicklungen am Ende der 80er Jahre, der Wende also, sieht.

Dennoch ist Goosens Roman nur in einem begrenzten Sinne als Wenderoman zu bezeichnen. Das Geschehen reicht zwar bis in jene Zeit, doch der erzählerische Schwerpunkt des Textes ist eine Geschichte über das Erwachsenwerden am Ende der alten Bundesrepublik. Diese stoffliche Konstellation ist dennoch ein Indiz. Denn dass die westdeutschen Autoren in den folgenden Jahren die Finger von diesem Thema ließen, kann nicht verwundern. Schließlich waren sie durch die Wende in ihrer Existenz nicht im Ansatz so berührt wie ihre ostdeutschen Kollegen. Dies belegen zwei Anthologien (Franck 2009; Deckert 2009) mit Betrachtungen west- und ostdeutscher AutorInnen zur innerdeutschen Grenze bzw. zum Mauerfall. Mehrere westdeutsche AutorInnen bekennen darin, kaum noch Erinnerungen an den 9. November 1989 zu haben. Der 1956 in Krefeld geborene Ulrich Peltzer beispielsweise musste sein Tagebuch befragen und sich bei der Lektüre außerdem wundern: *„Es fällt mir schwer, mich als Urheber dieser Notizen zu erinnern"* (Deckert 2009: 125).

Die zweite Phase der Geschichte der Wendeliteratur setzt etwa zur Jahrhundertwende ein und reicht bis in die Gegenwart. Neben den westdeutschen Autoren fehlten nun auch die Beiträge der ostdeutschen Autorinnen. Der Diskurs wurde durch männliche Ost-Autoren, die in den 60er Jahren geboren wurden und zur Wendezeit 20 bis 30 Jahre alt waren, bestimmt (Brussig, Schulze, Tellkamp, Wieland).[11]

---

11 Die Annahme einer literaturgeschichtlichen Zäsur wird durch die Etablierung einer jungen ostdeutschen AutorInnen-Generation unterstützt. Folgende AutorInnen veröffentlichten u.a. in jener Zeit ihre Debüts: Jakob Hein (Jg. 1971; 2001), Falko Henning (Jg. 1969; 2002), André Kubiczek (Jg. 1969; 2002), Claudia Rusch (Jg. 1971; 2003), Gregor Sander (Jg. 1968; 2002), Julia Schoch (Jg. 1974; 2001), Antje Rávic Strubel (Jg. 1974; 2001). Doch diese Texte – weil sie nicht zu den Wenderomanen gehören, sondern Erzählbände oder kleine Romane waren, in denen meist autobiografische Erfahrungen aus der Endzeit der DDR literarisch verarbeitet wurden – können hier nicht weiter berücksichtigt werden, denn anders als die älteren AutorInnen der Wenderomane wird in der jüngeren Generation eher ein Verschwinden thematisiert als ein Verlust. Dieser Befund gilt auch für die zu dieser AutorInnengruppe gehörige, 1976 geborene Jana Hensel, da ihr Buch *Zonenkinder* (2002) als „Sachbuch aus dem Geist der Literatur" (Baßler 2004: 111) gelesen wurde. Eine nähere Erörterung ihres Textes und des Themas „Verschwinden" würde den Rahmen dieses Aufsatzes sprengen.

Unter der biografischen Perspektive kann man dies als Beherrschung bzw. als Homogenisierung bzw. als Entdifferenzierung des Diskurses auffassen. Unter ästhetischer Perspektive zeigt sich die Situation komplexer. Die Darstellungswelten der Romane werden vielschichtiger, umfassender und tendieren zum Panorama (Brussig 2004; Schulze 2005, 2008; Tellkamp 2008). Die Panorama-Perspektive bewirkt naturgemäß eine Versachlichung der Darstellungen. Die Psychologisierung und Emotionalisierung der Wende-Stoffe werden reduziert; sowohl Schuld- als auch Melancholie-Konflikte sind eher im Darstellungshintergrund zu finden. Die Stoffe werden historisiert und vermitteln einen analytisch-rationalen Zug. Sie werden überdies in größere kultur- und literaturgeschichtliche Zusammenhänge eingebettet, obwohl solche Referenzen von Anfang an ein zu beobachtendes Element waren, das die erlebte Unbegreiflichkeit einerseits widerspiegelte, andererseits sie zu fassen versuchte. Damit bleibt auch der allegorische Zug der Wenderomane erhalten.

Allerdings ist keineswegs von einer ästhetischen Einheitlichkeit oder Einhelligkeit im Umgang mit dem den Wenderomanen zugrunde liegenden Stoff, des realen historischen Vorgangs also, auszugehen. In dieser Hinsicht ist es vielmehr angebracht, von einer (möglicherweise sich verschärfenden) Polarisierung zu sprechen. Davon ist nicht allein die literarische Produktion gekennzeichnet, sondern auch die Rezeption und Distribution.

Die ästhetischen Gegensätze im aktuellen Diskurs seien paradigmatisch an zwei herausragenden Texten illustriert, deren öffentliche Wertschätzung wesentlich verschieden war. Uwe Tellkamps *Der Turm. Geschichte aus einem versunkenen Land* (2008) wurden mit renommierten und ansehnlich dotierten Preise geehrt.[12] Das war umso erstaunlicher, als der Roman in der Literaturkritik zunächst durchaus umstritten war, sich dann aber eine Lesart durchsetzte, die im Kern lautete, Tellkamp habe den „ultimativen Roman über die DDR geschrieben" (Krause 2008):

> „Und zwar aus der Sicht derer, die nicht eine Sekunde daran zweifelten, dass sie dagegen waren. Das allein ist schon, nach all dem Wischiwaschi der Christa Wolfs, Volker Brauns, Christoph Heins und tutti quanti, eine nahezu erlösende Tat. So klar antikommunistisch, so voller schneidender Verachtung für das Proleten- und Kleinbürgertum, das 40 Jahre lang im Ostteil dieses Landes sein Gift verspritzen durfte, hat noch keiner, der aus diesen Breiten kommt, den Stab gebrochen" (Krause 2008).

---

12 Nach dem Deutschen Buchpreis 2008 (25.000 Euro) folgten 2009 der Literaturpreis der Konrad-Adenauer-Stiftung (15.000 Euro) und der von der Deutschen Nationalstiftung verliehene Deutsche Nationalpreis (50.000 Euro)

Mit dem letzten Satz seines Romans bestätigt Tellkamp den Offizialdiskurs zu Wende und Vereinigung, den dieser Satz lautet: „... *aber dann auf einmal ... / schlugen die Uhren, schlugen den 9. November, ›Deutschland, einig Vaterland‹, schlugen ans Brandenburger Tor.*" (Tellkamp 2008: 973 [o. S.]).

Für dieses politisch korrekte Pathos zahlt Tellkamp ästhetisch allerdings einen hohen Preis. Der Turm ist ein affirmativer Thesenroman mit Figuren, die nicht mehr sind als Marionetten in der Hand des Autors. Man ist an die Empfehlung Marx' an Lassalle anlässlich von dessen Drama Franz von Sickingen erinnert: „Du hättest [...] mehr *shakespearisieren* müssen, während ich Dir das *Schillern*, das Verwandeln von Individuen in bloße Sprachröhren des Zeitgeistes, als bedeutendsten Fehler anrechne" (Marx 1859: 592; Kursivierungen i.O. – WG). Ein solcher Vorwurf ist auch dem *Turm* zu machen.

Dabei ist der Roman an der Oberfläche sehr wohl virtuos erzählt; ein weites Spektrum sogenannter „Textsorten" wird verarbeitet, Erzählperspektiven ebenso wie Orte und Szenen wechseln in rascher Folge. Und doch kaschiert diese äußerliche Bewegung und Virtuosität nur die fehlende Dynamik der Handlung. Genau genommen gibt es keine Handlung, weil es keinen das Erzählgeschehen tragenden Konflikt – verstanden als unvermittelbaren Interessengegensatz zwischen etwa gleich starken Figuren – gibt. Ohne Konflikt aber kann keine Bewegung der Handlung und keine Dynamik entstehen. Die Figuren machen keine Entwicklung durch, obwohl sich *Der Turm* u.a. Goethes Entwicklungsroman *Wilhelm Meister* zum Vorbild nimmt.

Das ästhetische Gegenstück zum *Turm* bildet Ingo Schulzes im gleichen Jahr erschienener Roman *Adam und Evelyn*. Der Roman führt in den Sommer und Herbst des Jahres 1989 zurück und stellt Figuren vor, die ganz unterschiedliche Erfahrungen in der DDR gemacht haben, die deshalb zu ganz unterschiedlichen Urteilen über ihr bisheriges Leben kommen und deshalb ganz unterschiedliche Erwartungen und Wünsche haben. Daraus folgen gegensätzliche Positionen zu Wende und Vereinigung, und der Autor Schulze erinnert an diese komplexe Erfahrungssituation, die Wirkungen bis heute hat. Deshalb verzichtet Schulze auf eine auktoriale Erzählinstanz – eine solche Instanz ordnet bei Tellkamp das gesamte Geschehen –, Schulze lässt vielmehr die Figuren aufeinanderprallen, ohne dass ein Erzähler dem Leser eine Bewertung solcher Begegnungen aufdrängt. Im Gegensatz zu Tellkamp gibt es keine Thesen über die Wahrheit, über den Sinn der Geschichte, die gute und die böse Moral. Das macht Schulzes Roman literarisch weitaus stärker, politisch aber auch riskanter; zumindest kann als Indiz gelten, dass *Adam und Evelyn* bei der Vergabe von Literaturpreisen vergleichsweise leer ausging.

Beleg für die Souveränität von *Adam und Evelyn* ist der im Gegensatz zum biederen Gestus des Tellkamp'schen *Turms* überzeugende Humor, mit dem

Schulze die Paradiesesgeschichte neu erzählt: Nachdem Adam und Eva vom Baum der Erkenntnis gegessen hatten, wussten sie nicht nur, was gut und was böse ist, sondern sie erkannten sich auch als nackt. Das war der Ursprung der Scham. Doch Gott zeigte sich nach etlichen unerfreulichen Ankündigungen – schmerzhafte Geburten, Äcker voll Dornen und Disteln – gnädig: *„Und Gott der Herr machte Adam und seinem Weibe Röcke von Fellen und zog sie ihnen an"* (1 Mose 3.21). Gott als Schneider – das ist einer der Grundeinfälle für den Roman, der am 19. August 1989 einsetzt und die Geschichte des umschwärmten Damenmaßschneiders Adam und seiner Freundin Evelyn erzählt. Die 21-jährige Kellnerin bewarb sich vergeblich um einen Studienplatz als Lehrerin, doch nach der Grenzöffnung in Ungarn taten sich ungeahnte Chancen auf: Evelyn hätte die DDR und Adam verlassen können, denn den hatte sie in flagranti mit einer Kundin erwischt. Hals über Kopf flüchtet sie mit ihrer Freundin und deren West-Cousin an den Balaton.

Adam will zwar in der DDR bleiben, fährt ihnen aber in seinem alten „Watburg" nach, weil er Evelyn ebenso liebt wie seine schönen „Geschöpfe", die von ihm eingekleideten Frauen. Adam ist damit im wörtlichen Sinne ein „Nachfahre". Und er ist überdies ein Nachfahre des Prometheus („forme Menschen nach meinem Bilde") und des Pygmalion, jenes antiken Bildhauers, der sich in eine von ihm selbst geschaffene Statue verliebte.

Bei einer dieser Reiseunterbrechungen gabelt Adam Katja auf, die alles verloren hat, als sie in der Slowakei schwimmend durch die Donau nach Ungarn kommen wollte. Damit ist der Roman bei seiner zentralen Frage, die für alle DDR-Bürger 1989 stand: Gehen oder Bleiben? Ins Bibel-Bild übersetzt: Bedeutet der Weggang aus der DDR den Gewinn des Paradieses oder dessen Verlust? Ist das Bleiben in der DDR eine Sünde oder eine Tugend?

Es gehört zu den Vorzügen des Romans, solche Fragen nicht zu beantworten. Der Roman erzählt eher von Alternativen und von der Möglichkeit, dem eigenen Leben diese oder jene Wende zu geben. Damalige Entscheidungen und damalige Zweifel werden ernst genommen, weil sie verständliche Gründe hatten sowie unterschiedliche Hoffnungen und Sehnsüchte spiegelten.

Das jedenfalls gewährleistet ein Text, der über weite Strecken als Dialog der Figuren gestaltet ist, ohne dass sich ein Erzähler wertend einmischt. So zeigen sich die Figuren auch als Geschöpfe ihrer widersprüchlichen gesellschaftlichen Umstände. Und weil diese Umstände so widersprüchlich waren, erklären sich die potenziell gegensätzlichen Reaktionen auf diese Wende. Die Umstände waren nicht schwarz oder weiß, sondern sie waren schwarz und weiß; wie die Elster – in der Kunstgeschichte seit der Renaissance als „Kündervogel" bekannt –, die ganz am Anfang und ganz am Ende des Romans wie zufällig durch Adams Garten hüpft.

Der Anfang und der Schluss veranschaulichen auch, was in wenigen Monaten geschah: Es ist eine andere Welt entstanden, die nicht zu ahnen war, und die nun zu begreifen ist, wie die Figuren sich selbst begreifen müssen.

Vielleicht lässt sich vorläufig so bilanzieren: Ingo Schulzes *Adam und Evelyn* beschreibt weniger einen unbegreiflichen Verlust, wie er an den Wenderomanen der 1. Phase erkennbar war, er vermittelt aber dennoch ein unbegreifliches Geschehen. An diesem Punkt und hinsichtlich der Erzählhaltung trifft sich Schulzes Text daher mit einem ganz anderen Stoff, wie er im Roman *Ich schlage vor, dass wir uns küssen* (Wieland 2009) verarbeitet wurde.

Dennoch funktioniert Wielands Roman eher nach dem Muster Melancholie – Paradoxie – Allegorie. Dieser Konstellation wird gegenwärtig immer noch Attraktivität zugetraut: als Mittel (der literarischen Produktion), einen Wendestoff zu gestalten, als Rezipientenmagnet und deshalb auch als Objekt distributiven (verlegerischen) Engagements.

Die Rahmenhandlung: Der Protagonist und Ich-Erzähler W. – u.a. eine ironische Anspielung auf Plenzdorfs *Die neuen Leiden des jungen W.* (1972) – erhält eine Einladung zu einem Symposium, bei dem unter dem Titel „Dichter. Dramen. Diktatur" (Wieland 2009: 14) den Erfahrungen der sog. Untergrund- oder Samisdat-Literatur in der DDR nachgegangen werden und W. zu diesem Zweck einen Vortrag halten soll. Paradoxerweise kann sich der Adressat nicht daran erinnern, jemals im Widerstand oder im Untergrund gedichtet zu haben. Nach und nach klärt sich auf, dass die Liebensbriefe, die W. vor dem Herbst 1989 an seine Freundin in München geschrieben hatte, von der Stasi abgefangen wurden und die darin enthaltenen Gedichte als subversive, staatsfeindliche Texte verstanden wurden. Die Stasi-Akten mit diesen Zuschreibungen wurden gefunden und führten nach der Wende zu einem erneuten Missverständnis, W. sei ein Opfer gewesen – obwohl er weder von seiner Täter- noch von seiner Opferexistenz etwas gespürt hatte.

Da die Gedichte an die Geliebte ironisch die bedeutendsten Lyriker anspielt (u.a. Brecht und Shakespeare) wird die Referenz beliebig: Auch der Schmerz in der DDR war alles andere als neu. Gravierender für den Roman aber ist, dass der Philosophie-Student W. seine grundsätzlichste Lebenserfahrung schon in einem besonders alten Text vorfindet: in *Das Leben, ein Traum* (1635) von Calderón (1600-1681). „Das Lesen, ein Traum" (Wieland 2009: 168), stellt W. fest, als seine durch die Mauer getrennte Geliebte in einem Brief nach der Vereinigung die Trennung besiegelt; eine Liebe, die genau in jenem Moment zerbricht, als sie nach dem Mauerfall hätte gelebt werden können. In der melancholischen Rückbesinnung auf jene Liebe in der Trennungssituation erfährt W. den „Ritterschlag der Sinnlosigkeit" (Wieland 2009: 169).

3. Konstituierung der Genregeschichte und nachgeholte Melancholie

Inzwischen gibt es Indizien für eine 3. Phase in der Geschichte der Wenderomane: Ostdeutsche Autorinnen sowie westdeutsche Autoren sind in den Diskurs zurückgekehrt (Schoch 2009; Schimmang 2009). Da die Belege für Verallgemeinerungen noch nicht ergiebig genug sind, sei der Ausblick kurz und hypothetisch gehalten.

Julia Schoch schildert in *Die Geschwindigkeit des Sommers* ein Phänomen, das nur im Osten wahrgenommen werden konnte. Nach dem Selbstmord, den die Schwester der Ich-Erzählerin beging, versucht jene – man ist an Christa Wolfs Erzählung *Nachdenken über Christa T.* (1968) erinnert –, den Grund für den Suizid zu finden. Es stellt sich heraus, dass die gesellschaftliche Transformation im persönlich-individuellen Leben vielfach gründlich misslang.

Schoch erzählt, was V. Braun in einen einzigen Vers gebracht hat: „Was ich nicht lebte, werd ich ewig missen." Diese Bezugnahme ist ein Indiz dafür, dass heutige Wenderomane ihre Referenzobjekte gewissermaßen in der internen Geschichte des Genres finden und diese Geschichte damit konstituieren. Es wird von einer Erfahrung erzählt, die vielfach in und nach der Wende gemacht werden konnte. Einerseits existierte die „verlockende Vorstellung, daß in diesem anderen Staat ein anderer Lebenslauf" (Schoch 2009: 63) unerwartet möglich wurde, andererseits gab es die Erfahrung, dass die „verlockende Vorstellung" sich als trügerisch erwies und alsbald zerstob. Als der Liebhaber der Schwester, einst Soldat im vorpommerschen Eggesin, auftaucht, entsteht eine andere, paradoxe Verlockung: „Wenn sie sich gierig küssten, erinnerte sie das an eine Zukunft, die sie niemals kennenlernen würde" (ebd.).

Auf diesen unmöglich gewordenen „ungelebten Plan" (ebd.) reagiert die Schwester immer öfter mit einem „starren" Blick, Symbol eines In-sich-gekehrt-Seins, einer Introvertiertheit, mit der die wenig verheißungsvolle Zukunft ausgeblendet wird, solange die Kraft reicht. Dass die Ich-Erzählerin diesen Blick ergründet, ja, geradezu erforscht, zeigt ihre eigene Krise, um nicht zu sagen, ihre eigene Gefährdung. Indem sie über die Schwester erzählt, versperrt sie sich jedoch den Weg der Schwester. So wird die Schwester im Verlaufe des Romans sowohl zum anderen Ich der Ich-Erzählerin als auch zu einer Figur der Provokation. Paradoxerweise entsteht auf diese Weise ein angemesseneres Bild von der Schwester, von dem Abschied genommen werden kann, wie es im Trauerprozess geschieht.

Der Roman ist als Erzählkunstwerk auch deshalb reizvoll, weil mit der Referenzialität des Textes durch den halb ironischen Hinweis gespielt wird, die Ich-Erzählerin habe „schon einmal" (Schoch 2009: 64) über die Schwester geschrieben. Und tatsächlich enthält Schochs Debüt *Der Körper des Salamanders*

(2001) eine solche Geschichte (*Letzte Ausfahrt*). Demnach gibt es einen nach innen gekehrten Blick auch auf das eigene Werk. Der Leser kann also weitere Sinn-Bezüge des neuen Romans finden, in dem er sich die „alten" Texte vergegenwärtigt. Damit erstreckt sich die Referenzialität sogar auf die Werkgeschichte der Autorin selbst.

Als der bislang wichtigste „westliche Wende-Roman" (Person 2010) gilt Jochen Schimmangs *Das Besten, was wir hatten* (2009). Der Melancholie-Aspekt wird bereits durch den Titel gesetzt, und die Handlung dieses erstaunlich konventionell realistischen Entwicklungs- und Schlüsselromans bestätigt dies: Es ist die Lebensgeschichte Gregor Korffs, eines ehemaligen 68ers, der beim Marsch durch die Institutionen integriert worden ist, sodass Gregor – keine bislang erschienene Rezension vergisst, ihn einen „Melancholiker" zu nennen (z.B. M. Braun 2009) – „mit Überzeugung gesagt hätte: *Ich liebe Bonn*" (Schimmang 2009: 87; Kursivierung i.O. – WG).

Der Roman beschreibt die Verlustgefühle, die bei der Bewusstwerdung entstanden sind, die alte Bundesrepublik existiere seit 1989 nicht mehr. Die im Vergleich zu den Wenderomanen der ostdeutschen AutorInnen nachträglich entstandene Gefühlslage und der „atmosphärische Abgesang" (Person 2010) sind durch den Eindruck, Sieger der Geschichte zu sein, leicht zu erklären. Nun aber, aus historischem Abstand zu 1989, schärft sich der Blick für die Verluste, die dieser Sieg einbrachte.

Der literaturkritische Diskurs geht bislang ungewöhnlich empathisch und nachsichtig mit dem Roman um, obwohl dessen Konstruiertheit gelegentlich bemerkt, aber nicht bemängelt wurde. In einer Kritik war sogar zu lesen: *„In der letzten Zeit ist oft die Forderung nach einem definitiven Roman über ‚1989' erhoben worden [...]. Warum könnte sich die deutsche Literaturkritik zur Erfüllung dieser Forderung nicht vorläufig auf Schimmangs ‚Das Beste, was wir hatten' einigen?"* (Wackwitz 2009). Allein dieser Vorschlag illustriert den hegemonialen Status und dessen Folgen (Kollmorgen 2008) auch des literarischen Diskurses, der am Beispiel eines westlichen Wenderomans zunächst seine Souveränität verloren hat. Sollte die Genregeschichte die hier erwartete Richtung nehmen, wird sich zeigen, ob die „Chancen innovativer Selbstentwicklung" (Kollmorgen 2008: 18) genutzt werden können.

Aufs Ganze gesehen ist ein Ende der Geschichte des Genres „Wenderoman" nicht absehbar. Ebenso wenig ist mit einer Homogenisierung des belletristischen Diskurses zu Wende und Vereinigung zu rechnen. Er wird so anhaltend kontrovers bleiben wie die Reaktionen z.B. auf die Maueröffnung. Die Schriftstellerin und Publizistin Annett Gröschner erinnert sich in diesem Zusammenhang folgendermaßen: *„Heute läßt sich kaum noch nachvollziehen, warum ich in der Nacht, als die Mauer fiel, so wütend war. [...] Ich wußte, die Zeit der Anarchie* *war in diesem Moment vorbei. Die Mauer zu öffnen, war die letzte Rache derer, deren Macht längst dahingeschwunden war"* (Deckert 2009: 27f.). Solche Erinnerungen reizen vermutlich immer noch zu Gegenreaktionen. Die Basis der anhaltenden Kontroverse fasste der Herausgeber in die These: *„Zu begreifen ist es bis heute nicht"* (Deckert 2009: 18).

Literatur

Baßler, Moritz (2004): Die „Zonenkinder" und das „Wir". Ein Nachwort. In: Tom Kraushaar (Hg.): Die Zonenkinder und Wir. Die Geschichte eines Phänomens. Reinbek b. Hamburg: Rowohlt: 111-119.
Becker, Jürgen (1999): Aus der Geschichte der Trennungen. Roman. Frankfurt a.M.: Suhrkamp.
Bernhardt, Petra (2009): Spiel's noch mal, Erich? Eine hegemonietheoretisch orientierte Lesart von Good Bye, Lenin! als Beitrag zum Ostalgiediskurs. In: Wolfgang Bergem, Reinhard Wesel (Hg.): Deutschland fiktiv. Die deutsche Einheit, Teilung und Vereinigung im Spiegel von Literatur und Film. Studien zur visuellen Politik 4. Berlin: Lit Verlag: 89-130.
Braun, Michael (2009): Werdet Partisanen! In: Der Tagesspiegel vom 8.9.2009.
Braun, Volker (1990): Das Eigentum. In: Braun, Volker (1992): Die Zickzackbrücke. Ein Abrißkalender. Halle: Mitteldeutscher Verlag.
Braun, Volker (1996): Die vier Werkzeugmacher. Frankfurt a.M.: Suhrkamp.
Brussig, Thomas (1995): Helden wie wir. Roman. Berlin: Verlag Volk & Welt.
Brussig, Thomas (2004): Wie es leuchtet. Roman. Frankfurt a.M.: S. Fischer.
de Bruyn, Günter (1992): Die mystische DDR-Identität ist viel gefährlicher als die Stasi-Verbrechen. In: Die Neue Gesellschaft/Frankfurter Hefte, 39. Jg. (2): 169-173.
Bucheli, Roman (2005): Wende ohne Ende? Deutschland wartet noch immer auf den Roman zur Wiedervereinigung. In: NZZ vom 10.12.2005.
Burmeister, Brigitte (1994): Unter dem Namen Norma. Roman. Stuttgart: Klett-Cotta.
Deckert, Renatus (Hg./2009): Die Nacht, in der die Mauer fiel. Schriftsteller erzählen vom 9. November 1989. Frankfurt a.M.: Suhrkamp.
Delius, Friedrich Christian (1991): Die Birnen von Ribbeck. Erzählung. Reinbek b. Hamburg: Rowohlt Verlag.
Diez, Georg (2005): Durchschnaufen, weiterschauen. In: Die Zeit, Nr. 49/2005.
Droste, Wiglaf/Henschel, Gerhard (1996): Der Barbier von Bebra. Roman. Hamburg: Edition Nautilus.
Drawert, Kurt (2008): Ich hielt meinen Schatten für einen anderen und grüßte. Roman. München: C.H. Beck.
Emmerich, Wolfgang (1991): Status melancholicus. Zur Transformation der Utopie in vier Jahrzehnten. In: Emmerich, Wolfgang (1994): Die andere deutsche Literatur. Aufsätze zur Literatur aus der DDR. Opladen: Westdeutscher Verlag: 175-189.

Foucault, Michel (1974): Die Ordnung der Dinge. Eine Archäologie der Humanwissenschaften, Frankfurt a.m.: Suhrkamp.

Franck, Julia (Hg./2009): Grenzübergänge. Autoren aus Ost und West erinnern sich. Frankfurt a.M.: S. Fischer.

Freud, Sigmund (1988): Trauer und Melancholie. In: Freud, Sigmund: Essays II. Auswahl 1915-1919. Hg. v. Dietrich Simon. Berlin: Verlag und Welt: 102-120.

Gabler, Wolfgang (1997): Zur Frage der Eigentumsverhältnisse. Volker Brauns Gedicht Das Eigentum und einige Aspekte deutscher Literatur der 90er Jahre. In: Studia Universitatis Babeş-Bolyai [Cluj-Napoca, Rumänien], Philologia, XLII (1997) 2-3: 13-23.

Goethe, Johann Wolfgang (1949): Werke in Auswahl. Bd. 2. Hg. v. Paul Wiegler. Berlin: Aufbau-Verlag.

Goosen, Frank (2001): Liegen lernen. Roman. Frankfurt a.M.: Eichborn.

Grass, Günter (1995): Ein weites Feld. Roman. Göttingen: Steidl.

Greiner, Ulrich (1990): Der Potsdamer Abgrund. Anmerkungen zu einem öffentlichen Streit über die Kulturnation Deutschland. In Sachen westdeutscher Kritiker vs. Christa Wolf u.a. In: Die Zeit, Nr. 26/1990, vom 22.6.1990.

Hage, Volker (1991): Meer, Musik und Politik. Außerordentlicher Schriftstellerkongreß in Travemünde. In: Die Zeit, Nr. 23/1991.

Hein, Jakob (2001): Mein erstes T-Shirt. München, Zürich: Piper.

Henning, Falko (2002): Trabanten. Roman. München, Zürich: Piper.

Hensel, Jana (2002): Zonenkinder. Reinbek b. Hamburg: Rowohlt.

Hettche, Thomas (1995): NOX. Frankfurt a.M.: Suhrkamp.

Hilbig, Wolfgang (1993): „Ich". Roman. Frankfurt a.M.: S. Fischer.

Hilbig, Wolfgang (2000): Das Provisorium. Roman. Frankfurt a.M.: S. Fischer.

Hölderlin, Friedrich (1965): Sämtliche Werke. Hg. v. Friedrich Beißner. Leipzig: Insel-Verlag.

Jirgl, Reinhard (2000): Die atlantische Mauer. Roman. München/Wien: Hanser.

Kollmorgen, Raj (2008): Missachtung und Diskurs. Zur diskursiven Konstruktion von Anerkennung und Missachtung der Ostdeutschen nach der Vereinigung. Arbeitsbericht Nr. 50. Magdeburg: Otto-von-Guericke-Universität, Institut für Soziologie.

Königsdorf, Helga (1993): Im Schatten des Regenbogens. Roman. Berlin/Weimar: Aufbau-Verlag.

Krause, Tilman (2008): Die Kraft, [sic!] zu widerstehen. In: Die Welt vom 15.10.2008.

Krauß, Angela (1995): Die Überfliegerin. Frankfurt a.M.: Suhrkamp.

Kubiczek, André (2002): Junge Talente. Roman. Berlin: Berlin Verlag.

Kunert, Günter (1991): Homunculus kehrt zurück. Das Rätsel der DDR Identität. In: Frankfurter Allgemeine Zeitung vom 11.12.1991.

Kunert, Günter (1995): Ansehen der Autoren enorm gesunken [Bericht über ein Interview mit G. Kunert]. In: Neues Deutschland vom 27.12.1995.

Markov, Walter (1986): Revolution im Zeugenstand. Frankreich 1789-1799. Bd. 1. Aussagen und Analysen. Leipzig: Philipp Reclam jun.

Maron, Monika (1995): Animal triste. Roman. Frankfurt a.M.: S. Fischer.

Marx, Karl (1859/1963): Brief an Ferdinand Lassalle vom 19. April 1859. In: MEW, Bd. 29. Berlin: Dietz Verlag: 590-593.

Neumann, Gert (1999): Anschlag. Köln: DuMont Buchverlag.
Person, Jutta (2010): Glücklich in Bonn. In: Süddeutsche Zeitung vom 26.1.2010.
Reich, Jens (1990): DDR-Identität? In: Neues Deutschland vom 29./30.9.1990.
Rusch, Claudia (2003): Meine freie deutsche Jugend. Frankfurt a.M.: S. Fischer.
Sander, Gregor (2002): Ich aber bin hier geboren. Erzählungen. Reinbek b. Hamburg: Rowohlt.
Schimmang, Jochen (2009): Das Beste, was wir hatten. Roman. Hamburg: Edition Nautilus.
Schlenstedt, Dieter (1992): Ein Gedicht als Provokation. In: neue deutsche literatur, 40. Jg. (12): 124-132.
Schneider, Peter (1999): Eduards Heimkehr. Roman. Berlin: Rowohlt Berlin.
Schoch, Julia (2001): Der Körper des Salamanders. Erzählungen. München/Zürich: Piper Verlag.
Schoch, Julia (2009): Die Geschwindigkeit des Sommers. Roman. München/Zürich: Piper Verlag.
Schulze, Ingo (1998): Simple Storys. Ein Roman aus der ostdeutschen Provinz. Berlin: Berlin Verlag.
Schulze, Ingo (2005): Neue Leben. Berlin: Berlin Verlag.
Schulze, Ingo (2008): Adam und Evelyn. Roman. Berlin: Berlin Verlag.
Sparschuh, Jens (1995): Der Zimmerspringbrunnen. Ein Heimatroman. Köln: Verlag Kiepenheuer & Witsch.
Stelzig, Stephanie (2009): Die aufgelöste Grenze [unv. Diss.]. Münster: Philosophische Fakultät.
Strubel, Antje R. (2001): Offene Blende. Roman. München: Deutscher Taschenbuch Verlag.
Tellkamp, Uwe (2008): Der Turm. Geschichte aus einem versunkenen Land. Roman. Frankfurt a.M.: Suhrkamp.
Titze, Marion (1994): Unbekannter Verlust. Berlin: Rowohlt Berlin-Verlag.
Wackwitz, Stephan (2009): Separatistische Lebensläufe. In: taz vom 2.9.2009.
Werner, Ruth (1991) : Der „Blaue Brief" für Autoren vom VS. In: Neues Deutschland vom 11.3.1991.
Wieland, Rayk (2009): Ich schlage vor, dass wir uns küssen. Roman. München: Verlag Antje Kunstmann.

Von „blühenden Landschaften", dem „Jammertal Ost" und „Neuland"

Der Einigungsprozess im Spiegel von Bildern und ihrer Diskurse

Benjamin Nölting, Carolin Schröder und Sören Marotz

1. Einführung: Zur Rolle von Bildern im Prozess der deutschen Einheit[1]

Viele Facetten des deutschen Einigungsprozesses sind ausführlich untersucht worden, wie beispielsweise im vorliegenden Band Diskurse in den Bereichen Politik, Massenmedien, Literatur, Wissenschaft und Alltagsbewusstsein. Die Analyse konzentriert sich dabei meist auf gesprochene oder geschriebene Texte. Eine weitere wichtige Kommunikations- und Diskursebene wird dabei oft ausgeblendet: Bilder, insbesondere massenmedial vermittelte Bilder. Sie begleiten, ergänzen und prägen teilweise öffentliche Diskurse und beeinflussen damit die alltägliche Wahrnehmung.

Ein Beispiel für die Kraft von Bildern sind die Filmaufnahmen der Pressekonferenz am 9. November 1989, als Günter Schabowski stockend von seinem Zettel ablesend die Reisefreiheit für die DDR-Bürgerinnen und -Bürger verkündete, ohne die Sperrfrist zu beachten. Ohne diese Bilder, verbreitet zur besten Sendezeit in der westdeutschen Tagesschau (siehe www.chronik-der-mauer.de), wäre diese Meldung unglaublich und unglaubwürdig gewesen. So aber konnten Millionen Menschen Augenzeugen der Ankündigung werden, die anscheinend schwarz auf weiß auf dem Zettel stand – aber eigentlich nicht zu sehen war. Die Nachricht wurde über weitere Medien (z.B. Rundfunksender wie RIAS) rasch weiterverbreitet. Noch in derselben Nacht strömten tausende Menschen zu den Grenzübergangsstellen, so dass die Schlagbäume am Grenzübergang Bornholmer Straße (Berlin) geöffnet werden mussten: Die Mauer war offen! Bilder dieser Pressekonferenz, vom offenen Schlagbaum in der Bornholmer Straße sowie von DDR-Bürgern auf dem Ku'damm rufen auch 20 Jahre nach der Maueröffnung und der wechselvollen Vereinigungsgeschichte Emotionen bei den Be-

---

1 Wir danken Christine Dissmann und Nina Gribat für wertvolle Vorarbeiten zu diesem Beitrag (vgl. Dissmann et al. 2008).

trachtern und Betrachterinnen hervor. Sie haben sich in das kollektive Gedächtnis vieler Menschen in Ost und West eingeprägt.

Abbildung 1: Pressekonferenz am 9. November 1989

Quelle: Bundesarchiv, Bild 183-1989-1109-030

Wie aber kann man die Wirkmacht von Bildern und ihre Rezeption analysieren? Sind diese Bilder immer eindeutig zu interpretieren? Welche Rolle spielt ihre Verbreitung durch Massenmedien für die öffentliche Wahrnehmung im Kontext des Vereinigungsprozesses? Um diese Fragen beantworten zu können, gehen wir von einem sehr weiten Bildbegriff aus, der grafische Abbilder ebenso wie Sprachbilder und bildhafte Vorstellungen einschließt. Es geht uns also auch um solche Bilder, die in den Köpfen entstehen und sich dort festsetzen, die Assoziationen und Emotionen hervorrufen und in der Folge auf gesellschaftliche Entwicklungen Einfluss nehmen. Bilder können also mehr sein als ein Festhalten dessen, was sichtbar ist beziehungsweise zu sein scheint. Sie beinhalten Interpretationen, Bewertungen, Zuspitzungen, sie schreiben in die Zukunft fort und leisten einen Beitrag zur Konstruktion von Wirklichkeit. Manche Bilder werden zu Ikonen und beherrschen öffentliche und private Diskurse (Hamann 2007); sie können sich mit anderen Bildern zu Bilddiskursen verdichten, sich überlagern oder diese ersetzen. Kurz, sie beeinflussen die Wahrnehmung und Bewertung der deutschen Einheit (Dissmann et al. 2008). Gleichwohl bleibt die Wirkung von Bildern im deutschen Einigungsprozess gerade in massenmedial vermittelten Diskursen bisher recht diffus. Dies hat zwei Gründe. Erstens ist die Analyse von Bildern ein noch recht junges und heterogenes Forschungsfeld (vgl. Bohnsack 2008). Zweitens überlagern sich im deutschen Vereinigungsprozess verschiedene Aspekte (sozial, kulturell, politisch, aber auch individuell, kollektiv und gesellschaftlich). Eine rein formale Bildanalyse scheint uns daher nicht ausreichend – vielmehr sollten auch Kommunikationskontext, den Bildern inne liegende Wertungen sowie individuelle und kollektive Interpretationsspielräume berücksichtigt werden. Dieser Beitrag versucht eine solche, breit angelegte Bildanalyse. Wir sind uns des experimentellen Charakters bewusst und versuchen daher vorrangig, die Möglichkeiten und Grenzen einer solchen Bildanalyse auszuloten und die möglichen Rollen von Bildern bei der Wahrnehmung und Bewertung der deutschen Einheit und des Umbruchs in Ostdeutschland zu beschreiben.

Im folgenden, zweiten Abschnitt dieses Kapitels wird eine Arbeitsdefinition des hier verwendeten Bildbegriffs vorgelegt und eine analytische Annäherung an den Bildbegriff vorgenommen. Im dritten Abschnitt werden fünf Bilddiskurse anhand von Fotografien, Infografiken, Titelbildern und Karikaturen untersucht, welche prägend für die Bilddiskurse der vergangenen 20 Jahre waren. Diesen Bilddiskursen stellen wir im vierten Abschnitt ein Spektrum latenter Bilder gegenüber, die zwar die Ambivalenz des Einigungsprozesses widerspiegeln, aber – gerade deswegen? – nicht zu Ikonen der öffentlichen Kommunikation wurden. Im letzten Abschnitt reflektieren wir die Rollen von Bildern und Bilddiskursen in der öffentlichen Kommunikation über den Vereinigungsprozess sowie die analytischen Grenzen des hier beschriebenen Ansatzes.

2. Eine analytische Annäherung an die Rolle massenmedial vermittelter Bilder in gesellschaftspolitischen Diskursen

Was sind Bilder? (vgl. Boehm 1994) Und wie kann ihre Wirkung analysiert werden? Zur Beantwortung dieser Fragen sind drei Aspekte von zentraler Bedeutung: die Charakteristika von Bildern und wie sie – im Unterschied von Texten und Sprache – in der Kommunikation funktionieren, ihre Verbreitungswege, insbesondere über Massenmedien, sowie ihre Rezeption einschließlich des für ihre Bewertung und Interpretation bedeutsamen Kontextes.

2.1 Was sind Bilder?

Bei „Bildern" denkt man zunächst an Fotografien oder Gemälde. Im Folgenden verwenden wir allerdings einen erweiterten Bildbegriff. Dieser umfasst:

a. Grafische Abbilder: z.B. Fotos als „naturgetreue Bilder", bildende Kunst mit Gemälden und Skulpturen, Grafiken, Schaubilder, Karten, Icons, Cartoons, Karikaturen als „nicht naturgetreue Abbilder" sowie Film und Video als bewegte Bilder.

b. Sprachbilder wie Metaphern und Schlagworte: Metaphern sind ein Stilmittel, Undeutliches auf den Punkt zu bringen und Abstraktes anschaulich, also bildhaft werden zu lassen. Damit entziehen sie sich zugleich einer Sprachlogik: Als bildhaftes Element unterbricht sie die zeitlich lineare Erzählstruktur des Textes. Der Sinn einer Metapher ist nicht mehr auf die einzelnen verwendeten Wörter zurückzuführen, sondern es ist ihr kompositionelles Zusammenspiel (Boehm 1994). Ihre auffallend häufige Verwendung gerade in Zusammenhängen, in denen mit Ungewissheiten und offenen Entwicklungsprozessen operiert wird, ist daher wenig erstaunlich.

c. Bildhafte Vorstellungen: Hierzu gehören beispielsweise Leitbilder, Wunschbilder oder Schreckensbilder, die als gedankliche Bilder über reine Abbildungen hinausreichen.

Unabhängig vom Medium fallen unter den hier verwendeten Bildbegriff somit direkte Abbilder und interpretierende Darstellungen der wirklichen beziehungsweise wahrgenommenen Welt (vgl. FIUS Fachrichtung Informationswissenschaft der Universität des Saarlandes). Im Vergleich zu Wort/Text/Sprache sind Bilder eine Ausdrucks-, Wahrnehmungs- und Diskursebene, die emotionaler, eingängiger und eindrücklicher, aber auch flüchtiger und ambivalenter sein kann.

Neurophysiologisch ist die Wahrnehmung von Bildern eng mit Emotionen verbunden. Bilder erschrecken, warnen, regen an, ermutigen, bringen zum Lachen oder zum Weinen: Eindrückliche Bilder vergisst man sein ganzes Leben lang nicht mehr, und ein einmal gesehenes Bild hat gute Chancen, über lange Zeit wiedererkannt zu werden und Emotionen hervorzurufen. Sie werden zudem vom Gehirn unmittelbarer aufgenommen als Worte und können somit auch zeitlich vor dem sich in Worten ausdrückenden Gedanken wirken. Diese Geschwindigkeit kann mit verantwortlich gemacht werden für ihren kommunikativen Erfolg (Ballstaedt 2006). Im Unterschied zu Texten können Bilder mehrere Aspekte und Abläufe gleichzeitig abbilden, dadurch auch Wertungen und Emotionen verdichten, Kontraste ausdrücken, ganze Geschichten und Ereignisse in einem Bild einfangen. Dadurch können sie sehr vielschichtig und ambivalent oder auch sehr verdichtet und emotional sein und damit zu Ikonen oder Symbolen werden.

2.2 Verbreitung von Bildern: Bildkontext und Bilddiskurs

In der Regel gewinnen Bilder erst durch die massenhafte Verbreitung in den Medien ihre Kraft in gesellschaftlichen Diskursen. So lassen sich manche Skandale oder Missstände sehr gut über Bilder in eine breite Öffentlichkeit transportieren. Fotos und Filmdokumente wirken dabei besonders authentisch und eingängig, weil sie uns scheinbar zu Augenzeugen machen. Karikaturen oder Infografiken wiederum können zum Beispiel räumlich und zeitlich voneinander getrennte Ereignisse oder Entwicklung zusammen darstellen. Sie sind damit vielschichtiger, aber im Gegensatz zu Fotografien oder Filmen vermitteln sie dem Betrachter nicht den Eindruck eines unmittelbaren Miterlebens und sind daher in der Regel weniger einprägsam.

Assoziationen, Emotionen, Zeitbezüge sowie Bewertungsmaßstäbe der Rezipienten sollten in die Analyse einbezogen werden, um die Wirkung von Bildern im Kontext gesellschaftspolitischer Wahrnehmungen und Wertungen beschreiben zu können (vgl. Jenkings et al. 2008). Ein solcher Kontext ist charakterisiert erstens durch weitere, meist korrespondierende Bilder, zweitens durch eine sprachliche Beschreibung oder Verhandlung über diese Bilder und drittens die historische und gesellschaftliche Einbettung dieses Bild- und Sprachkontextes. Einen solchen Zusammenhang von Bildern und ihre Kontextualisierung bezeichnen wir im Folgenden als Bilddiskurs.

2.3 Rezeption von Bildern

Um die Rezeption von Bilddiskursen zu erfassen, sollten Bilddeutungen den jeweiligen thematischen, kulturellen und zeitlichen Rahmen berücksichtigen. Weiterhin bieten Bilder und Bilddiskurse aufgrund der eingangs genannten Eigenschaften ein sehr breites Spektrum zwischen Offenheit und Geschlossenheit möglicher Bilddeutungen und Bewertungen. Sie können sehr unterschiedliche Wirkungen und Wahrnehmungen auslösen oder zur Machtausübung instrumentalisiert werden.

Bilder stehen selten für sich allein, sondern ihre Produktion und Rezeption sind in der Regel in einem Kontext eingebettet, der Bedeutung verleiht. Die Bedeutung eines Bildes entsteht weder ausschließlich durch das Bild noch durch den Betrachter. Die Rezeption und Bedeutung erwächst aus einem Aushandlungsprozess zwischen beiden, der durch den historischen und gesellschaftlichen Kontext gerahmt wird. Damit sind Bilder nicht nur Abbild einer gesellschaftlichen Realität, sondern ebenso Teil eines gesellschaftlichen Verständigungs- und Aushandlungsprozesses mit mehr oder weniger offenem Ausgang. Sie können einerseits Ambivalenzen sichtbar machen (indem zum Beispiel die Wahrnehmung des Betrachters nicht mit den Bildinhalten in Einklang zu bringen ist), Interpretationsspielräume öffnen und gedankliche Möglichkeiten schaffen. Andererseits kann auch die Verwendung, Verbreitung und Rezeption von Bildern durch und über Massenmedien gesteuert werden, zum Beispiel indem einige wenige ausdrucksstarke Bilder immer wieder – und auch in verschiedenen Medien – wiederholt werden, so dass eine gleichberechtigte Darstellung von Wirklichkeiten zum Beispiel verschiedener Bevölkerungsgruppen erschwert sein kann (Machtasymmetrie der Bildverbreitung). Dies mag in manchen Fällen sogar einer Beschwörung der Realität nahe kommen, wie es beispielsweise durch die permanente Wiederholung von Bildern des Mauerfalls geschah. Gleichzeitig haben auch Akteure aus Politik, Wirtschaft und Zivilgesellschaft diese Macht der Bilder erkannt und nutzen die Möglichkeiten auch für ihre Zwecke. Dieses Prinzip wird bei Pressefotos sich umarmender Politiker genauso angewendet wie bei Menschenketten oder die Verwendung einer bestimmten Farbe als Ausdruck politischen Protests, wie bei der „orangenen Revolution" in der Ukraine, den grünen und roten Demonstranten im Iran oder in Thailand.

Zusammenfassend lässt sich sagen, dass ein Bild im Vergleich zum Wort unmittelbarer, vorsprachlich, schneller, eindrücklicher und/oder mehrdeutiger wirkt. Bilder, die den deutschen Vereinigungsprozess darstellen und kommentieren, beeinflussen also höchstwahrscheinlich die Wahrnehmung desselben. Sie spiegeln die Veränderungen in Deutschland wider und bilden das Gegenstück zur materiellen Seite des Vereinigungsprozesses, die sich in Wirtschaftsentwicklung und ökonomischem Strukturwandel, Demografie, Infrastruktur, soziostrukturellem Wandel und Politik manifestiert. Bilder zeichnen erwünschte und unerwünschte Entwicklungen, dienen mal als Beschreibung der gegenwärtigen Realität, mal als Zukunftstraum oder Warnung vor Fehlentwicklungen, mal blicken sie zurück. Die den Bilder inhärenten Bewertungen sind gesellschaftlich oft umstritten – es geht um Diskurshoheit und Bildmacht.

Daher halten wir es für fruchtbar, Bilder und die damit verbundenen beziehungsweise ausgelösten Diskurse in die gesellschaftspolitische Analyse des Vereinigungsprozesses einzubeziehen. Soziologische und politikwissenschaftliche Ansätze der Ostdeutschlandforschung haben die Analyse der Bilder vom Vereinigungsprozess konzeptionell und theoretisch noch kaum entwickelt. Ansatzpunkte bilden die Geschichtswissenschaft, für die Bilder eine unverzichtbare

Quelle darstellen und die sich beispielsweise mit der Darstellung des Mauerfalls befasst hat (Paul 2008; Hamann 2007). In den Sozial- und Kulturwissenschaften formieren sich die Bildwissenschaften als neue, eigenständige Disziplin (vgl. Sachs-Hombach/Rehkämper 1999; Sachs-Hombach 2001; Sachs-Hombach/Rehkämper 2003; Mitchell et al. 2008; www.bildwissenschaft.org), die wertvolle Anregungen geben. Aber ein systematischer Brückenschlag zur sozialwissenschaftlichen Ostdeutschlandforschung steht noch aus.

2.4 Analytischer Zugang

Die hier vorgelegte Bildanalyse zur deutschen Einheit betritt somit sozialwissenschaftliches Neuland. Ihr analytisches Programm stützt sich auf einen interdisziplinären, experimentellen Zugang zu Bildwelten (vgl. Dissmann et al. 2008). Sie ist ein Versuch, diese bislang weitgehend unbearbeitete Ebene des Vereinigungsprozesses explorativ zu erschließen und einer systematischen Analyse und Reflexion zugänglich zu machen.

Die Analyse der gesellschaftspolitischen Wirkung von Bildern und Bilddiskursen muss unterschiedliche Bildebenen, gesellschaftliche Bezüge sowie subjektive Momente einbeziehen. Wir schlagen daher ein fünfstufiges Analyseraster vor, mit dem die Wirkung von Bildern in den Medien sowie in der politischen und privaten Kommunikation analysiert werden kann. Es orientiert sich an den drei oben beschriebenen Aspekten Bildtyp und Merkmale des jeweiligen Bildes (erster Schritt), Verbreitungswege und thematischer Bildkontext (zweiter und dritter Schritt) sowie Wertungen und Wirkmacht (vierter und fünfter Schritt). Beginnend mit einer formalen Bildanalyse und einer weitgehend sachlich bestimmbaren Einordnung nimmt der Interpretationsspielraum bei jedem Schritt zu, weil immer weitergehende Aspekte der Bildwirkung einbezogen werden. Entsprechend fokussieren die ersten beiden Analyseschritte auf einzelne Bilder, während die Schritte drei bis fünf auf den Kontext abheben.

(1) *Formale Bildanalyse*: Bei der formalen Bildanalyse werden die Bildform beziehungsweise das Bildmedium und der erkennbare Bildinhalt erfasst und beschrieben. Hierbei können begleitende Texte wie Bildunter- oder Bildüberschriften, die Aussagen zum Bildinhalt und zum Entstehungskontext (Erstellungsdatum und -ort) ergänzend hinzugezogen werden. Die Aussagekraft eines Fotos lässt sich bereits abschätzen, wenn man es in der Größe eines Kontaktabzuges betrachtet. Entfaltet es bereits hier seine Wirkung, „funktioniert" es in der Regel auch in der normalen Größe. Umgekehrt kann es sein, dass ein unklar strukturiertes Foto nach einer Verkleinerung keine Aussagekraft mehr hat.

(2) *Verbreitungswege/Kommunikationskontext*: In einer erweiterten Bildanalyse wird der formale Kontext der Bildkommunikation beschrieben. Dazu gehören die Bildproduktion, die Verbreitungswege und -formen. Zu klären sind folgende Fragen: Wer produziert wie die Bilder? Wer ist der soziale und/oder wirtschaftliche Träger/Auftraggeber für die Bildproduktion? Wie werden die Bilder verbreitet, über welche Medien? Welche Zielgruppen werden adressiert? Welche Anliegen und Interessen werden mit der Verbreitung der Bilder verfolgt?

(3) *Thematische Zuordnung*: Bilder können Themenfeldern zugeordnet werden, was der Tatsache Rechnung trägt, dass Bilder sich auf andere Bilder und Inhalte beziehen, mit denen sie in einem inhaltlichen Zusammenhang stehen. Es sind unterschiedliche thematische Zuordnungen denkbar und sinnvoll, je nach Zweck der Bildanalyse und -kommunikation. Wir schlagen eine Abgrenzung von fünf thematischen Bilddiskursen zum deutschen Einigungsprozess vor, die sich an Phasen des Vereinigungsprozesses und gesellschaftlichen Problemlagen beziehungsweise Herausforderungen orientieren (vgl. Abschnitt drei).

(4) *Wertungen von Bildern*: Weiterhin werden den Bildern inne liegende Wertungen untersucht. Es wird davon ausgegangen, dass unterschiedliche Interpretationen eines Bildes möglich sind. Erst durch die Zuordnung zu einem Bilddiskurs wird klarer, ob es sich um tendenziell positive („Wunschbilder"), negative („Schreckensbild") oder offene („Zustandsbeschreibungen") Bewertungen handelt. Mit dieser Zuordnung werden meist implizite Wertungen und Bewertungskonflikte aufgrund von Ambivalenz und Vielschichtigkeit (oder auch Eindimensionalität) transparent gemacht (Dissmann et al. 2008). Die Wertungen lassen sich im Einzelnen wie folgt unterscheiden:

a. Positive „Wunschbilder" setzen die Erfolge der deutschen Einheit ins Bild. Die Bilder drücken ein Spektrum von politischen Zielen, gesellschaftlichen Visionen und Hoffnungen aus. Sie schließen neue, alternative und kulturell geprägte Leitbilder für die deutsche Einheit ein und weisen auf deren Potenziale hin wie z.B. die Metapher von den „Blühenden Landschaften" oder der Slogan „Leipzig kommt".

b. „Schreckensbilder" bewerten den Vereinigungsprozess negativ wie zum Beispiel „zerrissenes Land" oder „Der Osten blutet aus". Dabei kann es sich rückblickend um den Verlust von Zuständen handeln (Zusammenbruch der Industrie und Verlust der Arbeitsplätze) oder perspektivisch um Szenarien, die als negativ eingestuft werden wie z.B. demografische Schrumpfung.

c. Offene „Zustandsbeschreibungen" sind um eine empirische, sachliche Darstellung der Ereignisse und Verhältnisse bemüht. Angesichts der Komplexität und Heterogenität des Vereinigungsprozesses werten sie diesen weder eindeutig positiv noch negativ. Sie dienen vielmehr als Positionsbestimmung. Sie sind, je nach Kontext und Perspektive des Rezipienten, unterschiedlich deutbar, wobei der Grad ihrer Interpretationsoffenheit variiert. Zustandsbeschreibungen sind nicht wertfrei, sie können ebenso wie Schreckensbilder oder Wunschbilder politisch instrumentalisiert werden.

(5) *Interpretation der Wirkmacht*: Im abschließenden Analyseschritt werden die Bilder in einen diskursiven Wirkungszusammenhang eingeordnet, um die Wirkmacht von Bildern in öffentlichen und privaten Diskursen abzuschätzen. Folgende Fragen stellen sich: Wie wirken die Bilder? Auf welche gesellschaftlichen Bereiche und Milieus wirken sie? Wer kann die Darstellung und den damit verbundenen Diskurs beeinflussen? An welche anderen Bilder schließt das jeweilig Bild an oder/und von welchen anderen Bildern setzt es sich ab? Dadurch können Bilder hinterfragt und gegebenenfalls umgedeutet sowie Lücken identifiziert werden. Dazu gehört auch die Suche nach möglichen Gegenbildern im thematischen Kontext.

Insbesondere durch die letzten drei Schritte erfolgt eine interpretative Zuordnung von einzelnen Bildern zu gesellschaftlich relevanten Bilddiskursen des Vereinigungsprozesses. Im folgenden Abschnitt wird dieser Ansatz explorativ erprobt.

3. Bilddiskurse im Einigungsprozess – Konjunkturen und Zuspitzungen

Welche Rolle spielt die Verbreitung von Bildern durch Massenmedien im Kontext des deutschen Einigungsprozesses? Wir haben fünf Bilddiskurse mit „starken", ikonenhaften Bildern identifiziert, die mediale Aufmerksamkeit erhielten, wichtiger Teil gesellschaftlicher Debatten waren oder sind und bestimmte Phasen des Einigungsprozesses nachzeichnen, ohne diesen jedoch immer trennscharf zugeordnet werden zu können. Der Fokus liegt auf Ost- und weniger auf Deutschland insgesamt, weil deutlich weniger Bilder über den Vereinigungsprozess in Westdeutschland in den Massenmedien auftauchten, aber auch, weil in Ostdeutschland die Verwerfungen stärker spürbar und eben *sichtbar* waren und sind (zum textsprachlichen massenmedialen Diskurs vgl. Kollmorgen/Hans im vorliegenden Band).

Nachfolgend werden die fünf Bilddiskurse entlang des Analyseschemas am Beispiel einzelner Bilder beschrieben. Dies sind:

1. Der Mauerfall und die deutsche Einigung
2. Die Hoffnungen, die die Vereinigung weckte
3. Scheitern im Einigungsprozess
4. Die wechselseitige Wahrnehmung von Ost- und Westdeutschen
5. Der Rückblick auf die DDR

3.1 „Wahnsinn" – Die Euphorie des Mauerfalls

Das Ende der DDR war ein längerer Prozess, der sich aber an zentralen Ereignissen festmachen lässt: die Kapitulation des Staates zur Montagsdemonstration am 9. Oktober 1989 in Leipzig, der Fall der Berliner Mauer am 9. November 1989 und das Inkrafttreten der Wirtschafts-, Währungs- und Sozialunion am 1. Juli 1990. Der Fall der Mauer hatte dabei eine herausragende symbolische Bedeutung. Er brachten Bilder von Menschen hervor, die auf der Mauer tanzten, das „Begrüßungsgeld" (vgl. www.100westmark.de) oder Unmengen von Trabbis auf dem Ku'damm.

Interessanterweise wird der Bilddiskurs zum Mauerfall nicht durch ein einzelnes Foto geprägt, eine *formale* Interpretation ist daher schwierig. Die Suche nach dem einen Foto des oder der Ersten, der oder die „rüber gemacht" hat oder „nur mal gucken" wollte, wird erfolglos bleiben. Allerdings ist der *Kommunikationskontext* deutlicher einzugrenzen: Der Mauerfall war von fotografischer Seite aus betrachtet eigentlich ein Desaster, da weder rechtzeitig professionelle Fotografen herbeieilen konnten noch dass er bei Tageslicht stattfand. So können die bekannten Fotos rund um das Brandenburger Tor, die, vielfach reproduziert, zum Symbol des Mauerfalls wurden, frühestens am 10. November entstanden sein. Weiterhin wurden sie in der Regel vom Westen aus (und damit wahrscheinlich auch von Westdeutschen) aufgenommen, meist mit dem symbolischen Brandenburger Tor im Hintergrund. Die DDR-Bürgerinnen und -Bürger, die die Mauer mit der friedlichen Revolution gestürzt hatten, sind nicht im Bild. Sie hatten Wichtigeres zu tun, als auf der Mauer zu tanzen.

Umso deutlicher wird diese symbolhafte Überhöhung, wenn man ein am 11. November 1989 am Grenzübergang Eberswalder/Bernauer Straße, dem ersten neuen Grenzübergang von Ost- nach Westberlin aufgenommenes Foto zum Vergleich heranzieht (Abb. 2): Der Blick geht nach Osten, die Mauer befindet sich im Rücken der Fotografin (nur die sogenannte Hinterlandmauer ist auf dem Bild). Im Vordergrund sind Menschen zu sehen, die etwas in die Innentasche

Bilddiskurse 203

Ihrer Jacke stecken. Die Grenzkontrolle ist im mittleren Teil des Fotos zu sehen, erkennbar am Fahrzeug der Grenztruppen sowie an den Uniformierten. So einfach kann es sein, die Grenze zu passieren; nur den Personalausweis vorzeigen und wieder wegstecken.

Abbildung 2: Eröffnung Grenzübergang Eberswalder/Bernauer Str., Berlin, 11.11.1989

Foto: Sigrid Marotz

Thematisch können die Bilder des Mauerfalls durch andere Aufbruchsaspekte des Einigungsprozesses bis zum 3. Oktober 2010 ergänzt werden. Dazu gehören der Wandel von „Wir sind das Volk" zu „Wir sind ein Volk", die Währungsunion („Kommt die DM nicht zu uns, gehen wir zu ihr"; Andersen/Woyke 2003) und die tatsächliche Vereinigung in Form des Anschlusses der DDR an die Bundesrepublik.

Die *Wertung*, die in diesen Bildern steckt, sind praktisch durchgehen positiv bis euphorisch. Die friedliche Revolution der DDR-Bürgerinnen und -Bürger war geglückt. Viele neue Möglichkeiten zeichneten sich ab: Reisefreiheit, freie Wahlen, Wirtschafts- und Währungsunion. Der Aufbruch in eine neue Zeit stand bevor, alles schien möglich zu sein.

20 Jahre nach den Ereignissen rund um den Mauerfall zeigt sich die *Wirkmacht* dieses Bilddiskurses, der von der international besetzten zentralen Gedenkfeier rund um das Brandenburger Tor bis zu Nachdrucken der damaligen

Tageszeitungs-Sonderausgaben reicht. Es bleibt ein positives Bild der Euphorie, des „Wahnsinns" von damals. Diese Euphorie spiegelt sich auch im nächsten Bilddiskurs wider.

3.2 „Blühende Landschaften" – Von Hoffnungen und (leeren) Versprechungen

Helmut Kohl versprach in einer Rede im März 1990 in Erfurt: „Wenn die Rahmenbedingungen gesetzt sind, wenn die notwendigen gesetzgeberischen Maßnahmen getroffen sind, werden nicht nur hunderte, sondern tausende von investitionsbereiten Unternehmern aus Großunternehmen wie bis hin zum Handwerk aus der Bundesrepublik hierher kommen, und gemeinsam mit Ihnen werden wir in kurzer Zeit *ein blühendes Land* schaffen." Daraus wurde rasch die Metapher von den „blühenden Landschaften", die in Ostdeutschland entstehen sollten.

Abbildung 3: RIAS-Bericht: Helmut Kohl verspricht in Erfurt „blühende Landschaften", 7. März 1990

◀)) Metapher der „blühenden Landschaften"

(Audiodatei abrufbar unter: http://www.chronik-der-mauer.de/index.php/chronik/Start/Index/id/632178 item/2/page/0.)

Sie gehört zu den einprägsamsten Bildern des Einigungsprozesses, weil sie Hoffnungen weckte, viele Deutsche in Ost und West mobilisierte und die großen Versprechungen der deutschen Vereinigung auf den Punkt brachte. Das erklärt den großen Erfolg dieses Bildes. Zugleich ließ es einen großen Spielraum für alle, es sich in den unterschiedlichsten Farben und Formen auszumalen – nicht zuletzt aufgrund der Paradoxie, dass mit blühenden Landschaften eigentlich rauchende Schornsteine als Symbol für wirtschaftlichen Wohlstand gemeint waren.

Formal handelte es sich bei diesem und anderen, korrespondierenden Bildern um eine Metapher, die sich sprachlich variieren und durch eine Vielzahl an Abbildungen illustrieren, aber auch kontrastieren lässt, wie Karikaturen oder Zeitschriftentitel zeigen.

Der *Kommunikationskontext* war in erster Linie politisch geprägt, weil die Bevölkerung in Westdeutschland zu den notwendigen Transferzahlungen und in Ostdeutschland zur Aufbauarbeit motiviert werden sollte. Die Metapher ist äußerst tauglich für die politische Kommunikation via Massenmedien. So fand diese politische Botschaft eine weite mediale Verbreitung und hatte einen großen Resonanzboden, weil sie für die weitere Kommunikation sehr geeignet war.

Thematisch korrespondierende Bilder stellten der Einzug der DM in der DDR und die rasche Modernisierung Ostdeutschlands zu einem hoch produktiven Standort dar. Mit all diesen durch Bilder begleiteten Strategien verband sich die Hoffnung, dass mittels neuester Technologie und Infrastruktur Wettbewerbsvorteile für die ostdeutsche Wirtschaft erzielt werden könnten. Sie werden durch Abbildungen von Baustellen und Neueröffnungen – von Autobahnen bis zu modernen Produktionsstätten beispielsweise der Solarindustrie in Mitteldeutschland – untermalt.

Die *Wertungen* dieser Bilder sind meist explizit positiv und heben auf das mögliche, vermeintliche oder erhoffte Entwicklungspotenzial der Vereinigung, insbesondere im wirtschaftlichen Bereich ab. In der sehr offenen Entwicklungssituation zu Beginn des Einigungsprozesses waren Prognosen mit großen Unsicherheiten behaftet oder gar nicht möglich. Die politisch geprägten Bilder der blühenden Landschaften überdeckten diese Unsicherheiten und Vielschichtigkeit.

Ihre *Wirkmacht* lag gerade darin, dass sich die Bilder von der realen Ausgangssituation abkoppelten sowie Wünsche und Hoffnungen breiter Teile der Bevölkerung, aber auch der politischen und wirtschaftlichen Eliten bedienten. Diesem Bilddiskurs können noch weitere Versuche, den Vereinigungsprozess als eindeutigen Erfolg darzustellen beziehungsweise neue Erfolgsrezepte zu verkaufen, zugerechnet werden. Dazu gehören die Metapher „von der Gießkanne zum Leuchtturm" oder das Motto „Stärken stärken", mit denen die Politik seit Mitte der 2000er Jahre für eine Umkehr der Förderpraxis in Ostdeutschland warb, weg von einer flächendeckenden, angeblich unspezifischen und ineffizienten Förderung nach dem Gießkannenprinzip hin zur Förderung von Erfolgsprojekten (Leuchttürmen) und Entwicklungskernen (Stärken). Die hier genannten Bilder wurden also vornehmlich im politischen Diskurs geprägt und gestreut, um Unterstützung für bestimmte Strategien im Vereinigungsprozess einzuwerben. Die sehr interpretationsoffenen Bilder, meist Metaphern, stellen mögliche Stärken heraus und überdecken mögliche Verluste und Schwächen. Die Verführungskraft und Plausibilität der Ziele scheint entscheidend für die Stimulierung endogener Energien sowie einer Unterstützung von außen. Obwohl es von Beginn an unwahrscheinlich war, dass die Vereinigung nur Gewinner und Erfolge produzieren würde, ließ das Bild der blühenden Landschaften eine breite Mehrheit der Bevölkerung auf eben diesen Erfolg hoffen. Im Laufe der Zeit hat das Bild der blühenden Landschaften eine ganz andere Bedeutung erlangt, indem es nämlich ganz wörtlich auf die ökologischen Potenziale etlicher Landstriche in Ostdeutschland verweist, gerade weil deren ökonomisches Entwicklungspotenzial gering ist. Die Umdeutung dieses Bildes verweist zugleich auf den Wandel der Bilder und die Umbrüche in Ostdeutschland. Blühende Landschaften sind inzwischen eher zum zwiespältigen Sinnbild für Probleme und Fehler des Vereinigungsprozesses geworden. Darum kreist der folgende Bilddiskurs.

3.3 „Zerrissenes Land" – Schreckensbilder des Vereinigungsprozesses

Spätestens Mitte der 1990er Jahre wichen die Hoffnungen der Ernüchterung. Der Aufholprozess Ostdeutschlands und die Angleichung an Westdeutschland waren ins Stocken geraten. Die Kosten in Ostdeutschland (Arbeitslosigkeit, Abhängigkeit) und Westdeutschland (Finanztransfers, Reformstau) wurden deutlich. Die großen Unterschiede zwischen Ost- und Westdeutschland, die ja von der deutschen Teilung herrührten, wurden wieder ins Bild gerückt und mit dem vorgeblichen Ideal einer raschen und reibungslosen Angleichung Ostdeutschlands an Westdeutschland in allen gesellschaftlichen Bereichen verglichen.

Abbildung 4: Spiegeltitel (Spiegel 39/2004)

Quelle: Mit Genehmigung des SPIEGEL-Verlag Rudolf Augstein GmbH & Co. KG

In den Medien dominierten Bilder über Ostdeutschland und den Vereinigungsprozess, die solche Mängel und Krisen ins Bild setzen wie beispielsweise der Spiegeltitel 2004 zum „Jammertal Ost". Dieses Bild steht für eine wahre Flut von Titelbildern und Aufmachern in Zeitschriften, Zeitungen und Fernsehen im Zeitraum von April bis September im Jahr 2004 (Gribat 2007). Sie zeigen Arbeitslosigkeit, Haushaltslöcher, politische Fehlentscheidungen, den Abriss von Häusern und fehlende Menschen. Diese Bilder übertreiben, malen schwarz-weiß und haben eine ähnliche suggestive Kraft wie die Metapher der blühenden Landschaften.

Formal handelt es sich bei den hier behandelten Bildern zum einen um den Spiegeltitel, der eine Fotomontage in Kombination mit einem Text darstellt. Das Ampelmännchen als Symbol der DDR versinkt offenbar in einem Meer der Tränen angesichts der Krisen in Ostdeutschland und der verschleuderten Steuergelder (Abb. 4). Zum anderen geht es um die Titelseite des Jahrbuchs Gerechtigkeit 2007 der Kirchen, dass sich mit der deutschen Vereinigung befasst (Kirchlicher Herausgeberkreis Jahrbuch Gerechtigkeit 2007). Der Kirchliche Herausgeberkreis wollte angesichts der offensichtlichen Unterschiede zwischen Ost und West auf Ungerechtigkeiten hinweisen. Der Untertitel „zerrissenes Land" zusammen mit der Karte des Auseinanderdriftens von Ost und West führt den Handlungsdruck dramatisch vor Augen (Abb. 5).

Der *Kommunikationskontext* des Spiegeltitels ist eindeutig. Es handelt sich um ein Massenmedium, das Entwicklungstrends aufgreift und diskutiert. Die Titelbilder dienen dazu, den Verkauf der Zeitschrift zu steigern. Das Titelbild soll neugierig machen, provozieren und eher Meinung machen als zur Meinungsbildung beizutragen. Das Titelbild des Spiegels wird daher für zahlreiche historische und politische Analysen herangezogen (vgl. z.B. die zahlreichen Abbildungen in Paul 2008). Das Jahrbuch Gerechtigkeit wird in hoher Auflage für die Gemeinden der deutschen Kirchen gedruckt und soll dort Diskussionen zu Fragen der Gerechtigkeit aus kirchlicher Sicht anstoßen und weitertreiben.

Thematisch lassen sich die Bilder dem Bilddiskurs vom Scheitern im deutschen Vereinigungsprozess zuordnen. Es geht um Subventionsgräber und verschleuderte Transfergelder, um den fehlenden Wirtschaftsaufschwung in Ostdeutschland, um eine Gerechtigkeitslücke, das demographische Schrumpfen, das „Ausbluten des Ostens", das Sterben von Dörfern, die Rückkehr des Wolfes. Diesem Bilddiskurs können noch ganz andere Darstellungsformen wie beispielsweise Infografiken und -karten zugeordnet werden. Zwar beruhen beispielsweise die häufig zitierten Karten, die vom Bundesamt für Bauen und Raumordnung (BBR), jetzt BBSR, als Teil der Raumbeobachtung herausgegeben werden auf eindeutigen Fakten und erheben den Anspruch, objektiv zu sein. Doch häufig sind die Unterschiede zwischen Ost und West so markant, dass die ehemalige Grenze deutlich sichtbar bleibt, was die scheinbare Ausweglosigkeit und Nutzlosigkeit der Vereinigungsbemühungen sichtbar macht.

Abbildung 5: Titelbild Jahrbuch Gerechtigkeit III. Zerrissenes Land.

Quelle: Publik-Forum.

Die hier analysierten Titelbilder beschreiben negative Zukunftsperspektiven. Die vielfältigen Schwierigkeiten werden in den Vordergrund gerückt. Sie werden als „Schreckensbilder" *gewertet*, die auf die nicht überwundene deutsche Teilung anspielen. Sie stehen für Enttäuschungen über nicht erreichte Ziele und verweisen auf die Verliererinnen und Verlierer des Einigungsprozesses. Thematisch vergleichbar ist die Furcht von einigen Westdeutschen vor der „Verostung" Deutschlands. Ebenso wie die blühenden Landschaften mögliche Probleme ausblendeten, verneinen diese Bilder umgekehrt Entwicklungspotenziale und positive Entwicklungen. Nach ihrer Lesart ist die deutsche Vereinigung gescheitert oder wird scheitern.

In der gesellschaftspolitischen Berichterstattung und wissenschaftlichen Kontexten werden sie teils anklagend, teils als resignierende Begründung verwendet für die Unmöglichkeit, eine selbst tragende wirtschaftliche Entwicklung in Ostdeutschland zu initiieren. Die Wirkung solcher Schreckensbilder beruht auf ihrer geschlossenen Bilddeutung, die keine Alternativen zulässt, die hoch emotional ist und Ängste wachruft. Sie funktionieren als *Wirkungszusammenhang* gerade dann, wenn sie isoliert und einseitig Probleme und Defizite darstellen und bleiben gewissermaßen zeitlos, weil der Zeitpunkt der Betrachtung und der im Bild dargestellte Zeitpunkt kaum miteinander in Bezug gesetzt werden. Durch diese Reduktion sind sie für die Massenmedien besonders gut tauglich. In großer Vervielfachung von Schreckensbildern kann eine erhebliche destruktive Kraft auf den gesellschaftlichen Entwicklungsprozess vermutet werden.

Umgekehrt wäre zu fragen, ob und wie aus Schreckensbildern neue, zukunftsfähige Perspektiven entstehen können: Braucht es Schreckensbilder, um alte Zöpfe abzuschneiden und für einen Neuanfang aufzurütteln?

3.4 „Jammerossis" und „Besserwessis" – Bilder vom Anderen

Die gegenseitige Wahrnehmung der Menschen in Ost und West war vor dem November 1989 höchst unterschiedlich. Viele hatten West- oder Ostverwandte und wohl alle waren auf die eine oder andere Art durch die massenmediale Darstellung der anderen Seite beeinflusst. Nach November 1989 war die Bereitschaft, die „Anderen" kennen zu lernen höchst unterschiedlich, oft durch Unverständnis erschwert und nicht zuletzt hatte auch die Darstellung der Menschen in West beziehungsweise Ost durch die Massen- insbesondere die Boulevardmedien einen entscheidenden Anteil an der gegenseitigen Wahrnehmung (vgl. Kollmorgen/Hans im vorliegenden Band).

Formal sind die Bilder „Jammerossi" und „Besserwessi" Metaphern, also sprachliche Bilder, die im Zusammenhang mit der gegenseitigen Wahrnehmung der Deutschen nach dem Vereinigungsprozess stehen. Beide Wörter sind aus jeweils zwei Begriffen zusammengesetzt. Bei dem Bild „Besserwessi" handelt es sich ursprünglich um die Worte Besserwisser und Wessi. Ursprünglich wurde der Begriff „Wessi" als abwertende Bezeichnung für Westdeutsche durch Westberliner verwendet. Jammerossi ist eine Zusammensetzung aus jammern und Ossi, wobei die Gegenüberstellung der jeweiligen Teilwörter „Jammer" und „Besser" eine semantische Asymmetrie darstellt. Die Gesellschaft für deutsche Sprache kürte das Wort „Besserwessi" 1991 zum Wort des Jahres.

Zu Beginn der 1990er Jahre meist in der (Boulevard-)Presse verwendet, werden die Bilder inzwischen in einem weiteren *Kommunikationskontext* verwendet.

So zeigt eine Kritzelei an einem Rastplatz auf der Insel Rügen (2008) folgenden Dialog: „Scheiß Wessi! Verpiss Dich." Als Kommentar schieb jemand dazu: „Ossi, wo wärst Du, wenn Du unser Geld nicht hättest! (Solidaritätsbeitrag, Aufbau Ost)". Ossis können also in der Wahrnehmung der Wessis den „Rand nicht voll kriegen", während der Ossi im Wessi generell einen „schlechten Menschen" sieht, womit die Klischees bestens bedient wären.

Eine eigene Gattung bilden die Ossi-Wessi-Witze beziehungsweise -Sprüche (Abb. 6). Gern werden derartige Bilder auch zur Zementierung der „Mauer in den Köpfen" verwendet. Der früheren Brandenburger Sozialministerin Regine Hildebrandt wird der Spruch zugeschrieben: „Der Fuchs ist schlau und stellt sich dumm, beim Wessi ist es andersrum."

Abbildung 6: Karikatur

Quelle: Alan Benson, 2002

Thematisch ist dieses Bild eine Darstellung des jeweils „Anderen". Dabei werden Stereotypen, Klischees und Vorurteile aufgegriffen und in ein Bild gefasst. Beide Wortschöpfungen werden oft als eine Abwertung der Herkunft des jeweils anderen und damit latent negativ besetzt. Sie versuchen die Zuschreibungen

„Ossi" und „Wessi" noch zu schärfen, indem sie die dem jeweils anderen zugeschriebenen Haupteigenschaften benennen: Der Wessi ist ein Besserwisser und der Ossi jammert. Beide Bilder bedienen schon vorhandene Klischees und Stereotypen und sind wegen ihrer geschlossenen Deutung eher den Schreckensbildern zuzuordnen.

„Besserwessi" und „Jammerossi" haben sich als Leitbegriffe für die klischeehafte und verkürzte Wahrnehmung der jeweils anderen Deutschen wirksam durchgesetzt. Weitere Begriffe, die einen abschätzigen Unterton beinhalten, sind u.a. „Zoni" (abgeleitet von Sowjetischer Besatzungszone) und „Wossi" für einen Wessi, der nach Ostdeutschland umzogen ist. Die Wirkmacht dieser Bilder liegt in der Festschreibung auf ein Gegensatzpaar, das keinen Raum für andere, neue, gemeinsame Entwicklungen lässt.

3.5 „Ostalgie" – War doch nicht alles schlecht...

Der Begriff „Ostalgie", ein Wortspiel aus „Osten" und „Nostalgie", ist *formal* auf den Beginn der 1990er Jahre zu datieren und somit erst im geeinten Deutschland entstanden. Der Schauspieler und Kabarettist Uwe Steimle aus Dresden trat ab 1993 mit seinem Kabarett-Programm „Ostalgie" auf, er gilt als Schöpfer des Begriffs. Interessant ist, dass sich ein adäquater Begriff wie „Westalgie" oder ähnliches nicht durchgesetzt hat, sicher bedingt durch die fehlende politische Umbruchsituation in der alten Bundesrepublik.

Ein typischer *Kommunikationskontext* des Begriffs waren die so genannten „Ostalgie-Partys", auf welchen z.B. Erich-Honecker-Doubles auftraten, DDR-Musiktitel gehört und Ostprodukte wie Club Cola getrunken wurden. Sie fanden seit Mitte der 1990er Jahre statt. Andere Veranstaltungen mit ähnlichem Kontext hießen Ossi-Partys, Ossi-Feten, DDR-Partys oder Ostalgie-Nächte. In Städten wie Leipzig erleben heute längst vergessen geglaubte DDR-Fahrräder der Marken Diamant und MIFA (Mitteldeutsche Fahrradwerke AG) eine Wiederauferstehung aus Kellern, Schuppen und Datschen. Auf einem kurzen, „bergfreien" Weg zur Uni stellen sie z.B. für Studierende vom Image her die bessere Alternative als z.B. ein billiges „Baumarktfahrrad" dar. Diamant als älteste produzierende Fahrradfabrik in Deutschland und MIFA haben sich bei neuen Fahrrädern als hochwertige beziehungsweise preisgünstige Marken wieder etabliert. Die Komponenten werden aber größtenteils in Asien gefertigt und dann in Hartmannsdorf beziehungsweise Sangerhausen montiert.

Zeitschriften wie die „Super-Illu" sowie später speziell der MDR als Landesrundfunkanstalt haben dieses Bild mit geprägt. Teilweise ließ sich in einigen Massenmedien eine Überhöhung des Trends zur Ostalgie bemerken, wie z.B. in der „DDR-Show" des Fernsehsenders RTL. Kinofilme wie „Sonnenallee" von Leander Haußmann oder „Good bye Lenin" waren kommerziell äußerst erfolgreich. Für einzelne Mediengattungen haben sich spezialisierte Anbieter wie „Icestorm" für Filme oder „Buschfunk" für Musik etabliert. Über eigene Internetportale (z.B. www.ostprodukte.de) werden auch Erzeugnisse in Stil und Aufmachung ehemaliger „Ostprodukte" vertrieben. Hier entstand ein neuer Markt. Das Bild der Ostalgie wurde auch im Rahmen einer neuen Gattung Literatur, welche erstmals mit dem Buch „Zonenkinder" von Jana Hensel gedruckt wurde, in einer breiten Öffentlichkeit diskutiert. Sie hat unverkrampft (oder je nach Sichtweise unbeschwert verklärend) über ihre eigene Kindheit in der DDR geschrieben.

Auch viele gestandene DDR-Rockmusiker profitierten von der Ostalgiewelle. Wollte nach 1989 zunächst keiner mehr Ostrock hören, stieg die Popularität der Bands der eigenen Jugendzeit ab Mitte der 1990er Jahre in Ostdeutschland wieder an. Der Musiker „Hans die Geige" brachte die Gründe in einen Lied auf den Punkt: „Das sind die Lieder unserer Zeit, sie teilten Freude und auch Leid, sie klingen heut' noch in mir…". Nur wenigen Gruppen wie Keimzeit, Die Prinzen oder Gundermann (mit verschiedenen Bands) gelang es dagegen, schon kurz nach der Deutschen Einheit Erfolg zu haben.

Thematisch lässt sich Ostalgie als Bild einer neu entstandenen Ostidentität der Beschreibung gesellschaftlicher Prozesse zuordnen. In der Eigenwahrnehmung geht es im Ursprung auch um Protest gegen die vermeintlich unzureichende Anerkennung oder sogar Missachtung der Lebensleistung Ostdeutscher („Siegermentalität"), ohne dass der Begriff Ostalgie in der Eigenwahrnehmung verwendet wird. Oft erfolgt ein Verweis auf Schieflagen in Bezug auf die gesellschaftliche Teilhabe Ostdeutscher in der heutigen Bundesrepublik. In Bezug auf die Fremdwahrnehmung des Bildes ist die positive oder negative *Wertung* dieses Bildes sicher stark von der jeweiligen Altersgruppe und der Herkunft abhängig. Bei Jugendlichen, die die DDR nicht mehr selbst erlebt haben, ist Ostalgie Teil einer Retrowelle und somit als spielerische Auseinandersetzung mit der Umwelt eher positiv besetzt. Dagegen umweht Ostdeutsche, die die DDR noch hautnah erlebt haben, der Hauch des ewig Gestrigen. Konkret: Wird das Ampelmännchen, welches sich zu einem Symbol für ostdeutsche Eigenständigkeit entwickelt hat von einer 18-Jährigen auf einem T-Shirt bei einer Party getragen, ist das „cool". Hat hingegen ein 50-jähriger ein solches Statement auf der Brust, wird ihm unterstellt, er wolle DDR und Mauer wiederhaben. Bei der Bewertung kommt es also auch auf die „Gnade der späten Geburt" an.

Ein anderes Beispiel ist der Trabant, der als meistgebauter PKW der DDR oft als stellvertretendes Symbol für die DDR-Gesellschaft verwendet wird. So findet er sich auf zahlreichen Karikaturen wieder und wird als Objekt z.B. im Haus der

Geschichte oder im DDR-Museum ausgestellt. Auch im Kontext der Ostalgie veränderte sich seine Rolle vom billigen Gebrauchswagen zu Beginn der 1990er Jahre hin zu einem Objekt mit Kultstatus (Abb. 7).

Abbildung 7: Mauer am Reichstag (1990) / Trabbitreffen in Wünsdorf (2004)

Fotos: Sigrid Marotz / Sören Marotz

Auf der linken Aufnahme (Abb. 7) ist eine parkende Reihe Trabant und Wartburg vor der hier schon besprühen Hinterlandmauer zu sehen. Die Aufnahme ist auf das Frühjahr 1990 zu datieren. Im Hintergrund ist der Reichstag zu sehen. Das rechte Foto zeigt ein so genanntes „Trabbitreffen" in Wünsdorf in Brandenburg im Jahr 2004. Vor Ihren auf Hochglanz polierten Wagen haben die Besitzer lässig lümmelnd auf Campingstühlen Platz genommen. Die Wagen sind aus dem Alltagskontext, in dem sie auf der linken Aufnahme stehen in eine ikonenhaft überhöhte, kitschige Situation transformiert worden. Der gleiche Gegenstand (hier Trabant) steht bei beiden Aufnahmen in einem völlig anderen Wirkungskontext.

3.6 Zwischenfazit zu den Bilddiskursen

Die hier charakterisierten Bilddiskurse beschreiben Ereignisse, Zustände oder Entwicklungstendenzen. Um ihre Aussage zu transportieren, bedürfen sie einer inhaltlichen Zuspitzung und damit notwendigerweise einer Verkürzung und symbolischen Verwendung wiedererkennbarer Sachverhalte. Durch eine massenmediale Verbreitung erlangen diese Bilder eine Aussagekraft, die sich in den Köpfen festsetzt. Dies ist umso eher der Fall, wenn sie mit Emotionen und eindeutigen Wertungen verknüpft sind, die mit dem Bild kommuniziert werden. Das können sowohl Hoffnungen als auch Ängste sein. Eine weitere Verstärkung erfolgt, wenn als besonders aussagekräftig angesehene Bilder wiederholt kommuniziert werden. Die oben vorgestellten Bilder haben sich auf die eine oder andere Art in unseren Köpfen festgesetzt. Sie werden als verkürzte Referenz genutzt, können sich aber auch verselbständigen und sogar vom ursprünglichen Kontext lösen, das ist vielleicht am ehesten bei den „Blühenden Landschaften" der Fall.

Dagegen gibt es auch weniger „starke" Bilder, zum Beispiel die Novembertage 1989 in der west- oder ostdeutschen Provinz, weniger eindeutig bewertbare Entwicklungen wie der ökonomische Strukturwandel und unpopuläre Themen wie demografischer Wandel in seiner Vielschichtigkeit. Je intensiver aber die Verwendung bestimmter Bilder Einfluss auf Diskurse hat, umso schwieriger wird es, andere Ideen, Erfahrungen und Bilder einzubinden, die die dominanten, „gespeicherten" Bilder ergänzen oder gar ersetzen können. Die Bilder verselbständigen sich, sie lösen sich zunehmend von ihrem (inhaltlichen, zeitlichen, kulturellen) Kontext und überdauern trotz einer teilweise veränderten Wirklichkeit.

Gerade solche dominanten Bilder aus den hier vorgestellten Bilddiskursen mit weitgehend geschlossenen Deutungen und Bewertungen erschweren eine differenzierte Wahrnehmung. Damit beschränken sie mögliche Alternativen und Gegenbilder und können einen Wandel blockieren (Forschungsverbund „Blockierter Wandel?" 2007).

4. Vom „Nachbau West" zum Experimentierfeld Ostdeutschland: Latente Bilddiskurse in der öffentlichen Kommunikation

Einige der oben beschriebenen Bilder setzten sich über lange Zeit in den Köpfen fest, andere wurden durch veränderte Wahrnehmungen und neue Entwicklungen ergänzt oder ersetzt. Aber nicht alle relevanten Entwicklungen des Vereinigungsprozesses verdichten sich zu Bilddiskursen, sei es, dass die Bilder nicht für Massenmedien taugen oder die Bewertung der Situation zu offen ist für eindeutige, leicht kommunizierbare Zuschreibungen und Wertungen.

Angesichts der zwiespältigen Bilanz des deutschen Einigungsprozesses sind unseres Erachtens differenziertere Wahrnehmungen nötig. Die Bilddiskurse haben in manchen Bereichen an Zwischentönen gewonnen, sie sind vielfältiger geworden. Nicht zuletzt das Nebeneinander der beschriebenen, dominanten Bilddiskurse und ihre Überlagerungen tragen zu einem facettenreicheren Bild bei. Doch obwohl es ein Merkmal von Bildern ist, Gleichzeitigkeit und Ambivalenz ausdrücken zu können, lassen sich diese Schattierungen in den Massenmedien nicht so einfach und prägnant darstellen, insbesondere nicht graduelle Veränderungen oder widersprüchliche Entwicklungen. Dies gilt insbesondere für neue, ergebnisoffene Entwicklungsoptionen und alternative Entwicklungsziele. Eine solche bildliche Leerstelle scheint uns um so gewichtiger zu sein, als gerade alternative Entwicklungspfade zum Nachbau West nötig sind, um die spezifischen Potenziale Ostdeutschlands zu nutzen und den Vereinigungsprozess insgesamt als Impuls für eine zukunftsfähige Entwicklung ganz Deutschlands fruchtbar zu machen (Thomas 2008, 2009, im vorliegenden Band). Andererseits lassen sich zahllose Initiativen, Projekte und Ansätze finden, von denen genau solche Impulse ausgehen (können). Zu nennen sind hier unter anderem kreative Projekte für die Zukunft Ostdeutschlands (Links/Volke 2009) oder der Film „Neuland" über Raum- und andere Pioniere von Daniel Kuhnle und Holger Lauinger (2007). Bereits älter ist die Forderung von Wolfgang Engler nach „Friede den Landschaften!" (Engler 2001). Andere Forschungen befassen sich mit Raumpionieren (Matthiesen 2004). Manchmal sind sie Ausdruck eines generellen Unbehagens mit der Wachstums- und Kapitalismusorientierung des vereinigten Deutschlands und beinhalten das Wunschbild einer anderen Gesellschaft.

Entleerte Gegenden, hohe Arbeitslosigkeit und mangelnde Versorgung befördern notwendigerweise die Kreativität der Akteure vor Ort und lassen sie manchmal zu verblüffenden Lösungen kommen. Häufig stehen Einzelpersonen oder kleine Initiativgruppen am Anfang, die sich beharrlich und zum Teil über Jahre hinweg für eine bestimmte Idee einsetzen, Finanzierungen auf die Beine stellen und nicht zuletzt zunehmend auch Arbeitsplätze schaffen. Filmemacher, Journalisten und Wissenschaftler greifen diese Ideen auf und verbreiten sie über Diskussionsveranstaltungen, Tagungen, kommunale Filmhäuser, regionale Netzwerke, Tageszeitungen und Fernsehen. Aber die Bilder dazu sind noch vage, sie machen keine großen Versprechungen. Daher bezeichnen wir solche Bilder als latente Bilddiskurse. Sie können sich zu Bilddiskursen verdichten, wenn starke Bilder und gesellschaftliche Zustimmung hinzukommen. Ein Feld, in dem eine solche Ausdifferenzierung von Bildern deutlich wird, ist die Stadtentwicklung.

Beispiel Stadtentwicklung in Ost- und Westdeutschland

Denkt man an west- und ostdeutsche Städte, so fallen einem Bilder verfallender Innenstädte im Ostdeutschland der 1980er und 1990er Jahre ein. In den Medien kursierten vorwiegend Fotografien und Filme über marode Industrieanlagen und große, leerstehende Plattenbausiedlungen – die Menschen fehlen meist auf diesen Bildern, die gebauten sozialistischen Strukturen standen im Vordergrund (Abb. 8). Weitere Bilder zeigen den Abriss von Plattenbauten oder leer stehende

Gründerzeitbauten, aber auch sanierte Altbauvillen in Görlitz, Altstadthäuser in Meißen (Abb. 9) oder die wieder aufgebaute Frauenkirche in Dresden. Westdeutsche Städte bleiben in diesem Zusammenhang zunächst eher bildlos.

Abbildung 8: Stadtumbau Ost: Abriss von Plattenbauten

Foto: Sören Marotz

Auch wenn Städtebau und Stadtentwicklung zunächst kein prominentes Thema im deutschen Einigungsprozess waren, so war die Angleichung der Lebensverhältnisse von Ost an West ein wichtiges Thema. Eine „nachholende Entwicklung", ein „Nachbau West" sollte diese besseren Lebensumstände auch nach Ostdeutschland tragen. Die *Kommunikation* der Zustände in Ostdeutschland erfolgte dennoch zunächst vorwiegend durch die Verwendung solcher Schreckensbilder. Durch die Übernahme des bundesdeutschen Planungsrechts und seiner Instrumente wie zum Beispiel die Möglichkeit der Ausweisung von Sanierungsgebieten wurde dies bekräftigt. Als Mitte der 1990er Jahre der „Demographische Wandel" als neue Herausforderung entdeckt wurde, zeigten sich allerdings bald ähnliche Probleme in Ost und West: Der lange gepflegte Wachstumsglaube wurde auf die Probe gestellt, denn Leerstand und Konzentrationen sozialer Problemlagen waren vielerorts zu finden. Dennoch bleibt der großflächige Abriss ganzer Plattenbausiedlungen und Stadtviertel in Ostdeutschland (zum

Bilddiskurse 217

Beispiel in Schwedt/Oder) leichter im Gedächtnis haften als punktuelle Rückbaumaßnahmen, wie sie in vielen Wohnquartieren durchgeführt wurden.

Eine *thematisch* eindeutige Zuordnung fällt aufgrund der Diversität der Bilder und unterschiedlicher Anknüpfungspunkte schwer. Es geht um individuelle und kollektive Lebensverhältnisse, um Verlust und Neuanfang zum Beispiel durch Weg- oder Zuzug, um Heimat und Identität.

Abbildung 9: Denkmalgerechte Sanierung in Meißen

Foto: Sören Marotz

Die negative *Wertung* gebauter Strukturen in Ostdeutschland ist rückläufig. Dies hängt zum einen damit zusammen, dass eine große Zahl derselben in den vergangenen Jahren rückgebaut oder abgerissen wurde. Zum anderen sind Umbau beziehungsweise Sanierung von Gebäuden wahrnehmbare Veränderungen, die eher positiv konnotiert sind. Zudem lassen sie sich vergleichsweise leicht durch Fotos und Filme festhalten (zum Beispiel durch Vorher-Nachher-Fotografien) und machen somit Entwicklungen und Veränderungen sichtbar. Mit individuellen Verlusten und Gewinnen stehen widersprüchliche Emotionen nebeneinander. Angesichts schrumpfender Städte in Ostdeutschland wurde Anfang der 2000er Jahre vom Bundesbauministerium das umsetzungsorientierte Forschungsprogramm „Stadtumbau Ost" entwickelt. Aufgrund seiner Erfolge und Erfahrungen wurde mittlerweile auch ein Programm „Stadtumbau West" aufgelegt, um dort ähnlich gelagerte Probleme zu bearbeiten. Aufnahmen erschreckender Zustände in Ostdeutschland wurden vereinzelt von denjenigen in Westdeutschland abgelöst, insgesamt hat aber die Zahl solcher Bilder abgenommen.

Die mediale Wahrnehmung von Städten in Ost- und Westdeutschland scheint nicht mehr einheitlich zu sein. Sicherlich eignen sich offensichtliche Missstände und uneingeschränkte Erfolgsmeldungen immer noch besser für die mediale Berichterstattung und die politische Instrumentalisierung. Die *Wirkmacht* solcher Bilder hat aber nachgelassen, sie scheint von der Wirklichkeit überholt. Unklar bleibt, welche Bilder bei den Betrachterinnen und Betrachtern welche Wirkungen hervorrufen. Die zunehmende Zahl von Erfolgsberichten zeigt einerseits, dass tatsächlich etwas passiert, andererseits werden wohl diese Geschichten nicht immer einhellig als Erfolg eingeschätzt. Gleichzeitig scheint ein politischer Handlungsbedarf deutlich zu werden, dieser ist zwar von Stadt zu Stadt unterschiedlich, aber längst nicht mehr nach Ost und West getrennt. Aktuell beschreiben Bilder west- und ostdeutscher Städte vor allem eine Gleichzeitigkeit von alt und neu, von leer und belebt, von Kaputt- und Luxussanierung, von Wegzug und Zuzug, von Abriss und Neubau.

Jenseits des latenten Diskurses zur Stadtentwicklung in Ost und West sind derzeit alternative, langfristig tragfähige Wirtschaftsformen, soziale Netzwerke und dezentrale Infrastrukturen virulent und ermöglichen, dass manche dieser Ideen in Tageszeitungen, Magazinen sowie im Fernsehen erscheinen. Alternative Ideen und Projekte stellen positive Ideen und pragmatische Umsetzung in den Vordergrund.

Es ist anzunehmen, dass die Rezipienten solcher Filme, Bücher, Reportagen und Artikel auf eine eher kleine Gruppe gesellschaftspolitisch Interessierter beschränkt bleibt. Darüber hinaus ist festzustellen, dass auch verstärkt zivilgesellschaftliche und intermediäre Organisationen solche Themen und Ideen aufgreifen, wodurch ein weiterer Interessentenkreis erreicht werden kann. Dieses Anliegen wurde von den Massenmedien gewürdigt, zum Beispiel in einer Rezension der „Zeit" vom 11. Oktober 2007 zum Film Neuland: „Zum Ehrlichsten, was über die Nachwendezeit gedreht wurde, gehört ‚Neuland'." Dieser Tenor der Kritiker verweist auf ein generelles Problem der medialen Berichterstattung über den Prozess der deutschen Einheit: die Übersättigung zumindest von Teilen der Bevölkerung mit holzschnittartigen „Alles ist schlecht"- oder „Alles ist super"-Berichten. Verbunden damit ist eine Aufforderung zum Experimentieren im positiven Sinn, mehr Freiräume zu schaffen und ungewöhnliche Ideen jenseits von „Leuchttürmen" und „Innovationsclustern" zuzulassen. Im besten Fall geben sie kein Entwicklungsmodell vor, wie es beim Nachbau Ost nach dem westdeutschen Vorbild der Fall war, sondern heben auf Suchprozesse für zukunftsfähige Entwicklungspfade in Ostdeutschland ab, die von den Bürgerinnen und Bürgern getragen werden (Thomas 2008, Links/Volke 2009).

5. Fazit und Ausblick

Der Wandel in Ostdeutschland bringt als nach wie vor schwierig empfundener Umbruchprozess eine große Bilderfülle hervor, das Thema beschäftigt die Gesellschaft. Der Vergleich der Bilddiskurse macht deutlich, dass Schreckensbilder mit einer eindimensionalen, geschlossenen Bilddeutung wesentlich besser für eine massenmediale Verbreitung geeignet sind als die stärker auf Differenzierung und Kontextbezug angewiesenen Zustandsbeschreibungen und Wunschbilder. Außerdem scheinen kühne Träume bisher noch auf vergleichsweise wenig Resonanz zu stoßen, nachdem die vom damaligen Bundeskanzler Helmut Kohl versprochenen „blühenden Landschaften" ebenso wie andere große Leitbilder nicht im erhofften Maße Realität geworden sind.

Die vorgestellten Bilddiskurse ermöglichen eine erste Einordnung von Bildern des Vereinigungsprozesses – auch wenn dieser hier vorgestellte Ansatz sicherlich noch weiter ausdifferenziert und untersetzt werden kann. Als erste Annäherung an die Analyse von Bildern des deutschen Einigungsprozesses standen für uns insbesondere die Aussagen im Mittelpunkt, die über Bilder transportiert werden können. Die fünf Analyseschritte erwiesen sich als sinnvoll, da sie einen bewussten Bezug zwischen Inhalt, Format und Betrachter herstellen. Gleichzeitig luden sie im Analyseprozess zu spannenden Diskussionen im Autorenteam (zwei „Wessis", ein „Ossi") ein. Bereits die diskursive Einigung über die Zuordnung eines Bildes zu einem der Bilddiskurse und die Begründung dafür hat analytischen Wert, weil dadurch die Bilder sowohl in Bezug auf andere Bilder als auch in Bezug auf die narrativen Kontexte verortet werden. Die Zuordnung eines Bildes zu einem Bilddiskurs bleibt letztlich trotz einiger trennscharfer Merkmale verhandelbar und dehnbar. Wichtig ist unseres Erachtens, dass der Prozess der Zuordnung, der immer mit einer Bewertung verbunden ist, reflektiert wird und die Überlegungen transparent gemacht werden. Damit werden Bewertungsfragen im Forschungsprozess thematisiert und für die Analyse zugänglich gemacht. Die Zuordnung ist damit nicht beliebig, sondern begründungspflichtig und unter Bezug auf die Analyseschritte in der Regel begründbar.

Die Beispiele in Abschnitt 4 zeigen, dass eine differenziertere Wahrnehmung und Bewertung auch in emotional aufgeladenen Feldern wie der Stadt- und Regionalentwicklung möglich ist. Dies bedarf aber erstens komplexerer Bilder, die erst in einen breiteren Diskussionszusammenhang ihre Wirkung entfalten können, und zweitens partizipativer Kommunikationsformen, die den beteiligten Akteuren von den Bildproduzenten bis zu den Rezipienten mehr Mitwirkungs- und Gestaltungsmöglichkeiten eröffnen. Drittens sind die Möglichkeiten, solche Diskurse und Kommunikationsformen noch stärker auf Westdeutschland beziehungsweise ganz Deutschland auszuweiten, bislang kaum genutzt worden. Die Beispiele zeigen, dass es Anknüpfungspunkte gibt und Interesse besteht.

Mit dem hier vorgestellten Ansatz können Bilder der Umbrüche in Ostdeutschland in systematischerer Weise der sozialwissenschaftlichen Analyse zugänglich gemacht werden als wenn sie lediglich der Illustration bestimmter Sachverhalte dienen. Sichtbar wurde darüber hinaus durch die Analyse, dass starke Bilder auch starke Emotionen hervorrufen können, im positiven wie im negativen Sinn. Im Extremfall kann es zu einer Verselbständigung einer Metapher oder einer Fotografie kommen. Differenziertere Aussagen und weniger kraftvolle Bilder und Metaphern können sich dagegen nur schwer in den Massenmedien durchsetzen.

Vielleicht hat aber eine schleichende Diskursveränderung bereits stattgefunden, wer regt sich heute noch über „Jammerossi" oder „Besserwessi" auf? Vielleicht sind schon neue Bilder des Prozesses der deutschen Einheit in unseren Köpfen, Bilder, die nebeneinander stehen, die auch differenziertere Darstellungen zulassen. Vielleicht liegt es am Standpunkt der Betrachter, wie sie ein Bild anschauen, mit welchen Erfahrungen und Erwartungen. Nur können Massenmedien dafür (noch) keine geeigneten Bilder finden und anbieten.

Literatur

Andersen, Uwe/Woyke, Wichard (Hg./2003): Handwörterbuch des politischen Systems der Bundesrepublik Deutschland. 5., aktual. Aufl. Opladen: Leske + Budrich.
Ballstaedt, Steffen-Peter (2006): Worin besteht die Macht der Bilder? In: Zürcher Hochschule Winterthur (Hg.): Die Macht der Bilder. Winterthur (zhwinfo): 4-7.
Boehm, Gottfried (Hg./1994): Was ist ein Bild? München: Wilhelm Fink Verlag.
Bohnsack, Ralf (2008): The Interpretation of Pictures and the Documentary Method. In: Forum Qualitative Sozialforschung, Jg. 9 (3) (online verfügbar unter http://www.qualitative-research.net/index.php/fqs/article/view/1171/2592, zuletzt geprüft am 03.03.2010).
Dissmann, Christine/Gribat, Nina/Nölting, Benjamin (2008): Bilder des Wandels – Wandel der Bilder. Analysen zu Ostdeutschland. Unter Mitarbeit von Gerko Egert, Julia Gabler, Jana Hirschfeld und Susanne Lantermann. Berlin: Zentrum Technik und Gesellschaft der TU Berlin (ZTG Discussion Paper, 28/08).
Engler, Wolfgang (2001): Friede den Landschaften. Fern vom Getriebe der Welt: Bestandsaufnahmen und Phantasien zur politischen Geographie Ostdeutschlands. In: Frankfurter Allgemeine Zeitung, 20.06.2001: 54.
FIUS Fachrichtung Informationswissenschaft der Universität des Saarlandes: Definitionen von Bildern. InfoWissWiki (online verfügbar unter http://server02.is.uni-sb.de/courses/wiki/Text_und_Bild, zuletzt geprüft am 08.10.2008).
Forschungsverbund „Blockierter Wandel?" (Hg./2007): Blockierter Wandel? Denk- und Handlungsräume für eine nachhaltige Regionalentwicklung. München: oekom Verlag.
Gribat, Nina (2007): Representations of Mobility and Immobility in Future Narrations for East Germany. A critical reading of German newspaper articles, conference paper an der RGS-IGB Konferenz. unveröffentlicht. London.
Hamann, Christoph (2007): Visual History und Geschichtsdidaktik. Bildkompetenz in der historisch-politischen Bildung. Herbolzheim: Centaurus-Verlag.
Jenkings, Neil K./Woodward, Rachel/Winter, Trish (2008): The Emergent Production of Analysis in Photo Elicitation: Pictures of Military Identity. In: FQS Forum Qualitative Research, Jg. 9 (3) (online verfügbar unter http://www.qualitative-research.net/index.php/fqs/article/viewFile/1169/2590, zuletzt geprüft am 10.03.2010).
Kirchlicher Herausgeberkreis Jahrbuch Gerechtigkeit (2007): Zerrissenes Land. Perspektiven der deutschen Einheit, Publik Forum-Verlagsgesellschaft: Oberursel.
Links, Christoph/Volke, Kristina (Hg./2009): Zukunft erfinden. Kreative Projekte in Ostdeutschland. Berlin: Links Verlag.
Matthiesen, Ulf (2004): Das Ende der Illusion. Regionale Entwicklung in Brandenburg und Konsequenzen für einen neuen Aufbruch. In: perspektive 21 (21/22): 97-113.
Mitchell, William J. Thomas/Frank, Gustav/Jatho, Heinz (2008): Bildtheorie. Frankfurt am Main: Suhrkamp.
Paul, Gerhard (2008): Das Jahrhundert der Bilder. Sonderausgabe. Bonn: Bundeszentrale für politische Bildung (Schriftenreihe / Bundeszentrale für Politische Bildung, 734).

Sachs-Hombach, Klaus (2001): Bildhandeln. Interdisziplinäre Forschungen zur Pragmatik bildhafter Darstellungsformen. Magdeburg: Scriptum-Verlag (Reihe Bildwissenschaft, 3).

Sachs-Hombach, Klaus/Rehkämper, Klaus (1999): Bildgrammatik. Interdisziplinäre Forschungen zur Syntax bildlicher Darstellungsformen. Magdeburg: Scriptum-Verlag (Reihe Bildwissenschaft, 1).

Sachs-Hombach, Klaus/Rehkämper, Klaus (2003): Vom Realismus der Bilder. Interdisziplinäre Forschungen zur Semantik bildhafter Darstellungsformen. Köln: [von Halem] (Reihe Bildwissenschaft, Bd. 2).

Thomas, Michael (2008): Umbruch – Gestaltungsherausforderungen und Akteure. In: Berliner Debatte Initial, Jg. 19 (3): 4-17.

Thomas, Michael (2009): Der Osten bleibt der Osten, bleibt der Osten. In: vorgänge, Jg. 43 (3): 15-22.

Internetquellen

http://www.100westmark.de, Zugriff: 2010-02-25.
http://www.bildwissenschaft.org, Zugriff: 2009-11-12.

Bild-Zwischen-Raum

Ostdeutschland – fotografische Randnotizen

Sören Marotz

Die heute dominierenden Wahrnehmungen und Bilder der deutschen Einigung sind von den erheblichen wirtschaftlichen, sozialen, politischen sowie Image-Problemen Ostdeutschlands gekennzeichnet. Da ist von Zurückbleiben, Brache, Randgebiet, Investitionsruinen sowie Transfergesellschaft, Undankbarkeit und Abzockermentalität die Rede. Andererseits wird auch viel über Chancen, Potenziale und „Neuland" gesprochen. Für die Betonung der Vielschichtigkeit des Prozess der deutschen Einigung im Sinne der sozialwissenschaftlichen Forschung eignet sich die Fotografie sicher hervorragend. Die Diskurse, mit denen sich die Autoren in diesem Buch auseinander setzen, sollen in diesem Fotoessay zwar aufgegriffen, aber als eigenständige Bilder und Themen der deutschen Einheit im Kontext der Ostdeutschlandforschung vorgestellt werden.

Alle Fotos des Autors sind im Zeitraum von 1989-2009 in vielen Regionen Ostdeutschlands entstanden und wurden, abgesehen von Einzelveröffentlichungen, erstmals für dieses Buchprojekt zusammengetragen.

DDR-Staatswappen geht unter Putz, Teterow, 1990

ehemals VEB, Berlin, 2007

Ostdeutschland – Fotografische Randnotizen 227

Eröffnung Grenzübergang Eberswalder/Bernauer Str., Berlin, 11.11.1989

Verkauf von Mauerstücken, Berlin, 1990

Einheitsgefährte nahe Reichstag, Berlin, 1990

Ostdeutschland – Fotografische Randnotizen 229

Mauer am Brandenburger Tor, Berlin, 1989

Mauerstreifen am Potsdamer Platz, Berlin, 1989

Ostdeutschland – Fotografische Randnotizen 231

Bebauung am Potsdamer Platz, Berlin, 2008

232 Sören Marotz

Letztes vom Palast der Republik, Berlin, 2008

Ende der Ausbaustrecke, Espenhain (Sachsen), 2009

Ostdeutschland – Fotografische Randnotizen 233

Halle der CargoLifter AG, Brand (Brandenburg), 2003

„Stadtumbau Ost" in Leipzig (Anger-Crottendorf), 2002

IBA-Terrassen, Großräschen (Brandenburg), 2004

Schaufelrad am ehem. Tagebau Breitenfeld (Sachsen), 2000

Ostdeutschland – Fotografische Randnotizen

Sprengung das 300m Schornsteins, Altkraftwerk Lippendorf (Sachsen), 2005

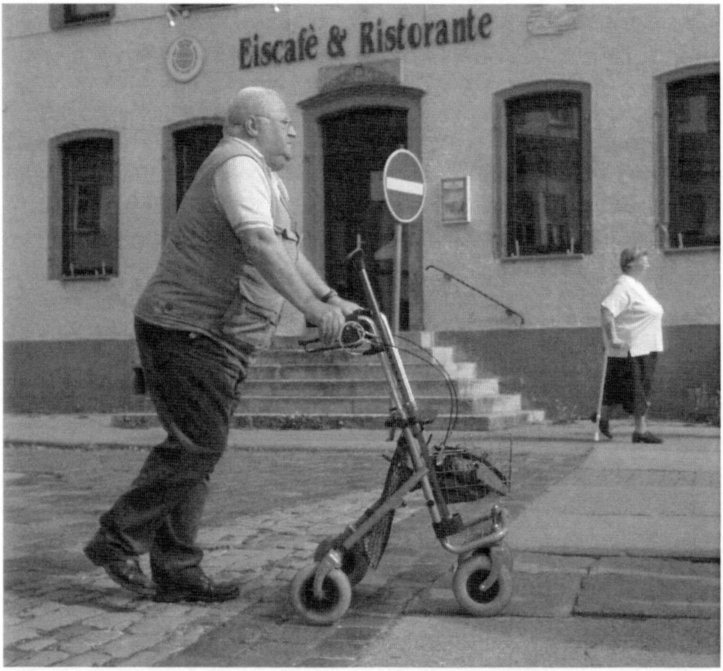
Eiscafè & Ristorante

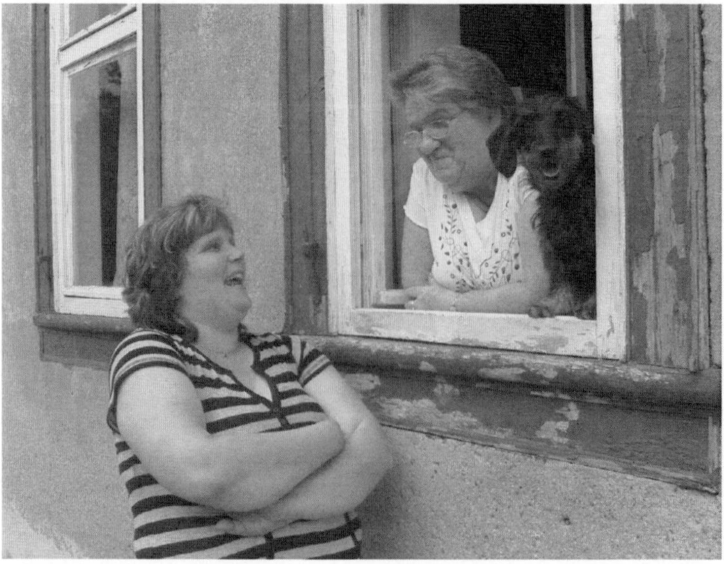

Ostdeutschland – Fotografische Randnotizen 237

zu zweit (mit Hund) in Thüringen, 2007-2008

morgens am Bahnhof Weißenfels (Sachsen–Anhalt), 2006

Gundermann reloaded, Strausberg (Brandenburg), 2004

Ostdeutschland – Fotografische Randnotizen

Bundestagswahlkampf, Berlin, 2005

im Nieselregen an der Unstrut (Thüringen), 2008

die Weststadt in Parchim (Mecklenburg-Vorpommern), 2007

urbanes Glück in der Oderberger Str. (Prenzlauer Berg), Berlin, 2009

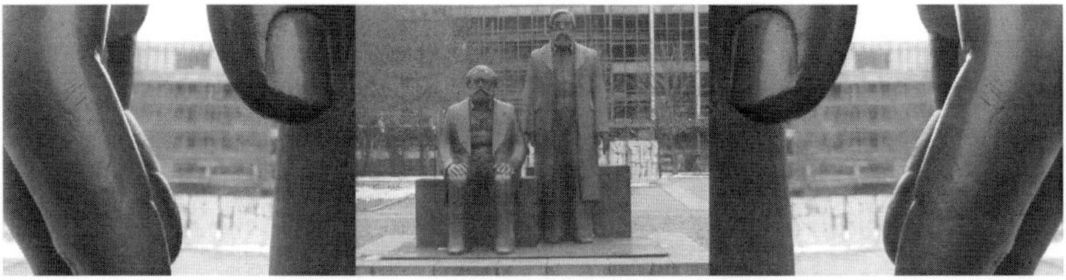

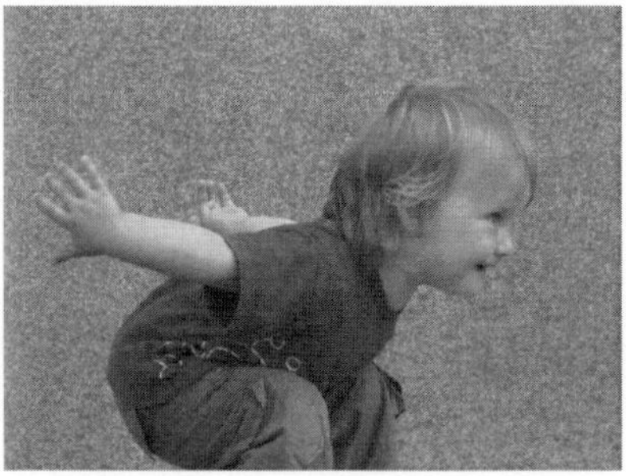

Ostdeutschland – Fotografische Randnotizen

Montiertes am Marx-Engels-Forum, Berlin, 2006-2008

am Palast der Republik, Berlin, 2008

Ostdeutschland – Fotografische Randnotizen 245

im ehem. Staatsratsgebäude, Berlin, 2006

Teil II
Alternative Ansätze zum Vereinigungsprozess und seiner Kommunikation

Die Wahrnehmung und Bewertung der deutschen Einheit im Spiegel von Bevölkerungsumfragen

Thomas Hanf, Reinhard Liebscher und Heidrun Schmidtke

1. Vorbemerkung

Öffentliche Diskussionen über die Tatsache und den Stand der deutschen Einheit werden seit langem nur sporadisch verfolgt. Anlässe dazu sind vor allem Jahrestage und Wahlen. In beiden Ereignistypen kommt eine Eigenart dieser Diskussionen zum Vorschein, die neben den faktischen Ergebnissen der Vereinigung den Stand derselben mit anzeigt. Jahrestage wie Wahlen dienten häufig der Polarisierung zweier Reflexionsebenen, die die Weite der Wegstrecke gesellschaftspolitischer Veränderungen bemessen sollten. Auf der einen Seite stand und steht bei der Erinnerung an das Jahr 1990 und der Vergewisserung der Richtigkeit der Grundsatzentscheidung immer wieder die Kritik des politischen und wirtschaftlichen Systems der DDR im Vordergrund. Auf der anderen Seite wurde auf Ergebnisse verwiesen, die den Erfolg in materieller und politischer Hinsicht unterstreichen und damit die Wirksamkeit des eingeschlagenen Weges bestätigen sollten. Dabei ist immer wieder in den Hintergrund getreten, dass die Bevölkerung der DDR – mindestens der Teil, der das Land nicht verlassen hat – den Schritt in die politische Mündigkeit selbst vollzogen und die Demokratisierung von Politik und Gesellschaft durchgesetzt hat. Eine Folge dessen ist die Erfahrung im Osten, dass es vor allem Menschen aus den alten Bundesländern waren, die den Brüdern und Schwestern im Osten erstens Demokratieunfähigkeit vorhielten und zweitens erklärten, was es mit dem Unrechtssystem in der DDR auf sich hatte und wie eine moderne Demokratie funktioniert. Der Hinweis auf die Erfolge der bisherigen Wegstrecke der Herstellung der Einheit Deutschlands ist immer wieder mit dem erhobenen Finger vorgetragen worden, der auf die immensen Transferzahlungen verwies und von einem Kopfschütteln über eine unterstellte Ungeduld bzw. Undankbarkeit der Ostdeutschen begleitet wurde.

Die Klammer, die beide Reflexionsebenen verbindet, ist der Verweis auf die Alternativlosigkeit sowohl der Tatsache der deutschen Vereinigung als auch auf den eingeschlagenen Weg ihrer Herstellung. Erst in jüngster Zeit sind auch von

Regierungsseite Bewertungen zu hören, die anfängliche Fehler in den Weichenstellungen des Vereinigungsprozesses einräumen.

Dieser nun zwanzigjährigen Tradition des Einheitsgedenkens zum Trotz muss aus der Sicht der empirischen Forschung konstatiert werden, dass die Tatsache der Einheit in Ost und West anerkannt wird und dass vorhandene Unzufriedenheiten mit dem Stand der Dinge wie auch Kritik an „einheitsrelevanten" politischen Entscheidungen die Anerkennung der Einheit Deutschlands nicht infrage stellen. Wenn Parteien von der Möglichkeit der politischen Instrumentalisierung von Einheitsdiskursen in Wahlen und an Jahrestagen Gebrauch machen und damit verbundene Risiken der Infragestellung der deutschen Einheit eingehen, weist das darauf hin, dass auch sie von der Annahme ausgehen, dass es in der Bevölkerung zum Faktum der Einheit keine Alternative gibt. Die Wirklichkeit dieser Instrumentalisierung aber führte und führt zu Unzufriedenheit mit der Politik, ihren Institutionen und den in ihnen relevanten Akteuren. Jenseits der faktischen Resultate ist die misslungene Auseinandersetzung über Wege und Modalitäten der Herstellung der staatlichen und inneren Einheit Deutschlands ein Faktor dieses Misslingen selbst.

Trotz der unbestrittenen Legitimation der Entscheidung zur Einheit Deutschlands, ist die Ambivalenz ihrer Gestaltung bis heute spürbar. In vielen Hinsichten wurden Turbulenzen bei der Transformation des Institutionensystems durch die nahezu komplette Übernehme der bundesdeutschen Institutionen vermieden. Allerdings hat die Einbettung in einen *„ready made state"* zu Friktionen geführt, die in der sozialen und politischen Kultur des vereinten Deutschland bis heute nachwirken. In politischer Hinsicht sind die im Herbst 1989 begonnenen Lernprozesse des Aufbaus einer demokratischen Gesellschaft abgebrochen und durch Adaptionen, Anpassungen und Subordinationen abgelöst worden. In wirtschaftlicher Hinsicht haben die Folgen der teils durch die Vergangenheit, teils durch die transformationsbedingten Einbrüche der Leistungskraft und der Vermögensbestände zu erheblichen Verwerfungen geführt. Diese wirkten sich auf die Sozialstruktur der Bevölkerung in den neuen Bundesländern aus und führte zu einer nicht gekannten demographischen und sozialen Mobilität. In kultureller Hinsicht hat die schnelle Vereinigung dazu geführt, dass eine kollektive Identität weder im vereinigten Deutschland als Ganzem, noch in Ostdeutschland entwickelt werden konnte.

Die Ambivalenz des Geschehens spiegelt sich auch in den Bewertungen der Bevölkerung. Die Erfolge des „Aufbau Ost" werden anerkannt, jedoch erwächst daraus keine hinreichende Bestätigung der Integration. Die Misserfolge bestätigen sich häufig in der eigenen Erfahrung und verringern die Erwartungen an ein künftiges Gelingen.

Die folgende Darstellung von Befunden aus Bevölkerungsbefragungen zum Thema deutsche Einheit seit 1990 kann nur eine selektive sein. Der größte Teil der hier präsentierten Befunde stützt sich auf eine Untersuchungsreihe, die unter dem Namen „Leben in den neuen Bundesländern" vom Sozialwissenschaftlichen Forschungszentrum Berlin Brandenburg (SFZ) jährlich erhoben wird und 2005 und 2010 auch in den alten Bundesländern erfolgte[1].

2. Grundsätzliche Einstellungen zur deutschen Einheit - Ost und West

Die Grundsatzentscheidung der Vereinigung Deutschlands wird in den alten wie in den neuen Bundesländern gleichermaßen befürwortet. 86% der Bevölkerung insgesamt (82% im Westen und 89% im Osten – 1999) stimmen dieser historischen Entscheidung auf stabilem Niveau auch lange nach 1990 zu. Im Vergleich zu 1993 stieg die Zustimmung bis zum Jahr 1999 in den neuen Bundesländern um 7%, in den alten Bundesländern um 4% (Bundesverband deutscher Banken 2000).

Darin drückt sich aus, dass die Einheit Deutschlands eine historische Tatsache ist und auch von der Bevölkerung nicht nur akzeptiert wird, sondern ausdrücklich befürwortet wird. Trotz aller Skepsis und Kritik an der Gestaltung des Prozesses der Einheit und an seinen Resultaten werden die Einheit Deutschlands und damit verbunden auch die Grundordnung des Gemeinwesens anerkannt. Während im Jahr 1993 in den alten wie in den neuen Bundesländern etwa die Hälfte aller Bürger mit der Einheit eher Sorgen und Probleme verband (51%) als Freude darüber, dass die Teilung Deutschlands überwunden ist (45%), wandelte sich diese Bewertung bis zum Jahr 1999 grundlegend. Zum Ende der „Wendedekade" übertraf die Freude mit 55% deutlich den Anteil derer, die weiterhin eher Sorgen und Probleme sahen (40%). Das trifft gleichermaßen für die alten wie für die neuen Bundesländer zu.

Dass 40% aller Befragten in dieser Umfrage Sorgen im Hinblick auf den Prozess der deutschen Einheit äußern, ist ein Befund, der sich in ähnlicher Ausprägung auch in weiteren Aspekten zeigen wird. Das bedeutet jedoch nicht, dass die deutsche Einheit durch die Bevölkerung infrage gestellt wird. Interessant ist an diesem Ergebnis, dass die Antworten in Ost und West nahezu gleich verteilt sind. Diese Gleichartigkeit der Bewertungen trifft auf andere Fragestellungen nicht zu. Sie deutet jedoch darauf hin, dass in den Grundeinstellungen der Menschen in den alten und in den neuen Ländern große Ähnlichkeiten bestehen. Das

---

1 Zum Design, der Methodik und den Gewichtungen der gesamten Untersuchungsreihe vgl. Winkler/SFZ (2010).

gilt nicht nur für die grundlegende Einstellung gegenüber der deutschen Einheit, sondern auch für die Einstellungen gegenüber Grundwerten der Gesellschaft.

Abbildung 1: „Wenn Sie heute an die deutsche Wiedervereinigung denken, was überwiegt bei Ihnen: Freude, dass die Teilung überwunden ist, oder Sorge über die Probleme, die damit verbunden sind?" (Antworten in Prozent)

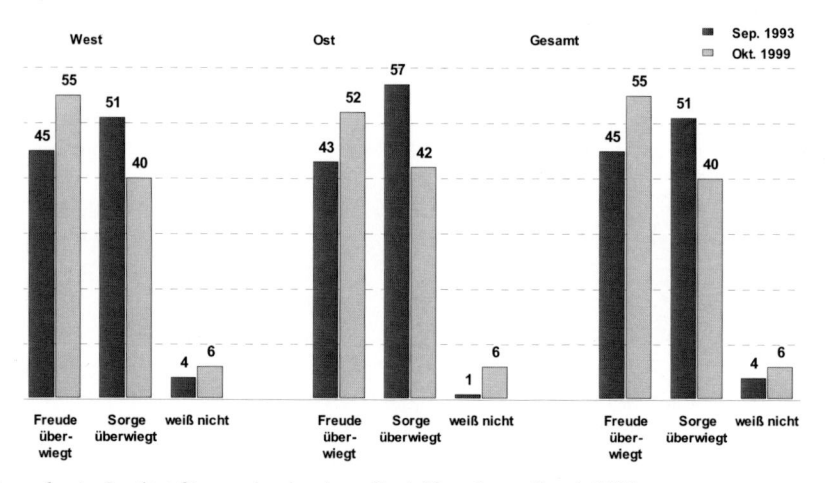

Datenbasis: Institut für praxisorientierte Sozialforschung (ipos) 1999.

3. Werte

In den Beiträgen von Massenmedien werden oft Zuspitzungen in der Gegenüberstellung der Einstellungen und Werte zwischen Ost und West hervorgehoben. Ost und West seien sich bis in die Grundfesten ihrer Überzeugungen hinein so verschieden, dass die Ziele der Herstellung der inneren Einheit Deutschlands prinzipiell nicht erfüllt werden könnten.

Entgegen dieser immer wieder wiederholten Annahme ist jedoch festzustellen, dass in den Haltungen gegenüber Grundwerten der Gesellschaft zwar Unterschiede, aber keine prinzipiellen Gegensätze bestehen. Vielmehr sind sich im Großen und Ganzen die Ostdeutschen und die Westdeutschen in ihrer Grundwertestruktur ähnlich. Unterschiede und in einigen Hinsichten auch gegensätzliche Einstellungen und Bewertungen beziehen sich weniger auf die allgemeinen Werte als auf deren konkretes Verständnis und eine diesem jeweiligen Verständnis entsprechende Gestaltung der Institutionen der Gesellschaft und vor allem einer Politik, die sich diesen allgemeinen Grundwerten verpflichtet fühlt. In der folgenden Tabelle sind die Einstellungen gegenüber einigen Werten in verschiedenen Lebensbereichen aufgeführt, für die neuen Länder in ihrer Veränderung seit 1990 und für die alten Länder für das Jahr 2010.

Tabelle 1: Wertestrukturen - neue Länder - 1990 bis 2010 (in Prozent) (nur Antwort: „*... ist für mich sehr wichtig*")

	neue Länder					früheres Bundesgebiet	Deutschland
	1990	1995	2000	2005	2010	2010	2010
Bildung und Wissen	39	42	46	56	58	58	58
Arbeit (bis 60 Jahre)	73	84	82	82	73	72	72
Partnerschaft	62	61	60	58	62	62	62
Kinder	49	55	55	53	56	51	52
Einkommen, das der Leistung entspricht	83	64	60	56	66	63	64
persönliche Sicherheit	75	74	66	56	56	56	56
intakte Umwelt	82	64	51	43	48	56	54
Freizeit	43	28	29	22	28	26	26
sich gesund zu erhalten	63	66	61	56	59	64	63
bezahlbare Wohnung	66*	69	58	63	58	54	55
Religion	4**	4	3	4	6	9	8
in demokratischer Gesellschaft zu leben	54	16	13	24	27	38	36
zwischenmenschliche Beziehungen	35	34*	32	36	37	39	37

Datenbasis: sfz/leben 1990, 1995, 2000, 2005, 2010 (alle gew.).

Die Übereinstimmung in den meisten Werten ist nicht zu übersehen. Aus den Übereinstimmungen fallen drei Werte heraus, bezüglich derer sich deutlichere Unterschiede finden: intakte Umwelt, Demokratie und Religion. Letztere werden in der medialen Öffentlichkeit auch des Öfteren herausgestellt. Die Übereinstimmungen, auf die die Tabelle 1 verweist, lassen auf eine Gleichartigkeit in den Grundeinstellungen zum Leben in unserer Gesellschaft schließen. Zwar wird in den alten Ländern die Bedeutung der Religion höher geschätzt, doch ein prinzipieller Gegensatz in den weltanschaulichen Grundlagen lässt sich daraus nicht ableiten. Allerdings verhält es sich bei der Bewertung der Religionen auf dieser grundlegenden Ebene ähnlich wie in anderen wichtigen Hinsichten: in den konkreten institutionellen Umsetzungen und Lebensbezügen sind die Unterschiede zwischen Ost und West größer als auf dieser generellen Ebene. Für die Wirksamkeit der Werte im Kontext von Lebens- und Handlungsorientierungen sind oft Präferenzen zwischen verschiedenen Wertbezügen entscheidend. Daher spiegelt die folgende Tabelle der Rangeinstufungen einzelner Grundwerte in einem Vergleich untereinander Unterschiede zwischen Ost und West deutlicher wider:

Tabelle 2: „Welcher der nachfolgenden Werte ist Ihnen der wichtigste, wichtig, ... am wenigsten wichtig?" – nach Regionen – 2010 (in Prozent)

	Platz 1 sehr wichtig	Platz 2 Wichtig	Platz 3 im mittlerem Maße wichtig	Platz 4 weniger wichtig	Platz 5 am wenigsten wichtig	Ø
Deutschland						
Freiheit	57	19	10	6	7	1,87
Gerechtigkeit	37	36	17	8	3	2,04
soziale Sicherheit	33	22	23	13	10	2,45
Solidarität	13	14	16	30	28	3,45
Gleichheit	11	14	18	21	35	3,53
neue Länder						
soziale Sicherheit	46	19	16	12	7	2,14
Freiheit	46	21	15	11	8	2,14
Gerechtigkeit	37	34	19	7	3	2,05
Solidarität	13	15	14	27	32	3,51
Gleichheit	10	19	19	20	32	3,44
früheres Bundesgebiet						
Freiheit	61	19	9	5	7	1,79
Gerechtigkeit	37	36	17	8	3	2,04
soziale Sicherheit	29	22	25	13	11	2,54
Solidarität	13	13	17	30	26	3,44
Gleichheit	12	13	18	22	35	3,56

Erläuterung: Die Reihenfolge ergibt sich aus dem jeweiligen ersten Rang in einer Region.
Datenbasis: sfz/leben 2010 (gew.).

Gerechtigkeit, Solidarität und Gleichheit werden in ihrer relativen Bedeutung in beiden Teilen Deutschlands nahezu gleich bewertet. Dabei fällt auf, dass in den alten Ländern dem Wert Gerechtigkeit die zweite Position zugewiesen wird. Die Unterschiede in der Struktur der hier abgebildeten Werte beziehen sich vor allem auf das Verhältnis von Sicherheit und Freiheit. Während in den neuen Ländern beiden der gleiche Rang zugewiesen wird, kommt dem Wert der Freiheit in den alten Ländern eine herausgehobene Bedeutung zu. Eine ausführlichere Interpretation dieses Befundes muss hier unterbleiben, aber es kann als sicher gelten, dass sich darin 60 Jahre gelebter demokratischer und rechtsstaatlicher Erfahrung sedimentieren. Diese Wertschätzung der Freiheit drückt aber auch eine vorangeschrittene Individualisierung der Gesellschaft mit all den damit verbundenen Ambivalenzen aus. In den neuen Ländern dagegen ist die Erfahrung der gleichzeitig zu handhabenden Freiheitsrechte und ihrer Bewahrung auf der einen und der sozialen Unsicherheit auf der anderen Seite noch nicht abgeschlossen. Die Wertschätzung sozialer Sicherheit bedeutet dabei in den Augen der Ostdeutschen nicht, die Realisierung einer festgelegten Wohlfahrtserwartung. Soziale Sicherheit bedeutet hier vielmehr die Gewährung von Teilhabechancen und ganz konkret, sich das eigene materielle Lebensniveau durch eigene Arbeit zu „verdienen". Dass es nicht auf eine pauschale Absicherung eines bestimmten Lebensniveaus ankommt, wird dadurch angezeigt, dass Gleichheit (hier vielleicht zu lesen als: „Gleichmacherei") den geringsten Rang unter den sozialen Werten erhält.

Abbildung 2: Ausgewählte Grundwerte nach Altersgruppen und Regionen – 2010 – in Prozent – (nur Antwort: *„sehr wichtig"*)

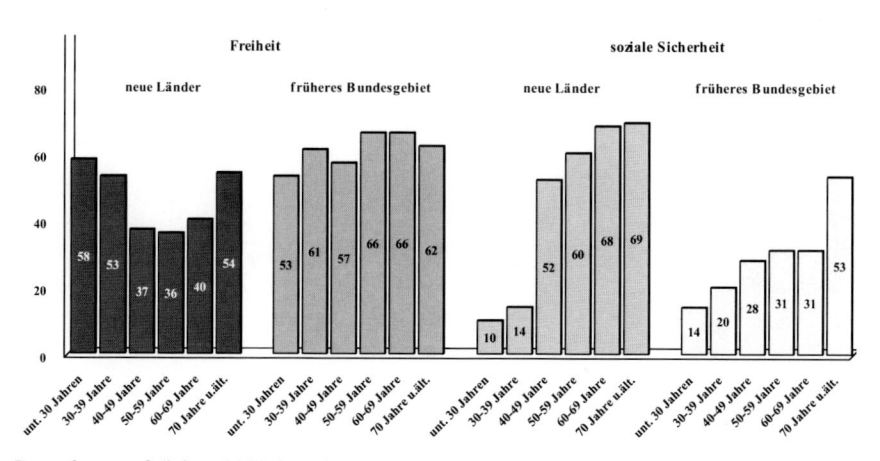

Datenbasis: sfz/leben 2010 (gew.).

Dass die hohe Wertschätzung sozialer Sicherheit im Osten auf soziale Verunsicherungen vor allem auf dem Arbeitsmarkt zurückgeführt werden müssen, zeigt in der obigen Grafik die Altersabhängigkeit dieser Bewertung. Auf die besondere Bedeutung des Grundwertes der Demokratie wird unten noch näher eingegangen. Die Ähnlichkeit der Wertestruktur in den verschiedenen Lebensbereichen deutet darauf hin, dass der Herstellung der „inneren Einheit Deutschlands" keine prinzipiellen Hindernisse seitens der Bevölkerung entgegenstehen, auch wenn sind in den Beurteilungen zum erreichten Stand der Einheit in mehreren Hinsichten Unterschiede zeigen.

4. Stand der Einheit

20 Jahre nach dem Beitritt wird der Stand der Vereinigung durch die Bevölkerung in Ost und West unterschiedlich beurteilt. Während in den neuen Bundesländern 17% der Befragten der Auffassung sind, dass die die Einheit weitestgehend vollzogen ist bzw. nur noch geringe Unterschiede zwischen beiden Landesteilen bestehen, sind in den alten Bundesländern 47% dieser Meinung. 53% im Osten bzw. 37% im Westen stellen noch immer deutliche Unterschiede fest. Die Fragestellung bezog sich auf die Unterschiede in beiden Teilen ganz allgemein, ist aber vor allen Dingen im Hinblick auf die strukturellen und insbesondere materiellen und institutionellen (auch rechtlichen) Unterschiede beantwortet worden.

Abbildung 3: „Wie schätzen Sie den Stand der Einheit Deutschlands ein?" – neue Länder/früheres Bundesgebiet – 2002 und 2010 (in Prozent)

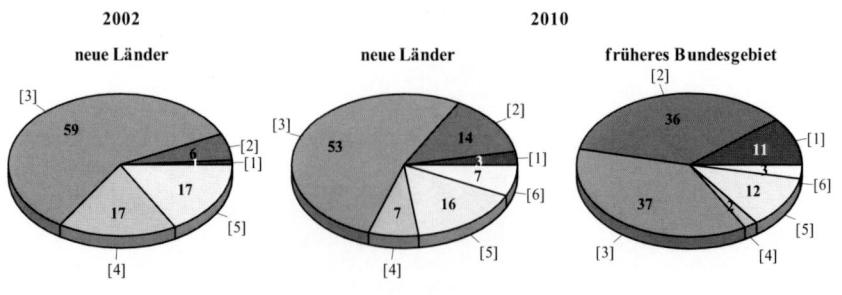

[1] Ost und West sind zusammengewachsen [2] nur noch geringe Unterschiede [3] noch große Unterschiede
[4] Unterschiede werden größer [5] auch in 50 Jahren noch Unterschiede [6] ohne Antwort

Datenbasis: sfz /2002/2010 (gew.).

Was die Beurteilung im Osten betrifft, so sind es vor allem die wirtschaftlichen und sozialen (bzw. sozialrechtlichen) Unterschiede, die den Ausschlag geben und auf eigenen Erfahrungen oder auf Erfahrungen im Lebensumfeld beruhen.

Im Hinblick auf die erwarteten Tendenzen in den Unterschieden zwischen den alten und den neuen Bundesländern fallen die Beurteilungen im Ost und West nicht so weit auseinander. Im Jahr 2010 gaben noch 7% der Befragten im Osten an, die Unterschiede würden sich vergrößern, wovon im Westen nur noch 2% der Befragten ausgingen. Allerdings sind 16% im Osten und 12% im Westen der Auffassung, dass die Unterschiede zwischen beiden Teilen Deutschlands auch in 50 Jahren noch nicht beseitigt sein würden. Wie der Vergleich der Antworten zwischen 2002 und 2010 bezüglich der neuen Bundesländer zeigt, vergrößert sich der Anteil derer, die den Stand der Einheit positiv bewerten, während ein fast gleich bleibender Anteil eine dauerhafte Verfestigung der Unterschiede zwischen Ost und West erwartet. Hervorzuheben sind dabei die Bewertungen der Angehörigen der jüngsten Altersgruppe (bis 25 Jahre).

Tabelle 3: „Die Einschätzungen zur Einheit Deutschlands sind sehr unterschiedlich. Welcher Auffassung würden Sie zustimmen?" – nach Regionen – 2010 (in Prozent)

	Ost und West sind weitgehend zusammengewachsen	zwischen Ost und West gibt es nur noch geringe Unterschiede	die Unterschiede zwischen Ost und West sind noch relativ groß	die Unterschiede werden immer größer	auch in 50 Jahren wird es noch gravierende Unterschiede geben	ohne Antwort
Deutschland	9	31	40	3	13	4
neue Länder	3	14	53	7	16	7
früheres Bundesgebiet	11	36	37	2	12	3
***neue Länder*[2]**						
Geschlecht						
weiblich	3	15	55	6	15	6
männlich	3	13	51	8	17	7
Alter						
unter 25 Jahren	0	9	63	5	20	7
25 bis 39 Jahre	7	17	43	7	22	7
40 bis 49 Jahre	3	16	50	11	19	6
50 bis 59 Jahre	2	12	51	8	21	3
60 Jahre & älter	2	13	60		8	9
Erwerbsstatus						
erwerbstätig	4	17	53	6	16	5
arbeitslos/apM[3]	2	8	39	15	24	11

2 Hier und in den folgenden Tabellen und Abbildungen: neue Länder einschließlich Berlin-Ost.
3 Hier und in folgenden Tabellen: Arbeitslose/Beschäftigte in arbeitsmarktpolitischen Maßnahmen.

Fortsetzung Tabelle 3:

	Ost und West sind weitgehend zusammengewachsen	zwischen Ost und West gibt es nur noch geringe Unterschiede	die Unterschiede zwischen Ost und West sind noch relativ groß	die Unterschiede werden immer größer	auch in 50 Jahren wird es noch gravierende Unterschiede geben	ohne Antwort
früheres Bundesgebiet[4]						
Geschlecht						
weiblich	12	37	36	1	12	2
männlich	11	34	37	2	12	4
Alter						
unter 25 Jahren	6	25	54	-	12	2
25 bis 39 Jahre	7	30	41	1	19	1
40 bis 49 Jahre	11	42	31	2	12	2
50 bis 59 Jahre	11	37	34	2	11	4
60 Jahre & älter	16	39	32	2	8	4
Erwerbsstatus						
erwerbstätig	10	39	33	1	14	3
arbeitslos/apM	10	30	30	5	22	3

Datenbasis: sfz/leben 2010 (gew.).

Ein überdurchschnittlicher Teil der jüngsten Befragten stellt noch große Unterschiede zwischen Ost und West fest und vergleichsweise wenige sehen die Einheit schon weit fortgeschritten. Darin drücken sich sowohl die Wahrnehmung einer dem Westen gegenüber benachteiligten Lebenssituation aus, wie gewiss auch gruppenspezifische Zuweisungen von Merkmalen, die auf Mitglieder von Gruppen (hier Ost und West) als Differenzsetzungen vorgenommen werden. Dass diese Einschätzung von den Jüngsten häufiger in die Zukunft der nächsten 50 Jahre projiziert wird als von den über 60 Jährigen ist erstaunlich, zumal von den Ältesten die Ungleichheit der Tarifgebiete und der Rentengesetzgebung unmittelbar erfahren wird.

Ebenso erstaunlich ist die Altersverteilung der Antworten aus den alten Bundesländern. Auch hier fällt in der jüngsten Befragtengruppe die Bewertung des Standes der Einheit am schlechtesten aus. Zu den Gründen für diese Besonderheit in den Antworten der Jüngsten in beiden Teilen Deutschlands kann an dieser Stelle keine erschöpfende Auskunft gegeben werden. Die Wahrnehmung festgezurrter gesellschaftlicher Horizonte und eingeschränkter Chancen der persönlichen Entfaltung in politischer und beruflicher Hinsicht können ein Teil der Antwort sein. Da Jugendliche sensibler auf gruppenspezifische Zurechnungen und Grenzziehungen reagieren als Erwachsene könnten aber auch die geringe wechselseitige Kenntnis und der seltene Kontakt eine Ursache sein.

---

4 Hier und in folgenden Tabellen und Abbildungen: früheres Bundesgebiet einschl. Berlin-West.

Tabelle 4: „Gibt es aus Ihrer Sicht noch Unterschiede zwischen alten und neuen Ländern in einzelnen Lebensbereichen – wie bewerten Sie diese?" – 2010 (in Prozent) (nur Antwort: *„ich sehe keine Unterschiede mehr"*)

	neue Länder	früheres Bundesgebiet	Deutschland
Vielfalt politischer Orientierungen (Parteien)	40	32	33
Mitgliedschaften in Vereinen und Verbänden	37	32	33
öffentlicher Nahverkehr	35	36	36
kulturelle Angebote	33	40	39
Gesundheitsversorgung	29	38	36
Wohnverhältnisse	29	26	26
Religionszugehörigkeit	29	30	30
Zusammenleben mit anderen Nationalitäten	25	24	24
Ausbildungsmöglichkeiten	24	23	23
Verhältnis Stadt-Land	23	22	22
Kinderbetreuung	20	30	28
Preise für Dienstleistungen	17	20	19
berufliche Entwicklungschancen	15	20	19
Arbeitslosigkeit	8	10	10
Arbeitsplatzangebote	7	13	12
Vermögen	7	21	18
Renten	5	15	12
Lohn/Gehalt	1	8	7

Datenbasis: sfz/leben 2010 (gew.)

Die Einschätzungen zum Stand der deutschen Einheit und zum Ausmaß bestehender Unterschiede durch die Befragten sollten – wie in allen Vergleichsurteilen – auf der Kenntnis beider miteinander verglichener Seiten beruhen. Diese Voraussetzung ist jedoch in aller Regel nur unzureichend erfüllt. Die Befragten geben ihr Urteil daher vor allem auf der Grundlage der Informationen ab, die sie aus den Massenmedien erhalten. Im Unterschied zu den voneinander abweichenden Einschätzungen des Standes der Einheit bzw. zu noch bestehenden Unterschieden zwischen Ost und West im Allgemeinen sind die Urteile hinsichtlich bestimmter Lebensbereiche einheitlicher.

Der Übersicht in Tabelle 4 kann entnommen werden, dass in Ost wie in West vor allem Unterschiede in wirtschaftlicher Hinsicht, in den beruflichen Entwicklungschancen, im Arbeitsmarkt, in den Einkommen und den Vermögen gleichermaßen deutlich festgestellt werden. Die Feststellung von bestehenden Unterschieden charakterisiert nicht allein die Urteile zum Stand der deutschen Einheit. Einheit kann nicht ausschließlich in Unterschiedslosigkeit bestehen. Nicht alle Unterschiede sollten in den Augen der Befragten aufgehoben werden. Auf die Frage danach, welche der bestehenden Unterschiede beseitigt werden und welche bestehen bleiben sollten, ergab sich folgendes Antwortbild.

Abbildung 4: „Gibt es aus Ihrer Sicht noch Unterschiede zwischen alten und neuen Ländern?" – nach Lebensbereichen und Regionen – 2010 (in Prozent) (nur Antwort: *„ja, zu verringern"*)

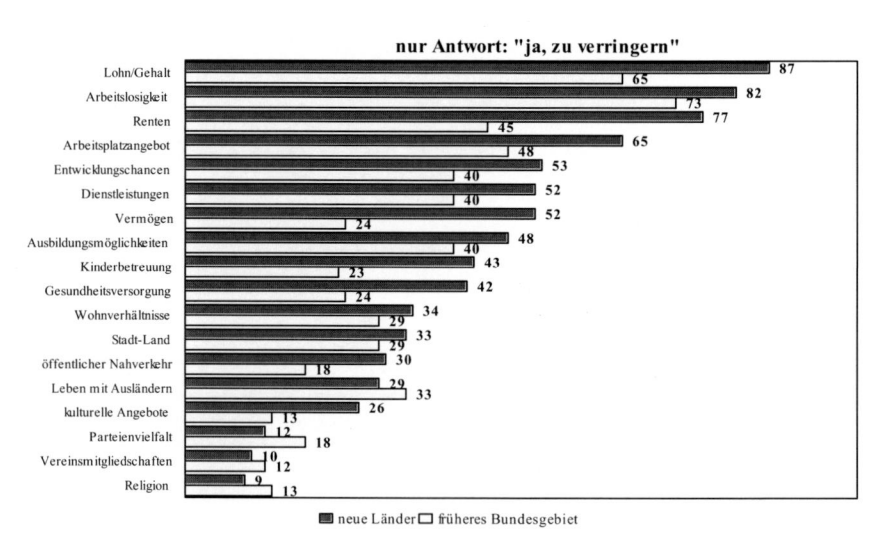

nur Antwort: "ja, zu verringern"

Lebensbereich	neue Länder	früheres Bundesgebiet
Lohn/Gehalt	65	87
Arbeitslosigkeit	73	82
Renten	45	77
Arbeitsplatzangebot	48	65
Entwicklungschancen	40	53
Dienstleistungen	40	52
Vermögen	24	52
Ausbildungsmöglichkeiten	40	48
Kinderbetreuung	23	43
Gesundheitsversorgung	24	42
Wohnverhältnisse	29	34
Stadt-Land	29	33
öffentlicher Nahverkehr	18	30
Leben mit Ausländern	29	33
kulturelle Angebote	26	13
Parteienvielfalt	12	18
Vereinsmitgliedschaften	0	12
Religion	9	13

Datenbasis: sfz/leben 2010 (gew.).

Während Unterschiede in einzelnen Lebensbereichen hinsichtlich der Notwendigkeit ihrer Beseitigung z.T. sehr verschieden beurteilt werden, stimmen die Befragten im Osten und im Westen vielfach darin überein, welche Unterschiede durchaus beibehalten werden sollten bzw. könnten. Unterschiede, von denen angenommen wird, dass die behoben werden sollten, deuten auf Erwartungen an die Politik hin. Die unterschiedlichen Antworten weisen also darauf hin, dass der Korrekturbedarf der Politik hinsichtlich der Herstellung der deutschen Einheit unterschiedlich bewertet wird. Im Vordergrund diesbezüglicher Erwartungen stehen die Bereiche Wirtschaft, Arbeitsmarkt und Einkommen, wenn auch in unterschiedlicher Gewichtung ist Ost und West.

Abbildung 5: „Gibt es aus Ihrer Sicht noch Unterschiede zwischen alten und neuen Ländern?" – nach Lebensbereichen und Regionen – 2010 – (in Prozent) (nur Antwort: *„ja, aber zu belassen"*)

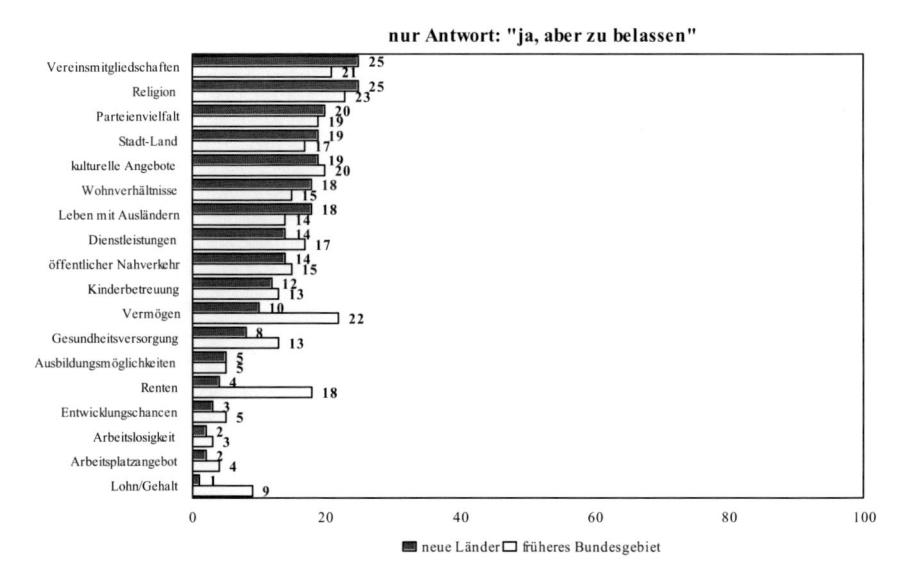

nur Antwort: "ja, aber zu belassen"

Lebensbereich	neue Länder	früheres Bundesgebiet
Vereinsmitgliedschaften	21	25
Religion	23	25
Parteienvielfalt	19	20
Stadt-Land	17	19
kulturelle Angebote	19	20
Wohnverhältnisse	15	18
Leben mit Ausländern	14	18
Dienstleistungen	14	17
öffentlicher Nahverkehr	14	15
Kinderbetreuung	12	13
Vermögen	10	22
Gesundheitsversorgung	8	13
Ausbildungsmöglichkeiten	5	5
Renten	4	18
Entwicklungschancen	3	5
Arbeitslosigkeit	2	3
Arbeitsplatzangebot	2	4
Lohn/Gehalt	1	9

Datenbasis: sfz/leben 2010 (gew.).

5. Wendeerwartungen

Die Bewertung der deutschen Einheit ist in hohem Maße von den Erwartungen der Bürgerinnen und Bürger abhängig, die sie damit verbinden. Dabei spielen sowohl Gesichtspunkte der Wahrnehmung und Bewertung der Vergangenheit eine Rolle wie auch solche, die sich auf die Zukunft richten. Für die Ostdeutschen war die Wende 1989 der primäre Erfahrungseinschnitt und Anlass, die Zukunftserwartungen zu ändern. Das Tempo, in dem sich die gesellschaftlichen Veränderungen seit dem Herbst 1989 bis zum 3. Oktober 1990 vollzogen, führte dazu, dass sich die Erwartungen und Hoffnungen über den gesellschaftlichen Wandel zunächst immer schneller steigerten.

Wenn man nun nach den Wenderwartungen fragt, dann ist zunächst offen, was damit gemeint sein könnte. Auf der einen Seite änderten sich die Erwartungen während der Wende in einem rasanten Tempo. Nahezu täglich öffneten sich weitere Optionen möglicher politischer Reformen, bis sich mit der Aussicht auf eine deutsche Wiedervereinigung ein gesellschaftlicher Horizont abzeichnete, innerhalb dessen die Zukunft für die DDR-Bürger liegen konnte. Mit der Frage nach den Wendeerwartungen kann daher einerseits keine konkrete Ausformulierung bestimmter Erwartungen gemeint sein. Diese formierten sich jedoch, als die Vereinigung in Aussicht war und in den Verhandlungen zu den Staatsverträgen ihre konkrete Gestalt sichtbar wurde. Danach muss man andererseits davon ausgehen, dass die Projektionen auf die Zukunft des vereinten Deutschland die Erwartungen, die sich im Herbst 1989 so rasch änderten, überlagerten. Erwartungen vom Herbst 1989 sind dann in der Erinnerung nur noch schwer von denen zu unterscheiden, die mit dem 3. Oktober verbunden waren. Die Interpretation von Wendeerwartungen und deren Signifikanz für die Bewertung der deutschen Einheit heute wird aber dann markanter, wenn in diese Rückschau die bisherigen Erfahrungen einbezogen werden. In diesem Zusammenhang wird deutlich, dass sich die erinnerten Erwartungen auf sehr allgemeine und grundsätzliche gesellschaftliche Veränderungen bezogen haben, die in den Nachwendejahren innerhalb der konkreten institutionellen und materiellen Ausgestaltung bestätigt oder enttäuscht wurden.

In diesem Sinn ist die Frage nach den Wendeerwartungen allgemeiner zu interpretieren, als z.B. die Frage nach Erwartungen, die sich an die Wirtschafts-, Währungs- und Sozialunion anschlossen. Die Bilanz der Wendeerwartungen ist von grundsätzlicher Bedeutung und betrifft den Vergleich einer historisch offenen Situation mit den konkreten Erfahrungen innerhalb des neuen gesellschaftlichen Zusammenhangs. Dabei kann zum Ausdruck kommen, dass sich im Fall der Erwartungsenttäuschung zwar die Grundrichtung der seinerzeit offenen Erwartungen bestätigt hat, jedoch die nähere Ausgestaltung und vor allem die gesellschaftlichen und individuellen Konsequenzen der Vereinigung die Enttäuschungen begründen.

Es nimmt vor diesem Hintergrund nicht Wunder, dass die Ostdeutschen sehr wohl die Grundentscheidung für die deutsch-deutsche Einheit befürworten, aber dennoch in ihren Erwartungen vielfach enttäuscht wurden. Im Jahr 2004 gaben 89% der Ostdeutschen an, positive Erwartungen im Herbst 1989 gehegt zu haben. Nur 10% gingen mit schlechten Erwartungen in die Zukunft einer künftig grundsätzlich neu zu gestaltenden Gesellschaft. Dieser Optimismus spiegelt nicht nur die Bewertung der gesellschaftlichen Situation in der DDR, sondern auch die Offenheit derselben wider. Diese positiven wie negativen Erwartungen konnten ihrerseits sowohl bestätigt als auch enttäuscht werden. Wir haben die vier Möglichkeiten der Bestätigung und Enttäuschung von positiven und negativen Erfahrungen zu Gruppen von Befragten zusammengefasst. Im Ergebnis zeigt sich, dass bei 21% der Befragten deren positive Erwartungen erfüllt wurden, bei 10% deren negative Erwartungen, dass jedoch von 65% der Befragten die positiven Erwartungen enttäuscht und von 4% die negativen Erwartungen enttäuscht wurden (die Befragten also positiv überrascht wurden).

Abbildung 6: Erfüllung von Erwartungen im Herbst 1989 (Anteile in v.H.)

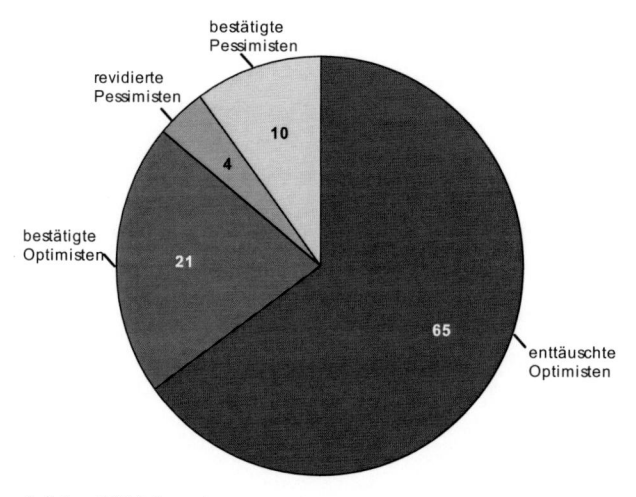

Datenbasis: sfz/leben2004 (gew.).

In sozialstruktureller Hinsicht stellt sich differenziert die Erwartungsbilanz wie folgt:

- Deutlich mehr Männer (22%) als Frauen (15%) zeigen sich in ihren positiven Erwartungen bestätigt, 71 von 100 Frauen sind gegenüber ihren Erwartungen von 1989 enttäuscht, immerhin 13% mehr als die Männer.

- 92 von 100 derjenigen, die zum Zeitpunkt der Befragung arbeitslos oder in ABM u.ä. waren, hatten im Herbst 1989 positive Erwartungen, deren Optimismus ist deutlich gesunken auf 15%. Von den im Jahr 2004 Erwerbstätigen meinen zwar mit 83 von 100 deutlich weniger zur Wendezeit positive Erwartungen gehabt zu haben, andererseits sieht fast ein Viertel der heute Erwerbstätigen den Wendeoptimismus bestätigt.

- Die Meinungen über die Erwartungserfüllung schwanken hinsichtlich des Alters der Befragten zwischen Bestätigungen von Vorstellungen junger Menschen (33% optimistische Erwartungen bestätigt bzw. pessimistische Erwartungen revidiert), verhaltener Sicht bei den mehrheitlich im Erwerbsleben stehenden damals 18- bis 50-Jährigen (21%) und bei den 1989 ab 50-Jährigen, die sich inzwischen in die Rente begeben haben (28%), und den sich damals schon im Rentenalter Befindlichen (26%).

- Insbesondere bei den damals schon aus dem Erwerbsleben ausgeschiedenen Frauen und Männern fällt der hohe Anteil von 33% derjenigen auf, die ihre pessimistischen Erwartungen vom Herbst 1989 bestätigt fanden. Dahinter stehen wohl weniger materielle oder finanzielle Enttäuschungen, sondern eher die damals schon erwartete und dann aus der Sicht der Antwortenden auch eingetroffene Abwertung ihrer Lebensleistung beim Überwinden der Kriegsfolgen und dem Aufbau einer anderen Gesellschaftsformation.

- Mit wachsendem Haushaltseinkommen nimmt die positive Bewertung der Entwicklung zu.

- Dies korrespondiert eng mit der eigenen Qualifikation. Höheres Einkommen und geringere Arbeitslosigkeit sind eher an einen Hochschulabschluss gebunden. So sehen nur 15% derjenigen ohne berufliche Qualifikation positive Entwicklungen gegenüber ihrer eigenen Einschätzung von 1989, während dies für 36% derjenigen mit Hochschulabschluss zutrifft.

- Auch bei jungen Menschen, die die Wende in der DDR als Jugendliche erlebt hatten und ihre Erwartungen – so sich denn welche erinnern – damals nicht vor dem Hintergrund einer durch die DDR geprägten Berufs- und Lebenserfahrung gebildet haben, ist die Enttäuschung der überwiegende Befund. 22% von ihnen sind „bestätigte Optimisten" – ihre positiven Erwartungen haben sich erfüllt. 64% sehen sich in ihren eigentlich positiven Erwartungen eher enttäuscht. Auch in dieser Gruppe der Jungen finden sich 13% mit negativen Erwartungen im Herbst 1989, die sich auch bestätigt haben.

Bevölkerungsumfragen 265

Abbildung 7: Erwartungserfüllung nach Haushaltseinkommensgruppen (in Prozent)

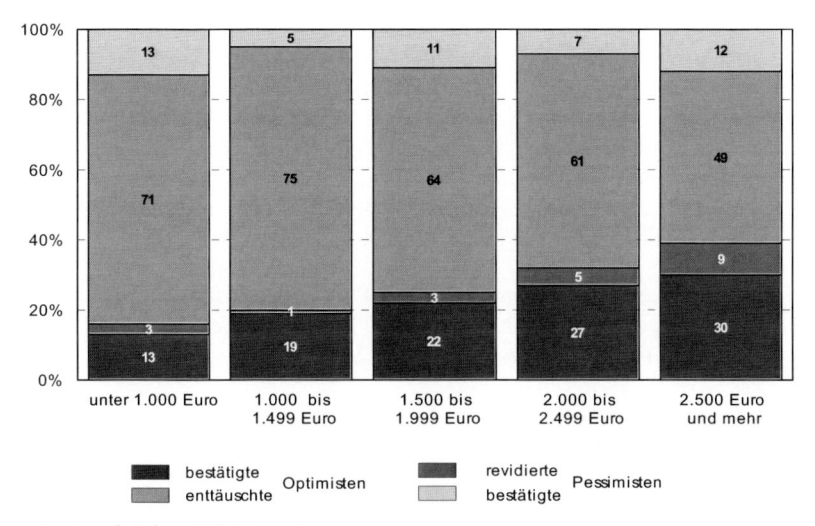

	unter 1.000 Euro	1.000 bis 1.499 Euro	1.500 bis 1.999 Euro	2.000 bis 2.499 Euro	2.500 Euro und mehr
oben	13	5	11	7	12
	71	75	64	61	49
				5	9
	3	1	3	27	30
unten	13	19	22		

■ bestätigte   ☐ enttäuschte   Optimisten
■ revidierte   ☐ bestätigte   Pessimisten

Datenbasis: sfz/leben 2004 (gew.).

Sind die Wendeerwartungen im Allgemeinen mehrheitlich enttäuscht worden, so trifft das nicht auf alle Lebensbereiche zu. In Lebensbereichen des engeren Feldes der privaten Lebensführung haben sich die Erwartungen deutlich besser erfüllt als im Allgemeinen. Die Erfüllung von Erwartungen geschieht in diesen Bereichen vor dem Hintergrund, dass sich die Menschen spätestens am Ende der DDR in eine Privatisierung ihres sozialen Lebens gedrängt sahen, ohne über entsprechende Freiräume und Möglichkeiten der Gestaltung zu verfügen. Das betrifft Lebensbereiche wie Wohnen, Reisen, Leben in Partnerschaft, und – mit Abstrichen – Bildung.

Die Bewertungen sind in allen Bevölkerungsgruppen hoch. Eine Bestätigung der Erwartungen ergab sich beim

- Wohnen: zu 79%
- Reisen: zu 74%
- Bildung: zu 49%.

Die Erwartungen an die Bedingungen für ein Leben in Partnerschaft haben sich für 72% der Menschen in den neuen Ländern erfüllt. In Bereichen gesellschaftlicher Teilhabe wie dem Arbeitsmarkt, der Mitarbeit in Organisationen und Vereinen waren die Erwartungen von Beginn an nicht so hoch, wie es die allgemeine Wendeerwartung ausdrückt und in sozialstruktureller Hinsicht auch differenzierter. Für 63% der Befragten erfüllten sich die Erwartungen im Hinblick auf die kulturelle Vielfalt und für 51% hinsichtlich der Vereinsvielfalt. Dagegen sehen – ähnlich wie im Bezug auf die Erwerbsarbeit – nur 38% ihre Erwartungen bei den Formen der Mitbestimmung erfüllt. Ein etwas anderes Bild ergibt sich hinsichtlich der Erwartungen an die Gewährung von Freiheits- und Bürgerrechten. In dieser Beziehung waren die Erwartungen hoch gesteckt. Für die Integration der Ostdeutschen in die Grundordnung der Bundesrepublik ist es daher von Bedeutung, wenn sich eben diese Erwartungen mehrheitlich nicht oder in geringem Umfang erfüllt haben.

Abbildung 8: Erwartungen im Herbst 1989 und deren Erfüllung – ausgewählte Indikatoren (dunkel: positive Erwartung, hell: enttäuschte Erwartungen; Anteile in v.H.)

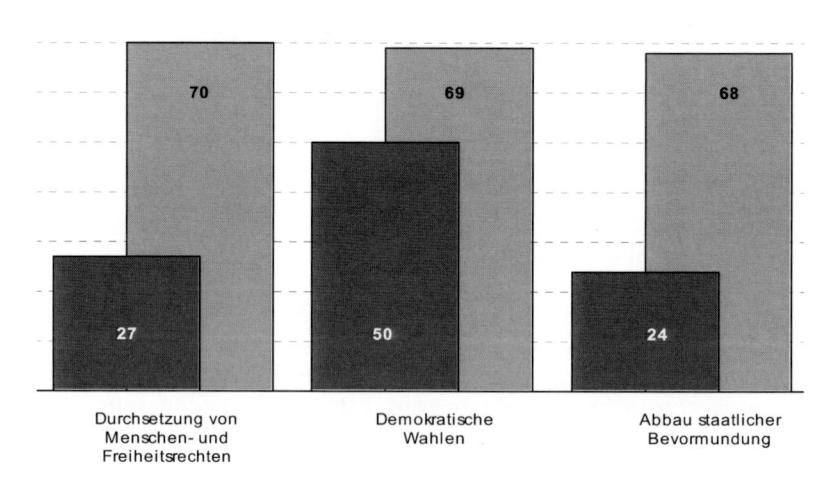

	Durchsetzung von Menschen- und Freiheitsrechten	Demokratische Wahlen	Abbau staatlicher Bevormundung
hell	70	69	68
dunkel	27	50	24

Datenbasis: sfz/leben 2004 (gew.).

Es zeigt sich, dass nicht nur die Bereiche Beschäftigung und Einkommen selten den Wendeerwartungen entsprechen, sondern auch die Praxis der Gewährung liberaler Grundrechte. Die politische Integration der Ostdeutschen und ihr Verhältnis zur Politik sind also nicht nur von einer geringeren Bedeutung gegenüber demokratischen Grundwerten bestimmt, die sie im Unterschied zu den Befragten in den alten Bundesländern zumessen, sondern auch von den praktischen Erfahrungen und Wahrnehmungen der Mitwirkung. Diese sind stärker mit Erfahrungen der wirtschaftlichen Integration verknüpft.

6. Bilanz der deutschen Einheit

Die Vereinigung Deutschlands ist und bleibt Ergebnis der friedlichen Revolution der ostdeutschen Bevölkerung, getragen und gewollt von der Mehrheit der Bürger, bei allen Unterschieden in der Motivation. Inzwischen sind 20 Jahre vergangen. Mit Höhen und Tiefen, mit Fortschritten und Rückschlägen, mit Zugewinnen und Verlusten in diesem oder jenem Bereich. Über den Gesamtzeitraum weist die Bewertung der Vereinigung durch die Bürger drei charakteristische Tendenzen auf.

Abbildung 9: Gewinn-Verlust-Bewertung – neue Länder – 1994 bis 2010 (in Prozent) (Jahrgang 1970 und älter)

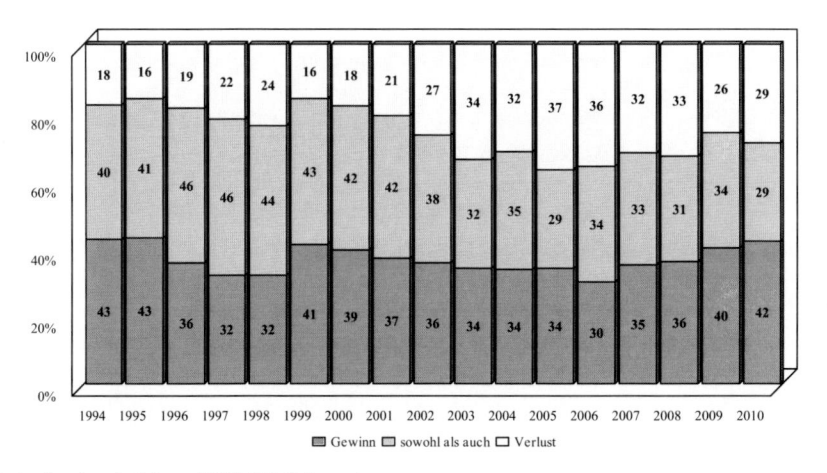

Datenbasis: sfz/leben 1994-2010 (gew.).

Erstens nehmen im Schnitt seit der erstmaligen Erhebung im Jahre 1994 zwischen 35 und 40% der Bürger für sich vor allem bzw. mehr Gewinne in Anspruch.[5] Zweitens hat der Anteil derer, für welche die Vereinigung vor allem bzw. mehr mit Verlusten verbunden ist, eine insgesamt steigende Tendenz. Sahen dies im Jahr 1994 weniger als ein Fünftel der befragten Ostdeutschen, vertritt diese Meinung mittlerweile fast jede/r Dritte. Das betrifft, bezogen auf das Jahr 2008, insbesondere Arbeitslose (53%), Arbeiter (35%), Bezieher von Nied-

---
5 Die Daten des Sozialwissenschaftlichen Forschungszentrums Berlin-Brandenburg e.V. (SFZ) sind seit 1992 z.T. veröffentlicht in verschiedenen Sozialreporten (1992, 1994, 1995, 1996, 1998, 2001, 2002, 2004, 2006, 2008, 2010).

rigeinkommen sowie die Altersgruppe der 50- bis 59-Jährigen. Als Gewinner sehen sich eher Hochschulabsolventen, Beamte und Bezieher höherer Einkommen. Bezogen auf den Gesamtzeitraum 1994 bis 2008 ist eine lange Phase abnehmender positiver Gesamtbewertung der Gewinne wie der zunehmenden Verlustbewertung erkennbar. Diese nachträglichen „Korrekturen" sind ganz offensichtlich sowohl den erfolgten, aber auch den noch nicht erfolgten Angleichungen der Lebensverhältnisse (insbesondere Arbeitsmarkt, Einkommen, Demokratie) geschuldet. Unverkennbar ist die zunehmende negative Bewertung bis 1998 (erstmaliger Tiefpunkt 33% Gewinne, 22% Verluste), die nicht zuletzt den hohen Erwartungen geschuldet war, die die Kohl-Regierung nicht eingelöst hat. Die 1999 erreichte hohe Gewinn- (43%) und niedrige Verlustbewertung (15%) ist ganz offensichtlich eher eine Erwartungshaltung als Ausdruck realer Veränderungen in Verbindung mit der Ablösung der Kohl-Ära. Der Rückgang der Verlustbewertungen nach 2004 erklärt sich aus den Erwartungen an die politikgestaltenden Möglichkeiten der großen Koalition unter Führung der Bundeskanzlerin mit einer den Befragten eher vertrauten ostdeutschen Biographie.

Drittens folgen die Bewertungen politisch-ökonomischen Veränderungen und Annahmen. Das wird deutlich an der Zunahme negativer Wertungen am Ende der Kohl-Ära (1998), der kurzzeitigen Verbesserung bzw. Belebung nach Bildung der rot-grünen Koalition („Schröder-Bonus") und der steten Zunahme von Verlust-Bewertungen seit 2000 mit dem Spitzenwert im Jahr 2005. Die Werte 2006 sind dem „Merkel-Bonus", der weitere Anstieg der Gewinnbewertung in 2007 den sinkenden Arbeitslosenzahlen positiv zuzuschreiben.

Viertens belegen die Untersuchungen des Sozialwissenschaftlichen Forschungszentrums, dass gängige Klischees „die Frauen im Osten sind die Verlierer, die Rentner die Gewinner" völlig unzureichend die Unterschiedlichkeit und Differenziertheit des Vereinigungsprozesses reflektieren. Jeder Bürger in den neuen Bundesländern wird für sich Gewinne wie Verluste festmachen – wenn auch in unterschiedlicher Proportion und sicher auch sozialstrukturell differenziert.

1995 beginnend, wurden am SFZ bis zum Jahr 2002 in die jährliche Erhebung zum „Leben in den neuen Bundesländern" Items einbezogen, die die allgemeine Einschätzung der Gewinn-Verlust-Bilanzierung untersetzten[6]. Der Vergleich von Untersuchungsergebnissen seit 1994, in denen sich über 12.000 Bürger zu insge-

---

6 Diese Fragestellungen wurden ab dem Jahr 2003 nicht weiter erhoben, da einerseits andere Problemstellungen zur Beschreibung der Lebenslagen, Einstellungen, Handlungsorientierungen und Erwartungen in den Mittelpunkt rückten, andererseits die Erinnerungen an die Zeit vor 1989 weiter verblassten und damit Verklärungen die Wertungen z.T. verfälschen (können) und letztlich eine zunehmende Zahl von Befragten, die Zeit vor 1990 entweder nicht oder nur im Kindesalter erlebt haben. Die im Zeitraum zwischen 1995 und 2002 erhobenen Daten können nichtsdestotrotz die individuelle Bilanzierung der Ostdeutschen auch in deren Entwicklung beschreiben.

samt 15 Lebensbereichen äußerten, ergab, dass *keiner* in allen Bereichen für sich Gewinne sah, wie andererseits nur vier (4 = 0,03% der Befragten) für sich in allen Bereichen Verluste angaben. In keiner sozialen Gruppe erreichten 2002 die Bewertungen wieder das Niveau von 1994, was nicht auf den zunehmenden Abstand zur DDR-Realität zurückzuführen ist, sondern auf die erneut zunehmende Einsicht sich stabilisierender Ungleichheiten. Bezogen auf einzelne Lebensbereiche ergibt sich 2002 folgende Bewertung seitens der befragten Bürger (vgl. Abbildung 10):

- an der Spitze der Gewinne liegen nach wie vor das veränderte Warenangebot (75%), das Reisen (49%), die persönliche Freiheit (42%), die Möglichkeiten der Vereinsvielfalt (37%), das Wohnen (35%);

- an der Spitze der Verluste liegen soziale Sicherheit (61%), soziale Gerechtigkeit (61%), persönliche Sicherheit (56%) und Arbeit (48%). In den Altersgruppen im Erwerbsalter (18 bis 59 Jahre) liegt die Verlustbewertung im Bereich Arbeit bei 55%, darunter in der Altersgruppe der 50- bis 59-Jährigen bei 67%.

Bezogen auf den Zeitraum seit der ersten Erhebung (1995) nach einzelnen Lebensbereichen ist auch im Vergleich der Bereiche mit überwiegender Gewinn- bzw. Verlustbewertung festzustellen:

- Deutlich erkennbar ist der Abfall der positiven Gewinnbewertung zwischen 2001 und 2002 bei den Bereichen Waren-/Dienstleistungsangebot, Reisen, gut leben – offensichtlich beeinflusst von der Euro-Umstellung – und im Bereich Gesundheit – Ergebnis der 2002 laufenden Diskussion zur Gesundheitsreform.

- Stabil, tendenziell steigend ist die zunehmende Gewinnbewertung in den Bereichen Kultur und Wohnen.

- Stabil ist die deutlich anhaltende Verlustbewertung im Bereich sozialer Sicherheit sowie die zunehmende Verlustbewertung im Bereich Politik.

Abbildung 10: Gewinn-Verlust-Bewertungen nach ausgewählten Lebensbereichen 1995 bis 2002 – neue Bundesländer (in Prozent)

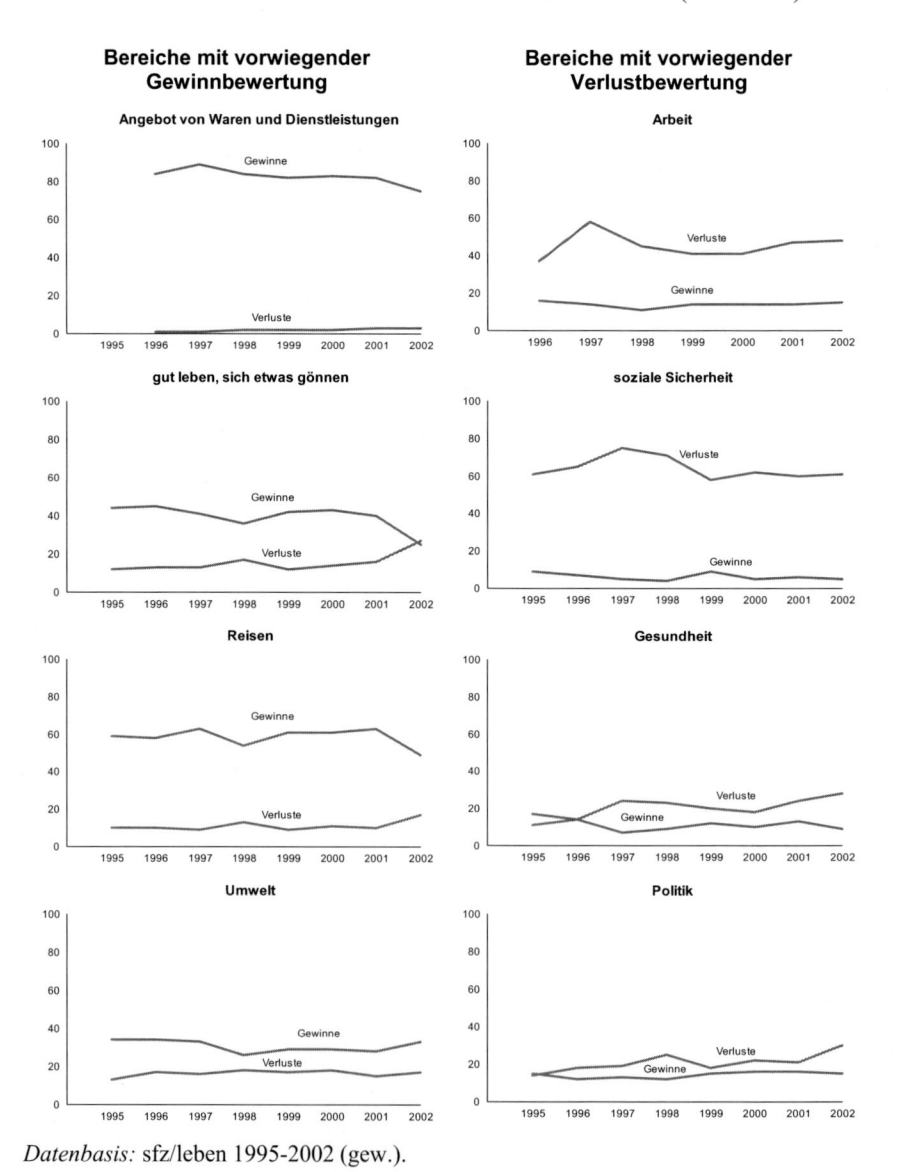

Datenbasis: sfz/leben 1995-2002 (gew.).

Die Abbildungen verdeutlichen zugleich:

- die augenblicksabhängige Bewertung der erreichten Veränderungen (z.b. Euro-Umstellung),

- die von politischen Annahmen geprägten Veränderungen von Bewertungen (z.b. 1998/1999 – „Schröder-Bonus"),

- die langfristig wirksam veränderten Bewertungen im Ergebnis der eigenen Erfahrungen des Lebens in der Bundesrepublik (z.B. Politikbewertung).

Die jeweiligen Positionen zur Gewinn-Verlust-Bewertung werden – bezogen auf einzelne soziale Gruppen und politische Orientierungen – insbesondere von zwei Einflussfaktoren geprägt:

- der sozialen Position, die der Einzelne im Erwerbsprozess einnimmt (bzw. nicht oder nicht mehr einnimmt),

- der politischen Orientierung des Einzelnen, seiner Bindung/Nichtbindung an Parteien.

Ohne Positives gegen Negatives aufrechnen zu wollen (und zu können), machen die einzelnen Darstellungen deutlich, dass

- generell die Grundstruktur der Bewertung mehr durch übereinstimmende Tendenzen als durch Unterschiede geprägt ist;

- bei der Gewinn-Verlust-Bewertung bezogen auf Grundwerte wie soziale Sicherheit, soziale Gerechtigkeit über alle sozialen, demografischen und politischen Gruppierungen hinweg ein Höchstmaß an Übereinstimmung besteht. Es wäre zu vereinfacht, dies mit einer „(n)ostalgischen" Einstellung abzutun, sondern es reflektiert das Spannungsfeld zwischen den der Einheit zugrunde gelegten Erwartungen, den im Vereinigungsprozess bis heute gesammelten Erfahrungen und der gegenwärtigen Realität (bzw. den noch vorhandenen Erwartungen);

- das Maß der Übereinstimmung bei der Verlustbewertung noch eindeutiger ist als bei Gewinnbewertungen. Differenzierungen in der Gewinnbewertung widerspiegeln sich nicht analog in der Verlustbewertung, sondern eher in der Feststellung: sowohl als auch;

- der Erwerbsstatus generell und dabei wiederum die soziale Stellung in der Erwerbsarbeit die Gewinn-Verlust-Bewertung in den einzelnen Lebensbereichen prägen – mit zum Teil deutlicher Rangfolge: Arbeiter, Angestellte/Beamte, Selbstständige/Freischaffende (bei gesonderter Betrachtung der Beamten nähern diese sich eher den Selbstständigen an);

- Bewertungen in politischen Feldern (Freiheit, Politik, Vereinsvielfalt) darüber hinaus von Alterseinflüssen geprägt werden – mit positiven Aussagen bei jungen Menschen; am eindeutigsten bei der Bewertung der persönlichen Freiheit (18 bis 24 Jahre: 59% Gewinn; 60 Jahre und älter: 30% Gewinn).

Abbildung 11: Gewinne und Verluste nach sozialen Gruppen – 2002 – neue Bundesländer (in Prozent)

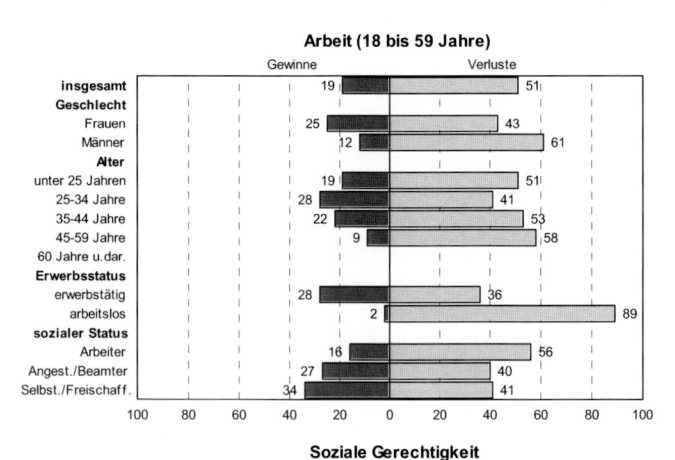

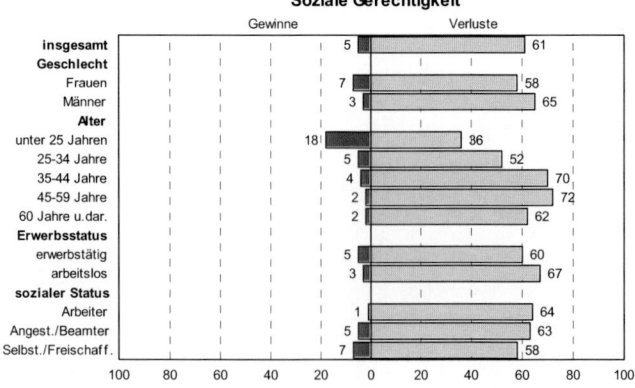

Arbeit (18 bis 59 Jahre)

	Gewinne	Verluste
insgesamt	19	51
Geschlecht		
Frauen	25	43
Männer	12	61
Alter		
unter 25 Jahren	19	51
25-34 Jahre	28	41
35-44 Jahre	22	53
45-59 Jahre	9	58
60 Jahre u.dar.		
Erwerbsstatus		
erwerbstätig	28	36
arbeitslos	2	89
sozialer Status		
Arbeiter	16	56
Angest./Beamter	27	40
Selbst./Freischaff.	34	41

Soziale Gerechtigkeit

	Gewinne	Verluste
insgesamt	5	61
Geschlecht		
Frauen	7	58
Männer	3	65
Alter		
unter 25 Jahren	18	36
25-34 Jahre	5	52
35-44 Jahre	4	70
45-59 Jahre	2	72
60 Jahre u.dar.	2	62
Erwerbsstatus		
erwerbstätig	5	60
arbeitslos	3	67
sozialer Status		
Arbeiter	1	64
Angest./Beamter	5	63
Selbst./Freischaff.	7	58

Bevölkerungsumfragen

Persönliche Freiheit

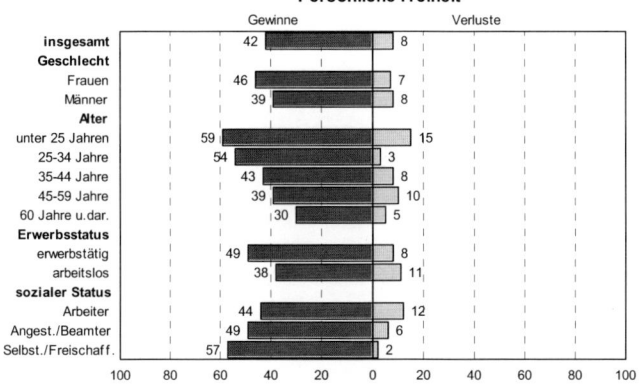

	Gewinne	Verluste
insgesamt	42	8
Geschlecht		
Frauen	46	7
Männer	39	8
Alter		
unter 25 Jahren	59	15
25-34 Jahre	54	3
35-44 Jahre	43	8
45-59 Jahre	39	10
60 Jahre u.dar.	30	5
Erwerbsstatus		
erwerbstätig	49	8
arbeitslos	38	11
sozialer Status		
Arbeiter	44	12
Angest./Beamter	49	6
Selbst./Freischaff.	57	2

Soziale Sicherheit

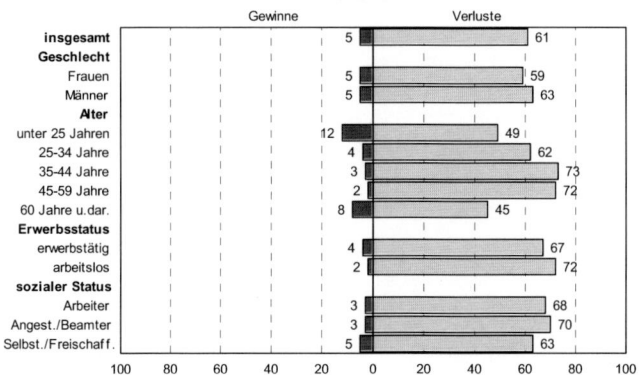

	Gewinne	Verluste
insgesamt	5	61
Geschlecht		
Frauen	5	59
Männer	5	63
Alter		
unter 25 Jahren	12	49
25-34 Jahre	4	62
35-44 Jahre	3	73
45-59 Jahre	2	72
60 Jahre u.dar.	8	45
Erwerbsstatus		
erwerbstätig	4	67
arbeitslos	2	72
sozialer Status		
Arbeiter	3	68
Angest./Beamter	3	70
Selbst./Freischaff.	5	63

Vielfalt an Vereinen und Verbänden

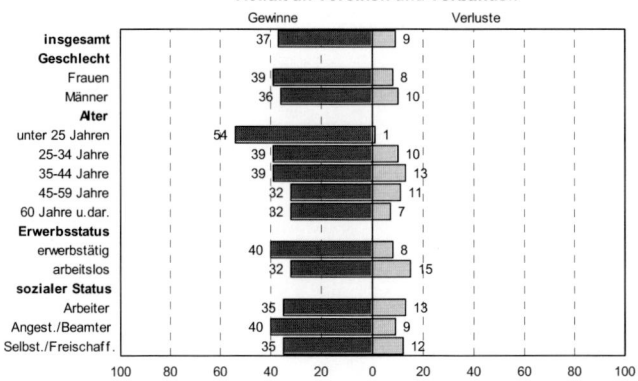

	Gewinne	Verluste
insgesamt	37	9
Geschlecht		
Frauen	39	8
Männer	36	10
Alter		
unter 25 Jahren	54	1
25-34 Jahre	39	10
35-44 Jahre	39	13
45-59 Jahre	32	11
60 Jahre u.dar.	32	7
Erwerbsstatus		
erwerbstätig	40	8
arbeitslos	32	15
sozialer Status		
Arbeiter	35	13
Angest./Beamter	40	9
Selbst./Freischaff.	35	12

Politik

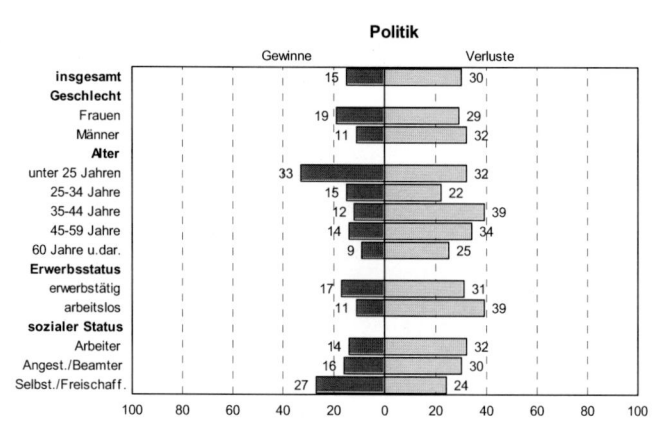

	Gewinne	Verluste
insgesamt	15	30
Geschlecht		
Frauen	19	29
Männer	11	32
Alter		
unter 25 Jahren	33	32
25-34 Jahre	15	22
35-44 Jahre	12	39
45-59 Jahre	14	34
60 Jahre u.dar.	9	25
Erwerbsstatus		
erwerbstätig	17	31
arbeitslos	11	39
sozialer Status		
Arbeiter	14	32
Angest./Beamter	16	30
Selbst./Freischaff.	27	24

Datenbasis: sfz/leben 1995-2002 (gew.).

20 Jahre nach der Vereinigung stellt sich die Bilanzierung der deutschen Einheit in den alten und in den neuen Bundesländern unterschiedlich dar.

Abbildung 12: „Sind zwanzig Jahre deutsche Einheit für Sie insgesamt gesehen...?" – nach Regionen – 2010 (in Prozent)

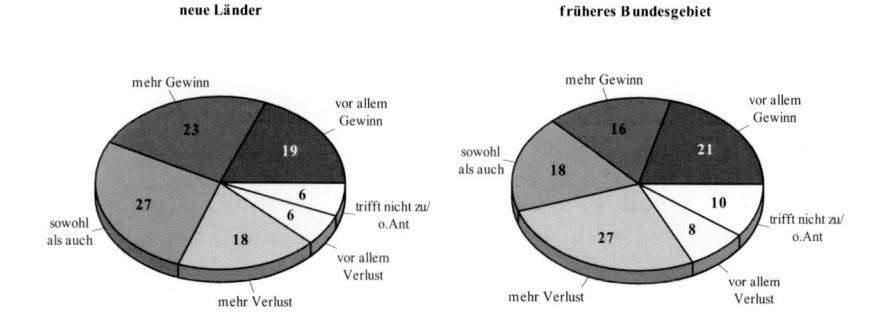

neue Länder

- mehr Gewinn: 23
- vor allem Gewinn: 19
- trifft nicht zu/o.Ant: 6
- vor allem Verlust: 6
- mehr Verlust: 18
- sowohl als auch: 27

früheres Bundesgebiet

- mehr Gewinn: 16
- vor allem Gewinn: 21
- trifft nicht zu/o.Ant: 10
- vor allem Verlust: 8
- mehr Verlust: 27
- sowohl als auch: 18

Datenbasis: sfz/leben 2010 (gew.).

Während in beiden Landesteilen die Anteile derer, die vor allem Gewinne mit der deutschen Einheit verbinden, nur geringe Unterschiede aufweisen, sind die Verlustmeldungen aus dem Westen häufiger. 42% der Befragten in den neuen Ländern und 37% in den alten Ländern bilanzieren die Einheit für sich subjektiv positiv, während 35% im Westen von mehr Verlusten als Gewinnen berichten im Unterschied zu 24% im Osten.

Die Einheit wird im Großen und Ganzen im Osten mithin positiv bewertet. Ein Viertel der erwachsenen Bevölkerung empfindet mehr Verluste. Das ist ein Verhältnis positiver zu negativen Bewertungen, das weder dem vielfach gezeichneten Bild über den Osten in den Massenmedien entspricht noch der Tatsache, dass ein weitaus größerer Teil der Menschen in seinen Erwartungen enttäuscht wurde (vgl. Kollmorgen/Hans im vorliegenden Band).

Tabelle 5: „Sind fast zwanzig Jahre deutsche Einheit für Sie insgesamt ...? – nach Regionen – 2010 (in Prozent)

	vor allem Gewinn	mehr Gewinn als Verlust	Gewinn/ Verlust sind gleich groß	mehr Verlust als Gewinn	vor allem Verlust	trifft für mich nicht zu	ohne Antwort
Deutschland	21	17	20	25	8	7	3
neue Länder	19	23	27	18	6	4	2
früheres Bundesgebiet	21	15	18	27	8	7	3
neue Länder							
Geschlecht							
weiblich	16	22	29	20	6	5	2
männlich	22	25	26	17	6	3	1
Alter							
unter 25 Jahren	19	22	24	11	3	21	
25 bis 39 Jahre	23	28	23	13	5	6	2
40 bis 49 Jahre	19	21	34	20	5	0	0
50 bis 59 Jahre	14	25	22	23	12	2	2
60 Jahre und älter	20	22	29	20	5	2	3
Erwerbsstatus							
erwerbstätig	22	29	25	19	3	2	1
arbeitslos/apM	4	12	28	23	29	2	2
früheres Bundesgebiet							
Geschlecht							
weiblich	19	17	20	23	9	9	4
männlich	23	14	16	32	8	5	1
Alter							
unter 25 Jahren	27	12	13	6	9	33	
25 bis 39 Jahre	32	11	17	24	6	8	2
40 bis 49 Jahre	17	16	17	27	17	6	1
50 bis 59 Jahre	13	16	20	40	8	1	2
60 Jahre und älter	20	18	20	28	5	4	6
Erwerbsstatus							
erwerbstätig	17	16	20	29	10	6	2
arbeitslos/apM	25	7	10	38	12	8	

Datenbasis: sfz/leben 2010 (gew.).

In den alten Ländern kommen bei der geteilten Bilanz auf der negativen Seite mindestens zwei Faktoren zur Wirkung. Auf der einen Seite wird in der jüngeren Vergangenheit verstärkt darauf hingewiesen, dass nicht nur im Osten ein erheblicher Nachholbedarf in vielen gesellschaftlichen Bereichen besteht, sondern inzwischen auch in Teilen der alten Länder. Das Ausmaß der eingesetzten finanziellen Mittel für den Aufbau Ost wird angesichts eigener Defizite als ungerecht empfunden. Die Frage der Verteilung von Aufbaumitteln wird in diesem Kontext nicht nur medial zugespitzt, sondern auch auf der Landesebene politisch benutzt – wie das zuletzt in der Landtagswahl in NRW zu beobachten war. Das hinterlässt in den Köpfen Vieler natürlich Spuren. Der zweite wirksame Faktor ist auf eine Projektion der Ursachen von Defizitwahrnehmungen zurückzuführen. Die Arbeitnehmerinnen und Arbeitnehmer auch in den alten Bundesländern mussten in den Krisenjahren Einkommensverluste hinnehmen und wurden verstärkt mit der Erfahrung von Arbeitsplatzunsicherheit, ja Arbeitsplatzverlust konfrontiert. Unterstützt durch mediale Zurechnungen fällt es den Menschen leichter, derartig negative Erfahrungen auf die vorhandenen oder auch nur vermeintlichen Belastungen durch den Aufbau Ost zu projizieren. Die Verteilung der Bilanzen der Einheit nach dem Alter fallen entsprechend der jeweiligen wirtschaftlichen und sozialen Erfahrungen erwartungsgemäß aus: die zwischen 50- und 60-Jährigen und die Erwerbslosen (beide Gruppen überschneiden sich stark) bilanzieren die Einheit in beiden Landesteilen am schlechtesten, wie Tabelle 5 (s.o.) zeigt.

Die Frage danach, was sich in verschiedenen Lebensbereichen zum Positiven oder zum Negativen seit 1990 entwickelt hat ergab folgende Antworten:

Tabelle 6: „Was hat sich seit der Vereinigung 1990 in Ihrem Leben verändert und in welcher Hinsicht?" – nach Regionen – 2010 (in Prozent) (nur Befragte Jahrgang 1970 und älter)

	vor allem positiv	weder/noch	vor allem negativ	trifft nicht zu/ ohne Antwort
neue Länder				
Wohnungsausstattung	55	31	5	9
Urlaubsmöglichkeiten	54	19	16	12
Wohnsituation	46	38	8	9
Einkommen	35	21	32	12
familiärer Zusammenhalt	24	50	14	12
Bildungschancen	18	38	11	33
Freundeskreis	17	55	18	10
Berufsentwicklung	15	24	29	31
Aufstiegschancen	13	25	29	33
politischer Einfluss	9	41	16	36

Fortsetzung Tabelle 6:

	vor allem positiv	weder/noch	vor allem negativ	trifft nicht zu/ ohne Antwort
früheres Bundesgebiet				
Wohnungsausstattung	20	59	4	17
Urlaubsmöglichkeiten	23	49	13	15
Wohnsituation	24	55	5	16
Einkommen	14	39	32	16
familiärer Zusammenhalt	19	58	5	19
Bildungschancen	6	64	7	23
Freundeskreis	18	60	4	18
Berufsentwicklung	11	44	13	33
Aufstiegschancen	8	42	17	33
politischer Einfluss	2	62	12	24

Datenbasis: sfz/leben 2010 (gew.).

In den neuen Ländern weist die Tabelle auf eine Einsicht hin, die bereits früher geäußert wurde: Bedingungen von Lebensbereichen, die im unmittelbaren alltäglichen Lebensumfeld der Menschen liegen und von ihnen stärker selbst gestaltet werden können als andere Bereiche, werden in der Bilanz positiv verbucht. Das sind Familie, Wohnen, Urlaub und Freizeit u.a. Bereiche, die stärker durch gesellschaftliche oder gar politische Faktoren gestaltet und beeinflusst werden, schlagen eher auf der Negativseite zu Buche.

In den alten Ländern erweist sich das oben Gesagte: Erfahrungen in der eigenen beruflichen und wirtschaftlichen Stellung beeinflussen die negativen Bilanzen deutlich.

7. Integration der Ostdeutschen

Die Antworten auf die seit 1997 erhobenen Fragen nach der Bewertung der eigenen Integration in die Bundesrepublik verweisen mit aller Deutlichkeit auf die nach wie vor nicht vollendete Einheit. Nach der politischen Vereinigung kam der Angleichungsprozess relativ rasch zum Erliegen. Bis in die Gegenwart existieren zwei Wirtschaftsgebiete, zwei Ausbildungs- und Arbeitsmärkte, zwei Rentenrechtsgebiete, zwei Tarifgebiete, zwei Gebiete mit unterschiedlichen Wertestrukturen und Sichten auf Gegenwart und Vergangenheit, sowie den Chancen Einheimischer, in die „Eliten" aufzusteigen. Die Integration der Ostdeutschen ist insgesamt – bei allen Fortschritten – nicht erreicht worden. Das findet seinen

Ausdruck auch in der von den Bürgern vorgenommenen Bewertung der Identifikation mit dem vereinigten Deutschland.

Auf die Frage nach der Identifikation mit der Bundesrepublik antwortete 2010 jeder Vierte der befragten Ostdeutschen (25%), dass er sich als „richtiger Bundesbürger" fühle, je jünger, um so häufiger – mehr als jeder Dritte unter 30 Jahren sieht sich „angekommen", fast jeder dritte Hochschulabsolvent und jeder 2. Beamte (hier sind diejenigen ausgeklammert, die erst nach 1989 in die neuen Bundesländer gezogen sind) und knapp die Hälfte derjenigen, die ein Nettohaushaltseinkommen von mehr als 2.000 Euro angeben.

Tabelle 7: „Seit der Einheit sind ... Jahre vergangen. Welche Aussage trifft für Sie am ehesten zu?" – neue Länder und Berlin-Ost – 1997 bis 2010 (in Prozent)

	1997	2000	2002	2004	2006	2008	2010
fühle mich als richtiger Bundesbürger	16	21	20	17	21	22	25
möchte am liebsten die DDR wieder haben	10	6	10	13	14	11	9
ich möchte weder die DDR wiederhaben noch fühle ich mich in der Bundesrepublik schon richtig wohl	68	65	67	64	60	62	59
trifft nicht zu/ohne Antwort	6	8	3	6	5	5	7

Datenbasis: sfz/leben 1997-2010.

Trotz der geringen Integration insgesamt wird eine steigende Tendenz deutlich, die vor allem von den nachwachsenden Jahrgängen und den Beziehern hoher Einkommen getragen wird. Dass die jüngsten Kohorten diesen Trend am meisten beeinflussen, obwohl sie überdurchschnittlich Unterschiede zwischen Ost und West ausmachen, zeigt, dass hier die eigene Zugehörigkeitsbewertung nicht an Kriterien der Gleichheit mit Angehörigen in den alten Bundesländern festgemacht wird. Ob sich daraus eine „Ostidentität" bildet, wie es u.a. auch in den Sozialreporten des SFZ festgestellt wurde, bleibt abzuwarten. Der Aussage „Ich möchte am liebsten die DDR wiederhaben" stimmt nur noch gut einer von zehn Befragten (11%) zu, wobei festzuhalten ist, dass es sich insbesondere um Arbeitslose (21%) handelt. Es geht bei diesen Bewertungen in der Mehrzahl mithin nicht wirklich darum, die DDR wieder haben zu wollen, sondern es geht um Arbeit und ein auf eigener Erwerbstätigkeit beruhendes Einkommen. Dass es auch einige Unverbesserliche gibt, die sich das Regime der DDR mit all seinen Implikationen zurück wünschen, ist weder verwunderlich, noch von irgendeiner Relevanz.

Bevölkerungsumfragen

Abbildung 13: „Nach 20 Jahren deutscher Einheit fühle ich mich als richtiger Bundesbürger" – neue Länder und Berlin-Ost – 2010 (in Prozent)

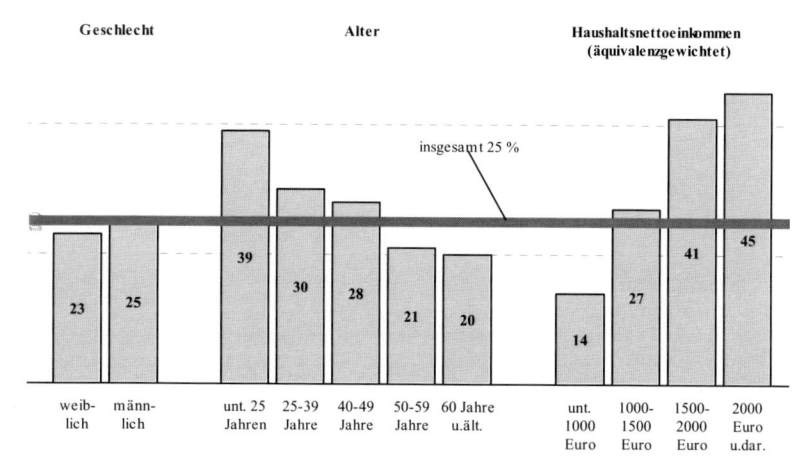

Geschlecht		Alter					Haushaltsnettoeinkommen (äquivalenzgewichtet)			
weiblich	männlich	unt. 25 Jahren	25-39 Jahre	40-49 Jahre	50-59 Jahre	60 Jahre u.ält.	unt. 1000 Euro	1000-1500 Euro	1500-2000 Euro	2000 Euro u.dar.
23	25	39	30	28	21	20	14	27	41	45

insgesamt 25 %

Datenbasis: sfz/leben 2010 (gew.).

Mehrheitlich wird die Aussage getroffen: „Ich fühle mich noch nicht als Bundesbürger, aber ich möchte auch die DDR nicht wiederhaben" (62%). Damit wird einerseits die eindeutig bewältigte DDR-Vergangenheit zum Ausdruck gebracht wie andererseits die noch nicht hinreichend erfolgte und gefühlte Gleichbehandlung der Ostdeutschen nach der Vereinigung und die bis heute vorhandenen Defizite des Integrationsprozesses.

Sozialstrukturelle Unterschiede beeinflussen die Bewertung der eigenen Integration stark. Wie die Angaben aus dem Jahr 2007 zeigen, wird bei einer detaillierteren Betrachtung deutlich, dass das Gefühl, bereits richtiger Bundesbürger zu sein, weitgehend vom Alter und Erwerbsstatus beeinflusst wird. Über alle sozialstrukturellen Differenzierungen hinweg gilt festzustellen, dass sich die unterschiedlichen Zuordnungen nicht wesentlich verschieben, sondern seit Ende der 90er Jahre konstant sind. Die immer mal wieder kolportierte Meinung, die Ostdeutschen sehnen sich nach „ihrer kuscheligen DDR" zurück, trifft über den gesamten abgebildeten Zeitraum von mehr als 10 Jahren (1997 bis 2010) nicht zu. Insgesamt erweisen sich die Aussagen in hohem Maße stabil. Es bleibt festzuhalten, dass die getroffenen Aussagen keineswegs eine noch vorhandene Verbundenheit zu den DDR-Verhältnissen reflektieren, auch nicht eine „Zwischenphase" auf dem Weg von der DDR zu den bundesrepublikanischen Verhältnissen, sondern die spezifische „besondere" Situation des Lebens der Bürger in den neuen Bundesländern als einer der beiden Teilgesellschaften in Deutschland. Die Mehrheit der Ostdeutschen hat für sich bereits 1989/90 die Entscheidung getroffen, nicht wieder ein System zu erstreben, welches der DDR – politisch und ökonomisch – gleich bzw. ähnlich ist.

Tabelle 8: Subjektive Systemzuordnung der Bürger 2007 – neue Bundesländer (in Prozent) – „17 Jahre deutsche Einheit – welcher Satz trifft Ihre Meinung am besten?"

	Als Ostdeutscher fühle ich mich als richtiger Bundesbürger.	Als Ostdeutscher möchte ich am liebsten die DDR wiederhaben.	Ich möchte weder die DDR wiederhaben, noch fühle ich mich in der Bundesrepublik schon richtig wohl.	Ich bin erst nach 1990 in die neuen Bundesländer gezogen.
Gesamt	23	11	62	2
Geschlecht				
männlich	26	10	61	3
weiblich	21	13	65	2
Alter				
unter 25 Jahren	35	9	56	0
25 - 39 Jahre	30	10	58	2
40 - 49 Jahre	22	14	62	3
50 - 59 Jahre	18	13	65	3
60 Jahre und älter	22	9	67	2
Erwerbsstatus				
erwerbstätig	27	10	61	2
apM/arbeitslos	12	21	67	1
Rentner/Vorrentner	21	9	68	1
Qualifikation				
ohne Abschluss	20	18	51	11
Facharbeiter/Meister	23	12	64	1
Fachschule	23	8	67	2
Hochschule	29	7	59	5
sozialer Status				
Arbeiter	20	15	66	0
Angestellter	24	9	65	2
Beamter	50	7	34	8
Selbst/Freisch/mFa	26	5	67	3

Fortsetzung Tabelle 8:

	Als Ostdeutscher fühle ich mich als richtiger Bundesbürger.	Als Ostdeutscher möchte ich am liebsten die DDR wiederhaben.	Ich möchte weder die DDR wiederhaben, noch fühle ich mich in der Bundesrepublik schon richtig wohl.	Ich bin erst nach 1990 in die neuen Bundesländer gezogen.
individuelles Nettoeink./€/Monat				
ohne Einkommen	11	29	53	7
bis 500	12	23	64	2
500 – 999	18	11	70	0
1.000 - 1.499	26	9	64	1
1.500 - 1.999	34	4	60	2
2.000 und darüber	43	6	35	16
Haushalts-Nettoeink./€/Monat				
bis 999	19	21	59	1
1.000 - 1.499	21	9	70	0
1.500 - 1.999	12	9	77	2
2.000 -2.499	21	8	68	3
2.500 und darüber	46	6	42	6
Gemeindegröße				
unter 1.000 Ew.	26	19	54	1
1.000 - 5.000 Ew.	23	10	66	2
5.000 - 20.000 Ew.	22	10	66	2
20.000 - 100.000 Ew.	22	12	64	2
100.000 Ew. u. darüber	28	8	61	3

Datenbasis: sfz/leben 2007 (gew.).

Die Aussage „weder-noch" ist keine Absage auf ein Leben in der Bundesrepublik Deutschland, sondern Reflexion sich de facto stabilisierender unterschiedlicher Lebensverhältnisse und Lebensbedingungen zwischen Ost und West, die prägend für subjektive Befindlichkeiten und deren regionale Unterschiede in den neuen und alten Bundesländern sind. Einerseits kann der große Anteil derer, die diese „Weder-noch"-Aussage bejahen, ein Indiz bilden für das Gefühl vieler Ostdeutscher, „Bürger zweiter Klasse" zu sein. Der Frage: „Meinen Sie, dass Sie auf längere Zeit trotz Vereinigung Bürger zweiter Klasse bleiben werden?" stimmten Emnid gegenüber zwischen 1990 und 2000 rund 80% der befragten Ostdeutschen zu, hier ist die Tatsache dieser Kategorie zugeordnet zu sein, schon in der Fragestellung impliziert. D. Pollack verwendete in Tests andere Fragestellungen und kommt zu deutlich geringeren Werten (vgl. Pollack 2000, 2006). Andererseits kann die Antwort „weder-noch" auch ein Indikator sein für das Selbstbewusstsein vieler Ostdeutscher, die damit ihren eigenen Weg in die und innerhalb der Bundesrepublik beschreiben. Im Jahr 2005 wurde in die empirische Erhebung „Leben in den neuen Bundesländern" eine Vergleichsgruppe aus den alten Bundesländern aufgenommen, die einen weitgehend gleichen Befragungsbogen erhielt. Einige Fragen wurden angepasst[7]. Interessant sind die Antworten auf die 2010 vom SFZ erhobene Komplementärfrage in den alten Ländern.

Tabelle 9: „Seit der Einheit sind 20 Jahre vergangen. Welche Aussage trifft für Sie am ehesten zu?" – früheres Bundesgebiet und Berlin-West – 2010 (in Prozent)

	ich möchte am liebsten die Mauer wiederhaben	ich fühle mich nicht mehr richtig wohl	ich fühle mich nicht anders als vorher	ich fühle mich wohler	ich fühle mich jetzt als richtiger Deutscher	trifft nicht zu/ohne Antwort
insgesamt	11	10	44	20	6	9
Geschlecht						
weiblich	12	10	40	19	6	13
männlich	10	10	48	20	7	5
Alter						
unter 25 Jahren	12	2	23	34	13	15
25 bis 39 Jahre	13	5	49	18	1	15
40 bis 49 Jahre	17	10	50	12	4	6
50 bis 59 Jahre	12	14	47	16	5	5
60 Jahre und älter	5	13	41	23	10	8
Erwerbsstatus						
erwerbstätig	13	9	50	17	4	7
arbeitslos/apM	16	15	28	29	5	8

Datenbasis: sfz/leben 2010 (gew.).

Immer wieder wird die Antwort, dass 11% der Bürger der neuen Bundesländer die DDR wiederhaben wollen, zu Negativ-Schlagzeilen hochstilisiert. Dabei wird übersehen oder übergangen, dass auch in den alten Bundesländern 11% der Bürger am liebsten die Mauer wiederhaben möchten und 10% der Westdeutschen sich in der jetzigen Bundesrepublik nicht mehr richtig wohlfühlen (Winkler/SFZ 2010). Kennzeichnend ist für die alten Bundesländer, dass sich 70% seit der Vereinigung nicht anders fühlen als vorher (44%) bzw. wohler fühlen (20%) und 6% erst jetzt richtig als Deutsche (Winkler/SFZ 2010). Es sind auch in Westdeutschland vor allem die Arbeitslosen (16%) sowie in prekären Arbeitsverhältnissen Tätigen (15%), welche die Mauer wiederhaben wollen, sowie die

---

[7] In die Auswertung konnten 362 Frauen und Männer der alten Bundesländer einschließlich des ehemaligen Westberlin einbezogen werden.

mittleren Altersgruppen. Keineswegs uninteressant ist, dass es nicht nur die unteren Schichten sind, welche die Mauer wünschen (15%), sondern auch partiell Bürger, welche sich der Oberschicht zuordnen (13%). Insbesondere in den Großstädten werden – im Gegensatz zu Ostdeutschland – eher kritische Positionen geäußert. Dabei sind es vor allem die Westberliner, welche die Mauer zurückhaben wollen. Von den heute in Westdeutschland lebenden Bürgern, welche bis 1990 in der DDR lebten, enthielten sich über 60% der Stimme und trafen keine Aussage (Winkler/SFZ 2010). Wenn es auch in den alten Bundesländern vor allem Arbeitslose sind, die sich die Mauer zurückwünschen bzw. sich nicht mehr in der Bundesrepublik wohlfühlen, gilt auch für den Westen: Mehrheitlich will man nicht die Mauer wiederhaben, sondern eine „Wohlstandsentwicklung" wie vor 1990. Ein Teil der heutigen veränderten Lebensumstände wird einfach der „Vereinigung" – im Kleinen mit der DDR und im Großen mit der Osterweiterung der EU – angelastet und damit „Schuld" nicht dem gegenwärtigen, sondern dem vergangenen System zugeordnet.

8. Identifikation

In engem Zusammenhang mit der subjektiven Integrationsbewertung steht die subjektive Identifikation und Verbundenheit mit dem Land und der jeweiligen Region. In der Vergangenheit und auch noch bis in die Gegenwart hinein fühlten sich die Ostdeutschen am meisten mit Ostdeutschland verbunden, noch vor ihrer jeweiligen Gemeinde und dem jeweiligen Bundesland und mit weitem Abstand vor der Bundesrepublik. Dabei hat sich in den vergangenen Jahren eine abnehmende Tendenz der Verbundenheit mit allen sozialräumlichen und regionalen Einheiten ergeben.

Der Vergleich zwischen den Antworten aus den alten und den neuen Bundesländern zeigt Unterschiede und Gemeinsamkeiten. Jeweils knapp zwei Drittel fühlen sich ihrer Gemeinde verbunden und jeweils gut die Hälfte mit dem eigenen Bundesland. Im Osten sind es aber nur 46% die sich mit der Bundesrepublik verbunden fühlen, aber 72% mit Ostdeutschland. Im Westen dagegen sind 46% der Befragten mit dem alten Bundesgebiet verbunden und 67% mit der Bundesrepublik. Dieses verschiedene Gefühl der Verbundenheit unterstreicht die Verschiedenartigkeit der Identifikation mit dem vereinigten Deutschland in beiden Teilen insgesamt.

Tabelle 10: „Wie stark fühlen Sie sich verbunden mit...?" – neue Länder und Berlin-Ost – 1992 bis 2010 – (2010 Vergleich zu dem früheren Bundesgebiet und Berlin-West sowie Deutschland insgesamt, in Prozent) (nur Antwort: *„stark"/"ziemlich stark"*)

	neue Länder und Berlin-Ost					früheres Bundesgebiet	Deutschland
	1992	1997	2000	2005	2010	2010	
Ihrer Gemeinde	74	73	74	61	63	65	64
Ihrem Bundesland	67	67	63	53	54	51	52
Ostdeutschland	n.e.	80	77	67	72	46*	-
Bundesrepublik	65	45	45	39	46	68	63
Europäische Union	25	20	16	18	16	31	28

* Verbundenheit mit früherem Bundesgebiet; n. e. = nicht erhoben.
Datenbasis: sfz/leben 1992-2010 (gew.).

Altersabhängigkeiten bestimmen vor allem die Verbundenheit der Ostdeutschen mit ihrer Region. Während 80% der ab 70-Jährigen sich mit Ostdeutschland stark verbunden fühlen (2010), geben das nur 57% der unter 25-Jährigen an. Eine „normale" Bewertung, wenn man davon ausgeht, dass diese Altersgruppe zu DDR-Zeiten im Vorschulalter bzw. noch nicht geboren war. Trotzdem führen ungünstige oder ungleiche Lebensverhältnisse für einen nicht geringen Teil junger Menschen in den neuen Ländern zu einer Hinwendung zum Osten – bei Wegzug derer, welche aus unterschiedlichsten Gründen (insbes. Ausbildungs- und Arbeitsplatz) – die neuen Länder verlassen. Auch in den alten Bundesländern ist die Verbundenheit der unter 25-Jährigen mit der Bundesrepublik mit 44% deutlich niedriger als der ab 70-Jährigen mit 77%.

9. Vertrauen in Institutionen

Die mit der deutschen Einigung neu installierten Institutionen werden auch 20 Jahre danach von den Menschen in Ostdeutschland skeptisch betrachtet. Die Erfahrungen der Wende- und Umbruchzeit mit ihren beachtlichen Anteilen plebiszitärer Elemente als auch die Realität der vergangenen zwei Jahrzehnte haben die Haltung der Bürger in den neuen Bundesländern zu den Institutionen maßgeblich beeinflusst. Das ist ein realistischer Befund, der auch im Jahr 2010 zutreffend ist. Erstaunlich ist aber auch, dass das Vertrauen der Westdeutschen in die zentralen politischen Institutionen mit den Einschätzungen der Ostdeutschen fast identisch ist. In den Medien hatten diese Ergebnisse für Ostdeutschland stets zu der Einschätzung Anlass gegeben, die Ostdeutschen wären nicht demokratiefähig oder gegenüber den Legislativ- und Exekutivorganen „undankbar". Mit der Feststellung einer in Ost und West gemeinsamen Vertrauensbasis ist diese Bewertung eher gegenstandslos.

Tabelle 11: „Wie viel Vertrauen haben Sie in nachfolgende Institutionen?" – nach Regionen – 2010 (in Prozent)

	volles Vertrauen	viel Vertrauen	etwas Vertrauen	sehr wenig Vertrauen	überhaupt kein Vertrauen	ohne Antwort
neue Länder						
Bundestag	1	14	35	29	18	4
Bundesregierung	3	17	42	24	12	1
Landesregierung	2	18	42	25	9	4
Stadt-/Gemeindeverwaltung	4	26	40	20	7	4
Polizei	7	41	32	13	6	2
Gerichte	8	28	33	19	9	3
Birthlerbehörde	4	12	20	15	20	28
früheres Bundesgebiet						
Bundestag	3	17	44	24	10	3
Bundesregierung	2	13	33	32	18	2
Landesregierung	3	18	43	25	9	3
Stadt-/Gemeindeverwaltung	6	31	43	12	5	7
Polizei	17	47	26	7	3	1
Gerichte	9	38	34	10	6	3
Birthlerbehörde	4	15	15	11	9	46

* Differenz zu 100 = ohne Antwort / *Datenbasis:* sfz/leben 2010 (gew.).

Die Vertrauenswerte für die Bundesregierung, den Bundestag und die Landesregierungen sind mit unter 20% für die Antworten „volles Vertrauen" und „viel Vertrauen" alles andere als ein Ausdruck hoher Legitimität. Bedenkt man, dass der Befragungszeitraum, in dem diese Daten erhoben wurde der März 2010 war, also noch bevor sich das gesamte Desaster der gegenwärtigen Koalition entfaltet hatte, so kann man davon ausgehen, dass die entsprechenden Antworten nach dem Sommer 2010 noch schlechter ausfallen würden. Festzustellen bleibt in dieser Hinsicht, dass im Hinblick auf die geringe Vertrauensbasis, die Regierung und Parlament genießen, die Einheit Deutschlands bereits weit vorangekommen ist.

Im Zeitverlauf unterliegt das Vertrauen der Ostdeutschen in grundlegende Institutionen des politischen Systems relativ starken Schwankungen, vor allem in Abhängigkeit von der allgemeinen und der persönlichen wirtschaftlichen Situation. Darin spiegelt sich die vorherrschende Zurechnung von Entwicklungsdefiziten (vor allem wirtschaftlichen) auf die Politik wider. Obwohl die Erwartungen an die Politik im Hinblick auf die Gestaltung der Einheit abgenommen haben, sind sie nach wie vor hoch im Hinblick auf die Verbesserung der eigenen Lebenschancen.

Ob den Institutionen Vertrauen entgegengebracht wird oder nicht, hängt vor allem von persönlichen Erfahrungen und Erwartungen an die Tätigkeit von Institutionen ab, ob sie als Interessenvertreter wahrgenommen werden und auch ihre Reputation in der Öffentlichkeit eine nicht zu unterschätzende Rolle spielt. Allgemein gilt, dass je zufriedener die Menschen mit den Leistungen der Regierung und des politischen Systems sind und je positiver sie die wirtschaftlichen Bedingungen bewerten, desto mehr Vertrauen bringen sie politischen Institutionen entgegen. So hatten 2007 46% der Ostdeutschen zumindest etwas Vertrauen in die Bundesregierung, 41% vertrauten dem Bundestag und 44% ihrer jeweiligen Landesregierung (vgl. Winkler/SFZ 2008) Noch im Jahr 2000 war das Vertrauen in die genannten Institutionen höher: 55% bzw. 51% bzw. 65% (vgl. Winkler/SFZ 2000). Deutlich geringer liegen die Werte, werden nur volles und viel Vertrauen betrachtet. Lediglich der Polizei wird von einem großen Teil der Ostdeutschen (39% im Jahr 2007 und 48% im Jahr 2010) ein deutlicher Vertrauensbonus erteilt. Fast ein Viertel vertraut stark der Judikative und den kommunalen Verwaltungen (vgl. Tabelle 11).

Wie die erhobenen Daten seit 1993 zeigen, bringen die Bürger der neuen Bundesländer den hier abgefragten Institutionen – Bundestag, Bundesregierung, Landesregierung, Kommunen, „Gauck-/Birthler-Behörde", Polizei und Gerichte – ein unterschiedlich ausgeprägtes Vertrauen entgegen. Das größte Vertrauen genießt die Polizei, gefolgt von den Gerichten und der Stadt-/Gemeindeverwaltung.

Über den gesamten Zeitverlauf ist festzustellen, dass der Anteil der Bürger, die zu den hier ausgewählten Institutionen kein bzw. sehr wenig Vertrauen haben – mit Ausnahme der Polizei – generell höher ist als der Anteil derer, die volles bzw. viel Vertrauen haben. Einen stetigen Vertrauensgewinn kann die Polizei verzeichnen, das in sie gesetzte Vertrauen stieg von 1993 mit 21% volles und viel Vertrauen auf 39% (2007) – gefolgt von der Gerichtsbarkeit von 12% (1993) auf 25% (2007).Von größeren Schwankungen in der Vertrauensfrage sind die Bewertungen von Bundesregierung und Bundestag betroffen. Während es 1993 rd. 8% der Bürger waren, die der Bundesregierung volles und viel Vertrauen entgegenbrachten, so sank dieser Wert 2003 auf nur 6% und stieg 2007 auf 14%

Bevölkerungsumfragen 287

an. Für den Bundestag zeichnet sich eine ähnliche Entwicklung ab: zu Ende der 90er Jahre des letzten Jahrhunderts lagen die Werte bei 12%, sie sanken dann 2003 auf 5% und verzeichneten bis 2007 wieder einen Anstieg (11%).

Abbildung 14: Entwicklung des Institutionenvertrauens 1993 bis 2010 – neue Bundesländer (in Prozent) (nur Antwort: „*volles*" und „*viel Vertrauen*" zusammengefasst)

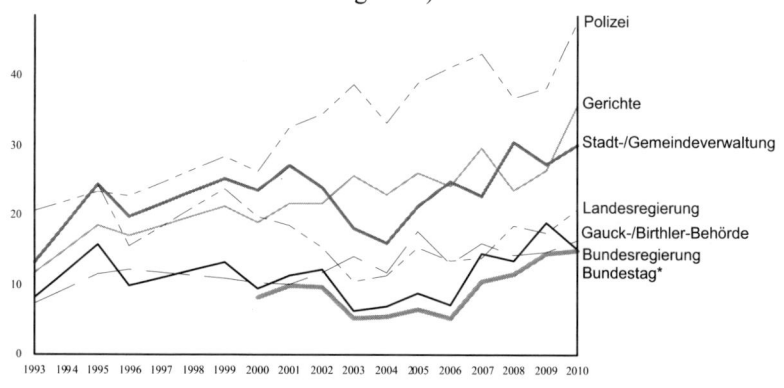

* Erst ab 1999 erfragt / *Datenbasis:* sfz/leben 1993-2010 (gew.).

Der 2003 zu beobachtende Tiefpunkt im Institutionenvertrauen scheint im Zusammenhang mit den von der Bundesregierung und dem Bundestag in Gang gesetzten Reformdiskussionen und der Verabschiedung von Gesetzen (Stichwort: Agenda 2010) zu stehen und unterstreicht den hohen Stellenwert von innenpolitischen Themen für die Bewertung der Institutionen.

Tabelle 12: Vertrauen in verschiedene Institutionen 2007 – neue Bundesländer (in Prozent)

	volles Vertrauen	viel Vertrauen	etwas Vertrauen	sehr wenig Vertrauen	überhaupt kein Vertrauen	weiß nicht/ ohne Antwort
Bundesregierung	1	13	32	33	20	0
Bundestag	0	11	30	36	21	1
Landesregierung	1	13	40	29	16	0
Verwaltung Stadt/Gemeinde	3	20	44	21	11	0
Polizei	5	34	41	14	6	1
Gerichte	3	22	35	25	12	2
Birthler-(Gauck-) Behörde	2	12	23	19	21	22

Datenbasis: sfz/leben 2007 (gew.).

Insgesamt verweisen die Befunde in ihrer Tendenz darauf, dass das Vertrauen der ostdeutschen Bürger in die Institutionen gering ist. Werden die Bewertungen aller einzelnen Institutionen in einer Skala zusammengefasst, so ergibt sich mit Blick auf die befragten Ostdeutschen, dass 13% „viel" Vertrauen in die Institutionen setzen, ca. zwei Drittel „etwas" und ein Fünftel „kein" Vertrauen haben. Hier gilt es anzumerken, dass sich die Menschen in den neuen Bundesländern hinsichtlich des Institutionenvertrauens nicht wesentlich unterscheiden von den Frauen und Männern aus den alten Bundesländern, die nur wenig mehr Vertrauen besitzen. Unter sozialstrukturellen Gesichtspunkten betrachtet sind es die Jüngeren bis 25 Jahre, die den Institutionen ein überdurchschnittliches Vertrauen entgegenbringen (21% gegenüber 13%), dennoch sind es auch hier 27%, die kein Vertrauen haben. Die Gruppe der 35- bis 44-Jährigen stellt den größten Anteil derer, die wenig Vertrauen in die Institutionen setzen (32%).

Tabelle 13: Skala des Institutionenvertrauens* 2010 – neue Bundesländer (in Prozent)

	Vertrauen in Institutionen		
	viel	etwas	kein
Gesamt	18	59	23
Geschlecht			
männlich	19	59	22
weiblich	16	59	25
Altersgruppen			
unter 25 Jahren	56	44	-
25 - 39 Jahre	22	57	22
40 - 49 Jahre	12	62	26
50 - 59 Jahre	13	57	29
60 Jahre u älter	18	61	21
Qualifikation			
ohne Abschluss	15	64	21
Facharbeiter/Meister	18	56	26
Fach-/Hochschule	16	67	17
Erwerbsstatus			
erwerbstätig	21	58	20
arbeitsmarktpolitische Maßnahmen	25	21	54
arbeitslos	-	61	39
Rentner/Vorrentner	18	59	23
Schüler/Studenten/Lehrlinge	26	58	16

* Die Skala wurde berechnet, indem die Punkte aller einzelnen Items addiert und anschließend zu 3 Gruppen zusammengefasst wurden / *Datenbasis:* sfz/leben 2010 (gew.).

Die Verortung auf dem Arbeitsmarkt hat nach den hier vorliegenden Daten den größten Einfluss auf das Institutionenvertrauen. Während Erwerbstätige annähernd den Durchschnitt aller Befragten repräsentieren, finden sich unter den arbeitslosen Bürgen die meisten, die sehr wenig oder kein Vertrauen in die Institutionen des Staates haben. Die Gründe für das geringe Vertrauen der Bürger der neuen Bundesländer in die Institutionen liegen u.a. in Folgendem:

- Die den Ostdeutschen zugeschriebene tief verinnerlichte Institutionenskepsis (aufgrund der Überpolitisierung gesellschaftlicher Verhältnisse in der DDR) und der Institutionentransfer haben die nur schwache Verankerung gesellschaftlicher Institutionen befördert (vgl. Sozialreport 2001: 293).

- Die hohen Erwartungen an das neue gesellschaftliche System (an die soziale Marktwirtschaft oder freiheitliche Demokratie) einerseits und die radikalen Eingriffe in das soziale Sicherungssystem und die nicht gelösten Arbeitsmarktprobleme andererseits befördern eine kritische Distanz der ostdeutschen Bürger gegenüber den Institutionen.

Die Frage, ob die insgesamt stärker ablehnenden Einstellungen zu den gesellschaftlichen Institutionen die Integration der Ostdeutschen in die demokratischen Systeme behindern oder ob durch die kritische und distanzierte Bewertung die Chancen für bestimmte politische Reform- und Veränderungspotenziale steigen, kann im Rahmen der hier vorliegenden Untersuchung nicht beantwortet werden.

10. Einstellungen zur Demokratie

Die Einstellungen der Ostdeutschen gegenüber der Demokratie nehmen in den öffentlichen Reflexionen über den Stand der deutschen Einheit einen breiten Raum ein. Den Ostdeutschen wird dabei immer wieder unterstellt, dass sie mit den demokratischen Institutionen und Entscheidungen (noch) nicht viel anfangen können. Und in der Tat sind die in vielen Umfragen erhobenen Werte hinsichtlich der Einstellungen zur Demokratie differenziert. In der hier referierten Befragung wurden sowohl der Wert der Demokratie als gesellschaftlicher Grundwert als auch die Zufriedenheit mit der Demokratie und Erwartungen an künftige Entwicklungen erhoben.

Tabelle 14: Demokratiebewertungen – neue Länder und Berlin-Ost – 1990 bis 2010 (2010 Vergleich zum früheren Bundesgebiet inkl. Berlin-West sowie Deutschland insgesamt) (in Prozent*)

	\multicolumn{5}{c	}{Neue Länder und Berlin-Ost}	früheres Bundesgebiet	Deutschland
	1990	1995	2000	2005	2010	2010	2010
Wert Demokratie							
Sehr wichtig/wichtig	88	66	60	62	69	82	79
in mittlerem Maße	6	23	29	23	20	13	14
unwichtig/sehr unwichtig	3	11	11	13	8	3	4
Zufriedenheit mit der Demokratie							
sehr zufrieden/zufrieden	8	17	15	7	16	26	24
teilweise zufrieden	41	48	52	31	33	41	40
unzufrieden/sehr unzufrieden	46	32	30	54	45	28	31
Erwartungen an die Entwicklung der Demokratie							
Verbesserungen	60	19	10	4	7	11	10
keine Veränderung	13	46	48	38	46	53	52
Verschlechterungen	6	23	26	39	38	29	31

* Differenz zu 100 = ohne Antwort / *Datenbasis:* sfz/leben 1990-2010 (gew.).

Der Grundwert der Demokratie wir in den alten Ländern häufiger unterstützt (82%) als in den neuen (69%). Antworten, die eine dezidiert negative oder desinteressierte Einstellung ausdrücken sind jedoch in beiden Teilen mit 8% bzw. 3% marginal. Von einer geringen Unterstützung demokratischer Ideen oder gar von einer Demokratiefeindlichkeit im Osten kann also keine Rede sein. Die geringen Zustimmungswerte zu den politischen Institutionen und in ihnen relevanten Akteuren (Parteien, Verbände) erklären sich aus der Unzufriedenheit mit dem konkreten politischen Betrieb. Eben diese Unzufriedenheit ist im Osten höher als in den alten Ländern, wenn auch hier festgestellt werden muss, dass die Zufriedenheitswerte nicht eben hoch sind. Der Eindruck, den Politik in den Einstellungen der Menschen hinterlässt, ist eben von ihren Lebensbedingungen und sich daraus ableitenden Erwartungen an die Politik geprägt.

Für die Zukunft der politischen Zustimmungs- und Unterstützungsverhältnisse verheißt das nichts Gutes. Nur 10% erwarten künftig Verbesserungen im politischen Bereich.

Im zeitlichen Verlauf haben sich in Ostdeutschland das Verhältnis zur Demokratie und insbesondere die Erwartungen an die Politik seit dem Beginn der 90er Jahre bis zur Bundestagswahl 1998 stark verschlechtert. Seit dem stagnieren die Werte mehr oder weniger auf niedrigem Niveau und beginnen erst 2006 wieder etwas zu steigen.

Abbildung 15: Stellenwert politischer Grundwerte und Zufriedenheiten – neue Länder – 1990 bis 2010 (in Prozent)

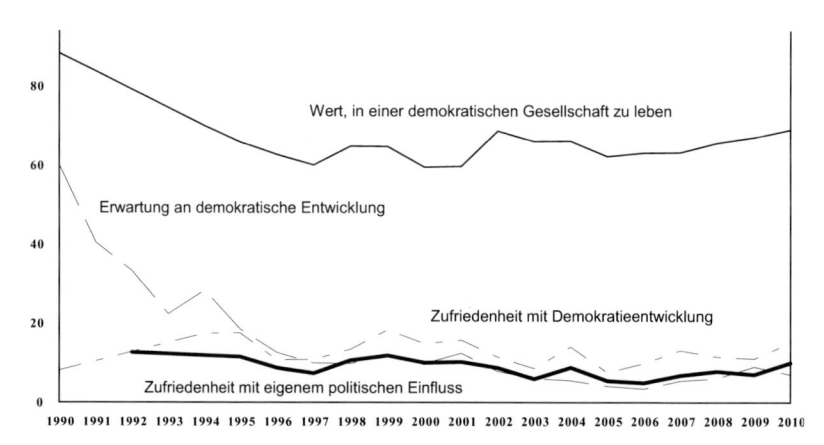

Anmerkung: nur Antworten: Wert von Demokratie: „sehr wichtig"/„wichtig", Zufriedenheit mit demokratischer Entwicklung: „sehr zufrieden"/„zufrieden", Zufriedenheit mit eigenem politischen Einfluss: „sehr zufrieden"/„zufrieden", Erwartung an demokratische Entwicklung: „Verbesserung") / *Datenbasis:* sfz/leben 1990-2010 (gew.).

Dass diese Befunde nicht auf mangelndes Interesse an der Politik zurückzuführen sind, also ein Ausdruck von verbreiteter Ignoranz gegenüber der Politik, zeigen die folgenden Ergebnisse. 37% der Befragten in Ost und West äußerten ein starkes politisches Interesse, immerhin noch 40% gaben an, sich mittelmäßig für Politik zu interessieren.

Tabelle 15: „Wie stark interessieren Sie sich für Politik?" – nach Regionen – 2010 (in Prozent)

	sehr stark	stark	mittel	wenig	überhaupt nicht	ohne Antwort
Deutschland	13	24	40	16	6	1
neue Länder	15	21	39	17	6	2
früheres Bundesgebiet	12	25	40	15	6	1
neue Länder						
Geschlecht						
Weiblich	8	14	47	21	7	2
Männlich	22	27	30	13	5	2
Alter						
18 bis 24 Jahre	14	7	42	25	12	
25 bis 39 Jahre	11	15	40	27	7	1
40 bis 49 Jahre	11	20	46	13	6	3
50 bis 59 Jahre	17	24	34	16	7	1
60 Jahre und älter		26	37	12	3	2
früheres Bundesgebiet						
Geschlecht						
Weiblich		19	41	21	8	0
Männlich	15	32	39	9	4	1
Alter						
18 bis 24 Jahre	26	8	36	17	12	
25 bis 39 Jahre	6	24	33	18	17	0
40 bis 49 Jahre	5	24	42	25	4	1
50 bis 59 Jahre	13	30	42	12	2	1
60 Jahre und älter	15	30	44	9	1	1

Datenbasis: sfz/leben 2010 (gew.).

Es ist ersichtlich, dass sich die neuen und die alten Bundesländer in ihrem politischen Interesse nicht voneinander unterschieden.

Auch hinsichtlich der Formen politischer Beteiligung sind sich die Menschen im Osten und im Westen einig. Neben der gleichermaßen hohen Unterstützung von Formen direkter Demokratie ist es insbesondere die geforderte Beteiligung an politischen Sachentscheidungen durch die Betroffenen, bei der Ost- und Westdeutsche einer Meinung sind.

Tabelle 16: „Es gibt die unterschiedlichsten Meinungen zur Demokratie. Was gilt für Sie persönlich?" – nach Regionen – 2010 (in Prozent)

	\multicolumn{3}{c	}{Es reicht aus, sich alle vier oder fünf Jahre an Wahlen zu beteiligen.*}	\multicolumn{3}{c	}{Die Bürger sollen in Sachentscheidungen, die ihr Leben betreffen, über Abstimmungen einbezogen werden.*}
	trifft zu	trifft teilweise zu	trifft nicht zu	trifft zu	trifft teilweise zu	trifft nicht zu
Deutschland	20	39	35	58	29	9
neue Länder	24	37	32	61	26	7
früheres Bundesgebiet	19	39	35	57	29	10
neue Länder						
Geschlecht						
Weiblich	23	36	32	62	27	5
Männlich	25	38	32	60	25	6
Alter						
18 bis 24 Jahre	28	37	35	65	24	7
25 bis 39 Jahre	14	45	40	55	33	11
40 bis 49 Jahre	20	38	38	70	19	7
50 bis 59 Jahre	18	37	36	62	25	6
60 Jahre und älter	34	31	23	59	26	5
früheres Bundesgebiet						
Geschlecht						
Weiblich	22	36	34	65	25	6
Männlich	17	42	37	48	33	15
Alter						
18 bis 24 Jahre	19	40	41	45	34	21
25 bis 39 Jahre	15	31	44	54	27	18
40 bis 49 Jahre	14	41	41	67	25	5
50 bis 59 Jahre	12	50	34	54	31	10
60 Jahre und älter	30	36	25	58	30	5

* Differenz zu 100 = ohne Antwort / Datenbasis: sfz/leben 2010 (gew.).

11. Angleichung der Lebensverhältnisse

Die Angleichung der Lebensverhältnisse war lange Zeit eines der prominentesten politischen Ziele aller Bundesregierungen seit 1990. Heute ist die Frage, ob das ein realistisches politisches Ziel ist, selbst in der Politik offen. So halten Parteien noch an dieser Zielstellung als einer langfristigen fest, während es z.B. der ehemalige Bundespräsident Köhler relativiert und damit ausgeschlossen hat (vgl.

Koch im vorliegenden Band). Das Zusammenwachsen der beiden Deutschlands wird keineswegs als abgeschlossen betrachtet. Vielmehr wird das Zusammenwachsen inzwischen (auch in der Politik) als sehr langfristiger Prozess begriffen, der seine Grundlagen hat vor allem in der Gestaltung der Wirtschafts- und Arbeitsmarktverhältnisse als Basis der Angleichung der Lebensverhältnisse in ihrer Differenziertheit. Die Menschen in beiden Teilen Deutschlands halten eine Angleichung der Lebensverhältnisse bis Ende des Jahrzehnts für wenig realistisch.

Abbildung 16: „Ist die Angleichung der Lebensverhältnisse in Deutschland bis 2019 real?" – nach Regionen – 2010 (in Prozent)

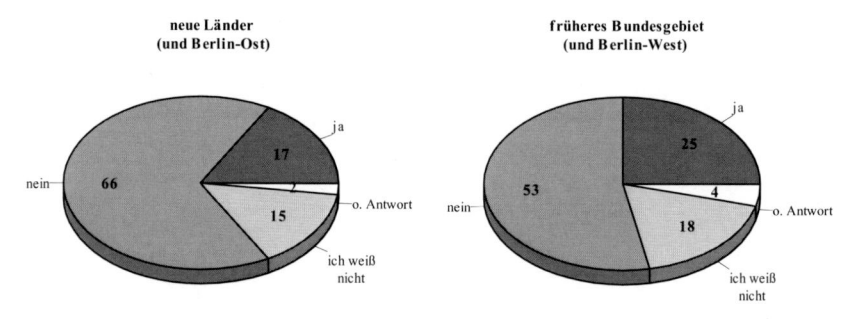

neue Länder (und Berlin-Ost): ja 17, nein 66, o. Antwort 15, ich weiß nicht

früheres Bundesgebiet (und Berlin-West): ja 25, nein 53, o. Antwort 4, ich weiß nicht 18

Datenbasis: sfz/leben 2010 (gew.).

Obwohl mehr Befragte im Weste optimistisch sind, muss doch festgestellt werden, dass in beiden Teilen mehr als die Hälfte, im Osten sogar zwei Drittel der Bevölkerung das Erreichen dieses Ziel für unrealistisch hält. Dabei besteht eine erstaunlich hohe Übereinstimmung im Hinblick darauf, was grundsätzlich unter der Angleichung der Lebensverhältnisse verstanden werden soll (Tab. 17).

Gleichermaßen verstehen die Menschen in den neuen und in den alten Bundesländern unter angeglichenen Lebensverhältnissen solche, in denen Chancengleichheit als erste Bedingung erfüllt sein müsste. Chancengleichheit gehört zu den Gerechtigkeitskriterien, die neben dem Leistungsprinzip in Ost und West am stärksten unterstützt werden. Dass für alle die Lebensbedingungen die gleichen sind, sieht dagegen nur jeweils gut die Hälfte der Befragten (im Osten 57% und im Westen 54%) als ein Kriterium gleicher/gleichwertiger Lebensverhältnisse an. Das ist eigentlich schon eine semantische Eigentümlichkeit, wird aber verständlich vor dem Hintergrund der andere Items diese Frage. Jeweils ebenfalls mehr als die Hälfte der Befragten ist dafür, bestimmte Klassen von Unterschieden beizubehalten. Das trifft sowohl auf regionale Unterscheide wie auch auf kulturelle Unterschiede zu.

Tabelle 17: „Angleichung der Lebensverhältnisse in Deutschland heißt für mich vor allem, dass ..." – nach Regionen – 2010 (in Prozent) (Mehrfachantworten möglich)

	ja	nein	ich weiß nicht	ohne Antwort
neue Länder				
alle die gleichen Chancen haben müssen	90	2	1	7
alle Lebensbedingungen für alle gleich sind	57	28	4	10
auch Beibehaltung von kulturellen Unterschieden	55	21	10	13
auch Beibehaltung von regionalen Unterschieden	59	19	8	15
früheres Bundesgebiet				
alle die gleichen Chancen haben müssen	88	4	1	7
alle Lebensbedingungen für alle gleich sind	54	33	4	9
auch Beibehaltung von kulturellen Unterschieden	57	21	9	13
auch Beibehaltung von regionalen Unterschieden	53	22	11	14

Datenbasis: sfz/leben 2010 (gew.).

Die Deutschen sind demnach einhellig nicht der Auffassung, dass das politische Ziel und Verfassungsgebot der angeglichenen Lebensbedingungen durch die Herstellung von Gleichheit generell erreicht werden kann. Das schließt auch ein, dass nicht notwendig und an erster Stelle jeweils die materiellen Lebensbedingungen stehen müssten, sondern dass mit der Realisation von Chancengleichheit die Aussicht besteht, durch eigene Leistung und Anstrengung sich vergleichbare Lebensbedingungen zu erarbeiten.

12. Wechselseitige Wahrnehmung der Ost- und Westdeutschen

Zur Einheit eines Landes gehören nicht nur die legitimierte Grundordnung, die angeglichenen Lebensverhältnisse, die Chancen- und Verteilungsgerechtigkeit, sondern auch die Verständigung der beiden Bevölkerungsteile. Wie sich die Ost- und Westdeutschen wechselseitig wahrnehmen, soll an Beispielen aufgezeigt werden, wobei zum Ausdruck kommt, dass es sowohl wechselseitige Wahrnehmungen gibt, die sich gleichen, aber auch differierende. Gleichermaßen schätzen beide Seiten ein, dass man selbst und die andere Seite lebensfroh seien. Ebenso wird das Urteil geteilt, die Westdeutschen seien überheblicher als die Ostdeutschen.

Abbildung 17: „Welche der folgenden Eigenschaften treffen eher auf die Westdeutschen und welche eher auf die Ostdeutschen zu?" (in Prozent)

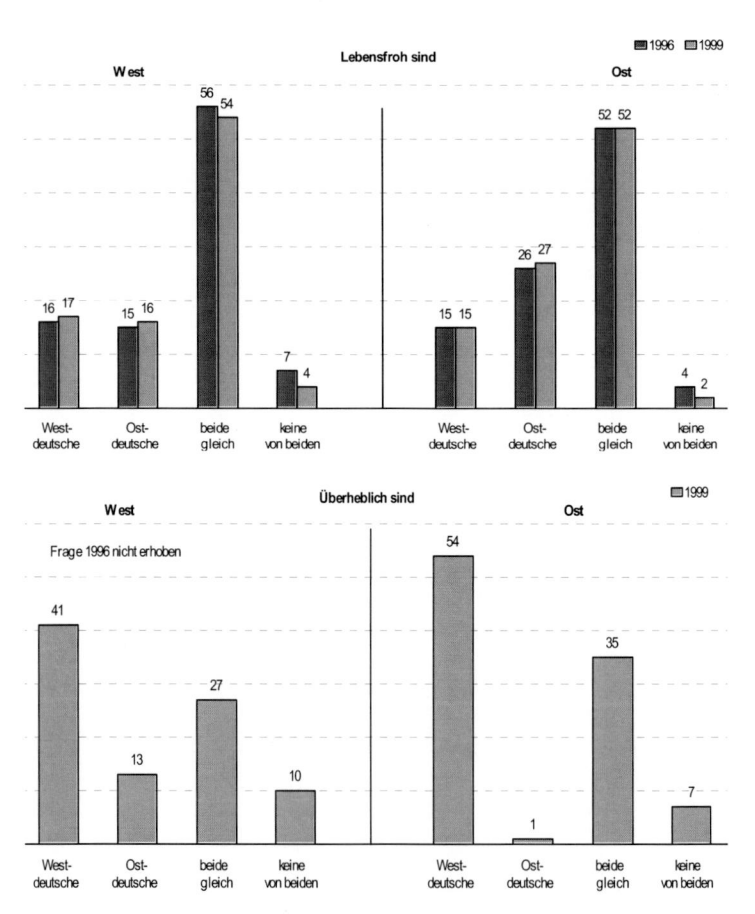

Datenbasis: Bundesverband deutscher Banken (Hg./2000); Ipos 1999.

Dagegen halten die Westdeutschen die Ostdeutschen für weniger zielstrebig, während das im Osten umgekehrt gesehen wird. Sowohl die Ost- als auch die Westdeutschen halten die Menschen aus den alten Bundesländern für deutlich selbstbewusster; die Westdeutschen sehen sich so noch stärker als die Frauen und Männer der neuen Bundesländer.

Bevölkerungsumfragen 297

Abbildung 18: „Welche der folgenden Eigenschaften treffen eher auf die Westdeutschen und welche eher auf die Ostdeutschen zu?" – in Prozent

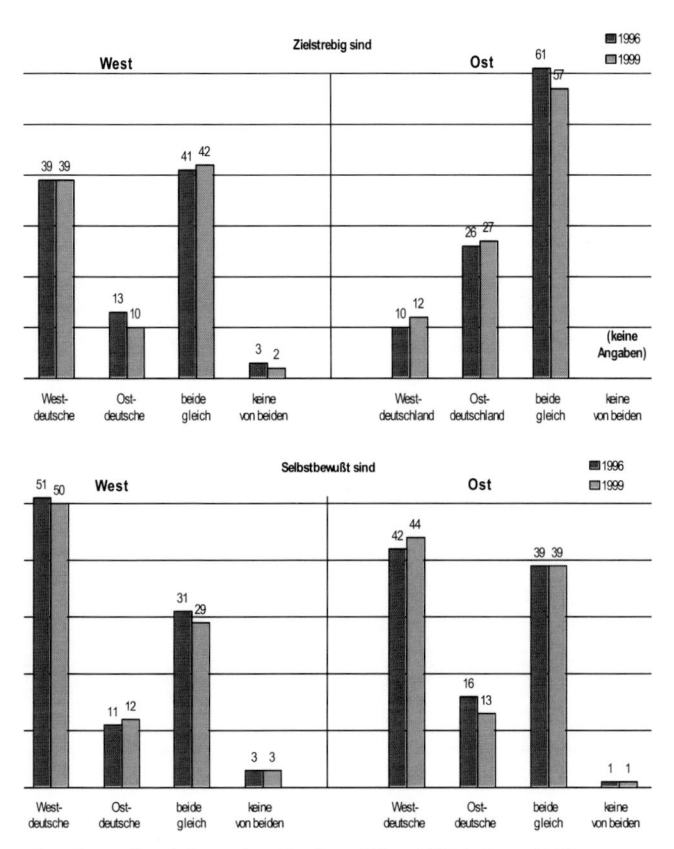

Datenbasis: Bundesverband deutscher Banken (Hrsg.)2000; Ipos 1999.

Insgesamt aber zeigen Studien zur wechselseitigen Wahrnehmung mehr Übereinstimmungen als Differenzen. Diese Befunde widersprechen den häufig in den Medien kolportierten grundlegenden Differenzen zwischen den beiden Bevölkerungsteilen.

13. Zukunftserwartungen

Die eigenen Zukunftsaussichten binden die Deutschen immer weniger an das Erreichen der ursprünglichen Ziele der deutsch-deutschen Einheit. Die Erwartungen an die Politik konzentrieren sich auf die Verbesserung der Erwerbs- und der Einkommenssituation – also auf Lebensbereiche, die von vielen in Politik und Wirtschaft nicht der Politik zugerechnet werden. Die Erwartungen an die politische Gestaltung von Elementen der Grundordnung wie demokratische Mitwirkung, Gerechtigkeit und soziale Sicherheit sind gering.

Unter diesen Voraussetzungen bewerten die Ostdeutschen ihre Zukunftsaussichten im Jahr 2010 wenig optimistisch: für nur 16% der Bevölkerung verbessern sie sich und 40% schätzen ein, dass sich ihre Lebenssituation nicht wesentlich ändern wird. Aber 28% der Bürger in den neuen Bundesländern sehen im Jahr 2010 ihre Zukunftsaussichten sinken. Das 14% der Befragten es nicht einschätzen können, zeugt von einer verbreiteten Unsicherheit im eigenen Leben.

Diese wenig optimistischen Zukunftserwartungen haben sich allerdings in den letzten beiden Jahren, also nach dem Höhepunkt der Finanz- und Wirtschaftskrise, verbessert. Im Jahr 2007 waren es noch 40% der Ostdeutschen, die ihre Zukunftsaussichten pessimistisch bewerteten (vgl. Sozialreport 2007).

Tabelle 18: Wie wird sich Ihr Leben ganz allgemein in den nächsten fünf Jahren verändern?" – nach Regionen – 2010 (in Prozent)

	vermutlich verbessern	so sein wie heute	vermutlich verschlechtern	ich weiß nicht	ohne Antwort
Deutschland	20	41	25	13	2
neue Länder	16	40	28	14	2
früheres Bundesgebiet	21	41	24	13	1
neue Länder					
Geschlecht					
weiblich	18	41	25	15	1
männlich	13	40	31	12	3
Alter					
unter 25 Jahren	68	14	9	9	
25 bis 39 Jahre	27	39	11	21	2
40 bis 49 Jahre	8	45	27	18	2
50 bis 59 Jahre	5	38	46	10	1
60 Jahre und älter	4	49	35	10	2
Erwerbsstatus					
erwerbstätig	15	43	24	15	2
arbeitslos/apM	10	28	48	14	

Fortsetzung Tabelle 18:

früheres Bundesgebiet					
Geschlecht					
weiblich	17	45	19	17	2
männlich	24	37	29	8	1
Alter					
unter 25 Jahren	70	19	6	5	0
25 bis 39 Jahre	39	34	10	18	0
40 bis 49 Jahre	19	46	24	11	1
50 bis 59 Jahre	8	44	32	16	1
60 Jahre und älter	3	48	33	12	4
Erwerbsstatus					
erwerbstätig	20	40	24	16	0
arbeitslos/apM	34	21	36	9	

Datenbasis: sfz/leben 2010 (gew.).

In den alten Ländern sehen die Menschen nur wenig optimistischer in die Zukunft. Hier sind es 21% der Befragten, die 20 Jahre nach der Vereinigung und ein Jahr nach der Krise auf verbesserte Zukunftsaussichten setzen. 41% meinen, ihr Leben würde sich in den kommenden 5 Jahren nicht wesentlich ändern. Jedoch auch hier sind es 24% der Bevölkerung, die von schlechteren Zukunftsaussichten sprechen.

Auffällig ist in beiden Teilen Deutschlands, dass die höheren Altersjahrgänge wesentlich pessimistischer in die Zukunft blicken als die jüngeren. Man könnte zwar der Meinung sein, dass es für eine Gesellschaft im Ganzen positiv ist, wenn die Jugend optimistisch in die Zukunft blickt, aber wenn die Erwartungen der Älteren sich davon abheben, scheint das problematisch zu sein.

14. Fazit

Aus der Sicht der Bevölkerung ist die deutsche Einheit eine Tatsache, die anerkannt und in den Grundsätzen auch legitimiert ist. Der Stand der Vereinigung und die Bilanz der bisherigen Ergebnisse fallen dagegen mehrheitlich kritisch aus. Bedenklicher noch als die Einschätzung des Status quo ist die kritische Sicht auf die Zukunft. Die Menschen in Ost und West gehen mehrheitlich davon aus, dass in materieller und institutioneller Hinsicht, wie auch im Hinblick auf die Chancenverteilung von einer Angleichung der beiden Teile Deutschlands auf absehbare Zeit nicht die Rede sein kann.

Dagegen scheint die „innere Einheit" weiter vorangeschritten zu sein als es im veröffentlichten Meinungsbild (vgl. Schroeder 2010) angenommen wird. Als Indikatoren für viele Gemeinsamkeiten zwischen den Menschen in den neuen und in den alten Bundesländern sind die Ähnlichkeiten in der Struktur der Grundwerte, die Tatsache der gleichen inhaltlichen Beurteilungskriterien für die Bewertung der Einheit und nicht zuletzt die zwar vielfach differenten, aber oft auch übereinstimmenden tatsächlichen Bewertungen zu nennen. Nur auf der Grundlage gleicher Maßstäbe, die die Menschen ihren Urteilen zugrunde legen, kann es dazu kommen, dass aus der jeweils eigenen Perspektive die Situation der jeweils anderen Seite als besser eingeschätzt wird als die eigene.

Literatur

Allbus (2006): Köln: Zentralarchiv für empirische Sozialforschung.
Bundesverband deutscher Banken (Hg.2000): Deutschland von innen und von außen: Die „Berliner Republik", Ergebnisse repräsentativer Meinungsumfragen in Deutschland, Frankreich, Polen und den Niederlanden. In: demo/skopie, Juli 2000: 1-20.
Engler, Wolfgang (2002): Die Ostdeutschen als Avantgarde. Berlin: Aufbau.
Gabriel, Oscar W. (Hg./1997): Politische Orientierungen und Verhaltensweisen im vereinigten Deutschland. Opladen: Leske + Budrich.
Hans-Böckler-Stiftung (Hg./2005): Vertrauen der Deutschen schwindet bedenklich. In: Böcklerimpuls, 3/2005: 5.
Lippl, Bodo (2008): Klare Mehrheiten für den Wohlfahrtsstaat. Gutachten im Auftrag der Friedrich Ebert-Stiftung Bonn. In: WISO-Diskurs, Oktober 2008: 1-60.
Noll, Heinz-Herbert/Habich, Roland (2002): Objektive Lebensbedingungen und subjektives Wohlbefinden: Konzepte und Daten der Sozialberichterstattung. In: Datenreport 2002. Bonn: Statistisches Bundesamt: 425-430.
Pollack, Detlef (2000): Vollendung der deutschen Einheit, Kognitive Aspekte, Arbeitspapier. Frankfurt (Oder): Europa-Universität Viadrina.
Pollack, Detlef (2006): Wie ist es um die innere Einheit Deutschlands bestellt? In: Aus Politik und Zeitgeschichte, B30-31: 3-7.
Schroeder, Klaus (2010): Das neue Deutschland. Warum nicht zusammenwächst, was zusammengehört. Berlin: WJS Verlag.
Winkler, Gunnar/SFZ (Hg./1992, 1994, 1995, 1996, 1998, 2001, 2002, 2004, 2006, 2008, 2010): Sozialreport - Daten und Fakten zur sozialen Lage in den neuen Bundesländern. Berlin: SFZ.

Subalternisierung

Formen und Mechanismen der Missachtung Ostdeutscher nach der Vereinigung

Raj Kollmorgen

Wie lässt sich sozialwissenschaftlich erklären, warum die Gesellschaft der Bundesrepublik zwanzig Jahre nach der Herstellung der deutschen Einheit noch eine Ost-West-Scheidung kennt und reproduziert? Wieso fühlen sich auch nach zwei Jahrzehnten des deutschen Vereinigungsprozesses viele Menschen aus den neuen Bundesländern als „Bürger zweiter Klasse"? In den letzten zehn Jahren sind zu diesem Phänomen einer offensichtlich hartnäckigen Ost-West-„Teilung" der bundesdeutschen Gesellschaft vielfältige empirische Untersuchungen vorgenommen und theoretische Erklärungsansätze ins Spiel gebracht worden (exemplarisch für die Bandbreite: Engler 1999; Wiesenthal 1999; Bollinger et al. 2000; Reißig 2000; Busse/Dürr 2003; den Hertog 2004; Herles 2005; Bahrmann/Links 2005; Falter et al. 2006; Schroeder 2006, Kirchlicher Herausgeberkreis 2007, Roth/Wienen 2008; Brähler/Mohr 2010). Sie reichen vom Vorwurf einer „Kolonialisierung der DDR" und der Herrschaft westdeutscher Eliten über die Problematisierung der Phänomene und Folgen sozioökonomischer Disparitäten und misslungener „Modernisierungen des Ostens" bis zu Thesen über sozialisatorisch verfestigte Werte- und Identitätsdifferenzen zwischen Ost und West.

Die folgende Untersuchung nutzt für eine vertiefende Problematisierung den Anerkennungsansatz unter diskursanalytischer Schärfung. Allerdings kann dabei nicht der Gesamtkomplex der deutsch-deutschen Anerkennungs- bzw. Missachtungsverhältnisse thematisiert werden. Ich beschränke mich in der Diskussion der in meinen Augen *ambivalenten* Anerkennungslage der Ostdeutschen auf ausgewählte rechtliche, sozialstrukturelle sowie soziokulturelle Subalternisierungsprozesse. Dabei konzentriert sich die Analyse auf die *diskursive Konstruktion* der soziokulturellen Missachtungsverhältnisse und deren Zusammenhang mit den sozio-praktischen „Abwertungsmechanismen". Genauer werden nach einer Einführung in das Konzept von Anerkennung und Missachtung (1.) sowie in das deutsch-deutsche Problem anhand der verbreiteten Selbstwahrnehmung der Ostdeutschen als „Bürger zweiter Klasse" (2.) zunächst rechtliche

Anerkennungsambivalenzen und daran anschließend statuspositionale Missachtungsphänomene thematisiert (3., 4.). Es folgt dann eine mehrstufige Problematisierung der sittlichen Missachtungen Ostdeutscher, ihrer diskursiven Konstruktionsprozesse sowie deren Folgen (5., 6.). Ein Resümee zur ostdeutschen Subalternität und ihrer Ambivalenzen im historischen Kontext (7.) sowie eine Diskussion alternativer Umgangsformen und Gegenstrategien (8.) beschließen den Beitrag.[1]

1. Soziale Anerkennungsverhältnisse

In Sozialphilosophie und Soziologie gibt es eine lange, wenn auch bis in die jüngste Zeit hinein wenig systematische Tradition der Auseinandersetzung mit Anerkennungsphänomenen. Zu erinnern ist etwa an Georg Wilhelm Friedrich Hegel (1807/1986), an George Herbert Mead (1927/1973), Jean-Paul Sartre (1943/1991) oder auch Norbert Elias/John Scotson (1965/1990). Erst in jüngerer Zeit haben sich – nicht zuletzt im Kontext von sich ausbreitenden Phänomenen des Multikulturalismus und kultureller Globalisierung – Sozialphilosophen wieder verstärkt mit dem Problemkreis beschäftigt (Taylor 1993; Gutmann 1994; Habermas 1999; auch zur historischen Übersicht: Honneth 1994). Darüber hinaus wurden in den letzten Jahren unter den Oberbegriffen von personaler und sozialer Identität, Ausgrenzung bzw. Exklusion sowie Herrschaft, Unterdrückung und (Un-)Gerechtigkeit Aspekte von Anerkennungsverhältnissen aus soziologischer, politikwissenschaftlicher und psychologischer Sicht breiter problematisiert und theoretisiert (vgl. Lohauß 1995; Bourdieu 1998; Schmitt/ Montada 1999; Liebig/Lengfeld 2002; Kronauer 2002; Meulemann 2002; Rommelspacher 2002; Nassehi 2003; Heitmeyer/Imbusch 2005; Bude/Willisch 2006).

Dieses breite Spektrum kann im vorliegenden Kontext nicht aufgenommen und diskutiert werden. Ich konzentriere mich im Folgenden auf einen Zugang, der Subjektsein und soziomoralische Integration in den Mittelpunkt von Anerkennung stellt.

In Anlehnung an Honneths Theoretisierungsversuch (vgl. Honneth 1994: 110) definiere ich Anerkennung als ein *Sozialverhältnis, in dem sich Individuen bzw. Individuengruppen wechselseitig in ihrer Selbsttätigkeit und Identität bestätigen, wodurch sie komplementär zu einem Verständnis und positiver Akzeptanz als autonom Handelnde, als ihre kollektiven Welten und sich selbst verändernde*

---

1 Die Argumentationslinie dieses Beitrags wurde zuerst im Aufsatz „Diskursive Subalternität. Empirie und diskursive Konstruktion der Missachtung Ostdeutscher" entfaltet, der 2010 im Sammelband „Transformationen und Europäisierung" (hg. von Motritz Brunn et al.) im Lit Verlag (Münster/Berlin) erschien.

Subjekte gelangen. Anerkennung ist – wie es sich auch in der Alltagssemantik eingelagert findet – von vornherein normativ besetzt, genauer: verkörpert einen *positiven normativen Anspruch*. Mangel an Anerkennung soll als *Missachtung* bezeichnet werden. Dabei stehen Anerkennung und Missachtung in einem Komplementaritätsverhältnis zueinander und bewegen sich in einem Kontinuum, woraus Übergangsformen resultieren (wie Nicht[be]achtung oder „An-Verkennung" – zu letzterem: Deines 2008). Totale Missachtung ist menschheitsgeschichtlich die Ausnahme und bedeutet die (im Grenzfall: physische) Auslöschung des Individuums als Subjekt. Liebe kommt vollkommener Anerkennung wahrscheinlich am nächsten. Als Dauerzustand ließe Letztgenannte aber für Kritik und Konflikt keinen Platz und schlösse daher individuelle Entwicklung aus. Werden Individuen missachtet, reagieren sie darauf mit verschiedenen Mitteln, versuchen sich zu entziehen, aktiv zu widerstehen oder kollektiv alternative Anerkennung zu erlangen (ibid.; vgl. auch Habermas 1999; Honneth/Fraser 2003; Heitmeyer/Imbusch 2005). Dieser soziomoralisch orientierte Zugang zum Anerkennungsproblem bedarf allerdings einer interessen- wie diskursanalytischen Erläuterung bzw. Schärfung.

(1) Trotz ihres soziomoralischen Charakters bewegen sich Anerkennungsverhältnissen *nicht jenseits von Interessen*. Interessengeleitetes Handeln bedeutet idealtypisch zweckrationales, subjektiv nutzenorientiertes Handeln, wobei der je andere entweder Mittel zum Zweck ist oder Grenzen der Zweckverfolgung markiert und auch nur so *(an)erkannt* wird. Anerkennungs- und Interessenverhältnisse sind – auch wenn sie zunächst vollkommen diskriminierbar scheinen – in der sozialen Praxis wechselseitig aufeinander bezogen und durchdringen sich. Insofern schließen intersubjektive Anerkennungsverhältnisse an Interessenverfolgungen an und müssen sich auch in Interessenbefriedigungen und Interessenausgleich niederschlagen. Eine nur symbolische soziomoralische Anerkennung und Integration ohne Zuweisung (und d.h. immer auch Umverteilung) angemessener, autonom verfügbarer stofflich-gegenständlicher Ressourcen muss fleischlos und am Ende ein leeres Versprechen von Selbst*betätigung* bleiben (kontrovers: Honneth/Fraser 2003).

(2) Auch vor diesem Hintergrund erscheinen Anerkennungsverhältnisse als *diskursiv konstituierte* und *hegemonial umkämpfte* soziale Praxen. Anerkennungsverhältnisse werden als solche in sinnhaften Differenzsystemen – qua wechselseitige Relationierungen der Elemente (d.h. Zeichen) sowie Innen-Außen-Markierungen – unablässig und nicht abschließbar erzeugt und verändert. Damit entsteht und entwickelt sich ein Geflecht von Bedeutungsstrukturen und Verweisungszusammenhängen. „Subjekte", die bestimmte Positionen im Diskurs besetzen, unternehmen darin ebenso unablässig den Versuch, die offenen Diskurse zu schließen, um Identität(en), Handlungssicherheit und Macht gegenüber

anderen („Fremden", „Konkurrenten", „Feinden") zu gewinnen und zu behaupten. Die damit verbundenen Zeichensetzungs- und Zeichen*be*setzungsprozesse führen zur Formierung von Bedeutungs- und Äquivalenzketten und können die Ausbildung so genannter „leerer Signifikanten" einschließen. Tendenziell leere Signifikanten repräsentieren den paradoxen Versuch, mit einem partikularen Diskurselement (Wort, Begriff, Phrase usw.) das Ganze auszudrücken und es als affektuell aufgeladenes Letzt- und zugleich allgemeines Anschlusselement für alle weiteren diskursiven Operationen zu nutzen. Tendenziell leere Signifikanten sind markanter Ausdruck von Prozessen *hegemonialer* Diskursgestaltung, d.h. eine imaginäre Einheit des Diskurses *machtpolitisch* zu organisieren, eigene Identitäten und Interessen unter Ein- ggf. auch Unterordnung Dritter durchzusetzen und auszubauen. Beispiele dafür im Sinne zentraler politischer Forderungen sind etwa „soziale Marktwirtschaft" (vs. Zentralverwaltungs- oder Kommandowirtschaft, aber auch „asoziale" Konkurrenz- und Monopolökonomien) im Kampf um das tragende bundesdeutsche Gesellschaftsmodell der Nachkriegszeit (Nonhoff 2001) oder „Freiheit" (vs. Zwang und/oder Sozialismus) im Diskurs des Neoliberalismus der 1980er und 1990er Jahre. Im deutsch-deutschen Anerkennungsdiskurs nach 1990 können „ostdeutsch" und all seine Derivate (vs. „westdeutsch") in bestimmter Hinsicht als tendenziell leere Signifikanten begriffen werden (siehe Abschnitte 5, 6). In all diesen Fällen stehen den hegemonialen Projekten und ihren Semantiken immer auch Gegenprojekte und -diskurse gegenüber. Im hegemonialen Kampf werden dabei sowohl sprachliche wie nichtsprachliche Positionen, Mittel und Ressourcen genutzt und zugleich reproduziert, wie Entscheidungspositionen in Wirtschaft und Bürokratien, polizeiliche und judikative Gewalt, Diskursformierungen in und durch Massenmedien und Wissenschaften (z.B. als Ideologieproduktion und -kommunikation) oder die Programmierung und Kontrolle von Erziehungssystemen (grundlegend: Laclau/ Mouffe 2000; Laclau 1991, 2007; auch Angermüller/Bunzmann/Nonhoff 2001; als praxeologische Variante: Bourdieu 1987, 1998, 2005).

Sowohl Anerkennung wie Missachtung und daraus folgende Reaktionen weisen in der Geschichte eine große Formenvielfalt auf und verfügen über unterschiedliche Entwicklungsmöglichkeiten.[2] Idealtypisch lassen sich drei grundlegende Anerkennungsformen in modernen Gesellschaften unterscheiden: *Liebe (bzw. Freundschaft), Rechtsverhältnisse* und *soziale Wertschätzung bzw. Sittlichkeit* (vgl. Honneth 1994: 211, s. Tabelle 1).

---

2 Während Liebe als anthropologisch grundlegendes und ubiquitäres, gleichwohl Formenwandel erfahrendes Anerkennungsverhältnis zu begreifen ist, können seit dem Beginn der westeuropäischen Moderne im Recht (vgl. Marshall 1992) sowie innerhalb der Sittlichkeit Entwicklungsschritte unterschieden werden, die sich in eine Entwicklungslogik einordnen lassen (vgl. Honneth 1994: 227ff.; Kollmorgen 2005: 139-142).

Tabelle 1: Typologie sozialer Anerkennungs- und Missachtungsverhältnisse

Anerkennungs-form	Liebe (Freundschaft)	Rechtsverhältnisse	soziale Wertschätzung („Sittlichkeit")
Anerkennungs-modus	emotionale Zuwendung und Verbindung	liberale, partizipative, soziale Anspruchs-Rechte	soziomoralische, soziokulturelle Anerkennung und Integration (Solidarität)
Objekt(bereich)	Individuen; Kleingruppen	(ggf. ausgewählte) Mitglieder einer Rechtsordnung	soziale Gruppen unterschiedlichster Art/Bestimmungsform (von Geschlecht, Ethnie bis soziale Klasse)
Entwicklungspotenziale	-	Ausweitung Verallgemeinerung	Egalisierung und Differenzierung („Individualisierung")
Missachtungsformen	*Misshandlung, Vergewaltigung*	*Entrechtung bzw. rechtlich begründete Exklusionen*	*soziale/soziokulturelle Entwürdigung und Exklusion*
Reaktionsformen (auf Missachtung)	Flucht, Liebesentzug, Widerstand, Gegengewalt	soziopolitischer Widerstand und Kampf (auch gewaltförmig), rechtliche Klage, Sezession o.ä.	Rückzug (Gettoisierung), (Über-)Anpassung an Sittlichkeitsnormen der Missachtenden, Kampf um öffentliche Anerkennung, soziokultureller Austausch und Inklusion

2. Die Selbstwahrnehmung der Ostdeutschen als „Bürger zweiter Klasse"

Ausgangspunkt der Problematisierung des ostdeutschen Falls ist das unverkennbare Spannungsverhältnis zwischen dem spätmodernen, wohlfahrtsdemokratischen Anspruch einer vollen, umfassenden und darin zugleich differenzierenden Anerkennung der Ostdeutschen im bundesrepublikanischen Gemeinwesen[3] und den von vielen Ostdeutschen angemahnten Anerkennungsdefiziten, die sich von

---

3 Ein solcher spätmodern-wohlfahrtsdemokratischer Anspruchshorizont findet sich in der Bundesrepublik konzentriert im Grundgesetz formuliert, wobei sich dieser Horizont selbst und seine jeweils konkreten juristischen Fassungen seit 1949 substanziell entwickelt haben. Konzeptuell-normative Begründungsversuche für wohlfahrtsdemokratische Anspruchsrechte finden sich bei Marshall 1992; Habermas 1990, 1999 oder in einer multidimensionalen Variante bei Fraser (Honneth/Fraser 2003).

rechtlichen, politisch-partizipativen und ökonomischen bis hin zu sozialstrukturellen und soziokulturellen Missachtungen erstrecken sollen.

Thematisierungen dieser vielfältigen Missachtungen finden sich im so genannten „Kolonialisierungsdiskurs", in dem von Teilen der ost- und westdeutschen „Linken" seit 1990 die These einer Übernahme Ostdeutschlands durch das westdeutsche Großkapital und die politischen Eliten vertreten wird (z.B. Dümcke/Vilmar 1995; Bollinger et al. 2000). Es wird aber auch in den zahlreichen Klagen gegen Regelungen des Einigungsvertrages durch sich entrechtet sehende Ostdeutsche erkennbar, die sich vor allem auf Eigentumstitel sowie arbeits- und sozialrechtliche Missachtungen beziehen (siehe 3.). Das in der Umfrageforschung konstatierte ostdeutsche Bewusstsein eines *„Bürgers zweiter Klasse"*, also einer systematischen sozialen Ungleichheitserfahrung als Angehöriger der ostdeutschen Teilpopulation, kann als konzentrierter und in gewisser Weise zusammenfassender Ausdruck der Wahrnehmung westdeutscher Missachtung interpretiert werden.

Tabelle 2: Selbsteinschätzung der Ostdeutschen als „Bürger zweiter Klasse" (1990-2009)

Frage: Trotz Vereinigung werden die Ostdeutschen in der Bundesrepublik noch eine Weile Bürger zweiter Klasse bleiben (Anteile der Ja-Antworten in v.H.)

1990	1993	1997	2001	2007	2008	2009
92%	83%	82%	74%	74%	64%	42%

Quellen: Für die Daten von 1990-2001: Gensicke 2001: 399, Tab. 1; für 2007: N24-Emnid 2007; für 2008: Ergebnisse einer Befragung des Projekts „Gruppenbezogene Menschenfeindlichkeit" (GMF) im Jahr 2008 (Klein/Küpper/ Zick 2009: 99, Abb. 2). Hier lautet die Frage „Irgendwie sind Ostdeutsche Bürger 2. Klasse"; für 2009: Umfrage des Instituts für Demoskopie Allensbach von September 2009, die konkrete Fragestellung wird nicht aufgeführt (Köcher 2009: 2).

Sieht man sich die entsprechende Datenreihe an (zunächst Tab. 2), die allerdings keine Längsschnittanalyse repräsentiert, sondern aus unterschiedlich konzipierten und strukturierten Befragungen der Jahre 1990 bis 2009 zusammengestellt wurde, fällt zweierlei ins Auge: Erstens hat der Anteil der Ostdeutschen, die sich als Bürger zweiter Klasse in der Bundesrepublik identifizieren, im Zeitverlauf kontinuierlich und deutlich *abgenommen*. Waren es 1990 noch mehr als neun von zehn Befragten, bewegt sich die Bandbreite heute (2008/2009) zwischen gut zwei Dritteln bis deutlich weniger als der Hälfte. Zweitens aber und zugleich erscheint der Anteil für das Jahr 2008, den ich hier aus guten Gründen bevorzuge (siehe unten), *unerhört*. Dass sich auch nach achtzehn Jahren noch zwei von drei Bürgern der neuen Länder als „klassenmäßig" minderwertig begreifen, lässt kaum den Schluss zu, dass die fordernde Bitte Willy Brandts aus dem Jahr 1990, es möge „ohne entstellende Narben" „zusammenwachsen, was zusammengehört", in den letzten zwanzig Jahren umfänglich erfüllt worden ist.[4]

Nun ist gegen eine skandalisierende Interpretation des auf Umfrageergebnissen basierenden Syndroms eines „Bürger zweiter Klasse" vielfach Kritik laut geworden und kann im Sinne der Notwendigkeit einer kritisch-reflexiven Sozialwissenschaft eine Reihe von Einwänden formuliert werden.[5] Eine kritische Diskussion der Umfrageergebnisse erscheint auch deshalb sinnvoll, weil sie Suchrichtungen für die weitere Problematisierung der Anerkennungs- bzw. Missachtungsverhältnisse vermittelt.

(1) Eine erste und grundsätzliche Kritik kann gegenüber den *Instrumenten der Umfrageforschung* geäußert werden. Wie treffsicher und zuverlässig sind solche Datenerhebungen und ihre statistischen Auswertungen? Auch ohne eine wissenschaftliche Vertiefung wird anhand zweier statistischer „Verwerfungen" deutlich, dass bei der Berufung auf diese Umfrageergebnisse Vorsicht geboten ist. So hat TNS-Emnid, d.h. das Meinungsforschungsinstitut, welches die meisten Erhebungen zum Syndrom des „Bürgers zweiter Klasse" durchgeführt hat, die entsprechende Frage („Sind die Ostdeutschen ‚Bürger zweiter Klasse'?") im Jahr 2001 in kurzem Abstand von 9 Monaten zweimal erhoben. Interessanterweise differieren dabei die bejahenden Antworten der Ostdeutschen um 6 Prozentpunkte (74% gegenüber 80%) (nach Niedermayer 2005: 133, Tab. 2.5.2-8). Noch drastischer ist die Differenz zwischen zwei unterschiedlichen Befragungen, die im Jahr 2008 durch die Universität Bielefeld und im Herbst 2009 durch das Institut für Demoskopie Allensbach (IfD) realisiert wurden (siehe Tab. 2). Während die Bielefelder Erhebung 64% Zustimmung unter den Ostdeutschen erbrachte, waren es nicht einmal ein Jahr später beim IfD „nur" 42%. Da es in diesem Zeit-

---

4 Allerdings gibt es eine Längsschnittstudie, in der die Frage nach der Zweitklassigkeit für Angehörige der Kohorte der heute etwa 35-jährigen seit 1995 erhoben wird. Diese von Peter Förster seit 1987 durchgeführte Studie zeigt, dass sich die Erfahrungen, als „Deutscher zweiter Klasse behandelt zu werden", seit 1995 kaum verändert haben. Sie bewegten sich für die Antwortmöglichkeit „ohne Einschränkung" zwischen 26% (1998) und 18% (2003). 2005 waren es 22%. Unter Einbeziehung jener, die „mit Einschränkung" zustimmten, waren es 1995 zusammen 52%, 2005 insgesamt 51% (Förster 2006: 85, Tab. 2.16; vgl. auch Berth 2007).

5 Zwar liegt mir keine explizite kritische Analyse der Empirie des Syndroms „Bürger zweiter Klasse" vor, jedoch wird über das Problem und Ausmaß der Benachteiligung der Ostdeutschen, ihres sozialen Status und der Entwicklung der so genannten „inneren Einheit" eine intensive essayistische und wissenschaftliche Debatte geführt. Beiträge dazu – allerdings auf höchst unterschiedlichem Reflexionsniveau – finden sich u.a. bei Baring 1991; Koch 1993; Engler 1999; Kaase 1999; Reißig 2000; Bollinger et al. 2000; Mindt 2003; Bahrmann/Links 2005; Bisky 2005; Herles 2005; Schroeder 2006, 2009; Winkler 2009.

raum weder einen politischen, wohlfahrtsstaatlichen oder demographischen „Bruch" in der Bundesrepublik bzw. in Ostdeutschland gab, bleibt für die Interpretation solch erheblicher Diskrepanzen nur das Argument umfragetechnischer Schwächen und unausrottbarer „Fehlertoleranzen" – und zwar für die letzte Differenz insbesondere auf Seiten der IfD-Umfrage. Während nach den anderen Erhebungen das Abschmelzen der Selbstwahrnehmung als Bürger zweiter Klasse unter den Ostdeutschen in den Jahren zuvor relativ kontinuierlich erfolgte, bedeuteten die IfD-Ergebnisse geradezu einen Einbruch. Dieser ist aber angesichts der gesellschaftlichen Rahmenbedingungen wenig oder gar nicht zu plausibilisieren. Da die alternativen Erhebungen in ihren Werten und Wertbewegungen klar konvergieren, wird das Ergebnis der IfD-Umfrage aus dem Jahr 2009 im Folgenden nicht weiter herangezogen. Was immer aber die konkreten Gründe für die über zwanzigprozentige Differenz gewesen sein mögen, aus ihr folgt in konzeptueller Hinsicht, dass nicht allein Umfragedaten ein Urteil über Grad und Veränderungsdynamiken der Missachtung Ostdeutscher tragen können.

(2) Ein zweiter Kritikpunkt bezieht sich auf den Umstand, dass die Missachtungsdaten immer nur für die Ostdeutschen präsentiert werden, aber offenbar niemals jemand gefragt hat, ob sich nicht auch die *Westdeutschen als Bürger zweiter Klasse* fühlen. Könnte es nicht sein, dass sich auch ein hoher Prozentsatz der Westdeutschen als systematisch diskriminiert versteht? Glücklicherweise hat die Bielefelder Untersuchung – soweit ich weiß zum ersten Mal – diesem Mangel abgeholfen und den Westdeutschen die gleiche Frage gestellt. Das Ergebnis ist allerdings ernüchternd: 2008 gaben 13% der Befragten an, sich als „Bürger zweiter Klasse" zu fühlen. Bedenkt man den aktuellen Anteil von Menschen mit Migrationshintergrund und dauerhaft sozial Marginalisierter im Westen der Bundesrepublik (ca. 25-30%), liegt die Vermutung nahe, dass es hauptsächlich Angehörige dieser Gruppen gewesen sind, die die Frage mit Ja beantworteten. Daraus ist ein wichtiger doppelter Schluss zu ziehen. Zum einen ist es offenkundig nicht allein die Ost-West-Scheidung, die Menschen in unserem Land dazu führt, sich als „zweitklassige" Mitglieder des Gemeinwesens zu verstehen. Es gibt – wie die westdeutschen Ergebnisse bekunden – eben auch andere *soziale Spaltungslinien* in der bundesrepublikanischen Gesellschaft – etwa zwischen In- und Ausländern (bzw. Migranten), Arm und Reich, langzeitig Inkludierten und Exkludierten oder Arbeitsplatzbesitzern und (Dauer-)Arbeitslosen –, die „Klassenverhältnisse" begründen und erfahrbar machen (Lessenich/ Nullmeier 2006).[6]

---

6 Tatsächlich hat die Debatte um den Status eines „Bürgers zweiter Klasse" in den letzten fünfzehn Jahren zunehmend in die Problematisierungen der Lagen und Missachtungen von Bürgern mit Migrationshintergrund, namentlich der türkischstämmigen und islamischen Minderheit Einzug gehalten. Nach einer Erhebung im Auftrag der Konrad-Adenauer-Stiftung aus dem Jahr 2001 reklamieren

Zweitens muss angesichts der westdeutschen Vergleichsdaten davon ausgegangen werden, dass es einen nicht geringen Anteil Ostdeutscher gibt, die sich *nicht* oder *nicht allein* als Angehörige der ostdeutschen Teilpopulation den Status eines Bürger zweiter Klasse zuschreiben, sondern auch als Langzeitarbeitslose, prekär Beschäftigte oder Arme, von denen es in den neuen Ländern relativ mehr gibt als im Westen der Republik. Alternative Ungleichheits- und Marginalisierungserfahrungen können demnach in Ostdeutschland ebenso Auslöser oder Verstärker eines Gefühls der Zweitklassigkeit sein, wobei die Gefahr besteht, dass diese Faktoren durch die Fragestellungen in den Erhebungen und durch Interpretationsschemata überdeckt bzw. ausgeblendet werden. Zugespitzt formuliert, ist nicht auszuschließen, dass es in den neuen Ländern auch ohne Missachtungsprobleme infolge des Vereinigungsprozesses einen höheren zweistelligen Prozentsatz an Bürgerinnen und Bürgern gibt, die sich systematisch sozial diskriminiert fühlen.

(3) Ein dritte Frage bezieht sich auf das Problem der *Selbst*wahrnehmung. Ist es eigentlich ausreichend, sich darauf zu verlassen, wie sich die Ostdeutschen selbst sehen? Braucht es nicht der „Kontrolle" und „Objektivierung" durch Einschätzungen Dritter? Glücklicherweise liegen für dieses Problem seit 2000 Daten vor (Tab. 3).

Tabelle 3: Einschätzung der Ostdeutschen als „Bürger zweiter Klasse" durch Ost- und Westdeutsche (2000 und 2007)

	2000 Ost	2000 West	2007 Ost	2007 West
„Sind die Ostdeutschen Bürger zweiter Klasse" (Anteil der Ja-Antworten)	73	24	74	24

Quelle: TNS-Emnid Umfragen 2000 und 2007 nach Niedermayer 2005: 133, Tab. 2.5.2-8 sowie N24-Emnid 2007.

Auf den ersten Blick mag die stabile Ost-West-Differenz von drei Vierteln zu einem Viertel zustimmender Antworten darauf hindeuten, dass die Ostdeutschen tatsächlich einer bestimmten Fehlperzeption unterliegen und ihren eigenen Status gleichsam selbst erniedrigen, ohne dass dafür ein hinreichender „objektiver" Grund vorliegt. Ich komme auf die Gefahr einer Instituierung und schließlich Reifikation der Missachtungswahrnehmung durch die Ostdeutschen noch zurück.

---

insgesamt 70% der türkischstämmigen Bürger in Deutschland diesen Status für sich (Wilamowitz-Moellendorff 2002: 7/8).

Hier gilt es aber zunächst aus gleichsam umgekehrter Sichtweise darauf hinzuweisen, dass es doch fast jede/r vierte Westdeutsche/r ist, der bzw. die eine substanzielle Missachtung der Ostdeutschen diagnostiziert, und dies, obwohl dazu ein Perspektivenwechsel vollzogen werden muss. Es ist keineswegs einfach – und je weiter man/frau vom Osten entfernt lebt und arbeitet, desto weniger – sich eine Fremderfahrung zu eigen zu machen und als gerechtfertigt anzusehen. Urteile gegenüber anderweitigen Benachteiligungen oder Ungerechtigkeiten zeigen analoge Wahrnehmungsschwierigkeiten. Dabei wächst in unserer dem Ideal nach demokratisch-meritokratischen Gesellschaft die Unwahrscheinlichkeit der Akzeptanz einer Missachtung Dritter erheblich, soweit man selbst zum (behauptet) bevorteilten Pol des Missachtungsverhältnisses gehört. Sie bedeutet nämlich die Anerkennung des Umstandes, dass man der Nutznießer einer sozialen Ungleichheit allein aufgrund der Herkunft bzw. regionalen Situierung, d.h. Profiteur einer gesellschaftlichen Ungerechtigkeit ist. Dass es also ein Viertel der Westdeutschen ist, das der Behauptung, die Ostdeutschen seien Bürger zweiter Klasse, zustimmt, spricht keinesfalls und schon gar nicht eindeutig gegen, sondern durchaus für die „Realität" der Missachtung. Schließlich bleibt das grundsätzliche Problem, dass es streng genommen *keine* Objektivität hinsichtlich sozialer Benachteiligungserfahrung geben kann. Wenn die deutliche Mehrheit einer bestimmten Bevölkerungsgruppe sich empirisch abgesichert oder – etwa über öffentlichen Massenprotest oder Selbstorganisation in sozialen Bewegungen – sozio-praktisch erkennbar als „Bürger zweiter Klasse" erfährt, kann eine Abweisung dieser Erfahrung durch andere Bevölkerungsgruppen dieses Urteil keineswegs suspendieren. Vielmehr repräsentiert eine solche massenhafte Selbsterfahrung und Artikulation eine hinreichende „Objektivierung".[7]

Historische Beispiele wie die Erfahrungen der Arbeiterklasse, ethnischer Minderheitenbewegungen oder der Frauenbewegung im 19. und 20. Jahrhundert plausibilisieren diese Behauptung.

(4) Die „Objektivierungsfrage" verweist auf ein weiteres Interpretationsproblem der Umfragedaten. Zum einen kann eingewandt werden, dass das Syndrom eines Bürgers zweiter Klasse das *Resultat von Anspruchshaltungen aus DDR-*

---

7 Freilich, die Unmöglichkeit, solche Erfahrungen durch Dritte „abzuweisen" bedeutet nicht unkritische Hinnahme und vollinhaltliche Anerkennung durch Angehörige anderer Gruppen oder staatliche Herrschaftsregime. Vielmehr sind und bleiben solche Erfahrungen und die aus ihnen abgeleiteten Anerkennungsforderungen Gegenstand öffentlicher Auseinandersetzungen und eines demokratischen Interessenausgleichs. Dabei gilt generell, dass sich Gesellschaften des demokratischen Wohlfahrtskapitalismus durch eine Inflation der Ansprüche (N. Luhmann) auf soziale Gleichheit und Förderung partikularer Benachteiligungen aller Art an die Adresse des Staates auszeichnen. Die Einlösung dieser partikulären Ansprüche muss kraft des Inflationsmechanismus immer unbefriedigend bleiben – oder neue und erweiterte Ansprüche hervorbringen. Darauf wird im konkreten Kontext weiter unten (7.) noch näher eingegangen.

Zeiten ist. Der staatssozialistische Egalitarismus könnte weiter in den Köpfen der (älteren) Ostdeutschen residieren und jede substanzielle Ungleichheit als Erfahrung einer Zweitklassigkeit chiffrieren. Das Syndrom beruhte so auf einer Fehlwahrnehmung der Möglichkeit und Funktionalität sozialer Ungleichheiten in wohlfahrtskapitalistischen Gesellschaften, was durch die Langwierigkeit des ökonomischen Modernisierungs- und Aufholprozesses unterstützt würde, der über Nacht „erblühende Landschaften" im Osten schlicht nicht erlaubte. Zum anderen und breiter ansetzend erscheint damit einstweilen offen, *was die Ostdeutschen unter dem Status eines Bürgers zweiter Klasse eigentlich verstehen.* Was bedeutet für sie eine *klassen*mäßige Benachteiligung? Geht es generell um soziale Ungleichheitserfahrungen oder Ungerechtigkeiten in der Gesellschaft in einer Ost-West-Perspektive, die lediglich zu „Klassengrenzen" und einer „Zweitklassigkeit" der Ostdeutschen aufgebauscht werden? Und wird darüber hinaus die Ost-West-Problematik mit querliegenden Ungleichheiten unzulässig vermengt? Diese Fragen können wissenschaftlich angemessen nur durch qualitative Forschungsmethoden aufgeklärt werden (vgl. Koch 1993). Entsprechende Studien, die sich mit den quantitativen Erhebungen methodisch kontrolliert parallelisieren ließen, liegen mir aber nicht vor. Allerdings hat das Projekt „Gruppenbezogene Menschenfeindlichkeit", dessen Daten bereits herangezogen wurden (Tab. 2), in der Umfrage aus dem Jahr 2008 neben der Frage nach dem Status eines Bürgers zweiter Klasse alternative Benachteiligungsformen erhoben (Tab. 4).

Tabelle 4: Einschätzungen von Benachteiligungen bei Ost- und Westdeutschen (2008)

	Anteil der zustimmenden Antworten in *Ost*deutschland	Anteil der zustimmenden Antworten in *West*deutschland (mit der entsprechenden Änderung der Frageformulierung: statt „Ostdeutsche" immer „Westdeutsche")
(1) Ostdeutsche erhalten weniger als ihren gerechten Anteil	77%	21%
(2) Die Leistungen der Ostdeutschen werden zu wenig gewürdigt	75%	54%
(3) Die Ostdeutschen werden gegenüber den Westdeutschen benachteiligt	73%	24%
(4) Irgendwie sind Ostdeutsche Bürger zweiter Klasse	64%	13%

Quelle: Befragung des Projekts „Gruppenbezogene Menschenfeindlichkeit" (GMF) im Jahr 2008 (Klein/Küpper/Zick 2009: 99, Abb. 2).

Vergleicht man die Ergebnisse, wird für das Verständnis der Ostdeutschen (Tab. 4/Spalte 2) immerhin soviel erkennbar: Die Ostdeutschen unterscheiden sehr wohl zwischen materieller Ungerechtigkeit (Tab. 4/Zeile 1), soziomoralischer Anerkennung („Würdigung" – Tab. 4/2), Benachteiligung (Tab. 4/3) und „Zweitklassigkeit" (Tab. 4/4), wobei der Anteil der Zustimmungen in eben dieser Reihenfolge sinkt – bemerkenswerterweise aber innerhalb der ersten drei Items nur um vier Prozentpunkte, dann jedoch bei der Frage nach der „Zweitklassigkeit" um etwa 10%. Zwar kann daraus der Schluss gezogen werden, dass für 64% der Ostdeutschen zwischen den vier Benachteiligungs- bzw. Missachtungsformen keinerlei Unterschied besteht oder dass (jedenfalls: viele) Ostdeutsche sehr wohl ein Unterscheidungsvermögen hinsichtlich dieser Formen besitzen, dabei aber die materielle Benachteiligung (Tab. 4/1) als entscheidendes Problem markieren. Demgegenüber erscheint die Zweitklassigkeit als „geringeres Übel" oder als nicht (mehr) gegeben. Aus anderer Perspektive lassen sich die Daten aber auch so deuten, dass der Status eines „Bürgers zweiter Klasse" die gravierendste Form der Missachtung repräsentiert, bei der intensiv abgewogen wird, ob sie tatsächlich vorliegt. Im Ergebnis kann sich dann nur ein deutlich geringerer Anteil als wirklich klassenmäßig marginalisiert begreifen.

Ein Abgleich mit den *Antworten der Westdeutschen* auf die spiegelbildlich formulierten Benachteiligungsfragen zeigt dreierlei: Erstens begreifen auch die Westdeutschen den Zweite-Klasse-Status wahrscheinlich als schärfste Form der Benachteiligung. Zweitens aber unterstreicht die Antwort auf materielle Gerechtigkeitsfrage (Tab. 4/Zeile 1) die Vermutung, dass – gestützt durch die Erfahrungen und Sozialisation in der DDR – ein größerer Anteil der Ostdeutschen offenbar anderen, deutlich egalitärer orientierten Modellen gesellschaftlicher Gerechtigkeit folgt. Drittens legt der erhebliche Anteil (54%) derjenigen, die sich als Westdeutsche in ihren Leistungen nicht hinreichend gewürdigt sehen (Tab. 4/2, vgl. auch 4/4), die Vermutung nahe, dass die im Prozess der deutschen Vereinigung und des „Aufbaus Ost" erbrachten Leistungen mindestens beachtliche Teile der westdeutschen Bevölkerung etwas „gekostet" haben, ohne dass es in der Bundesrepublik und wohl vor allem im Osten der Republik ausreichend anerkannt wird. Auch Westdeutsche kämpfen also im Rahmen des Vereinigungsprozesses mit Missachtungen und Benachteiligungsgefühlen.

(5) Ein weiteres und mit der diskursiven Konstruktion von Missachtung zusammenhängendes kritisches Argument in der Interpretation der Daten könnte als *These einer Verfestigung des Syndroms durch seine Kenntnis, massenmediale Skandalisierung und interessegeleitete Ausbeutung durch die Ostdeutschen* bezeichnet werden. Danach hätten die meisten Ostdeutschen einerseits ihre – nicht zuletzt massenmedial breit thematisierte – „Zweitklassigkeit" seit dem Beitritt zur Bundesrepublik 1990 bereits so verinnerlicht und als Ressource sozialer

Identitätsstabilisierung angenommen, dass sie mit entsprechenden Fragen konfrontiert, diese ohne weiteres Reflektieren zustimmend beantworten. Das Item wäre gleichsam ein Umfrageselbstläufer: Man kennt die Frage und weiß, wie man zu antworten hat. Andererseits ist zu vermuten, dass viele Ostdeutsche gelernt haben, dass ein öffentliches Beklagen des minderen Status – ganz unabhängig vom „Objektivitätsgehalt" der behaupteten Missachtung – im politischen Raum Türen für zusätzliche Forderungen und Förderungen öffnet. „Wer klagt, dem wird geholfen" könnte die schlichte Formel lauten. Wenn also über die in Umfragen erkennbare Hartnäckigkeit der erfahrenen Benachteiligung kritisch nachgedacht wird, sind diese Mechanismen einer kognitiven, normativen und diskursiven Selbststabilisierung wie eines interessegeleiteten Festhaltens mitzudenken, auch wenn es – jenseits nur sehr begrenzt möglicher sozialpsychologischer Experimente – keinen Weg gibt, diese Mechanismen und ihre Wirkungen empirisch gesichert zu (be)messen.

(6) Ein letzte kritische Erwägung gegenüber skandalisierenden Begriffsweisen der herangezogenen Umfrageergebnisse bezieht sich auf die *Zeit*. Ist es wirklich unerhört, dass es nach gut zwanzig Jahren noch das Gefühl der Zweitklassigkeit auf Seiten der Ostdeutschen angesichts der Geschichte beider deutscher Staaten, der Lage der DDR 1989 und der Ergebnisse des selbstgewählten „Beitritts" zur Bundesrepublik gibt? Vielleicht ist die zwanzigjährige Dauer einer Missachtungserfahrung „nur" für die unmittelbar Betroffenen eklatant, nicht aber aus einer sozialwissenschaftlichen Perspektive. Eine sozialwissenschaftliche Sicht, die sich auf vergleichbare Fälle von staatlichen Zusammenschlüssen und Minderheitenpolitiken stützt, könnte solche Erfahrungen jedenfalls in den ersten Jahrzehnten nach dem Vereinigungsprozess als weitgehend unvermeidlich begreifen und zugleich die Prognose erlauben, dass das Problem mit dem nächsten Generationswechsel und der weiteren Vermischung beider Bevölkerungsteile durch Migration und deutsch-deutsche Partnerschaften in spätestens zwanzig Jahren verschwunden sein wird (siehe die Prognosen bei Zapf 1994, 2000).

Resümiert man die bisherigen, an den Umfragedaten ansetzenden kritischen Überlegungen, lassen sich für den weiteren Fortgang der Analyse *zwei forschungsleitende Orientierungen* formulieren: Erstens liegen mit der Frage und den präsentierten Zustimmungsraten zum Status der Ostdeutschen als Bürger zweiter Klasse „harte" und also belastbare empirische Daten für eine anhaltende, wenn auch abschmelzende Missachtung im Zuge des Vereinigungsprozesses vor. Diese erweisen sich indes auf den zweiten Blick – wie alle Daten der quantitativen Sozialforschung – als zugleich „weiche", sofern sie der Methodenkritik wie einer kontextualisierenden und vergleichenden Interpretation bedürfen (vgl. bereits Koch 1993). Die in vielerlei Hinsicht „flimmernden" Befunde der Umfrageforschung reichen also nicht hin, um sich ein gehaltvolles Bild von der

Dynamik, den Gründen, Mechanismen und Folgen deutsch-deutscher Missachtungsverhältnisse zu machen. Kritische Reflexion, konzeptuell geleitete Ausdeutung sowie weitere qualitative Forschungsbefunde sind vonnöten, um die Missachtungsverhältnisse angemessen aufzuklären. Zweitens und darin bedarf es offensichtlich der Differenzierung von Missachtungsformen und ihrer (Re-) Produktionsmechanismen. Zu deren Markierung und wechselseitigem Entwicklungszusammenhang bietet sich der skizzierte Anerkennungsansatz unter interessen- und diskursanalytischer Schärfung an (siehe Tabelle 1). Während dabei Liebe und Freundschaft als basale „mikrosoziale" Anerkennungsform im vorliegenden Kontext weitgehend ausgespart werden können, bedürfen die Formen der rechtlichen Anerkennung und sozialen Wertschätzung intensiver Untersuchung. In diesem Kontext ist auch das durch die Umfrageergebnisse und deren massenmedialer Verbreitung im Alltagsbewusstsein präsente und prominente Syndrom ostdeutscher „Zweitklassigkeit" zu problematisieren.

Unter Bezug auf klassen- und wohlfahrtstheoretische Ansätze sowie das Anerkennungskonzept (grundlegend: Weber 1972: 178-180; Marshall 1992, Honneth 1994) erscheint für die Ostdeutschen der Status eines *Bürgers zweiter Klasse* dann gegeben, wenn es (a) nicht nur empirisch gesicherte Befunde einer andauernden massenhaften subjektiven Erfahrung und Artikulation der „Zweitklassigkeit" gibt, sondern (b) die dreifache rechtliche Anerkennung der Ostdeutschen (liberal, politisch-partizipativ, wohlfahrtsstaatlich) in Relation zu den Westdeutschen nicht oder nur partiell vorliegt und (c) unter komplexer Verknüpfung mit Phänomenen der sozialen Wertschätzung (bzw. Missachtung) und ihrer „ständischen" Wirkungen die Ostdeutschen hinsichtlich der Besitz- und Erwerbschancen gegenüber Westdeutschen sozialstrukturell benachteiligt werden.

Folgend wird unter dieser theoretisch-konzeptuellen Anleitung zunächst auf der Ebene der *rechtlichen* Anerkennung bzw. Missachtung die Lage der Ostdeutschen hinsichtlich liberaler sowie politisch-partizipativer und dann sozialer Anspruchsrechte erkundet und problematisiert (3.). Im zweiten Schritt sind die *soziale Wertschätzung* anhand positionaler Benachteiligungen (4.) und am ausführlichsten Formen *soziokultureller Subalternisierung* der Ostdeutschen sowie wechselseitige Verknüpfungen der Missachtungsformen zu untersuchen (5., 6.).

3. Rechtliche Anerkennungsambivalenzen: Staatsbürger und Wohlfahrtsstaatsbürger

Für den Bereich der *liberalen* und *politisch-partizipativen Rechte* lässt sich zunächst zusammenfassend festhalten (Kollmorgen 2005: 141ff.), dass die Ostdeutschen einerseits als Staatsbürger prinzipiell dieselben Rechte genießen wie die Westdeutschen. Andererseits wurden ihnen nicht nur durch die Regelungen des Einigungsvertrages (EVtr) temporär bestimmte Rechte genommen oder doch nur eingeschränkt zugestanden. Auch durch Folgeregelungen kam es zu Einschränkungen im Arbeitsrecht (wie außerordentliche Kündigungsgründe, „Warteschleife"), im Mietrecht (außerordentliches Kündigungs- und Modernisierungsrecht), im Recht der freien Berufswahl (Notwendigkeit der separaten Anerkennung von Berufsabschlüssen) oder im Eigentumsrecht (Privatisierung Volkseigener Betriebe, landwirtschaftlicher Grundstücke, von Wohn- und Gartenhäusern usw.) (siehe Betz 2005; de Maizière 2005; Röper 2005).

Für die *sozialen oder wohlfahrtsstaatlichen Anspruchsrechte* lässt sich eine vergleichbare Ambivalenz konstatieren. Auf der einen Seite bewegen sich die Ostdeutschen nach Abschluss der kurzen Phase der Umstellungen und Einpassungen (1990-1992) in den gleichen wohlfahrtsstaatlichen Sicherungs- und Umverteilungssystemen wie die Westdeutschen. Auf der anderen Seite sind bis heute wohlfahrtsgesellschaftliche Minderleistungen für sie zu registrieren. Der über zwei Jahre (2004-2006) geltende geringere Regelsatz für ostdeutsche ALG II-Empfänger – 331 Euro gegenüber 345 Euro im Westen – ist nur ein prominentes Beispiel. Generell gilt, dass trotz deutlicher Angleichungsdynamiken an das westdeutsche Niveau bis hin zur vollständigen Angleichung (etwa für Bundesbeamte) Bürger der neuen Bundesländer in den meisten Bereichen bis heute deutlich geringere Löhne, Gehälter oder Fördersätze als ihre westdeutschen Kolleginnen und Kollegen erhalten, entweder infolge eigener Tarifgebiete „Ost", aufgrund vielfältiger übertariflicher Leistungen im Westen oder des höheren Prozentsatzes an untertariflicher Bezahlung im Osten.[8] Zu verweisen ist auch auf bis heute fortbestehende so genannte „Buschzulagen", d.h. von ostdeutschen Regelsätzen nach oben abweichenden Gehältern für Beamte aus den alten Bundesländern.

Aus beiden „Rechtsminderungen" einen *beherrschenden Zug* sozialer Missachtung zu konstruieren, ist selbstverständlich möglich, unterschlägt aber zwei *gesellschaftliche Bedingungsgefüge und Einbettungen*: Erstens war bezogen auf die liberalen Rechte (Freiheit, Eigentum, Beruf usw.) eine An- und Einpassung des DDR-Rechts an das bundesrepublikanische vor dem Hintergrund des von der Mehrheit der DDR-Bürger und ihrer Vertreter *gewählten* Beitritts zur Bundesrepublik unumgänglich. Innerhalb eines Rechtssystems kann es längerfristig nicht

---

8 Nach neuesten Erhebungen der Hans-Böckler-Stiftung lag zwar die durchschnittliche Tarifentlohnung im Osten im Jahr 2009 bei 96% des Westniveaus; die Effektivlöhne stagnieren aber bereits seit 1996 weitgehend. Seitdem haben sie sich lediglich von 80% auf 83% erhöht, so dass die Differenz zu den westdeutschen Löhnen auch heute noch 17% beträgt. Dazu kommt die erheblich geringer Tarifbindung der ostdeutschen Beschäftigten, die seit der Vereinigung fast kontinuierlich gesunken ist und heute (2009) bei 51% liegt. In Westdeutschland ist sie demgegenüber sogar wieder leicht angestiegen und beträgt 2009 65% aller Beschäftigten (http://www.boeckler.de/pdf/pm_ta_2010_04_22.pdf).

parallele und dabei konfligierende Rechte (Eigentumstitel, Nutzungsrechte, Berufsbezeichnungen etc.) geben. Dass in solchen Transformationsprozessen bestimmte individuelle und Gruppenrechte aus der Perspektive erworbener Ansprüche eingeschränkt und insofern „missachtet" werden, ist jedenfalls bis zu einem gewissen Grade unvermeidlich (ibid.). Zweitens sind den in Teilen minderen sozialen Anspruchsrechten Ostdeutscher die enormen *finanziellen Transferleistungen* gegenüberzustellen, die überhaupt erst eine Realisierung selbst der partiell minderen Wohlfahrtsansprüche ermöglichen. Die Ostdeutschen wiesen im Jahr 2006 einen so genannten „Verbrauchsüberhang" in Höhe von 12% des Bruttoinlandsprodukts (BIP) auf und das Sozialbudget in den neuen Ländern betrug, bezogen auf das BIP, im Jahr 2003 161% (Ragnitz/Scharfe/Schirwitz 2009: 12; Schroeder 2009: 58, 88).

Die Ostdeutschen konsumieren also auch heute noch – und insbesondere im wohlfahrtsstaatlichen Bereich – deutlich mehr, als sie selbst erwirtschaften. Ohne die wohlfahrtsstaatlichen Transferflüsse von West nach Ost, die sich für den Zeitraum von 1990 bis 2009 auf ca. 1,2 bis 1,6 Billion Euro netto summieren (vgl. zur Berechnungsdebatte: Busch 2005; Busch/Kühn/Steinitz 2009; Schroeder 2009), hätten demnach bis heute die bestehenden Anspruchsrechte der Ostdeutschen *nicht* finanziert werden können. Insofern lässt sich mit guten Gründen von einer *außerordentlichen* sozialrechtlichen Anerkennung der Ostdeutschen auf dem Wege sozialstaatlicher Umverteilung sprechen, deren effektive Kosten von der Masse der *west*deutschen Steuerzahler getragen werden – wiewohl auch alle ostdeutschen Steuerzahler (nicht zuletzt über den „Solidaritätsbeitrag, kurz: „Soli") am Aufkommen der Transfers beteiligt sind.[9]

Die konkreten Modi und Verteilungen der wohlfahrtsstaatlichen Transferzahlungen wie die Tarifpolitik, in der 1991 zunächst eine volle Lohnangleichung bis Ende 1994 vereinbart wurde, die aber in Teilen bis heute auf sich warten lässt, zeigen aber auch, dass wohlfahrtsgesellschaftliche Anerkennungen *ökonomisch* fundiert werden müssen. Darüber hinaus lassen sie deren Verknüpfung, ja Amalgamierung mit *Interessen und Interessenpolitik* erkennen, wodurch Anerkennungsverhältnisse zwar nicht suspendiert, aber relationiert und eingebettet werden. Auf zwei Zusammenhänge ist im vorliegenden Kontext insbesondere hinzuweisen:

(1) Die Mehrheit der westdeutscher Eliten ging nicht nur davon aus, dass sich im Osten durch die Befreiung von kommandowirtschaftlichen Fesseln gleichsam

---

9 Die wichtigsten Nutznießer der Sozialtransfers von West nach Ost waren und sind drei soziale Gruppen: Rentner, Arbeitslose und Kranke. Deren Begünstigung wird im übrigen im Vergleich mit den Lebenslagen vor 1989 (ausgenommen die Arbeitslosen, die es bekanntlich in der DDR praktisch nicht gab) sowie im Vergleich mit den Lebens- und sozialstaatlichen Bedingungen in Mittelosteuropa eindrucksvoll unterstrichen.

über Nacht „blühende Landschaften" herstellen, sondern formulierte ihre Solidaritätsadressen und -politiken von vornherein in machtpolitischer Absicht. Das betrifft die herrschenden politischen Eliten mit ihren Interessen an Machterhalt und Machtexpansion ebenso wie die ökonomischen Führungsgruppen. Unternehmer, Manager und Verbandsfunktionäre hatten nicht nur das nunmehr „herrenlose" Volkseigentum, sondern auch die Eingliederung Ostdeutschlands als Absatzmarkt und (öffentlich geförderte) Investitionsstätte im Auge. Der frühe Lohnangleichungspakt verdankt sich vor diesem Hintergrund nicht zuletzt dem Ziel, Billiglohn- und Billigproduktkonkurrenz im eigenen Land weitgehend auszuschließen. Die Eliten kalkulierten einen *Vereinigungsmehrwert*, der für die westdeutsche Volkswirtschaft und für sie selbst die politischen und ökonomischen Kosten deutlich übersteigen sollte.[10] Freilich, die Ostdeutschen zeigten keineswegs eine geringere Interessenorientierung im Vereinigungsprozess. In ihrer überwältigenden Mehrheit wählten sie die schnellstmögliche Vereinigung weder aus sittlichen noch patriotischen Gründen, sondern in der Absicht, an dem im Westen sichtbaren Massenwohlstand und den umfassenden wohlfahrtsstaatlichen Rechten zu partizipieren. In Verkennung der westdeutschen Realitäten und der noch nicht sichtbaren Deindustrialisierung und folgenden Massenarbeitslosigkeit in den neuen Ländern wurde diesem Begehren von der Masse der Bevölkerung das „Recht auf Arbeit" sang- und klanglos geopfert.

(2) Letzteres ist auch ein Hinweis auf die *volkswirtschaftlichen* und wohlfahrtsstaatlichen *Umverteilungs*grundlagen sozialer Anspruchsrechte. Zwar kann aus der Perspektive der Ostdeutschen zu Recht auf den durch westdeutsche Staats- und Kapitalinteressen mitbedingten industriellen Niedergang als Voraussetzung für die Notwendigkeit der massiven Transfers verwiesen werden. Ein Vergleich mit Tschechien oder Ungarn macht aber deutlich, dass der postsozialistische Wirtschaftseinbruch mindestens ebenso durch die Qualitäts- und Produktivitätsrückstände staatssozialistischer Ökonomien verursacht wurde. Im Unterschied zu den neuen Ländern erhielten aber alle mittel- und osteuropäischen Länder zusammen aus dem Westen in den ersten fünf Jahren nach 1989 einen „Solidaritätstransfer", der gerade einmal dem durchschnittlichen Jahresbe-

---

10 In diesem Zusammenhang ist, ohne dies hier vertiefen zu können, auf die höchst ungleiche Verteilung der Gewinne und Lasten des Transfers zwischen den Bevölkerungsgruppen und Schichten zu verweisen. Die im engeren Sinne Vereinigungs- bzw. Transfergewinner bewegten sich vermutlich im Bereich von 10% der (vor allem, aber nicht nur: westdeutschen) Bevölkerung. Während die abhängig Beschäftigten im mittleren Einkommenssegment relativ am meisten verzichten mussten (durch allgemeine Steuern, Solidaritätszuschlag und höhere Sozialversicherungsbeiträge), konnten sich Selbstständige und generell Angehörige der Oberschicht stärker entziehen bzw. durch exorbitante steuerliche Sonderabschreibungsmöglichkeiten bei Investitionen im Osten vor allem im Immobilienbereich Verluste kompensieren oder effektiv profitieren. Allerdings bleibt diese Verteilungsannahme bis heute umstritten (zur Diskussion etwa Busch 2005 vs. Schroeder 2009: 93ff.).

trag des deutsch-deutschen entsprach, also etwa 75 Mrd. Euro. Dabei wurden nicht unbeträchtliche Mittel des Transfers in die neuen Länder zur Infrastruktur- und Produktionsmodernisierung genutzt, was dazu führte, dass die ostdeutschen Unternehmen hinsichtlich ihrer Produktivität im Durchschnitt zwar noch hinter den westdeutschen rangieren (je nach Berechnungsgrundlage zwischen etwa 65 und 79%), aber zugleich deutlich vor den meisten mittelosteuropäischen Volkswirtschaften (Ragnitz/Scharfe/Schirwitz 2009: 10-18; Schroeder 2009: 51-58). Zugleich wuchs infolge erhöhter Produktivität bei relativ langsam ansteigenden Personalkosten die Profitabilität der ostdeutschen Unternehmen in den letzten Jahren deutlich, so dass die durchschnittliche Rendite der Unternehmen in den neuen Ländern seit 2002 über jener der westdeutschen liegt. 2007 betrug die Relation 5,1% zu 3,7%[11] (Brautzsch 2009: 396). Insofern ist es offensichtlich auch zu einfach, die Produktionsseite des Transfers nur als Verlustgeschäft für die Ostdeutschen zu bewerten.

Darüber hinaus ist aber aus west- *und* gesamtdeutscher Perspektive zu problematisieren, was ein hundertprozentiges sozialrechtliches Anspruchsniveau schon 1990 bedeutet hätte und selbst heute noch bedeuten würde.[12] Allein für die im engeren Sinne sozialstaatlichen Leistungen bedeutete dies gegenwärtig eine Erhöhung der Transfers um weitere 10-25 Mrd. Euro jährlich. Dies und eine volle Lohnangleichung zögen darüber hinaus Produktivitäts- und Profitabilitätseinbußen für die west-, aber ebenso für die gerade durch ihre geringeren Löhne wettbewerbsfähigen ostdeutschen Betriebe nach sich, die im europäischen und globalen Konkurrenzkampf nicht folgenlos bleiben würden. Schließlich ist auf die Probleme von Transferökonomien und Transferwohlfahrtsregimen hinsichtlich der Entwicklung selbsttragender Wachstumsmuster, einschließlich der Etab-

---

11 Für Unternehmen des Verarbeitenden Gewerbes mit 20 und mehr Beschäftigten. Rendite wird hier verstanden als Anteil des Gewinns/Verlustes vor Ertragssteuern am Bruttoproduktionswert.
12 Hinsichtlich einer 100%igen Angleichung von Einkommen und wohlfahrtsstaatlichen Ansprüchen ist immer wieder das Problem der Kaufkraftunterschiede zwischen Ost- und Westdeutschland diskutiert worden. Nach vorliegenden Berechnungen bzw. Schätzungen kann davon ausgegangen werden, dass die westdeutschen Lebenshaltungskosten im Durchschnitt zwischen 6,5% und ca. 9% über den ostdeutschen liegen. Dieser Durchschnitt wird aber durch unterschiedliche Siedlungsstrukturen (Großstadt vs. ländliche Räume) und regionale Wachstumspositionen (München vs. Bremen oder Ruhrgebiet) gebrochen, deren Effekte auf den Verbraucherpreisindex bis zu 40% betragen. Obwohl Spitze und unterste Ränge jeweils allein von West- bzw. Ostkreisen belegt werden, betragen auch innerhalb beider Landesteile die Differenzen bis zu 30% (Datenreport 2006; Waldermann 2007; Schroeder 2009: 30-31). Nimmt man vor diesem Hintergrund den Mittelwert der oben genannten Differenz in den Lebenshaltungskosten in Größenordnung von etwa 7,5%, so vermindern sich zwar die „realen" wohlfahrtsstaatlichen Leistungsdifferenzen, sie sind aber nicht verschwunden. Mit Bezug auf die oben nachgewiesenen Lohndifferenzen (siehe die WSI-Pressemitteilung vom 22.4.2010 unter: http://www.boeckler.de/pdf/pm_ta_2010_04_22.pdf), bewegen sich auch unter Einrechnung der unterschiedlichen Kaufkraft in Ost und West die „realen" tariflichen Effektivlohnunterschiede noch immer auf einem Niveau von ca. 9,5%.

lierung und Verfestigung wohlfahrtsstaatlicher Alimentierungsklassen aufmerksam zu machen. Der gesamte Kreis damit verbundener Fragen ist alles andere als trivial. Er reicht zudem über die Vereinigungsproblematik hinaus und lässt sich weder mit simplen neoliberalen noch links-keynesianischen Gesellschaftsmodellen bzw. Rezepten beantworten. Im Kern geht es hier um die Entstehung und Begründung einer *neuen* postfordistischen Regulierungsweise bzw. Wirtschafts- und Sozialmodells (dazu Kollmorgen 2005: 245ff.; vgl. Land 2003; Baethge et al. 2005).

Für den vorliegenden Kontext bleibt einstweilen resümierend der Befund einer *komplexen,* dabei *ambivalenten rechtlichen Anerkennungslage Ostdeutscher.* Volle Gleichstellungen bei den liberalen und partizipativen Rechten, die in einem demokratischen Staatswesen auch zwingend geboten sind, bewegen sich neben temporären Suspendierungen mit zum Teil anhaltenden Nachwirkungen (Stichwort Eigentumsrechte). Der prinzipiellen Integration als Wohlfahrtsstaatsbürger und den enormen finanziellen Transfers, die für eine breite Anerkennung und Solidaritätsorientierung der westdeutschen Bevölkerung und politischen Klasse sprechen, stehen vielfältig bedingte, begründete und bestrittene soziale Minderleistungen gegenüber. Deren Berechtigung ist offenbar nicht en bloc zu diskutieren, sondern bedürfte einer detaillierten Analyse, die hier nicht zu leisten ist (vgl. Priewe 2001; Pohl 2002; Dohnanyi/Most 2004; Busch 2005; Kollmorgen 2005; Bundesregierung 2004-2009; Schroeder 2006, 2009; Paqué 2009; Busch/Kühn/Steinitz 2009). In jedem Fall können sie als Gesamtphänomen eingedenk ihrer notwendigen *sozioökonomischen Einbettung und Fundierung* nicht schlicht als Ausdruck westdeutscher soziomoralischer Missachtung interpretiert werden. Westdeutsche Verweise auf arme Regionen in Westdeutschland oder auf gegenwärtige fiskalische und volkswirtschaftliche Systemrationalitäten sind a priori keine Zeichen mangelnder spätmoderner Sittlichkeit, bei der es sich – um dies noch einmal klarzustellen – nicht um eine „kommunistische", sondern im Kern bürgerlich-kapitalistische handelt, die nicht zuletzt auf konkurrenzbasierten meritokratischen Anerkennungsprinzipien beruht.

4. Statuspositionale Missachtung durch Exklusion: Ostdeutsche in der Elitenrekrutierung

Dass und warum Anerkennungsverhältnisse zwischen West- und Ostdeutschen nicht auf rechtliche und damit verbundene ökonomische Phänomene beschränkt werden können, sondern von vornherein die Sphäre der sittlichen Anerkennung oder sozialen Wertschätzung einschließen, schien bereits an der Interpretation der Transferflüsse von West nach Ost auf. Ein zweiter Schritt in der Aufklärung sittlicher Anerkennungsdefizite soll anhand sozialstruktureller und genauer: statuspositionaler Missachtungen im Feld der Elitenrekrutierung und -reproduktion gegangen werden.

Wohlfahrtsdemokratische Anerkennungsverhältnisse verlangen idealtypisch, dass weder bestimmte sozialstrukturelle Gruppen (wie Frauen oder Angestellte) noch wie immer ausgezeichnete Minderheiten in ihrem Zugang zu gesellschaftlichen Elitepositionen beschränkt werden. Aus formeller, also im Kern rechtlich zu regelnder Zugangsoffenheit und Chancengleichheit soll dann auch faktisch eine angemessene Vertretung „horizontal" differenzierter Gruppen (nach Geschlecht, Region, Alter, Beruf etc.) sowie – insbesondere intergenerational – die Aufnahme von (vormaligen) Unter- bzw. Mittelschichtangehörigen in die Positionseliten resultieren, d.h. eine sozialstrukturell breite Elitenzirkulation oder hohe vertikale Mobilität stattfinden.

Diese Forderung findet sich für die Ostdeutschen bis heute eindeutig nicht erfüllt.[13] Bezieht man sich zunächst auf die Eliten in Ostdeutschland (Tab. 5), so wird zum einen für die Gegenwart (2007) erkennbar, dass die Ostdeutschen nur im politischen Sektor mit fast 90% die klare Mehrheit stellen. Es handelt sich dabei typischerweise um solche Positionen, die entweder direkt vom Bürger gewählt werden (wie Oberbürgermeister), d.h. so genannte Delegationseliten, oder deren Besetzung eine Kombination von demokratischer Delegation (Wahl) und Ernennung ist, z.B. Landesfraktionsvorsitzende und ihre Stellvertreter oder parlamentarische Staatssekretäre (vgl. aber die Situation bei den Gewerkschaften). In allen anderen Sektoren repräsentieren die Ostdeutschen die Minderheit, wobei sich die Anteile fast durchgehend zwischen einem Viertel und einem Drittel bewegen. Nur die Justiz (genauer: die höchsten Richterpositionen) ragt mit dem vollständigen Fehlen Ostdeutscher heraus. Aus etwas älteren Erhebungen ist bekannt, dass ähnliches auch für die Militär- und Polizeiführungen sowie für die Top-Positionen in den Justiz- und Innenverwaltungen der Länder zutrifft (siehe MDR 2004). Zum anderen wird im Zeitverlauf deutlich, dass sich die Anteile der Ostdeutschen seit Mitte der 1990er Jahre keineswegs durchgreifend erhöht haben. Teils verharren sie auf dem gleichen Niveau, teils legen sie nur wenig zu, teils schrumpfen sie sogar (etwa bei den Massenmedien oder bei den Mitgliedern ostdeutscher Landtage). Insgesamt hat sich nach der empirischen Studie von

---

13 Leider – und zugleich bezeichnenderweise – sind nach einem Hoch eliteorientierter Untersuchungen zum ostdeutschen Transformations- und deutschen Vereinigungsfall in den frühen 1990er Jahren seit Ende des letzten Jahrzehnts nur noch wenige systematische Erhebungen und Analysen durchgeführt worden. Die letzte größere Erhebung für die neuen Länder fand 2004 statt (MDR 2004). Immerhin liegen aber für das Jahr 2007 weitere (weitgehend) repräsentative Daten vor (siehe Kunze 2008).

Kunze der Anteil der Ostdeutschen seit Mitte der 1990er Jahre nicht signifikant erhöht (Kunze 2008: 58).

Tabelle 5: Herkunft der Eliten *in Ostdeutschland* 1994-2007 (jeweils Anteile Ostdeutscher in v.H.)

Sektor Konkrete Positionsfelder	1994/95	2003/04	2007[#]
Politik	87	-	88
Gewerkschaften	20		25
Justiz	0	-	0
Vorsitzende Richter aller Gerichte in OD*	0	3	-
Verwaltung	-	-	23
Wirtschaft	12		20
Anteile der ostdeutschen „Chefs"**	1997: 57	52	-
Medien	55	-	29
Wissenschaft	50	-	33
Rektoren ostdeutscher Universitäten*	-	19	-
Professoren auf Soziologielehrstühlen in OD***	ca. 10	21	-
Professoren auf Politologielehrstühlen in OD***	-	0	-

Erläuterungen: Generell wurden jeweils ausgewählte Elitepositionen in den jeweiligen Sektoren erhoben (detaillierte Angaben bei Machatzke 1997 für 1994/95 und Kunze 2008 für 2007). # Die Werte im 2007 beziehen sich stellvertretend auf die Anteile in Sachsen-Anhalt; eine Erhebung für alle neuen Bundesländer liegt nicht vor. * Angaben nach MDR2004; ** Angaben nach Sozialreport 2004: 72; *** eigene Erhebung.
Quellen: Bürklin/Rebenstorf 1997; Kunze 2008: 58 (Tab. VIII); MDR 2004a; Sozialreport 2004; eigene Erhebungen.

Dieser Befund wird noch einmal dramatisiert, wenn nun nach dem Anteil der Ostdeutschen an Elitepositionen *in den alten Bundesländern* und auf der *Bundesebene* gefragt wird. Eine hinreichend repräsentative Erhebung aus dem Jahr 2007 für die alten Bundesländer kommt zu dem Schluss, dass es über alle Sektoren hinweg eine Steigerung von unter 2% im Jahr 1995 auf 4,5% im Jahr 2007 gab, was zwar eine Verdopplung bedeutet, jedoch innerhalb von zwölf Jahren und: auf niedrigstem absoluten Niveau, wenn an den etwa 17%igen Anteil der Ostdeutschen an der bundesdeutschen Gesamtbevölkerung gedacht wird. Dass im Jahr 2010, d.h. nach zwanzig Jahren Vereinigungsprozess, die erste Ostdeutsche mit entsprechender politischer und massenmedialer Würdigung Ministerin in einem westdeutschen Landeskabinett wurde, spricht Bände. Bis heute bleiben Ostdeutsche auf Elitepositionen in den alten Bundesländern bestenfalls Exoten.

Für die Ebene der *nationalen Eliten* liegen zwar nur unvollständige bzw. ältere Befunde vor. Dennoch erlauben diese sowohl für den Stand zwischen 2005 und 2010 als auch für den Entwicklungstrend seit Anfang der 1990er Jahre Aussagen, deren Klarheit kaum zu wünschen übrig lässt.

Im *politischen und weiter staatlichen Sektor* kam es zwar in den Jahren 2000 und 2005 durch Angela Merkel (CDU) und Matthias Platzeck (SPD) zu spektakulären Amtsantritten von Ostdeutschen als Bundesvorsitzende der zwei großen Volksparteien, und seit der Wahl zur Bundeskanzlerin (2005) bekleidet Angela Merkel das entscheidende bundespolitische Amt in der Bundesrepublik. Diese Positionsübernahmen verdankten sich aber jeweils krisenhaften Konstellationen und können, wie die folgenden Zahlen belegen, für den gesamten *staatlichen Sektor* nicht als trendsetzend interpretiert werden. Wie oben bereits für die neuen Länder konstatiert wurde, findet sich allerdings eine angemessene Vertretung der Ostdeutschen in den Elitepositionen, die durch lokal verankerte demokratische Wahlen besetzt werden. Daher sind die Ostdeutschen auch in der 17. Legislaturperiode (2009-2013) annähernd ihrem Bevölkerungsanteil gemäß im Deutschen Bundestag repräsentiert. Selbst in den Führungspositionen der Legislative[14] findet sich ein Anteil von 20% ostdeutscher Abgeordneter. Konzentriert man sich aber auf die machtpolitisch entscheidenden Elitepositionen in den Fraktionen und vernachlässigt aus nachvollziehbaren Gründen die Fraktion „Die Linke", so beträgt der ostdeutsche Anteil nur noch 8,8%, also die Hälfte einer am Bevölkerungsanteil orientierten Norm.[15]

Blickt man für die *Exekutive* zunächst auf die Zusammensetzung der *Bundesregierung* im Jahr 2004 (d.h. 64 Minister und Staatssekretäre), so betrug damals der Anteil Ostdeutscher knapp 11%. Im heutigen Kabinett (2010) gibt es nur eine Ostdeutsche als Kanzlerin; alle Bundesminister stammen aus den alten Ländern (Anteil der Ostdeutschen am Kabinett = 6%; im Jahr 2004 waren es knapp 8%). Als zweites exemplarisches Feld kann die *militärische Elite* herangezogen werden. Die Bundeswehr verfügt über mehr als 200 Generäle. Von diesen stammte 2009 nur einer aus den neuen Ländern – bezeichnenderweise im Sanitätsdienst und: eine Frau. Der Anteil der Ostdeutschen an der höchsten Führungsgruppe der Bundeswehr beträgt mithin 0,5%.

Im Bereich der *Judikative* ist auf die deutliche Unterrepräsentation der Ostdeutschen auf den Elitepositionen schon in den Gerichten der neuen Länder verwiesen worden. Das setzt sich auf Bundesebene ungebrochen oder richtiger: verschärft fort. So ist nicht eine/r der RichterInnen an den Höchsten deutschen

---

14 Dazu werden hier das Präsidium des Deutschen Bundestages sowie die Fraktionsvorsitzenden, deren Stellvertreter sowie die Ersten Parlamentarischen Geschäftsführer gezählt.
15 Unter Einbezug der Fraktion „Die Linke" wären es bei 43 Positionen (ohne das Präsidium) 7 Ostdeutsche, d.h. 16,2%.

Gerichten (vom Bundesverfassungsgericht bis zum Bundesverwaltungsgericht) ostdeutscher Herkunft.

Für die so genannte „vierte Gewalt", d.h. die Öffentlichkeit und näher die Massenmedien, gilt auch und verschärft für die nationale Ebene eine drastische ostdeutsche „Vertretungslücke". Es gibt keinen Ostdeutschen, der einem der öffentlich-rechtlichen Rundfunkanstalten (alle ARD-Anstalten sowie ZDF) vorstünde, sowenig es einen ostdeutschen Chefredakteur einer der überregionalen deutschen Zeitungen gibt (von der taz über die FAZ bis zur Süddeutschen Zeitung).

Analoges ist für die nationalen wirtschaftlichen Elitepositionen zu berichten. Egal ob man die großen Wirtschaftsverbände heranzieht[16] oder alle im Jahr 2009 an der Frankfurter Börse notierten deutschen DAX-Unternehmen: Weder die Spitzenfunktionäre noch die Vorstandsvorsitzender dieser Großunternehmen sind ostdeutscher Herkunft.

Zusammenfassend ist – jenseits der Delegationseliten im politischen Sektor – von einer deutlichen Marginalisierung Ostdeutscher in den Rekrutierungs- und Aufstiegsprozessen von Positionseliten auf überlokaler, d.h. auf Länder- und Bundesebene zu sprechen. In zentralen Bereichen staatlicher, wirtschaftlicher sowie massenmedialer Macht der Bundesrepublik (Justiz, Verwaltung, Militär, Polizei, Großunternehmen, Print- und elektronische Medien) ist auch nach zwanzig Jahren Vereinigungsprozess eine weitgehende Exklusion Ostdeutscher zu konstatieren. Die Anteile Ostdeutscher in diesen Bereichen haben sich seit Anfang der 1990er Jahre nur wenig erhöht und bewegen sich heute im Schnitt zwischen 0 und etwa 5 bis max. 10%.[17] Die entscheidenden Elitepositionen in der Bundesrepublik Deutschland – noch einmal: jenseits der politischen Delegationseliten und davon abgeleiteter staatspolitischer Ämter – werden also nach wie vor von Westdeutschen vergeben und besetzt.

Welche Gründe sind für diese bis heute bestehenden Marginalisierungen und Exklusionen geltend gemacht worden?

---

16 Wie der WDR recherchiert hat (Hötte/Pollmeier 2010), stammt von 54 Präsidiumsmitgliedern des Bundesverbandes der Industrie (BDI) nur eines aus den neuen Bundesländern.

17 Interessanterweise spiegeln sich diese Werte für Positionseliten in Umfragen, die zu Unterhaltungszwecken nach den „berühmtesten" oder „beliebtesten" 100 Deutschen in letzter Zeit (2009) durchgeführt wurden. Auch wenn diese Umfragen infolge des unstrukturierten Samples der Befragten bzw. sich zu Wort Meldenden keine Repräsentativität beanspruchen können, sind ihre Befunde beachtenswert und lassen sich durchaus als Indikatoren für eine Bestimmung massenkulturell definierter „Werteliten" und der sozialen Wertschätzung Ostdeutscher interpretieren. Die Umfrage der Zeitung „BILD" ergab, dass sich unter den 95 beliebtesten Deutschen 11 Ostdeutsche finden, das sind etwas mehr als 11% (http://www.bild.de/BILD/unterhaltung/leute/2009/08/06/die-100-beliebtesten/deutschen-kerkeling-und-co.html). Von den heute (2010) noch lebenden „berühmtesten" 100 Deutschen (= 35 Personen), die das ZDF in einer freien Umfrage ermittelte, sind 3 Ostdeutsche, d.h. 8,57% (http://de.wikipedia.org/wiki/Unsere_Besten).

Einerseits wurde auf qualifikatorische Gründe hingewiesen. Bestimmte Bildungs- und Berufsinhalte wurden in der DDR nicht vermittelt, bestimmte Erfahrungsbereiche – wie eine kapitalistische Marktwirtschaft – blieben DDR-Bürgern schlicht verschlossen. Andererseits ist auf eine Reihe von fachlich durchaus qualifizierten Eliteangehörigen der DDR aufmerksam gemacht worden, die aber infolge der gerontokratischen Herrschaftsstruktur, d.h. ihres Alters, und aufgrund drastischer moralischer Verfehlungen nicht geeignet gewesen seien, in die Führungsetagen bundesdeutscher, vor allem staatlicher oder öffentlicher Institutionen aufzurücken. Diese Gründe scheinen zunächst für eine spätmoderne, an beruflicher Leistung und individueller Sittlichkeit orientierte Wertschätzung zu sprechen.

Indes können weder alters- und qualifikationsbezogene noch moralische Argumente nach fünfzehn oder zwanzig Jahren in größerem Umfang Geltung beanspruchen. Es gab bereits nach 1990 und gibt heute mehr denn je Ostdeutsche, die in jeder Beziehung geeignet wären, Elitepositionen zu besetzen. Dass sie dies nicht können, dass sie nicht (aus)gewählt oder kooptiert werden, liegt an zwei anerkennungsrelevanten Gründen. Zum einen besetzen die 1990 westdeutsch dominierten Elitennetzwerke gemäß eigenen Interessenlagen und das heißt eben entweder mit eigenen, selbst „herangezogenen" Kandidatinnen und Kandidaten oder solchen, die die Interessen des Netzwerkes und der einzelnen Angehörigen am besten bedienen können. Beides können Ostdeutsche bis heute in der Regel nicht sein, weil sie zum Beitrittszeitpunkt nicht Teil des Netzes waren und Anfang der 1990er Jahre mit Hinweis auf die genannten „Bewerberdefizite" nur ganz wenige aufgenommen wurden. Der schon an sich existierende Minoritätenstatus und die Außenseiterposition ostdeutscher Bewerber wurden so verschärft. Wen niemand kennt, d.h. wer weder regionale Herkunft, Bildungsgänge noch ehemalige Vorgesetzte und Mentoren mit den (Aus-)Wählenden teilt, von dem kann man nicht wissen, wie vertrauenswürdig und effektiv er persönlich ist. Aber mehr noch, als Angehöriger der Minorität, als Außenseiter erscheint sein prospektiver positionaler Status im Netzwerk problematisch. Ganz abgesehen vom Zweifel, ob er als Angehöriger der Minorität nicht vielleicht doch deren Interessen in den Vordergrund stellt; wer Ostdeutsche auswählt, geht das Risiko ein, dass sie trotz Positionsbesetzung auch in den Netzwerken der Macht schwächer bleiben als Westdeutsche.

Diese „sachliche", auf Interessen und effektive Machtpotenziale bezogene Außenseiterproblematik verweist auf und wird zugleich fundiert durch einen zweiten Missachtungsgrund: die im Sinne Elias' und Bourdieus *habituelle Außenseiterposition der Ostdeutschen* (vgl. Neckel 1997; Engler 1999; Treibel 1999; Pollack 2003). Die meisten, auch die heute erst 35-jährigen Ostdeutschen passen aufgrund ihrer Sozialisation in der DDR und durch ihre DDR-geprägten

Eltern nicht in die Elitekulturen des Westens, werden ganz unabhängig von instrumentellen, interessengeleiteten Überlegungen als Fremde ausgegrenzt. Ihnen fehlt der biographische, kommunikative und habituelle Stallgeruch der Macht. Sie erscheinen daher nicht im Horizont der Auswahlkommissionen, und wenn doch, dann bleibt spätestens nach dem Vorstellungsgespräch ein Beigeschmack fremder Subkulturen, ein soziokulturelles Unwohlsein, der Verdacht, dass eine positive Entscheidung von anderen (in der Regel eben: Westdeutschen) unverstanden bliebe, damit auch funktional problematisch sei und am Ende negativ auf die Auswählenden zurückfiele (vgl. die Ergebnisse von Förster 2006: 7, passim).

Aus dieser Perspektive wird den spätmodern egalitären und zugleich individualisierenden Wertschätzungskriterien offensichtlich *nicht* Genüge getan, wobei – entgegen mancher Ideologie – diese „Unter-Schätzung" und partielle Exklusion eben nicht in erster Linie das Ergebnis einer Unterdrückungsstrategie ist (siehe 6.). Gleichwohl kann eine klare und anhaltende Missachtung im Sinne einer Ausgrenzungspraxis gegenüber den Ostdeutschen nicht geleugnet werden, die zudem die angesprochene Tendenz besitzt, *sich selbst zu verstärken*. Je länger wie bisher fortgefahren wird, desto weniger können Ostdeutsche anerkannt und desto schwieriger in Elitepositionen gebracht werden.

5. Diskursive Missachtung: Die Subalternisierung ostdeutscher Soziokulturen

Der zuletzt diskutierte Missachtungsgrund in der ostdeutschen Elitenrekrutierung verweist unmittelbar auf ein gesamtgesellschaftliches, alle ostdeutschen Bevölkerungsgruppen treffendes Missachtungsphänomen: die Marginalisierung, Unterordnung und Ausgrenzung ostdeutscher Soziokulturen, Identitäten und Lebensgeschichten.[18] Damit stößt man in den Kernbereich sozialer Wertschätzung bzw. Missachtung vor, dessen Verhältnisse sowohl Ausdruck der dominierenden Beitrittslogik im soziopolitischen Vereinigungsprozess sowie der rechtlichen und positionalen (sozialstrukturellen) Anerkennungsdynamiken sind, als auch die

---

18 Diese Marginalisierungsphänomene sind in den letzten fünfzehn Jahren Gegenstand zahlreicher und vielfältiger Analysen gewesen, die ich im Folgenden nicht aufarbeiten kann. Die Konzeptualisierungsversuche reichen dabei von Ansätzen historischer und situativer sozialer Identitätsformierung und Gemeinschaftsbildung, des Fremdseins und Migrantenkulturen über Ethnisierungs- oder Ethnifizierungsansätze bis zu Problematisierungen durch (Des-)Integrations-, Habitus-Ansätze oder Etablierte-Außenseiter-Konstellationen; exemplarisch: Ahbe 2009, 2010; Ahbe/Gibas 2001; Alheit 2005; Engler 1999; Gensicke 1998; Heitmeyer 2009b; Howard 1995; Koch 1991, 1997, 1999; Mühlberg 1999, 2005; Neckel 1997; Pollack 1998, 2003; Reißig 2000; Szejnmann 2004; Treibel 1999; Woderich 1999; Zoll 1999.

diskursiven Voraussetzungen, Mechanismen und Rahmen letztgenannter repräsentieren.

Nähert man sich den sittlichen Anerkennungsproblemen phänomenologisch, also über die Alltagserfahrungen der betroffenen Subjekte, so scheinen diese besonders nachdrücklich in der Formierung und den Inhalten *öffentlicher Diskurse,* d.h. in den meinungs- und kulturbildenden *Massenmedien* (Fernsehen, Rundfunk, Tagespresse, Magazine, Internetforen usw.) sowie im weit verstandenen *Bildungswesen* auf.[19]

Zunächst ist festzuhalten, dass Geschichte(n), Erfahrungsräume, Kulturen und Lebensverläufe in der DDR und in den neuen Ländern in der *ostdeutschen Öffentlichkeit,* d.h. in regionalen Fernsehsendern, Printmedien, aber auch in lokalen Kultur- und Kunstszenen sowie informellen Kommunikationsnetzen zwar keine dominante, aber eine gewichtige Rolle spielen. Allerdings ist dabei eine klare Differenzierung regionaler bzw. lokaler gegenüber *spezifisch ostdeutschen* Inhalten und Diskursformierungen nicht immer möglich.[20] Soweit es sich um DDR- bzw. Ostdeutschland-Diskurse handelt, tragen sie vielfach und regelmäßig den Charakter eines *Refugiums.* Das Moment aktiver, offensiver oder widerständiger Selbstbehauptung und Selbstentwicklung bleibt demgegenüber sekundär, auch wenn dieser Diskursstrang in den letzten fünf Jahren erheblich an Bedeutung gewonnen hat (siehe 8.).

Die dominante diskursive Ausrichtung kann man zum Beispiel an der Ausstrahlung von DDR-Filmen und vor allem DDR-Vorabendserien im „Dritten Programm" des Mitteldeutschen Rundfunk (MDR) studieren, wo Sender, Sendeplätze und Publikumsstruktur deutlich die Rückzugs- und teilweise Fluchtorientierung bezeugen. Hier wird, weitgehend abgeschirmt vom übrigen öffentlichen Raum, insbesondere für die Generationen der heute über 60-Jährigen biographi-

---

19 Weitere relevante Diskursfelder stellen die politisch-programmatischen Debatten in der politischen Gesellschaft, namentlich in den Massenparteien, in den sozialwissenschaftlich fundierten Expertokratien, aber auch hochkulturelle Diskurse (herausragend in der Literatur) dar. Deren Analyse wird in den weiteren Beiträgen des Bandes im ersten Teil geleistet und daher hier ausgespart (siehe die Beiträge von Koch sowie von Gabler).
20 Typologisch referiert ein regionaler bzw. lokaler Diskurs (a) auf die Zentrum-Peripherie/Provinz-Differenz, (b) auf die (weitgehend äquivalenten) Differenzen: Nahes, Bekanntes, Eigenes, Besonderes, Heimat vs. Fernes, Unbekanntes, Fremdes, Allgemeines, Fremde sowie (c) auf lokale Konkurrenzkonstellationen im Kampf um materielle und symbolische Distinktionsgewinne (Gewerbeansiedlung, Dorfgestaltung, Feuerwehrausstattung, touristische Attraktivität etc.). Der ostdeutsche Diskurs wird hingegen durch die (im Sinne Laclaus) antagonistische Differenz gegenüber Westdeutschland konstituiert. Er insofern strikt binär codiert und bezieht sich auf konkrete gesellschaftssystemisch begründete Identitätsansprüche. Dennoch bestehen pragmatische sowie semantische Nähen, etwa in der Gleichsetzung von Osten und Peripherie, Bekanntem oder Heimat.

sche „Heimat" angeboten, die in anderen Programmen praktisch nicht vorkommt.[21]

Ein Heimat- und Fluchtcharakter kann aber auch auf der anderen Seite des öffentlichen Raumes, in der politisch-kulturellen Peripherie nachgewiesen werden. So finden sich in Bildungs-, Freizeit- und Seniorenvereinen im Umfeld der Partei „Die Linke" zahlreiche Veranstaltungen und Publikationen (z.b. durch die „edition ost" oder den Karl Dietz Verlag), die sich – nicht zuletzt: autobiographisch – mit DDR-Geschichte und heutigen Deprivationen befassen. Dies geschieht freilich weitgehend als *Selbst*beobachtung, *Selbst*verteidigung und zur *Selbst*erbauung. Westdeutsche trifft man hier jenseits „altlinker" Veteranen und weniger Sympathisanten der „Linken" kaum, jüngere Ostdeutsche sind eine kleine Minderheit.[22]

Während indes „Ost-Themen" in der ostdeutschen Öffentlichkeit zum Teil prominent vertreten sind, stellen sie auf gesamtdeutscher Ebene von vornherein nur ein *Residuum* im Meer westdeutscher Diskurse, Akteure und Themen dar.

Das gilt zunächst für die *Massenmedien* (detailliert: Kollmorgen/Hans im vorliegenden Band). Neuere Analysen zur Häufigkeit der Thematisierung Ostdeutschlands bzw. der neuen Länder in den in Westdeutschland beheimateten überregionalen Printmedien (wie *FAZ, Spiegel, Focus* oder *Capital*) offenbaren eine praktisch kontinuierliche Abnahme und bewegen sich – bezogen auf alle Beiträge – im Bereich zwischen vier und unter einem Prozent (Roth 2004; Ahbe 2008; Kolmer 2009; Schatz 2010). Eine eigene Erhebung für die Tageszeitung *FAZ* zeigt anhand der Schlagzeilenthemen, dass sich die Befassung mit dem Osten der Republik im Zeitraum von 1993 bis 2008 um den Faktor 8 reduzierte (Hans/Kollmorgen im vorliegenden Band). Zwar ist die Schrumpfung multifaktoriell bedingt und lässt sich bundesweit seit vielen Jahren eine deutliche De-Regionalisierung der Berichterstattung in den überregionalen Medien beobachten, die eben auch „Westdeutschland" und die alten Bundesländer betrifft. Die

---

21 Um das klarzustellen: Die Asymmetrie besteht nicht darin, dass nicht auch im Bayerischen Rundfunk alte Vorabendserien und Spielfilme gezeigt würden. Der klassische Heimatfilm der 50er und 60er Jahre erfährt hier keine geringere Würdigung als im MDR. Während aber im MDR neben den DDR-Filmen und Serien, die mit Sicherheit weniger als 30% derartiger Programmangebote ausmachen, der Großteil westdeutsche Produktionen darstellt, gibt es in den westlichen Anstalten und ihren Dritten Programmen – jedenfalls meiner Kenntnis nach – keine DDR-Produktionen (jenseits weniger Kinder- und Jugendfilme) zu sehen.
22 Um Missverständnissen vorzubeugen: Weder beschränken sich die Dritten Programme der ostdeutschen Rundfunk- und Fernsehanstalten auf den Refugiums-Diskurs, noch lässt sich der Diskurs des politischen Milieus der Partei Die Linke darauf einschnüren. Die PDS/Die Linke (nicht freilich viele ihrer parteinahen Vereine namentlich der Älteren) ist vielmehr seit mindestens fünfzehn Jahren einer der wichtigsten Träger der Versuche, einen Gegendiskurs zu initiieren und zu verbreiten, der auf offensive Selbstbehauptung und gleichberechtigte Selbstentwicklung im und für den Osten Deutschlands abzielt (vgl. 8.).

Reduktion der Berichterstattung über Ostdeutschland übersteigt aber diese Tendenzen signifikant und korrespondiert mit den Rezeptions- und Produktionsverhältnissen im (ost-)deutschen Printmediensektor. Rezeptionsseitig ist festzuhalten, dass die Ostdeutschen generell weniger Tageszeitungen konsumieren als die Westdeutschen. Konkret lag 2006 die Lesewahrscheinlichkeit in den neuen Ländern etwa 7% unter dem westdeutschen Wert (69% zur 76%). Für die hier besonders relevanten überregionalen Abo-Zeitungen (wie *FAZ, taz* oder *SZ*) ist die Lesewahrscheinlichkeit im Westen sogar dreieinhalbmal höher als im Osten (ca. 6,4% zu 1,8%) (Hake/Ehrenberg 2009). Analoges gilt für die wichtigsten politischen Wochenzeitschriften (*Spiegel, Stern* oder *Focus*), die bezogen auf die Bevölkerungszahl im Osten nur halb so hohe Auflagen wie in den alten Ländern erzielen (Bahrmann 2005: 266; Fuchs 2010). Der naheliegende Schluss, dass die überregionalen Printmedien mit dem abschmelzenden Interesse an Ostdeutschland insofern nur konsequent ihre Leserschaft bedienen, ist indes ein Kurzschluss. Nimmt man nämlich den Ausgangswert der Erhebung, d.h. das Jahr 1993, zeigt sich, dass die Lesewahrscheinlichkeit von Tageszeitungen in Ost und West gleich groß war (knapp 82%) und auch die Differenz bei den überregionalen Abo-Zeitungen deutlich geringer ausfiel (6,4% zu 3,6%). Gerade in den Jahren nach 2001 öffnete sich die Schere. Daher kann eher umgekehrt davon ausgegangen werden, dass die Ostdeutschen sich auch deshalb fortschreitend von den (überregionalen) Tageszeitungen und Zeitschriften abwandten, weil ihre thematischen und inhaltlichen Bedürfnisse nicht ausreichend Berücksichtigung fanden.[23]

Diese Annahme wird durch die Produktionsverhältnisse im ost- und gesamtdeutschen Printmediensektor mittelbar gestützt. Diese erweisen sich nicht nur bezogen auf die Eigentümerstruktur als westdeutsche Domäne – bis auf wenige ostdeutsche Ausnahmen mit unterdurchschnittlichen Auflagenhöhen (wie *Neues Deutschland*) befinden sich alle Zeitungen und Zeitschriften mehrheitlich im Besitz westdeutscher Eigentümer oder internationaler Kapitalfonds. Auch die Redaktionen werden – nicht nur bei den überregionalen Tageszeitungen und Wochenzeitschriften, sondern selbst bei den ostdeutschen Regionalzeitungen – von westdeutschen Journalisten dominiert. So stammen von den 20 Chefredakteuren und Geschäftsführern aller größeren Tageszeitungen in Thüringen ledig-

---

23 Dass diese mangelnde Befriedigung der Leserinteressen nicht der einzige Grund für das Abschmelzen des Printmedienkonsums ist, plausibilisieren die sinkenden Verbreitungsgrade auch der lokalen und regionalen Presseerzeugnisse. Es ist davon auszugehen, dass sowohl ökonomische Gründe, die Selektivität der deutsch-deutschen Migrationen wie eine partiell unterschiedliche Entwicklung in der Mediensozialisation und den Medienkonsummustern im Osten weitere Faktoren sind. Allerdings stehen diese nicht unverbunden nebeneinander, sondern bedingen und verstärken sich wechselseitig im Rahmen des deutschen Vereinigungs- und gesellschaftlichen Entwicklungsprozesses (siehe 6. und 7. sowie die Diskussion bei Hans/Kollmorgen im vorliegenden Band).

lich drei aus den neuen Ländern (Hötte/Pollmeier 2010). Zusammengenommen verweisen diese Verhältnisse nicht nur auf deutliche Elite-Asymmetrien zwischen Ost und West, sondern darüber hinaus auf die entscheidenden, nämlich *west*deutschen Generierungsorte, Ausrichtungen und SprecherInnen der massenmedialen Diskurse *für* Ostdeutschland (Bahrmann 2005; Dieckmann 2005; Dietzsch 2008; Ahbe 2008).

Die deutsche Öffentlichkeit muss vor diesem Hintergrund noch immer als – freilich nicht nur eindimensional – „*geteilte*" bezeichnet werden (ibid.; Mühlberg 2005).

Für das *gesamtdeutsche Bildungssystem* ist sowohl von Bürgerrechtlern, von politischen Bildungsinstitutionen (wie der Bundeszentrale für Politische Bildung), aber auch – freilich mit andere inhaltlicher Schwerpunktsetzung – von Seiten der PDS/Die Linke eine verstärkte Beschäftigung mit Themen der DDR-Geschichte, der „Wende" und der ostdeutschen Entwicklung der letzten Dekade in den Grund- und Sekundarschulen gefordert worden. Bis heute spielen diese Themen und die Auseinandersetzung mit ihnen in den einschlägigen Fächern wie Geschichte und Sozialkunde nur eine marginale Rolle. Das gilt für West- *wie* für Ostdeutschland (Krüger 2003; Arnswald 2004; Schroeder-Deutz/Schroeder 2008).

Eine ähnliche Marginalisierung von DDR und Ostdeutschland ist auch für die *universitäre Bildungs- und Forschungslandschaft* festzustellen. Die seminaristische Befassung mit diesen Themen und Problemen stellt die große Ausnahme dar. Zum Teil gilt das selbst für ostdeutsche Hochschulen und Universitäten (Pasternack 2002; Hüttmann 2004). Forschungsseitig hat nach dem Hoch der ersten fünf Jahre (1991-1995/96) ein Abschmelzungs- und thematischer Verdrängungsprozess eingesetzt, der einerseits sachlich begründet werden kann, andererseits aber mittlerweile zu Leerstellen führt, die kaum noch akzeptabel sind (vgl. Kollmorgen 2005: 277-301; Kollmorgen im vorliegenden Band). Vor dem Hintergrund des Elitenaustausches und westdeutschen Elitentransfers in den Geistes- und Sozialwissenschaften, kann das allerdings nicht verwundern (siehe oben 4.; Kollmorgen 2005: 87-134).[24]

Residualisierung und Missachtung sind aber nicht allein ein *quantitatives* Problem in Produktion sowie Rezeption. Wichtiger noch – wenn auch damit

---

24 Ausgenommen von dieser Marginalisierung war allein die Forschung zur „Aufarbeitung des DDR-Herrschaftsregimes", die vom Bund, den Ländern und den großen Forschungsorganisationen lange Zeit durchaus großzügig gefördert wurde, wobei die Perspektiven der Bürgerbewegungen und vor allem anti-kommunistisch orientierter westdeutscher DDR-Forscher dominierten. Das schlug sich in der Herrschaft des kritisch-pädagogisierenden Stils in der Auseinandersetzung mit der DDR-Vergangenheit nieder (siehe die folgenden Überlegungen) und stellt darüber hinaus einen Mosaikstein in der „Geschichtslastigkeit" des Ostdeutschlanddiskurses dar.

unauflösbar verschränkt – sind *Inhalte und Formen des Diskurses* über Ostdeutsche und Ostdeutschland. Wird öffentlich über die DDR und ihre Soziokulturen, Identitäten und Lebenserfahrungen kommuniziert, d.h. der historische Osten thematisiert, geschieht dies bis heute überwiegend als *distanzierend kritisch-pädagogische Auseinandersetzung* mit dem „DDR-Herrschaftsregime" oder als *Farce*, d.h. in Form von „Ostalgie"-Shows, Filmkomödien, Witzbüchern usw.

Der erste Modus wird schon an der ubiquitären Verwendung des Adjektivs *„ehemalig"* deutlich. Was immer einen DDR-Bezug, eine DDR-Herkunft besitzt, wird in die Tiefe des geschichtlichen Raumes, in das ganz und gar Vergangene, heute Irrelevante, weder zur gegenwärtigen Gesellschaft noch zum lebendigen Individuum Gehörige verbannt. Es wird vom Heute abgeschieden, abgeschnitten: „ehemaliger Jungpionier", „ehemaliger DDR-Meister", „DDR-Künstler", „DDR-Kosmonaut" usw., „ehemaliger Palast der Republik", „ehemaliges DDR-Recht", „ehemaliger Staatsratsvorsitzender der DDR", „ehemalige DDR". Auch wenn diese Formel für andere Vergangenheiten zuweilen gebraucht wird. In der Massierung, Überbietung und zugleich Veralltäglichung ist die Verwendung einmalig und für andere historische Zeiten schlicht undenkbar. Oder kann man sich vorstellen, dass grundsätzlich von der „ehemaligen Weimarer Republik" oder vom „ehemaligen Deutschen Kaiser", wohlgemerkt als Titulierung für seine Herrschaftszeit, geredet wird? Die besondere, *doppelt historisierende* Auszeichnung ist der Versuch einer zusätzlichen Distanzierung, der zugleich unterstreicht, dass sie nicht für alle Mitglieder des Gemeinwesens selbstverständlich ist.

Der distanzierend kritisch-pädagogische Diskursstil seit 1990/91 lässt sich auch an einschlägigen Themenheften der im obigen Sinne *west*deutschen Wochenzeitungen und Magazine zwischen *Frankfurter Allgemeiner Sonntagszeitung* und *Spiegel* studieren, nicht minder an entsprechenden, teils mit wissenschaftlichem Anspruch auftretenden „Sachbüchern" westdeutscher Autoren. Ob es sich um Arnulf Baring (1991, 1999), Felix Mindt (2003) oder Wolfgang Herles (2005) handelt: DDR-Bürger werden als „deformierte", „verzwergte", mit „verhunzter" Erziehung und Ausbildung geschlagene, „autoritär" eingestellte oder wenig leistungsbereite Individuen mit gleichzeitig höchsten sozialen Ansprüchen etikettiert.

Dass solche diskursiven Formierungen auch subtiler funktionieren, zeigte nicht nur die erste deutsch-deutsche Ausstellung im Haus der Geschichte (1994), die zu Recht wegen ihrer westdeutschen Schlagseite und der auch physischen Unterordnung der „SBZ/DDR" kritisiert wurde – man schritt über einen Fußabtreter mit den „Zehn Geboten" für den sozialistischen Menschen, die Walter Ulbricht verfasst hatte (zur Einschätzung: Krüger 2003). Noch die 2006 in der Neuen Nationalgalerie Berlin gezeigte Ausstellung „*Melancholie. Genie und*

Wahnsinn in der Kunst" stellt das Verfahren unter Beweis. Darin behandelte eine Abteilung melancholische Kunst unter staatsozialistischen Bedingungen. Nicht nur, dass diese Abteilung im Verhältnis zu anderen Epochen unangemessen klein geraten war, zeitlich deplaziert wurde und unsystematisch ihre Objekte präsentierte. Das melancholische Element erschien hier praktisch ausschließlich in Relation zum *Herrschafts*regime realisiert: Melancholie einerseits als das staatlich Abgewehrte, Verbotene, andererseits als das gegenüber dem Staat künstlerisch Subversive.

Der zweite Modus einer komischen oder spöttischen Missachtung wurde schon 1990 etabliert. Gegenstand des Spottes waren nicht allein die hemdsärmlig proletarischen Fahrer vorsintflutlicher Kraftfahrzeuge, die sich stundenlang für das Begrüßungsgeld anstellten, sondern auch die „dummen DDRler", die sich als politisch naive und nur auf Wohlstandsgewinn fixierte Staatsbürger entpuppten. Erinnert sei an die Banane Otto Schilys, die er nach der Wahlniederlage der „Linken" im Bundeswahlkampf 1990 kommentarlos in die laufenden Kameras hielt. Mitte der 1990er Jahre wurde dieses Bild in zahllosen Witzen über die DDR und die Herausgabe entsprechender Sammlungen (etwa Tosa 2003) systematisiert. Zur selben Zeit wurde auch ein Schwung komödiantischer Fernseh- und Kinofilme produziert. Schon Anfang der 1990er Jahre hatte *„Go Trabbi go"* für Furore gesorgt; später waren es *„Good Bye, Lenin!"*, *„Sonnenallee"* oder *„NVA"*.[25] Daneben wurden „DDR-Parks" mit „Mauer"-Nachbau und Kontrollen durch „DDR-Grenzer" geplant (vgl. Flatau 2003). Die Serie der Ostalgie-Shows, in denen mit alten und alt-neuen DDR-Stars, Songs und Ratespielen die komische DDR-Realität der 70er und 80er Jahre erkundet und belächelt wurde, vollendete gleichsam diesen Modus.[26]

Tatsächlich verhält sich dieser zweite Modus zum ersten komplementär – und zwar in doppelter Weise: Einerseits ergänzt die Farce die Hegemonie der westdeutschen Kulturen, Geschichten und Leben. Im Anderen der DDR-Gesellschaft, in deren Verspottung, erhält und vergewissert sich die *bundesrepublikanische*, d.h. dominant *westdeutsche* Gesellschaft ihrer Geschichte, Identität und kulturellen Plausibilität. Andererseits und zugleich können sich Ostdeutsche in der Farce wiedererkennen, ohne sich ernsthaft mit der DDR zu identifizieren. Es handelt

---

25 Dabei reicht *„Good Bye, Lenin!"* weit über dieses Genre hinaus, insofern die Farce ironisch gebrochen wird. Viele Westdeutsche haben den Film aber allein als Komödie über die „verrückten Ostler" gesehen.

26 Auf den jeweiligen Wellenbergen, die im Wesentlichen mit entsprechenden Jahrestagen korrespondierten (5., 10. und 15. Jahrestag von Mauerfall oder Vereinigung usw.) sprengte die Beschäftigung offensichtlich den residualen Rahmen. Dass das Sprengen primär in den beiden diskutierten Modi vorgenommen wurde und wird, bedeutet aber zugleich die Bestätigung dieses strukturellen Charakters: residual nicht im Sinne einer *quantité negligable*, sondern als das im mehrfachen Wortsinn Zurückbleibende.

sich um flimmernde Semantiken und pragmatische Indifferenzen, die Ostdeutsche spontan (aus)nutzen. Im lachenden Genuss der Ostalgie-Show kann nach außen die Differenz zur DDR-Abkunft und DDR-Gesellschaft ebenso gezeigt werden wie sich nach innen eine Selbstwiedererkennung und Selbstanerkennung des Lebens in der DDR praktizieren lässt. Solange dies passiv und ohne kritische Selbstreflexion geschieht, komplementiert es den Marginalisierungsmodus. Es besteht aber auch die Möglichkeit, selbst derartig kommerzialisierte Shows bis zu einem gewissen Grade subversiv anzueignen (vgl. Dieckmann 2005) und sie für einen Einstieg in Gegendiskurse – nicht zuletzt sich selbst gegenüber – zu nutzen.[27]

In der Behandlung der neuen Bundesländer, also der Dynamiken in Ostdeutschland *nach 1989/90* werden unschwer sachliche und formale Kontinua erkennbar. Ich will diesen aber nicht im Detail nachgehen (siehe Kollmorgen/Hans im vorliegenden Bad), sondern mich auf die anerkennungsrelevanten Kerngehalte des *massenmedialen Ostdeutschland-Diskurses* beschränken. Fasst man die wichtigsten empirischen Forschungsprojekte und Veröffentlichungen zu den Themenverteilungen und Topiken, Nachrichtenwerten und Semantiken für den Zeitraum zwischen 1993 und 2007 zusammen, erscheinen Ostdeutschland und Ostdeutsche in den überregionalen Print-, tendenziell auch elektronischen Medien sowie im Sachbuchsektor vor allem:

1. als *geschichtlich*, d.h. insbesondere durch die Zeit und Praxis des fast ausschließlich negativ bewerteten „Herrschaftsregimes der DDR", (aus-) gezeichnete und dominierte Region bzw. Bevölkerungsgruppe;
2. als *Besondere/Besonderes*, näher als abgeschlagene *Peripherie*, als *Rand*, als auch *exotisches* Gebiet oder *exotische* Bevölkerungsgruppe;
3. als *Belastung* der bundesrepublikanischen Gesellschaft, vor allem ihres Wohlstandes und ihrer sozialen Integration;
4. als *passive, abwartende, (er)leidende* Bevölkerungsgruppe bzw. Teilgesellschaft (mithin weniger als Handelnde denn als Behandelte);
5. insgesamt als Region, für die *negative Zukunftsaussichten* bestehen, für die ein weiterer sozialer *Abstieg* vorprogrammiert ist.[28]

---

27 Farce und (belehrende) Kritik schlagen zuweilen ineinander um, wenn die ernst gemeinte Kritik in ihrer Ahnungslosigkeit unfreiwillig komisch gerät (das gilt schon für die Verwendung des Adjektivs „ehemalig") oder wenn selbst die Farce eine Kritik des missachtenden Umgangs mit den Ostdeutschen aufscheinen lässt.
28 Woderich 1996; Ahbe/Gibas 2001; Früh/Stiehler 2002; Roth 2004; Mühlberg 2005; Cooke 2005; Kollmorgen 2005: Kap. IV; Roth/Wienen 2008; Ahbe/Gries/Schmale 2009; Kollmorgen/Hans im vorliegenden Band. Näheres zu den Begrifflichkeiten einer Topik-Analyse und semantischer Kodierung: Roth 2004: 27-32 sowie Kollmorgen/Hans im vorliegenden Band.

Diskursanalytisch können diese topischen und semantischen Zu- und Verweisungen an *Äquivalenzketten* nachgewiesen werden, die „den Osten" in eine Reihe mit: „Deindustrialisierung", „industrielle Brache", „Arbeitslosigkeit", „Armut", „Wegzug" und „Abwanderung", „Entleerung", „Verödung", aber auch „Undankbarkeit", „Unzufriedenheit", „Schmarotzertum", „Faulheit" und „Dummheit" stellen. Eine andere, eher politisch-kulturelle Reihe setzt die neuen Bundesländer – auch unter Nutzung massenmedial markierter Ortsnamen wie Rostock, Hoyerswerda oder Magdeburg – mit „Fremdenangst", „Fremdenfeindlichkeit", „Rechtsextremismus", *„No-go-areas"* und „National befreiten Zonen" diskursiv gleich.

Erst in den letzten Jahren (seit etwa 2005/2007) wandelt sich – wie jüngste Analysen nahelegen (Kollmorgen/Hans im vorliegenden Band) – „das Bild des Ostens" in bestimmten Aspekten. Auch wenn das Ausmaß der Berichterstattung weiter sinkt, zeigen sich Tendenzen einer gewissen *semantischen Verschiebung* hin zu „Hoffnung" und „Progress" im gesamtdeutschen und teils im europäischen Kontext. Dabei spielen sowohl die wirtschaftlichen Aufwärtstendenzen und Erfolge von innovativen Unternehmen als auch impulsgebende politische und institutionelle Initiativen in den neuen Ländern (etwa im Bereich von Bevölkerungs-, Bildungs- oder Kulturpolitik) eine wichtige Rolle. Ob diese Tendenzen eine Trendumkehr bedeuten, lässt sich aber heute noch nicht sagen.

In jedem Fall, d.h. unabhängig von den konkreten Zuschreibungsinhalten und leichten Verschiebungen, belegen und vollziehen beide Diskurse – die kritisch-belehrende oder farcehafte „Vergangenheitsbewältigung" wie die marginalisierende, Passivität zuschreibende und pessimistische Gegenwarts- und Zukunftsdeutung – mit den problematisierten Produktions- und Rezeptionsverhältnissen sowie den diskursiven Gestaltungsprinzipien die soziale Hegemonie „der" Westdeutschen und die Subalternität „der" Ostdeutschen. Das ist im Folgenden genauer herauszuarbeiten.

6. Mechanismen und Folgen diskursiver Hegemonialisierung

Diskursive Hegemonialisierung bedeutet nicht nur soziale Missachtung und repräsentiert eine zentrale Dimension soziokultureller Abwertung, sondern verstärkt diese Gehalte in Verbindung mit anderen Momenten im Prozess, generiert neue Aspekte, repräsentiert einen eigenen Mechanismus. Vier Eigenschaften bzw. Folgen dieses Hegemonialisierungsprozesses sollen hervorgehoben werden:

(1) Die Hegemonialisierung wird diskursiv erzeugt und reproduziert, *ohne dass eine entsprechende sozio-praktische, also etwa ökonomische oder politische Basis* dafür notwendig ist. Mehr noch, der hegemonialisierte Diskurs über den

Osten produziert seine eigene epistemische und sozio-praktische Realität, und zwar im doppelten Sinne. Zum einen fokussiert er seinem Differenzierungs- und Zuschreibungsmuster gemäß die Marginalisierungs- und Subalternitätsphänomene im Osten – und unterschlägt gegenteilige Erlebens- und Erfahrungshorizonte, z.b. gelungene Leben unter DDR-Verhältnissen, geglückte wirtschaftliche Unternehmungen in den neuen Ländern oder Vorteile von „Rückständigkeit". Parallel treten kaum geringere Arbeitslosenraten und ebenso düstere Zukunftsaussichten westdeutscher Regionen (etwa des Ruhrgebietes oder des Saarlandes) in den Hintergrund und werden rechtsextremistische Vorfälle im Westen – man erinnere sich Möllns oder des antisemitischen Anschlagversuches in München – als Ausnahme der Regel verbucht. Zum anderen, und darin besteht die eigentliche Kraft diskursiver Hegemonialisierung, schafft sie sich tendenziell *ihre* soziale Praxis. Ist die Hegemonie einmal gewonnen, verschärft sich die Subalternität, da die Subjekte nun durch die „Brille" des herrschenden Diskurses dessen Wahrheit „wahr"-nehmen und praktizieren. Zugespitzt formuliert: Der „Osten" *ist* ökonomisch, politisch und kulturell am Boden. Dies verdankt sich vor allem *der* DDR-Geschichte, wonach der „Sozialismus" durchgehend als „böse" und gescheitert betrachtet werden *muss*. *Wegen* seiner Vergangenheit *und* Gegenwart kann der Osten auch nicht auf die Beine kommen – seine Zukunft *ist* bereits verloren. Er ist und bleibt abhängig, randständig, mithin jedem Spott preisgegeben. Daher *muss* jeder, der seine eigene Zukunft retten will, in den Westen gehen – als karriereorientiertes Individuum, als Lebensfreude suchende Gruppe, als wachstumsorientiertes Unternehmen.

Indem relevante Gruppen dieser diskursiven Logik folgen, werden ihre Voraussetzungen eingeholt und die Prophezeiung erfüllt: Der Osten entleert sich, steigt ökonomisch weiter ab, wird abhängiger, marginalisierter. Das aber ist dann der Beweis der im Diskurs aufgestellten historisch-kausalen Zuschreibungen wie Zustandsbeschreibungen. Der Kreis diskursiver Praxis und Hegemonialisierung schließt sich – virtuell, denn eine vollständige, endgültige Schließung gibt es nicht.[29]

Mit und in dieser (virtuellen) Schließung übernimmt das Adjektiv „ostdeutsch", seine Ableitungen (namentlich „Ostdeutsche/r" und „Ostdeutschland") und Äquivalente (etwa kurz: „Osten") im hegemonialen Diskurs bis zu einem gewissen Grade die Rolle eines *tendenziell leeren Signifikanten* (siehe oben 1.). „Ostdeutsch" fungiert als Zeichen des Verlierens, der Verlierer und des Verlorenseins, als das Zurückgebliebene und Zurückbleibende. Sein Pendant ist

---

[29] Hegemonie bedeutet nicht Totalität: Im und außerhalb des Diskurses finden sich abweichende, widerständige, inventive Elemente, die zugleich das Reservoir diskursiver Verschiebungen und substanzieller Innovationen darstellen. Das gilt auch für den ostdeutschen Fall, siehe 5. (vgl. zur Anti-Totalität: Laclau 1991: 3ff.; 89ff.).

„westdeutsch", das für Gewinnen und Gewinner steht, den positiven Fluchtpunkt, die Hoffnung und Zukunft. Interessanterweise haben wir es hier mit einem antagonistischen Signifikanten-Paar zu tun, bei dem nicht – wie im Normfall – der positive Pol bestimmt und der negative Pol (weitgehend) un- oder unterbestimmt bleibt, sondern umgekehrt das missachtete und subalterne Element, der Osten, durch semantische Verweise, Ketten und Netze markiert und der Westen weitgehend „unmarkiert" oder als „Normal Null" erscheint (Roth/Wienen 2008).

(2) Durch diskursive Hegemonialisierung wird die *Identität und Macht* der Westdeutschen realisiert und gewahrt, wobei – da es „die" Westdeutschen sowenig gibt wie „die" Ostdeutschen – ein Aspekt in der diskursiven Glättung, einem Überspielen, einer Abdeckung der sozialstrukturellen, sozioökonomischen und machtpolitischen Differenzen innerhalb der eigenen „Gruppe" besteht. Effektiv profitieren von der Hegemonie in erster Linie die westdeutsche politische Klasse sowie die ökonomischen und kulturellen, nicht zuletzt massenmedialen Eliten in Westdeutschland. Ihre Identität, ihre materielle und symbolische Macht wird (re)produziert und ausgebaut. Zugleich jedoch können sich auch die „übrigen" Westdeutschen in der Hegemonie bestätigt fühlen und als Gewinner begreifen, selbst wenn sie keinen positionalen Machtzuwachs erfahren und sogar finanzielle Einbußen hinzunehmen haben. Allein die quasi-natürliche Zuordnung zur hegemonialen Gruppe und Identität schafft symbolisches Kapital und Distinktionsgewinn (vgl. Bourdieu 1987, 1992).

Schon infolge der sozialstrukturellen Differenzen kann es sich dabei aber – obwohl viele Ostdeutsche dies glauben – weder um eine *„westdeutsche* Verschwörung" noch um eine („koloniale") *Machtstrategie* einer *integrierten westdeutschen Elite* handeln. Zwar lässt sich eine ganze Reihe strategischer Felder und Handlungselemente identifizieren: Der Umgang mit den alten Eliten, mit bestimmten institutionellen „Errungenschaften" der DDR (etwa in der Organisation des Sozialversicherungssystems oder im Familienrecht) oder die Privatisierung des Volkseigentums bieten hier einschlägige Beispiele (vgl. Kollmorgen 2005: Kap. II). Hegemonialisierung geht darin aber nicht auf, sondern muss – in Anlehnung an Pierre Bourdieu (1990: 62) – als *strategielose Strategie* verstanden werden.[30]

---

[30] Diskursive Hegemonialisierung trägt diesen Charakter, weil sie (a) wie oben angedeutet, sich als sozialer Distinktionsmechanismus verselbständigt, weil Hegemonie insofern „strategielose Selbstreproduktion" ihrer Elemente einschließt. Sie erweckt zudem (b) den Anschein, als ob die herrschenden Akteure bzw. Akteurgruppen durchgehend zusammenwirkten, als seien sie ein „kollektives Subjekt", was aber nicht der Fall ist. Vielmehr folgen sie – jenseits konkreter, aber immer nur temporärer Koalitionen – unbewusst analogen Spielregeln ihrer sozialen Felder und ihres Habitus, was ähnliche Handlungsmuster hervorbringt. Schließlich ist (c) auf den aktiven Einschluss der Unterdrückten und den strukturellen Charakter von Hegemonie hinzuweisen. Mit anderen Worten, Hegemonie ist aus

(3) Für die Westdeutschen folgt aus der diskursiven Hegemonie mit ihren quantitativen und qualitativen Aspekten eine Fortsetzung *soziokultureller Missachtung der Ostdeutschen* schon deshalb, weil gilt: Was man – eben infolge der Marginalisierung – nicht kennenlernen kann und nicht kennenlernen will, also nicht kennt, kann man auch nicht *an*erkennen. Dabei reicht die Unkenntnis weit. Viele Westdeutsche – und mittlerweile auch junge Ostdeutsche, nicht zuletzt *infolge* westdeutscher diskursiver Hegemonie, der sie sich oft nur verweigern – wissen weder, dass es Privateigentum an Produktionsmitteln in der DDR gab noch, dass neben der SED weitere politische Parteien existierten. Unbekannt ist vielen, dass und in welchen Rahmen Menschen Berufe *wählten*, Orte wechselten und Karrieren durchliefen, ohne dass es dazu in jedem Fall der SED-Parteimitgliedschaft bedurfte. Wenige nur wissen, welche Formen demokratischer Entscheidungen es gab – und welche nicht. Kaum mehr besitzen darüber Kenntnisse, welche staatlichen und welche „freien" Musik- und Theaterszenen in der DDR existierten, welche Wohnungseinrichtungen angeschafft, welche Freizeit und welche Lieben gelebt wurden. Unwille und Unkenntnis beziehen sich aber nicht allein auf die Geschichte, sondern ebenso auf die Gegenwart. Nach einer Forsa-Umfrage aus dem Jahr 2004 waren bis zu diesem Zeitraum fast 60% aller Westdeutschen nur selten oder noch nie in Ostdeutschland. Der vergleichbare Wert für die Ostdeutschen betrug 24% (Roth 2004: 16). Eine neuere Befragung ergab für das Jahr 2008, dass 17% der Westdeutschen schon mindestens einmal länger als einen Monat in Ostdeutschland waren. Analoges gilt für fast 34% der Ostdeutschen (Heitmeyer 2009a: 22, Tab. 2). Folgerichtig glaubten im Jahr 2001 nur 19% der Westdeutschen, die Verhältnisse in den neuen Bundesländern gut bzw. sehr gut zu kennen. Weitere 59% dachten, dass sie die Lage „etwas kennen" (Kaina 2002: 12). Sind Ostdeutsche, ihre Vergangenheit und Gegenwart aber weitgehend unbekannt oder nur aus den hegemonial konstruierten „Schaubildern" der Massenmedien bekannt, können sie weder als Element einer angemessenen individuellen noch einer sozialen Wertschätzung hinsichtlich beruflicher Qualifikationen und Leistungen, von politischen An- und Einsichten, kultureller oder moralischer Beiträge für das Gemeinwesen dienen.[31]

---

einer bestimmten Perspektive (gar) keine Strategie einer Gruppe, sondern ein prozessierender, relationaler Handlungsraum (ein Handlungssystem) mit asymmetrisch verteilten Macht- und Legitimitätsressourcen für je bestimmte „Subjektpositionen" (vgl. zu dieser Konzeptualisierung von Hegemonie die Ansätze von Gramsci 1986; Laclau/Mouffe 2000; Bourdieu 1987, 1990).

31 Bei der Interpretation der Daten zum wechselseitigen Kennen(lernen) der Ost- und Westdeutschen – siehe auch die Problematisierung des Syndroms „Bürger zweiter Klasse" (2.) – ist aber in zweierlei Hinsicht vor voreiligen Deutungen als schlicht missachtungsbegründet zu warnen: Zum einen wird – worauf Wolfgang Zapf hingewiesen hat (Zapf 2000) – die Kontakthäufigkeit unter den Westdeutschen immer größer sein müssen als jene zwischen West- und Ostdeutschen, weil letztere eine deutliche Minderheit darstellen; analoges gilt für das Reisen oder für Aufenthalte von Westdeutschen in

Wo anerkennungsbereite Kommunikation differenten Sinns, unterschiedlicher Erfahrungen und Subkulturen fehlt, können auch gesellschaftliche Werte nicht diskutiert, abgewogen, integriert und miteinander entwickelt werden, lassen sich auch mittelfristig keine wirklich gleichberechtigten *Wertgemeinschaften* stiften, die eine wichtige Basis spätmoderner sittlicher Anerkennung sind (vgl. Kollmorgen 2005: 162-166). Schließlich fehlt damit auch ein angemessener Spiegel eigener Identitäten und Leistungen, mithin Möglichkeiten kritischer Selbstreflexion. Wer andere Kulturen an den Rand drängt, klein macht und dem Spott oder der Verachtung preisgibt, sterilisiert seine eigene Identität und bringt sich um Chancen innovativer Selbstentwicklung.

(4) Aus der diskursiv realisierten soziokulturellen Missachtung folgt für die Ostdeutschen das Paradox einer *ostdeutschen Kultur- und Identitätserzeugung* wie einer zeitgleichen *Dekulturalisierung und Identitätsdiffusion*. Einerseits wurden erst durch den Aufbau der westdeutschen Hegemonie „die Ostdeutschen", also eine ostdeutsche Identität generiert (Thomas 1993; Engler 1999; Woderich 1999; Reißig 2000; Pollack 1998, 2000, 2003; Roth 2008; Ahbe 2009, 2010). In der sich aufbauenden Missachtung, d.h. Exklusion, Marginalisierung, Subsumtion, strukturierte und konturierte sich das Eigene, eben das, was missachtet wurde und wird. Dabei ist auf die *diskursive* Komplementarität der Fremd- und Selbstzuschreibungen hinzuweisen. Auf hegemoniale Missachtung kann jenseits wirklicher Flucht oder kommunikativer Verweigerung nur im Rahmen der bestehenden Diskursformierung „geantwortet" werden. Das setzt aber die Affirmation der Grundstruktur, der Positionsverteilungen und Semantiken voraus. Sich selbst als Ostdeutsche im neuen Deutschland zu definieren bedeutet mithin, sich in der Selbstidentifikation (zunächst) notwendig auf die westdeutsche Fremdidentifikation einzulassen, auf deren Zuschreibungen und Zumutungen (im Vollsinne des Wortes:) *zu antworten*, andere mögliche Identitätsbestimmungen hingegen als sekundäre zu deklarieren oder gänzlich im Hintergrund zu belassen. Auf die westdeutschen Zuschreibungen als autoritär (unfrei), misstrauisch, passiv, provinziell und unbedarft – allesamt *Verlierersyndrome* –, reagieren die Ostdeutschen mit der Betonung ihrer „warmen Kultur" (Wolfgang Schluchter), mit der positiven Orientierungen auf: Ordnung, Gemeinsinn, Gemeinschaft, Gerechtigkeit, Gleichheit und Solidarität (Kollmorgen 2005: 171-178).

---

die bzw. in den neuen Länder gegenüber den Aufenthalten Ostdeutscher im Westen. Zweitens ist die deutlich höhere Quote der mindestens einmonatigen Aufenthalte der Ostdeutschen im Westen nicht zuletzt durch das wirtschaftliche Entwicklungsgefälle und die daraus folgenden Binnenmigrationen bedingt (insbesondere Arbeitsmigranten). Allerdings zeigt letzteres erneut, wie sich sozioökonomische und kulturelle Phänomene wechselseitig bedingen oder sogar verstärken können.

Ein Aspekt dieser Formierung besteht in der Priorisierung der *sozialen Identität* als Ostdeutsche(r). Andere soziale Identifikationen, wie Geschlechter- und Berufsrollen oder soziale Milieus und Lebensstile, büßen zunächst an Bedeutung ein. Zugleich definieren Diskurs und Missachtung die *kollektive Schicksalsgemeinschaft* und stiften das Imaginativ einer starken *sozialen Integration* „der" Ostdeutschen: Gegen das kollektiv zu erleidende Unrecht hilft nur das Besinnen auf die eigene Geschichte, die eigene „Teilkultur" (Mühlberg 1999, 2005), die eigene Gruppe, das Zusammenstehen in der Missachtung. Nie waren sich daher – wie Wolfgang Engler (1999) pointierte – die Mitglieder der DDR-Gesellschaft in ihren fremd- *und* selbstzugeschriebenen *Eigenschaften* und ihrer imaginären *sozialen Integration* als Gruppe *diskursiv* näher als in den ersten Jahren nach der Vereinigung (1991-1996).[32]

Andererseits und paradox darauf bezogen, *destruiert* der hegemoniale Diskurs Identität und Integration, bedingt Dekulturalisierung und Identitätsdiffusion. Gerade weil die Ostdeutschen im und durch den hegemonialen Diskurs als Subalterne figurieren, weil sie missachtet werden, erscheint *Anerkennung* – jenseits einer Diskurstransformation – nur durch Akzeptanz der Hegemonie, durch Abwerfen der alten Identität, durch Akkulturation und sozialen Identitätswandel möglich. Wer nicht dauerhaft zu den Verlierern im geeinten Deutschland zählen will, wer Chancen des sozialen Aufstiegs, der Zugehörigkeit zu den neuen Eliten wahrnehmen will, bedarf der Aneignung der hegemonialen Kultur, muss seine ostdeutsche Identität ablegen, sie umformen. Letzteres kann durch Bezug auf *regionale Identitäten* als Sachse oder Brandenburger ebenso geschehen wie durch Herausstellung der Identität als Deutscher – mit *all* ihren Zuschreibungen. Oder man bemüht eine individuelle (Über-)Anpassung an die den Westdeutschen zugeschriebenen *Gewinnersyndrome* und *Herrschaftsattitüden* wie: (geld)gierig, selbstbewusst, überheblich oder bürokratisch orientiert (Kollmorgen 2005: 171-178).

In diesem *Zerrissensein* zwischen der teils unvermeidlichen, teils gewollten An*eig*nung der hegemonialen, darin missachtenden Kultur einerseits und dem ebenso teils notwendigen, teils intentionalen Versuch soziokultureller Selbstbehauptung und dem Beharren auf *Eigenem* in der Subalternität andererseits besteht ein hohes Risiko für diskursive Formierungsprozesse passiver, defensiver, ja *negativer sozialer Identitäten* (ibid.) und für *Ethnifizierungsprozesse* (zuerst

---

32 Dass die diskursive Konstruktion der Ostdeutschen und ihrer Eigenschaften von Ostdeutschen auch zur selbstgefälligen Begründung weiterer Transferflüsse genutzt werden kann – „Tatsächlich sind nur wir so arm dran, bewegen uns am Rande und bedürfen der westdeutschen Hilfe" – ist hier freilich ebenfalls zu vermerken. Nichtsdestotrotz spielt selbst diese Variante der Hegemonialisierung noch in die Hände, verlängert also die Ungleichheit, weil sie die Ostdeutschen – jetzt freilich selbst gewählt und eigenen Interessen folgend – am Ende als passive Objekte in der sozialen Praxisgestaltung belässt.

Howard 1995), aber auch: die Chance für *neue* diskursive und identifikatorische Öffnungen und Re-Formierungen. Wie Risiken und Chancen individuell verteilt sind und wahrgenommen werden, hängt – wie bei den Westdeutschen – nicht zuletzt von den *soziodemographischen, sozialstrukturellen und soziokulturellen Merkmalen bzw. Positionierungen* ab.

Auf der einen Seite des Spannungsbogens, den ich hier nur andeuten kann (vgl. Kollmorgen 2005: 176ff; 265ff.), findet sich eine gleichsam politisch-folkloristische DDR-Ethnie der heute über 65-, vor allem über 70-jährigen Angehörigen der DDR-Dienstklasse. Diese nehmen einerseits die westdeutsche Konsumgesellschaft und den westdeutschen Wohlfahrtsstaat als Rentner (weitgehend) positiv an, begegnen freilich andererseits der westdeutschen sittlichen und soziokulturellen Missachtung sowie den selbst mit verursachten Verunsicherungen, wenn nicht Fragmentierungsgefahren ihrer Biographie mit Rückzug in „(ge)heil(t)e DDR-Lebenswelten" (vgl. Wolle 1998); eine Flucht, der – wie diskutiert – massenmedial durchaus entsprochen wird.

Auf der anderen Seite lässt die junge Generation der heute 25- bis 40-Jährigen zwei polare Muster erkennen (vgl. zu dieser Generation auch Förster 2006; Berth et al. 2007): Das eine ist insbesondere in ökonomisch und soziokulturell „abgehängten" ländlichen Regionen Ostdeutschlands bei Angehörigen sozialer Unterschichten und Exkludierter präsent. Diese kompensieren ihren *ost*deutschen Außenseiter- und Verliererstatus teils durch eine weitgehend unkritische Wiederentdeckung der DDR als Gegenbild zur herrschenden Misere oder durch Betonung des Deutschseins und den Transfer der Missachtungen auf dritte Gruppen: „Ausländer", „Linke" und sozial bzw. körperlich Schwache. Anerkennung wird hier durch gewaltförmige Selbstermächtigung gegenüber anderen Subalternen gesucht. Kontraintendiert bestätigen beide Varianten mit ihren Handlungs- und Anerkennungsmustern die hegemonialen Diskurse über „die Ostdeutschen" und verstärken die diskursiven Zuschreibungen bis hin zur *Ethnifizierung der Ostdeutschen* als *soziale Unterschicht bzw. Verlierergruppe* (Kollmorgen 2005: 181-202; 244-270; vgl. die Essays und Analysen bei Kraske/Werner 2005; Bude/Willisch 2006; Heitmeyer 2009b).

Das zweite Muster findet sich vor allem bei jungen Intellektuellen, die die erfahrenen negativen Klassifikationen der Ostdeutschen, die sowohl belehrenden wie farcehaften kulturellen Missachtungen spielerisch behandeln, die hegemonialen Diskurse ironisch brechen und umkehren, ja die die soziokulturellen Verluste und Zerrissenheiten in Entwicklungspotenziale und Anerkennungsressourcen umzuschmelzen suchen. Dabei können sie auf die spezifischen sozialen und biographischen Heterogenitäten und Herausforderungen der ostdeutschen Umbrüche sowie den sich in ihnen öffnenden Kreativitäts- und Innovationschancen zugreifen. Die Sphären und Formen dieser Brechungen, neuen Identifikations-

und Annerkennungsversuche sowie Sinnstiftungspraxen reichen von belletristischer Wirklichkeitsaneignung (Jana Hensel, Thomas Brussig, Jana Simon u.a. – vgl. Evans 2005; Daux 2008; Gabler im vorliegenden Band) über sozial- und geisteswissenschaftliche Gegendiskurse (z.B. Engler 2002; Land 2003; Bauer-Volke/Dietzsch 2003; Busse/Dürr 2003; Schäfer et al. 2005; Roth/Wienen 2008; Busch/Kühn/Steinitz 2009) bis hin zu Projekten alternativer wirtschaftlicher, sozialer und kultureller Praxis z.b. in Form von Künstler- und Landkommunen in ostdeutschen Verliererregionen (siehe Bauer-Volke/Dietzsch 2003; Links/Volke 2009).

Auch wenn sich die umrissenen Formen des Umgangs mit dem hegemonialen Diskurs soziokultureller Missachtungen substanziell unterscheiden. Für alle Gruppen und Formen gilt, dass sie einerseits die Missachtungen nicht eskamotieren können. So sehr man sich auch als „Deutscher" fühlt oder den Diskurs ironisiert, aus der herrschenden Diskursformation kann man sich nicht davonstehen. Andererseits wird erkennbar, dass Missachtungsverhältnisse nicht in Subjekte hier und Objekte dort auseinanderfallen. Wie mit den Diskursformierungen umgegangen wird, hängt von der konkreten Positionierung im sozialen Raum (Bildung, Geschlecht, Alter usw.) ab und ist zugleich (begrenzt) offen für Gegendiskurse und innovative Praxen, mithin für einen für mittel- und langfristigen Wandel der sittlichen Anerkennungsverhältnisse. Dass dieser Wandel keineswegs automatisch oder zwingend einen Abbau der soziokulturellen Missachtungen beinhalten muss, sondern – für manche sicher kontraintuitiv – unter bestimmten Voraussetzungen auch eine Fundierung und sogar Verstärkung etwa in Form von *Ethnifizierungsprozessen* beinhalten kann, ist noch einmal ausdrücklich zu betonen. Soziokulturelle Missachtungen und darauf bezogene Konfliktfelder schwinden nicht einfach mit der Zeit (detaillierter: Kollmorgen 2005: 181-202, 244-270; vgl. Berth et al. 2007).

7. Ostdeutsche Anerkennungsambivalenzen und Subalternität im Kontext

Wie lassen sich die deutsch-deutschen Missachtungsverhältnisse im Kontext aktueller und historischer Anerkennungsstrukturen und –dynamiken zusammenfassend einordnen und bewerten? Sind Ostdeutsche „Bürger zweiter Klasse" und wurden im Zuge des deutschen Vereinigungsprozesses durchgehend subalternisiert oder relativiert sich das Problem angesichts historischer Konstellationen und anderweitiger sozialer Ungleichheiten und Hegemonien?

(1) Zunächst und grundsätzlich: Die deutsch-deutschen Anerkennungsverhältnisse tragen in ihrer Breite als rechtliche und sittliche Struktur- und Handlungszusammenhänge *ambivalenten* Charakter. Anerkennungshandeln wird von

Missachtungsverhalten begleitet und gebrochen. Die meines Erachtens deutlichsten Missachtungsphänomene sind im Bereich sittlicher Anerkennung zu diagnostizieren und näher als *soziokulturelle Subalternität der Ostdeutschen* zu markieren – mit all ihren sozialstrukturellen, namentlich statuspositionalen Effekten – nicht zuletzt im Hinblick auf Chancen in der Elitenrekrutierung. Insofern besteht nicht nur anhaltend eine *soziale Ungleichheit* zwischen West- und Ostdeutschen im Sinne deutlicher Einkommens- und Vermögensunterschiede (vgl. Datenreport 2008: 112ff; Schroeder 2009; Busch/Kühn/Steinitz 2009: 82ff.), sondern auch in der *sittlichen* Anerkennungsdimension.

(2) Reflektiert man die Ansätze zur historischen Entwicklungslogik von Anerkennungsdefiziten und deren Überwindung, insbesondere zur Arbeiterklasse und der Frauenbewegung im frühen 20. Jahrhundert, so lässt sich eine Art Dreischritt erkennen. Die rechtlichen Ausgrenzungen und Benachteiligungen bestimmter sozialer Gruppen beruhten auf sittlichen Defiziten, die im Kern von strategischen Herrschaftsinteressen anderer sozialer Gruppen (z.B. Kapitalisten oder Bourgeoisie) ausgingen. In einem längeren, vielfältig strukturell bedingten, soziokulturelle Subjektkonstituierungen und soziale Kämpfe einschließenden Prozess wurden die sittlichen Missachtungen in Frage gestellt, punktuell aufgebrochen, schließlich in ersten basalen Aspekten transzendiert und durch Verrechtlichung (etwa durch Reformen des Wahl- oder Ehe- und Familienrechts) formell normiert und sanktioniert. Mit den ersten rechtlichen Anerkennungen setzte ein neuer gesellschaftlicher Diskussionsprozess zu den Gründen und Reichweiten sozialer Wertschätzung ein, der – wiederum über öffentliche Kommunikation und kollektive Konfliktaustragung vermittelt – zur Evolution der Wertschätzungsmuster und einer neuen Phase der Ausweitung und Präzisierung rechtlicher Anerkennungsverhältnisse, einschließlich sachlicher und sozialer Umverteilungsaspekte führte (Honneth 1994; Honneth/Fraser 2003; Kollmorgen 2005: 141-144).

Diese Entwicklungslogik trifft für den ostdeutschen Fall nicht zu. Zwei markante Abweichungen sind offensichtlich: Erstens werden die Ostdeutschen rechtlich im Prinzip ebenso anerkannt wie die Westdeutschen – und zwar vom ersten Tag der „Integration" an. Der Entwicklungsbogen sittlich-rechtlicher Anerkennung ist also im deutschen Fall nicht zu durchlaufen. Zugleich jedoch erweisen sich die sittlichen Anerkennungsdefizite als hartnäckig. So sehr die Ostdeutschen als Staats- und Wohlfahrtsstaatsbürger rechtlich anerkannt sind, soziokulturell – und in dessen Folge auch sozialstrukturell – bleiben sie bis heute Subalterne. Zugleich sehen sie sich jedoch in ihrer Missachtung keinem strategisch handelnden Akteur gegenüber. Weder „die" Westdeutschen, klar abgrenzbare westdeutsche Elitefraktionen noch relevante ökonomische oder politische Korporativakteure verfolgen eine konsistente Ungleichheitsstrategie gegenüber „den" Ostdeutschen. Zweitens handelt es sich – gleichsam komplementär zur diffusen Missachtungsseite – auch bei den Ostdeutschen nicht um ein *kollektives Handlungssubjekt*, wie dies für die Arbeiterbewegung oder die Frauenbewegung jedenfalls über eine längere historische Periode zutraf und als Voraussetzung für den erfolgreichen „*Kampf* um Anerkennung" (Axel Honneth) angesehen werden muss. Es lässt sich vor dem Hintergrund zunehmender generationaler und sozialstruktureller Differenzierungsprozesse auch nicht absehen, dass „die" Ostdeutschen in der Zukunft eine *soziale Bewegung* und entsprechende *soziopolitische Korporativakteure* (Parteien oder Vereine) hervorbringen. Alle Versuche einer übergreifenden Subjektformierung oder wenigstens Netzwerkbildung *nach* 1989 – wie die „Komitees für Gerechtigkeit", Foren in den und über den politischen Parteien – sind gescheitert.

(3) Dieses Anerkennungs- bzw. Missachtungsmuster: *(weitgehende) rechtliche Gleichstellung bei anhaltender sittlicher, vor allem soziokultureller Missachtung ohne diese tragende, strategisch handelnde Akteure sowie ausbleibende kollektive Subjektformierung auf der Seite der Missachteten* erscheint aber nur auf den ersten Blick und im Abgleich mit den „klassischen" sozialen Ungleichheiten und Bewegungen als Sonderfall. Zieht man demgegenüber Bewegungen und Formen sozialer Ungleichheit des späten 20. Jahrhunderts wie die gegenwärtige *Frauenbewegung, ethnische und sexuelle Minoritäten*, aber auch die *neuen Armen und Ausgegrenzten* („Überflüssigen") in den spätmodernen Gesellschaften des Westens sowie *post-koloniale Ungleichheiten und Subalternitäten* heran, sind unschwer phänomenale und strukturelle Ähnlichkeiten erkennbar. Forschungsansätze und Widerstandsbewegungen gegenüber diesen Missachtungsformen können wechselseitig voneinander lernen, wie der mittelbare Bezug auf *cultural* und *post-colonial studies* (z.B. Said 1994; Spivak 1996; Cooke 2005) sowie die unmittelbare Nutzung von Diskurs- und Bourdieuscher Praxistheorie (Laclau/Mouffe 2000; Bourdieu 1987, 1990) angedeutet haben (zur Exklusionsdebatte auch: Kronauer 2002; Bude/Willisch 2006). Diese Ansätze sind in der Lage, für Gesellschaften der globalen „Zweiten" oder „Postmoderne" zu erhellen, wie Herrschaft, Ungleichheit und kulturelle Subalternität jenseits de facto *ständischer* Rechtsordnungen und Sozialstrukturen funktionieren (vgl. auch Beck 1986), was heute bürgerlich-kapitalistische, d.h. immer ungleiche Anerkennungsverhältnisse konstituiert.

Pointiert formuliert, wird einerseits quasi „*Naturales*", d.h. werden nationale, regionale, familiäre Herkünfte sowie – ggf. damit verbundene – äußerliche bzw. sich äußerlich manifestierende Merkmale: Hautfarbe, Gestalt, Größe, aber auch perzipierbare psychische und sexuelle Dispositionen *sozialisiert*. Sie werden Gegenstand soziokultureller Hegemonialisierungspraxen, aber auch neuer Identitätspolitiken, vor allem von aufbegehrenden Minoritäten. Gerade weil klassische

„Standes"-Schranken abgeschafft, aber auch tradierte Vergemeinschaftungsformen aufgelöst wurden, bilden sich – an alle möglichen Distinktions-, Identifikations- und Kollektivierungsrelationen anschließend – neue Formen heraus, die zuweilen in altem Gewande (wie ethnische Gemeinschaften in Metropolen) daherkommen, mit deren traditionellen Mustern aber kaum noch etwas gemein haben – bis auf den diskursiven Traditionsbezug selbst. Umgekehrt, als zweite Seite der Medaille, werden soziale Ungleichheiten und Anerkennungsdefizite *naturalisiert*. Der ostdeutsche Fall ist hier paradigmatisch. Die sozial generierten Missachtungen der Ostdeutschen führen über die problematisierten Exklusions-, Marginalisierungs-, und Subalternisierungsprozesse zu regionalen, schicht- und familienspezifischen Konzentrationen und intergenerationalen Tradierungen, die mittel- und langfristig zur *Ethnifizierung* sozialer Anerkennungsasymmetrien, einschließlich ihrer symbolisch-diskursiven Aspekte, führen (können) und generell Felder für neue *„ständische"* Klassenbildungen öffnen (zur Debatte etwa: Barlösius 2004). Auch hier ist allerdings auf die aktive Rolle der Missachteten hinzuweisen, zum Teil auf deren Einrichtung in der Subalternität, da sie eben in der „flüssigen Moderne" (Zygmunt Bauman) auch *Identität*, mithin sozialen Halt, ja Heimat bietet. Parallel dazu werden indes eben durch die Hegemonialisierung subalterne Identitäten immer wieder in Frage gestellt, unterliegen Akkulturationen und individuellen Abkehren – sofern jedenfalls prinzipiell soziale Aufwärtsmobilität möglich ist. In beiden wechselseitig aufeinander bezogenen Bewegungen spielen strategische Handlungselemente eine keineswegs vernachlässigbare Rolle. Im Kern handelt es sich aber um einen durch die konstitutiven Strukturmomente bürgerlich-kapitalistischer Vergesellschaftung getragenen, immer wieder re- und neuproduzierten *sozialen Mechanismus*, der – um noch einmal Bourdieus Begriffsinventar zu nutzen – dem Habitus gleich zwar einerseits die rationale, auch strategische Verfolgung von Handlungszielen beinhaltet. Diese Ziele werden aber einerseits auch systematisch „verkannt", d.h. die Subjekte verzerren und verpacken gleichsam ihre Handlungsgründe, um *soziale* Positions- und Rollenkonformität, Handlungskonsistenz sowie personale Identität zu gewährleisten. Andererseits werden ihre individuellen Handlungsziele infolge der Komplexität sozialer Feldstrukturen, Akteurkonstellationen und Handlungsfolgenverschlingungen niemals wirklich eingeholt. Vielmehr werden selbst die Ergebnisse wiederum zurechtgerückt, den Feldern und Habitus angepasst (Bourdieu 1990: 52-65; vgl. 1982, 1987, 2005).

Diese sozialen Mechanismen (re)präsentieren – im doppelten Sinne – *Diskurse*, wobei nicht zuletzt den massenmedialen Bildungs- und Unterhaltungsdiskursen sowie deren ideologischen Formungen eine substanzielle Bedeutung zukommt (Laclau/Mouffe 2000; Laclau 1991, 2007). Dabei bedeuten „soziale Mechanismen" oder Diskurse weder Interesselosigkeit noch die Abwesenheit von

Herrschaftsstrategien, sowenig sie Gegendiskurse und die positive „Transformation" von Ungleichheit und Missachtung ausschließen.

(4) Der ostdeutsche Fall lässt diese doppelte Bestimmtheit noch einmal deutlich werden: Dass sich die Differenz von West- und Ostdeutschen vor dem Hintergrund der deutschen Geschichte, dem Zusammenbruch des Staatssozialismus, dem Abdanken seiner Funktionselite und dem ökonomischen Leistungsgefälle als eine Quelle, als soziales „Material" für soziale Distinktionsprozesse und Ungleichheiten, einschließlich soziokultureller Missachtung herauskristallisieren würde, war infolge des bürgerlich-kapitalistischen Anerkennungsregimes – trotz seiner wohlfahrtsgesellschaftlichen Einbettungen und Entschärfungen – unvermeidlich; so unvermeidlich, wie es sittliche Missachtungen gegenüber beruflich Gescheiterten, Langzeitarbeitslosen, Drogenabhängigen oder von bestimmten Gruppen auch gegenüber Asylbewerbern, Kommunisten, Ostfriesen oder „Pollacken" (das Slangpejorativ für Polen) sind.

Die Missachtungsprozesse wurden aber verstärkt, systematisiert und insofern *einem eigenen Diskursuniversum* zugänglich, indem die *staatsrechtliche Vereinigung* 1990 nicht als Vereinigung zweier gleichberechtigter Parteien (Art. 146 altes GG), sondern als „Beitritt" von Einlass und Hilfe Begehrenden vollzogen wurde (Art. 23 altes GG), ein Weg, den die Mehrheit der Ostdeutschen und ihre parlamentarischen Vertreter 1990 frei (mit)wählten, der also keinesfalls ein westdeutsches Oktroi darstellte. Diese rechtsursprüngliche Inferiorität der Ostdeutschen qua „Inkorporation" (Karl-Ulrich Mayer) wurde durch den Hauptmodus *im* politisch-rechtlichen Vereinigungsprozess: dem „Institutionentransfer" (Gerhard Lehmbruch) oder – wie ich sie nenne – der *exogenen* (d.h. vom Westen aus vorgenommenen) *Top-down-Transformationsstrategie* fortgesetzt und wenn man so will: vollendet (Kollmorgen 2005: Kap. II, V). Diese dominante Strategie war das Ergebnis des Anerkennungsmechanismus, einschließlich der darin eingebetteten Machtanstrengungen bestimmter westdeutscher Elitefraktionen, die endogene, traditionsorientiert *und* experimentell „von unten" wachsende Gesellschaftlichkeiten in den neuen Ländern verhindern wollten.

(5) Reflektiert man vor dem gesamten empirischen und konzeptuellen Hintergrund erneut die Frage nach dem ostdeutschen Syndrom eines „*Bürgers zweiter Klasse*", so ergibt sich einerseits, dass von den drei entwickelten Kriterien das erste, erfahrungsbezogene weitgehend erfüllt wird. Allerdings konzentrieren sich die Erfahrungen der Zweitklassigkeit sozialstrukturell auf ältere Generationen und auf Statusgruppen, die sich subjektiv als Verlierer der Einheit empfinden (etwa alte und neue Funktionseliten, Teile der Arbeiterklasse oder Alleinerziehende). Gerade wegen der generationalen Konzentration nimmt die Bedeutung dieser Erfahrung bezogen auf die Gesamtbevölkerung im Zeitverlauf offenbar ab. Dabei lässt sich dieser Erfahrungsraum nicht allein durch darauf direkt bezo-

gene Umfrageergebnisse nachweisen, sondern wird durch weitere Befunde und Artikulationsweisen – etwa im Rezeptionsverhalten gegenüber Massenmedien, in Bewertungen sozialer Aufstiegschancen oder retrospektiver Deutungen der DDR-Gesellschaft – gestützt. Das zweite, die rechtliche Anerkennung zentrierende Kriterium erscheint – wie breit unter der Kennzeichnung einer ambivalenten Lage diskutiert (3.) – in wichtigen Aspekten nicht zuzutreffen. Demgegenüber haben die Analysen zur sozialen Wertschätzung und den diskursiven Subalternisierungen (4.-6.) in ihrer Verknüpfung mit der staatsrechtlich und staatspolitisch gesetzten Beitrittslogik des Transformations- und Vereinigungsprozesses in den neuen Ländern zur Aufdeckung *ständisch-klassengesellschaftlicher Marginalisierungen* hinsichtlich Besitz-, Erwerbs- und statuspositionaler Aufstiegs- sowie sozialer Wertschätzungschancen geführt.

Insofern sind die Ostdeutschen zwar nicht im (staats-)rechtlichen Sinne Bürger zweiter Klasse; ihre gesellschaftliche Statusposition ist aber (typischerweise) eine inferiore bzw. die einer subalternisierten Minorität innerhalb der Bundesrepublik. Diese Situation ist in bestimmter Hinsicht durchaus mit der Lage und den Selbstwahrnehmungen von Migrantenminderheiten vergleichbar. Dabei bleibt es wichtig, diese Subalternität einzubetten in die multiplen Formen sozialer und im engeren Sinne ständisch-klassengesellschaftlicher Ungleichheiten, wie sie unsere Gegenwartsgesellschaft durchziehen und auszeichnen (Lessenich/Nullmeier 2006). Das bedeutet sowohl eine Relativierung, schließt aber auch die Möglichkeit kumulativer Benachteiligungen ein (etwa als Geringqualifizierte, Langzeitarbeitslose oder alleinerziehende Frauen). Auch wenn für Ostdeutsche die Selbstzuschreibung als Bürger zweiter *Klasse* einerseits in den Kontext ihrer staatssozialistischen Erfahrungen sowie (eher) egalitären und kollektivistischen Wertorientierungen zu stellen ist und andererseits für viele auch ein Mittel sein dürfte, sich positional und identifikatorisch zu stabilisieren, interessenpolitisch zu agieren und (jedenfalls bestimmte Gruppen) sich in einer eher passiven Rolle einzurichten, das Zweitklassigkeits-Syndrom kann nicht nur darauf nicht eingeschränkt werden, sondern beweist noch darin seine diskursive Kraft.

8. Umgangsformen und Gegenstrategien

Wie kann die deutsche Gesellschaft mit dem Problem der sittlichen Anerkennungsdefizite gegenüber den Ostdeutschen vor dem Hintergrund der an sich gegebenen Anerkennungsnormen und der diskutierten diskursiven (Re-) Konstruktionsprozesse sinnvoll umgehen? Welche Umgangsmodi und Begrenzungs- oder sogar Überwindungsstrategien sind denk- und welche erscheinen heute realistischerweise umsetzbar?

(1) Ein erster Schritt besteht im Erkennen und Akzeptieren der *Komplexität*, also der multidimensionalen Verwobenheit und Einbettung der Anerkennungsverhältnisse, ihrer strukturellen und machtstrategischen Bedingtheiten sowie dilemmatischen Konstellationen. Das schließt die Anerkennung nichtintendierter „Auflösungen" der Missachtungsverhältnisse ebenso ein wie die zeitlichen Dimension und der Dilemmata potentieller „Lösungen" (nicht zuletzt einer klassischen Minderheitenpolitik). Was sich in vierzig Jahren getrennt hat, kann – muss aber nicht – nur langsam und langfristig „zusammenwachsen". Zugleich darf das deutsch-deutsche Anerkennungsproblem angesichts der Ambivalenzen, der querliegenden sozialen Ungleichheitsdimensionen sowie der insgesamt abnehmenden Bedeutung für soziale Identifikationen und Handlungsorientierung *nicht überdramatisiert* werden.

(2) Für eine sowohl gelassene als auch problemschärfende Sicht auf die Anerkennungsdefizite sind Erfahrungen anderer Nationalstaatsgesellschaften mit missachteten Minderheiten, insbesondere bei Vorliegen vergleichbarer staatlicher Vereinigungen (wie in Großbritannien, Belgien, Kanada, Italien oder auch Spanien) hilfreich. Sie lehren einerseits, dass auch bei Vorliegen langzeitiger Anerkennungsdefizite, starken sozialer Minderheitenidentitäten und selbst soziokultureller Separierungsprozesse die nationalstaatliche und gesellschaftliche Integration nicht notwendig in Frage gestellt sein muss. Andererseits zeigen vergleichbare Anerkennungskonstellationen, dass bestimmte Formen defizitärer Anerkennung von Bevölkerungsminoritäten, insbesondere solche mit starken sozialen Exklusionsmechanismen, sich kaum autogen auflösen. Vor diesem Erfahrungshintergrund muss im ostdeutschen Fall der Gefahr einer Ausweitung von Ethnifizierungstendenzen sowie einer Verklammerung mit Unterklassenstigmata und -mentalitäten begegnet werden. Neben der im deutsch-deutschen Fall gegebenen grundsätzlichen *rechtlichen Gleichheit* sind dazu einerseits die Entwicklung eigener *ökonomischer und weiterer gemeinwesenbezogener Leistungsfähigkeiten* (z.B. in Wissenschaft, Bildung, Kunst) notwendig, um nicht nur die sozialen Anspruchsrechte selbst befriedigen, sondern auch die „materielle" Basis sozialer Wertschätzung ausbauen zu können. Dazu liegt eine Reihe neuerer Vorschläge vor, die im vorliegenden Kontext nicht diskutiert werden können (für viele: AG Perspektiven 2001; Bundesregierung 2004-2009; Dohnanyi/Most 2004; Busch 2005; Land 2006; Busch/Kühn/Steinitz 2009). Dabei ist freilich andererseits darauf zu achten, dass Ostdeutsche nicht allein als Beschäftigte und angestellte Manager, sondern zunehmend auch als Eigentümer ostdeutscher Unternehmen agieren können. Bekanntlich haben die Privatisierung der DDR-Staatsbetriebe wie die folgende Transformationsstrategie und Wirtschaftspolitik dazu geführt, dass auch heute noch die Ostdeutschen in wertmäßiger Hinsicht nur 20-25% des ostdeutschen Produktivvermögens besitzen, westdeutsche und

wenige ausländische Kapitaleigner die „restlichen" 75% (vgl. Reißig 2000: 50/51; Kollmorgen 2005: Kap. V). Diese Verteilung bedarf – etwa durch spezielle Förderprogramme (z.B. Land et al. 1999; Busch/Kühn/Steinitz 2009: 139ff.) – der Umsteuerung, sollen die materiellen und performativen Ungleichheiten als eine Basis der Anerkennungsdefizite nicht verewigt werden.

(3) Darüber hinaus erscheint eine *deutsch-deutsche Gleichstellungspolitik* in Anlehnung an die geschlechtliche sinnvoll. Deren Institutionalisierung setzte keinen überragenden ostdeutschen Korporativakteur voraus, wohl aber Einsichten und Bereitschaften bei den wichtigen staatspolitischen Akteuren in den neuen Bundesländern selbst. Dabei ginge es – auch in Rücksicht auf die Dilemmata von Minderheitenpolitiken – weder um ausufernde Förderrechte für Ostdeutsche noch um auf Bundesländer oder andere politische Akteure bezogene besondere Partizipations- oder Vetorechte. Vielmehr könnten Gleichstellungsräte in öffentlichen Einrichtungen, Gemeinden oder auch Bundesländern insbesondere bei der Vergabe von öffentlichen Aufträgen – hier gibt es im Osten Regelungen –, vor allem aber bei der Besetzung von Stellen im höheren öffentlichen Dienst und generell bei der Förderung und „Ernennung" politischer, administrativer, judikativer, wirtschaftlicher, wissenschaftlicher und künstlerischer Eliten auf eine angemessene Balance zwischen Ost- und Westdeutschen achten. Wenn es richtig ist, dass wir in Deutschland eine Geschlechtergleichstellungspolitik betreiben, die versucht, das Missverhältnis eines Frauenanteils von ca. 10% in z.B. wissenschaftlichen Führungspositionen bei knapp über 50% Bevölkerungsanteil schrittweise abzubauen, dann sollte es ebenso richtig sein, analoges bei einem Missverhältnis von 30% ostdeutscher Elitenangehöriger *in Ostdeutschland selbst*, d.h. bei 95% Bevölkerungsanteil, oder gesamtdeutsch betrachtet: bei durchschnittlich bestenfalls 5% Eliteangehöriger unter den bundesdeutschen Eliten, und einem ca. 17%igen Bevölkerungsanteil anzustrengen. Ohne die soziopolitische Unterstützung vertikaler Aufwärtsmobilität Ostdeutscher und insofern der Bildung gesamtdeutscher Oberschichten und positionaler Eliten unter Inklusion eines angemessenen Anteils Ostdeutscher steigt das Risiko weiterer Ethnifizierungs- und Peripherisierungsprozesse deutlich. Freilich, die *Realisierungschancen* für eine solche Gleichstellungspolitik erhöhen sich nicht, sondern sinken weiter. Das liegt nicht allein an den wachsenden Problemen einer Feststellung ostdeutscher Herkunft ab dem Geburtsjahr 1990 und an dem vergleichsweise kleinen Kreis potenziell Begünstigter, der sich im Bereich von 5% der ostdeutschen Bevölkerung bewegt.[33] Die Unwahrscheinlichkeit einer solchen

---

33 Denn es geht nicht um den Anteil Ostdeutscher an so genannten „lokalen politischen Eliten" oder „Funktionseliten" auf Gemeinde- und Kreisebene, in Klein- und mittelständischen Unternehmen oder im Bereich lokaler Massenmedien, Künstlergruppen oder Institutionen (wie Theater usw.). Auf dieser lokalen oder regionalen Ebene Ostdeutschlands sind die Ostdeutschen oft angemessen vertreten. Sie

Gleichstellungspolitik verdankt sich vor allem den seit 1990 gegebenen und diskutierten Machtasymmetrien zwischen Ost und West. Es steht nicht zu erwarten, dass die hegemonialen westdeutschen Elitegruppen ein Interesse daran zeigen, ihre bewährten Rekrutierungspraxen nachhaltig zu ändern. Bei den wenigen ostdeutschen Elitevertretern ist – sowohl zur Abwehr möglicher Marginalisierung in den Netzwerken der Macht wie als Reaktion auf den eigenen Aufstieg ohne spezielle Förderung – ebenfalls keine besondere Neigung erkennbar, sich für eine echte Gleichstellungspolitik zu engagieren, sieht man von der politischen Elite der Partei Die Linke ab.

(4) Angesichts dieser Begrenzungen und zirkulären Unwahrscheinlichkeiten soziopolitischer Gegenstrategien besteht das vielleicht entscheidende Mittel zum Abbau von Missachtung gegenüber den Ostdeutschen in der *Reform, ja Transformation der soziokulturellen und darin soziomoralischen Diskurse* in Deutschland, vor allem der über Ostdeutsche und Ostdeutschland sowie zwischen Ost und West. Trotz erster positiver Veränderungen der massenmedialen „Bild"-Produktionen (siehe oben Abschnitt 5) ist erstens ein wechselseitiges, vor allem westdeutsches Öffnen dem Anderen gegenüber notwendig. Gebraucht wird Neugier, Kennenlernen, das Bemühen, andersartige Geschichte, Erfahrungsräume und Resultate biographischen Lernens anzunehmen, sie verstehen zu wollen. Um dies zu befördern, müssen zweitens die Massenmedien und öffentlichen Bildungseinrichtungen weitaus stärker als bisher Ostdeutsche und Ostdeutschland in ihren historischen und gegenwärtigen Vielfältigkeiten und Widersprüchlichkeiten vermitteln. Sie sollten neben der Thematisierung von „Irrwegen", Verfehlungen, Mängeln, Verlorensein und postsozialistischer „Jammerei" ebenso das Produktive und Findige, das Widerständige und die Chancen, die Vorzüge und Gewinne im neuen Osten zum Gegenstand machen, wobei dies drittens in allererster Linie eben durch Ostdeutsche bzw. in Kooperationsprojekten von Ost- und Westdeutschen zu geschehen hat (exemplarisch: Links/Volke 2009). Bleibt diese Selbstthematisierung aus, drohen einerseits Belehrungen und Bekehrungen von oben, andererseits unkritische Abwehr und Rückzug in Nischen und geschlossene Identitäten. Wir brauchen aber den Austausch von kritischer und zugleich produktiver Selbstreflexion eigener Herkunft, eigenen Erlebens, eigenen Handelns und zwar in der ganzen Breite der ostdeutschen Gesellschaft. Für die Durchsetzung dieser Selbstbezüge und ihrer ungezwungenen, offenen, symmetrischen Kommunikation in Massenmedien und Bildung erscheinen mir ebenfalls

---

stellen die deutliche Mehrheit der hier in Führungspositionen Tätigen (z.B. KMU-Geschäftsführer, Dezernenten in Stadtverwaltungen oder Zeitungsredakteure). Der Gleichstellungsbedarf bezieht sich vielmehr – wie in Abschnitt 4 breit problematisiert – auf Eliten im klassischen Verständnis, d.h. die bereichsspezifischen Führungsgruppen ab der Ebene ostdeutscher Länderverwaltungen aufwärts, von Großunternehmen oder national einflussreichen Wissenschafts- und Kultureliten.

Gleichstellungsräte ein sinnvolles Mittel der Unterstützung und Kontrolle. Erst wenn es gelingt, diese soziale Kommunikationsweise, einen neuen deutsch-deutschen Diskurs zu schaffen und aufrechtzuerhalten, lassen sich ideologische Blendungen, Freund-Feind-Schemata und darauf ruhende Negativstereotype wirklich überwinden, können langfristig ostdeutsche Sonderidentitäten abgebaut bzw. geöffnet, habituelle Exklusionsmechanismen reduziert werden, kann insgesamt eine neue gesamtdeutsche Sittlichkeit und soziomoralisch vermittelte Integration jenseits der Ost-West-Scheidung wachsen.

(5) Ein unerlässliches Moment in dieser möglichen soziokulturellen Bewegung hin zur Überwindung von Missachtungen Ostdeutscher ist und bleibt die *Entwicklung und Stabilisierung ostdeutscher Selbst(wert)schätzung*. Dabei sollten sich die Ostdeutschen nicht allein der Geschichte zuwenden, die sie sowohl als eigentliche Träger der deutschen Reparationslasten nach dem II. Weltkrieg wie und vor allem als jene deutsche Bevölkerung ausweist, die als einzige eine demokratische Revolution erfolgreich realisiert hat. Nicht weniger relevant sind die friedlichen, kreativen und vielfach gelungenen Umgänge mit dem radikalsten Gesellschaftswandel, den eine deutsche Gesellschaft in einem so kurzen Zeitraum je erlebt hat (dazu etwa exemplarisch: Zoll 1999; Engler 2002; Volke/Dietzsch 2003; Kraske/Werner 2005; Links/Volke 2009). Dieser Erfahrungs- und Bewältigungshorizont gepaart mit dem Leben in einem halbierten, weil deindustrialisierten und flexibilisierten Wohlfahrtskapitalismus sollte den Ostdeutschen das Selbstbewusstsein autonomer und produktiver Subjektivität, vielleicht sogar – um es provokativ zu formulieren – das Selbstbewusstsein „vorangehender" subjektiver Fähigkeiten und Kompetenzen vermitteln. Ansätze eines solchen *Gegendiskurses* gibt es in allen Diskursfeldern (ibid. und die weiteren Beiträge im vorliegenden Band). Seine Wirkungen auf den dominierenden Diskurs und die Machtverhältnisse sollten nicht unterschätzt werden. Dennoch wird seine Position solange eine subalterne bleiben, solange die skizzierten strukturellen Rahmen in Politik, Verwaltung, Wirtschaft und Massenmedien nicht substanziell aufgebrochen werden. Insofern gibt es umgekehrt keine wirkliche diskursive Hegemonieverschiebung oder -transformation ohne eine Stützung durch sozioökonomische, sozialstrukturelle und soziopolitische Umsteuerungen, Reformen und veränderte Machtverhältnisse zwischen Ost und West.

(6) Schließlich, und damit in einem Bogen zur ersten und basalen Form menschlicher Anerkennung zurück, wie sie oben kurz vorgestellt wurde (siehe Abschnitt 1.): *Liebe* kann zwar in modernen Massengesellschaften keine Form gesellschaftlicher Anerkennung sein noch werden, auch wenn manche Ostdeutsche im Vereinigungstaumel der ersten Monate an Liebe als den Kitt der deutsch-deutschen Gesellschaft und Solidarität geglaubt haben mögen. Verliebtsein und Liebe erscheinen aber gleichwohl als wichtiges Medium einer

radikalen Aufhebung wechselseitiger Unkenntnis, von Anerkennungsmängeln, Exklusion und auch der Aufrechterhaltung materieller Ungleichheiten zwischen Ost- und Westdeutschen.[34] Liebe bietet insofern trotz ihrer Nichtübertragbarkeit auf gesellschaftliche Anerkennungsverhältnisse ein symbolisches Paradigma für die notwendige Offenheit deutsch-deutscher Diskurse unter der Bedingung von Gleichheit und Gleichwertigkeit der Beteiligten. Bisher haben wir in Deutschland von beidem: der realen Liebe zwischen ost- und westdeutschen Individuen (und folgenden Familiengründungen) und der sie verkörpernden Offenheit und vorbehaltlosen Anerkennung *zu wenig*.

Literatur

AG Perspektiven für Ostdeutschland (Hg./2001): Ostdeutschland – eine abgehängte Region? Dresden: Junius Verlag.

Ahbe, Thomas (2008): Ost-Diskurse. Das Bild der Ostdeutschen in den Diskursen von vier überregional erscheinenden Presseorganen 1989/90 und 1995. In: Roth, Kersten Sven/Wienen, Markus (Hg.): Diskursmauern. Aktuelle Aspekte der sprachlichen Verhältnisse zwischen Ost und West. Bremen: Hempen Verlag: 21-54.

Ahbe, Thomas (2009): Ostdeutsche und westdeutsche Identität. Über Gründe und Sinn einer Differenz. In: Vorgänge 187 (20 Jahre Einheit in Uneinigkeit): 85-93.

Ahbe, Thomas (2010): Die DDR im Rücken. Die sozialisatorische Mitgift der Ostdeutschen und der aktuelle Konflikt von Erinnerungen und Leit-Erzählungen im vereinigten Deutschland. In: Tr@nsit Online 2010 (http://www.iwm.at/index.php?option=com_content&task=view&id=179&Itemid=231, Zugriff am 03.01.2011).

Ahbe, Thomas/Gibas, Monika (2001): Der Osten in der Berliner Republik. In: Aus Politik und Zeitgeschichte, B1-2/2001 (http://www.bpb.de/publikationen/BQ6TYM.html, Zugriff am 03.01.2011).

Ahbe, Thomas/Gries, Rainer/Schmale, Wolfgang (Hg./2009): Die Ostdeutschen in den Medien. Das Bild von den Anderen nach 1990. Leipzig: Leipziger Universitätsverlag.

Alheit, Peter (2005): Modernisierungsblockaden in Ostdeutschland? In: Aus Politik und Zeitgeschichte, B 40/2005: 32-40.

Angermüller, Johannes/Bunzmann, Katharina/Nonhoff, Martin (Hg./2001): Diskursanalyse: Theorien, Methoden, Anwendungen. Hamburg: Argument.

---

34 Als Mittel des Ungleichheitsabbaus kann Liebe insofern fungieren, als die gigantischen, in den kommenden Jahren zu vererbenden Privatmögen in Westdeutschland ohne individuelle Verbindungen und Familiengründungen zwischen Ost und West in westlichen Landesteil verbleiben werden. Dann könnten die Vermögensungleichheiten zwischen Ost- und Westdeutschen (wobei die Ostdeutschen anhaltend im Mittel über 30-40% der westdeutschen Vermögen verfügen) in den kommenden Jahren sogar noch anwachsen.

Arnswald, Ulrich (2004): Zum Stellenwert des Themas DDR-Geschichte in den Lehrplänen der deutschen Bundesländer. Expertise im Auftrag der Stiftung zur Aufarbeitung der SED-Diktatur. Berlin: Stiftung zur Aufarbeitung der SED-Diktatur.

Baethge, Martin et al. (2005): Deutschland im Umbruch. Berichterstattung zur sozioökonomischen Entwicklung in Deutschland. Arbeit und Lebensweisen. Erster Bericht. Wiesbaden: VS Verlag.

Bahrmann, Hannes (2005): Gestörte Kommunikation. Die Umgestaltung der Medienlandschaft. In: Bahrmann, Hannes/Links, Christoph (Hg.): Am Ziel vorbei. Die deutsche Einheit – Eine Zwischenbilanz. Berlin: Ch. Links: 251-267.

Bahrmann, Hannes/Links, Christoph (Hg./2005): Am Ziel vorbei. Die deutsche Einheit – Eine Zwischenbilanz. Berlin: Ch. Links.

Baring, Arnulf (1991): Deutschland, was nun? Berlin: Siedler.

Baring, Arnulf (1999): Es lebe die Republik, es lebe Deutschland! München: DVA.

Barlösius, Eva (2004): Kämpfe um soziale Ungleichheit. Machttheoretische Perspektiven. Wiesbaden: VS Verlag.

Bauer-Volke, Kristina/Dietzsch, Ina (Hg./2003): Labor Ostdeutschland. Kulturelle Praxis im gesellschaftlichen Wandel. Berlin: Kulturstiftung des Bundes.

Beck, Ulrich (1986): Die Risikogesellschaft. Auf dem Weg in eine andere Moderne. Frankfurt: Suhrkamp.

Berth, Hendrik/Förster, Peter/Brähler, Elmar/Stöbel-Richter, Yve (2007): Einheitslust und Einheitsfrust. Junge Ostdeutsche auf dem Weg vom DDR- zum Bundesbürger. Gießen: Psychosozial-Verlag.

Betz, Thomas G. (2005): Die Eigentumsfrage. Das Prinzip „Rückgabe vor Entschädigung" und seine Folgen. In: Bahrmann, Hannes/Links, Christoph (Hg.): Am Ziel vorbei. Die deutsche Einheit – Eine Zwischenbilanz. Berlin: Ch. Links: 107-123.

Bisky, Jens (2005): Die deutsche Frage. Warum die Einheit unser Land gefährdet. Berlin: Rowohlt.

Bollinger, Stefan/Busch, Ulrich/Dahn, Daniela/Vilmar, Fritz (Hg./2000): Zehn Jahre Vereinigungspolitik: Kritische Bilanz und humane Alternativen. Berlin: Dr. W. Weist.

Bourdieu, Pierre (1982): Die feinen Unterschiede. Kritik der gesellschaftlichen Urteilskraft. Frankfurt: Suhrkamp.

Bourdieu, Pierre (1987): Sozialer Sinn. Kritik der theoretischen Vernunft. Frankfurt: Suhrkamp.

Bourdieu, Pierre (1990): The Logic of Practice. Stanford: Stanford UP.

Bourdieu, Pierre (1992): Ökonomisches Kapital – soziale Kapital – kulturelles Kapital. In: ders. (1992): Die verborgenen Mechanismen der Macht. Hamburg: VSA: 49-79.

Bourdieu, Pierre (1998): Gegenfeuer. Wortmeldungen im Dienste des Widerstands gegen die neoliberale Invasion. Konstanz: UVK.

Bourdieu, Pierre (2005): Was heißt sprechen? Zur Ökonomie des sprachlichen Tausches. Wien: Passagen.

Brähler, Elmar/Mohr, Irina (Hg./2010): 20 Jahre deutsche Einheit – Facetten einer geteilten Wirklichkeit. Gießen: Psychosozial-Verlag.

Brautzsch, Hans-Ulrich (2009): Rendite in der ostdeutschen Industrie seit fünf Jahren höher als in Westdeutschland. In: Wirtschaft im Wandel, 15. Jg. (10): 396.

Bude, Heinz/Willisch, Andreas (Hg./2006): Exklusion. Die Debatte über die „Überflüssigen". Frankfurt: Suhrkamp.

Bundesregierung (2004): Jahresbericht der Bundesregierung zum Stand der Deutschen Einheit. Berlin: September 2004.

Bundesregierung (2007): Jahresbericht der Bundesregierung zum Stand der Deutschen Einheit. Berlin: September 2007.

Bundesregierung (2009): Jahresbericht der Bundesregierung zum Stand der Deutschen Einheit. Berlin: September 2009.

Bürklin, Wilhelm/Rebenstorf, Hilke (Hg./1997): Eliten in Deutschland. Rekrutierung und Integration, Opladen: Leske + Budrich.

Busch, Ulrich (2005): Aufbau Ost – Bilanz und Perspektiven. In: Berliner Debatte – INITIAL, 16. Jg. (1): 79-90.

Busch, Ulrich/Kühn, Wolfgang/Steinitz, Klaus (2009): Entwicklung und Schrumpfung in Ostdeutschland: Aktuelle Probleme im 20. Jahr der Einheit. Hamburg: VSA.

Busse, Tanja/Dürr, Tobias (Hg./2003): Das neue Deutschland. Die Zukunft als Chance. Berlin: Aufbau-Verlag.

Cooke, Paul 2005: Representing East Germany Since Unification. From Colonization to Nostalgia. Oxford/N.Y.: Berg Publishers.

Datenreport 2006 (herausgegeben vom Statistischen Bundesamt in Zusammenarbeit mit dem WZB und ZUMA, 2008). Bonn: Bundeszentrale für politische Bildung.

Datenreport 2008 (herausgegeben vom Statistischen Bundesamt in Zusammenarbeit mit dem WZB und ZUMA, 2008). Bonn: Bundeszentrale für politische Bildung.

Daux, Anne-Laure (2008): Die ostdeutsche Nachwendeliteratur als Gegendiskurs. In: Roth, Sven Kersten/Wienen, Markus (Hg.): Diskursmauern. Aktuelle Aspekte der sprachlichen Verhältnisse zwischen Ost und West. Bremen: Hempen: 91-114.

de Maizière, Lothar (2005): Die Übernahme des Rechtssystems. Der Prozess der Rechtsangleichung mit vereinzelten Sonderregelungen. In: Bahrmann, Hannes/Links, Christoph (Hg.): Am Ziel vorbei. Die deutsche Einheit – Eine Zwischenbilanz. Berlin: Ch. Links: 48-59.

Deines, Stefan (2008): Verletzende Anerkennung. Über das Verhältnis von Anerkennung, Subjektkonstitution und „sozialer Gewalt". In: Herrmann, Steffen K./Krämer, Sybille/Kuch, Hannes (Hg.): Verletzende Worte. Die Grammatik sprachlicher Anerkennung. Bielefeld: Transcript: 275-294.

den Hertog, Frank (2004): Minderheit im eigenen Land? Zur gesellschaftlichen Position der Ostdeutschen in der gesamtdeutschen Realität. Frankfurt/N.Y.: Campus.

Derlien, Hans-Ulrich (2001): Elitezirkulation zwischen Implosion und Integration. In: Bertram, H./Kollmorgen, R. (Hg.): Die Transformation Ostdeutschlands. Opladen: Leske + Budrich: 53-76.

Dieckmann, Christoph (2005): Deutschlands Medien und ostdeutsche Öffentlichkeit. In: Aus Politik und Zeitgeschichte, B 40/2005: 3-8.

Dietzsch, Ina (2008): „Zusammen sind wir super!" Die SUPERillu – ein neues Medium jenseits neuer Medien. In: Kulturation. Online Journal für Kultur, Wissenschaft und Politik, 2/2008 (http://www.kulturation.de/ki_1_text.php?id=44, Zugriff am 03.01.2011).

Dohnanyi, Klaus von/Most, Edgar (2004): Kurskorrektur des Aufbau Ost. Bericht des Gesprächskreises Ost der Bundesregierung (Redaktion: Dohnanyi, Klaus von/Most, Edgar). Hamburg/Berlin.

Dümcke, Wolfgang/Vilmar, Fritz (Hg./1995): Kolonialisierung der DDR. Kritische Anmerkungen und Alternativen des Einigungsprozesses. Münster: Agenda.

Elias, Norbert/Scotson, John (1965/1990): Etablierte und Außenseiter. Frankfurt: Suhrkamp.

Engler, Wolfgang (1999): Die Ostdeutschen. Kunde von einem verlorenen Land. Berlin: Aufbau.

Engler, Wolfgang (2002): Die Ostdeutschen als Avantgarde. Berlin: Aufbau.

Evans, Owen (2005): „Denn wir sind anders": „Zonenkinder" in the Federal Republic. In: gfl-journal (German as foreign language), No. 2/2005: 20-32.

Falter, Jürgen W/Gabriel Oskar W./Rattinger, Hans/Schoen, Harald (Hg./2006): Sind wir ein Volk? Ost- und Westdeutschland im Vergleich. München: Beck.

Flatau, Sabine (2003): Vorwärts in die Vergangenheit. Ein Stück nachgebaute DDR als Ausstellung. In: Berliner Morgenpost vom 28.02.2003 (http://www.morgenpost.de/content/2003/02/28/berlin/587600.html, Zugriff am 03.11.2011).

Förster, Peter (2006): Warum viele junge Ostdeutsche den Kapitalismus wieder loswerden wollen. Beispiel: Die 32-Jährigen. Manuskript. Leipzig (http://www.rosalux.de/cms/fileadmin/rls_uploads/pdfs/foersterstudie2006.pdf, Zugriff am 03.01.2011)

Früh, Werner/Stiehler, Hans-Jörg (2002): Fernsehen in Ostdeutschland. Eine Untersuchung zum Zusammenhang zwischen Programmangebot und Rezeption, AML-Band 1. Berlin: Vistas.

Fuchs, Christian (2010): Report Zwickau. Mehr als 20 Jahre nach der Wende werden im Osten immer noch ganz andere Magazine als im Westen gelesen. In: Süddeutsche Zeitung vom 6./7.11.2010: 21.

Gensicke, Thomas (1998): Die neuen Bundesbürger. Eine Transformation ohne Integration. Opladen: Westdeutscher Verlag.

Gensicke, Thomas (2001): Auf dem Weg zur Integration. Die neuen Bundesbürger nach der Einheit. In: Deutschland Archiv, 34. Jg. (3): 398-410.

Gramsci, Antonio (1986): Zu Politik, Geschichte und Kultur. Leipzig: Reclam.

Gutmann, Amy (Ed./1994): Multiculturalism: Examining the Politics of Recognition. Princeton: Princeton UP.

Habermas, Jürgen (1990): Die Moderne – ein unvollendetes Projekt. Leipzig: Reclam

Habermas, Jürgen (1999): Die Einbeziehung des Anderen. Studien zur politischen Theorie. Frankfurt: Suhrkamp.

Hake, Sabine/Ehrenberg, Maria (2009): Ostdeutsche wenden sich von der Tageszeitung ab. Die Entwicklung der Lesewahrscheinlichkeiten von Tageszeitungen insgesamt und überregionalen Abo-Zeitungen in Ost- und Westdeutschland. Medientrends und sozialer Wandel, 1/2009. Köln: Universität Köln, MLFZ (http://www.mlfz.uni-koeln.de/assets/files/Medientrends/Medientrend_01_2009.pdf, Zugriff am 03.01.2011).

Hegel, Georg Wilhelm Friedrich (1807/1986): Die Phänomenologie des Geistes. Werke Bd. 3. Frankfurt: Suhrkamp.

Heitmeyer, Wilhelm (2009a): Leben wir immer noch in zwei Gesellschaften? 20 Jahre Vereinigung und die Situation Gruppenbezogener Menschenfeindlichkeit. In: Heitmeyer, Wilhelm (Hg.): Deutsche Zustände, Folge 7. Frankfurt: Suhrkamp: 13-49.

Heitmeyer, Wilhelm (Hg./2009b): Deutsche Zustände, Folge 7. Frankfurt/Main: Suhrkamp.

Heitmeyer, Wilhelm/Imbusch, Peter (Hg./2005): Integrationspotenziale einer modernen Gesellschaft. Wiesbaden: VS Verlag.

Herles, Wolfgang (2005): Wir sind kein Volk! Eine Polemik gegen die Deutschen. München: DTV.

Honneth, Axel (1994): Kampf um Anerkennung. Zur moralischen Grammatik sozialer Konflikte. Frankfurt: Suhrkamp.

Honneth, Axel/Fraser, Nancy (2003): Umverteilung oder Anerkennung? Eine politischphilosophische Kontroverse. Frankfurt: Suhrkamp.

Hötte, Ralph/Pollmeier, Achim (2010): Elite made in Westdeutschland. Warum Ostdeutsche draußen bleiben. Monitor Nr. 612 vom 30.09.2010 (http://www.wdr.de/tv/ monitor//sendungen/2010/0930/pdf/elite.pdf, Zugriff am 03.01.2011).

Howard, Marc (1995): Ostdeutsche als ethnische Gruppe? In: Berliner Debatte – INITIAL, 6. Jg. (4/5): 119-131.

Hüttmann, Jens (2004): Die „gelehrte DDR" und ihre Akteure, Inhalte, Motivationen, Strategien: Die DDR als Gegenstand von Lehre und Forschung an deutschen Universitäten. Unter Mitarbeit von Peer Pasternack. HoF-Arbeitsberichte 4/2004. Wittenberg: HoF.

Kaase, Max (1999): Stichwort „Innere Einheit". In: Weidenfeld, Werner/Korte, Karl-Rudolf (Hg.): Handwörterbuch zur deutschen Einheit. Frankfurt/N.Y.: Campus: 454-466.

Kaina, Viktoria (2002): Mit Herz und Konto? Zur Wertigkeit der deutschen Einheit in den alten Bundesländern. In: Aus Politik und Zeitgeschichte, B37-38/2002: 6-12.

Kirchlicher Herausgeberkreis (Hg./2007): Zerrissenes Land. Perspektiven der deutschen Einheit. Frankfurt/M./Oberursel: Publik Forum.

Klein, Anna/Küpper, Beate/Zick, Andreas (2009): Rechtspopulismus im vereinigten Deutschland als Ergebnis von Benachteiligungsgefühlen und Demokratiekritik. In: Heitmeyer, Wilhelm (Hg.): Deutsche Zustände, Folge 7. Frankfurt: Suhrkamp: 93-129.

Kleßmann, Christoph (2009): „Deutschland einig Vaterland"? Politische und gesellschaftliche Verwerfungen im Prozess der deutschen Vereinigung. In: Zeithistorische Forschungen/Studies in Contemporary History, Online-Ausgabe, 6 (2009) H. 1 (http://www.zeithistorische-forschungen.de/16126041-Klessmann-1-2009, Zugriff am 03.01.2011).

Koch, Frank Thomas (1993): Die Ostdeutschen zwischen Einheitsschock und „doppeltem Zukunftshorizont" – Deutungs- und Handlungsmuster sozialer Akteure im Transformationsprozess. In: Reißig, Rolf (Hg.): Rückweg in die Zukunft. Über den schwierigen Transformationsprozess in Ostdeutschland. Frankfurt/N.Y.: Campus: 159-200.

Koch, Thomas (1991): Deutsch-deutsche Einigung als Kulturproblem. Konfliktpotentiale nationaler Re-Integration. In: Deutschland Archiv, 24. Jg. (1): 16-25.

Koch, Thomas (1997): Ostdeutsche Identitätsbildungen in der dualistischen Gesellschaft. Fokus-Phänomenologie - Forschungsfragen. In: Berliner Debatte Initial, 8. Jg. (3): 93-108.

Koch, Thomas (1999): Parteienwettbewerb und „politisch-kulturelle Hegemonie" im Wahlgebiet Ost. In: Berliner Debatte INITIAL, 10. Jg. (2): 74-84.

Köcher, Renate (2009): 42 Prozent der Ostdeutschen fühlen sich als Bürger zweiter Klasse. In: wiwo.de – Das Portal der Wirtschaftswoche vom 26.09.2009 (http://www.wiwo.de/politik-weltwirtschaft/42-prozent-der-ostdeutschen-fuehlen-sich-als-buerger-zweiter-klasse-409340/, Zugriff am 03.01.2011).

Kollmorgen, Raj (2005): Ostdeutschland. Beobachtungen einer Übergangs- und Teilgesellschaft. Wiesbaden: VS Verlag.

Kolmer, Christian (2009): Nachrichten aus einer Krisenregion. Das Bild Ostdeutschlands und der DDR in den Medien 1994-2007. In: Ahbe, Thomas/Gries, Rainer/Schmale, Wolfgang (Hg.): Die Ostdeutschen in den Medien. Das Bild von den Anderen nach 1990. Leipzig: Leipziger Universitätsverlag: 181-214.

Kraske, Michael/Werner, Christian (Hg./2005): Tief im Osten. Begegnungen mit der anderen deutschen Art: Berlin: Das Neue Berlin.

Kronauer, Martin (2002): Exklusion. Die Gefährdung des Sozialen im hoch entwickelten Kapitalismus. Frankfurt/M: Campus.

Krüger, Thomas (2003): Überwindung der deutschen Teilung – noch eine Aufgabe der politischen Bildung? (Rede vom 24. Juni 2003; http://www.bpb.de/presse/TF8FC4.html, Zugriff am 03.01.2011).

Kunze, Conrad (2008): Die postsozialistische Transformation der ostdeutschen Elite. Der Hallische Graureiher, Heft 2008-4. Halle: Martin-Luther-Universität, Institut für Soziologie.

Laclau, Ernesto (1991): New Reflections on the Revolution of Our Time. London et al.: Verso.

Laclau, Ernesto (2007): Emanzipation und Differenz. Wien: Turia + Kant.

Laclau, Ernesto/Mouffe, Chantal (2000): Hegemonie und radikale Demokratie. Zur Dekonstruktion des Marxismus. Wien: Passagen.

Land, Rainer (2003): Ostdeutschland – fragmentierte Entwicklung. In: Berliner Debatte – INITIAL, 14. Jg. (6): 76-95.

Land, Rainer (2006): Fragmentierte Wirtschaftsstrukturen zwischen Deindustrialisierung, Stagnation und Innovation. In: Berliner Debatte – INITIAL, 17. Jg. (5): 27-38.

Land, Rainer et al. (1999): Kapitalbeteiligung als effektive Form der Wirtschaftsförderung. In: Berliner Debatte – INITIAL, 10. Jg. (4/5): 118-123.

Lessenich, Stephan/Nullmeier, Frank (Hg./2006): Deutschland – eine gespaltene Gesellschaft. Frankfurt/N.Y.: Campus.

Liebig, Stefan/Lengfeld, Holger (Hg./2002): Interdisziplinäre Gerechtigkeitsforschung. Frankfurt/N.Y.: Campus.

Links, Christoph/Volke, Kristina (Hg./2009): Zukunft erfinden. Kreative Projekte in Ostdeutschland. Berlin: Ch. Links.

Lohauß, Peter (1995): Moderne Identität und Gesellschaft. Theorien und Konzepte. Opladen: Leske + Budrich.

Machatzke, Jörg (1997): Einstellungen zum Umfang stattlicher Verantwortung. Zum Staatsverständnis der Eliten im vereinten Deutschland. In: Bürklin, W./Rebenstorf, H. (Hg.): Eliten in Deutschland. Rekrutierung und Integration. Opladen: Leske + Budrich: 321-350.

Marshall, Thomas H. (1992): Bürgerrechte und soziale Klassen. Zur Soziologie des Wohlfahrtsstaates. Frankfurt/N.Y.: Campus.

MDR (2004): Ostdeutsche Eliten dünn gesät (MDR-Umschau vom 24.10.2004; die Daten sind wiederabgedruckt bei Pasternack, Peer (2005): Wissenschaftsumbau. Der Austausch der Deutungseliten. In: Bahrmann, Hannes/Links, Christoph (Hg.): Am Ziel vorbei. Die deutsche Einheit – Eine Zwischenbilanz. Berlin: Ch. Links Verlag: 221-236, hier: 224-225).

Mead, George Herbert (1927/1973): Geist, Identität und Gesellschaft. Frankfurt/M.: Suhrkamp.

Meulemann, Heiner (2002): Werte und Wertewandel im vereinten Deutschland. In: Aus Politik und Zeitgeschichte, B37-38/2002: 13-22.

Mindt, Felix R. (2003): Die Soli-Abzocke – Die Wahrheit über den armen Osten. Fulda: Eichborn.

Mühlberg, Dietrich (1999): Nachrichten über die kulturelle Verfassung der Ostdeutschen. In: INITIAL, 10. Jg. (2): 4-17.

Mühlberg, Dietrich (2005): Deutschland nach 1989: politisch geeint – kulturell getrennt? In: Kulturation. Online-Journal für Kultur, Wissenschaft und Politik, 28.(3) Jg. (6, 2/2005).

N24-Emnid (2007): N24-EMNID-UMFRAGE: Ostdeutsche fühlen sich immer noch benachteiligt (http://www.presseportal.de/pm/13399/1058281/n24, Zugriff am 10.01.2011).

Nassehi, Armin (2003): Geschlossenheit und Offenheit. Studien zur Theorie der modernen Gesellschaft. Frankfurt: Suhrkamp.

Neckel, Sighart (1997): Etablierte und Außenseiter und das vereinigte Deutschland. In: Berliner Journal für Soziologie, 7. Jg. (2): 205-215.

Niedermayer, Oskar (2005): Bürger und Politik. Politische Orientierungen und Verhaltensweisen der Deutschen. Wiesbaden: VS Verlag.

Nonhoff, Martin (2001): Soziale Marktwirtschaft – ein leerer Signifikant? Überlegungen im Anschluss an die Diskurstheorie Ernesto Laclaus. In: Angermüller, Johannes/Bunzmann, Katharina/Nonhoff, Martin (Hg.): Diskursanalyse: Theorien, Methoden, Anwendungen. Hamburg: Argument: 193-208.

Paqué, Karl-Heinz (2009): Die Bilanz: Eine wirtschaftliche Analyse der Deutschen Einheit. München: Hanser.

Pasternack, Peer (2002): Einheit von Forschung und Lehre? Die DDR-Forschung und ihr Niederschlag im akademischen Lehrbetrieb. In: Deutschland Archiv, 35. Jg. (1): 43-51.

Pohl, Rüdiger (2002): Ostdeutschland im 12. Jahr nach der Vereinigung. Eine Bilanz der wirtschaftlichen Transformation. In: Aus Politik und Zeitgeschichte, B37-38/2002: 30-38.

Pollack, Detlef (1998): Ostdeutsche Identität – ein multidimensionales Phänomen. In: Meulemann, Heiner (Hg.): Werte und nationale Identität im vereinten Deutschland. Erklärungsansätze der Umfrageforschung. Opladen: Leske + Budrich: 301-318.

Pollack, Detlef (2000): Wirtschaftlicher, sozialer und mentaler Wandel in Ostdeutschland. In: Aus Politik und Zeitgeschichte B 40/2000: 13-21.

Pollack, Detlef (2003): Die Fremden. In: Busse, Tanja/Dürr, Tobias (Hg.): Das neue Deutschland. Die Zukunft als Chance. Berlin: Aufbau: 295-308.

Priewe, Jan (2001): Ostdeutschland 1990-2010 – Bilanz und Perspektive. In: AG Perspektiven für Ostdeutschland (Hg.): Ostdeutschland – eine abgehängte Region? Dresden: Junius: 16-47.

Ragnitz, Joachim/Scharfe, Simone/Schirwitz, Beate (2009): Bestandaufnahme der wirtschaftlichen Fortschritte im Osten Deutschlands 1989-2008. Gutachten im Auftrag der INSM. Dresden: Ifo.

Reißig, Rolf (2000): Die gespaltene Vereinigungsgesellschaft. Berlin: Karl Dietz.

Rommelspacher, Birgit (2002): Anerkennung und Ausgrenzung: Deutschland als multikulturelle Gesellschaft. Frankfurt/N.Y.: Campus.

Röper, Erich (2005): Die minderen Brüder und Schwestern. In: Aus Politik und Zeitgeschichte, B 40/2005: 19-25.

Roth, Kersten Sven (2004): Wie man über ‚den Osten' spricht – Die ‚neuen Länder' im bundesdeutschen Diskurs. In: gfl-journal (German as foreign language), No. 2/2004: 16-36.

Roth, Marita (2008): Die De- und Rekonstruktion des Selbst. Ostdeutsche Identitätsarbeit nach der Vereinigung und heute. In: Roth, Sven Kersten/Wienen, Markus (Hg.): Diskursmauern. Aktuelle Aspekte der sprachlichen Verhältnisse zwischen Ost und West. Bremen: Hempen: 187-198.

Roth, Sven Kersten/Wienen, Markus (Hg./2008): Diskursmauern. Aktuelle Aspekte der sprachlichen Verhältnisse zwischen Ost und West. Bremen: Hempen.

Said, Edward W. (1994): Culture and Imperialism. New York et al.: Vintage.

Sartre, Jean-Paul (1943/1991): Das Sein und das Nichts. Versuch einer phänomenologischen Ontologie. Reinbek bei Hamburg: Rowohlt.

Schäfer, Eva/Dietzsch, Ina/Drauschke, Petra/Peinl, Iris/Penrose, Virginia/Scholz, Sylka/ Völker, Susanne (Hg./2005): Irritation Ostdeutschland. Geschlechterverhältnisse in Deutschland seit der Wende. Münster: Westfälisches Dampfboot.

Schatz, Roland (2010): Wahrnehmung 2. Klasse. Das Medien der Neuen Bundesländer im allgemeinen sowie der ostdeutschen Wirtschaft & Wissenschaft im besonderen. Vortrag auf der Konferenz „20 Jahre deutsche Einheit – von der Transformation zur europäischen Integration" am 11./12. März 2010 in Halle/Saale, Vortragsmanuskript (Power Point) (http://www.iwh-halle.de/d/start/News/workshops/20100311/ praesentationen/Schatz.PDF, Zugriff am 03.01.2011).

Schmitt, Manfred/Montada, Leo (Hg./1999): Gerechtigkeitserleben im vereinigten Deutschland. Opladen: Leske + Budrich.

Schroeder, Klaus (2004): Die stillen Kosten der deutschen Vereinigung. In: Frankfurter Allgemeine Sonntagszeitung, 26.09.2004, Nr. 39: 5.

Schroeder, Klaus (2006): Die veränderte Republik. Deutschland nach der Wiedervereinigung. München: Bayerische Landeszentrale für politische Bildung.

Schroeder, Klaus (2009): Ostdeutschland 20 Jahre nach dem Mauerfall. Eine Wohlstandsbilanz. Gutachten im Auftrag der INSM. Berlin (unv. MS.).
Schroeder-Deutz, Monika/Schroeder, Klaus (2008): Soziales Paradies oder Stasi-Staat? Das DDR-Bild von Schülern, ein Ost-West-Vergleich. Berlin/München: Ernst Vögel.
Sozialreport (2004): Daten und Fakten zur Lage in den neuen Bundesländern (hg. durch G. Winkler). Berlin: trafo.
Spivak, Gayatri C. (1996): The Spivak Reader. Selected Works of Gayatri Chakravorty Spivak. London et al: Routledge.
Szejnmann, Claus-Christian W. (2004): German Unification and the Involutionary Marginalization of Eastern Germans. In: gfl-journal (German as foreign language), No. 3/2004: 102-116.
Taylor, Charles (1993): Multikulturalismus und die Politik der Anerkennung. Frankfurt/M.: Fischer.
Thomas, Michael (1993): Die Wirkungsmacht sozialer Beziehungen im deutschdeutschen Transformationsprozeß. In: BISS public, 1993 (11): 97-106.
Tosa (Verlag) (2003): Die besten Witze aus der DDR. Wien: Tosa.
Treibel, Annette (1999): Figurationen von Etablierten und Außenseitern im Vereinigungsprozeß. In: Berliner Debatte – INITIAL, 10. Jg. (4/5): 151-156.
Vester, Michael (2001): Milieus und soziale Gerechtigkeit. In: Korte, K-R./Weidenfeld, W. (Hg.): Deutschland-TrendBuch, Opladen: Leske + Budrich: 136-183.
Waldermann, Anselm (2007): Billiger Osten – Paradies für Rentner und Studenten. In: Spiegel Online vom 3.8.2007 (http://www.spiegel.de/wirtschaft/ 0,1518,497843,00.html, Zugriff am 03.01.2011).
Weber, Max (1921/1972): Wirtschaft und Gesellschaft. Grundriß der verstehenden Soziologie. Tübingen: Mohr.
Wiesenthal, Helmut (1999): Die Transformation der DDR. Verfahren und Resultate. Gütersloh: Verlag Bertelsmann Stiftung.
Wilamowitz-Moellendorff, Ulrich von (2002): Türken in Deutschland II: Individuelle Perspektiven und Problemlage, Arbeitspapiere, Nr. 60. Sankt Augustin: Konrad-Adenauer-Stiftung e.V.
Winkler, Gunnar (2009): 20 Jahre friedliche Revolution – 1989 bis 2009. Umbruch – Schriftenreihe des Sozialwissenschaftlichen Forschungszentrums Berlin-Brandenburg zur sozialen Transformation in den alten und neuen Bundesländern - Band 24. Berlin: SFZ.
Woderich, Rudolf (1996): Peripherienbildung und kulturelle Identität. In: Kollmorgen, Raj et al. (Hg.): Sozialer Wandel und Akteure in Ostdeutschland. Opladen: Leske + Budrich: 81-101.
Woderich, Rudoph (1999): Ostdeutsche Identitäten zwischen symbolischer Konstruktion und lebensweltlichem Eigensinn (Schriftfassung des Referates auf der Konferenz „The German Road from Socialism to Capitalism" , Harvard University, Centre for European Studies, June 18-20, 1999). unv. MS (http://www.biss-online.de/ download/ostdeutsche_identitaeten.pdf, Zugriff am 03.01.2011).
Wolle, Stefan (1998): Die heile Welt der Diktatur. Alltag und Herrschaft in der DDR 1971-1989. Berlin: Ch. Links.

Zapf, Wolfgang (1994): Die Transformation in der ehemaligen DDR und die soziologische Theorie der Modernisierung. In: Berliner Journal für Soziologie 4. Jg. (3): 295-306.
Zapf, Wolfgang (2000). How to evaluate German unification? Discussion paper FSIII 00-404. Berlin: WZB.
Zoll, Rainer (1999): Ostdeutsche Biographien. Frankfurt: Suhrkamp.

Ostdeutsche Zukunftspotenziale – oder: Wie man das Rad doch noch einmal neu erfinden muss

Michael Thomas

„Wo wir sind, ist vorn. Und wenn wir hinten sind, ist hinten vorn."
(Silly 1993)

1. Vorbemerkung mit Skepsis

Die Initiatoren und Herausgeber des Buches „Zukunft erfinden. Kreative Projekte in Ostdeutschland" (Links/Volke 2009) waren einigermaßen überrascht von der vielfach gleichsam euphorischen Aufnahme des Buches durch die Öffentlichkeit im Herbst 2009. Gleiches ließe sich zudem konstatieren für die Resonanz, die eine dem Buch vorangestellte Webseite unter Akteuren in Ostdeutschland gefunden hatte. Dem mit der Webseite präsentierten Aufruf, innovative, kreative Projekte zu präsentieren, waren schon nach wenigen Wochen über einhundert von diesen Akteuren gefolgt. Beiderlei Resonanz ist auch deshalb als überraschend festzuhalten, weil Buch und Webseite weder billige Erwartungen im Jubiläumsjahr noch irgendwelche Klischees vom aufblühenden Osten bedienten: Gefragt waren und sind kreative Initiativen, die Ernst machen mit dem „Projekt Zukunft"! Warum also überrascht die Resonanz, und wofür wiederum kann sie stehen?

Aus wissenschaftlicher Perspektive gibt es einige Gründe für eine solche Überraschung, möglicherweise sogar berechtigte Skepsis mit Blick auf das Projekt. Gründe und auch Skepsis hängen vor allem mit gesamtwirtschaftlichen Indikatoren über die vergangenen zwei Jahrzehnte zusammen. Diese belegen einen nur zögerlichen, zeitweilig eher gehemmten und letztlich den Osten nicht zu selbsttragender Entwicklung oder erlangter Souveränität gegenüber Transferzahlungen führenden Angleichungs- und Aufholprozess. Zudem sind es gerade die sogenannten „dynamischen Indikatoren", die schwächeln, also Indikatoren, die für Entwicklungen stehen können. „Die dynamischen Leistungskennziffern der ostdeutschen Wirtschaft stagnieren seit etwa einem Jahrzehnt und tendieren mit äußerst bescheidenen Zuwachsraten zur Stagnation" (Peche 2007: 37). Anhaltende Abhängigkeit vom Westen und mangelnde wirtschaftliche Dynamik charakterisieren den Osten.

Wie für die wirtschaftlichen Indikatoren gilt das beispielsweise auch für die regionalen. Die große Mehrzahl der ostdeutschen Regionen – ländliche oder/und periphere Regionen – ist mit den bisherigen und vor allem auch mit den absehbaren künftigen Entwicklungen vor Herausforderungen gestellt, für die es bisher keine Lösungen oder Antworten gibt. Es zeigt sich nach verschiedenen Rankings und vor allem auch den demografischen Prognosen der Raumordnung (vgl. Berichte 2009) recht deutlich, dass ein großer Teil solcher Regionen selbst mit einem sich fortschreibenden Nachhol- und Anpassungsmodus auf der Strecke bleiben muss. Es sind eine Komplexität und Kumulation von Problemlagen, die zumeist unter dem abstrakten Stichwort des demografischen Wandels noch verdeckt werden, mit denen sich die Herausforderung ergibt. Im Kern geht es dabei schlicht darum, dass hier vielfach Entwicklung *nicht nur ohne Wachstum* zu gestalten ist, sondern *Entwicklung* sich *mit Schrumpfung* verbinden muss. Dafür aber gibt es weder Lehrbücher noch historische Beispiele. Bisherige Zielvorstellungen der Daseinsvorsorge und gleichwertiger Lebensverhältnisse stehen zur Disposition; wirtschafts- und finanzpolitische Optionen setzen enge Grenzen: Schrumpfung – ja, aber Entwicklung?

Die gelegentlichen Versuche in den letzten Jahren, die Ostdeutschen doch als Avantgarde zu erfinden, sie vielleicht aus der besonderen Not heraus zu einer solchen zu verpflichten (vgl. Engler 2002), sind zum großen Teil versandet. Hoffnung oder Traum eines *„ex oriente lux!"* blieben eben eher Traum oder sind gar ausgeträumt: Die im Osten seit 1989 deutlich gewachsene Zustimmung zum Vereinigungsprozess und damit zum wirtschaftlichen und politischen System ist keinesfalls mit einem gleichfalls gewachsenen Zukunftsoptimismus verbunden. Ganz im Gegenteil: Zukunftserwartungen sind seit 2002 im Osten deutlich eingebrochen; wird eine leichte Abnahme von Unterschieden zwischen West und Ost konstatiert, so nimmt zugleich der Prozentsatz derjenigen zu (von 17% 2002 auf 21% 2009), die „auch in 50 Jahren noch Unterschiede" erwarten (vgl. SFZ 2009). War so noch in den ersten Jahren nach 1989 ein sogenannter „doppelter Zukunftshorizont" ein nachvollziehbares Versprechen auf Aktivitäts- und Handlungspotenziale – in Erwartung alsbald einsetzender und längerfristiger Verbesserungen ihrer sozialen Situation waren die Menschen bereit, kurzfristige Einschnitte zu akzeptieren –, so ist ein solches Versprechen, ist eine solche Erwartung nicht mehr auszumachen: Gerade die längerfristige Projektion liegt im Schatten, mag das eigene Wohlergehen momentan auch gesichert sein. Wir sehen so gleichsam eine Umkehrung des Horizontes. Und nach diesem Befund werden die Ostdeutschen nicht nur nicht Avantgarde, sondern zudem generell in demokratischer Partizipation gebremst und bleiben sie zum großen Teil eher enttäuschte Bittsteller.

Wirtschaftlich, politisch wie auch im normativen Haushalt zeigen sich für den Osten erhebliche Probleme und Blockaden. Vielleicht also, so noch eine abschließende Anmerkung zu den skeptischen Befunden, sind die überraschend positiv aufgenommenen Zukunftsprojekte aus dem genannten Buch vornehmlich eine Reaktion auf, ein Aufschrei angesichts jüngst wieder gewachsener Ressentiments „im Westen" gegenüber dem Osten des Landes. Denn eine gerade in den Medien und politischen Eliten verbreitete Ignoranz gegenüber dem und Unkenntnis des Osten(s) ist nur die eine Seite. Die andere sind zunehmende Schuldzuweisungen, die das marode industrielle Erbe (Honeckers langer Schatten) und die unfähigen und unwilligen Ostdeutschen für alles verantwortlich machen. Oder wenigstens für fast alles: „Nein, man kann nicht alles, was heute an Deutschland nervt, auf den lähmenden Einfluss der xenophoben, deutschnationalen, provinziellen, für immer bolschewisierten Duckmäuserossis zurückführen. Aber vieles, sehr vieles" (Biller 2009).

Nimmt man solche und andere Ressentiments und Attacken, so schwingt darin vor allem ein übergreifender Ton: Ihr, „der Osten" verbaut uns die Zukunft, oder ihr habt, „der Osten" hat uns die Zukunft verbaut! Erscheint also vielen der enttäuschten Ossis die Zukunft nicht mehr greifbar und eher von den Wessis gepachtet, so erscheint manchem enttäuschten Wessi der Osten gleichsam in seiner Vergangenheit fixiert und so als Bremsklotz für Deutschland insgesamt. Insofern also mag in der aufgezeigten Resonanz auch etwas von einer solchen Reaktion, einem solchen Aufschrei stecken: „Und wenn wir hinten sind, ist hinten vorn!" Dies ist auch verständlich. Wäre es allerdings reiner Abwehrreflex oder reine Trotzperspektive, so wäre hieran wenig zukunftstauglich. Und als Erklärung für die eingangs skizzierte Resonanz reicht das nicht. Was steckt dahinter?

Nachfolgend wird in drei Schritten argumentiert. Zunächst wird noch einmal auf Indikatoren und auf Diskursfiguren hingewiesen, die eher blockierte Entwicklungen im Osten und ebenso blockierte Zukunftsdiskurse zeigen. In den beiden folgenden Schritten wird diese thematische Setzung aufgebrochen und (zumindest partiell) umgedreht. Es lassen sich Entwicklungen identifizieren und es erweist sich als ausgesprochen zeitgemäß, über Zukunft zu reden. Damit lässt sich auf den Einstieg zurückkommen: Zukunft muss und kann (!) erfunden werden.

2. Blockierte Zukunft

2.1 Indikatoren und Diskurse

Das folgende ist ein gar nicht so schlechtes Bonmot: Der Osten Deutschlands hat gegenüber den mittelosteuropäischen Transformationsländern die bessere Gegenwart[1], aber letztere haben die besseren Zukunftsaussichten (vgl. Peche 2007: 108f.). Wir haben diese Fallspezifik für Ostdeutschland mehrfach aufgezeigt, und auch die wirtschaftlichen Indikatoren sprechen eine eindeutige Sprache.

Das Bruttoinlandsprodukt liegt bei etwa 67% des westdeutschen, die Produktivität bei 65%. Hinsichtlich Anlageinvestitionen/Kapitalstock besteht ebenso ein Gefälle von über 20%; ähnlich sieht es aus für technologieintensive Branchen oder solche hochwertiger Dienstleistungen. Struktureller Wandel ist erforderlich; weitere Indikatoren befestigen die Einschätzung. Die Einkommensunterschiede bleiben konstant bei der Differenz von etwa 20%, im besonders produktiven, dynamischen Sektor des verarbeitenden Gewerbes sogar bei 30%. Hierin zeigt sich ein höchst problematischer Lohnkostenvorteil, denn mit einem solchen generierte Wettbewerbsvorteile beschränken zugleich Steuereinnahmen, Beiträge zu Sozialkassen und regionale Kaufkraft. Bei den privaten Vermögen hat sich zudem in den vergangenen Jahren die West-Ost-Differenz noch deutlich erhöht (vgl. Busch/Kühn/Steinitz 2009; Sonderheft 2009; Vierteljahreshefte 2009). „Wo steht also heute die mittel- und ostdeutsche Industrie? Die Antwort lautet: Sie steht dort, wo sich typischerweise die Industrie in sogenannten strukturschwachen Gebieten befindet. Sie ist in ihren Märkten zu den gegebenen Löhnen wettbewerbsfähig, aber sie hat Charakteristika, die nicht die gleiche Wertschöpfung erlauben wie die der Industrie in westdeutschen Ballungszentren. Und sie ist insgesamt nicht groß genug, um den Produktivitäts- und Einkommensabstand zu diesen Ballungszentren auch in den Bereichen nichthandelbarer Güter und Dienste deutlich zu verringern" (Paqué 2009: 73).

Der Konvergenzprozess ist längst gestoppt, abgesehen von einzelnen Schwankungen stagniert er seit mehr als zehn Jahren. Viel wurde aufgeholt, der Abstand aber bleibt bei der 75%-Marke. Der bisherige Modus der wirtschaftlichen Integration konnte die Region ganz offensichtlich stabilisieren, nicht aber entwickeln. In einem hohen Maße handelt es sich eher um passive Sanierung, denn um zukunftsfähige Innovation.

---

[1] Auch wenn diese sich gegenüber Tschechien und vor allem Slowenien nur noch aus den Transfers begründet (vgl. Sonderheft 2009: 22).

Es geht aber um mehr. Bei Paqué wird ein Dilemma nur angedeutet, Ludwig (2009) hat dies jüngst klar in der Form eines Paradoxons beschrieben[2]: Die mit der Angleichung erreichten ähnlichen Produktionsstrukturen stehen sowohl für die bisherigen Konvergenzergebnisse wie für eine sich abzeichnende endgültige Blockade in Angleichung oder Konvergenz: Die Effizienzvorteile der im Osten absolut dominierenden Produktion von Vorleistungsgütern (mit ca. 80% der Arbeitskräfte in Ostdeutschland), die sich zu mehr als drei Vierteln als Filialproduktion in westdeutscher/ausländischer Hand befindet, verhindern jetzt einen weiteren Aufholprozess. Ostdeutschland ist zu einem Strategiewechsel *gezwungen*, der eigenständige (endogene) Potenziale und neue Marktfelder in den Blick nimmt. Genau die Ziele der Angleichung sind auf dem Pfad der Angleichung nicht zu erreichen! Selbst erfolgreiche Angleichung bringt nicht den Erfolg der Angleichung; es geht also nicht um eine weitergehende strukturelle Angleichung, sondern um einen erforderlichen strukturellen Wandel.

Für die jüngeren politischen, wirtschafts- und finanzpolitischen Weichenstellungen der vergangenen Jahre – von der Koalitionsvereinbarung der Bundesregierung und dem Wachstumsbeschleunigungsgesetz bis zu den Leitorientierungen der regierenden Parteien – ist allerdings charakteristisch, dass solche wirtschaftswissenschaftlichen Erkenntnisse kaum Aufnahme oder Berücksichtigung finden (vgl. den Beitrag von Koch in diesem Band). Wäre damit nämlich eine Änderung der Weichenstellungen verlangt, so laufen die verfolgten vielmehr auf eine Kaskade von Einzelkorrekturen bei generellem Kurshalten hinaus. Es wird konstatiert, dass die Angleichung des Ostens an den Westen entschieden länger dauern könnte, dass hierfür noch einzelne besondere Maßnahmen und Anstrengungen erforderlich sein könnten. Es wird auch eingestanden, dass hierfür möglicherweise nicht mehr Angleichung „generell" gilt, sondern Angleichung an die „weniger entwickelten Regionen" in Westdeutschland. Insgesamt aber, und ohne die Konsequenzen der zuletzt genannten Relativierung hinsichtlich gleichwertiger Lebensverhältnisse zu benennen, bleibt es beim Angleichungsprozess als übergreifende Zielvorstellung.

Damit verfolgt die regierende Politik trotz der benannten wissenschaftlichen Befunde weiterhin eine Diskursfigur, wie sie hinsichtlich möglicher Zukunft und Zukunftspotenziale in Ostdeutschland eigentlich bereits seit Dezember 1989 gesetzt wurde: Die Zukunft Ostdeutschlands liegt in Westdeutschland, Adaption und Implementierung von Regeln und Institutionen stellen die entscheidenden

---

2 Für die wissenschaftliche Debatte ließe sich ein ähnliches Paradoxon festhalten: Für Wiesenthal (2009) erscheint der ostdeutsche Transformationsfall, erscheinen die postsozialistischen Transformationsfälle gerade mit ihrem Modus nachholender Modernisierung als erfolgreich. So aber könnten sie der letzte Fall erfolgreicher Transformation sein, die jetzt in Europa und global anstehenden Umbrüche sind genau in dieser Logik nicht zu bewältigen – und eine andere steht nicht zur Verfügung.

Potenziale dar. Mit dem D-Mark-Versprechen des damaligen Bundeskanzlers Helmut Kohl wurde dieser Diskurs erfolgreich als geltende „Wahrheit" gesetzt und mit dem alltäglichem, dem politischen Verhalten der ostdeutschen Bevölkerungsmehrheit auch angenommen. Ein Ausdruck dafür war eben der eingangs angeführte „doppelte Zukunftshorizont" – das in naher Zukunft einzulösende Gewinnversprechen –, ein anderer das Ergebnis der Volkskammerwahl vom 18. März 1990 – die Mehrheit der Stimmen ging an die „Allianz für Deutschland". Dieser Diskurs erwies sich als mächtig und so als „ordnungsstiftendes Grundmuster" (vgl. Bublitz et al. 1999: 12f.).

Nun könnte man Relativierungen oder Differenzierungen dieses Metadiskurses aufzeigen, auf Sub-Diskurse oder unterschiedliche *„story lines"* verweisen, die so oder so den Osten funktional in Szene setzen – etwa mit der Metapher vom „Minenhund" oder mit der vom „Experimentierfeld neoliberalen Umbaus" – und den Westen durchaus verändern wollen: An der paradigmatischen Gewissheit wird nicht gerüttelt, der Osten findet seine Zukunft im Nachbau West; im Westen sollen zwar Barrieren abgebaut, nicht aber Korrekturen vorgenommen werden. Diese konstitutiven, mit dem Diskurs selbst gesetzten und als eine Art Polizei funktionierenden Regeln (vgl. Foucault 1994: 25) werden nicht durchbrochen. Das ist gerade – gegenüber den anderen postsozialistischen Fällen – der exzeptionelle Kern einer Transformation als Vereinigung.

Insofern ist, statt Relativierungen und Differenzierungen zu folgen, eher auf einen früh konstituierten Gegendiskurs zu dem genannten hinzuweisen. Dieser nimmt Perspektive und Modus der Vereinigung als entscheidende Blockade und sieht Ostdeutschland somit nicht auf einem zukunftsträchtigen Pfad nachholender Integration, sondern als einen kolonialisierten Landesteil, dessen Schicksal sich zunehmend als Mezzogiorno beschreiben lässt. Die Blockade besteht vor allem darin, dass die möglichen ostdeutschen Zukunftspotenziale im Gestus der Kolonialisierung zerstört werden. Es gehört nun zur Ironie dieser Diskursfigur, dass sie erst dann und so über ihr Nischendasein hinaus eine größere Wahrnehmung erfuhr, als und weil sich eine ideologisch und paradigmatisch konträre Fraktion dieses Mezzogiorno-Motivs bediente: Nicht mehr aus der kritischen Attitüde zu verteidigender DDR-Ressourcen, sondern aus der marktradikalen einer totalen Verlustdiagnose erscheint der Osten festgeschrieben als neuer Mezzogiorno (vgl. dazu Busch/Kühn/Steinitz 2009). So oder so – der Aufbau Ost ist nach diesen Diskurskernen gescheitert!

Zwar ließen sich noch sehr unterschiedliche Annäherungen an das Thema Zukunft finden, ließe sich auf Komplexität und mögliche Perspektivenvielfalt verweisen, für unsere Zwecke sind aber die entscheidenden Punkte gesetzt: Wir haben zwei ungleichgewichtige Leitdiskurse identifiziert, die konträre Positionen markieren und zugleich eine wesentliche inhaltliche Gemeinsamkeit aufweisen:

Der Osten Deutschlands und Zukunft oder Zukunftsfähigkeit sind schwer miteinander zu vermittelnde thematische Kerne; im einen Fall wird die Zukunft weiterhin beschworen und eigentlich auf den Sankt-Nimmerleinstag verschoben, im anderen Fall wird sie abgeschrieben. Und insofern ist es nicht überraschend, dass im deutsch-deutschen Stimmungshaushalt laut Allensbach jüngst eine allgemeine „Bangigkeit" oder „gemeinsame Ungewissheit" stärker hervortritt als das Gefühl anhaltender Trennung zwischen den Landesteilen: Deutschland unter dunklen Wolken.

Der Osten stagniert. Zukunftsgewissheiten sind eingebrochen, auf den bisherigen Pfaden sind Entwicklungen, Innovationen kaum noch zu haben. Das trifft auch auf scheinbar so erfolgreiche Strukturanpassungen wie etwa die im verarbeitenden Gewerbe zu.[3] Allein damit verbindet sich folglich eine gewisse Bescheidenheit, gerade mit Blick auf mögliche Zukunftspotenziale. Dazu kommt ein weiteres Argument. Es sind nicht nur die bisherigen Verkrustungen und Verhärtungen, offensichtlichen Fehlsteuerungen oder die schon damit aufgeworfenen Probleme: Vor allem ist ersichtlich, dass mit den anstehenden Herausforderungen und den sich deutlich verschärfenden finanzpolitischen Optionen (Abschmelzen der Solidarpaktmittel, drastische Steuereinbrüche und drohender Bankrott vieler Kommunen) klare Wege oder Antworten nicht zu finden sind. Was bisher vielleicht noch als erfolgreich, Erfolg versprechend erschien, ist nunmehr mit den sich zuspitzenden Konflikten ungewiss. Will man also nicht dem brüchigen „Vorbild West" weiter folgen, will man aber den Osten ebenso nicht einfach „abschreiben" – das sind ja die beiden Diskursvorgaben –, so erscheinen nur mehr allgemeine Irritation und Ratlosigkeit als *ultima ratio*. Eben Bangigkeit und Ungewissheit, wie die neueren Stimmungsbilder zeigen.

Die eingangs kurz und lediglich ausschnitthaft angeführten medialen Inszenierungen einer nur scheinbar absurden und wirkungslosen „Ossi-Schelte" erhalten hier ihre Grundierung. Es ist eben schlicht und vor allem eine allgemeine Ratlosigkeit, welche sich als wesentliche Ursache für die angeführten Ressentiments und Schuldzuweisungen benennen lässt. Weil aber eine solche Ratlosigkeit vergeblich ihren Grund sucht, muss sich jeder Optimismus eintrüben und erfindet sie, also „die Ratlosigkeit", diesen Grund in einem Ersatzkonstrukt: dem Osten. Dabei kann man stehen bleiben – der Osten ist eben Schuld am ganzen Dilemma. Oder aber man hat als optimistische Möglichkeit die Chance, den Osten doch noch umzuformen und den Ossis zu helfen, vernünftige Menschen zu werden, denn alleine können sie das nicht (vgl. Biller 2009). Wirkliche Alternativen lassen sich nicht bestimmen. Die bisher aufgeführten Diskurse erhalten eine zynische Pointierung, sie werden aber nicht in Frage gestellt.

---

3 Gerade für dieses gilt die kritische Expertise von Ludwig (2010).

Versuchen wir es übergangsweise zunächst mit einer anderen Metapher, die sich *konstruktive Ratlosigkeit* nennen lässt. Was ist gemeint? Wenn man sich nicht allgemeiner Ratlosigkeit oder Gefühlen von Bangigkeit und Ungewissheit überlässt, sondern sich zwar seine Ratlosigkeit eingesteht, für diese aber Gründe findet und so Versuche, Suche nach neuen Wegen plausibel machen kann, dann wird das Eingeständnis der Ratlosigkeit konstruktiv. Genau das ist eine mögliche Antwort auf die oben aufgezeigte Konstellation, genau das ist eine Chance, die verengten Diskurse zu verlassen.

Beispielsweise lässt sich, ohne den folgenden systematischen Ausführungen vorzugreifen, auf erfolgreiche Versuche und Ansätze im Transformationsprozess hinweisen. Diese können durchaus mit bisherigen politischen Orientierungen und Förderkonzepten verbunden sein. Erwähnt seien die Förderung wirtschaftlicher Netzwerke mit Projekten wie InnoRegio, Nemo, InnoWatt etc., neuere Ansätze im Stadtumbau oder eine stärkere Regionalisierung von Fördermitteln im Rahmen von Regionalbudgets. Unter dem Modus der Angleichung waren natürlich partielle Innovationen möglich. Dennoch muss die verengte Perspektive weiterer Angleichung, so das Argument, konsequent aufgesprengt werden. Erst so wird die erforderliche Suche evident und ließe sich schließlich genauer zeigen, dass gerade viele der im Buch „Zukunft erfinden" aufgeführten Initiativen und Projekte überzeugende und durchsetzungsfähige Ansätze einer solchen Suche sind. „Erfolgreiche Projekte versuchen nicht, eine zum Verschwinden verurteilte Wirtschaftsform so lange wie möglich zu halten. Sie setzen vielmehr auf *absolute Modernität* und erzeugen somit die sozialökonomischen Tatbestände der Zukunft" (Berlin-Institut 2009: 11).

Vor diesem Hintergrund, und das ist das systematisch entscheidende Argument für ein Herangehen, welches hier „konstruktive Ratlosigkeit" genannt wird, ergibt sich folgende Frage: Kann es nicht möglich sein, ohne die Härte der aufgezeigten Fakten zu ignorieren, und ohne die erforderliche Bescheidenheit zu verlassen, einen anderen Blick, eine andere Perspektive zu gewinnen und so auch neue Diskurse auf die Agenda zu setzen? Und kann es nicht gerade dies sein, womit sich in unserem Fall auch Zukunftspotenziale verbinden lassen?

Das sozialphilosophische, konzeptionelle Einstiegstor sei kurz aufgemacht. Bei Transformationen, als welche sich die deutsch-deutschen Veränderungen der letzten beiden Jahrzehnte fassen lassen, handelt es sich ganz offensichtlich um Übergänge, um Übergangsereignisse. Und solche Übergangsereignisse erscheinen entgegen der präferierten Einsinnigkeit oder Adaptionslogik in einer eigentümlichen *Ambivalenz*. „Betrachtet man sie aus dem Blickwinkel der bestehenden Ordnung, so sind sie nichts als Verstöße, betrachtet man sie aus der Perspektive einer entstehenden Ordnung, so erscheinen sie als Vorstöße in ein Neuland" (Waldenfels 1987: 156).

Was aus der Perspektive der bestehenden Ordnung – und so im Modus nachholender Anpassung – als *Ver*stoß erscheint (nämlich als Verstoß gegen die Ordnung), erscheint aus der Perspektive einer neu entstehenden Ordnung als *Vor*stoß (nämlich als Weg dahin). Genau mit der veränderten Vorsilbe verbindet sich einmal eine affirmative Transformationsperspektive und einmal eine kritische. Und erst mit der kritischen, die *Vorstöße* aufdecken kann, lässt sich sinnvoll über Zukunftspotenziale verhandeln. Es geht um eine radikale Lösung von Nachahmung, Adaption, von den damit verbundenen Strategien und Sichtweisen.

Wir haben diese kritische Sicht auf die praktizierte Transformation in Ostdeutschland als bloß anpassend oder affirmativ verschiedentlich dargelegt (Bericht 2006), und auch in diesem Buch wird sie zum Leitmotiv ansonsten unterschiedlicher Beiträge. Begrifflich wird dabei vereinfacht[4] einer Transformationsperspektive die Umbruchsperspektive gegenüber gestellt. Diese soll knapp eingeführt, diskutiert werden (vgl. dazu Thomas 2008).

2.2 Gesellschaftsmodell in der Krise

Historisch lassen sich spezifische Modelle gesellschaftlicher Entwicklung unterscheiden. Mit solchen Modellen ist gemeint, dass sich in nationalstaatlich vielfältigen Ausprägungen typische Konstellationen gesellschaftlicher Funktionsbereiche oder Wirtschafts- und Sozialmodelle zeigen, die in ihren wesentlichen Konturen übereinstimmen. Dies gilt auch für ein Modell, welches sich nach dem II. Weltkrieg durchzusetzen begann und idealisiert als „fordistisches Modell" bezeichnet werden kann. Dessen wesentliche Konturen lassen sich mit primär großbetrieblich organisierter industrieller Massenproduktion, mit einem um Erwerbsarbeit und weitgehend um Vollzeiterwerb strukturiertem Normalarbeitsverhältnis, damit verbundenen Haushalts- und Familienformen wie auch demokratischen Teilhaberechten umreißen. Die nationalen Differenzen zeigen sich etwa zwischen einem US-amerikanischen Modell neoliberal geprägter Marktwirtschaft und dem stark mit sozialstaatlichen Teilhaberechten verbundenen Rheinischen Kapitalismus (west)deutscher Provenienz bzw. dem „Modell Deutschland" (vgl. Baethge/Bartelheimer 2005: 41ff.; Land 2003).

Charakteristisch für ein solches Modell ist, dass es auf typischen Differenzierungen zwischen gesellschaftlichen Bereichen und gleichzeitig auf funktionalen Beziehungen zwischen diesen beruht, welche sich als Übereinstimmungen oder

---

4 Vereinfacht, weil es natürlich der möglichen Vielfalt im Transformationskonzept nicht gerecht wird, sondern nur eine (wenngleich dominierende) Interpretation von Transformation (Konzept wie Praxis) benennt. Diese war es allerdings, die bisher die Wahrheit im Diskurs gesetzt und behauptet hat.

Kohärenzen bezeichnen lassen. Die Differenzierung zwischen Wirtschaft und Lebensweise, die sich etwa in der Trennung zwischen den Sphären von Erwerbsarbeit und privatem Haushalt zeigt, wird in einem funktionierenden und relativ stabilen Modell zugleich zu einem kohärenten Zusammenhang vermittelt. Dieser sieht im US-amerikanischen Modell eben typisch anders aus als in dem des Rheinischen Kapitalismus, hier wie dort ermöglicht die nationalstaatliche Ausgestaltung des Modells aber einen kohärenten Zusammenhang. Unter den Bedingungen eines funktionierenden Modells mit durchaus beachtlichen Dynamiken und Veränderungen werden diese und begleitende Konflikte immer wieder durch neuerlich herzustellende Kohärenzen kanalisiert. So mit der Entwicklung seit den 1950er Jahren bis in die 1970er, die treffend als „Traum von der immerwährenden Prosperität" (Burkart Lutz) apostrophiert wurde. Eine Vielzahl von Umbauten, von Revisionen findet zwar statt, das „Grundmuster der fordistischen Erwerbsarbeit bleibt (aber) erhalten, der institutionelle Rahmen wird ausgebaut, aber nicht revidiert" (Bericht 2006: 47). Das System hat immer noch genügend Mittel oder Reserven, um Veränderungen funktional einzuarbeiten oder wenigstens hinreichend zu kompensieren. *Zukunft* ist überhaupt nicht das Problem in einer prosperierenden Gegenwart.

Für verschiedene historische Abschnitte wie den jüngeren Prozess seit den 1970er Jahren lässt sich zeigen, dass solche spezifischen gesellschaftlichen Modelle erheblich unter Druck geraten können, dass sich offensichtlich Mittel und Reserven für eine funktional adäquate Bearbeitung von Problemlagen verschleißen. Von einer Konstellation des Funktionierens, der Reproduktion eines Modells kommen wir in eine des Übergangs oder eben des *Umbruchs*. Bisherige Passfähigkeiten, funktionale Übereinstimmungen oder Kohärenzen gehen verloren. Dies lässt sich im globalen Kontext nachweisen und schlägt sich in Reflexionen wie strategischen Empfehlungen nieder (vgl. Baethge/Bartelheimer 2005: 38f.; Hamm 2007: 38ff.). Diese und andere Signale weisen auf ein „Ende des sogenannten goldenen Zeitalters von kraftvollem Wirtschaftswachstum und politischer Stabilität" hin (Kitschelt et al. 1999: 3). Für den uns besonders interessierenden deutschen Kontext hat neben den genannten soziologischen und wirtschaftswissenschaftlichen Reflexionen die zeithistorische Forschung jüngst mit der Öffnung der Archive interessante Belege erbracht.

Bei aller Widersprüchlichkeit, Uneinheitlichkeit der Begriffsbildung (vgl. Jarausch 2007: 1) verstärkt sich mit der Fülle von Befunden zugleich der einer Übergangsepoche, von Umbrüchen, die mit einem tiefen sozio-ökonomischen Wandel zusammenhängen. Der Ölpreisschock von 1973 war nur Signal einer solchen Zäsur; im Kern standen Ost wie West vor ähnlichen Strukturproblemen, zeigten sich „analoge Erscheinungen nachlassenden Wachstums, die systemübergreifende Ursachen hatten" (Steiner 2007: 5). Für die DDR und die meisten anderen sozialistischen Länder trifft allerdings zu, dass sie diese Strukturprobleme nicht mehr systemspezifisch verarbeiten konnten und folglich kollabierten.[5]

2.3 Transformation und Umbruch

Für die westlichen Länder, so auch die damalige Bundesrepublik, muss seitdem von Umbrüchen oder Umbruchsprozessen gesprochen werden: die Frage geht auf ein neues, entwicklungsfähiges Gesellschaftsmodell. Damit zeichnet sich eine übergreifende Gestaltungsherausforderung ab, aus der heraus Zukunftspotenziale zu identifizieren wären – möglicherweise wiederum unter einem (anderen) begrifflichen Verständnis als Prozesse von Transformationen (vgl. Reißig 2009 und in diesem Band). Für den historischen Prozess der vergangenen Jahrzehnte gilt allerdings Folgendes.

Die Vereinigung der beiden deutschen Staaten und damit die Transformation in Ostdeutschland nach oben skizziertem Konzept und Praxis fanden zu einem Zeitpunkt sich abzeichnender Umbruchsprozesse statt. Die DDR scheiterte an dieser Herausforderung, die BRD erwies sich noch als anpassungsfähig, verfügte noch über Reserven. Damit ist aber eben festzuhalten, dass nach 1989 beide Landesteile vor Herausforderungen des Umbruchs standen und folglich „die Erosion der fordistischen Industrien, der fordistischen Erwerbsarbeit und des wohlfahrtsstaatlichen Institutionensystems nicht mit den Mitteln einer wie auch immer modernisierten fordistischen Industrieentwicklung überwunden werden..." kann (Bericht 2006: 8). Dies hieße nämlich, die Herausforderungen gerade nicht aufzunehmen und das Heil in bloßer Kosmetik etc. zu suchen. Statt Ankunft in der Realität der fortgesetzte Traum von Prosperität und goldenen Zeiten. Es geht also nicht nur um Sieg oder Niederlage im Systemwettstreit, es geht um notwendige Umbruchsszenarien *insgesamt*, also auch für Westdeutschland.

In der Konsequenz lassen sich Perspektiven, die weitgehend von einem Nachbau des westdeutschen Wirtschafts- und Sozialmodells für Ostdeutschland ausgehen, nicht aufrechterhalten. Ost- wie Westdeutschland sind gemeinsam in zu gestaltenden Umbruchsprozessen zu sehen, das „Modell Deutschland" ist Teil breiter globaler Umbruchsprozesse. Sichtbar werden übergreifende Gestaltungsherausforderungen, die nicht Vorbildern folgen können, sondern als offen zu betrachten sind. Und Zukunftspotenziale im strikten Sinn sind dann solche, die

---

5 „Infolge starren Festhaltens an den alten Regeln, als das Vertrauen zu ihnen längst verloren war, lag die ‚Alternative' für die Ostblockländer schließlich im Aufgeben des bisherigen Systems, in der Transformation vom sozialistischen zum marktwirtschaftlichen System. Insoweit erlebte der Ostblock in den 1970er Jahren zweifelsohne den Beginn seiner finalen Krise" (Steiner 2007: 8).

diese Herausforderungen aufnehmen. Das gilt für West wie für Ost, für Deutschland wie global. Mit einer solchen Perspektive werden dann die „Wahrheiten" der beiden Leitdiskurse – Zukunft als nachholende Anpassung, Mezzogiorno als Fatum – sowie die Befindlichkeiten und Aggressionen einer neuen Ängstlichkeit transzendiert.

Ostdeutschland kann und muss zu einem besonders herausfordernden, zu einem exponierten Fall solcher Gestaltung werden. Negativ gilt das, weil sich hier und in der Folge für Gestaltungsprozesse insgesamt die Funktionsdefizite des implementierten Wirtschafts- und Gesellschaftsmodells besonders deutlich zeigen; positiv gilt das, weil mit z.T. klareren, schärferen Konturen solcher Defizite auch die Chancen zur Auseinandersetzung mit ihnen steigen könnten. Für den Wirtschaftsbereich wurde das angedeutet – ein Pfad hat sich erschöpft! Und vielfach sind im Osten Deutschlands schlicht früher Antworten zu finden, weil Prozesse, die zunehmend Deutschland insgesamt und Europa tangieren, hier im Zeitraffer ablaufen. Ostdeutschland kann so zu einem besonderen Experimentierraum werden.[6] Ostdeutschland *kann so* durchaus eigenständige Zukunftspotenziale nachweisen. Es gibt keine einfachen Vorbilder, es gibt einfach keine Vorbilder – das Rad ist neu zu erfinden!

3. Zukunftspotenziale

3.1 Eine andere Erzählung vom Osten

Bevor dies an einem übergreifenden und systematischen Punkt, nämlich der Suche nach einem sozialökologischen Entwicklungsmodell als konstruktive Antwort auf die Gestaltungsherausforderungen der Umbruchsprozesse und Pfad zu einem neuen Ordnungsmodell, gezeigt wird, können in einem mehr oder minder selektiven Überblick bereits Zukunftspotenziale identifiziert werden, die sich allein aus einer Eliminierung der restriktiven Nachholperspektive ergeben. Dabei geht es in der Tat darum, dass so zum Teil dieselben Dinge *anders ins Licht* gestellt werden – nicht als Verstöße, sondern als Vorstöße. Und es lassen sich durchaus „alte" Fäden wieder aufnehmen, oder in unserem thematischen Fokus: Es lassen sich bisher verdeckte und verstreute Diskursinhalte in Erinnerung rufen, mit denen auch dem Osten Deutschlands eine weit größere Ambivalenz im Transformationsprozess eingeschrieben ist (man kann auch von einer „ostdeut-

---

6 Als ein Beispiel solcher Abfolge lässt sich auf den Stadtumbau verweisen. Ungeachtet deutlicher Startschwierigkeiten handelt es sich dabei um ein Programm, mit dem auf Schrumpfungsprozesse reagiert wird und das nach einigen Jahren der Anwendung im Osten auf den Westen übertragen wurde.

schen Gegenlogik" sprechen[7]), als dies die aufgeführten Leitdiskurse vermuten lassen.

Ein gleichsam schon „klassisches" Beispiel sind für uns die Neuen Selbstständigen oder die ostdeutschen Existenzgründer (Thomas 1997). Während diese neuen Akteure in einer Anpassungslogik immer wieder als mehr oder minder unfertige Unternehmer/Gründer erschienen, sind sie vielmehr charakterisiert durch spezifische Handlungsmuster, die durchaus kreative Übergangspassagen in die Marktwirtschaft wie eigenständige und eigenartige Sozialformen darstellen. Insofern sind die Neuen Selbstständigen ein Beispiel für anzuwendende und zu spezifizierende theoretischer Konzepte zur Erklärung von innovativen, kreativen Handlungsmodi wie eben deren Passagen und Sozialformen für offene Such- und Umbauprozesse stehen können. Das ist nicht an wirtschaftlichem Erfolg oder „Verstetigung" allein zu messen, sie sind eben auch konstitutiv für sich abzeichnende neue gesellschaftliche Entwicklungspfade in entgrenzten Berufs- und Arbeitswelten jenseits der fordistischen Normalbiografien.[8]

Ähnlich sieht es mit Ingenieurrationalität oder Technologieaffinität aus, welche die Marktfremdheit von Gründern in verschiedenen ostdeutschen Innovationszentren lange mehr als kompensieren konnten. Hier schlagen das technische und soziokulturelle Vor-Ort-Erbe produktiv zu Buche (vgl. Gonzáles/Jähnke/ Mahnken 2009). Die zunehmend kumulierenden Anpassungsprobleme oder kritisch werdenden Erfolgs-Hypotheken vieler dieser Existenzgründerinnen und Existenzgründer müssen nicht dieser Herkunft oder Sozialform geschuldet sein; ein hier verstecktes innovatives Potenzial wird zunehmend konstatiert (vgl. Otter 2009: 44). Sehen wir insgesamt einmal davon ab, dass solche Übergangspassagen in neue wirtschaftliche Existenzformen noch immer schwer „zu fassen" sind, so haben paradigmatische Diskursfiguren der Adaption, wie sie zugleich der Gründungsforschung eingeschrieben waren, – „*der* Markt sucht sich *die* passenden Figuren" – verkürzte Interpretationen bzw. Ausblendungen zusätzlich legitimiert.

Das Beispiel der Neuen Selbstständigen steht aus naheliegenden Gründen *pars pro toto* und lässt zugleich den Übergang zu weiteren Beispielen zu, wo soziale Phänomene, Sozialformen oder soziale Organisationsformen durch unser Vorgehen exemplarisch in ein anderes Licht gestellt werden können und als

---

7 „Zusammenfassend lässt sich von einer *ostdeutschen Gegenlogik* sprechen, die die dominierende exogene Top-down-Strategie fortschreitend *endogen* und *von unten* gebrochen, ergänzt und reformiert hat." (Kollmorgen 2009: 94) – Erstaunlich, wie wenig diese Gegenlogik Eingang in die systematische Transformationsdebatte gefunden hat (vgl. Kollmorgen im vorliegenden Band)!
8 Dafür spricht beispielsweise, dass solchen Typen in verschiedenen Untersuchungen als „Normalformen" von Transformationsökonomien identifiziert wurden, dass zugleich aber eine deutliche Parallelität zu US-amerikanischen oder zu aktuellen Gründungsprozessen in Deutschland aufzuzeigen ist.

Zukunftspotenziale zu identifizieren sind. Das trifft etwa auf den „Gleichstellungsvorsprung" der Frauen in der DDR zu, den sie in die Vereinigung einbringen konnten. Auch wenn die Entwicklung mit der Vereinigung erhebliche Einschnitte gebracht hat, Deutschland noch immer markante geschlechtsspezifische Ungleichheiten zeigt, sind sowohl die positiven Auswirkungen auf weibliche Erwerbstätigkeit in Gesamtdeutschland, auf Bildung und Ausbildung wie alltägliche Geschlechterbeziehungen und lebensweltliche Muster festzuhalten. Frauen können so aktiver Part zukunftsfähiger Wirtschafts- und Gesellschaftsentwicklung sein. Männlich zentrierte Erwerbs- und Familienmodelle werden zwar mit den neoliberalen Krisenstrategien zäh verteidigt, sie sind aber ersichtlich nicht zukunftsfähig und werden auch durch dieses ostdeutsche Muster erschüttert. Zugleich sind gerade mit ihnen und den so artikulierten Ansprüchen Trends in Kinderbetreuung und insbesondere im Bildungsbereich verbunden, die so oder so an DDR-Erfahrungen anschließen und diese in nunmehr angemessenen Kombinationen, befreit von ideologischem Ballast, produktiv machen.[9] Von frühkindlicher Bildung und Erziehung über flexible lokale Lernorte bis zu regional verankerten Fachhochschulen reichen spezifische ostdeutsche Potenziale der Wissensgesellschaft. Vielfach sind für solche Konzepte die Umsetzungen in Ostdeutschland besser als in Westdeutschland.

Andererseits lässt sich weiterhin auf die besonderen Organisationsformen von Zivilgesellschaft oder auch von regionaler, lokaler Governance in Ostdeutschland verweisen. Zivilgesellschaft kann nämlich, bei allen Gefährdungen und Unzulänglichkeiten, gerade ein Gestaltungsausweg aus festgefahrenden Schichtstrukturen oder Netzwerken und Verbandsstrukturen sein, also ein „postbürgerliches" Phänomen neuer gesellschaftlicher Ordnungsformen. Und ebenso sind lokale und regionale Governanceformen häufig nicht in etablierten Konfliktlinien und Arrangements festgefahren, sondern multipolar, offen. Gelegentlich scheinen hier Erinnerungen an die Runden Tische vom Herbst 1989 auf. Pragmatische Koalitionen mit starker Präsenz auch der regionalen Unternehmerschaften sind möglich. Die damit durchaus gegebenen Gefahren sind sicher nicht größer als die der aus dem Westen bekannten Klüngelwirtschaft. So gegebene Optionen wiegen allerdings schwerer.[10]

---

9 Hinzuweisen ist auf das „Abitur in 12 Jahren", auf Anstrengungen zur Reduzierung des mehrgliedrigen Schulsystems oder aber auf den flächendeckenden Ausbau einer Infrastruktur für frühkindliche Erziehung und die Betonung des Bildungsauftrages der Kitas.
10 „Auch wenn es nach Klischee klingt: Diese Aufbruchstimmung war für uns übersättigte Westler faszinierend. Es herrschte eine fast anarchische ‚anything goes'-Stimmung. (...) Das war nicht organisiert von Institutionen, sondern wurde von den Leuten selber auf die Beine gestellt. So etwas kannten wir aus dem Westen nicht. Ich bin in Leipzig auf Leute gestoßen, die ein völlig anderes Verständnis von Politisch-sein hatten" (Zeh 2009: 70).

Und, zweitens, verbindet sich mit den Neuen Selbstständigen in gewissem Maße auch das Problem der besonderen wirtschaftlichen Struktur Ostdeutschlands, der Dominanz von Kleinst-, Klein- und mittleren Unternehmen wie der immer wieder konstatierten Lücke an Großunternehmen. Damit verbundene Nachteile und eine so nicht zu schließende wirtschaftliche Lücke sind nicht zu übersehen, dennoch ist diese Kritik einseitig und verschließt sie wiederum Potenziale. Es ist nicht nur beachtlich, dass und wie sich eine solche Struktur etablieren konnte, es ist vor allem systematisch möglich und erforderlich, gerade hier (bei allen Nachteilen) ein dynamisches, zukunftsfähiges Instrument der ostdeutschen Wirtschaft zu sehen. Einerseits sprechen hierfür erfolgreiche Programme der Netzwerk- und Innovationsförderung, andererseits ergeben sich mit einem Blick auf Kooperation und Vernetzung sowohl zwischen solchen KMU wie zwischen KMU und den regional verankerten Forschungs- und Entwicklungspotenzialen vor allem öffentlich geförderter Institutionen durchaus zukunftsfähige Konstellationen. Dafür stehen nicht nur die einzelnen ostdeutschen Erfolgsmodelle wie Jena oder Dresden, sondern eine ganze Reihe von „innovativen Räumen".[11]

Es ist darüber hinaus nicht abwegig, in den nachweislich besonderen, aber auch tragfähigen Formen spezifischer regionaler Einbettungen der Wirtschaft zugleich ebenso spezifische Konstellationen regionaler und lokaler Innovationssysteme zu sehen. Unter dem Gesichtspunkt von Innovation liegen hierin und insbesondere eben in den KMU durchaus dynamische Indikatoren. Regionale Wirtschaftsentwicklung ist zu verstehen als „Prozess der regionalen Selbst-Transformation durch Innovationen" (Aßmann 2004: 51). Demgegenüber hat der Osten „sich nach der Wende die strukturkonservierenden Stagnationsrezepte des Westens aufdrücken lassen. Diese Rezepte reflektieren auf Seiten von Wissenschaft, Politik und verbandsorganisierter Wirtschaft ein theoretisches Modell der Konstruktion von Wirtschaft, in welchem eine endogene Wirtschaftsentwicklung überhaupt nicht möglich ist" (Röpke 2004: 26). Indikatoren sind partiell neu zu wichten, groß ist nicht alles: „‚In kaum einem Industrieland beruht die Innovationstätigkeit so stark auf den Aktivitäten der kleinen Unternehmen wie in den neuen Bundesländern.' Die Förderung dieses Potentials ist der Schlüssel für die Zukunftsdynamik im Osten" (ebd.: 34). Der Osten hat seine spezifischen innovativen Räume (vgl. Sonderheft 2009), diese können sich eben als Experimentierräume für Innovationsmotoren erweisen.

Die oben bereits angesprochene besondere Problemkonstellation mit Blick auf eine Verschränkung von Entwicklung und Schrumpfung lässt sich gleichfalls in

---

11 Wir haben das für einen besonders signifikanten Fall, nämlich die ostdeutsche Textilindustrie, aufgezeigt. Dieser problematische Industriezweig hatte nach dem Schock bis ca. 1994 mit technischen und intelligenten Textilien eine Stabilisierung auf niedrigem Niveau erreicht. Ein Slogan war: „Zukunft aus Tradition!" (vgl. Thomas 2001).

einem anderen Licht betrachten, wenn sie nämlich nicht auf Anpassung oder Wachstum – als eben die überholten „fordistischen" Leitprinzipien – reduziert wird. Denn hiermit ist die Verschränkung nur als Defizit zu sehen. Wenn man das aber als eine offene Herausforderung nimmt, als ein auf Zukunft abzuklopfendes Umbauerfordernis, hinter welches nicht mehr zurück gegangen werden kann, dann lassen sich wiederum Versuche und Suche begründen. Nicht Wachstumsrankings oder so identifizierte Potenzialfaktoren sind zentral, sondern soziale Organisationsformen, mit denen sich spezifische Initiativen und Dynamiken verbinden. Deren Ziele können vielfältig sein. Auch hierfür finden sich, wie im folgenden Teil zu zeigen ist, mit dem Umbau zu einem sozialökologischen Gesellschaftsmodell tragfähige Argumente.

Nimmt man die keinesfalls vollständigen und eher verstreuten Punkte zusammen, dann drängen sich gleichsam zwangsläufig noch einmal die Überlegungen zu den Ostdeutschen als Avantgarde auf. Wir haben eben vielfache Ansatzpunkte, Suchbewegungen ostdeutschen Experimentierens, Ausprobierens und gegebenenfalls auch Erfindens. Durchaus angehäuft ist eine Ressource, die häufig als „Umbruchkompetenz" bezeichnet wird. Mit der nur begrenzt erfolgreichen Anpassungsperspektive, die politisch und institutionell verfestigt ist und in welcher Mehrheiten eher wirtschaftlich und sozial Zufriedener durchaus mitschwimmen, bleiben darüber hinaus nur marginale Abwendung (Ostalgie) bzw. enttäuschte Duldung (einschließlich extremistischer Reaktionen) oder eben ein eigenständiges Agieren, ein Suchen und Erfinden von Zukunft. Einige der Ostdeutschen, darauf haben wir hingewiesen, scheinen sich diesen Rucksack aufladen zu wollen und zu können. Beispiele für solche Gegenlogiken gibt es, Einstiege sind begonnen;[12] es wird Zeit für einen Perspektivenwechsel. Ein erstes Plädoyer wurde voranstehend erbracht. Nachfolgend geht es um ein zweites und zugleich um die systematische Zuspitzung.

3.2 Konturen eines Pfadwechsels

Als grundlegende, übergreifende Frage der Zukunft wird hier die nach dem Übergang zu einem nachhaltigen, eben zukunftsfähigen Entwicklungspfad und Entwicklungsmodell verstanden. Dies gilt in globaler Hinsicht, für die Menschheit insgesamt und ist insofern auch Kern der Umbruchsperspektive mit ihrer Kritik des fordistischen Modells. Hierin liegt auch die entscheidende Differenz zu den oben aufgezeigten Diskursen, einerseits einer bloßen Angleichung, andererseits einer absoluten Stagnation des Ostens. Mit dieser Frage lassen sich kon-

---

12 „Vielleicht kennen ja die Ostdeutschen ihre eigenen Erfolgsgeschichten zu wenig, um stolz auf sie und sich selbst zu sein" (Maron 2009: 153).

zeptionell Suche und Versuche begründen, justieren. Insofern ist das die zentrale und systematische Prämisse für die Überlegungen zu Ostdeutschland – Zukunft kann mit diesem Entwicklungspfad wieder als Möglichkeit bestimmt werden, Bausteine, Potenziale für Durchsetzung, Gestaltung eines solchen Pfades sind zu identifizieren. Außerhalb dieser Perspektive wären es wiederum nur Gefährdungen und Konflikte (oder Verstöße) und wäre somit von Zukunft nicht sinnvoll zu reden. So aber eben doch: „Viele ahnen es, aber nur wenige sagen es: Der Klimawandel ruft nach einem Zivilisationswandel. Der Übergang zu einer postfossilen Zivilisation wird das bestimmende Vorhaben dieses Jahrhunderts sein – vor allem für die Industriegesellschaften" (Wuppertaler Institut 2008: 25). Entwicklung und ökologische Wende fallen systematisch zusammen und konstituieren so einen *Möglichkeitsraum für Zukunft*. Einen anderen haben wir nicht.[13]

Die Umbruchsperspektive ist begründet aus dem erforderlichen Perspektivengewinn gegenüber den mit dem fordistischen Gesellschaftsmodell gesetzten Entwicklungsgrenzen und *besonderen* Gefährdungen. Insofern ist diese Perspektive auch nicht als eine marginale oder auf bestimmte Bereiche gerichtete Korrektur anzusehen, sondern als Suche nach einem *grundlegend anderen* Wirtschafts- und Gesellschaftsmodell. Die noch immer nicht überwundene Finanz- und Wirtschaftskrise von 2009 ist im Kern als Konsequenz nicht bewältigter Umbruchsprozesse anzusehen und hat so die Herausforderung noch einmal verschärft. Zugleich aber zeigen dominierende politische und wissenschaftliche „Antworten" auf diese Krise, dass für einen tatsächlichen Pfadwechsel noch viel zu tun ist. Auch deshalb sollen Konturen wie Voraussetzungen eines solchen Pfadwechsels skizziert werden.

Kern eines neuen gesellschaftlichen Entwicklungsmodells, das mit einseitigen und zerstörerischen Prämissen des fordistischen bricht, ist die Wende zu einem ressourceneffizienten, ressourcensparenden Pfad. Gegenüber dem ressourcenblinden und ressourcenverschleißenden Pfad fordistischer Massenproduktion geht es um eine gleichsam revolutionäre Wende, einen Wandel in wirtschaftlichen und gesellschaftlichen Basisprozessen, bei denen das Prinzip einer effizienten Ressourcenverwendung leitend ist. In der Wirtschaft muss es beispielsweise gelingen, dass Ressourceneffizienz deutlicher steigt, als die Arbeitsproduktivität und so die wirtschaftlichen Prozesse auf nachhaltige Weise mit Naturprozessen und Naturressourcen verbunden sind. Zu diesem Paradigmenwechsels gehören

---

13 Deshalb werden gegenüber dieser Perspektive eines anzustrebenden Pfadwechsels andere Überlegungen zur Auseinandersetzung mit Schrumpfungsprozessen in Ostdeutschland, zu demografischen Konflikten etc. nicht gesondert behandelt. Das stellt eine radikale Zuspitzung und Vereinfachung der Argumentation dar. Es kann zweifellos durchaus einzelne gute Beispiele und erfolgreiche Lösungen geben, um Schrumpfungen mit Chancen zu verbinden, Fachkräfte zu sichern oder den Osten für solche zu öffnen. Diese und andere Beispiele werden aber letztlich daran zu „messen" sein, ob und inwieweit sie sich jeweils mit einem solchen Pfadwechsel verbinden.

ebenso grundlegende Veränderungen in der gesamten Reproduktionsweise, in Gesellschaft und Lebenswelt. Insofern sprechen wir begründet von einem Modellwechsel oder von einem gesamtgesellschaftlichen Umbauprozess in europäischer oder globaler Dimension. Ostdeutschland ist in einen solchen nicht nur eingebettet, sondern hat Chancen, hierbei einen wichtigen Part zu spielen. Und es hat damit zugleich Voraussetzungen, tatsächlich „aufzuholen" und selbsttragende, dynamische Entwicklungen zu induzieren. Das ist die entscheidende „Messlatte" für die ostdeutschen Zukunftspotenziale. Wie sieht es in der Praxis aus?

Zunächst einmal lässt sich an Erfahrungen anknüpfen, dass und wie man mit neuen Produkten und Technologien aus der Klemme des Nachlaufens in gesättigten Märkten hinaus kommen und tatsächlich neue Märkte erschließen und besetzen kann. Die „eherne" Notwendigkeit („Paradoxon der Angleichung") wurde unterstrichen, hier geht es um die Durchsetzung. Eben das ist der erkennbare Vorteil eines innovationsorientierten Pfades. Ostdeutschland hat die Chance, eine funktionsfähige Wirtschaftsstruktur auszubilden, die zu selbsttragendem Aufschwung und zukunftsfähigen Potenzialen führen kann. Die ostdeutschen Standortvorteile werden bisher weitgehend unterschätzt. Schon heute stellen diesbezüglich regenerative Energien und Umweltschutztechnologien ein zentrales Segment dar, Brandenburg und Sachsen-Anhalt dominieren bei Produktion und Installation von Windkraftanlagen. Gut ein Viertel der in Deutschland regenerativ erzeugten Energie stammt mittlerweile aus den neuen Bundesländern. Ostdeutschland hat einen Spitzenplatz bei der Herstellung von regenerativen Energieerzeugungsanlagen, international gefragt sind Wartungs- und Qualifizierungskompetenzen in diesem Bereich. Die Mehrzahl von Ländern, die den Weg erneuerbarer Energien – über 74 Staaten – eingeschlagen hat, folgt dem deutschen Vorbild bzw. nutzt deutsches Know-how. Ostdeutsche Länder sind führend bei der Stromerzeugung aus regenerativen Energien. Windkraft, Biomasse und Biogas sowie Photovoltaik sind zweifellos so etwas wie Boom-Branchen. Immerhin kommen aktuell etwa 80 Prozent der deutschen und 18 Prozent der weltweit produzierten Solarzellen aus Firmen in Ostdeutschland, und ca. 15.000 neue Arbeitsplätze wurden in diesem Bereich generiert. Effekte in ähnlicher Größenordnung sind für die nächsten zwei, drei Jahre zu erwarten. Es scheint zudem so, dass der erreichte hohe Vernetzungsgrad (Dichte und Robustheit) in dieser Branche hilft, die aktuellen Krisenprozesse abzufedern.[14] Die Windenergie hat im Norden Deutschlands bereits Schiffbau und den gesamten maritimen Bereich nach Arbeitsplätzen (90.000) überflügelt. Handlungsdruck wie klare Signale für Machbarkeit sind offensichtlich (vgl. auch Reader 2009).

---

14 Durchaus also wieder ein partiell ostdeutsches Phänomen, ohne die Vernetzung auf Ostdeutschland zu begrenzen (vgl. Hornych/Brachert 2010).

Die beeindruckende Gesamtschau und Statistik ist dabei nur die eine Seite. Wichtig sind ebenso die kleinen, lokalen Beispiele oder Lösungen, die eine Trendwende „von unten" markieren und durchaus ein Ansatz sein können, um aus den bisherigen Mustern fragmentierter regionaler Entwicklung heraus zu kommen. Das ist Kern einer „Energiewende von unten", für welche Kommunen, Genossenschaften, Bürgervereinigungen und Unternehmen unterstützt werden müssen. Es geht nicht um die abstrakte Gegenüberstellung zentraler und dezentraler Lösungen – Expertenschätzungen sprechen durchaus von einem Anteil dezentraler Ansätze von um die 75% –, aber doch um besondere lokale, regionale Voraussetzungen, die eine entsprechende Förderpolitik verlangen. Gerade hier lassen sich die Überlegungen zu endogenen Innovationen, zu einem schöpferischen Unternehmertum festmachen und liegt die Basis für eine Selbst-Transformation. Vorhandene Flächen und die weniger dicht besiedelten Regionen in Ostdeutschland bieten zudem besondere Ansatzpunkte. Solche Ansatzpunkte und Beispiele sind zweifellos notwendig, um den erforderlichen Paradigmenwechsel hin zu einem sozialökologischen Wirtschafts- und Gesellschaftsmodell anzugehen.

Vorteile, Anreize wie auch Rahmenbedingungen für einzelne industrielle Bereiche, für unterschiedliche Branchen und ebenso für regionale Entwicklungen lassen sich benennen. Finanzielle Möglichkeiten sind durchaus zu erschließen, konkrete Schritte zur Umsetzung in den einzelnen Sektoren zeichnen sich bereits ab. Insofern hat Zukunft längst begonnen.[15] Beispielsweise könnte ein Forschungs- und Innovationsfonds, der für Forschung, Risikoabsicherung, Investitionen der Unternehmen zur Verfügung steht, aus Umwelt- und Emissionszertifikaten gespeist werden. Andere Mittel, organisationelle und institutionelle Veränderungen sind verfügbar bzw. möglich. Die Instrumente liegen sozusagen bereit, die technologischen Parameter für den erforderlichen Umbau sind bekannt und erprobt, sie müssten „nur" – statt platter Wachstumsbeschleunigung – wirklich zur strategischen Komponente von Konjunktur- und Zukunftsinnovationsprogrammen werden. Das ist aber eben keine technologische Frage (mehr), eher noch eine soziale, kulturelle, politische.

Und folglich kommt so der Osten nochmals, in einem ganz anderen und partiell eher zweifellhaften Sinn, in eine Vorreiterrolle: Mit dem Vordringen regenerativer Energien haben sich zugleich massiv Vorbehalte und direkte Ablehnung herauskristallisiert. Die schiere Dimension vieler Windkraft- oder Biogasanlagen und deren geringe lokale, regionale Effekte haben dies vielfach verursacht. Wurden den Ostdeutschen zunächst, so könnte man sagen, die westdeutschen Institu-

---

15 Aktuelle Schwierigkeiten und auch die noch zu wenig gelösten Fragen von Förderung und Finanzierung sollen nicht ignoriert werden, die Aussage behält dennoch ihren (nicht nur appellierenden) Kern.

tionen übergestülpt, so eben jetzt diese Großanalagen. Damit aber haben sie nur wenig von einer wirklichen Ressourcenwende, die eben auch sozial wirksam wie sozial getragen sein muss. Vor allem auch deshalb, weil hier häufig externe Großunternehmen agieren, deren eigentliches Geschäft nichts mit Ressourceneffizienz oder regenerativen Energien zu tun hat. Sie leisten sich ein zweites Standbein oder auch nur ein Alibi. So wird die Wende blockiert; Ostdeutschland zeigt sich wiederum als Lernfeld.

Aufzuzeigen sind politische, soziale, kulturelle Aushandlungs- und Lernprozesse, die sich am ostdeutschen Fall bewähren können, oder eben Blockaden aufbauen und signalisieren.[16] Wenn es so ist, dass es „*nicht* weitergeht, wenn es weitergeht *wie bisher*" (Michael Müller, ehemaliger Parlamentarischer Staatssekretär im BMU), dann braucht es den klaren politischen Willen, Partizipation und soziale Teilhabe, kulturelle Veränderungen. Der erforderliche Paradigmenwechsel, die erforderliche Energiewende sind nicht nur komplex und umfassend, sie stellen auch ein offenes Experiment, offene Such- und Lernprozesse dar.

Einige der Voraussetzungen sollen benannt werden. Neben so konkreten Fragen wie die nach zu setzenden wirtschaftlichen Anreizen und evtl. auch Kompensationen, nach (Risiko-)Finanzierung und Absicherungen werden insgesamt und für die einzelnen Bereiche die demokratische Legitimation der zu treffenden Entscheidungen und eine breite soziale Teilhabe an solchen Lernprozessen wichtig. Gerade weil institutionelle Akteure, herrschende Politik und funktionale Eliten kaum bereit und in der Lage sind, sich etablierten Logiken zu entziehen, erhalten zivilgesellschaftliche Akteure und basisdemokratische Prozesse eine besondere Bedeutung (vgl. Hamm 2008). Insofern ist die Perspektive einer solidarischen Gesellschaft Bedingung wie Bestandteil des Pfadwechsels.

Mit dem Gesagten kommen wir noch einmal auf die schon angesprochene Bescheidenheit hinsichtlich möglicher Zukunftspotenziale zurück. Diese ist zudem durchaus eine doppelte. Sie gilt einmal mit Blick auf Durchsetzungschancen für den sozialökologischen Entwicklungspfad, die sich mit den gegenwärtigen politischen Konstellationen eher nicht verbessert haben. Und sie gilt hinsichtlich der erforderlichen europäischen und globalen Dimension, wo nicht nur der halbherzige Kopenhagener Gipfel zu Eintrübungen geführt hat. Von beidem aber sind die ostdeutschen Potenziale abhängig. Dann aber ist, ganz im Gegenteil, Bescheidenheit falsch am Platz, denn ohne eine solche Wende wird Zukunft schlicht *verspielt*. Wir brauchen ein neues Spiel.

Insofern vor allem bleiben erkennbare Vorstöße in Übergangszeiten wichtig. Die Gemeinde Zschadraß in Mittelsachsen, die bis 2050 in Sachen Energie autark sein will, steht für einen solchen Vorstoß: „Das Ziel mutet ehrgeizig an,

---

16 Ähnlich ist das zu erwarten hinsichtlich der Preisgestaltung einer solchen Energiewende.

wird aber wohl sogar vorfristig erreicht ... Unter Leitung des 51 Jahre alten, hemdsärmeligen und von Ideen nur so sprühenden Bürgermeisters ist die Gemeinde zur Musterkommune in Sachen Energiewende geworden. Auf den Dächern von Schule, Gemeindeverwaltung und Spritzenhaus wird Strom aus Sonnenkollektoren gewonnen; auch auf vielen Privathäusern schimmern die bläulichen Solarzellen. Ein Bus, der die Schulkinder und Sportgruppen des Ortes transportiert, wurde auf Rapsöl umgerüstet. Im Keller des Gemeindezentrums steht eine Holzschnitzel-Heizung. Damit diese immer genug Brennstoff hat, werden auf den Fluren der Gemeinde Windbruch und Reisig gesammelt; ein Bauer im Ort pflanzt Weiden und Pappeln für die Holzgewinnung an. ‚Die Energie liegt im Ort', sagt Schmiedel, ‚man muss sie nur finden'" (Links/Volke 2009: 16 ff.).

Die Energie liegt im Ort – das ist zweifellos der Doppelsinn, welchen man für die Identifizierung von Zukunftspotenzialen braucht. Dies ist der Ansatz zu einer möglichen Selbst-Transformation; nur mit einer solchen sozialen Energie sind radikale Modernität oder Vorstöße ins Neue möglich.

4. Fazit

Fortschritte und Angleichungen sind in Ostdeutschland über die vergangenen zwanzig Jahre nicht zu übersehen. Dennoch ist mittlerweile nicht nur der Angleichungsprozess zwischen West- und Ostdeutschland quasi zum Erliegen gekommen, zeigen sich in Wirtschaft und Gesellschaft noch immer beträchtliche und verhärtete Unterschiede, vor allem erscheint der Angleichungsprozess selbst als nicht zukunftsweisend. Auch hier gilt: wenn es so weitergeht wie bisher, dann geht es nicht weiter! Angleichung kann nicht die übergreifende Orientierung sein, ob nun affirmativ als Leitperspektive oder kritisch als bloße Ablehnung. Dennoch sind solche Perspektiven noch immer verfestigt. Ein aus der Blockade herausführender, öffnender Diskurs muss sich um „gemeinsame Herausforderungen" als seinen thematischen Kern konstituieren *und ist so* ein Diskurs um Zukunft und Zukunftspotenziale.

Anders herum kommen aus solchen offensichtlichen Begrenzungen wie der damit gebotenen veränderten Betrachtungsperspektive Zukunftspotenziale für den Osten erst in den Blick. In dem Sinn ist festzuhalten, dass solche Zukunftspotenziale sich als neuartige oder nun erst sichtbare *Rekombinationen* von strukturellen, institutionellen oder auch soziokulturellen Hinterlassenschaften der DDR und Beständen aus dem bisherigen Transformationsprozess ergeben können. Auf Beispiele hatten wir hingewiesen, etwa auf die unterschiedlichen Sozialformen, die KMU oder Bildungs- und Erziehungseinrichtungen. Zumindest wird hier ein unbefangener Blick möglich, der nicht in allen Abweichungen von Anpassung und Nachahmung *Verstöße* sehen muss. Es ist ein Realismus, der sich zu den Ambivalenzen von gesellschaftlichen Entwicklungen gerade in Übergangsphasen bekennt. In solchen Ambivalenzen können tragfähige Ansätze für zukunftsträchtige Entwicklungen liegen. Das ist gerade mit den angeführten Entwicklungen im Bereich regenerativer Energien deutlich geworden. Insofern müssen auch „die anderen" Erzählungen über Transformation und Vereinigung revitalisiert werden.

Dann aber, in einem weiteren Schritt, macht eine radikale Umbauperspektive, mit der nach einem neuen Wirtschafts- und Ordnungsmodel gesucht wird, Zukunftspotenziale systematisch und in einer stringenten Logik sichtbar. Jetzt werden sie in der Tat als *Vorstöße* und Pfadöffnungen für neue, zukunftsfähige Ordnungsmuster identifizierbar. Dafür sprechen eine ganze Reihe von sozialen und kulturellen Initiativen, von Institutionen zur Fachkräftesicherung, zur Aufwertung und Sicherung von ländlichen Räumen etc. Wir haben insbesondere auf den übergreifenden, entscheidenden und keinesfalls spezifisch ostdeutschen Perspektivenwechsel verwiesen, nämlich dem zu einem sozialökologischen Entwicklungsmodell. Es gibt gewichtige Argumente, Ostdeutschland diesbezüglich in einer besonderen Rolle zu sehen. Andererseits wird eben so eine Suchstrategie und werden erforderliche Selektionsprozesse für eine ganze Reihe von Initiativen und Ansätzen begründbar, wird die prinzipielle Zieloffenheit (Ratlosigkeit) gestaltbar – *konstruktive Ratlosigkeit*.

Schließlich werden mit einer solchen Perspektive die aufgeführten Rekombinationen oder Ambivalenzen der bisherigen Transformation noch einmal neu hinsichtlich ihrer Zukunftsfähigkeit gefiltert oder justiert. Nicht alle haben Bestand, manche sind in den schwierigen Übergangsprozessen verschlissen. Einiges aber bleibt. Ostdeutschland macht viele Prozesse, die vereinfacht als „demografische Herausforderung" oder als „Schrumpfung" zusammengefasst werden, im Zeitraffer durch: Nirgends (bisher) so viel Leerstand, nirgends (bisher) so viel Abwanderung, nirgends (bisher) eine so alte Bevölkerung. Die Wachstumsrankings weisen konsequent den Osten auf die hinteren Plätze. Hier aber muss *und kann* Zukunft erfunden werden: „Wo wir sind ...".

Literatur

Aßmann, Jörg (2004): Das Gespenst des Mezzogiorno. Welches Entwicklungsszenario erwartet Ostdeutschland? In: perspektive 21 (21/22): 41-69.
Baethge, Martin/Bartelheimer, Peter (2005): Deutschland im Umbruch. In: Berichterstattung zur sozioökonomischen Entwicklung in Deutschland. Arbeit und Lebensweisen. Wiesbaden: VS Verlag: 11-37.
Bericht (2006): Zur Lage in Ostdeutschland. Bericht des Netzwerkes und des Innovationsverbundes Ostdeutschlandforschung. In: Berliner Debatte Initial, 17. Jg. (5): 3-96.
Berichte (2009): Raumordnungsprognose 2025/2050. Bundesamt für Bauwesen und Raumordnung. Berichte, Bd. 29. Bonn.
Berlin-Institut (2009): Demografischer Wandel. Ein Politikvorschlag unter besonderer Berücksichtigung der Neuen Länder. Berlin: Berlin-Institut für Bevölkerungsentwicklung.
Biller, Maxim (2009): Deutsche deprimierende Republik. In: Frankfurter Allgemeine Sonntagszeitung vom 22.3.2009: 27.
Bublitz, Hannelore/Bührmann, Andrea D./Hanke, Christine /Seier, Andrea (Hg./1999): Das Wuchern der Diskurse. Perspektiven der Diskursanalyse Foucaults. Frankfurt/New York: Campus.
Busch, Ulrich/Kühn, Wolfgang/Steinitz, Klaus (2009): Entwicklung und Schrumpfung in Ostdeutschland. Aktuelle Probleme im 20. Jahr der Einheit. Hamburg: VSA.
Engler, Wolfgang (2002): Die Ostdeutschen als Avantgarde. Berlin: Aufbau.
Foucault, Michel (1994): Die Ordnung des Diskurses. Frankfurt a.M.: Suhrkamp.
Gonzáles, Toralf/Jähnke, Petra/Mahnken, Gerd (2009): „Ich mache jetzt hier einen Wachstumskern". In: disP The Planning Review 178 (3): 22-36.
Hamm, Bernd (2006): Die soziale Struktur der Globalisierung. Ökologie, Ökonomie, Gesellschaft. Berlin: Kai Homilius.
Hornych, Christoph/Brachert, Matthias (2010): Unternehmensnetzwerke in der Photovoltaik-Industrie – starke Verbundenheit und hohe Kooperationsintensität. In: Wirtschaft im Wandel, 16. Jg. (1): 57-64.
Jarausch, Konrad (2007): Krise oder Aufbruch? Historische Annäherungen an die 1970er Jahre; Zeitgeschichte online – Fachportal für Zeitgeschichte (12.1. 2008).
Kitschelt, Herbert/Lange, Peter/Marks, Gary/Stephens, John D. (Eds./1999): Continuity and Chance in Contemporary Capitalism. Cambridge: University Press.
Kollmorgen, Raj (2009): Umbruch ohne Revolution? Beitritt statt Transformation? In: Berliner Debatte Initial, 16. Jg. (4): 90-103.
Land, Rainer (2003): Ostdeutschland – fragmentierte Entwicklung. In: Berliner Debatte Initial, 10. Jg. (4-5): 5-19.
Links, Christoph/Volke, Kristina (Hg./2009): Zukunft erfinden. Kreative Projekte in Ostdeutschland. Berlin: Ch. Links.

Ludwig, Udo (2010): Aus zwei Volkswirtschaften mach eine – Visionen und Realität der wirtschaftlichen Vereinigung Deutschlands (Vortrag auf der Konferenz „20 Jahre Deutsche Einheit – Von der Transformation zur europäischen Integration", Halle 11./12.3.2010).
Maron, Monika (2009): Bitterfelder Bogen. Ein Bericht. Frankfurt a.M.: S. Fischer.
Otter, Nils (2009): Schumpeters Diagnose zu Wandel und Krisen im Kapitalismus. In: Berliner Debatte Initial, 20. Jg. (4): 41-48.
Paqué, Karl-Heinz (2009): Deutschlands West-Ost-Gefälle der Produktivität: Befund, Deutung und Konsequenzen. In: Vierteljahreshefte zur Wirtschaftsforschung, 2/2009: 63-77.
Peche, Norbert (2007): Selbst ist das Volk. Wie der Aufschwung Ost doch noch gelingen kann. Berlin: Ch. Links.
Reader (2009): Innovationsverbund Ostdeutschlandforschung. Reader zum 5. Workshop Ostdeutschlandforschung. Gestaltung des Umbruchs – neue Energie im Osten (30. Nov. 2009). Berlin: ZTG.
Reißig, Rolf (2009): Gesellschaftstransformation im 21. Jahrhundert. Ein neues Konzept sozialen Wandels. Wiesbaden: Verlag für Sozialwissenschaften.
Röpke, Jochen (2004): Ostdeutschland in der Entwicklungsfalle. Oder: die Münchhausen-Chance in: perspektive 21 (21/22): 19-40.
SFZ (2009): 20 Jahre friedliche Revolution 1989 bis 2009 – Die Sicht der Bürger der neuen Bundesländer – Pressematerial vom 20.07.2009. Berlin: SFZ.
Sonderheft (2009): Ostdeutschlands Transformation seit 1990 im Spiegel wirtschaftlicher und sozialer Indikatoren. Institut für Wirtschaftsforschung Halle, Sonderheft 1. Halle: IWH.
Steiner, André (2007): Bundesrepublik und DDR in der Doppelkrise europäischer Industriegesellschaften. Zum sozialökonomischen Wandel in den 1970er Jahren; Zeitgeschichte online – Fachportal für die Zeitgeschichte. Zugriff am 12.1.2008.
Thomas, Michael (Hg./1997): Selbständige – Gründer – Unternehmer. Passagen und Passformen im Umbruch. Berlin: Berliner Debatte.
Thomas, Michael (2001): Akteure in Konstruktionsprozessen regionaler Identität (2). Dargestellt und untersucht an Diskursen um Projekte und Leitbilder in der brandenburgischen Lausitz. BISS Papers, Nr. 2. Berlin: BISS.
Thomas, Michael (2008): Umbruch – Gestaltungsherausforderungen und Akteure. In: Berliner Debatte Initial, 19. Jg. (3): 4-17.
Vierteljahreshefte zur Wirtschaftsforschung (2009): Die Wirtschaft in Ostdeutschland 20 Jahre nach dem Fall der Mauer – Rückblick, Bestandsaufnahme, Perspektiven. Berlin: Duncker & Humblot.
Waldenfels, Bernhard (1987): Ordnung im Zwielicht. Frankfurt a.M.: Suhrkamp.
Wiesenthal, Helmut (2009): Transformation oder Wandel? Impressionen aus (fast) zwei Jahrzehnten Transformationsforschung. In: SFB 580, Mitteilungen 31: 8-20.
Wuppertal Institut für Klima, Umwelt, Energie (2008): Zukunftsfähiges Deutschland in einer globalisierten Welt. Ein Anstoß zur gesellschaftlichen Debatte. Frankfurt a.M.: Fischer Taschenbuch.
Zeh, Julie (2009): „Hier jammert niemand". Über Ost, West, Nord und Süd, Wendeerfahrungen und das Leben in Brandenburg. In: perspektive 21 (42): 69-74.

Deutsche Einheit, Massenmedien und Online-Dialoge

Rafael Wawer und Daniela Riedel

1. Einleitung

Die deutsche Teilung und die Deutsche Einheit sind für die deutsche Geschichte nach 1945 wichtige historische Zäsuren. In ihrer gesellschaftlichen Reichweite überragen sie wohl andere Ereignissen wie die 1968er Unruhen. Dennoch beobachten wir, dass dieser Themenkreis in den vergangenen 20 Jahren eine unterschiedliche und wechselnde öffentliche Aufmerksamkeit gefunden hat.

Gegenstand des Beitrags ist die Frage, wie einzelne Meinungen zu öffentlichen werden, welche spezielle Rolle moderne partizipative Online-Dialoge dabei einnehmen. Der Aufsatz führt in den Begriff der Öffentlichkeit mit einer zweckgebundenen eigenen Bestimmung ein. Im Mittelpunkt steht das konkrete Online-Dialog-Projekt „Unsere deutsche Einheit" als Beispiel für einen Online-Dialog. Daran schließt ein abschließendes medientheoretisches Resümee, ein Ausblick auf die Möglichkeiten deliberativer oder partizipativer Online-Dialoge an.

1.1 Öffentliche Meinung und Medien

Bei der öffentlichen Wahrnehmung von Schlüsselereignissen und Themen lassen sich „Themenkarrieren" erkennen (vgl. Pfetsch 1997: 45-62). Und es stellt sich damit die Frage, wie und unter welchen Bedingungen in Gesellschaften, die unter Reiz- und Informationsüberschüttung leiden, die Öffentlichkeit einen Sachverhalt registriert, wie Themenkarrieren verlaufen. Zweifelsohne spielen die Massenmedien als Bedingung und Forum von Themenkarrieren eine zentrale Rolle. Die Massenmedien bestimmen indes nicht, was wir denken, sondern worüber wir nachdenken, mit welchen Problemen wir uns beschäftigen.

Aber nicht jedes Problem, nicht jede Streitfrage einer Gesellschaft wird auch zu einem Thema ihrer Massenmedien. Es gibt Regeln, nach denen sich öffentliche Aufmerksamkeit generiert (Präferenzen für Neues, Überraschendes; Betonung von Konflikten; die Thematisierung von abweichendem Verhalten; die Dramatisierung von Folgen oder Ängste auslösenden Ereignissen und Entwicklungen). Die Aufmerksamkeit der Leser, Zuschauer für Themen wird unter anderem vom Grad der wahrgenommenen Betroffenheit beeinflusst. Eine gewisse Chance auf Thematisierung in den Medien besteht für ein Problem immerhin zumindest dann, wenn es sich verallgemeinern lässt oder zumindest von Teilöffentlichkeiten als wichtig angesehen wird. Allerdings hängt die Auswahl und Placierung eines Themas in den Medien auch wesentlich davon ab, ob es jene Merkmale aufweist, die aus der Sicht der Medienakteure ein Problem haben muss, um über es zu berichten. Nachrichtenfaktoren sind nicht zuletzt Personalisierung, Negativismus, Prominenz. Ferner spielen Medienformate eine Rolle, Berufsnormen von Journalisten und redaktionelle Linien. Die Medien haben zugleich Möglichkeiten, Themen einzuspeisen, die jenseits unmittelbarer Betroffenheit, jenseits des unmittelbaren Erfahrungsbereiches liegen. Die Zusammenhänge von Themen, öffentlicher Aufmerksamkeit und Medien lassen sich als Kanalisierung in Form eines Trichters abbilden.

Abbildung 1: Kanalisierung öffentlicher Meinung durch Medien

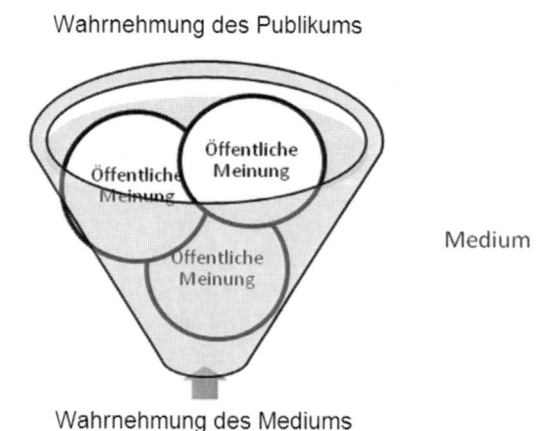

Quelle: Eigene Darstellung.

Daher stellt sich auch die Frage, welche Chancen Personen und Gruppen haben, mit ihren Themen und Sichten (darunter auf die deutsche Einheit) in die Öffentlichkeit zu kommen bzw. gängige öffentliche Meinungen anzureichern, aufzubrechen, zu verändern.

1.2 Formen und Modellierungen von Öffentlichkeit

Wie diese so genannte Öffentlichkeit zu verstehen ist, darüber gehen die Meinungen seit der Aristotelischen Definition des öffentlichen Menschen als „zoon politikon" auseinander. *Aristoteles* verstand den Menschen als Lebewesen einer Polisgemeinschaft, zweifellos ein Bild, das sich bis heute erhalten hat. *Jürgen Habermas* stellt die Öffentlichkeit hingegen „am ehesten als ein Netzwerk für Kommunikation von Inhalten und Stellungnahmen, also von Meinungen" (Habermas 1992: 436) dar – oder als „Sphäre der zum Publikum versammelten Privatleute" (Habermas 1990: 86). Zeitgleich prangert er die wirkliche Öffentlichkeit als „vermachtete Arena" (Habermas 1990: 28) an oder kritisiert ihre Fragmentierung:

> „Hier fördert die Entstehung von Millionen von weltweit zerstreuten chat rooms und weltweit vernetzten issue publics eher die Fragmentierung jenes großen, in politischen Öffentlichkeiten jedoch gleichzeitig auf gleiche Fragestellungen zentrierten Massenpublikums. Dieses Publikum zerfällt im virtuellen Raum in eine riesige Anzahl von zersplitterten, durch Spezialinteressen zusammengehaltenen Zufallsgruppen. Auf diese Weise scheinen die bestehenden nationalen Öffentlichkeiten eher unterminiert zu werden" (Habermas 2009: 162).

Insgesamt liegt Habermas mit seiner Beschreibung der Öffentlichkeit etwas quer zur öffentlichen Meinungsbildung, wie sie im Internet über Online-Dialoge, Blogs und Twitter abläuft. Daher hat er sich einer nicht immer unberechtigten Kritik ausgesetzt. Als *Elisabeth Noelle-Neumann* die „Theorie der Schweigespirale" eingeführt hat, mag sie nicht an eine idealtypische Kommunikationssituation, sondern an das partizipative Verlangen der Teilnehmer am Diskurs gedacht haben:

> „Menschen wollen sich nicht isolieren, beobachten pausenlos ihre Umwelt, können aufs feinste reagieren, was zu-, was abnimmt. Wer sieht, daß seine Meinung zunimmt, ist gestärkt, redet öffentlich, läßt die Vorsicht fallen. Wer sieht, daß seine Meinung an Boden verliert, verfällt in Schweigen. Indem die einen reden, öffentlich zu sehen sind, wirken sie stärker, als sie wirklich sind, die anderen schwächer, als sie wirklich sind" (Noelle-Neumann 1996: 248, 318f).

Die „Schweigespirale" entstehe, so Noelle-Neumann, indem meine Meinung durch Schweigen untergeht, und zwar, sobald ich machtlos geworden bin. Insofern kann meine Machtlosigkeit meine Machtlosigkeit noch verstärken. Wenn ich schweige, entsteht eine Spirale des Schweigens, und wenn ich rede, eine

Spirale des Redens. Ihr Entwurf lädt also immerhin dazu ein, über die Autopoiesis und Selbstverstärkung von Kommunikation nachzudenken.

Für *Niklas Luhmann* ist die „Öffentlichkeit ein Beobachtungssystem der Gesellschaft" (Gerhards 1998: 268-274). Leitend ist das Verständnis von der „Spiegeltheorie der Öffentlichkeit". Auch sei das Prinzip der Öffentlichkeit nicht der „Diskurs", sondern die „Veröffentlichung". Systemtheoretisch kann man diese Art von Öffentlichkeit als offene Schnittmenge zwischen anderen Systemen begreifen, als „gesellschaftsinterne Umwelt der gesellschaftlichen Teilsysteme" (Luhmann 2009: 126), als ein allgemeines gesellschaftliches Reflexionsmedium" (Luhmann 2009: 127). Ein weiterer Begriff bei Luhmann ist der „Beobachter zweiter Ordnung" oder der „den Beobachter beobachtende Beobachter" (Luhmann 1992: 77-86). Diese Beobachter bilden nach Luhmann eine Art Spiegel ihrer selbst. Die Politiker erkennen in seinem Modell nur sich selbst, Journalisten vor allem das, was sie selbst hergestellt haben, und im Allgemeinen soll die Gesamtöffentlichkeit am ehesten ein Spiegel der Gesamtgesellschaft sein. Die öffentliche Meinung dagegen sei das Medium der Öffentlichkeit, das zugleich der Spiegel der Politik (Jäckel 1999: 215-248) sei – und nicht wie bei anderen Theorien der einzelne Akteur, der erst sichtbar wird, wenn er kommuniziert.

Trotz der beeindruckenden Theoriedichte hat die Systemtheorie Luhmanns Schwierigkeiten, intersubjektive Kommunikation zu erhellen, Moden oder die Genese von Ideologien sowie den Verfall von geschlossenen Imperien zu erklären.

Für *unsere Zwecke* soll ein vereinfachter Öffentlichkeitbegriff ausreichen, der Positionen der drei Theorieansätze bündelt. Zum einen ist da ein öffentlicher Raum von öffentlichen Akteuren. Dieser kann normativ gesteuert werden, indem er Regeln der Kommunikation oder Themen vorgibt. Zum anderen ist jeder öffentliche Raum sowohl offen als auch geschlossen. Erst so gibt es Interessengruppen für Lehrer, Politiker, Frauen, aber auch Organisationen und Institutionen, die interaktionistisch abhängig voneinander sein können, also miteinander verflochten interagieren. Geschlossenheit meint nicht zwangsläufig Unzugänglichkeit, sondern ein funktional und Interessen orientiertes geschlossenes System, das durch seine Elemente und Mittel andere öffentliche Räume oder Systeme „für sich" übersetzt. Da jede Übersetzung unzulänglich ist, da jeder Raum seine eigenen Interessen hat, erkennt man einander nicht nur als ungleich, sondern es entstehen Missverständnisse über denselben Gegenstand.

Zeitgleich weist der öffentliche Raum etwas auf, das nicht sofort offenbar wird, weil Meinung oft an einzelne Personen gekoppelt wird. Gewisse Akteure schweigen, weil sie schon länger schweigen, und sie reden öfter, weil sie zu reden begonnen haben. Ja, Akteure übernehmen Standpunkte von Personen, die sie nicht kennen und nicht nur das: sie übernehmen Standpunkte, die sie nicht teilen, weil sie, wie ein Repräsentant, andere unterstützen möchte. Wie Noelle-Neumann konstatiert, wird ein Akteur, der ein Feedback zu seiner Meinung erhält, dazu animiert erneut zu reden. Es entsteht eine Spirale des Redens oder Schweigens. Halten wir also fest, dass öffentliche Meinungen selbst einer solchen Meinungsspirale unterliegen. Eine Meinung kann schließlich ohne Zutun aus einem einzelnen Ereignis heraus das Leitthema der nächsten vier Wochen werden, das eine gesamte Gesellschaft sogar aufgreift.

Abbildung 2: Öffentlicher Raum und öffentliche Akteure

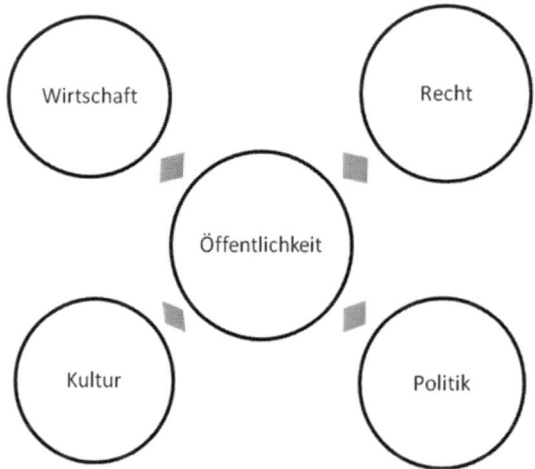

Quelle: Eigene Darstellung.

Die zuweilen als Subjekt wahrgenommene Internet-Öffentlichkeit bildet dahingehend nichts anderes als einen medialen Verbund, der wie jedes Medium Öffentlichkeiten erzeugt. Die per Internet hergestellte Öffentlichkeit unterscheidet sich technisch, aber, nicht methodisch und strukturell von nicht-digitalen Öffentlichkeiten.

Um zu der eingangs gestellte Frage nach der Revidierbarkeit von öffentlichen Meinungen zurückzukehren: wie lässt sich jene Spirale der Meinung beeinflussen? Wie durchbricht man den Zirkel eines öffentlichen Schweigens zu einem wichtigen, aber unangenehmen oder unlängst debattierten Thema wie Bürgerkrieg, Folter, Unterdrückung oder Diktatur? Welche Mittel bleiben jenen, die mit der Berichterstattung oder Wahrnehmung der Deutschen Einheit unzufrieden sind?

Wir beobachten, dass große Medien sich mit dem Thema offenbar ungern beschäftigen. Über die Kritik an früheren Stasimitgliedern, die öffentliche Ämter bekleiden, kommen manche Kommentatoren der Deutschen Einheit kaum hinaus. Für den einzelnen Bürger, der zum Verständnis der deutschen Einheit oder zu neuen Erkenntnissen beitragen möchte, bestehen durchaus Optionen, für seine Themen und Sichten öffentliche Aufmerksamkeit zu finden. Dazu gehören Demonstrationen, Umfragen, Leserbriefe, aber eben auch Online-Dialoge.

1.3 Über Online-Dialoge

Online-Dialoge sind Mittel der Meinungsbildung und Meinungsbeteiligung von Bürgern, gestützt auf die technischen Möglichkeiten des Internets. Erfolgreiche Online-Dialoge verhalten sich wie alle Bürgerbeteiligungen oder deliberativen Prozesse: Die Teilnehmer schöpfen Vertrauen, gewinnen Respekt und Hoffnung, die sie aus einer Schweigespirale befreit und zu neuen Beiträgen oder Online-Dialogen animiert.

Abbildung 3: Bürgerbeteiligung zwischen Bürgern/Interessensgruppen, Politikern und Verwaltung

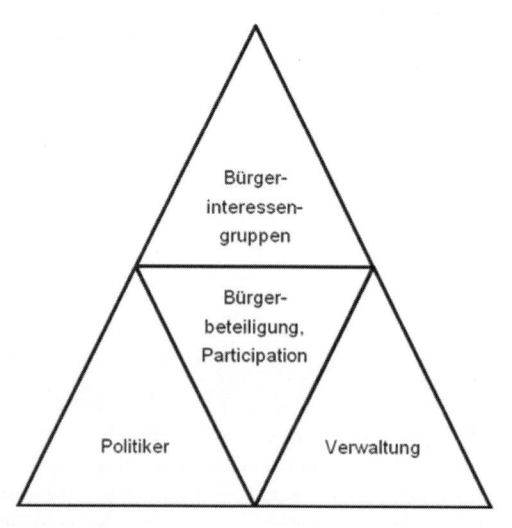

Quelle: Eigene Darstellung.

Die klassische Bürgerbeteiligung zielt gemeinhin auf eine Schnittmenge oder neue Menge zwischen (1) Bürgern und Interessengruppen, (2) Politikern und (3) Verwaltung. Nicht alle Dialoge setzen eine Verwaltung voraus oder sind auf eine Verwaltung bezogen. Es kann zudem auch Dialoge nur zwischen interessierten Bürgern geben.

Mit Blick auf Politik und Verwaltung lassen sich zwei Hauptformen von Bürgerbeteiligungen grob unterscheiden:

- Nicht etablierte Gruppen, Einzelpersonen, Normalbürger, politische Unternehmer setzen Themen und Sichten auf die Agenda und nötigen sie politischen Institutionen und Verwaltungsakteuren gleichsam auf;
- Politische und Verwaltungsinstitutionen setzen selbst auf Bürgerbeteiligungen, richten Online-Dialoge ein zum Zwecke der Information, der Konsultation und der Kooperation.

Möchte man einen informellen Dialog schalten, der lediglich den Austausch geschlossener Interessengruppen über Reiseberichte organisiert, stehen einem andere Mittel zur Verfügung als bei einem Dialog, der beispielsweise Bürgervorschläge zur Sanierung des Bürgerhaushaltes Köln (siehe https://buergerhaushalt.stadt-koeln.de/2010) sammelt und in einer zweiten Phase von der Verwaltung bewertet wird, womit er unmittelbar in den politischen Prozess eingreift. Erfolgreiche informelle Dialoge sind kooperativ und deliberativ (vgl. http://www.americaspeakingout.com). Andere richten sich unmittelbar an Veranstalter und Auftraggeber (siehe etwa http://www.direktzurkanzlerin.de), von denen man Stellungnahmen zu Fragen oder Herausforderungen einfordert. Im Bereich Stadtentwicklung eignen sich vor allem umstrittene Vorhaben oder symbolisch umkämpfte Orte wie beispielsweise die Nachnutzung des Flughafen Tempelhofs in Berlin (siehe http://www.berlin.de/flughafen-tempelhof) oder die Gestaltung des Neumarkts in Dresden (siehe http://www.dresdner-debatte.de).

2. Online-Dialog zum Thema „Unsere deutsche Einheit"

Wie bereits geschildert, stellen Online-Dialoge ein Mittel der Meinungsbildung und Meinungsbeteiligung dar. Am Beispiel des Online-Dialoges über die Wahrnehmung und Bewertung der Wiedervereinigung soll das Instrument und die Bedeutung von partizipativen Online-Medien veranschaulicht werden.

Gegenstand dieses Online-Dialoges war die Frage, wie die Bürger die deutsche Einheit wahrnehmen. Wie beurteilen sie die Vergangenheit, die Gegenwart und die Zukunft in Hinblick auf die Wiedervereinigung? Wie nehmen sie ihre Bekannten, Arbeitskollegen oder die Gesellschaft, die Politik oder Massenmedien wahr? Wird über die Einheit hinreichend diskutiert? Gibt es jenes berühmte Ost-West-Gefälle noch?

Abbildung 4: Die Startseite zum Onlinedialog „Unsere deutsche Einheit"

Quelle: http://www.unsere-deutsche-einheit.de.

2.1 Konzept des Online-Dialogs „Unsere deutsche Einheit"

Für den Dialog „Unsere deutsche Einheit", der vom 9.1.2009 bis 9.2.2009 geschaltet wurde, bildete das Forschungsprojekt „Wahrnehmung und Bewertung der deutschen Einheit" des Bundesministeriums für Verkehr, Bauen und Stadtentwicklung (BMVBS) den Rahmen (http://www.unsere-deutsche-einheit.de).

Die Anforderungen an Online-Dialoge seitens der Politik oder Verwaltung können so unterschiedlich sein wie die der Rezipienten, Teilnehmer oder Bürger eines Dialoges. Da Öffentlichkeit ein mehr weniger offenes System ist, an dem jeder und jede teilnehmen kann, sind die Ergebnisse von Dialogen in der Tendenz ebenso unsicher wie unkalkulierbar. Dialoge generieren der Möglichkeit nach eine Schnittmenge von Erwartungen, die in einem Konsens münden können. Ein finanzieller Rahmen gibt zudem die Werkzeuge vor: Anzahl der Moderatoren, Tiefe der Themenwahl, des Beteiligungsprozesses, der Anbindung an Politik, Wirtschaft oder Verwaltung, aber auch Werbeausgaben.

Manche Dialoge können im engeren Sinne als eine empirische Arbeit verstanden werden, die über das Ausmaß einer Multiple-Choice-Umfrage hinausgehen, indem die Teilnehmer nicht nur Antworten geben, sondern ein Gefühl für eine Community entwickeln und sich selbst organisieren. In solchen Dialogen tritt das Wir-Gefühl der Teilnehmer nach einer anfänglichen empirischen Phase stärker in den Vordergrund und führt zu überraschenden Effekten. Diese besondere Community-Komponente wurde diesmal zwar nicht verhindert, aber durch gewisse Funktionen auch nicht gefördert.

Die unterschiedlichen Wahrnehmungen wurden unkommentiert und unbewertet gegenüber gestellt und öffentlich sichtbar. Die Diskussion wurde also nicht für alle Themen und Debatten geöffnet, wodurch der Moderationsaufwand innerhalb des Projektrahmens niedrig gehalten und die Auswertung vorstrukturiert werden konnte.

Die Erfahrung mit anderen öffentlichen Dialogen hat gezeigt, dass ein moderierter Dialog häufig besser imstande, ist Meinungen herauszuarbeiten und zu redigieren. Der klassische Forum-Effekt, bei welchem Gespräche nach wenigen Beiträgen enden, sollte vermieden werden. Man denke an die Schweigespirale von Noelle-Neumann: Teilnehmer, deren Beiträge durch unsinnige, beleidigende, relativistische Kommentare entkräftet werden, ziehen sich aus der Diskussion sogar heraus. Ebenso empfinden viele Teilnehmer tiefgreifende Debatten in Online-Foren als eher schwierig. Hier kann eine Moderation vereinfachend und anregend auf die Teilnehmer einwirken.

Ferner ermöglichte der Online-Dialog den Teilnehmern, sich über das übergeordnete Forschungsprojekt zu informieren. Außerdem konnten die Teilnehmer den Online-Dialog unter der Seite „Lob & Kritik" kommentieren, was von einigen Teilnehmern wahrgenommen wurde.

2.2 Zentrale Fragen als Artikulationshilfe

Drei Perspektiven sollten den Dialog über die Wiedervereinigung und Ostdeutschland gliedern: „Gestern", „Heute" und „Morgen".

- Gestern: „Was verbinden Sie mit dem 9. November 1989 – dem Tag der Maueröffnung?"
- Heute: „Wie erleben Sie momentan die deutsche Einheit? Wo befinden wir uns jetzt?"
- Morgen: „Wann ist die deutsche Einheit vollendet? Was ist noch zu tun?"

Jede interessierte Person konnte Antworten und Bilder zu einer Frage einstellen, Voraussetzung hierfür waren eine Registrierung mit Benutzernamen und E-Mail-Adresse. Zwar sollte der Dialog offen sein, doch sollten die genannten Leitfragen die Teilnehmer bei ihrer Meinungsäußerung und -bildung unterstützen.

2.3 Erfahrung der Moderation

Das Moderationsteam eines Dialoges ist mit dem Redaktionsteam einer Zeitung vergleichbar, nur mit dem Unterschied, dass Moderatoren keine persönlichen Standpunkte und Meinungen vertreten dürfen. Für gewöhnlich verhindert ein ungeschriebener Kodex, dass Moderatoren für Benutzer oder Themen Partei ergreifen. Für gewöhnlich orientiert man sich hier an gängigen Mediationsidealen, welche auch bei der Mediation von juristischen Fällen zwischen Privatpersonen oder bei Schlichtungsfällen zwischen Konzernen eingesetzt werden.

Alle eingestellten Beiträge waren öffentlich sofort sichtbar und wurden nicht erst freigeschaltet. Das Moderationsteam organisierte den Arbeitsablauf, förderte die ausgewogene Mitwirkung aller Teilnehmer und achtete auf die Einhaltung der Spielregeln. Die Moderatoren beantworteten Fragen der Teilnehmer, nahmen Lob und Kritik zum Beteiligungsverfahren entgegen und versuchten eine offene Dialogatmosphäre zu schaffen. Beleidigende, Personen abwertende oder diskriminierende Inhalte, waren nicht erlaubt. Sobald Spielregeln verletzt werden, versuchten die Moderatoren den Konflikt mit den Beteiligten zu lösen. Für diese Zeit wurden die Beiträge vorläufig zurückgezogen. Wurde keine Einigung erzielt, waren die betroffenen Beiträge dauerhaft gesperrt. Die meisten Teilnehmer blieben bei der Beantwortung der Fragen und beim Einstellen von Bildern im Rahmen der vorgegebenen Fragen. Lediglich drei Textbeiträge zu „Heute" sowie vier Textbeträge zu „Morgen" mussten von der Moderation dauerhaft gesperrt werden.

Die Moderatoren waren bemüht, den Online-Dialog in seinem Dialogcharakter zu unterstützen und nicht zu einem bloßen Nebeneinander von Meinungen wie bei Zeitungs-Meinungen oder -artikeln von Journalisten verkümmern zu lassen. Anders als eine Debatte, die sich zu einem argumentativen Diskurs entfaltet, der alle Einwände eines Beitrags oder einer Meinung berücksichtigt, neigen journalistische Beiträge selten dazu, andere Journalisten offen zu zitieren oder anzugreifen. Während in einer Zeitung die Zeitungsleute untereinander also selten Gegenstand von Diskussionen sind und die Zeitungsleute oft sich selbst überlassen bleiben, rücken in moderierten Dialogen die Moderatoren stärker in einen oft unsichtbaren Vordergrund, um die Diskussion offen und anregend zu gestalten, damit alle Teilnehmer möglichst gut miteinander verknüpft werden können. Die Teilnehmer honorieren Fürsorge und das Moderationsinteresse mit einer positiven Resonanz und Schreibbegeisterung.

2.4 Resonanz und sozialdemographische Merkmale der Teilnehmer

Der Dialog wurde von ca. 7.000 Personen besucht. Jede interessierte Person konnte sich beteiligen, außerdem Antworten und Bilder einstellen. Insgesamt meldeten sich 229 Teilnehmer an, die zusammen 402 Beiträge verfassten, was – in Anbetracht des kleinen Budgets und der Schreib-Lese-Ratio von kurzzeitigen Fachdialogen – mehr war, als erwartet werden konnte.

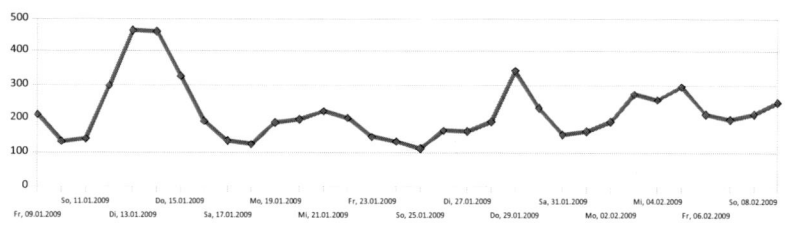

Abbildung 5: Besucherverlauf

Quelle: Eigene Datengrundlage.

Das Alter der angemeldeten Teilnehmer reichte vom Jahrgang 1929 bis 1990, und umfasste damit verschiedene Generationen. Von den insgesamt 229 angemeldeten Teilnehmern waren 47 (29,9%) Frauen, 105 (66,9%) Männer. Und 5 (3,2%) Personen machten keine Angaben über ihr Geschlecht. Beim Alter wird mit 144 Personen (84,7%) eine deutlich höhere Beteiligung der über 35-Jährigen deutlich. Lediglich 19 Nutzer (12,1%) waren unter 35 Jahren; 9 Nutzer (5,7%) machten zu ihrem Alter keine Angabe. Die am stärksten vertretene Altersgruppe waren mit 26 Nutzern (16,7%) die 40- bis 45-jährigen Benutzer.

Abbildung 6: Nutzer nach Geschlecht

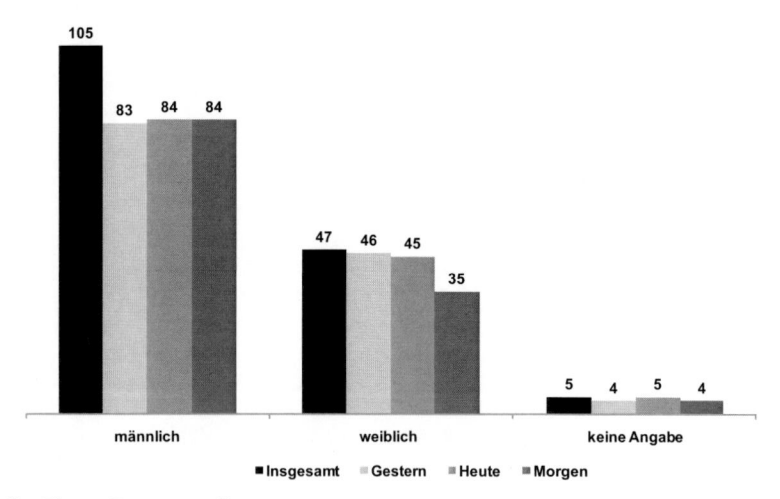

Quelle: Eigene Datengrundlage.

Die Verteilung der Teilnehmer zwischen Ost und West war ausgeglichen. Einen räumlichen Schwerpunkt bildeten, wie im Vorfeld erwartet, die Ballungsräume Berlin, Frankfurt, Leipzig und das Ruhrgebiet.

Die Wiedervereinigung wurde von den Teilnehmern überwiegend positiv bewertet. Die Vorteile der Wiedervereinigung sahen die meisten Teilnehmer in einem Mehr an individuellen Möglichkeiten und Freiheiten sowie darin, dass familiäre Trennungen ein Ende hatten.

Allerdings spielten Wahrnehmungen fortbestehender Fremdheit, Defizite an „innerer Einheit" und Unterschiede in Lebensverhältnissen eine beachtliche

Rolle. Innerdeutsche Differenzen wurden besonders von den älteren Teilnehmern immer wieder herausgestellt, auch die widerfahrene Ungerechtigkeit in der Wahrnehmung der ostdeutschen Regionen. Die meisten Teilnehmer gingen aber davon aus, dass sich diese Divergenz mit den Jahren selbst lösen würde. Interessanterweise wurde die Rolle der Politik und insbesondere der Medien bei der Vermittlung des Gefühls der Zusammengehörigkeit fast ausnahmslos negativ bewertet. Häufige Kritikpunkte waren die klischeehafte Berichterstattung, sowie das starre Festhalten an Ost-West-Schemata. Der Dialog wurde im Gegensatz dazu positiv wahrgenommen.

Abbildung 7: Räumliche Verteilung der Teilnehmenden des Online-Dialoges

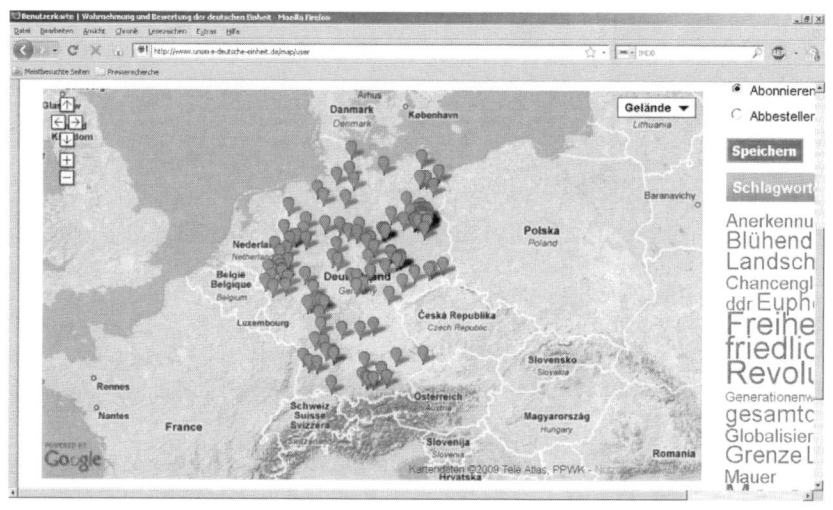

Quelle: http://www.unsere-deutsche-einheit.de/map/user.

Im Kontrast hierzu erschien das Zusammenwachsen im eigenen privaten und beruflichen Umfeld überwiegend als gelungen, womit also eine Differenz zur veröffentlichten Meinung bestehen dürfte. Die Frage der Identitäten war zudem für viele Teilnehmer weniger politisch konnotiert, als durch Erfahrungs- und Austauschprozesse begründet. Soweit Handlungserwartungen an die politischen Akteure in diesem Feld formuliert wurden, bezogen sie sich auf Austausch- und Partnerprogramme zwischen den Regionen in Deutschland im Rahmen von Bildungs-, Jugend- und Kommunalpolitik, sowie auf die Bereitstellung entsprechender Dialog-Räume.

Die ökonomische Ungleichheit bildete erfahrungsgemäß einen weiteren Schwerpunkt. Die Unterschiede der Löhne, Sozialbezüge und Renten wurde im Osten weniger als eine ökonomische Benachteiligung, denn als fehlende kollektive Anerkennung wahrgenommen. Nach Meinung vieler könne das durch politische Entscheidungen, Gesetze, Verordnungen behoben werden.

Beleuchtet wurden auch kulturelle und mentale Dimensionen des Vereinigungsprozesses. Zwar hat es seit 1990 deutliche Fortschritte bei der soziokulturellen Vereinigung gegeben, aber gleichzeitig haben sich auch Phänomene der Fremdheit und Ungleichheit zwischen Ost und West verfestigt. Diese Phänomene sind im Projekt mit Blick auf „kollektive Identitäten" und „Anerkennungsdesiderata" beschrieben worden. Es wird auf enttäuschte Erwartungen bezüglich der Geschwindigkeit und des Umfangs der Angleichung zwischen Ost und West verwiesen.

Zum aktuellen Bild der deutschen Einheit gehören jedoch auch die unterschiedlichen Wahrnehmungsmuster der Generationen. Für die um und nach 1989 Geborenen ist die deutsche Einheit selbstverständliche gesellschaftliche Realität und Rahmen ihrer individuellen Entwicklungschancen.

Das Feedback der Teilnehmer war durchweg positiv und lobend, auf neue Projekte hoffend. Es offenbarte sich eine gewisse Heiterkeit und Unterhaltung bei der Teilnahme, was Noelle-Neumanns These stützen würde, dass Diskursteilnehmer, denen man das Gefühl gibt, gehört zu werden, sich nicht nur wohl fühlen, sondern als Teil des Diskurses begreifen und nach neuen Diskursmitteln (Dialogen) streben.

Abbildung 8: Häufig genannte Themen in den Beiträgen der Teilnehmenden

Quelle: Eigene Darstellung (vgl. http://www.unsere-deutsche-einheit.de).

Die Beiträge bezogen sich insgesamt auf drei Schwerpunkte und sie legten jeweils in ihrem Tenor Handlungsoptionen nahe, die die nachfolgenden Zwischenüberschriften andeuten:

(1) Stärkung des Zusammengehörigkeitsgefühls durch Rekurs auf gemeinsame Werte und Ziele
Betont werden in diesem Thema die fundamentalen Gemeinsamkeiten der Deutschen in Ost und West in mentaler und kultureller Hinsicht sowie auf der Ebene der Werte und Einstellungen. Die übergreifenden Wertorientierungen wie Lebensziele differieren zwischen Ost und West, trotz unterschiedlicher Traditionsbestände, Identifikationen und subjektiver Schichteinstufung kaum.

Ganz oben stehen in Ost und West ein glückliches Familienleben, finanzielle Sicherheit und Entfaltung der individuellen Fähigkeiten. Gleichermaßen geschätzt werden Ehrlichkeit, Gerechtigkeit und Sicherheit. Die Gemeinsamkeiten schließen – trotz bestimmter Differenzen – auch soziopolitische Orientierungen ein. Sowohl Marktwirtschaft wie Demokratie werden in beiden Landesteilen von einer deutlichen Mehrheit bejaht und unterstützt.

Bei der weiteren Gestaltung der Einheit solle unsere Gesellschaft darauf zielen, das Entstehen und Wachsen von Identitäten auf der Basis gemeinsamer Werte und Ziele zu fördern. Dies sei ohne die Berücksichtigung von Unterschieden kaum möglich.

Die wichtigsten kulturellen Unterschiede zwischen Ost und West betreffen die subjektive Schichteinstufung, die Kirchenbindung bzw. Konfessionszugehörigkeit, Rollen und gesellschaftliche Positionen der Frauen und die Intensität der Herausforderungen an die Menschen seit 1990, die sich anzupassen und umzustellen haben.

Das Wachsen einer gemeinsamen deutschen Identität könne durch die Bewältigung gemeinsamer Herausforderungen auf der Grundlage gemeinsamer Zielvorstellungen und unter Anerkennung des Wertes der unterschiedlichen Erfahrungen und Potenziale in West und Ost gelingen.

(2) Zuwachs an materieller Gerechtigkeit
Die Grundsätze sozialer Gerechtigkeit gehören in Ost- und in Westdeutschland zu den weit anerkannten Grundwerten. Entscheidend ist allerdings, dass sich Ostdeutsche mehrheitlich und inzwischen auch Westdeutsche in erheblichem Maße in ihren Leistungen nicht gewürdigt fühlen. Dieses Empfinden ist insbesondere in Ostdeutschland verfestigt, weil mangelnde symbolische Anerkennung der Ostdeutschen und ihrer Leistungen in der Geschichte des Landes (auch unter den Bedingungen der Diktatur) mit einer als unzureichend empfundenen materiellen Anerkennung aktueller Leistungen (Niveaus von Löhnen und Gehältern,

Transfereinkommen im Ost-West-Vergleich) einhergehen und sich wechselseitig verstärken.

(3) Freiheit und aktive Demokratie
Mit Blick auf die weitere Gestaltung der freiheitlichen und demokratischen Gesellschaft in Deutschland kann man konstatieren, dass es bei einer hohen prinzipiellen Zustimmung zur Demokratie in Ost und West eine relativ hohe Unzufriedenheit mit dem politischen System gibt. Ansatzpunkte zur produktiven Aufnahme dieser Unzufriedenheit bieten die gewachsenen Ansprüche der Bürger an Bürgerbeteiligung und direkter Demokratie. Auch bei der weiteren Gestaltung der deutschen Einheit spielen Zivilcourage und Engagement der Bürger eine wichtige Rolle.

2.5 Spektrum der Resonanz zum Gestern

Die Maueröffnung oder Wiedervereinigung wurde von den Teilnehmern überwiegend positiv bewertet. Davon abweichende Äußerungen traten fast nicht in Erscheinung. So wurde die deutsche Teilung fast durchweg als künstlicher, für alle unbefriedigender Zustand wahrgenommen, der durch glückliche Umstände überwunden werden konnte. Insgesamt sind die Beiträge unter „Gestern" von persönlich Erlebtem und einem hohen Maß an Emotionalität gekennzeichnet.

„Einfach nur Glück, Glück, Glück!!!! Gott sei Dank, dass dieses furchtbare Schandmal überwunden wurde!"

„Der taz-Verkäufer kommt mit einer unglaublichen Nachricht ins schwarze Café auf der Kantstrasse, Trabis auf dem Kudamm, dem vorbeifahrenden Bus mit Wodka-Werbung ‚Gorbatschow' wird applaudiert, nach langem Zögern über die Mauer klettern, ein Kuss unter dem Brandenburger Tor, Unsicherheit angesichts der Vopos, die auch unsicher dreinschauen...aufgeregte BBC-Reporter .... Ungläubigkeit, Erstaunen."

„Das war ein Glücksfall der Geschichte. Die unmenschliche Trennung der Familien durch die Grenze hatte ein Ende, Reisefreiheit und freie Wahl des Aufenthalts wurden möglich, freie Beschaffung von Literatur und Musik ohne Einfuhrbeschränkungen wurde möglich, Bevormundung der Betriebe und der Bevölkerung durch die SED sowie Diskriminierung nicht systemkonformer Menschen konnte praktisch nicht mehr stattfinden, weil man sich ihr entziehen konnte."

Während die Wiedervereinigung annähernd von allen begrüßt wurde, ist der Verlauf des Einigungsprozesses deutlicher Kritik ausgesetzt. Je nach Standpunkt und Wahrnehmung variieren die kritisierten Punkte deutlich. Eine sich abzeichnende Grundtendenz ist allerdings die Enttäuschung über eine ausgebliebene Staats- und Verfassungsreform, wie sie in der damaligen Fassung des Artikels 146 GG vorgesehen war, die einen Neubeginn für alle Bürger Deutschlands und eine gesellschaftliche Wertedebatte ermöglicht hätte.

„Nicht die politische Einheit, die seit 19 Jahren existiert, ist das hauptsächliche Problem aus meiner Sicht, sondern wie sie zustande kam und wie wenig bis heute über eine alternative Gestaltung dieser Einheit öffentlich diskutiert wird. Die weggedrängte Verfassungsdebatte der Jahre nach 1990 ist das eigentliche demokratische Problem. Es war eine Neugründung ohne Gründungsbewusstsein. Eine überhastete Demokratisierung von oben, in der den Ostdeutschen das Glück verantwortlicher Selbstentscheidung genommen wurde. Nichts sollte verändert werden. ‚Wie im Westen, so auch auf Erden', paraphrasierte damals jemand, und er traf den Geist der Zeit."

2.6 Spektrum der Resonanz zum Heute

Die den Zustand der Gegenwart der deutschen Einheit beschreibenden Äußerungen sind deutlich sachbezogen; vorwiegend emotionale Beiträge bilden die deutliche Minderheit.

Während unter „Gestern" die Deutsche Einheit bzw. die Maueröffnung weit überwiegend als ein positives Ereignis geschildert wird, fällt in der Rubrik „Heute" die Bewertung uneinheitlicher aus. Für etwa ein Viertel der Sprecher ist der Vereinigungsprozess abgeschlossen; bei einem Drittel der Beiträge ist die Einheit ein noch andauernder Prozess. Über den angenommenen Zeithorizont gibt es in dieser Gruppe unterschiedliche Auffassungen, wobei die Erwartung einer noch länger andauernden Entwicklung überwiegt. Ein kleinerer Teil der Beiträge reduziert die Deutsche Einheit auf den staatsrechtlichen Formalakt der fraglos gelungen sei.

„Der Begriff Einheit wird nicht mehr aktiv wahrgenommen, da sich das Gemeinschaftsgefühl im Unterbewusstsein verankert hat. Nach fast zwanzig Jahren ist die ‚Einheit' Alltag und damit völlig normal."

„Ich empfinde die deutsche Einheit als widersprüchlich und schwer fassbar. Ich kann zwar der Formel zustimmen ‚Viel geleistet, noch viel zu tun', aber sie ist dennoch unbefriedigend für mich. Das liegt u.a. daran, dass der Maßstab für den Erfolg des Vereinigungsprozesses nicht klar ist. Schaut man sich an, was sich in Ostdeutschland verändert hat, dann würde ich eine positive Bilanz ziehen, trotz der hohen Arbeitslosigkeit und der damit verbundenen Marginalisierung größerer Bevölkerungskreise, weil ich demokratische Freiheit für sehr wichtig halte. Schaut man sich jedoch die Unterschiede zwischen Ost-und Westdeutschland an, dann sind sie nach wie vor riesig und es ist derzeit kaum absehbar, wie gerade die Angleichung der Wirtschaftskraft (Produktivität, Einkommen, Arbeitslosigkeit etc.) in den nächsten Jahren geschafft werden könnte."

Ein deutlich dominierendes Thema in der Auseinandersetzung mit dem gegenwärtigen Stand der deutschen Einheit, ist die Frage der ungleichen Identitäten, der wechselseitigen Wahrnehmung und der Anerkennung von Differenzen. Vor allem den Teilnehmern mittleren Alters, der Generation, die in zwei deutschen Staaten sozialisiert wurde, erscheint dieser Umstand als zentrales Problem. Dabei überwiegt die Darstellung des prozesshaften Charakters bei der Identitätsbildung, und es wird oftmals die Hoffnung auf ein zumindest bedingtes Zusammenwachsen geäußert.

„Wir haben zu wenig voneinander gewusst. Wir erzählen uns noch immer zu wenig Geschichten aus unserem Leben hier und dort. Es gab reiches Leben hier und dort. Unsere Länder heute bereichern einander. Jeder sollte sich auf den Weg machen, diesen Reichtum zu entdecken. Das sehe ich als Aufgabe für heute und morgen, denn auch so ein fragiles Gebilde wie Heimat will immer wieder erlebt und erfahren sein, um es eben als Heimat annehmen zu können. Ohne sie aber werden wir sein wie Bäume, die ihre Wurzeln verloren haben: entwurzelt. Insofern: wir befinden uns auf einem stetigen Weg. Und gerade unsere Unterschiede (der Landschaften, Menschen, Industrie und Kultur) machen dabei unseren Reichtum aus."

Gleichzeitig haben viele Benutzer Zweifel daran, dass die „geteilte" Generation jemals vollständig zueinander finden wird. So sind viele überzeugt, eine vollständige Überwindung der Teilung werde erst mit den Nachwendegenerationen möglich sein. Eine vollständige Unüberbrückbarkeit der Differenzen sieht hingegen nur ein kleiner Teil der Teilnehmer gegeben. Von ostdeutschen Nutzern wird das Fehlen einer Anerkennung für ostdeutsche Lebensläufe und Lebenszusammenhänge häufig kritisiert. So sei bei vielen Westdeutschen kaum Wissen über die DDR vorhanden, und die westdeutsche Identität werde von diesen ohne kritische Prüfung als gesamtdeutsche Identität vorausgesetzt.

„Die Bürger aus den neuen Bundesländer sind offen für die neuen und waren fast alle schon mal dort, aber wie sieht es mit den Leutenaus den alten Bundesländern aus? Ich war jetzt schon mehrfach als ‚Zeitzeuge' in Schulklassen, es ist erschreckend welche Fragen dort gestellt werden, welche Vorurteile bestehen. Daran sollte gearbeitet werden, das diese abgebaut werden."

Auch die jüngeren Teilnehmer beziehen sich auf den Identitätsdiskurs, allerdings ablehnend. Soweit Unterschiede zwischen West und Ost vorhanden seien, entsprächen diese den üblichen regionalen Differenzen, wie es sie überall in Deutschland gäbe. Die Rolle und das Selbstverständnis Bayerns wird in diesen Beiträgen mehrmals als Metapher für diese These herangezogen. Soweit die jüngeren Nutzer ihren Beiträgen das Vorhandensein des Identitätskonflikts anerkennen, wird dies als Problem der „älteren Generation" dargestellt.

„Deutschland ist so groß und durch die föderalistische Struktur wird eine gefühlte ‚Einheit' schwierig – unabhängig von der Ost-West-Dimension. Als geborene Schwäbin, aufgewachsene Niedersächsin, Wahlberlinerin und seit vier Jahren Vernunftmünchnerin habe ich mehr regionales Bewusstsein als Gesamtdeutsches erlebt, egal wo ich hinkam (Bayern ist ein extremes Beispiel, aber auch die Norddeutschen können mit Baden-Württemberg nicht viel anfangen). Solange politisch und weltanschaulich der Regionalismus gefördert wird, sehe ich keine Möglichkeiten für ein ‚gesamtdeutsches' Gefühl, das irgendwelche Grenzen überwindet."

„Ich finde, dass kann man recht kurz beantworten: Meine Generation, vielleicht sogar noch ein bisschen jünger, muss an den Schaltstellen der Macht in Politik und Wirtschaft angekommen sein. Für uns sind BRD und DDR Geschichte, es gibt nur ein Deutschland (auch wenn ich sechs Jahre lang noch beide Staaten erlebt habe). Die Griesgräme auf beiden Seiten, die man jetzt manchmal noch laut poltern hört, kann man doch nicht mehr überzeugen. Aber sie werden – so hart wie es klingt – nun mal irgendwann einfach aussterben."

Viele Teilnehmer machen Identitätskonflikte auf gesellschaftlicher Ebene aus, gleichzeitig erleben sie in ihrem persönlichen, familiären und beruflichen Umfeld ein geglücktes Zusammenwachsen.

„Ich bin sehr froh, daß die Mauer damals gefallen ist, sonst hätte ich nie meine Frau kennengelernt und lieben gelernt!!!!!!!!!!!!Sie kam aus dem Ostseebad Binz auf Rügen und ich war ein alter West-Berliner aus Spandau! Nun kennen wir uns schon 14 Jahre, davon 12 Jahre glücklich verheiratet! Am Anfang hatte natürlich jeder seine individuelle Meinung, aber was zusammengehört, das wächst auch zusammen! Davon sollte ganz Deutschland lernen, viel zuhören und miteinander reden!"

Sofern die Teilnehmer in Fragen der Identität auf den massenmedialen Diskurs Bezug nehmen, erfolgt dies fast durchgehend kritisch-negativ. Die Berichterstattung in den Medien, als auch die vorherrschenden Begriffsbildungen werden als zu einseitig und verzerrend wahrgenommen. Betont werden immer nur das Trennende und die Differenzen.

Die vielfach entstandene und gelebte deutsch-deutsche Normalität hingegen trete aufgrund ihres mangelnden Nachrichtenwertes medial kaum in Erscheinung.

„Vieles von dem, was Ost- und Westdeutsche scheinbar trennt, ist von unbedachten Journalisten übersteigert und überspitzt dargestellt. Erfolgsgeschichten sind im Journalismus eben nicht so spannend."

Die ökonomische Ungleichheit bildet einen zweiten, deutlich erkennbar starken Schwerpunkt, wobei die Äußerungen zu diesem Komplex eine ganze Bandbreite von Themen und Einschätzungen abdecken, unter denen die Frage der ungleichen Löhne und Sozialbezüge hervorsticht. Deutlich wird in vielen Beiträgen, dass die Frage der ungleichen Löhne weniger als ökonomische Benachteiligung wahrgenommen wird. Die fehlende kollektive Anerkennung, die sich in einer ökonomisch orientierten Gesellschaft an der Höhe des Einkommens oder der Bezüge bemisst, stehe im Vordergrund. Unter diesem Aspekt, wird die Frage nach der Anerkennung der Identität von vielen Teilnehmern neu verhandelt.

„So lange die Lebensbedingungen zwischen Ost und West (Löhne/Renten) so unterschiedlich sind, fühlen wir uns als Menschen zweiter Klasse bzw. Kolonie in der BRD."

2.7 Spektrum der Resonanz zum Morgen

Die Themen „Identität" und „ökonomisches Ungleichgewicht" dominieren auch die Fragen nach „Morgen". Ökonomischen Fragen, insbesondere ungleichen Löhnen und Sozialbezügen, wird hier deutlich mehr Gewicht beigemessen.

„Erst wenn die Unterschiede (Arbeitslohn, Rente) zwischen Ost und West überwunden sind, wird das Gefühl der Ost- deutschen, Deutsche zweiter Klasse zu sein, verschwinden. Erst dann werden die Gräben zuwachsen. Die Politiker sollten zunächst die Berechtigung dieses Gefühls der Benachteiligung anerkennen. Erst dann werden die Menschenbereit sein, die enormen Fortschritte, die es ohne Zweifel gibt, anzuerkennen."

Die „innere Einheit", das mentale Miteinander der Bevölkerung wird hier weniger erörtert. Die kollektive Bewusstseinsleistung kann schwerlich mit gesetzlichen Mitteln verordnet werden, somit lassen sich eindeutige Handlungserwartungen an politische Akteure kaum formulieren. Soweit dies geschieht, werden Städtepartnerschaften, Austauschprogramme und Dialogräume vorgeschlagen.

"Hilfreich könnten Institutionen des Erfahrungsaustausches entsprechend ‚Erasmus' oder ‚Schüleraustausch' sein, welche z.b. die Europäische Einheit oder die transatlantischen Beziehungen bei allen davon ‚Betroffenen' nachhaltig und nachweisbar verbessern. Denkbar sind (nicht notwendigerweise finanzielle) Anreize für Zivis, Azubis und Studenten, die einige Monate oder Jahre im anderen Landesteil leben. Denkbar sind Anreize für inter-regionalen Vereins-, Schul- oder Städtepartnerschaften. Denkbar sind öffentliche Ost-West-Dialoge in den Großstädten. Viele recht preiswerte aber langfristig effektive Möglichkeiten sind denk-bar. Das BMVBS könnte solche langfristigen Projekte anstoßen... und dadurch einiges an politischem Kapital gewinnen."

Desweiteren wurde eine verstärkte Aufarbeitung der Geschichte beider deutscher Staaten ohne ideologische „Scheuklappen" eingefordert.

„Ich bin überzeugt, dass das in diesem Jahr mit Sicherheit besonders nachdrücklich propagierte und als ‚wahr' deklarierte Erinnerungsbild über die beiden deutschen Staaten (so wie sie sich bis 1989 dargestellt haben) in weiteren 20 Jahren einer sachlichen, den internationalen Kontext umfassender beachtenden Analyse weichen wird. Sachliche Analysen sind die Voraussetzung für Entwicklungen."

2.8 Resonanz der Massenmedien auf den Dialog

Trotz des kleinen Budgets, eines nicht vorhandenen Werbebudgets und einer Öffentlichkeit, deren Aufmerksamkeit von vielen Themen beansprucht wird, fiel die öffentliche und massenmediale Resonanz größer als erwartet aus.

Verschiedene große Medien wurden auf den Dialog aufmerksam. *ZDF heute online* berichtete am 13. Januar 2009. Der Nachrichtensender *France24* führte Interviews mit zwei Teilnehmenden des Dialoges sowie den Koordinatoren des Forschungsprojektes. Die beiden Teilnehmenden stammen je aus dem Ost- bzw. Westteil Deutschlands und berichteten von ihren Wahrnehmungen. Der Beitrag *„A website for a better reunification"* interviewte zwei Teilnehmer und Dr. Liudger Dienel (nexus Institut). Jener Beitrag ist als Videostream seit dem 25. Januar 2009 auf *France24* zu sehen und auf der Projektseite unter dem Menüpunkt „Informationen" verlinkt. Daniela Riedel wurde von *Berlin-TV* für die Sendung „Frühcafé Multimedia Talk" am 21. Januar 2009 interviewt. Am 6. Februar 2009 führte das *rbb Kulturradio* ein Interview mit Benjamin Nölting (ZTG) zum Forschungsprojekt und dem Dialog durch. Hinzu kommen zahlreiche Blogs, Newsletter-Feeds und Onlineseiten.

3. Ausblick: Über Potenziale von Bürgerdialogen

Das Themenspektrum des Online-Dialogs „Unsere Deutsche Einheit" wies einige Leerstellen, Widersprüche auf, die zumindest benannt werden sollen. Immerhin ein Viertel der Teilnehmer des Online-Dialogs war der Auffassung, dass der Vereinigungsprozess weitgehend abgeschlossen sei. Diese Position wird auch von nicht wenigen Akteuren aus Politik und Wissenschaft vertreten. Wer aber die deutsche Vereinigung für weitgehend abgeschlossen hält, verfolgt eine andere Agenda als diejenigen, die sie als andauernden Prozess fassen. Es zeigt sich überdies, dass die Teilnehmer am Online-Dialog zwar recht klare Forderungen, Wünsche, Empfehlungen artikulierten, doch nur bedingt eine Vorstellung davon haben, in welchem Maße ihre Vorschläge (über materielle Gerechtigkeit, Angleichung, Anerkennung gelebten Lebens und Vergangenheits-aufarbeitung) auf gegenläufige Interessen und Werthaltungen in der Gesellschaft des vereinten Deutschlands stoßen oder /und an welche Voraussetzungen ihre Einlösung geknüpft ist. Wenn die Teilnehmer in der Sache darauf insistieren, dass das Wachsen einer gemeinsamen deutschen Identität durch die Bewältigung gemeinsamer Herausforderungen auf der Grundlage gemeinsamer Zielvorstellungen und unter Anerkennung des Wertes der unterschiedlichen Erfahrungen und Potenziale in West und Ost gelingen könne, so fehlen Hinweise auf Herausforderungen und gemeinsame Zielstellungen. Das vereinte Deutschland ist eine Gesellschaft ohne „Projekt", ohne Utopie, ohne Vision. Daher ist auch ein gemeinsamer Aufbruch zu neuen Horizonten, der Zusammengehörigkeit stiften und gründen könnte, vorerst nicht zu erwarten.

Bemerkenswert ist ferner, dass die Teilnehmer am Online-Dialog Probleme der Identitätsfindung und des Zusammenwachsens im vereinten Deutschland primär als etwa thematisieren, das die aus der DDR und der Alt-Bundesrepublik hervorgegangenen Teilpopulationen ethnischer Deutscher betrifft. Ausgeblendet werden die nichtdeutschen Zuwanderer und ihre Nachfahren.

Von nicht wenigen Teilnehmern wurde die allgemeine massenmediale Berichterstattung als negativ und klischeehaft gewertet. Zudem konkurrieren Themen, die sich auf Fragen und Sorgen der Vereinigung beziehen, zu jedem Zeitpunkt mit vielen anderen um öffentliche Aufmerksamkeit. Für die Autoren des vorliegenden Beitrages stellt sich somit auch die Frage, welche Rolle, welchen Stellenwert der der stattgefundene Dialog medientheoretisch einnimmt.

Online-Dialoge bieten „Normalbürgern", nicht etablierten Gruppen und Einzelpersonen Chancen, für ihre Themen und Sichten Öffentlichkeit zu finden und zu konstituieren. Politische Institutionen und Akteure oder/und Verwaltungen können mittels Online-Dialog den Zugang zu und die Mitwirkung von Personen gewinnen, die sich um ein solches Medium gruppieren, es nutzen.

Online-Dialoge sind häufig kostengünster als langfristig angelegte Umfragen und übertreffen diese auch potentiell an Tiefe und unterstützen die öffentliche Meinungsbildung mit öffentlichkeitswirksamen Effekten. Es scheint, dass solche dialogischen Formen auch Menschen erreichen, die sich nicht oder unzureichend vertreten fühlen.

Überdies kann ein Dialog, besonders wenn er von politischen Akteuren oder einflussreichen Lobbyorganisationen wie der Bertelsmann-Stiftung oder der Initiative Neue Soziale Marktwirtschaft unterstützt wird, selbst so verstärkend sein, dass er in die Massenöffentlichkeit und in Massenmedien vordringt. Politische Akteure, Regierungen und Lobbyisten suchen selbst die Medienagenda in hohem Maße zu beeinflussen- mit Themen und mit Timing, mit der Inszenierung von Pseudoereignissen, durch die Lancierung oder Verhinderung von Informationen, mit der Thematisierung von Problemen, für die sie eine Lösung haben, mit Problemwahrnehmungen und Problemlösungsofferten... Mithin ist die Möglichkeit nicht auszuschließen, dass Online- und andere Bürger-Dialoge instrumentalisiert werden.

Ungeachtet dieser Bedenken lassen sich komplexe Bürger-Dialoge als Mittel demokratischer Willensbildung charakterisieren, die eine hohe Relevanz für das politische Agenda-Setting entfalten, wenn durch die Bürger gemeinsam und deliberativ eine Agenda erarbeitet wird, die als politisches oder öffentliches Programm fungiert. Das heißt, die Teilnehmer arbeiten auf eine Art Manifest, Publikation oder gemeinsame Agenda hin. Der Bürger soll also nicht mehr nur Kommentare verfassen, die zusammengefasst werden, sondern die Zusammenfassung erfolgt durch so genannte Bürger-Redakteure, also aus dem Dialog heraus. Der Dialog „beratschlagt" (daher „deliberativ") gewissermaßen sich selbst und seine Inhalte. Am Ende erarbeitet eine Gruppe eine eigenen Stellungnahme, Antwort, Agenda, Heft oder Buch, je nach Intention des Initiators. Mit systemischen und deliberativen Mitteln, unter anderem durch die Übernahmen von Aufgaben durch die Teilnehmer, die Vereinbarung von Spielregeln, wird versucht, eine gemeinsame Agenda aller Benutzer zu ermöglichen oder diese an der Aufstellung der Agenda zumindest unmittelbar zu beteiligen. Die Teilnehmer tragen Verantwortung und werden in alle Entscheidungsprozesse einbezogen, indem sie feste Aufgaben im großen Forum übernehmen, wozu eingeschränkte Redaktionsaufgaben gehören. Das System also reguliert sich durch seine Mitglieder, wodurch es schnell und günstig wird.

Daher teilen die Autoren die Annahme nicht, dass man berühmt sein muss, um gehört zu werden. Aus ihrer Sicht ist Habermas' Furcht vor einer Fragmentierung einer idealen Öffentlichkeit zu relativieren. Ist dieses deliberative Konzept nicht der Schlüssel, um nationale Dialoge neuer Art, so auch zum Thema Einheit zu initiieren?

Vorstellbar wäre ein Dialog, der Menschen dazu animiert, in unterschiedlichen Ausschüssen wie zu Wirtschaft oder Bildung eine Agenda der deutschen Einheit oder des Wiedervereinigungsfortschritts zu erfassen. Man denke an einen Dialog, der selbst Fragen formuliert oder erschließt, die hohe Beamte und Politiker in und für die Öffentlichkeit beantworten sollen.

Online Dialoge stellen eine ernsthafte Bereicherung und neue Form der öffentlichen Meinungsbildung dar, die über einzelne Projekte oder Anliegen hinausreichen (vgl. http://www.fixmystreet.com) und in Zukunft wohl größeren Einfluss auf die Öffentlichkeit bekommen werden.

Literatur

Engelland, Reinhard (Hg./1997): Utopien, Realpolitik und Politische Bildung. Über die Aufgaben Politischer Bildung angesichts der politischen Herausforderungen am Ende des Jahrhunderts. Opladen: Leske + Budrich.
Gerhards, Jürgen (1998): Öffentlichkeit. In: Jarren/Sarcinelli/Saxer (Hg./1998): 268-274.
Habermas, Jürgen (1990): Strukturwandel der Öffentlichkeit. Frankfurt a.M.: Suhrkamp.
Habermas, Jürgen (1992): Faktizität und Geltung. Beiträge zur Diskurstheorie des Rechts und des demokratischen Rechtsstaates. Frankfurt a.M.: Suhrkamp.
Habermas, Jürgen (2009): Ach, Europa. Kleine Politische Schriften XI. Frankfurt a.M. : Suhrkamp.
Jäckel, Michael (1999): Medienwirkungen, Ein Studienbuch zur Einführung. Wiesbaden: Westdeutscher Verlag. Jäckel, Michael 1999: Öffentlichkeit. Öffentliche Meinung und die Bedeutung der Medien. In: Jäckel (1999): 215-248.
Jarren, Otfried/Sarcinelli, Ulrich/Saxer, Ulrich (Hg./1998): Politische Kommunikation in der demokratischen Gesellschaft. Ein Handbuch mit Lexikonteil. Wiesbaden: Westdeutscher Verlag.
Kuhn, Thomas S. (1962): The Structure of Scientific Revolutions. Chicago: University of Chicago Press.
Luhmann, Niklas (1992): Die Beobachtung der Beobachter im politischen System: Zur Theorie der Öffentlichen Meinung. In: Wilke (Hg./1992): 77-86.
Luhmann, Niklas (2009): Die Realität der Massenmedien. 4. Auflage. Wiesbaden : Westdeutscher Verlag.
Noelle-Neumann Elisabeth (1996): Öffentliche Meinung. Die Entdeckung der Schweigespirale. Erweiterte Ausgabe. Frankfurt a.M.: Ullstein.
Pfetsch, Barbara (1997): Öffentliche Aufmerksamkeit, Medien und Realpolitik. Zum Management von Themen in der politischen Kommunikation. In: Engelland (Hg./1997): 45-62.
Renken, Frank (2006): Frankreich im Schatten des Algerienkrieges: die Fünfte Republik und die Erinnerung an den letzten großen Kolonialkonflikt. Göttingen: Vandenhoeck & Ruprecht.

Schicha, Christian 2003: Kritische Medientheorien. In: Weber (2003): 190-227.
Weber, Stefan (Hg./2003): Theorien der Medien. Von der Kulturkritik bis zum Konstruktivismus. Konstanz: UVK bei UTB.
Wilke, Jürgen (Hg./1992): Öffentliche Meinung. Theorien, Methoden, Befunde. Beiträge zu Ehren von Elisabeth Noelle-Neumann. Freiburg, München: Alber.

Einheit erfahren, Einheit gestalten

Konzeption und Einsatz von kommunikativen und partizipativen Formaten für die Gestaltung der Deutschen Einheit zwanzig Jahre nach der „Wende"

Hans-Liudger Dienel

1. Einleitung

Der Beitrag blickt zurück auf Konzeption und Einsatz von unterschiedlichen Instrumenten der Bürgerbeteiligung und deliberativen Demokratie zur Diskussion von Themen zur Gestaltung der Deutschen Einheit in den letzten Jahren – ihre Wirkungsgeschichte, Erfolge und Misserfolge – und skizziert zweitens Möglichkeiten für ihren zukünftigen Einsatz über das Jahr 2010 hinaus. Grundlage für den Beitrag sind Studien und Konzepte für den Einsatz unterschiedlicher Beteiligungsmethoden für das Jahr 20 der Deutschen Einheit, die für den Beauftragten für die neuen Länder vorbereitet wurden. Inzwischen können wir auf viele dieser Veranstaltungen zurückblicken und daraus Schlussfolgerungen für die Zukunft ziehen.

Geschichte, so schreibt der schwedische Historiker Svante Lindqvist, ist die Debatte der Gegenwart mit ihrer Geschichte über ihre Zukunft (vgl. Björkman/ Lindqvist 2008: 15). Die Diskurse zur Deutschen Einheit sind in diesem Sinne nicht in erster Linie eine rückwärts gewandte Aufarbeitung von Trennung, Vereinigung, Unrecht und Überwindung, sondern zugleich eine Debatte über Deutschlands Zukunft, wobei die Unterschiede zwischen West und Ost als Genpool für die Entwicklung tragfähiger Zukunftskonzepte genutzt werden. Je mehr in den vergangenen Jahren deutlich wurde, dass die Vereinigung beider deutscher Staaten keine pure Angleichung der DDR an westdeutsche Standards und Institutionen war, sondern vielmehr unter teilweise schmerzlichen Transformationen ein neues Deutschland entstanden ist, das seine sozialen Sicherungs- und Bildungssysteme, um nur zwei Subsysteme zu nennen, neu ausrichten musste und muss, desto stärker haben sich die Diskurse zur Deutschen Einheit in die Zukunft und damit zu einer offenen Gestaltungsdiskussion verschoben.

Eine so wichtige Debatte braucht einen breiten gesellschaftlichen Diskurs. Deshalb haben partizipative, deliberative bürgerschaftliche Prozesse hier einen wichtigen Platz, um die Diskurse in die Gesellschaft zu tragen, zu verbreitern und zu vertiefen, um die „Weisheit der Vielen" für substanzielle Beiträge und zur Vorbereitung kollektiv bindender politischer Entscheidungen zu nutzen und einzubinden.

Partizipative Formate haben die Diskurse zur deutschen Einheit in den vergangen Jahren zunehmend begleitet, beflügelt und inhaltlich mitgestaltet. Es ist eine wichtige gesellschaftliche, auch staatliche Aufgabe, diese Dialogkatalysatoren bereitzustellen und zu fördern. Der Beitrag versteht sich ganz pragmatisch auch als Handwerkszeug für zukünftige bürgerschaftliche und partizipative Prozesse zur weiteren Gestaltung der deutschen Einheit und damit der Zukunft des neuen Deutschland.

Die zahlreichen Aktivitäten im zwanzigsten Jahr der Vereinigung beider deutscher Staaten in den Jahren 2009 und 2010 sind kein Abschluss der Diskurse und Debatten über die deutsche Einheit, sondern vielmehr eine Standortreflektion und zugleich eine Gelegenheit für die Identifikation aktueller und zukünftiger Aufgaben für die weitere Integration und Gestaltung des neuen Deutschlands. Wenn empirische Sozialforscher eine gesamtdeutsche Umfrage machen, etwa zu Geschmack und Lebensstilfragen, oder zu religiösen Überzeugungen, Einkommensverhältnissen, Vorlieben für Automarken, bevorzugten Urlaubsdestinationen, Haltungen gegenüber Migranten und zur Bewertung der Integrationspolitik, zu internationalen politischen Konflikten von Afghanistan über den Irakkrieg bis zur Israelfrage, natürlich zu den politischen, sozialen und wirtschaftlichen Verhältnissen in der DDR, aber auch zur Qualität aktueller Fernsehprogramme und vieler weiterer Fragen, dann zeichnet sich in der geokodierten Auswertung der Ergebnisse sehr oft die alte deutsch-deutsche Grenze als Farbwechsel ab. Die DDR wird in ihren alten Grenzen sichtbar und damit die lange Dauer sowohl von Mentalitätsunterschieden als auch harten sozialdemografischen Kenngrößen zwischen Ost- und Westdeutschland, die oft eine sehr lange Geschichte haben und die zugleich durch die 40-jährige Existenz der DDR vertieft worden sind.

Natürlich gibt es auch große regionale Unterschiede innerhalb Ost- und Westdeutschlands und generell zwischen dem Norden und Süden Deutschlands. Kennzeichnend für manche der oben genannten und weitere Bewertungen ist aber der große, regionale Unterschiede in der DDR übergreifende Charakter ostdeutscher Stimmungslagen und sozialdemografischer Fakten. Viele gesamtdeutsche Karten des Berlin Instituts haben diese Unterschiede in den letzten Jahren noch einmal besonders ins allgemeine Bewusstsein gehoben (vgl. Kröhnert/Medicus/Klingholz 2007).

Die innere Einheit als erstrebenswertes Ziel innerdeutscher Politik erfordert nicht die Egalisierung der kulturellen Unterschiede in Deutschland, nicht einmal die weitgehende materielle Angleichung der Lebensverhältnisse, sondern die breite und dauerhafte Akzeptanz der Zusammengehörigkeit, der nationalen Identität, der Anerkennung der „anderen" als Teil einer nationalen Gesellschaft mit gegenseitigen Rechten und Pflichten. Dazu gehört eine gegenseitige Kenntnis und das Interesse aneinander, eine Verantwortungs- (und Zahlungs-)bereitschaft für den Gesamtstaat und damit für die andere Seite. Zugleich stellen sich im Jahr 20 der Deutschen Einheit Fragen nach der Zukunft innerdeutscher Politik. Die Dauerhaftigkeit der Unterschiede, das nur langsame materielle Zusammenwachsen, aber auch die Offenheit der gemeinsamen Zukunft legen es nahe, der partizipativen Gestaltung der deutschen Einheit besondere Aufmerksamkeit zu geben, denn die innere Einheit ist angewiesen auf ihre bürgerschaftliche Realisierung und zugleich auf das Zustandekommen kollektiv bindender Entscheidungen zu gesamtdeutschen Fragen, wie der Zukunft des Solidarpakts. Partizipative Projekte und Prozesse dienen also sowohl dem gegenseitigen Interesse aneinander, dem Kennenlernen von Menschen, Regionen und Problemlagen und der Zusammenarbeit auf verschiedenen Ebenen, als auch dem partizipativen, direktdemokratischen Gestalten von offenen Fragen der inneren Einheit.

Das Bewusstsein dafür, dass die Vereinigung nicht ein Überführen Ostdeutschlands in westdeutsche Verhältnisse war, sondern ein neues Deutschland entstanden ist, hat sich in den letzten Jahren kräftig entwickelt. Diese Erkenntnis lässt durchaus Raum für einen melancholischen Blick zurück, im Westen wie im Osten.

In den letzten Jahren ist die öffentliche Debatte über bürgerschaftliches Engagement, Partizipation und Zivilengagement in Deutschland deutlich gewachsen. Deutsch-deutsche Themen sind allerdings als Handlungsfeld für partizipative Prozesse und Projekte nur wenig präsent. Hier gibt es weitgehend noch eine Leerstelle, die im Sinne der Sache, nämlich der Gestaltung der Einheit unbedingt genutzt werden sollte. Eine Reihe von Aktivitäten, nicht zuletzt durch den Beauftragten für die neuen Länder, sind hier auf den Weg gebracht worden, welche im folgenden in ihren Zielen, Dimensionen und Wirkungen skizziert und kritisch befragt werden sollen.

2. Exemplarische Untersuchung partizipativer Formate für die Wahrnehmung und Bewertung der Deutschen Einheit

2.1 Städtepartnerschaften

Nach dem zweiten Weltkrieg verbreiteten sich in vielen europäischen Ländern der Gedanke und das Konzept der Städtepartnerschaft als ein bürgerschaftlich getragenes und kommunal verantwortetes Instrument der Völkerverständigung insbesondere zwischen ehemaligen Kriegsgegnern. Zwischen deutschen Städten beidseits der innerdeutschen Grenze gab es allerdings keine solchen Partnerschaften. Es entstanden lediglich – ausgehend von ostdeutschen Flüchtlingen in Westdeutschland – in vielen Kommunen Vereine und Initiativen, die Patenschaften für ehemalige deutsche Städte östlich der Oder übernahmen, die bald von westdeutschen Kommunen als offizielle Patenschaft, nicht Partnerschaft, – freilich ohne offizielle Kontakte nach Osten – für ostdeutsche Städte übernommen wurden. Kaum eine westdeutsche Stadt ohne eine Patenschaft und entsprechende ostdeutsche Heimatstube im Rathaus. Auch zu DDR-Städten und Dörfern gab es entsprechende Patenschaftsübernahmen. Personelle Ressourcen für gelebte Aktivitäten dieser Patenschaften waren meist Flüchtlingen aus der ostdeutschen Kommune. Hintergrund der kommunalen Förderung dieser Patenschaften war der politische Versuch, über die deutsch-deutsche Grenze hinweg Beziehungen zu stabilisieren und die deutsche Frage offenzuhalten. Hierhin gehören auch die Partnerschaften West-Berliner Bezirke mit westdeutschen Städten, die seit den 1950er Jahren geschlossen wurden und in der Regel bis heute überlebten, allerdings ihre Rolle und Funktion durchgreifend geändert haben.

Dagegen ließ die DDR lange keine gleichrangigen Städtepartnerschaften zwischen ost- und westdeutschen Städten zu. Erst nachdem der geborene Saarländer Erich Honecker 1986 einer offiziellen Städtepartnerschaft zwischen Saarlouis und Eisenhüttenstadt zugestimmt hatte, war ein Damm gebrochen. Bis zum Ende der DDR folgten viele weitere Partnerschaften, die in der Regel bis heute ein festes zivilgesellschaftliches Band, sowie eine beständige gegenseitige Lernchance zwischen Ost- und Westdeutschland darstellen. Beim Blick auf die Geschichte der Städtepartnerschaften relativiert sich damit im Rückblick von heute einmal mehr die Wende von 1989 als klare Epochenscheide, sondern erweist sich vielmehr als ein Kontinuum. Nach der Städtepartnerschaft zwischen Saarlouis und Eisenhüttenstadt 1986 (siehe http://www.saarlouis.de/rat_verwaltung/3759.php) folgten 1987 unter anderem Rostock und Bremen sowie 1988 Düsseldorf und Karl-Marx-Stadt (Chemnitz), Berlin-Spandau und Nauen, Ludwigshafen und Dessau, Bonn und Potsdam, Aachen und Naumburg, Erfurt und Mainz und 1989 Recklinghausen und Schmalkalden sowie Halberstadt und

Wolfsburg. Nach 1990 gab es dann eine Welle weiterer Gründungen, die allerdings nach einiger Zeit abebbte, so dass nach 1995 bis heute keine weiteren neuen Städtepartnerschaften zwischen Ost- und Westdeutschland dazukamen (vgl. Burgmer 1989; von Weizsäcker 1990; Pawlow 1990; Nobbe 1990; Schnakenberg 1990).

Wir können also drei Phasen von Städtepartnerschaften unterscheiden: zuerst einseitige Städtepatenschaften, dann ab 1986 zweiseitige Städtepartnerschaften und schließlich nach 1990 eine weitere Welle von Städtepartnerschaften (vgl. Lisiecki 1996). Im Jahr 2009 organisierte der Bundesbeauftragte für die neuen Länder eine Tagung zur Geschichte und Zukunft deutsch-deutscher Städtepartnerschaften mit dem Ziel, dieses Instrument für die Gestaltung der deutschen Einheit stärker zu nutzen. Auf der Tagung in Erfurt wurden eine Reihe von Vorschlägen zum lebendigen Erhalt und zur Stärkung der Städtepartnerschaften diskutiert, unter anderem regelmäßige Konferenzen mit bundesweiter Aufmerksamkeit, deutsch-deutsche Jugendbegegnungen, Fahrradrouten zwischen den Partnerstädten und vieles mehr.

Neben den Städtepartnerschaften gibt es eine Reihe weiterer institutioneller Partnerschaften. Beispielhaft sollen die kirchlichen Partnerschaften erwähnt werden, waren doch die Kirchen bis 1990 der mit Abstand wichtigste institutionelle Vermittler von partnerschaftlichen Kontakten und Freundschaften zwischen West- und Ostdeutschland. Keine Kirchengemeinde in Ostdeutschland, die nicht ein oder zwei westdeutsche Partnergemeinden hatte. Es gab regelmäßige Besuche vor Ort, oft auch, weil einfacher zu organisieren, in Ostberlin, viele persönliche Freundschaften und Beziehungen, und es flossen erhebliche finanzielle Mittel für Gemeindearbeit und Kirchenbau. Westdeutsche Gemeinden profitierten, war doch der Partnerarbeitskreis eine gute Gelegenheit, mit interessierten und interessanten Menschen aus dem anderen Teil Deutschland intensive Beziehungen aufbauen zu können. Die beidseitige kirchliche Orientierung bot eine gewisse Gewähr für Offenheit, Authentizität und eine solidarische Grundstimmung. Kirchliche Partnerschaften waren nach 1990 die Basis für die eine oder andere neu entstehende Städtepartnerschaft. In der Kirche selbst allerdings ging der Reiz dieser Partnerschaften für beide Seiten zurück. Es fehlte das Alleinstellungsmerkmal der Kontakte, die nun einfach möglich waren und in mancher Hinsicht auch der prickelnde Reiz der seitens der DDR nicht eben gewünschten Partnerschaft. Die offenen Grenzen schwächten in dieser Hinsicht die kirchlichen Kontakte zwischen Ost und West. Das war besonders deutlich auch für die Studentengemeinden, deren Partnerarbeit vor 1990 groß und blühend war und nach 1990 schnell zur Bedeutungslosigkeit abebbte.

Institutionelle Partnerschaften gab es natürlich auch jenseits der Kirchen, nicht zuletzt auch in der kleinen westdeutschen DKP mit SED-Einrichtungen.

Doch die Kirchen waren rein quantitativ die gewichtigsten und aktivsten gesamtdeutschen Akteure.

Im September 2010 öffnete im Bremer Rathaus eine Ausstellung „Blick/Wechsel: deutsch-deutschen Städtepartnerschaften von 1986 bis heute".[1] „Die große Zahl der lebendigen Städtepartnerschaften zeigt, dass sich die Deutschen in Ost und West trotz jahrzehntelanger Trennung und unterschiedlicher Erfahrungen nahe geblieben sind", sagte der Beauftragte für die neuen Länder, Thomas de Maizière bei seiner Eröffnungsrede. Ebenfalls im September 2010 organisierte die Deutsche Gesellschaft in Kooperation mit dem Beauftragten für die Neuen Länder einen großen Kongress, der unter dem Titel „Städte, Landkreise und Gemeinden als Gestalter der deutschen Einheit" die Geschichte und Zukunft der deutsch-deutschen Städtepartnerschaften thematisierte. Eine noch laufende groß angelegte empirische Studie des Leibniz-Instituts für Regionalentwicklung und Strukturplanung in Erkner zu den deutsch-deutschen Partnerschaften untersucht in Experteninterviews und Fragebogenaktionen die Wirkungsgeschichte der deutsch-deutschen Städtepartnerschaften. Studie und Tagung dienen aber nicht nur dazu, gemeinsam Bilanz zu ziehen, sondern stellen zugleich Best-Practice-Beispiele vor und sollen auf diese Weise kommunales und bürgerschaftliches Engagement stimulieren. Städtepartnerschaften sind dafür ein ideales Instrument (siehe http://www.deutsch-deutsche-partnerschaften.de/).

2.2 Der „Tag der Deutschen Einheit" als Ort der Bürgerbeteiligung

Der 3. Oktober ist seit dem Einigungsvertrag 1990 der offizielle Deutsche Feiertag. Es ist ein Tag, die innere Einheit Deutschlands zu feiern, zu reflektieren, durchaus inne zu halten, auch dankbar zurückzuschauen. Es könnte ein großes Bürgerfest sein, eine Gelegenheit für kreative und innovative Beiträge. In diese Richtung ging der Versuch, am Tag der Deutschen Einheit in wechselnden Städten und in Berlin jeweils ein Bürgerfest mit einer so genannten „Ländermeile" zu organisieren. In der Realität ist allerdings von diesem Anspruch wenig umgesetzt worden. Der 3. Oktober vergeht als ein politischer Pflichttermin, ein willkommener Feiertag, und die Feierlichkeiten, die im jährlichen Rhythmus von Bundesland zu Bundesland wandern sowie auf der Festmeile am Brandenburger Tor erschöpfen sich meist in einer Ansammlung der immer gleichen Infostände und Würstchenbuden, Hüpfburgen und überlauter Livemusik ohne thematischen Bezug zu Fragen der deutschen Einheit (vgl. Simon 2010).

---

[1] Die Ausstellung über deutsch-deutsche Städtepartnerschaften ist im Web verfügbar unter: http://www.bmi.bund.de/SharedDocs/Downloads/DE/Broschueren/2010/staedtepartnerschaften.pdf?_blob=publicationFile.

Erlebnishungrige und teilnahmebereite Bürger/innen wandern diese Festmeilen ab, finden aber nur wenige Denk- und Mitmachangebote zur inneren Einheit und werden kaum auf ihre eigenen Perspektiven und Fragen angesprochen und partizipativ eingebunden.

Der Tag der Deutschen Einheit ist in dieser Hinsicht ein Tag der verpassten Chancen. Dabei wären, wie gesagt, die Randbedingungen für einen Markt der Möglichkeiten, wie ihn etwa der Deutsche Evangelische Kirchentag zweijährlich mit Erfolg organisiert, ganz besonders günstig. Auf dem „Markt der Möglichkeiten" geben sich Hunderte von Initiativen und Organisationen ein Stelldichein und suchen das Gespräch mit dem flanierenden Besucher (vgl. Runge/Käßmann 2001; Palm 2002).[2] Ein Markt der Möglichkeiten auf dem Tag der Deutschen Einheit könnte relevanten gesellschaftlichen Akteuren für die Gestaltung der Einheit und eine Möglichkeit für die Selbstdarstellung und das direkte Gespräch mit den zahlreichen Bürgerinnen und Bürgern bieten und wäre zugleich eine ideale Chance für Open Space und ähnliche Großgruppenveranstaltungen für das Aufgreifen konkreter Themen, Ideen und Projekte.

Man sieht auf den bisherigen Ländermeilen erlebnishungrige und zur Aktivität bereite Menschen in kleine Gruppen die Festmeilen herauf und herunter wandern. Hier liegt ein offenes Handlungsfeld vor und die Chance, diesen Tag zu einem Katalysator für die innere Einheit zu machen. Das können „Berliner Reden" und Resolutionen, aber auch innovative Veranstaltungen sein. Der Tag der Deutschen Einheit kann zu einem Tag werden, an dem viele neue Ideen für die Gestaltung der inneren Einheit befördert werden. Aufgegriffen haben diese Chance in bewunderungswürdiger Weise viele Moscheevereine, die seit 1997 am Tag der Deutschen Einheit zum Tag der offenen Moschee einladen, um das Selbstverständnis der beteiligten Muslime als Teil der deutschen Gesellschaft auszudrücken.

Der Tag der deutschen Einheit ist zugleich ein Feiertag, ein Tag der Freude über die Einheit. Auch der Rückblick auf die überschäumende Freude in Berlin und anderswo am Tag der Grenzöffnung hat ihren Platz an diesem Tag. Doch das reicht nicht. Der Tag braucht neue Ausdrucksformen für die Freude an der Einheit. Sie müssen erst noch entwickelt werden. Das gemeinsame Singen der Nationalhymne, wie es in vielen Ländern zum liturgischen Bestand und emotionalem Stabilisator der nationalen Einheit gehört, ist im traditionell sangesfreudigen Deutschland gleichwohl wenig populär. Den Bürgerinnen und Bürgern erscheint ein weniger nationaler, weniger emphatischer, spielerischer, offener, auch kritischerer Zugang zur deutschen Einheit angemessener.

---

2 Zur Funktion des DEKT für die Debatte über die deutsche Einheit vor 1961 siehe Palm 2002.

Ein Ort der spielerischen politischen Kommunikation auf der Straße ist etwa der rheinische Karneval mit traditionellen Umzügen und Festwagen, aber auch neueren Institutionen, wie dem „Orden wider den tierischen Ernst" und der Kölner „Stunksitzung". Der Tag der deutschen Einheit als Institution für die Reflexion und das Feiern der deutschen Einheit stünde ein wenig Karneval gut an, ein Umdrehen und „Auf-den-Kopf-stellen" mancher Fragestellungen, in guter Laune und mit Augenzwinkern. Auch hier kann Berlin Anregungen von der „rheinischen Republik" gut gebrauchen. Keine Gelegenheit ist für die Ausbildung neuer Formen, Traditionen und Institutionen zur deutschen Einheit besser geeignet als der Tag der Deutschen Einheit. Anstöße dafür können von unterschiedlicher Seite kommen, auch vom Beauftragten für die Neuen Länder und Bundesinnenminister.

2.3 Kommunale Grenzgänge

Besonders eindrücklich war das Erlebnis der deutschen Teilung und der wieder gewonnenen Einheit längs der innerdeutschen Grenze. Die gewachsenen persönlichen Kontakte erfuhren nach 1949 einen massiven Einbruch. Seit dem Inkrafttreten des Grundlagenvertrages zwischen beiden deutschen Staaten vom Juni 1973 hatten die Bewohner von 56 grenznahen Stadt- und Landkreisen der Bundesrepublik dann wiederum die Möglichkeit, zu Tages- und ab 1984 Zweitagesreisen in den grenznahen Bereich der DDR. Diese Regelung galt im Westen für mehr als 6 Millionen Menschen. Eine Reihe von neuen Grenzübergängen wurde geschaffen. Ein Besuchsziel bei Verwandten oder Freunden musste nicht mehr nachgewiesen werden, als Reisegrund wurde auch touristisches Interesse anerkannt. Im Westen wurde dieser grenznahe Verkehr in Anlehnung an ein Buch von Erich Kästner über den deutsch-österreichischen Grenzverkehr 1933-38 „kleiner Grenzverkehr" genannt. Er stabilisierte nachhaltig die Beziehungen zwischen den Menschen und Gemeinden beiderseits der Grenze.

Im Jahr 2001 veranstaltete der Offene Kanal Kassel mit universitärer Unterstützung ein Projekt, auf dem Informationen über den kleinen Grenzverkehr gesammelt und eine Internetseite eingerichtet wurde (http://www.kleinergrenzverkehr.de).

Im Jahr 2008/09 schlug der Innovationsverbund Ostdeutschlandforschung im Rahmen eines Projekts die Durchführung von Grenzgängen zwischen ost- und westdeutschen Städten entlang der ehemaligen Grenze vor. Idee war der gemeinsame Blick zurück auf Teilung und kleinen Grenzverkehr sowie die Diskussion zukünftiger Zusammenarbeit. Vorgeschlagen wurden Filme, Ausstellungen und Veranstaltungen sowie Fahrradtouren und Wanderungen, also physisch erlebbare

Grenzgänge. Auf den „Grenzgänge" genannten Veranstaltungen sollte zum Ausdruck kommen, wie die Beziehung der jeweils beiden Städte in der Zeit vor der Öffnung der deutsch-deutschen Grenze aussahen, wie die Städte nach Wiedervereinigung und Wende kooperiert haben, wie Bürger/innen heute Zusammenarbeit der Städte erleben und welche Wünsche, Erwartungen und Ideen für die Zukunft der Städtepartnerschaften bestehen. Die Kombination aus Vergangenheits-, Gegenwarts- und Zukunftsperspektiven sollte zu neuem gegenseitigen Interesse, Information, Kontakten, gemeinsamen Aktivitäten, Städtepartnerschaften, Projekten und Ideen für die Zukunft führen.

Abbildung 1: Potenzielle „Grenzgänge"

Quelle: Eigene Darstellung

Für die Auswahl der vorgeschlagenen Städte war entscheidend, dass sie nahe an der ehemaligen deutsch-deutschen Grenze gelegen waren und es bereits gute bestehende Kooperationen, z.B. Städtepartnerschaften, gab. Das galt z.B. für

Lübeck–Wismar, Bad Hersfeld–Bad Salzungen, Hof–Plauen, Burg Ludwigstein–Burg Hanstein und ergänzend bzw. optional als Beispiel für europäische Integration das deutsch-tschechische Klingenthal–Kraslice. Neben diesen fünf Paaren bieten sich natürlich viele weitere Alternativen – von Helmstedt-Marienborn bis Jena-Erlangen (siehe Abb. 1).

Seit November 2009 führte der Beauftragte für die neuen Länder dann erste „Kommunale Grenzgänge" durch. Den Anfang machten Veranstaltungen in Plauen und Hof am 12. und 13. August 2009. Ein Jahr später gefolgt von „Bad Sooden – Allendorf – Duderstadt – Heilbad Heiligenstadt", also dem Eichsfeld sowie Helmstedt–Magdeburg. Auf einer Vielzahl von Einzelveranstaltungen wurden deutlich, wie intensiv die Beziehungen auch vor 1990 gewesen waren und sich etwa das Eichsfeld auch heute noch als zusammengewachsene Region präsentiert. Auf mehreren „Grenzgängen" unterstrichen Bürger/innen die Notwendigkeit der finanziellen Solidarität zwischen den Bundesländern und der Strukturhilfen, forderten allerdings, die finanzielle Förderung des Bundes zukünftig am Bedarf und nicht mehr an der Kategorie neue oder alte Bundesländer auszurichten.

Im April 2010 lud der Beauftragte anlässlich des 20. Jahrestages der freien Kommunalwahl in der DDR am 6. Mai 1990 rund 250 Landräte und (Ober-)Bürgermeister/innen der „ersten Stunde" zu einem Kongress nach Weimar über den kommunalen Aufbruch in die Demokratie ab 1990. Auch dies ein Versuch, aus dem Blick zurück Kraft zu mobilisieren für die Stärkung der Demokratie vor Ort. Unter dem Titel „Das gemischte Doppel – Ost und West im Dialog" veranstaltete der Beauftragte der Bundesregierung für die neuen Länder Gesprächsforen mit Bürgerinnen und Bürgern aus Ost-West-Städtepaaren. Im Blick zurück soll der gemeinsame und unterschiedliche Weg beleuchtet und Ideen für die Zukunft diskutiert werden. Kommunale Begegnungs- und Gedenkformen geraten also zumeist lebendiger und bürgernäher als die bundesweiten Feiern, und möglicherweise könnten geringe materielle oder nichtmaterielle Anreize bzw. Fördermöglichkeiten hier wirksame Unterstützung bei der weiteren Vertiefung der inneren Einheit bieten.

2.4 Rückwanderungsagenturen

Immer mehr Menschen sind zwangsweise oder freiwillig an mehreren Orten zugleich zu Hause. Moderne Demografiepolitik zeichnet sich dadurch aus, angemessen auf die Multilokalität der Bürger/innen und Bürger zu antworten, auch unterhalb der Ebene des Nationalstaats „Expats" (die Abgewanderten) nicht aus dem Auge zu verlieren. Bürger/innen, welche die Gemeinde- oder Landesgrenzen verlassen, möchten den Kontakt zu ihrer alten Heimatgemeinde, ihrem Heimatland nicht verlieren. Kommunen und Bundesländer möchten mit abgewanderten Landeskindern in Kontakt bleiben. Das zahlt sich für das Bundesland kulturell, wirtschaftlich und – bei einer eventuellen Rückkehr – auch demografisch aus.

Griechenland gilt derzeit wegen seiner großen Haushaltsprobleme nicht gerade als Vorzeigestaat. Bei der Betreuung der „Expats" allerdings ist Griechenland vorbildlich. Seit Jahrhunderten, ja Jahrtausenden gelingt Griechen die Wahrung ihrer kulturellen Identität auch im Ausland bei gleichzeitiger Integration in die jeweilige Kultur. Auslandsgriechen sind vor Ort kulturell meist besser integriert als andere Migrantengruppen und wahren zugleich stärker als andere ihre kulturelle Eigenart. Das haben Griechen seit Jahrtausenden eingeübt. „Auslandgriechen" stellten schon im Altertum die Mehrheit aller Griechen.

Auch in Deutschland sind und fühlen sich zunehmend mehr Menschen an mehreren Orten zugleich zu Hause, leben „multilokal". Das gilt in Deutschland insbesondere für die Ostdeutschen, sind doch insgesamt mehrere Millionen Menschen aus den Neuen Ländern aus zumeist wirtschaftlichen Gründen in den Westen gegangen, manchmal unfreiwillig und aus wirtschaftlicher Not, manchmal mit Lust und Interesse an wirtschaftlichem Aufstieg und neuen Lebenschancen. Sie hatten nicht selten Familie, seltener auch Grundbesitz, in jedem Fall aber soziale Netzwerke und ihre eigene ostdeutsche Geschichte als Erinnerung und Rückkehrgrund im virtuellen Gepäck (vgl. Weiske 2009: 166-177; vgl. Dienel 2009: 117-125). Ebenfalls häufig ist der Typ des „Wossis", der aus beruflichen Gründen im Osten tätigen Menschen, die dort oft Führungspositionen einnehmen und das öffentliche Leben mit gestalten, aber Wurzeln, Verwandte, oft die eigene Familie weiterhin im Westen haben.

Unterhalb der Ebene des Nationalstaats, der sich im Ausland für seine Bürger/innen verantwortlich fühlt, haben Bundesländer und weniger noch lokale Gebietskörperschaften keine eigenen Verwaltungsstrukturen aufgebaut, um ihre abgewanderten Gemeinde- und Landeskinder im Blick zu behalten und die Beziehungen dauerhaft zu erhalten. Für diese Menschen auf lokaler und Landesebene gab es bis vor kurzem keine eigenen Angebote. Auch hier sind die ostdeutschen Kommunen und Länder dem Westen mit einer modernen Demografiepolitik vorangegangen und haben den westdeutschen Behörden seit 2005 neue Instrumente entwickelt.

Im Jahr 2005 hat die Stadt Magdeburg abgewanderten Stadtbürgern mit großem Erfolg „Heimatschachteln" nachgesandt, die 10 emotional ansprechende Heimatanker enthielten, von einem Abonnement der lokalen Tageszeitung bis hin zu kulinarischen Erinnerungen (siehe Abb. 2).

Abbildung 2: Eine „Heimatschachtel" aus Sachsen-Anhalt

In einem weitergehenden Schritt wurden in einigen ostdeutschen Ländern und Regionen eigene Rückwanderungsagenturen aufgebaut, die gezielt auf die Abgewanderten zugehen, sie nachhaltig im Blick behalten und ggf. zur Rückwanderung motivieren. Auslöser für diesen Schritt waren demografische Studien in den neuen Ländern. Diese haben zum einen gezeigt, dass sich West- und Ostdeutschland weniger bei der Abwanderung als vielmehr durch die geringere Zuwanderung im Osten unterscheiden. Zum anderen dokumentierten die Studien, dass die Zuwanderung vor allem im ländlichen Raum zu einem erheblichen Teil faktisch eine Rückwanderung von Menschen war, die zum Zuwanderungsraum persönliche Erinnerungen oder Kontakte hatten. Aus diesen Studien geht zudem hervor, dass, wenn die sozialen Bedingungen stimmten, zum Teil erhebliche finanzielle und Karrierenachteile bei der Rückwanderung in Kauf genommen wurden. Hinzu kam ein trotz der im Osten höheren Arbeitslosigkeit steigender Bedarf an hoch qualifizierten Fachkräften, der nur durch Zuwanderung zu decken war und die absehbare Aussicht auf eine immer größer werdende personelle Lücke im Arbeitsmarkt (vgl. Stiftung Demokratische Jugend 2008).

Aus diesen Gründen sind eine Reihe von Fachkräftevermittlungen, aber auch breiter angelegte Zu- und Rückwanderungsagenturen in allen neuen Ländern gegründet worden, die sich 2008 zu einem Verbund für Zu- und Rückwanderung zusammengeschlossen haben. Unter den Zu- und Rückwanderungsagenturen gibt es bei Trägerschaft, Aufgaben und institutioneller Förderung große Unterschiede. Gemeinsam aber ist ihnen allen, dass sie mit einer großen und zunehmenden Zahl von Aktivitäten die Beziehungsdichte zwischen Ost- und Westdeutschland erhöhen und damit implizit zur Stärkung der inneren Einheit beitragen. Zu- und

Rückwanderungsagenturen sind eine Reaktion auf die multilokale Lebensweise vieler Ost-West-Deutscher und somit Teil einer integrativen Demografiepolitik. Es ist abzusehen, dass dieser neue Politikbaustein angesichts des demografischen Wandels auch in westdeutschen Kommunen und Ländern zunehmend aufgegriffen und in eine aktive Demografiepolitik eingebaut werden wird. Im Jahr 2010 hat die Landesvertretung Nordrhein-Westfalen in Berlin begonnen, die aus NRW nach Berlin zuwandernden Nordrhein-Westfalen zu einem Neubürgerempfang in die „Botschaft des Westens" einzuladen. Man möchte in Kontakt bleiben.

Abbildung 3: Die Rückkehragentur „mv4you" für Mecklenburg-Vorpommern

2.5 Planungszellen

Viele Fragen zur Gestaltung des „neuen Deutschland", von der Anpassung der sozialen Sicherungssysteme an die demografischen Herausforderungen, über die Entwicklung einer migrationsfreundlichen Gesellschaft mit integrativen Bildungssystemen, bis hin zur Stärkung des ländlichen Raums und ländlicher Lebensmodelle angesichts von Abwanderung und erodierenden Infrastrukturen, erfordern eine gestaltungsbereite Politik, die vor unpopulären Entscheidungen nicht zurückscheut. In parlamentarischen Demokratien werden diese Entscheidungen gern vertagt. Einige deliberative, partizipative Instrumente sind in besonderer Weise geeignet, für schwierige Entscheidungen und Einschnitte die notwendige bürgerschaftliche Bereitschaft und Akzeptanz zu fördern. Planungszellen gehören dazu. Denn die Zufallsauswahl der Bürgergutachter/innen garantiert gleiche Teilnahmechancen aller Bürger/innen und damit Akzeptanz der

Ergebnisse als repräsentativ. Die mehrtägige Dauer der Beratungen sichert eine Meinungsbildung in Richtung auf das erkennbare Gesamtinteresse und der Zugang zum Verfahren für Experten und Lobbyisten als Referenten die notwendigen Sachinformationen bzw. Schilderung der vorhandenen Positionen für die anschließende bürgerschaftliche Beratung (ohne Externe). Wechselnde Kleingruppen garantieren gleiche Mitwirkungschancen aller Beteiligten und verhindern die Dominanz und Meinungsführerschaft von Alphatieren im Plenum.

Im Jahr 2009 sind Planungszellen mit Erfolg für die Erarbeitung von konkreten Empfehlungen für eine demografiegerechte Stadtentwicklungspolitik in Sondershausen in Thüringen und Heringsdorf auf der Insel Usedom eingesetzt worden. Eine Besonderheit dieser Einsätze des Verfahrens war die Beschränkung der Teilnahmechance auf die über 60-jährigen Bürger/innen.[3] Im Jahr zuvor sind Planungszellen in größerem Stil vom Land Rheinland-Pfalz mit der Erarbeitung von Empfehlungen für eine große Kommunal- und Verwaltungsreform im Land beauftragt worden. Dabei handelt es sich um ein hoch konfliktöses Thema, berührt es doch sensible Fragen der Zuordnung von Zuständigkeiten und der Zukunft von kleinen Gemeinden. Der Einsatz der Planungszellen in Rheinland-Pfalz wird hier deshalb erwähnt, weil die behandelten Probleme viele Gemeinsamkeiten mit den Landkreisreformen haben, die in Sachsen-Anhalt größte Schwierigkeiten in der Umsetzung nach sich zogen und in Mecklenburg-Vorpommern ohne begleitende Bürgerbeteiligung gescheitert sind.[4]

Es ist wünschenswert, die wichtige und offene Frage nach der Zukunft des Solidarpakts und des Länderfinanzausgleichs und – allgemeiner – der Solidarität zwischen finanzstärkeren und -schwächeren Bundesländern, für ein gesamtdeutsches, bürgerschaftliches Votum durch ein Bürgergutachten zu öffnen. Für konfliktträchtige Probleme, wie etwa Budgetfragen, sind Planungszellen, da entscheidungsorientiert, in besonderer Weise geeignet.

Das erfordert allerdings, wie immer beim Einsatz direktdemokratischer Verfahren, ein wenig politischen Mut der gewählten Repräsentanten sowie der Verwaltung, sich auf per definitionem ergebnisoffene Prozesse einzulassen. Aber es zahlt sich aus, weil die demokratisch legitimierten Voten Schubkraft für notwendige politische Entscheidungen geben, kollektiv bindende, auch unpopuläre Entscheidungen ermöglichen. Damit wird das Vertrauen in die staatliche Entscheidungs- und Handlungsfähigkeit nicht unterminiert, sondern das Vertrauen in Staat und Demokratie insgesamt gestärkt.

---

[3] Die Gutachten sind online verfügbar unter: http://www.nexusinstitut.de/images/stories/download/09-10-01_BG_Artern_END.pdf; http://www.nexusinstitut.de/images/stories/download/09-11-28_BG_Heringsdorf_END.pdf.
[4] Das Bürgergutachten ist online verfügbar unter: http://buergerkongresse.rlp.de/die-ergebnisse/das-buergergutachten/.

2.6 Online-Dialoge und Online-Spiele

Über Online-Dialoge gibt es im Sammelband einen eigenen Beitrag, der die Möglichkeiten dieses Instruments für die deliberative Demokratie zu Fragen der Gestaltung der Deutschen Einheit schildert. Darauf sei hier verwiesen. Grundsätzlich gilt, dass die Beteiligung an Online-Dialogen, Abstimmungen, aber auch an Webforen und Weblogs stark vom Thema abhängt. Konfliktöse, emotional anrührende und existenzielle Themen haben besonders gute Chancen auf eine starke Beteiligung im Online-Dialog. Die Nutzung dieses Instruments für Fragen der Deutschen Einheit muss dies berücksichtigen.

Es bieten sich zum einen persönliche, anrührende Themen an. Der Tag, als sich die Mauer in Berlin öffnete, ist für viele Menschen auch nach zwanzig Jahren noch sehr präsent. Persönliche Erlebnisse aus diesen Tagen gehören zum kollektiven Gedächtnis der Republik. In authentischer und direkter Weise kann man im Internet viele persönliche Beiträge und Rückblick zu den Tagen im November 1989 abrufen. Diese Erlebnisschilderungen präsentieren in persönlicher und emotionaler Form oft grundlegende Themen und Fragestellungen zur Deutschen Einheit. Ich halte die Moderation und Pflege von Internetforen zur Deutschen Einheit für eine kulturelle Aufgabe, die sich mit dem Aufbau und Unterhalt von Museen oder biografischen Archiven vergleichen lässt. Dagegen ist das Instrument für die Bearbeitung von Konfliktthemen – etwa die Zukunft des Solidarpakts – nicht ganz unproblematisch. Ein solcher Dialog muss zumindest gut moderiert werden.

Neben Online-Dialogen sind auch Online-Spiele geeignet, die breite bürgerschaftliche Beschäftigung mit Themen der deutschen Einheit zu befördern. Für die ostdeutsche Braunkohleregion Lausitz, die sich vorgenommen hat, in den nächsten Jahren ein wichtiger Produzent von erneuerbaren Energien zu werden – von Biokraftstoffen über Windenergie zur Photovoltaik – hat das Zentrum Technik und Gesellschaft der TU Berlin ein Online-Spiel „Energiemanager Lausitz" entwickelt, in dem die Spieler als Regionalmanager versuchen müssen, die Region auf den energetischen Pfad der Tugend zu führen, dabei aber in der Regel an den unterschiedlichsten Schwierigkeiten scheitern (http://energieregion-lausitz.ztg.tu-berlin.de/cms/content/view/18/50/index.html). Neben den Online-Spielen sind auch „Offline-Spiele" – ganz traditionelle Brettspiele – geeignet, das Engagement für die Gestaltung der Deutschen Einheit zu befördern. Für die Stärkung ländlicher Lebensmodelle hat das nexus Institut in Berlin ein „Sachsen-Anhalt-Spiel" konzipiert, das über Ideenkoffer zu ländlichen Lebensmodellen an Bürgermeister/innen kleiner Gemeinden ausgegeben wird und viele Aufgaben für die Stärkung des ländlichen Raums stellt (siehe Abb. 4).

Abbildung 4: Das „Sachsen-Anhalt-Spiel"

Schon Frederic Vester hat mit seinem Spiel „Ökolopoly" in den 1980er Jahren große Resonanz gefunden. Noch ältere Brettspiele, wie die „Deutschlandreise" aus meiner Kindheit, hielten vor 1990 spielerisch das Bewusstsein für die Deutsche Einheit und die topografische Dimensionen wach. Denn dieses Spiel war auch in den Zeiten der deutschen Teilung stets gesamtdeutsch angelegt. Es war für viele westdeutsche Kinder und Jugendliche die wichtigste Informations- und Lernquelle über die Lage der wichtigsten ostdeutschen Städte, wenn es etwa in der Ravensburger Ausgabe von 1977 auf den Städtekärtchen heißt: „Bautzen: Von der Ortenburg in der nächsten Runde nach Halle" oder „Erfurt: Vom Dom sofort weiter nach Stendal".

In dieser Tradition stehen die oben genannten Spiele, die aber interaktiver, diskussionsorientierter und partizipativer konzipiert sind. Bei dem Online-Spiel „Energiemanager Lausitz" werden auch Fragen gestellt, deren Antworten online weitergeleitet und ausgewertet werden. Das Online-Spiel „Wissensmanagement" für Gewerkschafter des Organisationssoziologen Uwe Wilkesmann hat in den vergangenen Jahren viele Gewerkschafter in ihrem Kommunikationsverhalten geschult.

2.7 Einheitsmarathon

Der Marathonlauf ist ein gutes Bild für eine große, aber bewältigbare Aufgabe. Weltweit finden deshalb Marathonläufe zu gesellschaftspolitisch wichtigen Themen statt, an denen oft zehntausende von Menschen teilnehmen. Die Läufer/innen und Zuschauer/innen solidarisieren sich mit einem Thema und werden gleichsam Teil einer Gemeinschaft, die durch eine gemeinsame Anstrengung ein Ziel erreicht. Die deutsche Einheit ist ohne Frage eine mittel- bis langfristige Aufgabe, die Durchhaltekraft erfordert. Es bietet sich daher an, Marathonläufe zwischen Städten und Erinnerungsorten über die deutsch-deutsche Grenze hinweg zu organisieren. Dafür braucht es Orte, die in guter Marathonentfernung voneinander liegen. Die alte Fernstraße 5 von Berlin nach Lauenburg und weiter nach Hamburg wäre eine gute Strecke für einen Fahrradmarathon, ließ die DDR Führung doch bis zur Eröffnung der Autobahn A24 von Berlin nach Hamburg im Jahr 1983 in den Sommermonaten den Transitverkehr zwischen Westberlin und der Bundesrepublik mit dem Fahrrad zu. Die 200 km mussten allerdings an einem Tag bewältigt werden. Über diesen Fahrradtransit, Erlebnisse und Begegnungen gibt es viele wunderschöne Geschichten. Die große Anstrengung war ökologisch motiviert, aber zugleich auch ein Zeichen für die deutsche Einheit. Ein Fahrradmarathon könnte diese Traditionen aufgreifen und in die Zukunft führen.

2.8 Bürgerausstellungen

Die Beteiligungsmethode der Bürgerausstellung kommt aus der qualitativen Forschung (vgl. Böhm/Legewie/Dienel 2008). Sie verbindet partizipative und ästhetische Elemente, um unterschiedliche persönliche Perspektiven, Haltungen und Wünsche visuell greifbar und erlebbar zu machen. Grundgedanke der Bürgerausstellung ist es, Einstellungen, Ziele und Motivationen von Interessengruppen zu präsentieren und einen verständnisvollen, öffentlichen Dialog darüber zu ermöglichen.

Die Ergebnisse von Interviews werden den Beteiligten und der interessierten Öffentlichkeit in einer visuell ansprechenden Form, die sowohl Fotografien als auch relevante Textauszüge aus Interviews umfasst, nahe gebracht. Eine Stärke des Konzeptes ist die ästhetische und emotionale Kraft der Bilder und der zugehörigen Zitate. Die Ausstellung kann mit sparsamen Mitteln durchgeführt werden, sollte allerdings immer folgende Bedingungen berücksichtigen: a) sie sollte „vor Ort" stattfinden, und b) die Exponate sollten Bilder, Texte (und Ton) kombinieren, wodurch die Darstellung der Innensichten an Komplexität gewinnt.

Im Vorfeld einer Bürgerausstellung werden zuerst verschiedene Akteure und Stakeholder eines Problems/Themas interviewt. Sie berichten in einer persönlichen Weise über ihre Haltung zum Thema, ihr Engagement, die Schwierigkeiten und Hoffnungen. Die biografischen Interviews mit ausgewählten Akteuren erzählen anrührende und spannende Geschichten. Die Bürgerausstellung inszeniert diese Geschichten und fördert damit den Dialog mit der Öffentlichkeit. Hierfür werden als Ausgangsmaterial qualitative Interviews genutzt. Zugleich werden die Gesprächspartner fotografiert und bekommen die Möglichkeit, weitere Fotos zu ihrer Perspektive auszuwählen bzw. selbst beizusteuern („Lieblingsorte" und „wichtige Orte"). Bilder und Textausschnitte der Interviews werden zu Exponaten kombiniert und bieten plastisch eine neue, lebendige Sichtweise.

Eine entscheidende Rolle nimmt die Ausstellungseröffnung ein. Hier können alle beteiligten Interessengruppen und die interessierte Öffentlichkeit eingeladen werden und in Diskurs treten. Die Ausstellung kann für den Dialog zwischen den Interessengruppen und die öffentliche Diskussion sehr förderlich sein. Die Bürgerausstellung bereichert so diskursive Beteiligungsprozesse um visuelle Argumente, bietet den Gruppen zusätzliche, neue und ungewohnte Formen oder Rollen der Partizipation und schafft auf diese Weise ein ergänzendes Forum der Bürgerbeteiligung. Die Motivation der Beteiligten, zur Eröffnung zu kommen, ist hoch, da sie sich selbst in der Ausstellung sehen. Auf diese Weise hat die Bürgerausstellung nicht nur eine große Öffentlichkeitswirkung sondern auch die Möglichkeit, den Dialog zwischen Bürger/innen und der Politik anzustoßen.

Nach Ausstellungsende kann die Ausstellung durch mehrere Orte wandern und damit die Diskussion über das Thema vervielfältigen und konstruktiv zur Verstärkung der politischen Zustimmung beitragen. Weiterhin lassen sich die individuellen Geschichten auf Basis der Ausstellungsplakate nach Projektende auch für eine Broschüre bzw. einen Bildband und eine Webseite nutzen.

In den vergangen Jahren wurden in den neuen Ländern eine ganze Reihe von Bürgerausstellungen eröffnet, in denen Themen der deutschen Einheit und des bürgerschaftlichen Engagements aufgegriffen wurden, so in der Bürgerausstellung über den Umbau der Energieregion Lausitz in eine nachhaltige Energieerzeugungsregion und einer Bürgerausstellung über das Leben in schrumpfenden Dörfern (vgl. Keppler/Walk/Töpfer/Dienel 2009). Die Bürgerausstellung zu familienfreundlichen Hochschulen in Ostdeutschland verwies auf den Vorsprung ostdeutscher Universitäten bei familienfreundlichen Strukturen, die an DDR Traditionen (Sonderstudienpläne für Studierende mit Kind und Wohnraumzuweisungen) anknüpfen konnten. Inzwischen ist das Thema bundesweit ein Thema; die neuen Länder hatten hier eindeutig die Nase vorn.[5]

---

5 Eine Sammlung von Bürgerausstellungen im Web findet sich unter: http://www.partizipativemethoden.de/index.php?page=referenzen-aktivierende-befragung.

2.9 Schüler(geschichts)wettbewerbe

Seit 1973 schreibt die Hamburger Körber Stiftung zweijährlich den Schülergeschichtswettbewerb um den Preis des Bundespräsidenten aus. Ziel des Wettbewerbs ist es, dass sich junge Menschen mit der Geschichte Deutschlands auseinandersetzen. In der Erklärung zum Wettbewerb heißt es: „Der Geschichtswettbewerb ... will bei Kindern und Jugendlichen das Interesse für die eigene Geschichte wecken, Selbstständigkeit fördern und Verantwortungsbewusstsein stärken." Seither haben mehr als 100.000 Jugendliche in knapp 20 Ausschreibungen über 20.000 Wettbewerbsbeiträge eingereicht. Die Organisatoren bezeichnen den Wettbewerb als die größte Laienforschungsbewegung Deutschlands. Ohne Frage hat der Wettbewerb nicht nur die Teilnehmenden, sondern in seinen Ergebnissen auch die öffentliche Wahrnehmung bestimmter Themen nachhaltig beeinflusst (vgl. Fauser/Messner 2007).

Seit einigen Jahren hat nun die Stiftung Demokratische Jugend mit Geschichtswettbewerben zur ostdeutschen Geschichte und Zivilgesellschaft gezielt Jugendgruppen in den neuen Ländern angesprochen. In den „Zeitensprüngen" beteiligten sich jährlich rund 150 Jugendgruppen, also etwa 1.000 Jugendliche. Im Wettbewerb „Heimat ist Cool" ging es 2007 um Regionalgeschichte.[6] 2008 wurden Jugendgruppen gefragt, was sich in ihrer Region ändern muss, damit Jugendliche bleiben oder wiederkommen. Antworten auf diese Ausgangsfrage des Wettbewerbs „Visionen für Regionen" suchten Jugend- und Schülergruppen in Ideenwerkstätten, für die ein Ideenwerkstattkoffer mit Anleitung und Materialien zugeschickt wurde.[7]

Schülergeschichtswettbewerbe haben sich als ein sehr gutes Instrument erwiesen, Jugendliche für das historische und politische Engagement zu gewinnen. Durch öffentlichkeitswirksame Ausstellung und Präsentationen, durch Mithilfe bei der Recherche ist die Zahl der Beteiligten wesentlich größer als die Zahl der teilnehmenden Jugendlichen. Die Organisatoren müssen allerdings aufpassen, die Zahl der Wettbewerbe nicht soweit anzuheben, dass eine Wettbewerbsmüdigkeit einsetzt.

---

[6] Die Broschüre „Heimat ist Cool" gibt es als Download unter: http://www.nexusinstitut.de/images/stories/download/Broschuere_Zeitspruenge_2007.pdf.
[7] Die Broschüre „Visionen für Regionen" gibt es als Download: http://www.nexusinstitut.de/images/stories/download/10-01-12_Visionen_fuer_Regionen.pdf.

3. Ausblick

Die bürgerschaftliche, partizipative Gestaltung und Realisierung der Deutschen Einheit ist eine Aufgabe, die uns im Jahr 20 der Vereinigung nicht verlässt, sondern weiter im Blickfeld gesellschaftlicher Akteure bleiben sollte. Partizipative Prozesse sind geeignet, deutsche Einheit Wirklichkeit werden zu lassen und offene Fragen zu weiteren Gestaltung der Deutschen Einheit lösungsorientiert zu bearbeiten. Der Beauftragte für die Neuen Länder hatte sich in der Vergangenheit die Aufgabe gestellt, das Zusammenwachsen von Ost und West durch partizipative Maßnahmen zu begleiten. Das sollte auch in Zukunft so bleiben.

Der Beauftragte steht in dieser Aufgabe durchaus in der Tradition des Bundesministeriums für gesamtdeutsche Fragen. Innere Einheit ergibt sich nicht von selbst. Ein föderatives Land muss diese Fragen im Blick behalten, ob als „Beauftragter für die neuen Länder" oder in anderer, noch zu definierender Form.

Durch seine Geschichte als föderaler Staat hat Deutschland besonders starke regionale Identitäten, die staatlichen Charakter hatten und haben. Wir sprechen von 16 Staaten. Die Verfassung der Weimarer Republik betonte in der Präambel noch, Deutschland sei „einig in seinen Stämmen" und verweist damit nicht nur auf den ethnischen Hintergrund vieler deutscher Staaten seit der Völkerwanderungszeit, sondern auch auf die starken regionalstaatlichen Kräfte und Identitäten bei einem im Vergleich zu anderen europäischen Ländern relativ schwächeren Zentralstaat durch die gesamte frühe Neuzeit bis an Ende des 19. Jahrhunderts. In dieser historischen Kontinuität ist die Deutsche Einheit in kultureller und auch staatlicher Vielfalt denkbar. Zugleich stellen sich Fragen der inneren Einheit, von der Schule über die Polizei bis hin zu Infrastrukturausstattung und Tarifverträgen im öffentlichen Dienst. Im Jahr 20 der Einheit hat die Frage einer neuen Einwanderungspolitik aufgrund der demografischen Schrumpfung auch die Frage nach der kulturellen Einheit und Identität neu angeregt. Zugleich war es ein Jahr neuer Konjunktur für Bürgerbeteiligung und bürgerschaftlichen Engagements, zuletzt befeuert durch die Auseinandersetzungen um den Stuttgarter Hauptbahnhof. Auch für die innere Einheit kommen die Motivation und Kraft zu Angleichung auch aus den bürgerschaftlichen Prozessen, wie sie dieser Beitrag beschreibt. Zahlreiche neue Instrumente und Prozesse wurden getestet – mit Erfolg: Das Engagement für die innere Einheit hat im Jahr 20 der Vereinigung eine neue Qualität bekommen.

Literatur

Björkman, Görel Cavalli/Lindqvist, Svante (2008): Research and museums RAM. Proceedings of an international symposium in Stockholm. Stockholm: Nationalmuseum.
Böhm, Birgit/Legewie, Heiner/Dienel, Hans-Liudger (2008): The Citizens' Exhibition: A Combination of Socio-scientific, Participative and Artistic Elements. In: Forum Qualitative Social Research 9 (2008), No. 2, Art. 33, May 2008 (http://www.qualitative-research.net/fqs-texte/2-08/08-2-33-e.htm).
Burgmer, Inge Maria (1989): Städtepartnerschaften als neues Element der innerdeutschen Beziehungen. Bonn: Europa-Union-Verlag.
Dienel, Hans-Liudger (2009): Multilokales Wohnen zwischen Konträumen. Befunde und Konzepte zu individuellen und politischen Raumpartnerschaften. In: Bundesamt für Bauwesen und Raumordnung (Hg./2009). Informationen zur Raumentwicklung: Multilokales Wohnen (1/2): 117-125.
Fauser, Peter/Messner, Rudolf (Hg./2007): Fordern und fördern: was Schülerwettbewerbe leisten. Hamburg: Körber.
Keppler, Dorothee/Walk, Heike/Töpfer, Eric/Dienel, Hans-Liudger (Hg./2009): Erneuerbare Energien ausbauen! Erfahrungen und Perspektiven regionaler Akteure in Ost und West. München: Oekom.
Kröhnert, Steffen/Medicus, Franziska/Klingholz, Reiner (2007): Die demografische Lage der Nation: Wie zukunftsfähig sind Deutschlands Regionen? Daten, Fakten, Analysen. München: dtv.
Lisiecki, Gabriel (1996): Deutsch-deutsche Städtepartnerschaften: Ihre historische Entwicklung und Bedeutung; dargestellt unter besonderer Berücksichtigung der Städtepartnerschaft Erlangen-Jena. Jena: Friedrich-Schiller-Universität (Dissertation).
Nobbe, Thomas: (1990) Kommunale Kooperation zwischen der Bundesrepublik und der DDR. Münster/Hamburg: Lit.
Palm, Dirk (2002): „Wir sind doch Brüder!". Der evangelische Kirchentag und die deutsche Frage 1949–1961. Göttingen: Vandenhoeck & Ruprecht.
Pawlow, Nicole-Annette (1990): Innerdeutsche Städtepartnerschaften. Entwicklung – Praxis – Möglichkeiten. Berlin: Holzapfel.
Runge, Rüdiger/Käßmann, Margot (2001): Kirche in Bewegung. 50 Jahre Deutscher Evangelischer Kirchentag. Gütersloh: Gütersloher Verlagshaus.
Schnakenberg, Oliver: (1990): Innerdeutsche Städtepartnerschaften. Rechtliche Aspekte grenzüberschreitenden kommunalen Handelns. Baden-Baden: Nomos.
Simon, Vera Caroline (2010): Gefeierte Nation : Erinnerungskultur und Nationalfeiertag in Deutschland und Frankreich seit 1990. Frankfurt: Campus.
Stiftung Demokratische Jugend (Hg./2008): Weg(e) in die Zukunft. Fachkräftesicherung – Chancen und Perspektiven für Unternehmen und junge Menschen in Ostdeutschland. Berlin: Raben.
Weiske, Christine (2009): Multilokale Haushaltstypen. Bericht aus dem DFG Projekt „Neue multilokale Haushaltstypen (2006-2008). In: Bundesamt für Bauwesen und Raumordnung (Hg./2009). Informationen zur Raumentwicklung: Multilokales Wohnen (1/2): 167-77.
Weizsäcker, Beatrice von (1990): Verschwisterung im Bruderland. Städtepartnerschaften in Deutschland. Bonn: Bouvier.

Deutsche Einheit: Ein neuer Diskurs

Rolf Reißig

1. Einheit als Angleichungsdiskurs

Wie die verschiedenen Einheitsfälle der älteren und jüngeren Geschichte – z.B. von Schottland, Quebec, den Niederlanden (Belgien) über das Saarland bis Hongkong – zeigen, unterscheiden sich die Typen und Formen von Einheit beträchtlich. Einheit z.B. durch „Anschluss", Einheit durch „Inkorporation", Einheit durch „Zusammenschluss", Einheit durch „Vereinigung Gleicher". Diese spezifischen Formen von Einheit und Vereinigung implizieren bei den Beteiligten jeweils damit verbundene spezifische Erwartungen und Vorstellungen. Und auch die Maßstäbe zur Bewertung ihres Gelingens bzw. Misslingens sind vom jeweiligen Typ, von der jeweiligen spezifischen Form der Einheit geprägt. Nicht zuletzt beeinflusst der Typ der Einheit im Kontext der konkret-historischen Strukturen und der jeweiligen Strategien der Akteure auch die spezifischen Diskurse zur Einheit. Das gilt gerade auch für den deutschen Einheitsfall.

Der Weg zur und die Art und Weise der Herstellung der deutschen Einheit waren umstritten. Rechtlich betrachtet gab es zwei Wege: Einheit durch Vereinigung auf der Grundlage einer neuen Verfassung, die vom deutschen Volk in freier Entscheidung beschlossen wird (Art. 146 GG) und die Chance zur gemeinsamen Gestaltung eines zukunftsfähigen Deutschlands eröffnete; oder Einheit durch Beitritt zum Grundgesetz (Art. 23 GG) mittels Modellübertragung auf und nachholende Modernisierung in Ostdeutschland.

Die deutsche Einheit vollzog sich dann in der spezifischen Form des *Beitritts* der neuen Bundesländer zur Bundesrepublik Deutschland und ihrem Grundgesetz. Dies entsprach der konkret-historischen Situation, den Vorstellungen der westdeutschen Verantwortungsträger (besonders der Bundesregierung) wie dem Mehrheitswillen der West- und Ostdeutschen.

Die Transformation Ostdeutschlands und die deutsche Vereinigung als Beitritt zu einem „Fertig-Staat" (*ready made state*), d.h. zu einer alles in allem funktionierenden Marktwirtschaft und stabilen Demokratie wurden gemeinhin als „privilegierter Fall" wahrgenommen und interpretiert. Denn alles, was dafür gebraucht werde, sei ja schon da und erprobt – in Westdeutschland. Die Erfolgsgeschichte der alten Bundesrepublik sollte noch einmal wiederholt und fortgeschrieben werden. Im Osten musste sich demnach alles, im Westen brauchte sich nichts zu ändern. Die Westdeutschen wollten, dass alles so bleibt wie es ist, die Mehrheit der Ostdeutschen, dass alles so wird wie in Westdeutschland. Das Vertrauen in das bundesdeutsche Modell und sein Institutionensystem, das Vertrauen in die Strategie des Ressourcen-, Finanz-, Elitentransfers von West nach Ost war nahezu grenzenlos.

Die Transformation Ostdeutschlands und die Herstellung der deutschen Einheit waren so durch spezifische Erwartungen geprägt:

- Nach einer kurzen, etwas schmerzhaften Übergangsphase: selbsttragender Wirtschaftsaufschwung in Ostdeutschland, gleiche Lebensverhältnisse in ganz Deutschland.
- Wachsendes Zufriedenheits- und Zukunftspotenzial sowie rasch zunehmendes Systemvertrauen in der ostdeutschen Bevölkerung.
- Anpassung und schließlich Angleichung der Einstellungen und Werteorientierungen, der politischen Kultur der Ost- an die Westdeutschen und damit Vollendung auch der inneren Einheit.
- Die „neue" gesamtdeutsche Bundesrepublik wird durch den Beitritt der ostdeutschen Länder die vergrößerte „alte" sein.

Der Vergleichsgegenstand für das Gelingen der Transformation und der Einheit war in diesem Fall (logischerweise) die „Bundesrepublik alt". Der Maßstab der Bewertung von Transformation und Vereinigung ist dann die Anpassung und Angleichung Ost an West: bzgl. der institutionellen Ordnung, der Wirtschaft, der Sozialstruktur, der Lebensverhältnisse, der politischen Kultur, der grundlegenden Einstellungen und Werteorientierungen.

Von „erfolgreicher Einheit" kann in diesem Fall gesprochen werden, wenn dieser Angleichungsprozess – Spannungen und Konflikte eingeschlossen – voranschreitet und sein Ende auch zeitlich fixiert werden kann. Gelungen ist er dann, wenn es zur dauerhaften Integration kommt, der „äußeren" die „innere" Angleichung folgt und die Unterschiede zwischen dem „Beitrittsgebiet" und dem „Hauptland" nicht größer sind als die zwischen anderen Regionen des „Hauptlandes" (vgl. auch Roesler 1999: 337).

Der Maßstab der Angleichung dominiert(e) die Einheitsdiskurse in den Sozialwissenschaften, in der Politik, in den Massenmedien und bildete eine wesentliche Grundlage auch der subjektiven Wahrnehmungen und Deutungen der Einheit und ihrer Ergebnisse in der Bevölkerung. Dies galt/gilt für Befürworter des gewählten Weges zur deutschen Einheit – im Prinzip aber auch für seine Kritiker.

Die Diskussion und der Streit rankten sich immer wieder um die Frage, wie weit der wirtschaftliche, soziale, kulturell-mentale Angleichungsprozess Ostdeutschlands („neue Länder") an Westdeutschland („alte Länder") vorangeschritten ist, ob er sich dynamisch entwickelt oder stagniert und wie lange er noch dauern wird.

Keine Frage, mit diesem Maßstab konnten und können durchaus Erfolge, vorhandene Rückstände (z.B. beim Aufbau Ost), weiter zu lösende Aufgaben benannt und kommuniziert werden. Doch nach 20 Jahren wird immer deutlicher: dieses spezifische Leitbild und diese Diskurse der Einheit, dieser dominierende Maßstab von Einheitsbewertung kollidieren immer mehr mit der Wirklichkeit. Nicht nur, dass damit die historische Bedeutung der Herstellung der Einheit verdrängt wird, sind sie auch immer weniger geeignet, Stand und Perspektiven des Vereinigungsprozesses adäquat zu erfassen. Denn der Einigungsprozess erweist sich zum einen als komplexer, konflikthafter, langwieriger und offener als 1990 angenommen. Und er ist zum anderen mit neuen Herausforderungen verbunden, die auch neue Zielvorstellungen von „gelingender Einheit" implizieren. Der Einigungsprozess entzieht sich daher einfachen Antworten, Pauschalurteilen und klar fixierten Zeitbegrenzungen.

Auch die Bundesregierungen sind diesen Dilemmata bislang im Prinzip auf gleiche Weise begegnet: Das Ziel – Angleichung Ost an West – ist gesetzt und braucht nicht wirklich korrigiert zu werden. Korrekturen betreffen lediglich die Instrumente, die konkret zu lösenden Aufgaben, um das Angleichungsziel zu erreichen. Allein der Weg zum Ziel dauert etwas länger als angenommen. Helmut Kohl veranschlagte bis zur „Vollendung der Einheit" 5-6, maximal 10 Jahre; Rot-Grün dann 20 Jahre; die 2009 beendete Große Koalition rd. 30 Jahre, Angelika Merkel sprach 2009 so ganz nebenbei von 40 Jahren und das DIW prognostizierte jüngst gar 60-80 Jahre bis die „ökonomischen und sozialen Unterschiede zwischen Ost- und Westdeutschland überwunden und die Angleichung vollzogen ist" (DIW 2009).

Was seit längerem immer deutlicher wird, ist, dass in den Diskursen zur Einheit sich nie ernsthaft und öffentlich darüber verständigt wurde, was wir unter „Einheit" überhaupt verstehen und was nicht, wie wir Einheit definieren und inhaltlich füllen wollen, wie wir den tatsächlichen Stand der deutschen Einheit mit welchen Maßstäben und Kriterien angemessen bilanzieren und beurteilen können. Claus Leggewie meint gar, die Frage der „Einheit wie die Kriterien ihres Gelingens sind unsauber definiert, eine Antwort also unmöglich oder beliebig" (Leggewie 2006: 1244).

Was wir also brauchen, ist nicht nur eine kritische Bilanz der bisherigen Diskurse der deutschen Einheit, sondern ein neuer, ein realitätsbezogener und zukunftsorientierter Einheitsdiskurs. Eine solche Festellung 20 Jahre nach Herstellung der staatlichen Einheit mag überraschen, entspricht m.E. jedoch den sozialen, politischen, diskursiven Erfordernissen in der heutigen deutschen Vereinigungsgesellschaft.

Dabei ist mit „neuem Einheitsdiskurs" nicht das ganz Andere gemeint oder etwas, das erst jetzt beginnt. Denn die Einheit ist hergestellt, die Teilung Deutschlands und damit Europas beendet, die Nachkriegsgeschichte und -ordnung sind abgeschlossen. Und auch die Fortschritte bei der Entwicklung Ostdeutschlands und der Gestaltung der inneren Vereinigung sind unübersehbar. Dieser „neue Einheitsdiskurs" beruht deshalb auf den bisherigen Ergebnissen und Erfahrungen bei der Gestaltung der deutschen Einheit, bringt diese auf den Punkt, fasst sie zusammen und entwickelt sie zugleich weiter. Diskurse sind jedoch immer gesellschaftlich und machtpolitisch eingebunden. Ein neuer Diskurs stößt daher auf institutionelle und kulturelle Hindernisse und Blockaden. Seine Zukunft als dominanter Diskurs bleibt deshalb offen.

2. Notwendige Diskurswende – Vom Angleichungs- zum Neugestaltungsdiskurs

Der nach 1990 dominierende Einheitsdiskurs vor allem als Angleichungsdiskurs hatte seine Wurzeln in dem besonderen deutschen Einheitsfall (Beitritt), den damit verbundenen strategischen Zielorientierungen der dominierenden Akteure wie auch den damaligen Annahmen, Hoffnungen und Wünschen in der Bevölkerung.

Heute wird jedoch deutlich: Das Leitbild „Deutsche Einheit", die Vorstellungen über Ostdeutschland sowie die Maßstäbe zur Bewertung des Standes des Vereinigungsprozesses sind entsprechend den neuen Gegebenheiten weiter zu entwickeln und in mancher Hinsicht neu zu bestimmen kann: Einheit kann heute nicht mehr nur als „Beitritt", sondern muss auch als Zusammenführung unterschiedlicher Teile, Gesellschaften, politischer Kulturen und Erfahrungen sowie als gemeinsame Gestaltung eines „neuen Deutschlands" verstanden werden.

Für die Notwendigkeit einer Diskurswende sprechen zumindest zwei Gründe. *Zum einen*: Die Transformation Ostdeutschlands und die deutsch-deutsche Vereinigung, selbst in Form des Beitritts, erforderten und erfordern zugleich den grundlegenden Wandel der alten Bundesrepublik und die gemeinsame Gestaltung des vereinten Deutschlands zu einem neuen Deutschland entsprechend den neuen Herausforderungen, den neuen Problemlagen und neu gewonnenen Erfahrungen.

Die Übertragung eines fordistischen Wachstums-, Wohlfahrts- und Sozialmodells von West- nach Ostdeutschland mit all seinen Strukturen, Institutionen,

Regeln und Normen erfolgte zu einem Zeitpunkt, wo dessen Erfolgsgeschichte schon mehr Vergangenheit war und sich sein Reformbedarf in Westdeutschland längst abgezeichnet hatte. Diese rigide Modell- und Institutionenübertragung mochte dem damaligen Zeit- und Problemdruck entsprechen, eine adäquate Antwort auf die neuen Herausforderungen der Gesellschaftstransformation im Osten und den Reformbedarf im Westen war sie schon nicht mehr. Die Übernahme des Modells erfolgte, als die Grundlagen seines Funktionierens bereits erodiert waren. Oder anders formuliert: der deutsche Vereinigungsprozess ist weitgehend nach den Mustern und den Instrumenten organisiert worden, die sich in der alten Bundesrepublik seit den 50er Jahren bewährt hatten.

Der Zusammenbruch des Staatssozialismus und die deutsche Einheit haben das Erfordernis einer grundlegenden Reform dieses fordistischen Entwicklungsmodells zeitweilig überlagert, verdeckt. In Verkennung dieser Zusammenhänge wurde in Westdeutschland im Zuge der deutschen Vereinigung jedes kritische Nachdenken über die eigene Gesellschaft verbannt. Die Bewahrung der Kontinuität und Stabilität der „alten" und lange Zeit erfolgreichen Bundesrepublik hatte im Transformations- und Vereinigungsprozess und seinen Diskursen absoluten Vorrang. Die Furcht vor Reformen und sozialen Experimenten, vor möglichen Rückwirkungen des Ostens auf den Westen der Bundesrepublik dominierte das Handeln und die Diskurslinien der politischen Elite. Zweifellos hat dieses Muster – im Nachhinein betrachtet – die Kontinuität und Stabilität des politischen Systems der Bundesrepublik gesichert. Doch wurde so das vereinte Land zugleich gesellschaftlich und kulturell blockiert und geschwächt.

Der privilegierte Transformations- und Vereinigungsfall wurde damit zu einem Reformfall, das „Modell Deutschland" zu einer „blockierten Moderne". „Schuld" daran ist nicht zuerst der Osten, ist nicht zuerst die Vereinigung, wie es in heutigen Diskursen zu hören ist, sondern der seit den 70er/80er Jahren verzögerte Umbau des reformbedürftigen Industrie-, Beschäftigungs- und Sozialstaatsmodells.

Ost und West, also die gesamtdeutsche Bundesrepublik, befinden sich an einer neuen Scheidewegsituation. Transformation Ost trifft auf Transformation West – und beide sind eng miteinander verbunden. Diese doppelte Transformation ist nur gemeinsam zu bewältigen. Langfristig lauten die zentralen Herausforderungen des Wandels im Osten und Westen der gesamtdeutschen Republik: Zukunftsfähige, d.h. soziale und ökologische Modernisierung, Innovation und soziale Gestaltung, neuer solidarischer Zusammenhalt der Gesellschaft.

In diesem Sinne stehen sowohl das (Transformations-)Projekt Ost als auch das Einheitsprojekt vor weit reichenden Herausforderungen und müssen neu definiert werden. Erforderlich ist auch ein neues gemeinsames Leitbild als Ziel- und Orientierungsgröße.

Zum anderen: Ein Einheitsdiskurs, der weiter auf ein Aufholjagd- und Angleichungsszenario setzt, dessen anvisiertes Ziel nie erreicht wird, lähmt die Kräfte und führt zu Resignation und Depression ebenso wie auf der anderen Seite Einheitsdiskurse in Form der verschiedenen Niedergangsszenarien. Beide sind – wie die bisherigen Erfahrungen belegen – in der Bevölkerung auch nur noch schwer vermittelbar.

Notwendig sind deshalb neue Einheitsdiskurse und ein evaluierender Vereinigungsansatz. Diese ignorieren keineswegs, dass hier zwei sehr unterschiedlich ausgestattete Teile bzw. Gesellschaften sich begegneten und zusammenschlossen. Sie berücksichtigen zugleich, dass in diesem Vereinigungsprozess im Grunde beide Seiten einen Transformations- und Umbruchprozess zu bewältigen haben, beide aufeinander einwirken und beide sich in diesem Prozess wandeln müssen und wandeln werden. „Einheit" vollzieht sich dann im Ergebnis dieser sich wechselseitig bedingenden, unterschiedlichen, aber immer mehr auch gleichförmigen und schließlich zusammenführenden Wandlungsprozesse – und dies auf der Grundlage und in Weiterentwicklung solcher (im Realsozialismus ausgeschalteten) Errungenschaften der Moderne und der Aufklärung wie Rechtsstaatlichkeit und parlamentarischer Demokratie, marktwirtschaftlicher Wettbewerbsstrukturen, politischer Öffentlichkeit, ziviler Gesellschaft, Pluralismus der Wissenschaft und Kultur. Zugleich geht es heute aber auch um eine Weiterentwicklung der Moderne, um eine neue solidarische und ökologische Moderne.

In den Vordergrund rückt damit nun Einheit als „gemeinsamer, gesamtdeutscher Wandel" und „Neugestaltung", als „Zusammen-Wachsen". Die Referenz- und Beurteilungsfolie von Einheit ist dann nicht mehr so sehr Auf- und Einholen, sondern Modernität und Modernisierung. Gefragt wird hier nach den institutionellen, wirtschaftlichen, sozialen, kulturell-mentalen Entwicklungs-, Innovations- und Zukunftspotenzialen in Ost und West und in den verschiedenen Regionen, nach den Handlungs- und Teilhabechancen und letztlich nach der Zukunftsfähigkeit des vereinten, neuen Deutschlands in Europa und der globalen Welt.

Beide übergreifende Referenzen und Bewertungsmaßstäbe entsprechen den neuen Bedingungen und Herausforderungen der Gestaltung der deutschen Einheit, sind zukunftsorientiert und in der Bevölkerung – wenn konkret untersetzt – besser vermittelbar. Es sind Bewertungsmaßstäbe und -kriterien, die auf Angleichung und plurale Differenzen zulassende Integration orientieren, Maßstäbe, die nicht abschließen, sondern Handlungsräume öffnen. Und statt allein quantitativer Faktoren und Zahlenvergleiche (z.B. Verhältnis Ost-West bzgl. Wachstumsraten, Verbrauch, Konsumentwicklung) rücken damit verstärkt qualitative (Teilhabe, Bildung, soziale und kulturelle Lebensqualität, Partizipation) in den Blick der Öffentlichkeit (s. dazu 3.).

Bei einer solchen Sicht auf Vereinigung als Erfordernis sozialer und innovativer Entwicklung und Zukunftsgestaltung verändert sich auch der Blick auf Ostdeutschland. Ostdeutschland ist mit einem „doppelten Umbruch" konfrontiert – mit den Folgen der postsozialistischen Transformation und mit den Herausforderungen der postmodernen Transformation. Der Osten ist dann nicht mehr nur ein abgehängter Nachzügler („nachholende Modernisierung"), sondern kann auch Beispiel und gezwungenermaßen in mancher Hinsicht selbst Vorreiter des Wandels und der Transformation sein. Letzteres z.b. beim Umgang mit Deindustrialisierung und sozialökologischer Neuindustrialisierung, bei der Suche nach Antworten auf die Frage nach der Zukunft der Arbeitsgesellschaft und einer neuen Verfasstheit der Erwerbsarbeit. Solche in ganz Deutschland zu bearbeitende Phänomene sind aber auch erkennbar in dem Umgang mit einer zunehmend disparaten Regionalentwicklung, mit der zugespitzten demografischen Entwicklung (Schrumpfung und Alterung der Bevölkerung) und mit der Entleerung regionaler Räume, sowie in Reorganisations- und Selbstorganisationsprozessen der Gesellschaft von unten. Vorbild „Ost" gilt aber auch für beispielhafte Strukturen und Erfahrungen mit frühkindlicher Bildung und gemeinsamem Lernen.

Die kritische Beschäftigung mit Ostdeutschland, seinen Nach- und Vorteilen, führt damit auch hin zur Frage möglicher zukünftiger Entwicklungspfade in ganz Deutschland und zur Bewältigung neuer Umbruch- und Transformationserfordernisse in Ost und West. Der Osten könnte daher – nicht zuletzt mit seinen einmaligen Erfahrungen aus der vollzogenen, wenngleich unvollkommenen Gesellschafts-Transformation – zu einem gesamtdeutschen und europäischen Labor der sozialen und ökologischen Reform der Moderne werden.

3. Neue Maßstäbe und Indikatoren zur Bilanzierung und Bewertung der deutschen Einheit

In bisherigen Einheitsdiskursen spielten Fragen der Indikatoren und Kriterien, mit denen der Prozess der Einheit und sein Gelingen zuverlässig und angemessen bilanziert und bewertet werden können, kaum eine Rolle oder sie wurden „unsauber definiert" und „Antworten also unmöglich oder beliebig" (Leggewie). Wenn sich dieser Thematik geöffnet wurde, dann unter dem Aspekt der wirtschaftlichen und sozialen Angleichung Ost an West. Vordergründig ging es stets um quantitative Vergleiche: das Bruttoinlandsprodukt (BIP), die Arbeitsproduktivität je Erwerbstätigen, die Bruttolöhne und -gehälter je Arbeitnehmer, die Höhe der Renten, die Konsumausgaben, das Wohneigentum. Keine Frage, dies sind und bleiben wichtige Maßstäbe für die Beantwortung der Frage nach dem Stand und den Fortschritten des „Aufbaus Ost".

Die Frage nach dem „Gelingen der Einheit", nach der „Zukunft der Einheit" ist damit aber nur begrenzt zu klären. Ein neuer Einheitsdiskurs muss sich deshalb auch den Problemen der Maßstäbe und Kriterien zur Messung und Bewertung der Einheit neu stellen.

Zu fragen ist zunächst: *Wie* kann der Vereinigungsprozess überhaupt gemessen und beurteilt werden?

Der Evaluation und Bewertung von Transformation und Vereinigung können allgemein – so der Heidelberger Politikwissenschaftler Klaus von Beyme – sowohl die „Werte des westlichen Systems" und „die Messung ihrer Realisierung" als auch das „Ausmaß der Erhaltung von Institutionen und Errungenschaften der DDR" zugrunde gelegt werden oder es kann von einer „vergleichenden Betrachtung" ausgegangen werden, die die Entwicklungspotenziale der gegebenen politischen und wirtschaftlichen Institutionen in den Mittelpunkt stellt (von Beyme 1995: 55/56).

Ganz offensichtlich ist der *Vergleich* der angemessene Schlüssel zur unvoreingenommenen *Bilanzierung und Bewertung* dieses Transformations- und Einigungsprozesses. Im spezifischen Fall ostdeutscher Transformation und deutscher Vereinigung bedeutet das einen *dreifachen Vergleich*:

1. Längsschnittvergleich, d.h. Vergleich der realen Entwicklung und des aktuell erreichten Standes mit der konkret-historischen Situation 1989/90: *Vergleich zwischen Ausgangs-Zustand und Ist-Zustand*;
2. Vergleich zwischen den Entwicklungspotenzialen und Zukunftschancen der „jungen" und „alten" Bundesländer: *Ost-West-Vergleich*.
3. Vergleich zwischen der postsozialistischen Transformation Ostdeutschlands und den verschiedenen anderen postsozialistischen Transformationsfällen Europas bzw. zwischen dem deutschen Vereinigungsfall und den anderen historischen bzw. aktuellen Vereinigungsfällen: *Ost-Ost-Vergleich, historischer* bzw. *internationaler* Vergleich.

Mit dem Wie des Messens und Bewertens stellt sich dann sogleich aber die Frage: *Was* ist am Transformations- und Einigungsprozess zu messen, um ihn ausgewogen bilanzieren und beurteilen zu können?

Auch hier bietet sich in systematisierter Form ein Raster an, das eine objektive Verallgemeinerung der widerspruchsvollen empirischen Befunde und eine zuverlässige Bilanzierung und Bewertung des Standes und der Perspektiven von Transformation und deutscher Einheit ermöglicht. Transformation und Vereinigung können in vier unterschiedliche, aber mit einander verbundene Handlungsebenen „geschichtet" werden. Diese sind dann durch jeweils typische Indikatoren und Kriterien (Messlatten) zu untersetzen. Dies soll im Folgenden kurz demonstriert werden, ohne es hier im Detail ausführen und belegen zu können.

a. Der *politisch-institutionelle* Transformations- und Einigungsprozess: Die Systemintegration:

Im Mittelpunkt der bisherigen Einheitsdiskurse stand die Frage nach dem politischen Ordnungswechsel in Ostdeutschland und der Herstellung der institutionellen Gleichheit. Ohne Zweifel, zu fragen und zu untersuchen, ob und wie aus zwei entgegen gesetzten gesellschaftspolitischen Systemen und Staaten ein integriertes Staatswesen wurde, welche Konflikte dabei auftraten und auftreten, ob Integrations- oder Desintegrationstendenzen dominieren, ist für die Bewertung der Einheit und ihres Gelingens von entscheidender Relevanz. Mittels dieser Indikatoren ist belegbar, dass die staatlich-institutionelle Einheit erfolgreich hergestellt und inzwischen weiter stabilisiert wurde.

Doch für die Evaluierung einer „gelingenden Einheit" sind weiterführende Indikatoren heranzuziehen, wie z.B.:

- Entwicklungsstand und Zukunftspotenziale des politisch-institutionellen Ordnungsrahmens, d.h. der staatlich-politischen Ordnung, der Rechts-, Wirtschafts- und Sozialordnung;
- Regulations-, Orientierungs- und Integrationsleistungen der Institutionen und ihre kulturell-mentale Verankerung in der Bevölkerung.

Bei diesen Indikatoren fällt die Bilanz einer „gelingenden Einheit" auch in politisch-institutioneller Hinsicht dann doch etwas anders aus, kritischer, auf jeden Fall problemzentrierter. Die Innovations- sowie die Orientierungs- und Integrationsleistungen des Institutionensystems sind unzureichend, seine kulturell-mentale Verankerung in der Bevölkerung ist brüchig. Eine Institutionenreform steht seit langem auf der Tagesordnung. Dies gilt im besonderen Maße für Ostdeutschland, wo die fast vollständige Adaption der traditionellen westdeutschen Institutionen, Normen, Regeln, Vorschriften zwar schnell zur raschen organisatorischen Konsolidierung Ostdeutschlands und zum Aufbau einer funktionsfähigen Verwaltung führte. Ihre Kompatibilität mit einer im Umbruch befindlichen Gesellschaft war jedoch gering, Blockaden im Transformationsprozess die Folge. Die Vertrauens- und Legitimationsbasis dieses institutionellen Ordnungsrahmens in der ostdeutschen Bevölkerung ist noch immer defizitär.

b. Der *wirtschaftliche und soziale* Transformations- und Einigungsprozess: Die Sozialintegration.

Bei der Sozialintegration wird gefragt nach den gleichwertigen materiell-sozialen Lebensverhältnissen und als wesentliche Voraussetzung dafür nach einer nachhaltigen wirtschaftlichen Entwicklung. Das bleibt aktuell, aber die Indikatoren im neuen Einheitsdiskurs sind auch hier weiter zu entwickeln und vor allem zukunftsorientierter zu fassen:

- Wie steht es um die wirtschaftliche Entwicklungsdynamik und das Innovationspotenzial sowie die Zukunftsfähigkeit der gesamtdeutschen Wirtschaft, vor allem durch ihre sozial-ökologische Modernisierung.
- Wie kann Ostdeutschland eine selbsttragende, zukunftsfähige Wirtschaftsentwicklung generieren, welche neuen, vor allem sozialökologischen Zukunftsfelder müssen dafür erschlossen werden.

Bei den Indikatoren sozialer Entwicklung fällt der bislang dominierende Einheits-Maßstab „Angleichung" mit diesem von uns entwickelten evaluierenden Vereinigungsansatz nicht weg, ist aber inhaltlich selbst neu zu definieren: Angleichung verstanden vor allem als soziale Gleichheit bzw. Gleichwertigkeit zwischen Ost- und Westdeutschland und den Ost- und Westdeutschen. Diese erstreckt sich nicht allein auf materielle, also ökonomische und wohlfahrtsgesellschaftliche Einkünfte, Anrechte und Leistungen. Sie beinhaltet vor allem auch gleiche gesellschaftliche und individuelle Zugangs- und Teilhabechancen – von Arbeit, Bildung, Gesundheit, Umwelt über Eigentum, Elitenrekrutierung bis öffentlicher Deutungsmacht – sowie sittliche Anerkennung von gelebten Leben, Identitäten und Eigensinn. „Soziale Einheit" ist so ein erstrebenswertes, aber noch lange nicht erreichtes Ziel:

- Zu den Indikatoren sozialer Entwicklung gehören ganz wesentlich das subjektive Wohlbefinden und die subjektive Zufriedenheit der Menschen mit der persönlichen Lebenssituation, aber auch mit der gesamtgesellschaftlichen Situation.
- Ein wichtiger Indikator zur Evaluierung der sozialen Einheit ist schließlich die demographische Entwicklung: Bevölkerungsentwicklung, Geburtenrate, Alterspyramide, Wanderungsbewegungen, Mobilitätsfaktor.

c. Der *kulturell-mentale* Transformations- und Vereinigungsprozess: Die kulturell-gesellschaftliche Integration.

Bei der kulturell-mentalen Integration wird gefragt nach dem Grundbestand gemeinsamer Einstellungen, Ziel- und Werteorientierungen zwischen Ost- und Westdeutschen oder anders formuliert, ob aus dem einheitlichen „Staatswesen" auch ein tragfähiges „Gemeinwesen" wurde. Als Maßstäbe und Indikatoren zu dessen Evaluierung werden in aller Regel herangezogen:

- die Einstellungen der Ost- und Westdeutschen zu den Institutionen;
- die wechselseitigen Ost-West-Wahrnehmungsmuster und dabei vorhandene Stereotypen, Fremdheitsgefühle, Vorurteile;
- sowie die subjektiven Wahrnehmungen und Bewertungen der Einheit, der Demokratie, der Wirtschafts- und Sozialordnung.

Als Vergleichsfolie dienen die „Bundesrepublik alt" und der traditionelle Einstellungs- und Verhaltenskodex der Westdeutschen als den „Einheimischen" gegenüber den Ostdeutschen als den „Ankömmlingen". Bei innerer Einheit wird in diesem Diskurs den Unterschieden zwischen Ost- und Westdeutschen und deren Aufhebung nach westdeutschem Muster das eigentliche Augenmerk geschenkt, nicht aber der politisch-pluralistischen Einheit und der gesamtdeutschen Integration. Das ist das große Defizit der Debatte um die innere Einheit (vgl. auch Linden 2009: 311). Ein neuer Diskurs steht hier vor der Notwendigkeit eines Perspektivenwechsels, denn das Problem der inneren Einheit ist nicht zuerst ein Problem der Einstellungsunterschiede zwischen Ost- und Westdeutschen, sondern der Herausbildung eines demokratischen Grundkonsenses und einer politisch-pluralistischen Einheit im neu entstehenden Deutschland (s. dazu 4.).

d. Das *vereinte Deutschland* – seine innere Verfasstheit und seine internationale Rolle: Das neue Deutschland.

Die Evaluierung des Einigungsprozesses mündet letztlich in der Frage, was für ein (verändertes) Deutschland als Folge von ostdeutscher Transformation und deutsch-deutscher Vereinigung entstanden ist. Diese Betrachtung, kritisch bilanzierend, spielt bislang in den Diskursen eine zu geringe Rolle. Indikatoren zur angemessenen Bilanzierung und Bewertung der neuen Republik werden nur selten benannt. Solche könnten im neuen Diskurs sein:

- Die veränderte Republik: Kontinuität, Diskontinuität und neue Qualität im Vergleich zur Geschichte Deutschlands und der Ausgangssituation (Bundesrepublik, DDR, Spaltung Europas) 1989/90;
- Integrations- und Desintegrationsprozesse, Stärke und Schwäche von Re-Sezessionsbestrebungen;
- Verwestlichungs- und Veröstlichungstendenzen im vereinten Deutschland;
- Gesamtdeutsche Identitätsbildungen und -konstruktionen;
- vom deutschen Sonderweg zur internationale Einbindung des vereinten Deutschlands und seine neue Rolle und Verantwortung im europäischen und globalen Kontext: Herausforderung, Gestaltungspolitik und Ergebnisse.

Transformation, Vereinigung, Einheit sind, das belegt nicht zuletzt der internationale Vergleich, langwierige, komplexe und ambivalente Prozesse, die einfache Antworten ausschließen. Doch mittels eines Koordinatensystems, das auf objektive Maßstäbe, Indikatoren, Kriterien setzt und auf einer Vergleichsperspektive beruht, die Vergangenheit, Gegenwart und Zukunft gleichermaßen einbezieht, kann ein realistisches und in der Öffentlichkeit nachvollziehbares (Gesamt-)Bild von der Einheit gewonnen und dokumentiert werden. Auch ein solches Bild kann und soll nicht den Wahrheitsanspruch für sich reklamieren und andere Urteile ausschließen. Erforderlich sind gerade verschiedene analytische und evaluative Perspektiven auf Transformation und Einheit sowie ein kritischer Einheits-Diskurs in den Sozialwissenschaften und ein öffentlicher Einheits-Dialog in der Gesellschaft.

Doch die gegenwärtig in der Diskussion dominierenden Dichotomien von Misslingen/Gelingen, Scheitern/voller Erfolg, Kolonialisierung/Befreiung und von Einheit als Angleichung oder Einheit in Distanz(ierung) könnten so schrittweise überwunden werden. Und Gleichheit bedeutet dann immer auch innerdeutsche Verschiedenheit in sozialer, kultureller und politischer Hinsicht, die inzwischen Ost- und Westdeutschland in wachsendem Maße ja tatsächlich auch verbindet. Das gilt auch für das besonders kontrovers betrachtete und beurteilte Diskursthema der „Inneren Einheit".

4. „Innere Einheit" – ein Perspektivenwechsel

Die Diskurse um die „Innere Einheit" reichen bis in das Jahr 1990 zurück. Als die formal-institutionelle Vereinigung vollzogen war, diente der Begriff der „Inneren Einheit" als Synonym für das „Zusammenwachsen" der Deutschen. Ursprüngliche Erwartungen, dieser Prozess werde sich in einem recht überschaubaren Zeitraum vollziehen, wurden Schritt um Schritt relativiert.

Die Urteile zur inneren Einheit lauten heute zumeist „unvollendet", oft aber auch „nicht gelungen" oder gar „misslungen". Dieses negative Urteil über die innere Einheit wird abgeleitet aus spezifischen Maßstäben und Indikatoren, mit deren Hilfe diese innere Einheit gemessen und bewertet wird: Einstellungen der Ost- und Westdeutschen zu den politischen Institutionen, Bewertungen des Einigungsprozesses, Selbst- und Fremdwahrnehmungen der Ost- und Westdeutschen (vgl. dazu auch Kaase 1999: 455). Die hier bestehenden Unterschiede zwischen Ost- und Westdeutschen sind, wie auch alle Umfragedaten belegen, noch immer vorhanden. Von der Selbst- und Fremdwahrnehmung, über das Wahlverhalten bis hin zu grundlegenden Einstellungen und Werteorientierungen.

Vollendet ist – in dieser Perspektive – die innere Einheit erst dann, wenn diese Unterschiede zwischen Ost- und Westdeutschen vor allem bei den Einstellungen, möglichst aber auch bei den jeweils typischen Identitäten und Mentalitäten überwunden sind. Die Unterschiede sind demnach das Hindernis auf dem Weg zur inneren Einheit. Dabei liegen die Probleme in dieser Sichtweise vor allem bei den Ostdeutschen, bei ihren Vorstellungen von Gerechtigkeit, von Gleichheit, von staatlicher Regulierung, die im Leitdiskurs als fehlende bzw. zu gering ausgeprägte freiheitlich-demokratische Grundorientierung gedeutet werden.

Man muss diese Einstellungsunterschiede (vgl. auch Falter u.a. 2006) gar nicht gering schätzen. Doch das Grundverständnis von liberaler Demokratie fußt auch auf Anerkennung der Differenz und des Konflikts. Zu diesem gehört seit jeher die liberale politische Programmatik ebenso wie egalitäre Sichtweisen (Linden 2009: 308), also das, was heute im Westen bzw. im Osten des vereinten Deutschlands bei entsprechenden Umfragen (Freiheit-Gleichheit, Liberalismus-Sozialstaatlichkeit) jeweils (etwas) stärker präferiert, aber letztlich nicht konträr entgegen gesetzt wird. Warum sollte nun gerade im deutschen Vereinigungsprozess das eine gegen das andere ausgespielt und als Gefahrenpotenzial interpretiert werden – übrigens von beiden Seiten („Gefahr" der „Veröstlichung" bzw. „Verwestlichung").

Aus der Kulturforschung wissen wir: Die Anerkennung kulturell-mentaler Unterschiede ist geradezu eine Voraussetzung für ein wachsendes Wir-Gefühl. Nicht die Unterschiede zwischen Ost- und Westdeutschen hinsichtlich Einstellungen sowie Selbst- und Fremdwahrnehmung sind das Problem, höchstens der Umgang mit ihnen. Hier entscheidet sich, ob diese Unterschiede trennen oder vereinen, ob sie zum Hindernis werden oder zur Bereicherung der politischen Kultur beitragen.

Anders als im hegemonialen Diskurs gedeutet, verlangt innere Einheit zweierlei: einen gemeinsamen freiheitlich-demokratischen Grundkonsens und einen gemeinsamen Willen zur Bildung eines politisch-pluralistischen Gemeinwesens. Und von einem solchen Maßstab ausgehend, ist das Bild des vereinigten

Deutschlands durchaus erfreulicher als es die meisten Urteile zur „Inneren Einheit" vermuten lassen: Mehrheitlich bejahen Ost- und Westdeutsche die demokratischen Verfassungsprinzipien und ihre Grundwerte, die Demokratie als Idee und Staatsform sowie die deutsche und europäische Einigung. Und beide stehen sich als spezifische Gruppen auch nicht feindlich gegenüber, sondern bekunden ihren Willen zu einem politisch-pluralistischen Gemeinwesen. Zudem sind separatistische Tendenzen nicht wirklich vorhanden.

Auf dieser, natürlich noch nicht gefestigten Basis, gibt es die neue, verbindende Einheit nur in der Verschiedenheit zwischen Ost und West und vor allem auch in Ost und West, nicht aber als harmonisches, konfliktfreies, gleiches Ganzes. Heterogenität erscheint damit als eine neue deutsche und doch zugleich europäische Normalität. Hier müssen Ost- und Westdeutsche gleichermaßen über ihren Schatten springen, wechselseitige Vorbehalte abbauen, sich dialogisch begegnen und sich das jeweils Andere kritisch erschließen. Gleichzeitig gilt es, den tatsächlichen Gefährdungen der Demokratie in Gestalt von „Zuschauerdemokratie", Fremdenfeindlichkeit und Rechtsextremismus sowie den Gefährdungen des sozialen Zusammenhalts in der gesamtdeutschen Gesellschaft infolge alter und neuer sozialer Spaltungen und Ausgrenzungen gemeinsam zu begegnen.

Für eine Schönwetterdiagnose besteht deshalb kein Anlass. Nur: die Probleme und Konflikte der Einheit der Deutschen sollten nicht mehr zuerst dort thematisiert werden, wo sie nicht wirklich bestehen (Unterschiede in Einstellungen und bestimmten Werteorientierungen), und dort verdrängt werden, wo sie real existieren (politische und soziale Spaltung und Konfliktanhäufung) und sich als Hemmnisse oder gar als Risiken erweisen können. Das Problem der inneren Einheit ist nämlich in Wirklichkeit vor allem ein Problem der politisch-pluralistischen Einheit (s. auch Linden 2009: 310), d.h. der Integration und der Herausbildung eines stabilen politischen Gemeinwesens. Dafür sind die beiden genannten Bezugsebenen – demokratischer Grundkonsens und Willensbekundung zu einem politischen Gemeinwesen – notwendig, jedoch nicht hinreichend. Denn die Herstellung und Stabilisierung der politisch-pluralistischen Einheit Deutschlands bedarf einer strukturellen Gleichheit zwischen Ost- und Westdeutschen. Die seit langem bestehende und mit der Vereinigung noch nicht wirklich aufgehobene strukturelle Ungleichheit (Ungleichgewicht) zwischen Ost- und Westdeutschen ist deshalb ein fortbestehendes Hindernis auf diesem Weg zur politischen Einheit. Denn Vereinigung der Menschen zu einer politisch-pluralen Gesellschaft kann, anders als eine staatlich-institutionelle Vereinigung, letztlich nur unter Gleichen gelingen. Dies hat eine soziale und kulturelle Dimension.

Sozial geht es vor allem um gleiche Zugangs- und Teilhabechancen bezüglich Arbeit, Bildung, Gesundheit, Eigentum, sozialen Aufstiegs, demokratischer

Mitwirkung und -gestaltung. Einheit ist Tolerierung bestimmter Ungleichheiten, aber Problematisierung und Überwindung sozialer Ungerechtigkeiten und Ausgrenzungen. Von dieser sozialen Einheit sind wir heute noch ein ganzes Stück entfernt.

Kulturell geht es um ein Anerkennungsproblem, das freilich ein wechselseitiges, ein gesamtdeutsches ist. Aber in unserem besonderen Fall ist es doch zuerst ein spezifisch ostdeutsches. In Ostdeutschland haben sich Desintegrations- und Benachteiligungsgefühle (wie berechtigt auch immer) verfestigt (nur ca. 20 Prozent fühlen sich als „richtige Bundesbürger", über 60 Prozent sehen sich als „Bürger 2. Klasse"). Eine Mehrheit der Ostdeutschen meint, dass das über sie in der Öffentlichkeit kommunizierte Bild nicht zutreffend und nicht fair sei. Ein Urteil, das durch eine Untersuchung der Universitäten Jena, Leipzig und Wien über die Darstellung der Ostdeutschen in den überregionalen Medien bestätigt wird. „Die Ostdeutschen werden nicht auf Augenhöhe wahrgenommen, sie bleiben auch zwei Jahrzehnte nach dem Mauerfall die Anderen" – wird resümierend festgestellt (Berliner Zeitung vom 23. Februar 2010; vgl. auch Kollmorgen im vorliegenden Band).

Die Lösung kultureller Konflikte dieser Art bedarf einer besonderen Praxis, der von „Anerkennung" und eines „Dialogs unter Gleichen". In Bezug auf die Ostdeutschen heißt das Anerkennung der Vielfalt und Unterschiedlichkeit ihrer Lebensleistungen, ihrer Erfahrungen, ihres Eigensinns in der Öffentlichkeit, in den Medien und nicht zuletzt in der (westdeutsch dominierten) Politik. Es bedarf insgesamt eines grundlegenden Wandels in der gesamtdeutschen Kommunikation, Ost- und Westdeutsche gleichermaßen betreffend. Dabei sollten die einen – verkürzt formuliert – selbstbewusster, die anderen selbstkritischer agieren und kommunizieren.

Ein neuer Einheitsdiskurs könnte zur Herstellung der inneren Einheit – verstanden vor allem als politisch-pluralistische Einheit – wesentlich beitragen.

5. Einheitsdiskurs und Zukunftsdiskurs

Einheit versteht sich nicht nur als Vergangenes und Gegenwärtiges, sondern auch als Künftiges. Einheit als ein Zukunftsprojekt sollte jedoch nicht mehr wie bislang als Verwaltung der Vergangenheit und reine Verlängerung der Gegenwart (miss)verstanden werden. Auch nicht nur als ein nationales, gar abgeschottetes Projekt. Einheit ist nun endgültig zu einem Projekt gemeinsamer Gestaltung eines neuen, eines zukunftsfähigen Deutschlands im europäischen und globalen Maßstab geworden; etwas, was 1989/90 aus unterschiedlichen Gründen keine mehrheitliche Zustimmung fand und finden konnte. Heute steht diese Herausforderung, diese Aufgabe in neuer Gestalt auf der Agenda. Dabei geht es um noch nicht gelöste Aufgaben der Einheit, einschließlich des „Aufbaus Ost". Das betrifft den Umstand, dass in Ostdeutschland noch immer keine selbsttragende, dynamische wirtschaftliche Entwicklung dominiert, dass vor allem das Innovations- und Forschungspotenzial zu schwach ausgeprägt ist, dass die Arbeitslosigkeit doppelt so hoch ist wie in Westdeutschland und die soziale Einheit noch lange nicht verwirklicht ist. Dies alles wirkt als einigungsbedingte Hypothek fort und harrt der Lösung.

Zugleich geht es aber um neue, nicht einigungsbedingte gesamtdeutsche und europäische Herausforderungen, die nun in den Vordergrund gerückt sind. Nach der insgesamt als Erfolgsbilanz zu veranschlagenden alten Bundesrepublik und den alles in allem gelungenen Start zur Herstellung der Deutschen Einheit stellen sich neue Problemlagen – die Grenzen des alten Wachstumspfades, die Alterung der Gesellschaft, die Überschuldung der öffentlichen Haushalte, die zunehmende soziale Ausgrenzung und Ungleichheit, die Unzufriedenheit mit dem Funktionieren der Demokratie. Problemlagen, die an Gewicht gewinnen und das unfertige Werk der Einheit zurückwerfen, wenn auch nicht unmittelbar gefährden können (vgl. auch Holtmann 2009: 9). Notwendig ist deshalb – auch im Interesse der weiteren Gestaltung der Einheit – ein Wandel, der das vereinte Deutschland als Teil Europas und der globalen Welt für das 21. Jahrhundert zukunftsfähig machen sollte.

Im Kern ist dies letztlich ein Ringen um ein neues sozioökonomisches und kulturelles Entwicklungsmodell, das einen nachhaltigen, spezifisch ressourceneffizienten, umweltverträglichen Entwicklungspfad und eine neue soziale und humane Lebensqualität generiert und am Gemeinwohl sowie der freien Entwicklung des Einzelnen orientiert ist. Man könnte dies normativ auch als „Gesellschaft nachhaltiger und solidarischer Entwicklung" als Alternative zur „fordistisch-industriellen Teilhabegesellschaft", besonders aber zur „marktradikalen Konkurrenzgesellschaft" bezeichnen. Dabei geht es weder um eine imaginäre „Gemeinschaft" noch um die Neuauflage einer (gescheiterten) „Einheitsgesellschaft", sondern um die „Zweite Große Transformation" der Moderne mit dem Ziel einer weiterentwickelten modernen, pluralen, sozialökologisch und demokratisch-partizipativ geprägten Gesellschaft (Reißig 2009: 93ff.).

Gerade deshalb gilt: Einheitsgestaltung und Zukunftsgestaltung – beide orientiert an diesem Ziel einer nachhaltigen und solidarischen Gesellschaft – sind nun eng miteinander verknüpft und sollten auch im Einheitsdiskurs nicht länger gegeneinander gestellt werden. Das eine wird ohne das andere nicht mehr gelingen. Chancen und Risiken liegen auf diesem neuen Weg dicht beieinander, der Ausgang bleibt offen.

Einheit auf diese Weise „Weiter- und Neu-Denken" heißt dann auch: Zusammenwachsen durch ein Ost und West verbindendes „Zusammen Wachsen". Es setzt nicht auf die Divergenzen, sondern auf die Stärken, Erfahrungen und Zukunftspotenziale des „alten Westens" wie auf die für die Zukunft relevanten spezifischen ostdeutschen Erfahrungen und Potenziale der letzten Jahrzehnte, also zuerst – ohne die Unterschiede und Differenzen zu negieren – auf das Gemeinsame in einem gemeinsamen Transformations- und Gestaltungsprozess auf dem konflikthaften Weg zu einem neuen, zukunftsfähigen Deutschland.

Differenziertheit, Wandel und Zukunftsgestaltung wird zur neuen Normalität des vereinten Deutschlands. Daraus folgt: Statt des bislang dominierenden Einheitsdiskurses primär als Aufhol- und Angleichungsdiskurs geht es nunmehr zuerst um einen Einheitsdiskurs als konflikthaften und anspruchsvollen Wandlungs-, Modernisierungs- und Gestaltungsdiskurs; Einheit also als Ergebnis sich wechselseitig bedingender, unterschiedlicher, aber immer mehr auch gleichförmiger und schließlich zusammenführender Wandlungsprozesse. Einheit ist nach 20 Jahren eben auf neuer und zugleich realistischer Grundlage zu gestalten und zu kommunizieren. Einheit zugleich verstanden in ihrer Differenziertheit und Verschiedenheit, vor allem jedoch in ihrer Zukunftsorientiertheit.

Es spricht vieles dafür, dass das vereinte Deutschland in eine Epoche eintritt, in der das bisherige Erfahrungs- und Orientierungswissen nicht ausreicht, um die Zukunftsherausforderungen zu meistern. Deshalb sollte sich auch ein zeitgemäßer Diskurs zur Einheit daran messen lassen, ob er hilft in diesem Sinne aufzuklären und Neues zu entdecken, statt zu verklären und Altes zu verteidigen, zu öffnen statt zu verschließen, Handeln zu aktivieren statt zu paralysieren.

Literatur

Beyme, von Klaus (1995): Verfehlte Vereinigung – verpaßte Reformen? In: Holtmann, Everhard/Sahner, Heinz (Hg.): Aufhebung der Bipolarität. Veränderungen im Osten. Rückwirkungen im Westen. Opladen: Leske + Budrich: 41-68.

Deutsches Institut für Wirtschaftsforschung (DIW) (2009): Die Wirtschaft in Ostdeutschland 20 Jahre nach dem Fall der Mauer – Rückblick, Bestandsaufnahme, Perspektiven. In: Vierteljahreshefte zur Wirtschaftsforschung (2). Berlin.

Falter, Jürgen W./Gabriel, Oscar W./Ratzinger, Hans/Schoen, Harald (2006): Sind wir ein Volk? Ost- und Westdeutschland im Vergleich. München: Verlag C.H. Beck.

Holtmann, Everhard (2009): Signaturen des Übergangs. In: Aus Politik und Zeitgeschichte (APuZ), B28: 3-9.

Bundesministerium für Verkehr, Bau und Stadtentwicklung (2009): Jahresbericht der Bundesregierung zum Stand der deutschen Einheit 2009. Berlin.

Kaase, Max (1999): Innere Einheit. In: Weidenfeld, Werner/Korte, Karl-Rudolf (Hg.): Handbuch zur deutschen Einheit 1949-1989-1999. Bonn: Bundeszentrale für politische Bildung: 454-466.

Leggewie, Claus (2006): Die Zukunft der Veröstlichung. (Eröffnungsvortrag des Autors auf der Jahrestagung der Deutschen Gesellschaft für Politikwissenschaft zum Thema „Neues Deutschland. Eine Bilanz der deutschen Wiedervereinigung") In: Blätter für deutsche und internationale Politik (10): 1244-1253.

Linden, Markus (2009): Innere Einheit. Konjunkturen und Defizite einer Debatte. In: Deutschland-Archiv, 42. Jg. (2): 303-313.

Reißig, Rolf (2009): Gesellschafts-Transformation im 21. Jahrhundert. Ein neues Konzept sozialen Wandels. Wiesbaden: VS Verlag.

Reißig, Rolf (2010): Deutsche Einheit: Weiter- und Neu-Denken. In: Brähler, Elmar/Mohr, Irina (Hg.): 20 Jahre deutsche Einheit – Facetten einer geteilten Wirklichkeit. Gießen: Psychosozial-Verlag: 208-220.

Reißig, Rolf (2010): Von der privilegierten und blockierten zur zukunftsorientierten Transformation. In: Deutsche Einheit. Aus Politik und Zeitgeschichte APuZ), B30-31: 20-25.

Roesler, Jörg (1999): Der Anschluß von Staaten in der modernen Geschichte. Eine Untersuchung aus aktuellem Anlaß. Frankfurt am Main: Peter Lang.

Zu den Autorinnen und Autoren

Hans-Liudger Dienel, Dr. phil., Ingenieur und Historiker. Wissenschaftlicher Geschäftsführer des Zentrums für Technik und Gesellschaft an der Technischen Universität Berlin und wissenschaftlicher Leiter des Nexus Instituts für Kooperationsmanagement und interdisziplinäre Forschung. *Arbeitsschwerpunkte*: Wissens- und Kooperationsmanagement, Mobilitätsforschung, (historische) Innovationsforschung. *Aktuelle Buchpublikationen*: Hans-Liudger Dienel/Hans-Ulrich Schiedt (Hg.): Die moderne Straße. Planung, Bau und Verkehr vom 18. bis zum 20. Jahrhundert, Frankfurt/New York: Campus 2010. Hans-Liudger Dienel et al. (Eds.): Terrorism and the Internet. Threats, Target Groups, Deradicalisation Strategies, Amsterdam/Berlin/Tokyo: IOS Press 2010. Dorothee Keppler/Heike Walk/Eric Töpfer/Hans-Liudger Dienel (Hg): Erneuerbare Energien ausbauen! Erfahrungen und Perspektiven regionaler Akteure in Ost und West, München: oekom 2009. *Kontakt*: dienel@ztg.tu-berlin.de

Wolfgang Gabler, PD Dr. phil. habil., freiberuflicher Literaturwissenschaftler und Publizist. *Letzte Buchpublikation*: Vom Wandel der Literaturgesellschaft. Zur Geschichte des Literaturzentrums Neubrandenburg 1971-2006 (2007). *Kontakt*: dr.w.gabler@t-online.de.

Thomas Hanf, Dr. phil., Soziologe. Langjährige Arbeit an verschiedenen akademischen Institutionen als Mitarbeiter, Dozent und Vertretungsprofessor (zuletzt für vergleichende Kultursoziologie an der Europa Universität Viadrina in Frankfurt/Oder). Geschäftsführer des Sozialwissenschaftlichen Forschungszentrums Berlin-Brandenburg (sfz e.V.). *Arbeitsschwerpunkte*: Sozialstruktur- und Gerechtigkeitsforschung, Ostdeutschland und deutsche Einheit. *Aktuelle Publikationen*: Ökonomische Quellen sozialer Ungleichheit, in: Michael Bayer et al. (Hg.): Transnationale Ungleichheitsforschung, Frankfurt/New York: Campus, S. 283-320; Reflexionsdefizite in der Diskussion zur Transformationsforschung, in: Frank Bönker & Jan Wielgohs (Hg.): Postsozialistische Transformation und europäische (Des-)Integration, Marburg: Metropolis 2008, S. 63-78. *Kontakt*: thomas.hanf@sfz-ev.de.

Torsten Hans studiert Soziologie und Politikwissenschaft an der Universität Magdeburg und ist Wahlkreismitarbeiter bei Dr. Rosemarie Hein (MdB, Die Linke). Studien- und Arbeitsschwerpunkte: politische Soziologie, Eliten, Bildung, soziale Gerechtigkeit. *Kontakt*: thorstenhans@web.de.

Frank Thomas Koch, Dr. sc. phil., Kulturwissenschaftler. Freier Mitarbeiter am Brandenburg-Berliner Institut für Sozialwissenschaftliche Studien (BISS e.v.); Inhaber und Betreiber von Office für Publizistik & Trendanalyse. *Arbeitsschwerpunkte*: (Ost-)Deutschlandforschung; empirische Bildungsforschung; wissenschaftliche Begleitung und Evaluation von Gestaltungsprojekten. *Jüngste Publikationen*: Les nouveaux länder vingt ans après la chute du Mur (Die neuen Länder 20 Jahre nach dem Fall der Mauer), in: Radioscopies de l` Allemagne 2010, Ifri Paris 2010, S. 267-292. Wer oder was sind die Ostdeutschen? Anmerkungen zur Stuttgarter „Ossi"-Entscheidung, in: Deutschland Archiv 3/2010, S. 389-395. Leitbild „Ostdeutschland 2020" (2009, Mitautor der Studie). *Kontakt*: FrankThomas.Koch@T-Online.de.

Raj Kollmorgen, Dr. phil. habil., Soziologe. Privatdozent an der Otto-von-Guericke-Universität Magdeburg. *Arbeitsschwerpunkte*: Sozialer Wandel, postsozialistische Transformationen/Ostdeutschland, politische Soziologie sozialer Ungleichheiten, moderne Gesellschaften in Europa. *Aktuelle Buchpublikationen*: Großbölting, Thomas/Kollmorgen, Raj/Möbius, Sascha/Schmidt, Rüdiger (Hg.): Das Ende des Kommunismus. Die Überwindung der Diktaturen in Europa und ihre Folgen, Essen: Klartext Verlag 2010. Brunn, Moritz/ Ettrich, Frank/Fahlbusch, Jan H./Kollmorgen, Raj et al. (Hg.): Transformation und Europäisierung. Eigenarten und (Inter-)Dependenzen von postsozialistischem Wandel und Europäischer Integration. Münster et al.: LIT 2010. *Kontakt*: raj.kollmorgen@ovgu.de.

Reinhard Liebscher, Dr. phil., Sozialwissenschaftler. Arbeit am Sozialwissenschaftlichen Forschungszentrum Berlin-Brandenburg (sfz e.V.). Zahlreiche Studien und Veröffentlichungen zu Problemen der sozialen Lage und der Einstellungen in Ostdeutschland. *Kontakt*: reinhard.liebscher@sfz-ev.de.

Sören Marotz, M.A., Technikhistoriker und Geograph. Seit 2005 wissenschaftlicher Mitarbeiter und Ausstellungskurator am nexus Institut für Kooperationsmanagement und interdisziplinäre Forschung in Berlin. *Arbeitsschwerpunkte*: Energie, Mobilität und Entwicklung Ostdeutschlands. Neben der Kuratierung von Ausstellungen im technikhistorischen Spektrum arbeitet er als Lehrbeauftragter im Bereich historische Objektforschung an der Hochschule für Technik und Wirtschaft (HTW) sowie als Photograph. *Aktuelle Veröffentlichung*: Alles ausgekohlt, was nun? – Braunkohlebergbau und regionale Identität in der Lausitz, in: Gerhard A. Stadler/ Ute Streitt (Hg.): Industriekultur und regionale Identität (Studien zur Kulturgeschichte in Oberösterreich Folge 28), Linz 2011. *Kontakt*: Post@Technikhistoriker.de.

Benjamin Nölting, Dr. phil., Politikwissenschaftler. Seit 2002 wissenschaftlicher Mitarbeiter am Zentrum Technik und Gesellschaft der TU Berlin. Dort leitete er den Innovationsverbund Ostdeutschlandforschung 2009-2010. Seit 2009 hat er eine Gastprofessur für Regionalentwicklung an der Hochschule für Nachhaltige Entwicklung Eberswalde (FH). *Arbeitsschwerpunkte*: Nachhaltigkeitsforschung, Regionalentwicklung, Ostdeutschlandforschung sowie Agrar- und Umweltpolitik. *Aktuelle Veröffentlichungen*: Regionaler Wohlstand als Ziel der ländlichen Entwicklung in Ostdeutschland, in: Rainer Friedel und Edmund A. Spindler (Hg.): Nachhaltige Entwicklung ländlicher Räume. Chancenverbesserung durch Innovation und Traditionspflege, Wiesbaden: VS Verlag für Sozialwissenschaften 2009, S. 113-126. Erneuerbare Energien als Entwicklungschance für Ostdeutschland, in: Dorothee Keppler et al. (Hg.): Erneuerbare Energien ausbauen! Erfahrungen und Perspektiven regionaler Akteure in Ost und West, München: oekom Verlag 2009, S. 93-112. *Kontakt*: noelting@ztg.tu-berlin.de.

Rolf Reißig, Prof. Dr. habil., Sozial- und Politikwissenschaftler am Brandenburg-Berliner Institut für Sozialwissenschaftliche Studien (BISS e.V.). *Forschungs- und Arbeitsschwerpunkte*: Gesellschaftsanalyse, Sozialer und politischer Wandel, Gesellschafts-Transformation, Akteurskonstellationen und Gestaltungskonzepte. *Neuere Buchpublikationen*: Gesellschafts-Transformation im 21. Jahrhundert. Ein neues Konzept sozialen Wandels, VS Verlag für Sozialwissenschaften, Wiesbaden 2009. Deutsche Einheit: Weiter- und Neu-Denken, in: Elmar Brähler und Irina Mohr (Hg.): 20 Jahre deutsche Einheit – Facetten einer geteilten Wirklichkeit, Psychosozial-Verlag, Gießen 2009. Von der privilegierten und blockierten zur zukunftsorientierten Transformation, in: Aus Politik und Zeitgeschichte, H. B30-31, Bonn 2010, S. 20-25. *Kontakt*: reissig@biss-online.de.

Daniela Riedel, Dipl.-Ing., Stadt- und Regionalplanerin. Geschäftsführende Gesellschafterin der Zebralog GmbH & Co. KG. Sie leitet Beteiligungsprojekte zur Stadt- und Regionalplanung sowie gesamtgesellschaftlichen Themen wie Integrations- oder Netzpolitik. *Neuere Publikationen*: Riedel, Daniela/Below, Sally/Henning, Moritz: Partizipation für die Stadt von Morgen, in: Sally Below/Moritz Henning/Heike Oevermann (Hg.): Die Berliner Bauaustellungen. Wegweiser in die Zukunft? Berlin 2009, S. 117-127. Gegensätze aufbrechen, Online-Dialog mit den Bürgern, in: Vitako Aktuell, Heft 2/2009, S. 14-15. *Kontakt*: riedel@zebralog.de.

Heidrun Schmidtke, Dipl.-Soziologin. Arbeit am Sozialwissenschaftlichen Forschungszentrum Berlin-Brandenburg (sfz e.V.). Zahlreiche Studien und Veröffentlichungen zu sozialen Lagen, Problemen und Einstellungen in Ostdeutschland.

Carolin Schröder, Dr.-Ing., Planungs- und Kulturwissenschaftlerin. Seit 2008 wissenschaftliche Mitarbeiterin am Zentrum Technik und Gesellschaft (ZTG) der TU Berlin. *Arbeitsschwerpunkte*: Akteure in Prozessen der Stadt- und Regionalentwicklung inklusive Governance-Prozesse, demokratische Stadtteilentwicklung, Inter- und transdisziplinäre Forschung. *Neuere Buchpublikationen*: Schröder, Caroline/Dienel, Hans-Liudger/Meier-Dallach, Hans-Peter (Hg.): Die neue Nähe - Raumpartnerschaften verbinden Konträsträume, Stuttgart: Steiner 2004. Akteure der Stadtteilentwicklung. Wie Verwaltung, Politik und Bürgerschaft Beteiligung definieren (Reihe Blickwechsel Band 8), München: oekom Verlag 2010. *Kontakt*: c.schroeder@ztg.tu-berlin.de.

Michael Thomas, Dr. phil., Philosoph und Soziologe. Beschäftigt am Brandenburg-Berliner Institut für Sozialwissenschaftliche Studien (BISS e.V.). *Arbeitsschwerpunkte*: Transformation in Ostdeutschland, wirtschaftliche Selbstständigkeit, Kooperation und Vertrauen, Sozialkapital und Vergemeinschaftungen, vergleichende Regionaluntersuchungen in Ostdeutschland und Polen. *Neuere Publikationen*: Der Osten bleibt der Osten, bleibt der Osten, In: Vorgänge. Zeitschrift für Bürgerrechte und Gesellschaftspolitik 187, Heft 3/2009, S. 4-12. Neue Landschaften erfinden. Wie die Internationale Bauausstellung (IBA) Fürst-Pückler-Land 2000–2010 im Lausitzer Kohlerevier Visionen für die Region entwickelt und umsetzt, in: Christoph Link/Kristina Volke (Hg.): Zukunft erfinden. Kreative Projekte in Ostdeutschland. Berlin: Ch. Links 2009, S. 53-60. Regionalisierung im Kontext von Transformation und Umbruch, in: Eckehard Binas (Hg.): Wozu Region? Chancen und Probleme im Transformationsprozess strukturschwacher Regionen, Frankfurt a. M.: Peter Lang 2009, S. 155-168. Kontakt: thomas@biss-online.de.

Rafael Wawer, freier Entwickler und Journalist im Bereich neue Medien und Kommunikation. Kontakt: r.wawer@gmx.de.

Das Grundlagenwerk für alle Soziologie-Interessierten

> in überarbeiteter Neuauflage

Werner Fuchs-Heinritz / Daniela Klimke / Rüdiger Lautmann / Otthein Rammstedt / Urs Stäheli / Christoph Weischer /Hanns Wienold (Hrsg.)

Lexikon zur Soziologie

5., grundl. überarb. Aufl.
2010. ca. 800 S. Geb.
ca. EUR 39,95
ISBN 978-3-531-16602-5

Das *Lexikon zur Soziologie* ist das umfassendste Nachschlagewerk für die sozialwissenschaftliche Fachsprache. Für die 5. Auflage wurde das Werk neu bearbeitet und durch Aufnahme neuer Stichwortartikel erweitert.

Das *Lexikon zur Soziologie* bietet aktuelle, zuverlässige Erklärungen von Begriffen aus der Soziologie sowie aus Sozialphilosophie, Politikwissenschaft und Politischer Ökonomie, Sozialpsychologie, Psychoanalyse und allgemeiner Psychologie, Anthropologie und Verhaltensforschung, Wissenschaftstheorie und Statistik.

„[...] das schnelle Nachschlagen prägnanter Fachbegriffe hilft dem erfahrenen Sozialwissenschaftler ebenso weiter wie dem Neuling, der hier eine Kurzbeschreibung eines Begriffs findet, für den er sich sonst mühsam in Primär- und Sekundärliteratur einlesen müsste."
www.radioq.de, 13.12.2007

Erhältlich im Buchhandel oder beim Verlag.
Änderungen vorbehalten.
Stand: Juli 2010.

www.vs-verlag.de

VS VERLAG

Abraham-Lincoln-Straße 46
65189 Wiesbaden
Tel. 0611.7878-722
Fax 0611.7878-400

Umfassender Überblick zu den Speziellen Soziologien

> Profunde Einführung in grundlegende Themenbereiche

Georg Kneer /
Markus Schroer (Hrsg.)
**Handbuch
Spezielle Soziologien**

2010. 734 S. Geb. EUR 49,95
ISBN 978-3-531-15313-1

Erhältlich im Buchhandel
oder beim Verlag.
Änderungen vorbehalten.
Stand: Juli 2010.

Das „Handbuch Spezielle Soziologien" gibt einen umfassenden Überblick über die weit verzweigte Landschaft soziologischer Teilgebiete und Praxisfelder. Im Gegensatz zu vergleichbaren Buchprojekten versammelt der Band in über vierzig Einzelbeiträgen neben den einschlägigen Gegenstands- und Forschungsfeldern der Soziologie wie etwa der Familien-, Kultur- und Religionssoziologie auch oftmals vernachlässigte Bereiche wie etwa die Architektursoziologie, die Musiksoziologie und die Soziologie des Sterbens und des Todes.

Damit wird sowohl dem interessierten Laien, den Studierenden von Bachelor- und Masterstudiengängen als auch den professionellen Lehrern und Forschern der Soziologie ein Gesamtbild des Faches vermittelt. Die jeweiligen Artikel führen grundlegend in die einzelnen Teilbereiche der Soziologie ein und informieren über Genese, Entwicklung und den gegenwärtigen Stand des Forschungsfeldes.

Das „Handbuch Spezielle Soziologien" bietet durch die konzeptionelle Ausrichtung, die Breite der dargestellten Teilbereichssoziologien sowie die Qualität und Lesbarkeit der Einzelbeiträge bekannter Autorinnen und Autoren eine profunde Einführung in die grundlegenden Themenbereiche der Soziologie.

www.vs-verlag.de

VS VERLAG

Abraham-Lincoln-Straße 46
65189 Wiesbaden
Tel. 0611.7878-722
Fax 0611.7878-400